내가 뽑은 원픽!

KB182059

최고의 수험서

2024

임상심리사
필기

초단기완성

이은주 편저

2급

예문에듀
EDU

PROFILE
저자약력

편저자 **이은주**

現) 구성커뮤니케이션즈(주) 대표
現) 구성아카데미 대표강사
現) 구성심리상담센터 본점 대표 원장
중앙대학교 사범대학졸업
중앙대학교 일반대학원 임상심리학 전공
경기대학교 일반대학원 범죄심리학 전공 / 심리학 박사
경기대학교 진성애교양대학 겸임교수
범죄심리전문가
정신건강임상심리사 1급

e-mail ceo@gusung.co.kr

머리말 / PREFACE

본 저자는 임상심리학을 전공하고 심리평가와 심리치료를 해온 지 올해로 23년이 됩니다. 임상심리사로서의 길이 제가 가는 길 중에서 가장 가고 싶은 길, 가장 의미 있고 가치로운 길, 가장 마음에 드는 길이었습니다. 앞으로도 그럴 거라 확신합니다.

본 임상심리사 2급 필기시험 대비 교재가 임상심리 전문가가 되는 초석이 되기를 희망합니다.

임상심리사란 임상심리학적 전문지식을 활용하여 심리평가와 심리치료를 전문적으로 수행해 내는 사람입니다. 임상심리사의 역할의 주된 업무는 정신건강에 문제를 겪고 있는 내담자 및 환자들에게 심리검사를 포함한 면담 그리고 행동관찰을 통해 정신건강상태에 대한 정확한 진단 및 구체적 제언을 해주는 일을 합니다.

1급은 임상심리학적 서비스 업무의 전반에 대한 전문적인 지식과 기술을 숙지하고 있는 고급 전문인력으로 정의하고 있습니다.

2급은 임상실무에서 1급 임상심리사의 업무를 보조하는 역할을 합니다. 1급 임상심리사와 마찬가지로 임상심리사의 업무를 수행하는 데 필요한 기초적 지식과 기술을 숙지하고 있는 전문인력으로서 관련 기관에서 문제의 심도가 다소 가벼운, 좀 더 일반적인 문제영역에 대한 심리검사 · 심리상담 · 심리재활 · 심리교육 활동을 수행합니다.

임상심리사는 신경정신과가 있는 의원 및 병원 그리고 종합병원에서 근무를 합니다. 뿐만 아니라, 심리상담센터, 재활시설, 사회복지센터, 기업체와 학교 군부대 등 여러 분야에서 심리평가뿐만 아니라 심리치료 전문가로 활동이 가능합니다. 이에 4차 산업혁명 시대에 차별화되면서 최고의 전문직이 임상심리전문가가 아닐까 합니다!

『2024 임상심리사 2급 초단기완성』만의 차별화 포인트는 다음과 같습니다.

1. **자격증 한 번에 따기!** 한국산업인력관리공단에서 발표한 임상심리사 2급 필기 및 실기 출제기준을 정확히 반영하여 합격을 도와드리고자 구성했습니다.

2. **핵심이론!** 필기과목인 심리학개론, 임상심리, 심리검사, 심리상담, 이상심리, 실기과목인 기초심리평가, 기초심리상담, 심리치료, 임상심리의 자문 · 교육 · 재활 등 과목별 핵심이론 중심으로 구성했습니다.

3. **기출문제 수록!** 2021년~2023년 기출문제 정답 및 해설을 수록함으로써, 실전 준비를 돕도록 구성했습니다.

4. **단원문제와 모의고사 수록!** 각 과목별 단원문제와 모의고사 구성으로 충분히 문제를 많이 풀면서 공부하실 수 있도록 구성했습니다. 문제를 풀다가 오답이 나올 경우 그 오답에 대해 정확하게 다시 검토를 해야 하기에 해설을 충분히 달아놓았습니다.

2024 임상심리사 2급 필기 및 실기 대비 수험서가 출간될 수 있도록 성심껏 애써주신 예문에듀의 편집부에 깊은 감사드립니다. 거친 제 원고를 깔끔하게 정리해준 딸 채원이에게도 감사함을 전하고 싶습니다.

본서와 함께 올해 꼭 임상심리전문가가 되시는 첫걸음인 산업인력관리공단 임상심리사 2급에 꼭 합격하시길 간절히 바랍니다.

감사합니다. 늘 선생님들의 날 되시길 바라며...

이은주 드림

가이드 / GUIDE

시험명

임상심리사 2급(Clinical Psychology Practitioner)

수행직무

국민의 심리적 건강과 적응을 위해 기초적인 심리평가, 심리검사, 심리치료상담, 심리재활 및 심리교육 등의 업무를 주로 수행. 임상심리사 1급의 업무 보조

시험정보

- **시행처&시행기관 :** 한국산업인력공단
- **시험수수료 :** 필기(19,400원), 실기(20,800원)
- **응시자격 :** 임상심리와 관련하여 1년 이상 실습수련을 받은 자 또는 2년 이상 실무에 종사한 자로서 대학졸업자 및 졸업예정자 등

과목구성

구분	시험과목	검정방법	시험시간	합격기준
필기	심리학개론/이상심리학/ 심리검사/임상심리학/심리상담	객관식 4지 택일형 총 100문항(과목당 20문항)	150분	과목당 40점 이상 평균 60점 이상

시험일정(2023년 기준)

구분	필기 원서 접수	필기시험	필기 합격자 (예정자) 발표	실기 원서 접수	실기시험	최종 합격자 발표
정기 1회	01.10~01.13 (2월까지 응시자격을 갖춘 자)	02.13~02.28	03.21	03.28~03.31	04.22~06.25	06.27
	01.16~01.19 (3월부터 응시자격을 갖춘 자)	03.01~03.15				
정기 2회	04.17~04.20	05.13~06.04	06.14	06.27~06.30	07.22~08.06	1차 : 08.17 2차 : 09.01
정기 3회	06.19~06.22	07.08~07.23	08.02	09.04~09.07	10.07~10.26	1차 : 11.01 2차 : 11.15

※ 원서 접수시간은 원서 접수 첫날 10:00부터 마지막 날 18:00까지임
※ 필기시험 합격예정자 및 최종합격자 발표시간은 해당 발표일 09:00임
※ 상기 일정은 2023년 기준으로 자세한 내용은 한국산업인력공단 홈페이지(https://www.q-net.or.kr)를 참고하시기 바랍니다.

검정 현황

구분	필기		
	응시(명)	합격(명)	합격률(%)
2022	5,302	3,948	78.5
2019	6,016	3,947	65.6
2018	5,621	3,885	69.1
2017	5,294	4,360	82.4
2016	5,424	4,412	81.3
2015	4,442	3,100	69.8
2014	3,455	3,068	88.8
2013	2,405	2,070	86.1
2012	1,475	875	59.3
2011	1,092	802	73.4
2010	900	785	87.2
2009	763	675	88.5
2008	622	589	94.7
2007	475	457	90.8
2006	293	266	90.9
2005	164	149	91.5
2004	164	150	88.3
2003	495	437	80.8
계	44,132	33,975	77

임상심리사 2급 합격 수기

국가전문자격인 임상심리사 2급 시험에 합격한 것도 기쁜 일인데, 이렇게 합격 수기를 쓸 수 있는 기회가 저에게 주어진 데 대해 너무 감사하고 기쁘게 생각합니다.

질문 1. 임상심리사 2급 자격증에 도전하게 된 이유는 무엇인가요?

저는 심리상담사가 되기 위해 공부를 하다 보니, 심리검사를 통해 심리 상태를 과학적으로 진단할 수 있다는 것을 배운 후, 내담자의 심리상태를 더 정확하게 파악하고 진단하기 위해서는 Full-Battery(MMPI-2, K-WAIS, K-WISC, TCI, BGT, SCT, HTP, 로샤, TAT 등) 검사를 능숙하게 진행하고 해석할 수 있는 임상심리사 자격증이 필요하다는 것을 알게 되었습니다. 또한 일선의 취업 현장에서도 임상심리사 자격을 보유하는 것이 더 유용하다는 것을 알고서 임상심리사 2급 자격증에 도전하게 되었습니다.

질문 2. 임상심리사 시험의 난이도는 어떠한가요?

제가 경험한 임상심리사 2급 시험은 그렇게 어렵게 느껴지지 않습니다. 아마도 시험 공부를 충실히 준비하신 분이라면 충분히 합격할 수 있는 수준이었다고 생각합니다.

질문 3. 어떤 교재를 선택하여 공부하셨나요?

처음 임상심리사를 준비할 때는 어떤 교재로 공부를 하고 준비를 해야 하나 하는 막연한 생각을 했습니다. 그러다 인터넷으로 이것저것 서칭을 하다 보니 구성아카데미에서 하는 임상심리사 2급 필기와 실기 과정이 좋아 보여 등록하게 되었고, 또 구성아카데미에서 이은주 원장님이 펴낸 「임상심리사 2급 초단기완성」 교재를 제공하여 그것으로 열심히 공부하게 된 것이 좋은 결과가 나오게 된 것이라고 생각합니다.

질문 4. 학습 전략은 어떻게 구성하셨나요?

우선 임상심리사 실기시험에 대한 공부를 병행하며 필기시험 공부를 해 나갔습니다. 교재의 내용에 있는 이론적 내용들을 먼저 공부하고, 게재되어 있는 예상문제들과 기출문제들에 대해 일차로 답을 보지 않은 상태로 셀프 시험을 보아 점수가 어느 정도 나오는지를 확인했습니다. 그 후 미흡한 과목이나 챕터에 대해서는 복습을 하고, 2차로 셀프 시험을 본 다음 개선된 점수상황을 점검하여 미흡한 과목이나 챕터를 집중 공부하였습니다. 최종 셀프 시험을 보고 1차 및 2차 점수 대비 상승 폭을 점검하며 자신감을 키우고, 시험이 다가온 날부터는 마지막 셀프 시험에서도 틀린 문항들에 대해 반복 학습을 하였습니다. 이때, 1, 2차 셀프 시험의 평균 점수에 0.95를 곱하면 정식 시험에서 자신이 획득할 점수가 된다고 예측하였는데, 실제로 저의 최종 시험 점수도 비슷하게 나왔습니다. 이러한 전략을 통해 70대 중반의 평균 점수로 여유있게 합격을 했습니다.

질문 5. 임상심리사를 준비하는 수험생 분들께 꼭 하시고 싶은 말씀이 있나요?

저도 처음에 혼자서 준비하려다 보니 신경 쓸 일도 많고, 복잡한 응시 과정이나 과목별 교재 선정 등에서 우왕좌왕했습니다. 그러던 중 구성아카데미의 솔루션 과정인 '임상심리사 2급 필기와 실기 준비반'에 등록을 하여 매달 정기적으로 우수한 교수님들의 지도와 강의를 수강하면서 체계적으로 공부하고 준비한 것이 큰 도움이 되었습니다. 덕분에 쉽게 시험에 합격할 수 있었습니다. 현재는 한국상담학회 전문상담사 2급에도 합격을 하고, 구성심리상담센터에서 1년간의 수련 과정을 진행하고 있습니다. 이처럼 여러 가지로 상담사 관련 자격증을 획득하는 데 구성아카데미가 통합적인 시스템이 마련되어 효과적인 과정을 제공하고 있어, 자격증 취득을 준비하시는 수험생 분들께 큰 힘이 될 것임을 이번 기회에 전하고 싶습니다.

구성아카데미 임상심리사 2급 수련 및 상담심리 수련 졸업생
윤판기 선생님(2022년 임상심리사 2급 시험 합격)

코로나 시대를 살면서 점점 사람들과의 모임을 단절해야 하는 기분이 들면서 하루하루 힘들어하는 주변 지인들을 보며, 내가 어떤 방법으로 지인들의 마음을 치유해줄 수 있을지 고민하던 시기에 우연히 임상심리사에 관해 접하게 되었고, 홈페이지 검색 중 구성아카데미를 알게 되었습니다. 구성아카데미 홈페이지의 프로그램 북을 보고, 문의 전화를 걸어 친절한 안내를 받은 후 구성아카데미에 등록 절차를 진행하게 되었습니다. 이후 무료로 제공되는 주경야독의 필기 기출문제와 구성의 산공 임상 기출문제(해설 포함)를 보며 열심히 노력한 끝에 과목당 2~3개씩만 틀리고 높은 점수로 필기합격을 했습니다.

"시작이 반이다."라는 말이 있듯이, 무엇이든 도전하고자 하는 용기만 있다면 좋은 결과가 반드시 따라오리라 믿고 있습니다. 남은 실기도 열심히 준비해 꼭 합격하겠습니다.

수련생 하미연

온라인 모의고사 이용 가이드

STEP 1 예문에듀 홈페이지 로그인 후 메인 화면 상단의 [CBT 모의고사]를 누른 다음 수강할 강좌를 선택합니다.

STEP 2 시리얼 번호 등록 안내 팝업창이 뜨면 [확인]을 누른 뒤 [시리얼 번호]를 입력합니다.

STEP 3 [마이페이지]를 클릭하면 등록된 CBT 모의고사를 [모의고사]에서 확인할 수 있습니다.

시리얼 번호
S 0 3 6 - 2 1 1 Y - 4 T 3 Y - F 0 1 4

차례 / CONTENTS

PART 01

심리학개론

CHAPTER 01 | 발달심리학

TOPIC. 1 **발달의 개념과 설명**

1. 발달의 개념

(1) 발달의 정의

① 발달의 의미

ㄱ 수정에서부터 사망에 이르기까지 전 생애에 걸쳐 계속적으로 일어나는 변화

ㄴ 어떤 특징의 양적 증대와 구조의 정밀화, 기능의 유능화, 부정적 변화를 포함

ㄷ 지적 · 정서적 · 사회적 · 신체적 측면 등 전인적인 측면에서의 변화

ㄹ 분화와 통합의 과정

ㅁ 유전과 환경의 상호작용

ㅂ 양적 · 질적 변화, 상승적 · 하강적 변화를 의미

② 발달과 비슷한 개념

ㄱ 성장(Growth) : 신체 크기의 증대, 근력의 증가 등과 같은 양적인 확대

ㄴ 성숙(Maturation) : 경험 · 훈련에 관계없이 인간의 내적 · 유전적 메커니즘에 의해 나타나는 신체적 · 심리적 변화

ㄷ 학습(Learning) : 특수한 경험이나 훈련 또는 연습과 같은 외부 자극이나 조건, 즉 환경에 의한 개인의 내적인 변화

(2) 발달의 원리 및 특징

① 발달의 원리

ㄱ 일정한 순서와 방향성 존재 : 상부에서 하부로, 중심에서 말초로, 전체운동에서 특수운동으로, 미분화운동에서 분화운동으로 진행함

ㄴ 연속성 : 발달은 전 생애를 통해 연속적으로 진행되지만, 그 속도는 일정하지 않음

ㄷ 유전과 환경의 상호작용 : 유전적 특성 및 외부 환경으로부터 영향을 받음

ㄹ 개인차의 존재 : 발달의 속도에는 개인차가 존재함

ㅁ 분화와 통합의 과정 : 발달은 점진적인 분화와 전체적인 통합으로 이루어짐

ㅂ 점성원리 : 특정 단계의 발달은 이전 단계에서 성취한 발달과업에 기초하여 이루어짐

ㅅ 결정적 시기의 존재 : 신체 및 심리가 발달하기에 가장 용이한 시기가 있음

② 발달의 특징

ㄱ 적기성 : 어떤 발달과업을 성취하는 데는 결정적인 시기가 있음

ㄴ 기초성 : 초기의 발달이 발달의 전 과정에 있어서 중요한 의미를 가짐

ⓒ 불가역성 : 어떤 특정 시기에 발달이 잘못되는 경우, 추후 그것을 교정·보충하는 데 한계가 있음

ⓐ 누적성 : 발달상 결손은 누적되어 회복을 더욱 어렵게 만듦

ⓜ 상호관련성 : 발달의 여러 측면들은 서로 밀접하게 연관되어 있음

2. 발달연구의 접근 방법

(1) 횡단적 연구

① 어느 한 시점에서 다수의 분석 단위에 대한 자료를 수집하여 현상의 단면을 분석하는 연구 방법이다.

② 연령에 따른 성장의 특성을 밝혀 일반적인 성향을 파악할 수 있다.

③ 개선된 최신의 검사 도구를 충분히 활용할 수 있어 선택이 비교적 자유롭다.

④ 연구 대상의 관리 및 선정이 비교적 용이하다.

⑤ 상대적으로 경비, 시간, 노력이 절감된다.

⑥ 성장의 일반적 경향 파악만 가능할 뿐, 개인적 특성은 알 수 없다.

⑦ 표집된 대상의 대표성을 확인하기 어렵다.

⑧ 현황 조사, 상관적 연구 등을 예로 들 수 있다.

(2) 종단적 연구

① 둘 이상의 시점에서 소수의 동일한 분석 단위를 장기간에 걸쳐 추적하여 연구하는 방법이다.

② 성장과 발달의 개인적 변화를 포착한다.

③ 연구 목적 외의 개인 내 변화 등 유의미한 정보를 획득할 수 있다.

④ 초기와 후기의 인과관계를 규명하는 주제에 용이하다.

⑤ 연구 도중 사용하던 도구를 변경할 수 있다.

⑥ 표집된 연구 대상의 중도 탈락 또는 시간의 흐름에 따른 특성의 변화가 발생할 수 있다.

⑦ 한 대상에게 반복적으로 같은 도구를 사용하므로 신뢰성이 문제된다.

⑧ 추세조사(경향조사), 코허트조사(동년배조사), 패널조사 등을 예로 들 수 있다.

3. 발달심리학의 연구 주제

(1) 유아의 지각과 지식의 발달

발달적 변화가 일어나는 시기 중 생물학적인 측면에서 가장 극적인 변화가 일어나는 시기에 유아의 행동을 관찰하거나 실험을 함으로써 인간의 정신 능력을 표현할 수 있게 한다.

① 신생아는 볼 수 있고, 들을 수 있으며, 냄새를 맡을 수 있고, 맛을 느낄 수 있다. 이러한 감각들 중에는 촉각, 미각, 후각 등이 시간이나 청각보다 더 발달되어 있다. 이 밖에도 신생아는 다양한 학습능력을 보유하고 있는 것으로 밝혀지고 있다.

② 지각 : 환경 정보를 탐지하여 체계화, 해석하는 매우 복합적인 심리 과정의 한 부분이다. 신생아는 다양한 지각 능력 중 시각 능력이 가장 덜 발달된 상태로 태어난다.

③ 깊이 지각 능력

    ㉠ 6개월 된 영아는 어머니가 부르면 어머니에게로 기어가다가 시각절벽 앞에서 기어가는 것을 중단하고 멈추게 된다. 이는 영아에게 깊이 지각 능력이 있음을 보여준다.

    ㉡ 또 다른 연구에서는 2~3개월 된 영아들이 '얕은 쪽'보다 '깊은 쪽'에 눕혀 놓았을 때 심장이 더 느리게 뛰는 것으로 나타났다. 이러한 결과는 생후 초기의 영아가 깊이 지각을 할 수 있음을 보여준다.

④ 청각 능력

    ㉠ 생후 1~3주경에는 부모의 목소리와 낯선 사람의 목소리를 구분할 수 있게 되고, 2개월 무렵에는 한 사람이 내는 서로 다른 음조의 목소리도 구분할 수 있게 된다.

    ㉡ 생후 초기의 영아는 학습에서도 상당한 능력을 지니며, 다양한 감각, 지각 및 학습능력을 가지고 있다.

⑤ 인지발달 : 인지란 넓은 의미로 지능, 사고, 추론, 지각, 기억 등 여러 기능을 포함하는 정신과정을 말하며 인지발달이란 여러 가지 인지기능 또는 인지능력의 복합적인 발달 과정을 의미한다.

(2) 영아기의 사회 정서 발달

① 기쁨, 분노, 공포 등의 '1차 정서'와 당황, 수치, 죄책감, 질투, 자긍심 등의 '2차 정서'가 있다.

② 영아와 양육자 간의 친밀한 정서적 유대감이 강조되며, 어머니는 영아에게 애정의 대상이다.

③ 부모와의 긍정적인 애착 형성은 이후 사회적 관계 형성 능력의 기초가 된다.

④ 사회 참조 : 영아들은 8~10개월이 되면, 불확실한 상황에 대한 부모나 타인의 정서적 반응을 모니터하고, 자신의 행동을 조절하기 위해 정서 표현을 해석한 정보를 사용한다.

(3) 유아기의 사회 정서 발달

① 부모의 훈육에 의해 사회화의 기초가 형성된다.

② 정서규제능력이 크게 증가한다.

(4) 전기아동기의 사회 정서 발달

① 집단놀이를 통해 사회적 관계를 형성한다.

② 자신의 성에 적합한 성역할 개념을 습득한다.

(5) 후기아동기의 사회 정서 발달

① 동성의 친구와 친밀감을 유지하려고 한다.

② 집단놀이를 통해 개인적 목표보다 집단적 목표를 우선시하며, 협동, 경쟁, 협상, 분업의 원리를 체득한다.

③ 주의력결핍 과잉행동장애(ADHD)는 학령기 아동에게서 가장 흔히 나타나는 장애로서 과잉행동, 주의력결핍, 충동성을 주된 증상으로 가지고 있는 질환이다.

④ ADHD는 문제 해결을 위해 어떤 전략을 언제, 어디서, 어떻게 적용할 것인지를 알고 적용하는 실행기능의 문제와 관련된다.

(6) 청소년기의 발달

① 신체발달

⊙ 급격한 신장의 증가와 함께 뼈와 근육의 성장이 이루어지므로 제2의 성장급등기라고 한다.

ⓒ 사춘기를 경험하며, 2차 성징과 함께 생식기관의 성숙이 뚜렷이 나타난다.

② 신체 변화에 대한 심리적 반응으로 신체상(Body Image)을 가지게 된다. 신체상은 자신의 신체에 대한 느낌을 나타내는 것으로서, 자신의 신체에 대한 평가 및 타인의 반응에 의해 크게 좌우된다.

③ 인지발달

⊙ 프로이트의 생식기, 에릭슨의 청소년기, 피아제의 형식적 조작기 초기에 해당하는 시기

ⓒ 추상적 사고, 가설적 · 연역적 사고, 체계적 · 조합적 사고, 논리적 추론, 미래사건 예측 등이 가능

ⓒ 청소년기는 아동에서 성인으로 발달하는 과도기 단계로, 이성 문제 또는 진학 문제 등의 다양한 선택과 결정을 내리는 과정에서 자아정체감을 형성해 간다.

ⓔ 자신과 지신이 속한 세계에 대해 상대론적 입장에서 사고할 수 있다.

ⓜ 다른 사람에게서 어떤 인상을 받는가, 즉 다른 사람에 대한 판단은 어떻게 이루어지는가 하는 인상 형성이 급속도로 발달

ⓗ 자기중심적 성향으로서 '상상적 청중'과 '개인적 우화'가 나타난다.

④ 사회정서발달

⊙ 홀(Hall)은 청소년기를 일컬어 질풍노도의 시기로 묘사했다. 청소년기는 과도기적 단계의 반영으로서 정서가 매우 강하고 변화가 심하며, 극단적 정서 경험을 하기도 한다.

ⓒ 심리적 이유기(Psychological Weaning Period)로서 부모나 가족으로부터 분리되어 친구나 자기 자신에게 의존하려는 경향을 보인다.

ⓒ 심리사회적 유예(Psycological Moratorium)는 청소년들에게 가치, 믿음, 역할 등을 시험해 볼 자유를 허락하며, 각자의 장점을 극대화해 사회로부터 긍정적인 인정을 획득함으로서 사회에 최상으로 적응할 수 있도록 한다.

⑤ 청소년기의 자아정체감 범주

⊙ 정체감 성취 : 정체성 위기와 함께 정체감 성취에 도달하기 위한 격렬한 결정 과정을 경험

ⓒ 정체감 유예 : 정체성 위기로 격렬한 불안을 경험하지만 아직 명확한 역할에 전념하지 못함

ⓒ 정체감 유실 : 정체성 위기를 경험하지 않았음에도 사회나 부모의 요구와 결정에 따라 행동

ⓔ 정체감 혼란 : 정체성 위기를 경험하지 않았으며 명확한 역할에 대한 노력도 없음

(7) 노년기의 발달

① 신체적 변화

⊙ 노년기의 연령 구분은 보통 65세 이후로 간주함

ⓒ 노년 전기와 노년 후기

• 노년 전기 : 특히 신체적으로 건강하면서 자립적인 활동이 활동이 가능한 시기

• 노년 후기 : 신체적 기능의 약화로 인해 일상생활을 타인에게 전적으로 의존할 수밖에 없는 시기

PART 01

PART 02

PART 03

PART 04

PART 05

PART 06

ⓒ 약 70% 이상의 노인들이 만성질환을 경험하며, 고혈압, 당뇨병, 고콜레스테롤혈증, 골관절염 순으로 비중이 높게 나타남

ⓔ 쇠약해지는 체력에 적응하고, 알맞은 운동 및 섭생, 지병이나 쇠약함에 대해 적절히 대처해야 함

② 인지 · 성격적 변화

　　ⓐ 지적 능력의 쇠퇴는 다양한 측면에서 일어나며, 단기기억이 장기기억보다 더욱 심하게 쇠퇴함

　　ⓑ 연령이 증가함에 따라 정보 처리 속도가 감소하며, 감각기관을 통해 입수되는 정보를 운동 반응으로 전환하는 능력 등이 떨어짐

　　ⓒ 변화에 대한 두려움과 함께 자기통제력에 대한 자신감이 감소함

　　ⓓ 인지적 능력의 감소에 대처하기 위해 주기적으로 다른 사람과 접촉해 언어적 상호작용을 해야 하며, 기억력 쇠퇴에 대처하기 위해 아이디어가 떠오르는 경우 이를 즉각적으로 행동에 옮기도록 노력해야 함

③ 노년기 죽음에 대한 태도

　　ⓐ 제1단계 : 부정 단계로 자신이 곧 죽는다는 사실을 부인함

　　ⓑ 제2단계 : 분노 단계로 자신의 죽음에 대한 이유를 알지 못해 주위 사람들에게 질투와 분노를 표출함

　　ⓒ 제3단계 : 타협 단계로 죽음을 받아들이기 시작하며, 인생 과업을 마칠 때까지 생이 지속되기를 희망함

　　ⓓ 제4단계 : 우울 단계로 이미 죽음을 실감하기 시작하며, 극심한 우울 상태에 빠짐

　　ⓔ 제5단계 : 수용 단계로 절망적이며 거의 감정이 없는 상태

TOPIC. 2 ▸ 발달심리학 제이론

1. 피아제(Piaget)의 인지발달이론

(1) 특징

① 아동이 성숙해 감에 따라 사고와 추론 등의 인지능력이 몇 개의 뚜렷한 단계를 거치면서 발달해 간다.

② 아동은 능력적으로 세상에 관한 지식을 구성해 가는 존재로 성숙한다.

(2) 주요개념

① 도식 : 사물을 정신적으로 조작하고 분류하며, 그들 간의 한계를 이해한다.

② 동화 : 기존의 도식을 적용하여 새로운 사물이나 증상을 이해하고 적응해 가는 인지 과정이다.

③ 조절 : 기존의 도식을 새로운 사물이나 증상에 적용할 수 있도록 바꾸어 가는 과정이다. 이러한 조절을 통해 새로운 도식을 획득할 수 있다.

(3) 적응의 과정

① 동화(Assimilation)

  ⊙ 새로운 지각물이나 자극이 되는 사건을 자신이 이미 가지고 있는 도식이나 행동 양식에 맞춰 가는 인지적 과정

  ⊙ 기존 도식으로 새로운 경험을 맞추어 보는 경향으로서, 인지 구조의 양적 변화를 가져옴

② 조절(Accommodation)

  ⊙ 기존 도식이 새로운 대상을 동화하는 데 적합하지 않은 경우 새로운 대상에 맞도록 기존의 도식을 변경해 인지하는 과정

  ⊙ 새로운 도식이 형성되는 과정으로 볼 수 있으며, 인지 구조의 질적 변화를 가져옴

③ 평형 상태(Equilibrium)

  ⊙ 동화와 조절의 결과로 조직화된 유기체의 각 구조들이 균형을 이루는 상태

  ⊙ 모든 도식은 평형 상태를 지향하며, 새로운 경험의 유입으로 인해 발생하는 인지적 불평형 상태를 해소하여 사고와 환경 간의 조화로운 관계를 모색함

(4) 인지발달단계

감각운동기 또는 감각적 동작기 (0~2세)	• 자극에 반응하는 단계로서, 직접적인 신체 감각 및 경험을 통해 환경을 이해함 • 대상영속성이 발달하기 시작하여 생후 18~24개월 무렵 획득 상태에 이름 • 목적 지향적인 행동을 하며 사회적인 애착을 확립함 • 감각운동기의 발달 과정 : 반사활동(0~1개월) → 1차 순환반응(1~4개월) → 2차 순환반응(4~10개월) → 2차 도식의 협응(10~12개월) → 3차 순환반응(12~18개월) → 정신적 표상(18~24개월)
전조작기 (2~7세)	• 사고는 가능하나 직관적인 수준이며, 아직 논리적이지 못함 • 감각운동기에 형성되기 시작한 대상영속성이 확립됨 • 보존 개념을 어렴풋이 이해하기 시작하지만, 아직 획득하지는 못한 단계 • 전조작기 사고를 나타내는 대표적인 예는 상징놀이와 물활론, 자아중심성이며, 언어와 상징과 같은 표상적 사고 능력이 발달함
구체적 조작기 (7~12세)	• 구체적 사물과 경험을 중심으로 한 이론적, 논리적 사고가 발달함 • 논리적인 사고는 가능하나 가설, 연역적 사고 등에 이르지는 못함 • 보존 개념을 획득하며, 분류(유목화) 및 서열화(연속성), 가역적 사고 등을 특징으로 함
형식적 조작기 (12세 이상)	• 추상적 사고가 발달하며, 가설의 설정 및 검증, 연역적·조합적 사고 등이 가능 • 체계적인 사고 능력과 논리적 조작에 필요한 문제 해결 능력이 발달함

(5) 평가

① 단계에 따른 질적 차이의 증기 부족

② 성인의 형식적 추론과 구체적 추론의 문제

③ 도식(Schema)과 행동의 불명확한 연결

④ 사회환경의 역할에 대한 과소평가

2. 콜버그(Kohlberg)의 도덕성 발달이론

(1) 특징

① 콜버그는 도덕적 문제상황에 대한 개인의 반응을 분석하여 그러한 반응을 이끌어 낸 개인의 사고방식을 발달적 관점에서 고찰하였다.

② 인간의 도덕성 추론 능력의 발달이 인지적 발달과 연관되며, 발달이 순서는 모든 사람과 모든 문화에서 동일하게 나타난다고 보았다. 즉, 도덕성 발달 단계들이 보편적이며 불변적인 순서로 진행된다고 본 것이다.

※ 피아제 : 도덕성 발달에 관한 이론을 청소년기와 성인기까지 확장하였다.

③ 인지 발달 수준 및 도덕적 판단 능력에 따라 도덕성 발달 수준을 3가지 수준의 총 6단계로 구분하였다.

(2) 도덕성 발달 단계

① 전인습적 수준(4~10세) : 자기 중심적인 도덕적 판단을 특징으로 하며, 사회적인 기대나 규범·관습으로서의 인습을 잘 이해하지 못한다.

제1단계 타율적 도덕성	• 신체적·물리적 힘에 의한 처벌과 복종을 지향한다. • 자기보다 강한 사람에 의한 처벌을 피하기 위해 자기중심적으로 복종한다. • 규칙을 절대적인 것으로 변경하지 못한다.
제2단계 개인적·도구적 도덕성	• 상대적 쾌락주의에 의한 개인적 욕구충족을 지향한다. • 자기욕구 충족을 선으로 간주하며, 물질적 이해타산을 추구한다.

② 인습적 수준(10~13세) : 사회적인 기대나 규범, 관습으로서의 인습에 순응적인 양상을 보이며, 다른 사람의 입장과 견해를 이해할 수 있다.

제3단계 대인관계적 도덕성	• 좋은 인간관계의 조화로운 도덕성을 강조한다. • 규칙이나 관습, 권위에 순응하며, 착한 아이를 지향한다.
제4단계 법·질서·사회체계적 도덕성	• 법과 질서, 보편적인 사회규범을 토대로 도덕 판단을 한다. • 권위와 사회질서를 존중하며, 사회적인 의무 수행을 중요하게 생각한다. • 사회질서의 유지를 위해 법에 복종해야 한다는 점을 강조한다.

③ 후인습적 수준(13세 이상)

㉠ 자기 자신이 인정하는 도덕적 원리에 근거해 법이나 관습보다 자신의 가치기준에 따라 도덕적 판단을 한다.

㉡ 이와 같은 수준에 이르는 경우는 소수에 불과하다.

제5단계 민주적·사회계약적 도덕성	• 타인의 권리를 존중하며, 자유·평등·계약의 원리를 지향한다. • 민주적 절차로 수용된 법을 존중하는 한편 상호합의에 의한 변경 가능성을 인식한다.
제6단계 보편윤리적 도덕성	• 법을 초월해 어떠한 논리적 보편성에 입각한 양심과 상호존중을 지향한다. • 개인의 양심과 보편적 윤리원칙에 따라 옳고 그름을 인식한다.

(3) 평가

① 콜버그는 발달 단계의 순서에서 퇴행이란 없다고 주장하였으나 일부 연구에서 퇴행이 발견되었다.

② 콜버그의 이론은 모든 문화권에 보편적으로 적용하기에 한계가 있다.

③ 콜버그는 도덕적 사고를 지나치게 강조한 반면, 도덕의 원천으로서 이타심이나 사랑 등의 정의적인 측면을 소홀히 다루고 있다.

④ 콜버그는 여성이 남성보다 도덕 수준이 낮다는 성차별적 관점을 가지고 있다.

3. 에릭슨(Erikson)의 성격발달단계

① 유아기(기본적 신뢰감 대 불신감 – 희망 대 공포)
　㉠ 유아기는 출생부터 18개월까지 지속되며, 프로이트의 구강기에 해당함
　㉡ 부모의 보살핌의 질이 결정적이며, 특히 일관성이 중요
　㉢ 이 시기의 발달은 생의 의욕과 긍정적 세계관을 기르는 데 기초가 됨
　㉣ 기본적 신뢰감 대 불신감의 갈등이 성공적으로 해결되어 얻어진 심리사회적 능력이 곧 외부세계에 대한 신뢰에서 비롯되는 희망이며, 실패의 결과는 불신에서 비롯되는 공포임

② 초기아동기(자율성 대 수치심 · 회의 – 의지력 대 의심)
　㉠ 초기아동기는 18개월부터 3세까지 지속되며, 프로이트의 항문기에 해당
　㉡ 배변훈련의 과정에서 부모가 아동에게 강압적인 태도를 고수하는 경우 아동은 단순한 무력감을 넘어 수치심을 느끼게 됨
　㉢ 배변훈련의 과정이 어느 정도 아동의 자기 의사를 존중하는 방향으로 전개된다면, 이후 아동은 자기통제 감각을 통해 사회적 통제에 잘 적응하게 됨

③ 학령전기 또는 유희기(주도성 대 죄의식 – 목적의식 대 목적의식 상실)
　㉠ 학령전기는 3세부터 5세까지 지속되며, 프로이트의 남근기에 해당
　㉡ 아동은 언어능력 및 운동기술의 발달로 외부세계와 교류하고 사회적 놀이에 참여하면서 목적의식, 목표 설정과 더불어 목표에 도달하고자 노력하는 주도성이 생김
　㉢ 이 시기에는 사회화를 위한 기초적 양심이 형성되는데, 때로 극단적 양상으로 나타나 과도한 처벌에 의한 자신감 상실 또는 죄의식을 불러오기도 함

④ 학령기(근면성 대 열등감 – 능력감 대 무능력감)
　㉠ 학령기는 5세부터 12세까지 지속되며, 프로이트의 잠복기에 해당
　㉡ 아동은 가정에서 학교로 사회적 관계를 확장함으로써 부모의 도움 없이 다른 사람과 경쟁하는 입장에 섬
　㉢ 성취 기회와 성취과업의 인정과 격려가 있다면 성취감이 길러지며, 반대의 경우 좌절감과 열등감을 가지게 됨

⑤ 청소년기(자아정체감 대 정체감 혼란 – 성실성 대 불확실성)
　㉠ 청소년기는 12세부터 20세까지 지속되며, 프로이트의 생식기 이후에 해당
　㉡ 심리사회적 유예기간인 청소년기 동안 청소년은 자신의 역할과 능력을 시험할 수 있으며, 사회적 · 직업적 탐색을 통해 정체감을 형성
　㉢ 자아정체감 혼란은 직업 선택이나 성 역할 등에 혼란을 가져오고 인생관과 가치관의 확립에 대한 심한 갈등을 일으킴

PART 01
PART 02
PART 03
PART 04
PART 05
PART 06

⑥ 성인 초기 또는 청년기(친밀감 대 고립감 – 사랑 대 난잡함)
 ㉠ 성인 초기는 20세부터 24세까지 지속됨
 ㉡ 청소년기에 자아정체감이 확립되면 자신의 정체성을 타인의 정체성과 연결·조화시키려고 노력함으로써 사회적 친밀감을 형성할 수 있게 됨
 ㉢ 성인 초기에는 자아정체감에 의한 성적·사회적 관계 형성이 이루어지며, 이를 통해 개인의 폭넓은 인간관계가 형성됨
⑦ 성인기 또는 중년기(생산성 대 침체 – 배려 대 이기주의)
 ㉠ 성인기는 24세부터 65세까지 지속됨
 ㉡ 가정과 사회에서 중요한 역할을 수행하는 시기로, 다음 세대를 양육하는 과업에서 부하 직원이나 동료들과의 긴밀한 관계 유지의 필요성을 경험하는 때이기도 함
 ㉢ 자기중심적인 사고에서 벗어나 다른 사람을 보호하거나 스스로 양보하는 미덕을 보임
⑧ 노년기(자아 통합 대 절망 – 지혜 대 인생의 무의미함)
 ㉠ 노년기는 65세 이후부터 사망에 이르는 기간으로서, 인생을 종합하고 평가하는 시기
 ㉡ 신체적·사회적 상실에서 자신이 더 이상 사회가 필요로 하는 사람이 아님을 인식함으로써, 죽음을 앞둔 채 지나온 생을 반성하게 됨

CHAPTER 02 | 성격심리학

TOPIC. 1 성격의 개념

1. 성격의 정의(personality)

성격이란 어떠한 일관된 행동 경향성을 말하며 개인의 특징적 성향을 가리킨다. 이러한 성격은 적응 방식과 큰 영향을 주고받는다.

2. 성격의 형성 – '유전 vs 환경' 중요

현대 성격 연구자들은 유전과 환경의 상호작용에 의해 성격이 형성된다고 생각한다.

TOPIC. 2 성격의 제이론

1. 정신역동이론

(1) 개요

주로 초기 아동기 경험, 무의식적 동기와 갈등, 성적 및 공격적 충동이라는 개념을 가지고 인간의 성격·동기 및 심리장애를 설명하려는 이론이다.

(2) 성격의 구조

Freud는 성격을 이드, 자아, 초자아의 세 가지 구조로 구분하고 행동은 세 구조가 상호작용한 결과라고 보았다.

① 이드(id)
   ㉠ 정신적 에너지의 저장소로 성격의 원초적(일차적)·본능적 요소
   ㉡ 이드는 생물학적 충동을 지연시키지 않고 즉각적으로 만족시키려고 하는 쾌락원리(pleasure principle)에 지배되며, 일차 과정으로서 원시적, 비논리적, 비합리적, 환상지향적인 특성을 가짐
② 자아(ego)
   ㉠ 현실원리(reality principle)에 따라 작동하는 성격의 의사결정 요소로 즉적인 만족을 추구하려는 이드와 현실을 중재하는 역할
   ㉡ 즉 자아는 사회규범, 규칙, 관습과 같은 사회적 현실을 고려해서 행동을 결정
   ㉢ 이드가 '힘이 좋은 말'이라면 자아는 '말의 진행 방향과 속도를 결정하는 마부'와 같은 역할 (Freud, 1923)

② 자아는 이드의 욕구를 최대한 만족시켜 주고자 노력하며 2차 과정으로서 합리적이고 현실적이어서 문제 해결적이 사고가 필요함

③ 초자아(super ego)

　㉠ 자아가 현실을 고려하는 데 비해 초자아는 무엇이 옳고 그른가에 대한 사회적 기준을 통합하는 성격의 요소

　㉡ 대부분의 사람들은 아동기를 통해 부모의 가치관, 선과 악, 도덕과 같은 사회적 규범을 내면화함

　㉢ 초자아는 도덕성을 추구하나 이러한 요구가 지나치면 죄책감을 느끼게 됨

(3) 인식의 수준

① 의식 : 특정 시점에 인식하는 모든 것을 의미한다.

② 전의식 : 조금만 노력하면 쉽게 떠올릴 수 있는, 인식의 표면 밑에 있는 내용을 의미한다.

③ 무의식

　㉠ 의식적 인식이 어렵지만 행동에 큰 영향력을 발휘하는 사고, 기억, 욕구 등

　㉡ 아동기의 외상(trauma), 부모에 대한 감추어진 적대감, 억압된 성적 욕구 등이 무의식에 속함

(4) 갈등, 성 및 공격 충동(libido)

① Freud는 행동이란 내적 갈등의 결과로서 이드, 자아 및 초자아의 내적 투쟁을 일상적으로 일어나는 과정이라고 보았다. 그중 성이나 공격 충동에 대한 갈등은 더 강력하다고 보았다.

② 성과 공격 충동을 강조한 두 가지 이유

　㉠ 성과 공격성은 다른 어떤 기본적인 동기보다 더 복잡하고 사회적 통제를 받을 가능성이 높다.

　㉡ 성적 및 공격적 행동을 통제하는 규범은 미묘하며 일관성이 없음. 따라서 성 및 공격 충동은 가장 중요한 혼란의 원인이 될 수 있다.

③ 이러한 욕구들은 다른 어떤 기본적인 생물학적 충동보다 더 많이 좌절된다. 단순히 배가 고프다거나 목이 마르다면 쉽게 해소할 수 있지만 성적 및 공격적 욕구는 쉽게 합리적으로 만족시킬 수 없으며 그 표현 또한 사회적 규범의 제약을 받기 때문에 다른 욕구보다 좌절되기 쉽다.

(5) 불안(anxiety)과 방어기제(mechanism of defense) 〔중요〕

① 대부분의 내적 갈등은 해결할 수 있지만 어떤 갈등은 쉽게 해결하기 어렵고 아주 오랫동안 내적 긴장을 유발하는데, 오래 지속되는 대부분의 갈등을 성적 및 공격적 충동이라고 본다. 이러한 갈등은 완전한 무의식에서 진행되며, 이러한 무의식적 갈등은 인식되지 않지만 불안을 유발하게 된다.

② 불안은 불쾌한 정서 상태이므로 어떤 방법을 동원해서라도 제거하려고 하는데, 이를 위한 방법 중 하나가 방어기제를 사용하는 것이다.

③ 방어기제 : 불안이나 죄책감과 같은 불쾌한 정서 상태에서 자신을 보호하기 위한 무의식적 반응

　㉠ 합리화(rationalization) : 수용할 수 없는 행동을 그럴듯한 변명으로 정당화시키는 것

　㉡ 억압 : 불쾌한 사고나 갈등을 무의식에 묻어두는 방어기제로 "동기화된 망각"이라고도 함

　　예 치과에 가야 할 사람이 약속 시간을 잊어버리는 것, 싫어하는 사람의 이름을 기억하지 못하는 것 등

　㉢ 투사(projection) : 자신의 생각, 감정, 동기 등을 다른 사람의 탓으로 돌리는 방어기제

　㉣ 전치(displacement) : 어떤 대상에게 느낀 감정을 다른 대상에게 전환시키는 방어기제

🔵 직장상사에게 굽실거리고 기를 펴지 못하는 남자 사원이 집에서는 자녀나 아내에게 큰소리치는 것
　　ⓜ 반동형성(reaction formation) : 자신의 실제 감정과 상반되게 행동하는 것
　　ⓗ 퇴행(regression) : 미숙한 행동 양식으로 되돌아가는 것
　　ⓢ 동일시(identification) : 어떤 사람이나 집단과 실제적 또는 상상적으로 닮아 감으로써 자존심을
　　　고양시키려는 것 🔵 유명한 가수, 배우, 운동선수들을 동일시함으로써 자존심을 높이려 하는 방법

(6) 심리성적 발달 단계

① Freud는 개인의 성격은 5세경에 이미 그 토대가 형성된다고 주장하였으며 이에 근거해서 발달이론을 제안하였다.
② Freud의 발달이론을 심리성적 단계이론이라고 하는 이유는 각 발달 단계의 특징적인 성적 충동이 이후의 성격에 영향을 미친다고 보기 때문이다.
③ Freud는 발달 단계마다 독특한 발달과제 또는 목표가 있다고 가정하고, 이러한 목표나 과제를 해결하는 방법이 성격을 형성하는데, 이 과정에서 가장 문제가 되는 것이 고착(fixation)이라고 보았다.
④ 고착이란 한 단계에서 다음 단계로 진행하지 못하는 것으로 한 발달 단계에서 욕구가 지나치게 만족되거나 좌절될 때 고착이 일어난다고 하였다.

[Freud의 심리성적 발달단계(Psychisecual development)]

발달 단계	주된 발달 특징	성격 특징
구강기(0~2세) Oral stage	깨물기, 빨기, 삼키는 행위 등을 통해 성욕을 충족시킴	수동적, 이타적, 논쟁적, 냉소적, 험담
항문기(2~3세) Anal stage	배설물의 보유 및 배설을 통해 성욕 충족 및 사회적 통제를 습득	고집, 인색함, 복종적, 결백증, 지저분함, 잔인함, 파괴적, 난폭함, 적개심
남근기(3~6세) Phallic stage	• 성기에 관심이 높아짐 • 이성 부모를 사랑하고 동성 부모를 동일시함 • 초자아 발생	• 남성 : 경솔, 야심, 과장적 • 여성 : 난잡, 경박, 유혹적
잠복기(7~12세) Latent stage	• 성욕이 잠재됨 • 지적 관심 및 동성 친구와의 우정을 중시함	리비도가 잠재되어 성격 유형이 발생하지 않음
성기기(13세 이후) Genital stage	• 이성에 관심이 높아지고 2차 성징이 나타남 • 성행위를 추구함	의존적, 반사회적

㉠ 구강기(생후 1년)
　• 이 단계에서는 주로 깨물기나 빨기와 같은 구강욕구를 충족시킴
　• Freud에 따르면 구강기에 고착되면 빠는 행동과 관련하여 강박적인 흡연 습관과 같은 행동으로 발전 가능

ⓛ 항문기(1~3세)
- 이 시기에는 배설이나 배설의 보유와 같은 내장운동을 통해 성적 쾌감을 경험함
- 유아는 이 단계에서 배변훈련을 통해 처음으로 사회적 통제를 경험하게 되는데, 배변훈련이 지나치게 엄격하면 여러 부정적인 결과가 나타날 수 있다고 여겨짐
ⓒ 남근기(3~6세경)
- 이 단계에서는 생식기를 통해 쾌감을 추구하는 소위 오이디푸스 컴플렉스(Oedipus complex)가 나타남
- 남아는 어머니에 대해 성적으로 집근하고 아버지를 경쟁 상대로 보아 적대시하며, 여아는 이성인 아버지에 대해 특별한 관심을 기울임과 동시에 남자 아이와 자신의 성기가 다르다는 것을 알고 이를 부러워하는 남근선망(penis envy)을 경험하여 자신의 해부학적 결함이 어머니 탓이라고 보고 적대감을 느끼게 됨
- 이 시기에는 이성 부모에 대한 성적 욕구를 억압하고 동성 부모에 대한 적대감을 해소시켜 오이디푸스 컴플렉스를 극복하는 것이 건전한 심리성적 발달의 관건이 됨
ⓔ 잠복기(6~12세경)
- 이 시기의 아동은 성적 충동을 억압함
- 이 단계의 가장 중요한 과제는 가족이라는 울타리를 벗어나서 사회적 접촉을 확대시키는 것
ⓜ 생식기(12세 이후 사춘기)
- 이 단계에서는 억압된 성적 충동이 다시 활성화되고 생식기를 통해 성적 욕구를 만족시키려 함
- 자신에게 향했던 성적 에너지가 같은 또래의 이성에게 향하게 됨
※ Freud의 이론에서 아동기 초기에 성격의 틀이 완성된다고 해서 아동기 이후에 성격이 발달되지 않는다는 것은 아니다. 다만 아동기 초기에 결정된 틀 내에서 발달이 진행되며, 아동기 이후의 갈등은 초기의 갈등이 재현되는 것에 불과하다고 본다.

2. 행동주의이론

(1) 개요

① 심리학의 대상은 객관적으로 관찰 가능한 행동만이 그 대상이 되어야 한다는 이론이다.
② John B. Watson : 학습 강조, 극단적 환경론 ⓔ 10명의 신생아

(2) 성격의 구조

① 성격 구조에 대한 관심이 거의 없다.
② 성격이란 학습된 습관 위계일 뿐이다.
③ S(자극)－R(반응) 연합들의 network에서 발생 확률이 가장 높은 반응이 나타날 것이다.

(3) 성격의 발달

성격의 구조보다는 발달 과정에 관심이 많으며, 학습을 통해 어떻게 반응 경향성과 습관의 위계가 형성되는지 설명하려고 한다.

① 고전적 조건화(classical conditioning)
　　㉠ Pavlov(1906) : S-R psychology, 무조건-조건자극, 소거, 일반화
　　　(벨소리는 원래 중성 자극 → 벨+음식을 연합시켜 침 분비 반응 → 벨소리만 나도 침 분비)
　　㉡ 실생활의 예 : 중국집 간판(모든 경우로 확산되면 일반화)

② 작동적 조건화(operant conditioning, 조작적 조건화)
　　㉠ B.F. Skinner(1938)
　　　• 강화를 어떻게 받는가에 따라 다음 행동이 결정된다고 봄
　　　• 스키너 상자 고안
　　㉡ 강화를 받기 위해 환경을 조작
　　㉢ 긍정적 결과를 가져온 행동은 지속되고 중성적이거나 부정적 결과를 가져올 행동은 반복되지 않음
　　㉣ 보상(reward), 강화(reinforcement), 처벌(punishment)
　　　• 정적 강화 : 만족감을 증진시켜 주기 때문에 어떤 행동이 강화됨 **예** 아동의 자기 주장성이 부모의 정적 강화에 의해 발달됨
　　　• 부적 강화 : 혐오감을 종료, 피하게 해주기 때문에 어떤 행동이 강화됨 **예** 학교에 가기 싫어하는 아이는 불안이 높아지면 아프다고 꾀병을 부려 불쾌한 일을 회피함
　　　• 처벌 : 불쾌하고 위해를 가할 수 있는 자극 후에는 이와 연관된 행동이 약화됨 **예** 체벌

③ 관찰 학습(observational learning)
　　㉠ Albert Bandura(1977) : 관찰된 모방학습, 간접학습, S-O-R psychology
　　㉡ 본보기가 되는 사람의 행동을 모방
　　㉢ 낯선 곳이나 새로운 곳에도 적응 가능

(4) 동기

긴장은 우리가 선호하는 강화물을 얻으려는 것에서 비롯된다. 강화를 얻으면 그 행동은 강화되고, 높은 동기를 갖게 한다.

(5) 건강한 성격

원래는 이러한 질문에 대해서는 비과학적이라고 일축한다. 유추컨대, 환경 요구에 효과적으로 맞추는 것 또는 환경에서의 자기행동관리능력이다.

(6) 공헌점

① 학습 · 경험을 강조하였다.
② 행동의 상황결정론, 행동 수정, 과학적 의식 수준의 연구가 이루어졌다.

(7) 비판점

① 인지과정을 중요하게 생각하지 않았다.
② 전체로서 성격을 이해하지 못하였다.
③ 동물실험에 과도하게 의존하였다.

3. 인본주의이론

(1) 개요

개인의 자유와 성장 잠재력 같은 인간 고유의 특성을 강조하는 이론이다.

(2) 인본주의적 철학의 특징

① 동물행동이 아닌 인간 자체에 관심을 갖는다. 인간의 존재(사랑, 창조성, 외로움, 죽음)에 관한 중요한 문제들을 다룬다.
② 낙관적 인간관(예 Viktor Frankl) : "인간은 모두 자기지향성을 가진다."
③ 현상학적 접근
   ㉠ 객관적 현실보다 주관적이고 개인적인 세계관을 다룸 예 "경험하는 것이 모든 것이다."
   ㉡ 공감의 기초
④ 의식 수준, 합리성을 강조한다.
⑤ 전체적 관점(wholistic) : 각 부분은 개별적으로는 의미가 없으며, 통합적 관점으로 본다.

(3) 성격의 구조

① 자기개념(Carl Rogers, 1951, 1959)
   ㉠ Self-concept : 자신에 대해 스스로 갖고 있는 정신적 그림
   ㉡ 자기의 본성(nature) 및 전형적 행동, 강점, 약점 등에 대한 믿음과 판단들의 결집체 예 난 괜찮은 애야, 나는 예뻐, 나는 부끄럼을 잘 타
② incongruence(불일치성) : 실제 경험과 자기개념 간의 불일치가 발생하면 이 불일치가 중요한 동기로 작용한다.

(4) 성격의 발달

① 특별히 성격이 어떻게 형성되는지를 지적하지는 않았다.
② 무조건적 긍정적 존중
③ 현실적인 경험에 일치하는 정확한 자기개념
④ 진실성
   ㉠ 아이들은 대부분 무조건적인 긍정적 대우를 받으면서 자라는데, 어떤 시기가 되면 부모들은 흔히 조건적인 긍정적 대우를 하게 된다.
   ㉡ 아이는 부모로부터 가치가 없다고 지적받은 행동(예 개를 때리는 행동) 때문에 자기개념 경험이 부정적으로 되는 것이 싫어서, 사실을 부인하거나 왜곡하게 된다.

ⓒ 명백히 개가 괴로워하는데도, '나는 개를 괴롭히는 것이 아니야', '개는 내가 때리면 좋아해'라고 스스로를 기만한다.

ⓡ 우리는 성장하면서 더 많은 사람들이 자신을 칭찬하도록 경험을 왜곡하고, 자기개념이 실제 경험과 크게 불일치하는 경향이 있다.

ⓜ 상대적으로 무조건적 긍정적 대우를 받았다면, 타인에게 거부당하는 것에 대한 걱정을 덜 하므로 가치가 없다고 지적받은 행동을 자기개념에 수용하는 것이 훨씬 덜 위협적이다. 즉 불일치는 줄어들게 된다.

(5) 동기

① Carl Rogers : 자기실현 경향성이 우리를 동기화시키며, 자기개념에 일치되게 행동하는 경향성을 동기라고 보았다.

② Abraham Maslow : 욕구 위계, 즉 하위 욕구가 부분적이라도 충족되어야만 상위계층의 욕구가 강력한 동기의 원천이 된다고 보았다.

(6) 건강한 성격

① Rogers : 완전하게 기능하는 성격이다. 자유, 경험에 대한 개방성, 직관을 신뢰할 수 있다.

② Maslow : 자아를 실현하는 성격이다.

   ⓖ 효율적인 현실 지각 : 왜곡 · 부인하지 않고 자신의 욕구가 걸려 있더라도 객관적 거리를 두고 봄

   ⓛ 자기수용 : 약점으로 우울하거나 장점 때문에 기고만장하지 않음

   ⓒ 자발성

   ⓡ 문제 중심적 : 자기 중심적이 아니라 자신이 하는 일에 에너지를 집중함

   ⓜ 자율성/의존 배제 : 자신이 경험하고 책임 역시 자신이 진다는 의미로, 사회적 영향에 휩쓸리지 않음

   ⓗ 평가에 대한 지속적인 새로움 : 아름다움을 즐기고 감상

   ⓢ 절정의 경험 : 경이로우며 최고조의 기쁨을 주는 경험

   ⓞ 강한 사회적 관심 및 관계 : 강력한 인간애

   ⓩ 공격적이지 않은 유머

   ⓒ 양극단에서의 균형, 중용 : 반대 성향을 자신 내에서 통합하여 균형 잡힌 성격을 이룸

(7) 공헌점과 비판점

① 공헌점

   ⓖ 주관적 관점을 강조하였으며, 진단이란 결국 가치부여적임을 지적함

   ⓛ 치료적 개혁, 건강함 등

② 비판점

   ⓖ 검증력의 결여와 부적당한 증거들

   ⓛ 지나치게 낙관적인 인간관과 자기도취적 해석

4. 특성이론

(1) 유형이론(typology)

① Hippocrates의 체액론 : 최초의 유형론으로 사람의 체액을 혈액, 점액, 흑담즙, 담즙으로 구분하고 그중 어느 체액이 신체 내에서 우세한가에 따라 성격이 결정된다고 주장하였다.

② Kretschemer의 체격론 : 체형에 따라 사람을 쇠약형, 비만형, 투사형, 이상발육형의 네 범주로 나누고 각 체형에 따라 성격이 결정된다고 보았다.

　㉠ 쇠약형 : 갸냘프고 마른 사람들로 정신분열증에 걸릴 가능성이 높음

　㉡ 비만형 : 둥글고 땅딸한 사람들로 조울증에 걸릴 가능성이 높음

　㉢ 투사형 : 강하고 근육이 발달된 사람으로 조울증보다 정신분열증을 보이는 경향이 다소 많음

　㉣ 이상발육형 : 신체 발달의 균형이 잡히지 않은 사람들로서 투사형과 유사한 성향을 보임

③ Sheldon : Kretschemer의 연구를 더욱 발전시켜 개인의 성격은 내배엽형, 중배엽형, 외배엽형의 세 가지 차원에서 점수를 평정하여 유형화시킬 수 있다고 주장하였다.

　㉠ 내배엽형 : 내장구조들이 고도로 발달된 사람들로 수줍어하고 내성적인 기질을 가짐

　㉡ 중배엽형 : 근육이 우세한 사람들로 활동적, 자기 주장적, 정력적인 기질을 가짐

　㉢ 외배엽형 : 근육이 섬세하고 약한 사람들로 편안함을 즐기며, 사교적인 기질을 가짐

(2) 특질이론(trait theory)

① 개요

　㉠ 특질이론은 어느 두 사람도 완전히 동일한 성격을 가질 수 없다는 가정에 기초함

　㉡ 특질이론가들은 한 개인이 타인과 지속적으로 어떻게 서로 다른지가 성격의 본질이라고 주장하고, 성격의 연구는 안정된 성격 특질들을 알아내는 것이며, 성격이론은 이러한 특질(trait)들을 체계적으로 분류하는 것이라고 주장함

　㉢ 대표적인 특질이론가 : Gordon Allport, Raymond Cattell, Hans Eysenk 등

② Allport

　㉠ 특질이란 개인에게 여러 가지 다른 자극이나 상황에 대해 유사한 방식으로 반응하도록 조작하는 실체로서, 개인의 사고, 정서 및 행동을 결정하는 중요한 역할을 한다고 주장함

　㉡ 특질을 행동상에 미치는 정도에 따라 주(기본)특질(cardinal trait), 중심특질(central trait), 이차적 특질(secondary disposition)로 구분

주특질 (cardinal trait)	• 영향력이 매우 커서 한 개인의 행동 전반에 영향을 미친다. • 주특질의 지배를 받는 사람은 마치 주특질의 노예가 되어 있는 것처럼 여겨지는데, 예를 들어 눈만 뜨면 재산을 모으려고 한다든지, 권력을 잡으려고 애쓰는 사람 등이 있다. • 이러한 열정적인 주특질은 소수의 사람들만이 가지게 된다고 보았다.
중심특질 (central trait)	• 주특질보다 행동에 미치는 영향력은 적지만 비교적 보편적이고 일관된 영향을 끼치는 것이다. • 우리가 한 개인을 기술할 때 사용하는 특성들이 바로 중심특질에 해당한다. • 예를 들어 우리가 한 개인에 대해 시간을 잘 지키고 사리가 분명하며 믿을 수 있다고 하였다면, 이는 중심특질을 기술한 것이다.

이차적 특질 (secondary trait)	• 중심특질보다 덜 보편적이고 덜 일관적인 영향을 미치는 것이다. • 예를 들어 한 개인이 학교에서는 깔끔하지만 집에서는 깔끔하지 않다면 이것이 이차적 특질에 해당한다.

③ Eysenk

　㉠ 소수의 성격 차원만이 존재하며, 개인은 이러한 차원들에서 정도의 차이에 의해 독특한 특질을 소유하게 된다고 주장함

　㉡ 요인 분석을 통하여 세 가지 성격 차원들을 발견하였는데, 초기에는 외향성 – 내향성(extroversion – introversion) 차원과 안정성 – 불안정성(stability – instability) 차원 또는 신경증적 경향성(neuroticism) 차원이라고 불리는 두 개의 차원을 발견하였고, 그 후에 정신병적 경향성(psychoticism) 차원을 추가함

외향성 – 내향성	• 뇌의 각성 수준과 관련되어 있다. • 외향성인 사람들은 충동적이고 혈기왕성하며 사교적인 특성들이 나타난다. • 내향성인 사람들은 수줍어하고 관심이 한정되어 있으며 내성적이고 과묵한 특성들을 보인다.
신경증적 경향성	• 정서적인 안정성과 관련이 있는 차원이다. • 신경증적인 경향성이 높을수록 정서적으로 불안정하고 예민하여 사소한 일에도 지나치게 근심을 하는 경향이 있다.
정신병적 경향성	• 정신병자가 될 정도를 반영하는 차원이다. • 정신병적 경향성이 높을수록 타인을 배려하지 않고, 이기적으로 행동하며 공격적이다. • 또한, 냉정하고 충동적으로 행동하며 자제할 줄 모르는 행동 경향성을 보인다.

5. 행동 및 사회학습이론

(1) Skinner의 조건형성

① Skinner는 반응경향성이 학습을 통해 습득되는 과정을 규명함으로써 성격발달을 설명하였다.

② 인간의 행동은 조작적 조건형성된 결과로, 보상이나 처벌 및 소거와 같은 환경적인 결과가 인간의 반응 유형을 결정한다고 보았다. 즉 바람직한 결과(강화)가 수반되면 그 반응이 증가하지만 부적인 결과(처벌)가 수반되면 그 반응 경향은 감소한다는 것이다.

③ Freud와는 대조적으로 Skinner는 성격발달 단계를 가정하지 않았고 초기 아동기 경험의 중요성도 강조하지 않았다. 왜냐하면 성격이란 일종의 조건형성 과정을 통해 획득되는 것이고 반응경향성은 새로운 경험에 따라 증가하거나 감소하는 것으로 보기 때문이다. 즉 인간도 실험실에서 쥐나 비둘기의 행동이 조건형성되는 것과 동일한 원리에 따른다는 뜻이다.

④ 그는 조건형성의 과정은 반응경향성을 기계적으로 증가시키거나 감소시키는 과정이고 의식이 개입되지 않는다고 가정하였다. 따라서 인간행동에 대해 기계적이고 결정론적인 입장이므로 인지 과정을 무시했다는 측면에서 많은 비판을 받았다.

(2) 사회학습이론(Bandura) 중요

- ① 인지 과정과 상호결정론
  - ㉠ Bandura는 기본적으로 성격이 학습을 통해 형성된다는 전통적인 행동주의적 관점을 지지하면서도 인간은 수동적, 기계적 존재가 아니라 바람직한 결과를 최대화하기 위해서 환경에 대한 정보를 추구하고 처리하는 능동적 존재라는 입장이며, 따라서 Bandura의 이론을 상호결정론이라고도 함
  - ㉡ 상호결정론 : 환경이 행동을 결정하듯이 행동도 역시 환경을 결정한다는 이론
  - ㉢ 내적인 심리적 요인과 외적인 환경 요인 및 외현적 행동이 서로 영향을 주고받는다는 입장
- ② 관찰학습
  - ㉠ 모델이 되는 사람을 관찰함으로써 새로운 행동을 습득하는 것
  - ㉡ Bandura는 다른 사람의 조건형성 과정을 관찰하기만 하여도 대리적으로 조건형성이 될 수 있다고 봄
  - ㉢ 개인의 특징적인 행동 유형도 모델의 영향을 받는다고 보며, 따라서 모든 사람이 모델 역할을 할 수 있음
- ③ 자기효능감(self-efficacy) : 자신의 수행 능력에 대한 믿음으로, 자신의 어떤 행동이 기대한 결과를 얻을 수 있다는 능력에 대한 확신을 말함

6. 인지이론

(1) 엘리스(Albert Ellis, 1913)의 인지적 성격이론

- ① 인지·정서·행동치료(Rational-Emotive Behavior Therapy ; REBT) : 사건보다는 우리가 사건을 어떻게 생각하는가의 신념체계(belief system)가 우리의 감정이나 행동에 영향을 미친다는 가정하에 엘리스가 발달시킨 이론이다.
- ② 엘리스는 합리적 이성이 중요하다는 기본가정에서 1955년 처음으로 그의 상담접근방법을 '인지치료(rational therapy)'라고 불렀으나 1961년에 '인지-정서치료(rational-emotive therapy)'로 변경한 후, 1993년에 '인지·정서·행동치료'로 바꾸었다.
- ③ 이와 같은 발달 과정으로, 엘리스는 자신의 상담 접근이 최근의 주요한 상담 및 심리치료의 경향인 인지치료(cognitive therapy)의 원조라고 주장하였다.

(2) 엘리스 이론의 주요 개념

- ① 성격의 세 가지 측면 : 엘리스는 성격 형성을 생리적 측면, 사회적 측면, 심리학적 측면으로 구분하여 다음과 같이 설명하였다.

생리적 측면	• 인간에게는 사용되지 않은 거대한 성장 자원이 있으며 자신의 사회적 운명과 개인적 운명을 변화시킬 수 있는 능력이 있다고 주장하였다. • 반면, 개인이 자신의 인생에서 일어나는 모든 일에서 최상의 것을 원하고 또한 주장하는 매우 강한 경향성을 가짐과 동시에 자신이 원하는 것을 얻지 못한다고 여길 때 자신, 타인 및 세상을 두루 비난하는 매우 강한 경향을 가지고 태어난다고 보았다. • 즉, 인간은 생득적인 자기 파괴 방식으로 자기 자신을 파괴한다.

사회적 측면	• 인간은 사회 집단 내에서 양육되며 인생의 대부분을 타인에게 인상을 남기려 하고, 타인의 기대에 맞춰 살고, 타인의 수행을 능가하려고 노력하는 데 바친다. • 엘리스에 따르면 정서적 장애는 타인들이 생각하는 것에 대해 지나치게 많은 염려를 하는 것과 관련되며, 다른 사람들이 자신을 좋게 생각할 때만 자기 스스로를 수용할 수 있다는 믿음으로부터 기인한다. • 그 결과 타인의 승인을 받고자 하는 욕망이 커지게 되어 타인에 대한 안정과 승인에 대한 욕구가 절대적이고 긴박한 욕구가 되고, 불안과 우울을 피할 수 없게 된다.
심리학적 측면	• 엘리스는 슬픔, 유감, 성가심, 좌절감과는 구별되는 정서적 혼란이 비합리적인 신념에서 유발된다고 보았다. • 개인이 일단 비합리적인 사고를 통해 불안과 우울을 경험하게 되면 스스로 불안하고 우울한 것에 대해 다시 불안하고 우울해하는 악순환을 경험하게 된다. • 개인의 현재 감정 측면에서 볼 때, 그 감정에 더 초점을 둘수록 그 감정들은 더 나빠질 가능성이 높으며, 따라서 바람직하지 못한 감정을 차단하기보다는 논리적인 관점을 통해 불안을 생성하는 신념 체계를 변화시키도록 해야 한다.

② 당위주의

㉠ 인간은 근본적으로 불완전한 존재이며 따라서 인간과 관련하여 당위성을 강조하는 것은 비합리적

㉡ 대체로 비합리적인 신념의 뿌리를 이루고 있는 것은 자신에 대한 당위성(I must), 타인에 대한 당위성(Others must), 조건에 대한 당위성(Conditions must)과 관련되어 있음

자신에 대한 당위성	• 우리 자신에 대해 당위성을 강조하는 것이다. 예 "나는 훌륭한 사람이어야 해." • 자신에 대한 당위적 사고가 이루어지지 않을 때 자기파멸이라는 생각을 갖게 된다.
타인에 대한 당위성	• 우리와 밀접하게 관련된 사람, 즉 부모, 자식, 부인이나 남편, 애인, 친구, 직장 동료에게 당위적인 행동을 기대하는 것이다. 예 "부모니까 나를 사랑해야 해." • 가까운 타인에게 바라는 당위적 기대가 이루어지지 않을 때 인간에 대한 불신감을 갖게 되며, 이는 인간에 대한 회의를 낳아 결국 자기비관이나 파멸을 가져오게 된다.
조건에 대한 당위성	• 우리에게 주어진 조건에 대해 당위성을 기내하는 것이다. 예 "나의 교실은 정숙해야 해." • 자신에게 주어진 조건에 대해 당위적 사고를 갖고 임하는 것이다. • 사람들은 흔히 이러한 당위적 조건을 기대하면서 그렇지 않은 경우에 화를 내거나 부적절한 행동을 한다.

③ 비합리적 사고 : 엘리스가 제시한 정서장애의 원인이자 이를 유지시키는 비합리적인 생각을 말한다.

㉠ 알고 있는 모든 의미 있는 사람들로부터 인정받고 사랑받는 것이 필연적이라는 생각

㉡ 자신이 가치 있는 사람이려면 모든 측면에서 철저하게 능력이 있고, 적절하고, 성취적이어야 한다는 생각

㉢ 어떤 사람은 절대적으로 나쁘고 사악해서 그러한 사악함 때문에 가혹하게 비난받고 처벌받아야 한다는 생각

㉣ 일이 자기가 원하는 대로 되지 않을 때 이것은 끔찍하고 파국적이라는 생각

㉤ 인간의 불행은 외적인 사건에서 비롯되었고 사람들은 자신의 슬픔과 장애를 통제할 능력이 없다는 생각

㉥ 위험하거나 두려운 일이 있으면 그 일에 대해 몹시 걱정하고 그 일이 일어날 가능성을 계속해서 가져야 한다는 생각

㉦ 인생의 어려움이나 자기책임감을 직면하는 것보다 피하는 것이 보다 용이하다는 생각

㉧ 사람은 다른 사람에게 의지해야 하고 의지할 만한 자신보다 강한 누군가가 있어야 한다는 생각

PART 01

PART 02

PART 03

PART 04

PART 05

PART 06

    ⓩ 자신의 과거사가 현재 행동의 중요한 결정 요인이며 과거에 일어났던 중요한 일이 자신의 인생에 영향을 미쳤던 것처럼 현재의 사건 또한 유사한 영향을 미치리라는 생각

    ⓩ 타인의 문제나 장애로 인해 자신이 몹시 당황하거나 속상해야 한다는 생각

    ㉧ 문제의 완전한 해결책이 항상 있어야 하며 만약 완전한 해결책을 찾지 못하면 파국이라는 생각

④ ABC 이론

    ㉠ 엘리스는 신념체계를 합리적인 것과 비합리적인 것으로 분류함

      • 합리적 신념체계를 가진 사람 : 일어난 사건에 대해 합리적 해석으로 대처하기 때문에 바람직한 정서적 · 행동적 결과를 가져옴

      • 비합리적 신념체계를 가진 사람 : 일어난 사건에 대해 비합리적으로 해석하여 바람직하지 않은 정서적 · 행동적 결과를 경험함

    ㉡ 엘리스에 따르면 정신적으로 건강한 사람은 합리적 신념체계에 따라 행동하는 사람이며 건강하지 않은 사람은 비합리적 신념체계의 지배를 받는 사람임

    ㉢ 우리의 정서적 · 행동적 결과에 영향을 미치는 원인으로 사건보다는 신념체계의 중요성을 강조한다는 점에서 인지 · 정서 · 행동치료를 ABC 이론이라고도 함

    ㉣ ABC 이론

      • A : 의미 있는 '활성화된 사건(Activating events)'

      • B : '신념체계(Belief system)'

      • C : 정서적 · 행동적 '결과(Consequences)'

    ㉤ 엘리스는 내담자의 심리적 고통이나 문제는 그의 비합리적 신념체계에서 비롯된 것이라고 확고하게 믿으며, 따라서 인지 · 정서 · 행동치료는 내담자가 가진 비합리적 신념체계를 합리적 신념체계로 바꾸는 것이라고 봄

    ㉥ 상담자는 문제를 가진 내담자의 신념체계가 비합리적이라는 것을 설득력 있게 논리적으로 반박함(disputing)으로써 변화를 유도함

⑤ REBT의 원리 : 인지 · 정서 · 행동치료(REBT)에서 주장하는 여섯 가지의 중요한 원리이다.

    ㉠ 인지는 인간 정서의 가장 중요한 핵심적 요소임

    ㉡ 역기능적 사고는 정서장애의 중요한 결정요인임

    ㉢ REBT의 기본 개념이 우리가 사고하는 것을 느끼는 것이기 때문에 REBT는 사고의 분석부터 시작함

    ㉣ 비합리적 사고와 정신병리를 유도하는 원인적 요인들은 유전적이고 환경적 영향을 포함하는 다중 요소로 되어 있음

    ㉤ REBT는 다른 상담이론과 마찬가지로 행동에 대한 과거의 영향보다 현재에 초점을 둠

    ㉥ 비록 쉽지 않지만, 신념은 변화한다고 믿음

(3) 벡의 인지적 성격이론

① 벡의 인지적 성격이론의 토대가 된 인지치료의 세 가지 주요 원리는 심리학의 현상학적 접근, 심층심리학, 그리고 인지심리학이다.

　㉠ 현상학적 접근 : 개인이 자기와 사적 세계에 대한 견해가 행동의 핵심이라는 것을 설명

　㉡ 심층심리학(프로이트) : 특히 프로이트의 일차적 이차적 과정에 대한 인지의 위계구조 개념에서 비롯됨

(4) 벡 이론의 주요 개념

① 벡 이론의 4가지 주요 개념

자동적 사고 (automatic thoughts)	• 우리의 마음속에 계속적으로 진행되는 인지의 흐름을 의미한다. • 상황과 정서를 중재한다.
중재적 신념 (intermediate beliefs)	사람들의 자동적 사고를 형성하는 극단적이며 절대적인 규칙과 태도를 반영한다.
핵심 신념 (core beliefs)	• 많은 자동적 인지에 바탕이 되는 자신에 대한 중심적 생각이며, 보통 자신의 중재적 신념에 반영되어 있다. • 핵심 신념은 '보편적인 것'과 '일반화된 절대적인 것'으로 기술된다. • 핵심 신념은 세계, 타인, 자신 그리고 미래에 대한 자신의 견해를 반영한다.
스키마 (schemas)	• 스키마는 Moss(1992)가 명명한 '인지의 세 구성 요소(cognitive triad)'인 '자신, 세계, 미래'를 보는 개인의 특유하고 습관적인 방식을 말한다. • 핵심 신념을 수반하는 '정신 내의 인지 구조'로 정의된다. • 벡은 스키마를 정보처리와 행동을 지배하는 구체적 규칙으로 보았으며, 치료 과정의 핵심이라고 보았다.

② 자동적 사고 `중요`

　㉠ 정서적 반응으로 이끄는 특별한 자극에 의해 유발된 개인화된 생각으로 노력 혹은 선택 없이 자발적으로 일어남

　㉡ 사람들이 자신의 경험으로부터 생성한 신념과 가정을 반영하므로, 예컨대 심리적 장애를 가진 사람의 자동적 사고는 흔히 왜곡되어 있거나, 극단적이거나 부정확함

　㉢ 자동적 사고의 주요한 특징

　　• 구체적이고 분리된 메시지임

　　• 흔히 축약해서 언어, 이미지 또는 둘 모두의 형태로 나타남

　　• 아무리 비합리적이라 할지라도 거의 믿어짐

　　• 자발적인 것으로서 경험됨

　　• 흔히 당위성을 가진 말로 표현됨

　　• 일을 극단적으로 보려는 경향성을 내포함

　　• 개인에 따라 독특하게 나타남

　　• 중단하기가 쉽지 않음

　　• 학습됨

③ 인지적 왜곡

　　⊙ 그릇된 가정 및 잘못된 개념화로 이끄는 체계적 오류

　　⊙ 정보 처리가 부정확하거나 비효과적일 때 나타나며 대개 비현실적인 세계관을 나타내거나 비논리적인 추론과 관련됨

　　⊙ 별다른 노력 없이도 자발적이고 자동적으로 발생하는 것처럼 보이기 때문에 부정적 자동적 사고라고 불림

　　　※ 자동적 사고는 순간 우리에게 떠오르는 생각이나 영상을 말한다.

　　⊙ 사람들에게 나타나는 다양한 인지적 왜곡의 유형

자의적 추론	• 충분하고 적절한 증거가 없는데도 결론에 도달하는 것 • 상황에 대한 비극적 결말이나 최악의 시나리오를 생각하는 것 • 자의적 추론의 다른 형태는 독심술과 부정적 예측 　– 독심술 : 타인들이 자기 자신의 마음을 읽을 수 있고 또 자기 자신이 무엇을 좋아하는지를 알아야 할 것이라는 상념과 관련 　– 부정적 예측(점술) : 어떤 나쁜 일이 이제 막 일어날 것이라고 상상하고, 또 실제로 예측한 다음 이러한 예측이 비록 현실적이지 못할지라도 사실로서 간주하는 것
선택적 추상 (정신적 여과)	• 상황의 긍정적인 양상을 여과하는 데 초점이 맞추어져 있고 극단적으로 부정적인 세부 사항에 머무르는 것 • 사건의 일부 세부 사항만을 기초로 결론을 내리고, 전체 맥락 중의 중요한 부분을 간과하는 것 • 관심을 두는 부분이 실패와 부족한 점에 관한 것뿐이라는 것이 여기에서의 가정 • 선택적 추상에서 개인은 여타의 가용 자료를 모두 무시한 채 자신의 우울한 생각을 정당화하거나 지지하는 단일의 근거만을 선택적으로 채택함
과일반화	• 단일 사건에 기초하여 극단적인 신념을 가지고 그것들을 유사하지 않은 사건들이나 장면에 부적절하게 적용하는 과정 • 과일반화에서 성적 피해자는 한 가지 사건에 기초한 결론을 광범위한 상황에 적용함 　⑩ "나는 한 남자에 의해 학대당했다. 이것은 모든 남자가 학대한 것이고 그들을 믿을 수 없음을 뜻한다."
극대화 혹은 극소화	• 왜곡은 개인이 불완전을 최대화하거나 좋은 점을 최소화할 때 발생 가능 • 불완전한 점들을 극대화하고 좋은 점들을 극소화하기 때문에, 결국 자신이 부적절하며 타인보다 열등하다고 생각하고 또 우울하다고 느끼게 됨
개인화 (잘못된 귀인)	• 관련지을 만한 일이 아님에도 불구하고 외적 사건들과 자기 자신을 관련짓는 경향 • 책임져야 할 사람은 아무도 없다는 가정을 내포함
이분법적 사고	• 완전한 실패 아니면 대단한 성공과 같이 흑백 논리로 사고하고 해석하거나, 경험을 극단으로 범주화하는 것 • 이러한 인지는 극단에 초점이 있어서, 둘 사이의 회색 영역을 무시하게 됨 • 이것은 자신의 실패 혹은 나쁜 측면만을 생각하게 하여 자동적으로 부정적인 신념으로 이끌도록 함으로써 낮은 자존감을 불러일으킴
정서적 추론	• 정서적 감정이 왜곡으로 보이지 않고, 현실과 진실의 반영으로 여겨지는 것 • 사람이 정서적 경험에 근거해서 자신, 세계 혹은 미래에 관해 추리하는 경우를 말함 • 자기 자신의 정서를 실제로 사실이 그렇다고 보는 근거로서 취하는 것 　⑩ "나는 부적절하다고 느낀다. 고로 나는 쓸모없는 사람이다."라고 추론하는 것
긍정 격하	• 개인이 자신의 긍정적인 경험을 격하시켜 평가하는 것 • 상황의 부정적인 측면에 초점을 맞추고 긍정적인 측면을 무시하는 선택적 추론과 달리, 긍정 격하에서 개인은 긍정적인 측면들을 능동적으로 무력화함

파국화	• 개인이 걱정하는 한 사건을 취하여 지나치게 과장하여 두려워하는 것 • 자신을 계속 파국화시키는 사람은 재난에 대한 과장된 사고를 통해 세상에 곧 종말이 닥칠 것이라는 두려움 속에서 살아감
명명과 잘못된 명명	• 자신에 대한 부정적 견해는 어떤 잘못에 근거한 자기 명명에 의해 창조됨 • 잘못된 명명 　－과일반화의 극단적인 형태로서 내담자가 어느 하나의 단일 사건, 종종 매우 드문 일에 기초하여 완전히 부정적으로 상상하는 것 　－개인이 자신의 오류나 불완전함에 근거해서 하나의 부정적 정체성을 창조하여 그것이 마치 진실한 자기인 것처럼 단정 짓는 것

7. 매슬로우의 욕구단계설

(1) 매슬로의 욕구단계설(Maslow's hierarchy of needs)

① 인간의 욕구가 중요도별로 단계를 형성한다는 동기이론의 일종이다.

② 하나의 욕구가 충족되면 위계상 다음 단계에 있는 다른 욕구가 나타나서 그 충족을 요구하는 식으로 체계를 이룬다.

③ 가장 먼저 요구되는 욕구는 다음 단계에서 달성하려는 욕구보다 강하고 그 욕구가 만족되었을 때만 다음 단계의 욕구로 전이된다.

(2) 욕구의 단계 중요

① 생리 욕구 : 허기를 면하고 생명을 유지하려는 욕구로서 가장 기본인 의복, 음식, 가택을 향한 욕구에서 성욕까지를 포함한다.

② 안전 욕구 : 생리 욕구가 충족되고서 나타나는 욕구로서 위험, 위협, 박탈(剝奪)로부터 자신을 보호하고 불안을 회피하려는 욕구이나.

③ 애정 · 소속 욕구 : 가족, 친구, 친척 등과 친교를 맺고 원하는 집단에 귀속되고 싶어 하는 욕구이다.

④ 존경 욕구 : 사람들과 친하게 지내고 싶은 인간의 기초가 되는 욕구이다.

⑤ 자아실현 욕구 : 자기를 계속 발전하게 하고자 자신의 잠재력을 최대한 발휘하려는 욕구이다. 다른 욕구와 달리 욕구가 충족될수록 더욱 증대되는 경향을 보여 '성장 욕구'라고도 한다. 알고 이해하려는 인지 욕구나 심미 욕구 등이 여기에 포함된다.

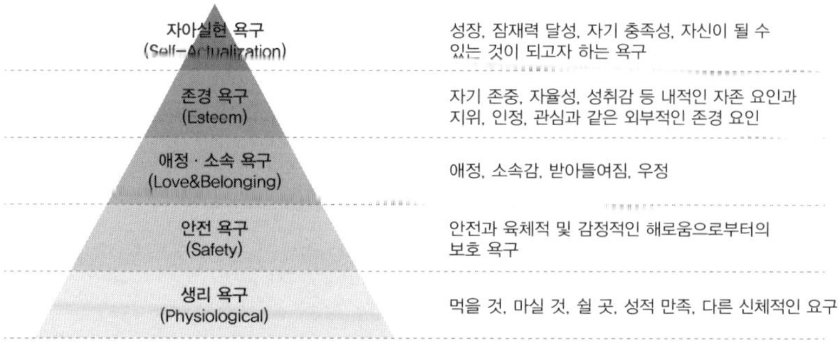

[**매슬로의 욕구단계 다이어그램**(아래로 갈수록 원초적인 욕구를 나타내는 피라미드로 나타남)]

(3) 결핍 욕구와 성장 욕구

① 결핍 욕구

㉠ 한번 충족되면 더는 동기로서 작용하지 않음

㉡ 생리 욕구, 안전 욕구, 사회상 욕구, 존경 욕구가 이에 해당함

② 성장 욕구

㉠ 충족될수록 그 욕구가 더욱 증대됨

㉡ 자아실현 욕구가 이에 해당함

CHAPTER 03 | 학습 및 인지심리학

1. 조건형성

(1) 고전적 조건형성(Classical Conditioning)

행동주의 심리학의 이론으로, 특정 반응을 이끌어내지 못하던 자극(중성자극)이 반응을 무조건적으로 이끌어내는 당자극(무조건자극)과 반복적으로 연합되면서 반응을 유발하게끔 하는 과정을 의미한다. 우리에게는 '파블로프의 개 실험'으로 잘 알려져 있다.

(2) 개요

① 무조건반응(UCR ; UnConditioned Response) : 생체가 본래 가지고 있는 반응 **예** 개가 침을 흘린다.

② 무조건자극(UCS ; UnConditioned Stimulus) : 무조건반응을 일으키는 자극 **예** 개에게 주는 음식

③ 중성자극 : 무조건반응을 일으키지 않는 자극 **예** 소리를 들려줌(※ 학습 성립 전)

④ 비상관반응 : 중성자극에 의해 일어나는 반응 **예** 개가 귀를 기울임

⑤ 고전적 조건형성 : 중성자극 직후에 무조건자극을 주는 것을 반복하면 중성자극만으로 무조건반응이 일어나게 되는 것

  ㉠ 조건자극(CS ; Conditioned Stimulus) : 고전적 조건형성에 따른 자극

  ㉡ 조건반응(CR ; Conditioned Response) : 고전적 조건형성에 따른 반응

   예 고전적 조건형성이 학습된 개에게 소리를 들려주는 것은 조건자극이며, 이 소리에 반응하여 침을 분비하는 것은 조건반응이다.

(3) 조건형성

① 조건형성

  ㉠ 조건형성 : 평소 특정한 반응을 이끌어내지 못했던 자극(중성자극, Neutral Stimulus, NS)이 무조건적인 반응을 이끌어내는 자극과 연합하는 과정

  ㉡ 조건형성이 이루어지면 중성자극은 조건자극이 되어 조건반응을 이끌어냄

  ㉢ 파블로프는 조건형성이라는 과정을 통해 행동의 수정이 이루어질 수 있다고 보았음

② 파블로프의 조건형성 실험 사례

  ㉠ 조건형성 이전

   • 개는 음식을 보면 무조건 침을 흘린다. → 여기서 음식은 무조건자극(UCS)이 되고, 침을 흘리는 반응은 무조건반응(UCR)이 됨

- 또한 종소리를 들려주면 개는 반응이 없다. → 여기서 종소리는 어떤 반응도 이끌어내지 못하는 중성자극(NS)이 됨
  - ⓒ 조건형성 과정
    - 개에게 음식을 줄 때마다(UCS) 반복적으로 종소리(NS)를 같이 들려준다.
    - 이 과정을 무조건자극과 중성자극의 연합, 혹은 조건형성이라고 표현한다.
  - ⓒ 조건형성 이후
    - 조건형성이 된 후에는 중성자극인 종소리(NS)만 들려주어도 침을 흘리게 된다.
    - 여기서 조건형성이 된 후의 종소리는 조건자극(CS)이 되고, 조건형성이 된 후에 침을 흘리는 반사는 조건반응(CR)이 된다.
    - 이런 고전적 조건형성이 일어나는 이유는 어떤 유기체가 조건자극(CS)을 제공받으면 곧이어 무조건자극(UCS)도 함께 제공받을 것이라고 믿기 때문이다. 즉, 조건자극을 무조건자극이 제공된다는 신호로 파악한다는 것이다.

> **I+ 이해더하기 I**
>
> **고전적 조건형성을 실험한 다른 사례**
> Watson & Rayner(1920)는 알버트라는 아이가 흰 쥐에게 공포를 느끼도록 하였다. 이 아이는 본래 흰 쥐에게 공포를 느끼지 않던 아이였으나 알버트가 흰 쥐에게 다가가거나 만질 때마다 갑작스레 큰 소리를 들려주었고, 결국 알버트는 흰 쥐를 무서워하게 되었다. 사람은 원래 갑작스러운 큰 소리에 놀라는 반응을 보인다. 여기서 큰 소리는 무조건자극이 되고, 놀라는 반응은 무조건반응이 되는 것이다. 처음에는 무서움을 느끼지 않았던 흰 쥐(중성자극)와 큰소리(무조건자극)를 지속적으로 연합하면 흰 쥐(조건자극)만 보아도 놀라는 반응(조건반응)을 하게 되는 것이며, 이 또한 고전적 조건형성이라고 볼 수 있다.

③ 이차적 조건형성
  - ⊙ 조건자극은 본래 반응을 이끌어내지 못하는 중성자극이나, 조건형성이 이루어지고 나면 무조건 자극과 같이 반응을 이끌어내게 된다.
  - ⓒ 이차적 조건형성 : 조건형성이 된 자극이 다른 중성자극도 조건형성하는 현상 **예** 파블로프의 개 실험에서 조건형성이 된 종소리와 함께 파란 불빛을 보여주면 파란 불빛만 봐도 침을 흘리게 되는 것
  - ⓒ 이차적 조건형성 이상의 조건형성을 삼차적 조건형성, 사차적 조건형성 등 고차적 조건형성이라고 한다.
    - ※ 현실적으로 삼차적 조건형성 이상은 일어나기 힘들다. 이런 고차적 조건형성에서는 조건자극들이 연달아 제공되고, 음식이 제공되지 않아 소거의 과정이 일어나기 때문이다.

(4) 소거(Extinction)

① 개요
  - ⊙ 조건형성이 풀어져 조건자극이 다시 중성자극으로 돌아가는 것 **예** 파블로프의 개 실험에서 조건 자극인 종소리만 들려주고 계속해서 음식을 제공하지 않는다면 개는 조건자극인 종소리를 듣고도 침을 흘리지 않게 된다.
  - ⓒ 조건자극과 함께 무조건자극을 계속해서 제공하지 않는다면 조건반응을 하지 않게 된다.

② 회복

　　㉠ 자발적 회복

　　　• 소거가 일어난 조건반응에 대하여 조건자극을 갑자기 제시할 경우 다시 조건반응을 일으키는 것 **예** 소거가 일어난 파블로프의 개에게 종소리(조건자극)를 갑자기 제시하면 개는 침(조건반응)을 흘림

　　　• 학습이 영속적이라는 것을 뒷받침하는 근거가 되기도 한다. **예** 배운 내용을 잊어버렸다고 해서 두뇌에서 아예 지워지는 것이 아니라 어떤 계기에 의해 문득 떠오르기도 하는 것

　　㉡ 소거가 일어난 중성자극에 대하여 다시 무조건자극을 제시하면 중성자극은 다시 조건자극으로 회복되며, 둘 간의 연결은 더욱 단단해진다.

(5) 자극일반화(Stimulus Generalization)

① 조건자극과 유사한 다른 자극에 동일한 조건반응이 나타나는 것을 말한다.

② 갈치구이를 먹다가 목에 가시가 걸린 적이 있는 아이가 식사 때마다 생선을 피하려는 모습을 예로 들 수 있다.

③ 가시가 많지 않거나 씹어 먹으면 되는 생선통조림을 우연히 먹은 아이는 다시 생선을 먹을 수 있게 되는데 이런 현상을 변별(Discrimination)이라고 한다.

(6) 변별(Discrimination)

① 자극을 구분하여 반응하는 것이다.

② 따라서 자극일반화는 자극 변별에 실패한 상태라 할 수 있다.

(7) 미각혐오학습

일반적으로 고전적 조건형성은 보통 수차례 반복이 되어야 자극 간의 연합이 이루어지는데, 차례 반복을 통한 연합이 아니라 단 한 번의 강렬한 경험으로 바로 조건반응을 일으키게 되는 현상을 미각혐오학습 혹은 가르시아 효과라 한다.

예 한 실험에서 쥐에게 먹이를 주고 어느 정도 후에 열을 가해 매스꺼움과 구토 등을 유발시켰더니 그 후에도 그러한 종류의 먹이를 피하는 모습이 나타났다.

(8) 스키너의 조작적 조건형성

① Skinner는 대응적 행동(respondent)과 조작적 행동(operant)을 구분하였다.

　　㉠ 대응적 행동 : 알려져 있는 자극에 의하여 인출(elicit)되는 것

　　㉡ 조작적 행동 : 단순히 유기체에 의하여 방사되는(emit), 다시 말하면 원인이 되는 자극을 잘 모르거나, 또는 알 필요가 없는 행동

② 조건화의 종류

　　㉠ S형 조건화 : 대응적 조건화(respondent conditioning)라 부르는 것으로, 고전적 조건화(classical conditioning)를 말함

　　㉡ R형 조건화 : 조작적 조건화라고도 부르며, 연구는 거의 전적으로 R형, 즉 조작적 조건화에 관하여 이루어짐

(9) 조작적 조건화와 유관학습

① 조건화의 핵심

ㄱ 파블로프는 고전적 조건형성을 통해 조건자극(CS)과 무조건 자극(USC)의 시간적 근접성을 조건화의 핵심으로 주장함

ㄴ 빛이와 고긴회된 종소리 간의 시간적 간격이 짧을수록 조건형성이 잘 이루어지는 반면, 그 간격이 길수록 조건형성이 잘 이루어지지 않음

② 자극 간의 유관 인지

ㄱ 개에게 무조건 자극으로서 먹이를 줄 때 종소리 이외에 다양한 자극들이 결합 가능 **예** 실험자의 발소리, 문 여는 소리 등

ㄴ 상기와 같은 상황에도 불구하고 조건형성이 종소리와 먹이 사이에만 이루어진 것은 개가 두 자극 사이에서만 유관을 인지하였기 때문

③ 유관 강화 : 유관은 보상과 반응이 연결되어 있는 것을 의미하며, 이는 곧 유관 강화(Contingent Reinforcement)에 해당한다.

(10) 조작적 조건형성의 주요 측면

① 조형(shaping) : 쥐의 지렛대 누름 반응과 같이 점차 새로운 반응을 습득시켜 가는 과정을 말한다. 조형에는 두 가지 요소가 있다.

ㄱ 차별 강화 : 어떤 반응은 강화를 받고 다른 어떤 반응은 강화를 받지 않는 것

ㄴ 계속적 접근 : 실험자가 원하는 것에 점차적으로 비슷해지는 반응만 강화를 받는 것

② 강화(reinforcement) : 특정 행동에 즉각적으로 뒤따라 나오는 반응 결과의 변화에 의해 이후 행동의 빈도가 증가하게 되는 과정이다.

ㄱ 정적 강화(positive reinforcement)

  • 어떤 특정한 행동이 나오고 이 행동 뒤에 즉각적으로 어떤 것이 주어졌을 때 행동의 빈도가 증가되는 과정

  • 강화인(reinforcer) : 여기서 행동의 빈도를 증가시키는 역할을 한 자극

ㄴ 부적 강화(negative reinforcement)

  • 부적 강화는 행동의 빈도를 증가시킨다는 측면에서 정적 강화와 동일

  • 정적 강화는 행동의 결과로서 어떤 것이 주어짐으로써 이후 행동의 발생 빈도가 증가하게 되는 반면에, 부적 강화는 행동의 결과로서 어떤 것이 없어짐으로써 행동의 빈도가 증가하게 되는 과정이라는 점이 다름

ㄷ 처벌(punishment)

  • 유기체에게서 정적으로 강화적인 것을 빼앗아 가거나 부적 강화인을 제시, 적용하는 것

  • 부적 처벌 : 어떤 사람에게 그가 원하는 어떤 것을 빼앗아 가는 것

  • 정적 처벌 : 어떤 사람에게 그가 원하지 않는 어떤 것을 주는 것

  • 벌에 대한 효과성은 별반 효과가 없다는 것이 심리학자들의 대체적인 견해임

  • 벌은 그것이 적용되고 있는 한 반응을 억압시키지만 그 행동 습관을 약화시키지는 않음

③ 강화계획 또는 강화스케줄(Reinforcement Schedule)의 유형
  ㉠ 계속적 강화계획
    • 반응의 횟수나 시간에 상관없이 시대하는 반응이 나타날 때마다 강화를 부여
    • 학습 초기단계에는 효과적이지만, 일단 강화가 중지되는 경우 행동이 소거될 가능성도 있음
    • 강화요인의 연속적 적용으로 인해 강화요인의 유인가치가 감소하는 포만효과의 부작용 발생
    • 일상생활에서보다는 실험실에서 적용 가능한 방법
  ㉡ 간헐적 강화계획
    • 반응의 횟수나 시간을 고려해 간헐적 또는 주기적으로 강화를 부여
    • 계속적 강화계획에 비해 상대적으로 학습된 행동을 유지하는 데 효과적인 방법
    • 시간의 간격을 기준으로 고정간격계획, 가변간격계획, 고정비율계획, 가변비율계획 등으로 구분
    • 반응률이 높은 강화계획 순서는 가변비율계획(VR) 〉 고정비율계획(FR) 〉 가변간격계획(VI) 〉 고정간격계획(FI) 순
    • 강화계획 중 가장 높은 반응률을 보이면서 습득된 행동이 높은 비율로 오래 유지되는 것은 가변(변화, 변동)비율계획

고정간격계획	요구되는 행동의 발생빈도에 상관없이 일정한 시간간격에 따라 강화를 부여한다.
가변간격계획	일정한 시간간격을 두지 않은 채 평균적으로 확인할 수 있는 시간 간격이 지난 후에 강화를 부여한다.
고정비율계획	행동중심적 강화방법으로, 일정한 횟수의 바람직한 반응이 나타난 다음에 강화를 부여한다.
가변비율계획	반응행동에 변동적인 비율을 적용해 불규칙한 횟수의 바람직한 행동이 나타난 후 강화를 부여한다.

④ 미신적 행동
  ㉠ 조작석 조건형성과 관련된 것으로 우연히 특정 행동과 그 결과가 조건화되는 것
  ㉡ 보상과 아무런 관련이 없는 어떤 행동이 우연히 그 보상에 선행한 경우, 그 행동은 고정적으로 계속해서 나타나는 경향을 보임

| + 이해더하기 |

미신적 행동의 사례
스키너(Skinner)는 먹이통 장치가 되어 있는 상자 안에 비둘기를 가둔 채 먹이통 장치를 일정한 시간에 자동적으로 작동하도록 하였다. 그러자 이후 비둘기는 능동적이고 규칙적인 반응을 보이기 시작했다. 즉, 비둘기는 먹이가 제공되기 직전에 자기 나름대로 바닥을 긁거나 제자리를 빙빙 돌거나 부리로 상자 내부를 쪼는 행동을 하였는데, 그 우연한 일로 인해 반응과 보상 사이에 아무런 인과관계가 없음에도 불구하고 보상을 얻기 위해 그와 같은 행동을 반복한 것이다.

(11) 조건형성 및 인지학습의 실험-손다이크(Thorndike)의 고양이 실험

① 손다이그는 학습이 추상적 지적활동에 의해 이루어지기보다 시행착오의 과정과 결과에 의해 나타 난다는 시행착오설을 제시했다.

※ 시행착오설은 연합설 또는 도구적 조건화이론이라고도 한다.

② 학습은 추상적 지적활동에 의해 이루어지기보다 시행착오의 과정과 결과에 의해 나타난다.

③ 손다이크는 내부에서 페달을 누를 경우 문이 열리도록 고안된 문제상자를 통해 고양이 실험을 하였다.

2. 사회인지 학습

(1) 사회인지 학습이론

① 사회인지 학습이론은 사람이 조건형성을 통해 학습한다고 주장하는 행동인지 학습이론과 차이점이 있다.

② 대리학습

㉠ 반두라의 정의 : 학습자가 직접적인 자극이나 강화를 받지 않아도 다른 사람의 행동을 관찰함으로써 행동과 인지, 정서에 변화가 발생하는 것

㉡ 학습과 상호작용하는 환경 : 기대, 자기효능감, 목표와 같은 개인 내적 요인과 개인의 반응적 행동, 모델, 상황, 물리적 배경 등

㉢ 학습과 강화 및 처벌 간의 관계

• 행동의 결과로 주어지는 강화와 처벌은 학습자에게 기대를 형성하고 동기에 영향을 미침

• 기대한 강화가 주어지지 않았을 때는 실망하여 다음에 그 행동을 하지 않을 수 있고, 받을 줄 알 았던 벌을 받지 않았을 때에도 역으로 교사가 원하지 않는 행동을 할 수 있음

• 따라서 교사는 학습자들과 정한 규칙을 통해 강화를 엄격하게 이행해야 함

(2) 관찰학습

① 관찰학습은 '주의집중 → 파지 → 재생 → 동기화'의 단계로 진행된다. 파지는 모델이 한 행동을 학습 자가 기억하는 것이고 재생은 파지된 행동을 실제로 연습하고 피드백을 받는 것을 의미한다.

② 마지막 동기화 : 특정한 강화를 기대하며 동기를 갖는 것

③ 모델링의 유형

㉠ 직접 모델링 : 앞에 있는 모델의 행동을 모방하는 것

㉡ 상징적 모델링 : 책, 연극, 영화 속 인물의 행동을 모방하는 것

㉢ 종합적 모델링 : 관찰한 행동들을 종합해 새로운 행동으로 발전시키는 것

㉣ 인지적 모델링 : 모델이 행동 뒤에 숨은 문제 해결 방법을 말로 설명해주고 시범 보인 것을 따라 하는 것

④ 강화의 유형

㉠ 직접적 강화

㉡ 간접적 강화 : 모델이 강화를 받는 것을 보며 강화를 받는 것

㉢ 자기 강화 : 스스로에게 강화하는 것

⑤ 학습자는 관찰학습을 통해 새로운 행동을 학습할 수 있으며, 이미 학습한 행동을 촉진하고 억제를 강화·약화하여서 특정한 정서를 유발할 수도 있다.

(3) 의의

① 사회인지 학습이론이 주는 교육적 교훈은 교사가 학습자가 학습하기를 원하는 행동과 태도에 대해 모범을 보여야 한다는 것이다. **예** 교사가 가르치는 과목에 대한 열정과 의지를 보여주면 학생들은 그것을 말로 듣지 않아도 따라서 배우게 됨

② 또한 학습자에게 가르칠 학습전략은 말로 설명하고 끝날 것이 아니라 시범을 보이고 나서 따라 할 수 있는 기회를 제공해야 한다(관찰학습 단계 중 '재생단계'에 해당).

③ 이에 대한 구체적인 피드백과 강화는 필수이다. 직접적으로 칭찬할 수 있고, 잘하고 있는 학생을 대표로 뽑아 보여줌으로써 다른 학생들에게 대리강화를 줄 수도 있다.

④ 목표 성취에 있어 막연한 것보다는 성공한 모델을 알려서 모방하도록 하는 것도 도움이 된다.

(4) 자기조절학습

① 개요 : 학습자가 자신이 설정해 놓은 목표에 도달하기 위해 학습계획을 점검·조절하고 학습과정을 계획·통제하며 학습에 적극적으로 참여하는 것을 말한다.

② 자기조절학습의 구성 요소
  ㉠ 인지적 요소 : 학습 내용에 대해 정교화, 조직화, 심상화 등의 인지전략을 사용해 재구성기도 하는 것, 모르는 것이 있을 때는 타인에게 도움을 요청하며 인터넷이나 책 등 주변 자원으로부터 정보를 찾는 것 등
  ㉡ 자원관리 요소 : 할당된 시간의 관리, 상황의 환경적 조건의 관리, 과제수행 노력의 분배 관리, 필요한 도움의 요청 등을 포함함
  ㉢ 동기적 요소 : 내적 지향, 과제의 중요성, 신념, 성공에 대한 기대가 포함됨

③ 자기조절학습전략의 단계
  ㉠ 학습자가 스스로 목표를 설정하고 구체적인 계획을 설정
  ㉡ 학습 진행 과정 점검
  ㉢ 자신의 수행을 평가하고 결과에 대해 스스로 강화나 벌을 부여해 학습을 촉진
  ㉣ 자기평가를 토대로 자신의 전략을 점검
  ㉤ ㉣을 토대로 목표 달성에 가장 효과적인 전략을 선택

④ 자기조절학습이 잘 이루어지도록 하기 위한 방안
  ㉠ 적절한 평가 기준의 모델링을 보여주는 것
  ㉡ 적절한 곤란도를 지닌 분명한 목표를 설정하는 능력을 기르는 것
  ㉢ 어렵고 먼 목표인 경우 일련의 작고 즉각적인 하위목표들을 설정하는 방법을 익히도록 하는 것
  ㉣ 성취 동기를 자극하는 것
  ㉤ 결과에 대한 지식을 제공하는 것
  ㉥ 자기 강화 방법을 익히도록 하는 것

PART 01
PART 02
PART 03
PART 04
PART 05
PART 06

1. 뇌와 인지

(1) 인지심리학과 신경과학

① 인지심리학 : 인간이 어떤 식으로 정보를 처리하는지에 대한 답을 심리학적 수준 또는 행동적 수준에서 구하려는 노력

② 뇌생리적 연구

㉠ 인간의 정보 처리 과정에 대한 답을 뇌를 기반으로 연구하는 것

㉡ 인간의 인지 과정은 뇌를 기반으로 하고 있기 때문에 인간의 뇌를 연구함으로써 인간의 정보 처리 과정을 밝혀낼 수 있음은 당연함

(2) 뉴런

신경계를 구성하는 두 요소는 뉴런과 신경교세포이다. 신경교세포에는 여러 가지 종류가 있으며 이들은 뉴런의 활동을 지지하고 보조해 주는 다양한 역할을 한다. 뉴런은 정보를 받아들여 통합하고 전달하는 역할을 하는데, 이 역할은 일반적으로 개개의 뉴런 내에서는 전기적인 형태로, 뉴런들 간에는 화학적인 형태로 이루어진다.

(3) 뇌의 조직

인간의 신경계는 말초신경계와 중추신경계로 구성되는데, 말초신경계는 체성신경계와 자율신경계로, 중추신경계는 뇌와 척수로 나누어진다. 뇌는 다시 전뇌, 중뇌, 그리고 후뇌로 나누어진다.

(4) 신경생리적 감지(인지신경) 방법

신경과학에서는 과거에 신경섬유 절단이나 색소 주입, 세포활동의 전기생리적 기록법, 단순한 뇌파 검사법 등을 사용하여 신경구조의 특성을 연구하였다. 하지만 최근에는 컴퓨터를 활용한 신경생리적 연구기법의 개발로 인지 과정 및 구조를 신경생물학적 구조 및 기전과 연결하는 연구 방법이 급속도로 발전하면서 인지과학 연구의 새로운 지평이 열리고 있다.

(5) 뇌손상과 인지

① 뇌손상법

㉠ 전통적인 뇌 기능 연구 방법

㉡ 동물의 뇌를 사용, 뇌의 특정 부위를 손상시킨 후 어떤 기능상의 장애가 나타나는지를 보고 해당 뇌 부위의 기능을 추론하는 방법

㉢ 이를 통해 많은 중요 자료들이 축적되었으나, 당연하게도 인간에게는 적용 불가능한 방법

② 사고나 질병으로 인하여 뇌에 손상이 가해질 때 발생하는 여러 행동적 증상들을 통하여 뇌 특정 부위의 기능을 추론하는 방법 예 분할뇌 환자와 맹시 현상에 대한 연구들은 뇌의 양반구가 기능적으로 전문화되어 있으며, 어떤 자극을 의식하기 위해서는 대뇌피질이 필요함을 밝혀내었다.

(6) 주요 인지 기능 및 관련 뇌 영역

인간의 주요 인지 기능은 크게 다섯 가지로 나눌 수 있다. 이들이 하는 기능과 관련된 뇌 영역을 살펴보면 다음과 같다.

① 주의력

    ㉠ 주의 : 뇌에서 한순간에 처리할 수 있는 정보의 양에는 한계가 있기 때문에 특정 정보를 선택하는 과정

    ㉡ 일상생활에서는 단일한 개념이라기보다는 다양한 심리적 현상을 뜻하는 명칭으로 사용됨

> **Ⅰ+ 이해더하기Ⅰ**
>
> 주의력은 주의를 유지할 수 있는 지속적 주의력, 무관한 자극을 무시하고 특정 자극에만 주의를 집중하는 선택적 주의력, 그리고 두 가지 이상의 여러 자극에 적절히 주의를 배분하는 능력으로 나누어 볼 수 있다. 이와 관련된 뇌 부위로는 전두엽의 앞부분(전전두엽)과 두정엽, 망상체, 중뇌의 상구, 시상 그리고 변연피질 등이 있고, 이러한 뇌 부위에 손상이 오면 주의력에 장애가 생기게 된다.

② 기억력

    ㉠ 기억력의 구분

        • 적용 시간에 따른 구분 : 감각기억, 단기기억, 장기기억

        • 장기기억의 세분

외현기억	• 사실이나 사건에 대한 기억 • 기억정보에 대한 의식적 경험이 가능 • 의미기억과 일화기억으로 세분
암묵기억	• 행위나 기술 및 조작에 대한 기억 • 기억정보에 내한 의식석 섭근 물가능 • 특정 기술, 점화, 습관, 비연합 학습 등 • 내측 측두엽의 해마에서 담당

    ㉡ 기억과 전전두엽

        • 최근 연구에서 기억을 저장하고 인출하는 데 있어 전전두엽이 중요하고 능동적인 역할을 한다고 보고됨

        • 측두엽뿐 아니라 전두엽에 손상이 와도 기억력 장애 발생 가능

③ 언어 능력

    ㉠ 언어 능력의 구분 : 자발적인 언어 표현 능력, 따라 말하기 능력, 이름 대기 능력, 언어 이해력, 쓰기 및 읽기 능력, 그리고 사회·언어적 능력 등으로 구분

    ㉡ 언어별 관여 부위

        • 언어 생성 : 주로 좌반구의 하전두엽 부분에 있는 브로카 영역을 포함하는 부위에서 관여

        • 언어 이해 : 주로 좌반구의 상측두엽 부분에 있는 베르니케 영역의 주변 부위에서 관여

PART 01

PART 02

PART 03

PART 04

PART 05

PART 06

ⓒ 사회 · 언어적 능력

- 암묵적인 대화 규칙을 지키고, 언어의 운율, 리듬, 얼굴 표정 등을 상황에 맞게 이해하고 사용할 수 있는 능력
- 대부분의 언어 능력은 주로 좌반구에서 담당하지만, 이 사회 · 언어적 능력만큼은 우반구의 외측구 주변에서 관여하는 것으로 알려짐

④ 시공간 구성 능력

㉠ 시각적 대상의 공간적 위치와 형태를 파악하는 지각 능력과 시공간적 구성 및 조직화를 할 수 있는 능력을 말함

㉡ 길을 찾아가거나 그림을 그릴 때 혹은 퍼즐을 맞출 때 쓰이는 능력

㉢ 언어 능력과는 반대로 우반구(특히 두정엽)에서 주로 담당한다고 알려져 있었으나, 최근 연구 결과 양반구 모두 관여하되 그 양상이 다르다는 것이 밝혀짐

㉣ 우반구는 자극의 전체적인 윤곽을 구성하는 데 관여하고, 좌반구는 자극의 세부적인 내용을 구성하는 데 관여함

⑤ 실행 기능

㉠ 인지 기능 중 가장 복잡한 고위 기능

㉡ 판단 능력, 문제 해결 능력, 추론 및 추상화 능력, 계획력, 목적에 맞게 순서대로 일을 처리하는 능력, 융통성, 자동화된 반응을 억제하고 상황에 적절한 반응을 하는 능력, 통찰력, 충동 조절 능력 등이 포함됨

㉢ 실행 기능은 주로 전두엽, 특히 전전두엽 영역에서 담당하는 것으로 알려짐

㉣ 최근에는 전두엽의 영역을 보다 세분화하여 이러한 다양한 실행 기능을 담당하는 영역과의 관련성을 찾는 노력들이 진행되고 있음

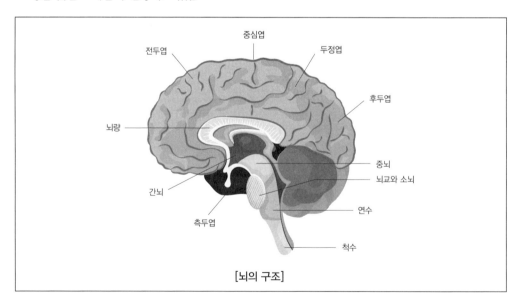

[뇌의 구조]

2. 기억 과정과 망각

(1) 기억

① 개요
- ㉠ 일상적으로 생각하는 기억 : 사람의 이름이나 전화번호, 약속과 같은 것을 필요할 때까지 머리 속에 담아 두는 것
- ㉡ 기억은 훨씬 광범위한 정신 활동을 뜻하며, 모든 인지적 활동의 기본적 근거
- ㉢ 기억 능력이 없거나 이 능력에 장애가 있을 경우 정상적인 삶의 유지가 어려움
- ㉣ 기억은 기존의 지식에 접근하여 이를 사용하거나 되살리는 정신 과정으로서, 대단히 복잡한 처리 과정과 기제로 이루어짐
- ㉤ 기억은 모든 인지 과제에 불가결한 요소로서, 사람의 이름을 기억하는 단순한 과제부터 언어를 이해하고 사용하거나 목표를 수립하는 등의 어려운 과제에 이르기까지 기억이 관련되지 않은 것이 없음

② 작업기억(단기기억)
- ㉠ 단기기억 : 정보를 일시적으로 저장하는 기능을 지닌 기억구조
- ㉡ 일시적 기억의 중요한 특징 중의 하나는 즉각적인 현재를 연장시켜 주는 구실을 한다는 것
- ㉢ 단기기억은 현재 활동하고 의식되는 마음의 내용이며, 전형적으로 지각 분석의 부산물 또는 최종 산물로 받아들여짐

③ 장기기억(처리 과정)
- ㉠ 작업기억에서 처리된 결과는 망각되기도 하지만 성공적인 처리, 되뇌임과 의미덩이 만들기 등의 정신적 노력을 통해 장기기억에 저장될 수 있음
- ㉡ 장기기억은 다중기억이론에서 보면 기억을 구성하는 구조이지만, 작업기억에서 일어나는 심적 과정의 결과에 따라 기억되는 양상이 달라지게 됨

④ 장기기억(기억체계)
- ㉠ 중다기억체계이론 : 장기기억이 여러 체계들로 구성되어 있다고 보는 관점
- ㉡ 구체적인 하부 체계들의 구분은 기억 이론가에 따라 상이함
- ㉢ 잘 알려진 기억체계로는 의미기억과 일화기억, 서술기억과 절차기억 등이 있음

⑤ 망각
- ㉠ 과거에 경험한 사건이나 열심히 학습한 내용을 기억해 내는 데 실패하는 것
- ㉡ 망각의 원인

쇠잔이론	사용하지 않는 기억흔적이 시간 경과에 따라 약해지기 때문	
간섭이론	• 파지 기간 동안 이루어진 새로운 학습 경험과 기존 학습 경험이 서로 간섭 • 간섭의 구분	
	역행간섭	새로운 학습이 기존 학습을 간섭
	순행간섭	기존 학습이 새로운 학습을 간섭
단서의존 망각 관점	장기기억에 저장된 정보에 접근하는 데 적절한 인출단서가 없는 경우 망각이 발생	

PART 01

PART 02

PART 03

PART 04

PART 05

PART 06

(2) 지식 표상

① 개념적 지식 표상
   ㉠ 연구자들은 지식이 각각 독립적으로 분리되어 저장되어 있는 것이 아니라 조직화되어 저장되어 있을 것이라 믿음
   ㉡ 이러한 그래화의 본질과 이런 지식이 사용되는 방식을 밝히고자 노력해 옴

② 명제적 지식 표상
   ㉠ 명제 : 진위 언명이 가능한 최소 의미 단위로서 이를 기억의 기본적 표상 단위로 보는 관점들이 있음
   ㉡ ACT에 따르면 장기기억은 명제들의 망 구조로 조직화되어 있으며, 개념과 사례가 구분되어 표상되고, 제한된 용량의 활성화 확산을 통해 인출이 이루어짐
   ㉢ ACT는 일화기억뿐만 아니라 의미기억, 서술기억, 그리고 절차기억에 대해서도 표상구조와 인출 방식을 포괄적으로 설명함

③ 도식적 표상
   ㉠ 도식
      • 개념이나 명제보다 대규모의 조직화된 지식
      • 일반적이고 구조화된 지식으로서 주어지지 않은 정보를 추론할 수 있게 하여 이해와 기억에 도움을 줌
   ㉡ 스크립트 : 정형화된 상황에서 일어나는 일련의 사건들에 관한 도식적 지식으로서 순서성과 중심성에 따라 조직화됨

④ 절차적 지식 표상
   ㉠ 절차적 지식 : 흔히 '만약~그렇다면' 형태의 산출 규칙들로 표상되어 있다고 가정됨
   ㉡ 기술 획득 과정 : 연습을 통해 서술지식에서 절차지식으로 변환되고 다시 절차지식이 확장·정교화되는 과정

(3) 특수 기억과 일상적 기억의 실제

① 의식과 기억(암묵기억) : 과거 경험한 정보에 대한 의식적 자각은 없으나 현재의 상태나 수행에 영향을 주는 무의식적 기억
② 정서적 기억
   ㉠ 강한 정서를 유발하는 자극에 노출되면 중심적인 정보는 잘 기억하지만 세부적인 정보에 대해서는 잘 기억하지 못하는 경향이 있음
   ㉡ 정서적 사건이 잘 기억되는 이유는 각성, 특이성, 주의, 전주의 처리, 정교화 등으로 설명 가능
③ 개인적 경험에 대한 기억(자전적 기억)
   ㉠ 자아를 중심으로 구성된 개인의 인생사
   ㉡ 인생 기간, 일반 사건, 사건 특수적 지식의 수준으로 구성된 위계적 구조
   ㉢ 자전적 기억의 인출은 순환적 인출 과정을 통해 작업기억의 중앙 집행 요소에 의해 구성
   ㉣ 생애 기간에 따른 자전적 기억의 분포를 살펴본 결과 5세 이전의 기억은 기억상실 현상을 보였으며 청소년기와 초기 성인기의 기억이 가장 빈번하게 회상됨

④ 미래계획기억
　⑦ 과거 경험에 대한 기억과는 달리 미래에 수행하여야 할 일을 기억하는 것
　ⓒ 외부 단서에 의존하지 않고 자기 주도적으로 약호화하고 인출하는 기억

PART 01

PART 02

PART 03

PART 04

PART 05

PART 06

CHAPTER 04 | 심리학의 연구 방법론

TOPIC. 1 기초심리통계

1. 표본조사

(1) 의미

집단에 속하는 사례 전부를 조사하는 전수조사(全數調査, census)와 대비되는 방법으로서 일부조사 · 표본추출조사 · 샘플조사 등으로도 불린다.

(2) 실시

① 조사의 성격상 전수조사가 불가능할 경우 실시한다.

② 전수조사가 가능하나 비용 · 시간 등의 면에서 표본조사가 선호되는 경우에 실시한다.

③ 파괴(破壞)조사를 수반하는 제품검사는 전수조사에 속한다. 그러나 오늘날 각종 통계조사나 여론조사가 거의 표본조사를 채용하고 있는 것은 ②의 이유 때문이다.

(3) 용어

① 모집단 : 조사의 목적이 되는 집단

② 표본 : 현실적으로 관찰되는 사례

③ 무작위추출법 : 모집단에서 표본을 선택하는 원칙으로서 추첨 등의 우연에만 의존하는 방법

④ 추출률

　㉠ 모집단의 수에 대한 표본수의 비율

　㉡ 조사의 신뢰도와 비용의 크기는 추출률에 따라 증가되므로 양자의 이해를 고려하면서 추출률을 결정함

(4) 유의점

① 회답을 거부한 표본의 처리 : 해당 표본이 특정 경향을 지닌 집단일 경우가 많으므로 처리에 신중하여야 한다.

② 모집단이 상당히 커서 무작위추출에 많은 비용이 예상되는 경우

　㉠ '다단추출법'을 채택 **예** 전국적인 규모로 세대에 관한 특성을 조사함에 있어서 제1차 추출단위로서 시 · 읍 · 면을 몇 개 무작위추출하고, 다시 그중에서 몇 세대를 추출하여 조사하는 2단추출법 등

　㉡ 다단추출법의 경우 비용은 크게 절약될 수 있으나 조사의 신뢰도는 같은 추출률의 무작위추출의 경우보다 낮아짐

ⓒ 국화추출법의 채택
- 모집단을 약간의 그룹으로 분할한 후 그룹별로 추출률을 정해서 조사하는 방법
- 조사되는 특성에 관해서 모집단이 몇 개의 상이한 그룹으로 구성되어 있음이 이미 알려져 있는 경우 사용

※ 현실적으로는 국화추출법과 다단추출법이 주로 실시되고 있다.

2. 연구설계

(1) 사후 연구설계

① 독립변수가 이미 발생한 후에 나타난 종속변수를 대상으로 한 연구 방법이다.
② 이미 독립변수가 발생했기 때문에, 실험설계와 다르게 연구자가 독립변수를 조작할 수 없거나 연구 대상을 실험조건에 따라 배치하기 어려운 경우에 주로 사용된다.
③ 집단 간의 비교에서 실험조건을 직접 통제하기보다는 실험 전 여러 특성들을 가능한 동질화시키기 위해 피험자의 과거 역사적 기록을 통해 집단을 비교하게 되므로 후향적 연구(retrospective study) 라고도 한다.

> **| + 이해더하기 |**
>
> '교육 정도에 따른 경제활동의 영향'에 대한 연구를 할 경우, 연구자가 교육이라는 독립변수의 조작을 통해 그 결과로 나타날 경제활동이라는 종속변수에 대한 영향을 알아보는 것은 거의 불가능하다. 이 연구를 위해서는 현재 대학 졸업자와 고등학교 졸업자들이 어떤 경제활동을 하고 있는지를 조사하여 분석하는 것이 교육과 경제활동의 관련성을 연구하는 데 보다 적절하다. 이때 두 집단 간의 외적 변수를 적절하게 통제하는 것이 중요하다.

(2) 횡단 연구설계

① 횡단적 연구
ⓐ 한 시점을 기준으로 한 연구
ⓑ 시간의 흐름에 따라 나타나는 변화를 관찰할 수 없으며, 오직 현재의 상태만을 관찰함
ⓒ 탐색적 연구와 기술적 연구가 주로 횡단적 연구에 속함
　　예 단일 인구 센서스 조사는 주어진 시기에 특정 국가의 인구 모집단을 기술하기 위한 것
② 횡단 연구설계
ⓐ 횡단적 연구를 위한 전체적인 조사설계 또는 연구설계
ⓑ 횡단적 설계는 '표본설계'에 따라 '비례적 횡단설계', '가중횡단설계' 및 '대표적 표본설계'로 구분

(3) 단일집단 연구설계

① 통제집단 없이 단 하나의 실험집단만을 두는 설계이다.
② 단일집단 연구설계의 구분
ⓐ 단일사례연구법(one-shot case study) : 한 피험자 집단에 처치를 가하고 이에 따른 피험자의 행동을 관찰하여 실험처치의 효과를 평가

PART 01
PART 02
PART 03
PART 04
PART 05
PART 06

  © 단일집단 사전·사후연구법(one-group pretest-posttest design) : 한 피험자 집단에 처치를 가하기 전과 후에 피험자의 행동을 관찰

 ③ 대체로 인과관계를 밝히는 데 목적을 둔 과학적인 연구설계라고 보기 어려움

(4) 종단 연구설계

 ① 종단적 연구 : 시간의 흐름에 따른 현상의 변화를 조사하는 방법으로서 시계열분석(time series analysis)이라고도 한다.

 ② 어떤 조직구성원 간의 상호작용이 시간에 따라 어떻게 변화하는가를 살펴보고자 한다면 종단적 연구가 적합하다.

 ③ 중요한 자료를 수집하는 데 효과가 있으나, 오랜 기간에 걸쳐 계속 조사해야 하기 때문에 시간의 소비를 감수해야 하며 비용이 많이 들 수 있다.

 ③ 종단적 연구의 세 가지 하부 연구유형

  ⊙ 경향연구(trend studies)

  © 동년배연구(cohort studies)

  © 패널연구(panal studies)

(5) 횡단적 연구와 종단적 연구의 비교

횡단적 연구	종단적 연구
• 표본조사이다. • 모집단을 대표할 수 있는 자료를 제공한다. • 측정이 한 번 이루어진다. • 정태적이다. • 일정 시점의 특정 표본이 가지고 있는 특성을 파악한다. • 조사 대상의 특성에 따라 집단을 분류해 비교분석하므로 표본의 크기가 클수록 좋다.	• 현장조사이다. • 조사마다 새롭게 표집된 표본에 관한 자료를 제공한다. • 측정이 반복적으로 이루어진다. • 동태적이다. • 일정 기간 변화하는 상황에 대한 조사를 한다. • 유형에 따라 서로 다른 시점에서 동일 대상자를 추적해 조사하므로 표본의 크기가 작을수록 좋다.

3. 관찰

(1) 개요

 ① 어떤 대상이나 과정이 어떻게 존재하며 어떻게 하여 생겨나는가 하는 등 있는 그대로의 사실을 확인하는 것을 말한다.

 ② 넓은 의미에서는 실험도 여기에 포함시킬 수 있지만, 일반적으로는 실험과 달리 대상 및 과정에 인위적인 간섭을 가하지 않는 경우를 말한다.

 ③ 관찰에는 감각 기관만으로 이뤄지는 경우와 관찰을 위하여 기계(망원경, 현미경, 온도계 등)를 사용하는 경우, 또는 사회 현상을 연구할 때와 같이 통계적 수단을 사용하는 경우 등이 있다.

(2) 구분

① 관찰의 구분
  ㉠ 직접 관찰
  ㉡ 양적 관찰(관측)
② 관찰은 인식의 목적을 향해서 일정한 방침에 따라 선택적으로 실시한다.

4. 연구

(1) 연구의 단계

① 제1단계 : 가설 설정
  ㉠ 어떤 현상을 과학적으로 연구하기 위해 일상적인 생각이나 호기심을 경험적으로 검증 가능한 형태로 변화시는 것
  ㉡ 두 가지 혹은 그 이상의 변인들 간의 관계를 검증 가능한 형태로 진술한 것
② 제2단계 : 연구 방법 선정 및 설계
  ㉠ 가설을 검증하기 위해 적절한 연구 방법을 선정하고 실험을 설계하는 단계
  ㉡ 연구 방법에는 실험법, 자연관찰법, 사례연구법, 조사법 등이 있음
  ㉢ 연구자는 각 연구 방법의 장단점을 잘 이해하고 가장 적절한 방법을 선택해야 함
③ 제3단계 : 자료 수집
  ㉠ 선정된 피험자를 대상으로 실험 혹은 조사를 실시
  ㉡ 연구자는 연구하려는 행동을 측정하기 위해 관찰, 면접, 질문지, 심리검사 등 다양한 자료수집 방법들을 사용
④ 제4단계 : 자료 분석과 결론
  ㉠ 원자료 : 자료 수집 절차를 통해 얻은 수치적 결과
  ㉡ 원자료에서 의미 있는 결과를 얻기 위해 이를 요약하고 사전에 계획된 설계에 따라 분석하는 단계
⑤ 제5단계 : 결과 보고
  ㉠ 연구결과는 다른 연구자와 교류하고 일반 대중에게 알림으로써 의미를 가지게 됨
  ㉡ 간추린 연구 결과를 학회 등에 보고하기 위해 보고서로 작성하는 단계
  ㉢ 보고된 연구결과는 이후 다른 연구자들의 평가 과정을 거쳐 교정 및 보충됨

(2) 실험연구(실험법)

① 개요
  ㉠ 실험
    • 인위적으로 통제된 조건하에서 연구하고자 하는 변인을 체계적으로 변화시킬 때, 그 효과가 어떻게 나타나는지 측정하는 것
    • 실험은 경험과는 달리 자연에 대해서 계획된 실제적인 개입임
    • 실험은 인공적으로 만들고 의도적으로 대조시키며 반복할 수 있는 조건 아래에서 수행됨
    • 실험의 결과는 관측들에 대한 사회적으로 고안된 집합임
    • 대부분의 심리학 연구에서 인과관계에 대한 질문에 응답하기 위해 가장 선호되는 연구 방법

PART 01

PART 02

PART 03

PART 04

PART 05

PART 06

ⓛ 변인
- 독립변인(독립변수) : 실험결과에 영향을 끼치는 특정 변인
- 종속변인(종속변수) : 독립변인의 조작에 의해 영향을 받는 변인
② 실험설계의 조건
ⓐ 독립변인의 조작 · 연구자가 독립변인을 인위적으로 변화시킴
ⓑ 외생변인(가외변인)의 통제 : 독립변인과 종속변인 이외에 종속변인에 영향을 미칠 수 있는 다른 변인의 영향을 제거
ⓒ 실험대상의 무작위화 : 무작위표집(무작위표본추출) 또는 무작위할당을 실시
③ 가설실험수업
ⓐ 과학의 기초적 · 일반적 개념이나 법칙을 가르침으로써 과학이란 어떤 것인가를 체험시키려는 수업 방법
ⓑ 과학적 인식은 대상에 대하여 목적의식적으로 묻는 실험에 의해서만 성립되며, 미지의 현상을 올바르게 예언할 수 있는 지식체계의 증대 · 확보를 꾀하는 것
ⓒ 가설실험수업에서는 학생 각자에게 실험 전 예상 · 가설을 세우도록 하는 것과 토론이 중요시됨
ⓓ 타인의 뛰어난 아이디어를 적극적으로 받아들이고 잘못된 생각은 비판하며, 자기 생각이 옳다고 생각되면 모든 사람으로부터 고립되는 한이 있어도 자기 설(說)을 지키는 동시에 타인을 납득시킬 만한 논리와 증거 · 예언 등을 갖출 수 있어야 함
ⓔ 이 수업이론에 입각한 수업에서는 문제 · 예상(가설) · 토론 · 실험이 수업의 중심이 됨

(3) 기술연구

① 개요
ⓐ 과학적 연구 대상의 범위는 특정 사물은 물론 광범위한 현상까지 포괄하므로, 이와 같은 모든 현상을 실험적으로 연구할 수는 없음 ◉ 이혼, 퇴직, 승진 등 생활의 변화는 연구자의 인위적 통제 불가
ⓑ 기술연구는 연구자가 주어진 자료를 요약하고 기술하는 데 초점을 두는 연구 방법
ⓒ 기술연구에서는 관심 있는 특성 혹은 행동의 유형을 서술하고, 변인들 간의 관련성을 밝히고자 함
ⓓ 기술연구는 실험연구가 불가능한 측면을 연구할 수 있으며, 행동을 보다 정확히 이해하는 데 유용할 수 있음
ⓔ 변인을 통제하거나 조작하는 과정이 포함되지 않으므로 인과관계를 밝히는 데에는 어려움이 있음
ⓕ 기술연구 방법의 분류 : 자연관찰법, 사례연구법, 조사법 등
② 자연관찰법
ⓐ 연구자가 실험실이라는 인위적 공간을 떠나 피험자의 어떤 행동도 간섭하지 않은 채 자연적 조건이나 상태에서 피험자의 행동을 관찰하는 방법
ⓑ 피험자의 자연스러운 행동을 연구할 수 있으며, 특히 특정 변인의 조작과 처치가 비윤리적이고 비실제적이어서 실험법의 적용이 어려울 때 효과적으로 사용 가능
ⓒ 특정 시간이나 장소에서 우연히 일어나는 것만 관찰할 수 있으며, 한 번 일어난 것을 반복 관찰하기 어려운 단점이 있음

③ 사례연구법

  ㉠ 하나 또는 몇 개의 대상을 집중적으로 조사해 결론을 얻는 연구 방법으로 보통 개인이나 특정 사례에 대한 심층적 연구가 이루어짐

  ㉡ 특히 심리적 문제를 진단하고 치료하는 데 널리 사용되는 방법으로 심리장애의 원인을 밝히는 데 매우 유용함

  ㉢ 사례사적 접근 시 연구자의 주관이 개입될 수 있으며, 연구자 자신의 주관적 기대와 이론적 입장에 부합되는 정보들을 선택적으로 취합할 가능성이 있음

④ 조사법(사회조사법)

  ㉠ 직접 관찰하기 어려운 행동에 대한 정보를 얻기 위해 사용되는 연구 방법

  ㉡ 구체적 행동측면에 대한 정보를 수집하기 위해 질문지나 면접법을 활용

  ㉢ 다른 방법들보다 피험자들의 태도와 의견에 관한 정보를 손쉽게 수집 가능

  ㉣ 피험자의 자기보고 자료에 의존하므로, 피험자가 고의적으로 자신을 속이는 경우 적합하지 못하며, 사회적 바람직성 등의 영향을 받음

(4) 중심경향지수

① 평균(mean)

  ㉠ 가장 보편적인 중심경향의 지수로서, 일반적으로 산술평균을 말함

  ㉡ 구분

   • 표본평균 : 표본의 합계를 통해 산출

   • 모평균 : 유한모집단을 통해 산출

② 중앙값 또는 중앙치(Median) : 한 집단의 점수분포에서 전체 사례를 상위 1/2과 하위 1/2로 나누는 점을 말한다.

③ 최빈값 또는 최빈치(Mode) : 가장 많은 빈도를 지닌 점수를 말한다.

(5) Z검증

① 모집단의 분산을 알고 있는 경우에 사용한다.

② 모수통계로 어떤 집단의 특성이 특정 수치와 동일한지 또는 집단 간 차이가 있는지 검증한다.

③ Z검증을 실시하기 위한 요건

  ㉠ 연구의 종속변수가 양적 변수이어야 함

  ㉡ 종속변수에 대한 모집단의 분포가 정규분포여야 함

  ㉢ 두 집단 간의 비교를 하고자 하는 경우, 두 모집단의 분산이 같아야 함

④ Z검증의 활용

  ㉠ 일반적 연구에서 모집단의 분산을 아는 경우가 드물어 자주 사용되지는 않음

  ㉡ 전국 단위의 학력고사나 지능검사와 같이 표준화검사가 개발되어 전체 모집단의 평균과 분산을 아는 경우가 사용

(6) t검증

① 주로 표본의 크기가 30개 미만인 경우 혹은 정규모집단의 분산을 모르고 표본분산을 사용하는 경우 적용한다.

② 두 집단 간의 평균 차이를 분석하고자 하는 경우에 이용하는 분석 방법이다.

③ t검증을 실시하기 위한 요건
  ㉠ 연구의 종속변수가 양적 변수이어야 함
  ㉡ 종속변수에 대한 모집단의 분포가 정규분포여야 함
  ㉢ 두 집단 간의 비교를 하고자 하는 경우, 두 모집단의 분산이 같아야 함

④ t검증과 Z검증의 차이 : t검증은 Z검증과 달리 모집단의 분산을 알지 못한다.

⑤ 일반적 연구에서 모집단의 분산을 아는 경우가 많지 않으므로 Z검증에 비해 많이 사용되며, 특히 복잡하지 않은 설계에서 흔히 사용된다.

⑥ t검증 절차에서는 독립된 두 집단 간의 관찰치에 대한 모평균이 같다는 가설을 검증하는 t통계량을 계산한다.

(7) 카이제곱검증(x^2검증)

① 카이제곱검증은 종속변수가 질적 변수 또는 범주변수인 경우 사용한다.

※ Z검증이나 t검증의 경우 집단비교에 있어서 종속변수가 양적 변수일 때 사용한다.

② 한 변수의 속성이 다른 변수의 속성에 대해 독립적인지, 두 개의 독립적인 표본이 몇 개의 같은 범주로 분류되어 있는 경우 각 표본에서 어느 특정범주에 속할 비율이 동일한지 검증하는 방법이다.

③ 교차표(Contingency Table)에 나타난 변수 간의 유의성을 알아보는 방법으로서, 모집단에서 두 집단 간의 관련성이 없다는 전제하에 각 카테고리의 기대빈도의 값을 구하는 것이다.

> **Ⅰ+ 이해더하기Ⅰ**
>
> **카이제곱검증의 예**
> 100명의 대학생들에게 축구와 야구 중 선호하는 운동종목이 무엇인지 질문을 했을 때 그 대답이 각각 40 대 60으로 나왔다면, 이러한 결과를 통해 대학생들이 축구보다 야구를 더 선호한다고 단정지을 수 있는지 x^2검증을 통해 판단할 수 있다.

④ 관찰빈도와 기대빈도가 서로 비슷하다면 관찰빈도 – 기대빈도의 값이 작아지므로 결국 카이제곱값도 작아져서 귀무가설이 채택될 가능성이 높다.

⑤ 카이제곱은 각 범주의 관찰빈도와 기대빈도의 차이를 제곱하여 이 값을 다시 기대빈도로 나눈 후 합한 값이다.

1. 측정

(1) 측정

측정은 다양한 커뮤니케이션 현상을 연구할 때 추상적인 구성이나 개념 또는 변인들을 구체적인 수치로 수량화하는 과정이다.

(2) 수량화와 측정

① 구성과 변인
    ㉠ 심리학에서 주로 다루는 구성(construct)이나 변인(variable)들은 매우 추상적
    ㉡ 구성
        • 현실에서 발생하는 소통 주체들의 속성이나 인지, 태도, 행동 과정을 설명하는 개념
        • 언어 또는 비언어적 민감성, 대중매체 노출이나 친숙도, 의사소통 능력, 자아 효능감, 공격성 등
② 측정 : 통계 기법을 적용해 사회현상을 체계적으로 탐구하는 양적 연구를 실행하기 위해 추상적인 구성이나 변인들을 구체적인 숫자로 치환하는 과정
③ 조작적 정의 : 측정을 하기 위해 추상적인 구성이나 변인을 측정할 수 있는 형태로 치환해 주는 단계

(2) 조작적 정의

① 조작적 정의(조작화 또는 경험적 현실화) : 심리학 연구를 실행할 때 추상적인 구성이나 변인을 구체적인 숫자 등 측정이 가능한 형태로 바꿔 주는 과정 혹은 방법
② 조작적 정의의 예 : '공격성'이란 구성을 조작화하는 경우
    ㉠ 동년배에게 가장 공격적인 사람을 지칭하게 하는 방법
    ㉡ 관찰을 통해 아이의 공격적인 언어 및 비언어적 행동 횟수를 세는 방법
    ㉢ 공격적인 반응이 나올 만한 가설 시나리오를 제시한 후 개방형 질문에 응답하도록 해 그 응답 내용을 분석하는 방법

(3) 측정 수준

① 측정과 측정 도구
    ㉠ 상호 교환적으로 사용하는 용어
    ㉡ 측정은 과정에 초점을 둔 개념이고, 측정 도구는 실제 측정 문항(들)을 의미함
        예 설문조사(서베이, survey)에서 측정 도구는 설문지 또는 좀 더 구체적으로 설문지에 포함된 측정 문항(들)을 의미함
② 척도(scale) : 어떤 체계화된 단위로서 사람이나 사물의 속성, 즉 구성에 숫자를 직접 부여하는 도구이다.
③ 수준(level)
    ㉠ 측정 도구를 통해 도출한 데이터의 위계적 속성
    ㉡ 척도가 측정과 유사한 개념으로 사용되어 측정수준은 척도수준이라고도 함
    ㉢ 측정수준의 분류 : 명목수준, 서열수준, 등간수준, 비율수준 등 크게 네 가지로 분류

PART 01
PART 02
PART 03
PART 04
PART 05
PART 06

(4) 네 가지 유형의 측정수준

① 명목수준

    ㉠ 성별이나 종교, 이용하는 대중매체 등과 같이 특정한 유목을 측정하는 수준

    ㉡ 각 유목 간에는 등가성(equivalence)을 가짐

    ㉢ 측정수준의 위계적 서역에서 가장 낮은 수준에 위치하므로 가장 적은 정보량을 가짐

    ㉣ 연구자가 자의적으로 각 선택 문항에 숫자를 지정하기 때문에 지정된 숫자는 산술적 가치를 갖고 있지 않으며, 따라서 사칙연산이 불가능함

    ㉤ 명목수준 데이터의 경우 기술통계량 중 데이터 세트에서 가장 높은 빈도를 나타내는 최빈값 또는 변인 간의 교차빈도를 나타내는 교차표를 통해 유목의 특성 제시 가능

    ㉥ 선택 문항 간 중복되지 않아야 하는 상호배타성과 모든 유목을 포함해야 하는 완전포괄성이란 기준을 동시에 만족시켜야 함

② 서열수준

    ㉠ 각 선택 문항 간에 서열이 있으며, 명목수준보다 바로 상위에 있기 때문에 명목수준의 속성을 모두 가짐

    ㉡ 선택 문항에 부여된 숫자는 산술적 가치를 갖고 있으나, 각 숫자 간 차이는 동일하지 않기 때문에 사칙연산은 불가

    ㉢ 대소(大小)의 판단은 가능 📖 군대 계급, 색깔, 심리적 상태 등

    ㉣ 기술통계량 중 데이터 세트에서 가장 작은 값과 가장 큰 값의 중간에 위치한 숫자인 중위수나 백분위 수로 표본이나 모집단의 속성을 나타낼 수 있음

③ 등간수준

    ㉠ 서열수준보다 상위에 있어 서열수준이 갖고 있는 모든 속성을 포함함

    ㉡ 숫자가 산술적 가치를 갖고 있으며, 숫자 간 간격이 동일하기 때문에 사칙연산 중 덧셈과 뺄셈이 가능

    ㉢ 단, 절대 영점이 없기 때문에, 곱셈과 뺄셈은 불가

        ※ 등간수준의 대표적 예로 온도를 자주 언급하는데, 0도는 '온도가 없음'이 아니라 0도만큼의 온도가 있음을 나타낸다.

    ㉣ 심리학에서 등간수준인 변인은 거의 없다고 보아도 무방함

    ㉤ 기술통계량 중 산술적 평균의 사용이 가능하며, 추론통계분석기법으로는 상관관계, 회귀분석, 분산분석 등의 사용이 가능

④ 비율수준

    ㉠ 최상위에 있는 수준으로 '비례수준'이라고도 함

    ㉡ 등간수준이 갖는 속성을 모두 포함함과 동시에 절대 0점을 추가로 가져 사칙연산이 모두 가능

    ㉢ 대표적인 예로는 연령, 소득, 교육연수 등이 있음

(5) 척도의 종류

① 리커트 척도
  - ㉠ 심리학에서 가장 자주 사용하는 척도로 주로 사회심리학적 속성을 측정할 때 사용
  - ㉡ 선택 문항에서 양극단인 '비동의(disagree) − 동의(agree)' 또는 '그렇지 않다(unlikely) − 그렇다(likely)'를 기준으로 5점이나 7점 척도를 주로 사용
  - ㉢ 각 점수 간 간격은 동일하지 않기 때문에 서열수준 데이터를 수집할 때 사용 가능
  - ㉣ 연속적인 척도를 갖는 여러 개의 문항들을 합산해 단일 평가지표를 도출하는 총화평정척도로도 간주됨 **예** 5개의 질문으로 구성된 'TV 친숙도' 측정 문항의 경우, 각 문항에 대한 응답을 합산한 단일 평가지표를 구해 TV 친숙도 평가 가능

② 거트만 척도
  - ㉠ '예 − 아니오'로 구성된 이항적 선택 문항으로 사람의 태도를 측정하는 척도
  - ㉡ 내용의 강도에 따라 문항들이 일관성 있게 서열을 이루기 때문에, 단일차원적이며 누적적인 척도로 간주됨
  - ㉢ 특정 항목에 동의할 경우, 이는 모든 이전 항목에 동의한다는 것을 함의함

③ 서스톤 척도
  - ㉠ 척도 숫자 간 간격이 동일하다고 간주되어 등현등간 또는 유사등간 척도라고도 불림
  - ㉡ 거트만 척도처럼 문항 간 논리 구조가 명확하지 않은 경우 이를 보완하기 위해 개발한 척도
  - ㉢ 수많은 평가자에게 문항 간의 논리 구조를 판단하게 한 후, 타당도가 높은 문항들을 추출하고, 각 문항 자체가 하나의 고유한 척도값을 갖도록 함
  - ㉣ 심리학에서는 높은 비용과 평가자의 주관적 판단이란 이유를 들어 자주 사용하지 않음

2. 자료 수집 방법

(1) 개요

① 연구에 직간접적으로 필요한 일체의 정보를 얻기 위한 수집 활동 및 이를 지원하는 모든 과정을 말한다.
② 자료 수집은 사회과학의 연구를 하기 위해서 대단히 중요한 부분이며, 실제로 어떤 연구가 받아들여지지 않는 경우 중에는 자료 수집이 잘못되어 학계의 비판을 받는 경우도 많다.

(2) 종류

① 면접법
② 문헌연구법 : 타인의 기존 연구를 통해서 이미 축적된 데이터를 수집하는 방법
③ 사례연구법(case study)
  - ㉠ 특정 사례에 대하여 연구 목적에 부합하도록 자료를 측정하는 방법
  - ㉡ 교육학, 임상심리학 등의 분야에서 주로 활용
  - ㉢ 표본추출 한계로 일반화 · 계량화의 한계점이 있음
④ 실험법 : 일정한 조건을 가하여 실험 집단을 통제 집단과 비교한 다음 법칙을 찾아내는 방법

PART 01

PART 02

PART 03

PART 04

PART 05

PART 06

⑤ 앙케트 : 설문지를 통해 조사하거나 통계를 얻기 위해 만든 질문지를 사람들에게 배포하는 방법

⑥ 우편조사법 ; 질문지법의 한 종류로, 사전에 준비한 질문지를 표본추출된 피조사자에게 우편으로 보내서 답안을 회신하는 방식

⑦ 인터넷조사법

　　㉠ 질문지법과 면접법이 섞인 형태

　　㉡ 크게 두 가지로 분류

　　　　• 이메일을 활용하는 우편조사법

　　　　• 연구자나 연구기관, 정부기관의 홈페이지를 이용하는 방법

　　㉢ 컴퓨터의 보조를 받는 자료수집 방법의 한 종류에 속함

　　　　• CATI(Computer Assisted Telephone Interview) : 컴퓨터의 보조를 받는 전화면접법

　　　　• CAPI(Computer Assisted Personal Interview) : 컴퓨터의 보조를 받는 일대일면접법

　　　　• CASI(Computer Assisted Self Interview) : 컴퓨터의 보조를 받는 자기면접법

⑧ 집단조사법

　　㉠ 일정한 장소에 피조사자들을 모아 놓고 사전에 준비한 질문지를 배포하여 작성하도록 하는 방법 [질문지법의 한 종류, 폴(poll)] ◉ 교수가 자신의 강의 평가를 위해 설문지를 나누어주고 피드백을 받는 것

　　㉡ 집단조사법에 따른 데이터는 해당 집단 내부에서만 의미가 있음

⑨ 참여관찰법

　　㉠ 가장 오래된 자료수집 방법이며 대표적 질적 연구 방법으로 현장조사라고도 함

　　㉡ 일정 시간 동안 오감을 이용하여 연구 대상을 관찰하고, 그 결과를 상세히 기록하여 자료를 생성하는 방법

　　㉢ 환경의 통제 여부에 따라 통제적 관찰법으로 나타낼 수 있음

⑩ 패널조사법

　　㉠ 조사 대상을 특정 표본집단으로 한정시키고 동일한 질문을 반복적으로 실시하여 시계열 변화 값을 추출하는 방법

　　㉡ 정성적이며 시계열적 측면의 특징을 동시에 갖추고 있음

　　㉢ 장점 및 단점

장점	• 조사대상자의 태도 및 행동 변화에 대한 정확한 분석이 가능 • 획득한 데이터가 불분명할 경우 추가적인 데이터의 확보가 비교적 쉬움
단점	• 초기 연구비용이 높음 • 시간이 지남에 따라 표본 수가 감소할 수 있음 • 반복적인 질문에 조사대상자가 익숙해질 수 있음

CHAPTER 05 | 사회심리학

TOPIC. 1 **사회지각**

1. 인상 형성

(1) 인상 형성 과정 중요

① 초두효과

    ㉠ 정보가 순서적으로 제시될 때, 초기에 제시된 정보가 더 큰 영향을 미치는 현상

    ㉡ Asch(1946)의 연구

      • 형용사 목록을 이용한 인상 형성

      • '똑똑하다 → 근면하다 → 충동적이다 → 비판적이다 → 고집이 세다 → 질투심이 강하다', '질투심이 강하다 → 고집이 세다 → 비판적이다 → 충동적이다 → 근면하다 → 똑똑하다'

    ㉢ 원인

      • 맥락효과 : 상대방에 대해 일단 뚜렷한 인상이 형성되고 나면 이 인상에 잘 부합하지 않거나 모순되는 정보가 갖는 가치를 평가절하하는 경향

      • 주의의 양 : 먼저 주어지는 정보에 대해서 주의를 깊이 기울이기 때문

② 최신효과(신근성효과)

    ㉠ 시간적으로 나중에 제시된 정보가 잘 기억되어 인상 형성에 큰 영향을 미치는 현상

    ㉡ 초기 정보의 정보적인 가치가 없거나 감소한 경우 예 10년 만의 동창회

    ㉢ 최근 정보의 현저성이 높은 경우 예 예진아씨와 마약사범

③ 중심특성

    ㉠ 사람의 특성을 나타내는 말 중에는 다른 것보다 인상 형성에 더 큰 영향력을 갖는 특성들이 있음

    ㉡ 실험 1 : Asch(1946)의 형용사 목록 실험

    ㉢ 실험 2 : Kelley(1950)의 현장 실험

④ 후광효과 : 어떤 사람에 대해 일단 '좋은 사람'이라는 인상이 형성되면, 그는 능력 또한 뛰어나고, 성실하다는 등 긍정적인 특성을 모두 지니고 있으리라 생각하는 경향이다. 예 잘생긴 남학생 → 당연히 목소리도 멋있을 것이고, 매너도 좋을 것

⑤ 긍정적 편파(낙천성 원리) : 사람에 대한 평가에서만 주로 발생한다.

⑥ 부정적 효과 : 부정적 정보의 영향이 더 크며, 더 빠르고 넓게 확산된다. 예 국회위원 선거, 전경 · 배경원리

⑦ 내현성격이론 : 성격특질들 간의 공존에 대한 개념으로서, 개인적 경험을 바탕으로 한 개인화된 관념, 틀, 이론을 뜻한다.

(2) 인상 형성에 영향을 미치는 요인

① 외모 : Cunningham(1986)의 외모에 의한 인상 형성 연구(동안적 vs 성인적 미인)

② 신체적 특성 : Ryckman과 동료들(1989)의 신체 유형과 성격평가 연구

③ 음성 : Peng, Zebrowitz 및 Lee(1993)의 음성에 따른 성격평가 연구

2. 귀인이론

(1) 귀인

우리가 타인의 행동을 관찰하고, 그의 행동을 어떤 탓으로 돌리는 것이다.

(2) 귀인의 차원

① 원인의 방향 : 내부귀인과 외부귀인

② 안정성 정도 : 안정적인 것이냐 불안정한 것이냐의 차원

③ 통제 가능성 : 개인이 통제하거나 조절할 수 있는 것인가를 파악하는 차원

(3) 귀인 편향

① 기본적 귀인오류

　㉠ 사람들이 다른 사람들의 행동에 대한 외적 원인의 가능성을 무시하고 타인의 행동을 바로 그의 성격기질로 귀인하는 경향

　㉡ 귀인 오류의 이유

사회 인지적 이유	여러 가지 가능한 상황적 요인을 고려하기보다는 내적인 원인으로 귀인하는 것이 훨씬 빠르기 때문
지각적 이유	타인의 행동은 전경으로서 관찰자인 우리의 눈에 현저하게 들어오기 때문

② 행위자 – 관찰자 효과

　㉠ 타인의 행동은 내부귀인하고 자신의 행동은 외부귀인하는 경향

　㉡ 원인

　　• 정보의 차이

　　• 관찰자와 행위자의 지각적 초점의 차이

③ 자기고양 편파

　㉠ 결과가 좋으면 자신에게 귀인하고, 그 결과가 좋지 않으면 외부 요인에 귀인하는 현상

　㉡ 원인

동기론적 설명	사람들이 자존심을 유지하고자 하는 욕구로 인해 발생함
인지적 설명	많은 노력을 해서 성공하면 내부귀인을 하지만, 실패했을 때는 자신의 기대와 일치하지 않으므로(즉 부조화가 발생하므로) 이를 해소하기 위해 외부 상황으로 귀인함

(4) 귀인이론

① 정의 : 자신이나 다른 사람들의 행동 원인을 찾고자 추론하는 과정을 설명하는 이론이다.

② 대응추리이론

    ㉠ 타인의 행동과 그의 성향 특성을 대응시키는 과정, 즉 행위자의 어떤 행위를 통해 그 행위자의 개인적 성향을 추론하는 것

    ㉡ 중요한 핵심기준은 행위자의 의도성

③ 공변이론

    ㉠ 사람들이 같거나 유사한 사건들을 여러 번 관찰하여 충분한 정보를 가지고 있을 때 그 사건의 원인을 추정하는 과정(귀인 과정)에서 공변원리의 정보를 활용한다고 보는 이론

    ㉡ 원인의 독특성 : 어떤 결과가 특정 원인이 있을 때는 발생하고, 특정 원인이 없을 때는 발생하지 않는다는 것

    ㉢ 시간적 및 상황적 일관성 : 시간 및 상황의 변화와 관계없이 특정 자극에 대해 항상 동일한 결과가 발생하는지의 여부를 말함

| I + 이해더하기 |

맥락과 사회적 판단

- 사전 경험
  - 점화효과 : 사물을 판단하기 이전의 어떤 맥락이 차후의 아리송한 자극 판단에 영향을 주는 현상으로, 이를 의식하지 못한 상황에서 발생
  - 지각 자체가 의도와는 무관하게 영향받을 수 있다는 사실은 지각이 상황에 따라 왜곡될 수 있음을 시사함
  - 실험 1. Higgins(1987) : 도날드는 어떤 인물인가?
- 자극의 독특한 조합
  - 착각상관(Illusory correlation) : 사실상 존재하지 않는 변인들 간의 상관을 지각하는 인간의 경향성
  - '소수'의, 그리고 '드문' 행동이 동시에 발생하면 그것이 주목을 끌어 확대 지각되는 현상 **예** 동남아시아인의 범법 행위

PART 01

PART 02

PART 03

PART 04

PART 05

PART 06

1. 사회인지

(1) 사회인지와 마음

① 타인에 대한 이해란 곧 사회인지(social cognition) 능력의 발달을 의미한다.

② 사회인지 : 사회적 관계를 이해하는 능력으로 타인의 사고와 의도, 정서, 사회적 조망 수용 능력(social perspective taking ability)을 의미한다.

③ 해결해야 하는 과제가 공간 문제일 때에는 공간적 조망 수용 능력이라고 명명되나(예 피아제의 세 개의 산 실험), 과제가 사회적 문제일 때에는 사회적 조망 수용 능력으로 불린다.

(2) 마음이론(theory of mind)

① 사회인지 능력이 발달하기 위해 반드시 획득해야 하는 요소이다.

② 마음이론

㉠ 사람은 소망과 신념 및 의도와 같은 마음 상태를 지니고 있고, 이 마음 상태에 의해 개인의 행동이 이루어짐을 이해하는 것

㉡ 마음의 특성에 대한 이해를 바탕으로 사람의 행동을 이해하는 것으로, 이후의 사회인지발달의 기초가 됨

| + 이해더하기 |

샐리의 공깃돌 연구

• 마음이론을 이해하는 데 도움이 되는 4세의 정상 아동과 다운증후군 아동 및 자폐 아동을 대상으로 한 연구
• 샐리라는 이름의 인형이 자신의 공깃돌을 '바구니' 안에 넣고 방을 나간 사이에 엔이라는 인형이 공깃돌을 자신의 상자 속으로 옮겨 놓는 상황을 설정
• '나갔던 샐리가 되돌아오면 샐리는 어디에서 자신의 공기돌을 찾을 것인가'가 이 실험의 과제
• 만약 아동이 '샐리는 공깃돌을 바구니 속에서 찾을 것'이라고 이야기한다면, 그것은 곧 마음이론을 지니고 있음을 의미함
• 연구 결과 정상 아동과 다운증후군의 아동들은 마음이론을 지니고 있었으나 자폐 아동은 그렇지 못한 것으로 밝혀짐
• 이 연구를 기초로 자폐아동은 일종의 '마음 무지(mind blindness)' 상태에 있으므로 사회적 상호작용에서 심각한 결함을 나타낸다는 가정이 제기됨

㉢ 정상 아동의 마음이론 획득

• 3~4세경에 마음이론을 획득한다는 주장이 있으나, 보통 1세 말경에서부터 어머니와 함께 동일한 대상에 주의를 기울이고 어머니의 주의를 자신이 원하는 대상물로 향하게 함으로써 마음이론의 전조가 나타난다고 봄

• 마음이론이 발달하기 위해서는 신경학적 성숙과 인지적 성숙을 요구할 뿐 아니라 타인들과의 상호작용 경험을 요구함

㉣ 자폐 아동의 마음 이론 부족 : 비정상적인 뇌 발달에 그 원인이 있다고 인식되기 때문에 치료의 어려움이 있음

ⓜ 형제자매를 가진 아동들이 그렇지 않은 아동들보다 더 일찍 마음이론의 구성요소를 획득한다는 것은 타인과의 상호작용이 중요함을 시사함

(3) 사회인지의 두 연구

① 사회인지
  ㉠ 사회적 관계를 인지하는 능력
  ㉡ 다른 사람의 감정, 생각, 의도, 사회적 행동들을 이해하는 능력
  ㉢ 주로 연구되는 사회인지는 인상 형성(impression formation)과 역할 수용(role taking)

② 인상 형성
  ㉠ 정의 : 우리가 다른 사람에게서 어떤 인상을 받는가, 즉 다른 사람에 대한 판단은 어떻게 이루어지는가
  ㉡ 인상 형성의 특징
    • 점진적 분화 : 아동들의 경우 주로 성이나 연령과 같은 일반적인 특성으로 묘사하는 반면, 청년들은 흥미나 관심과 같은 개인적 특성으로 묘사함
    • 자기중심성의 약화 : 어떤 사람에게서 받는 인상이 자신의 개인적 견해이기 때문에 다른 사람과 다를 수도 있다는 것을 깨닫게 됨
    • 추상적으로 변화 : 신체적 특징이나 개인적 소유물과 같은 구체적 특성보다 태도나 동기와 같은 추상적 특성으로 다른 사람을 묘사하게 됨
    • 추론 강화 : 아동과 비교했을 때 청년들은 구체적인 정보가 없더라도 다른 사람의 감정을 해석하고, 동기나 신념, 감정을 추론하는 경향을 보임
    • 조직성 강화 : 보다 조직적으로 변하는 경향이 있어 청년이 되면 성격 특성과 상황을 연결지어 다른 사람을 판단하는 성향이 생김

③ 역할 수용
  ㉠ 다른 사람의 입장이 되어 그 기분을 이해하는 능력
  ㉡ 인지가 발달함에 따라 증가하는 것으로 여겨짐
  ㉢ 주로 친사회적 행동이나 감정이입과 관련하여 연구가 이루어짐
    ※ 감정이입은 다른 사람의 감정을 그대로 느끼는 것을 말하는 반면 역할 수용은 다른 사람이 느끼고 생각하고 지각하는 것을 정확하게 이해는 하지만 반드시 자신도 그와 똑같이 느낄 필요는 없다고 여기는 것이다. 例 자신은 슬픔을 느끼지 않으면서도 상대방이 슬퍼하고 있다는 것을 인지할 수는 있음
  ㉣ 역할 수용 능력의 영향
    • 연구에 따르면 역할 수용 능력이 뛰어난 청년은 친구의 욕구에 민감하고, 그래서 보다 효율적인 의사소통이 가능함
    • 다른 연구에서는 역할 수용 능력이 청년들의 우정 형성에도 중요한 역할을 하는 것으로 나타남

2. 태도 및 행동 부분

(1) 사회적 영향

① 태도와 태도 변화

㉠ 태도(attitude) : 어떤 사람이나 대상에 대한 신념, 감정 및 행동 의도의 총칭

㉡ 태도와 행동의 관계
- 태도로부터 행동을 예측
- LaPiere(1934) : "태도와 행동은 일치하지 않는다."
- Kelly & Mirer(1974) : "태도와 행동은 대체로 일치한다."

㉢ 행동으로부터 태도의 예측 : 인지부조화이론
- 사람들은 심리적 일관성을 추구하는 경향이 있어서 태도와 행동이 불일치하면 불편감이 생기고 일치시키려는 동기가 유발됨
- 그런데 행동은 취소나 변경이 불가능하기 때문에 사람들은 주로 태도를 행동과 일관되도록 변화시킴으로써 부조화를 감소시킴

> **Ⅰ+ 이해더하기 Ⅰ**
>
> **Festinger와 Carlsmith(1959)의 실험**
> 피험자들에게 지루한 일을 시키고 대기 중인 다른 피험자에게 재미있는 일이라고 전해주는 대가로 각 피험자들에게 1불 또는 20불을 무작위로 제공하였다. 그후 피험자들에게 실제로 그 일이 얼마나 재미있었는지를 물어본 결과, 1불을 받은 피험자들만이 태도를 바꾸어 재미있었다고 대답했다.

② 태도 변화

㉠ 주로 설득 기법을 이용

㉡ 효과에 영향을 주는 요인

설득자	• 설득자를 '호의적'으로 평가할수록 설득 효과는 커진다. • 설득자가 전문성을 갖추고 있거나 신뢰감을 주거나 매력적인 사람이면 호의적으로 평가한다.
설득 내용	• 설득 대상의 '기존 태도와 적당히 차이'가 있어야 한다. • 차이가 작으면 자신의 생각과 다름없다고 판단하며, 지나치게 차이가 크면 메시지 자체를 부정하게 되어 설득당하지 않는다. • 설득 메시지는 논리적 설명이나 객관적 통계치를 제시하는 '이성적 내용'보다는 기분을 좋게 하거나 공포를 유발하는 등 상대의 '감성에 호소하는 내용'이 더 효과적이다.
설득 대상	• 설득 주제의 '자아 관여' 수준이 높으면 설득 내용에 대해 심사숙고해서 반응하고, 관여 수준이 낮으면 설득자의 외모와 같은 주변적 단서에 의해 반응이 좌우된다. ❹ 등록금 인상 : '내년' vs. '5년 후'의 효과 • 설득 대상이 자신의 태도에 대해 약한 공격을 받고 방어한 경험이 있어 이른바 '태도면역'이 되어 있으면 더 강한 설득 메시지에도 저항한다.
설득 상황	• 다소 '주의분산'되는 분위기에서 설득이 이루어지면 효과적이다. 설득 대상이 설득 메시지에 주의 집중할 수 있는 상황에서는 메시지에 대한 반대 주장을 떠올리기가 쉽기 때문이다. • 설득 시도가 있을 것이라는 '예고'를 하면 설득 메시지에 대해 방어태세를 갖추기 때문에 설득 효과가 낮다.

③ 동조와 복종

    ㉠ 동조 : 타인이 어떤 행위를 하기 때문에 자의적으로 그 행위를 수행하는 것 **에** 남이 장에 가니 나도 장에 간다.

> **| + 이해더하기 |**
>
> **Tip Asch의 실험(1955)**
> - 진실이 명확한 상황에서의 동조 확인
> - 표준선분과 동일한 길이의 선분을 세 가지의 비교선분들 중에서 찾는, 매우 쉬운 과제를 다섯 명의 피험자들에게 차례로 실시
> - 실험 협조자들이 모두 틀린 답을 말하자, 피험자 중 35%가 틀린 대답에 동조하여 A라고 대답
> - 실험 종료 후 사적으로 질문했을 때에는 모두 정답을 제시함
> - 이를 통해 사람들은 공개적으로 반응할 때 자신의 소신과 일치하지 않더라도 다수에 동조하는 경향이 강하다는 것을 확인
> - 동조하는 이유는 첫째, 타인들의 행동이 현실 판단에 유용한 정보가 되기 때문이며 둘째, 타인으로부터 인정받거나 배척당하지 않기를 원하기 때문

    ㉡ 소수 영향
- 참신하거나 독특한 관점을 가진 소수는 다수를 변화시킴
- 힘 있고 일관성이 있어야 함
- 다수의 입장을 효과적으로 반박해야 함
- 당시의 사회적 분위기와 일치해야 함
- 해당 문제 외에는 다수와 입장이 동일해야 함

    ㉢ 복종
- 사람들은 권위인물의 명령에 대체로 잘 복종함
- 권위인물의 요구가 자신의 소신이나 사회적 규범에 어긋나더라도 맹목적으로 복종하는 경향이 있음

(2) 집단에서의 행동

① 집단에서의 정체감

    ㉠ 사회적 정체감(social identity)
- 개인이 어떤 집단에 속하여 그 집단에 동일시하면 '개인적 정체감'은 상실되고 집단의 한 구성원으로서 자신을 정의하는 '사회적 정체감'을 갖게 됨
- 사회적 정체감을 가지면 집단을 내집단과 외집단으로 구분하며, 집단에서의 개인의 사고와 행동은 대체로 사회적 정체감을 바탕으로 이루어짐

    ㉡ 몰개인화(deindividuation)
- 집단 내에서 구성원들이 개인 정체감과 책임감을 상실하여 집단행위에 민감해지는 현상
- 집단 속에서는 자신의 가치관이나 특성에 대한 인식이 약해지고, 집단구성원들의 행동이나 정서 또는 상황에 주의집중하게 되어 극단적이며 비이성적인 행동이 가능 **에** 대규모 시위 군중의 과격 행위
- 결정적인 요인은 '익명성'

PART 01

PART 02

PART 03

PART 04

PART 05

PART 06

② 집단에서의 수행

  ㉠ 사회적 촉진(social facilitation)
- 혼자일 때보다 타인이 존재할 때 개인의 수행이 더 좋아지는 현상
- 타인의 존재가 수행을 방해하는 경우도 있음 예 연습 때는 잘하던 피아니스트가 연주회에서 실수를 연발하는 경우
- 쉽거나 잘 학습된 과제에서는 타인의 존재가 수행을 촉진하고, 어렵거나 잘 학습되지 않은 과제에서는 수행을 저하시킴

  ㉡ 사회적 태만(social loafing)
- 혼자 일할 때보다 집단으로 일할 때 노력을 절감해서 개인당 수행이 저하되는 현상
- 사회적 촉진 현상은 개인별 수행이 확인 가능한 상황에서 나타나지만, 사회적 태만은 개인별 수행이 확인 불가능한 과제나 상황에서만 나타남

  ㉢ 경쟁과 협동(죄수의 딜레마게임, Prisoner's Dilemma Game, PDG)
- 두 죄수에게 공히 유리한 전략은 약속대로 자백하지 않는 방법(협동)
- 단, 상대가 자백하지 않으리라고 확신한다면 자백해서(경쟁) 석방되는 편이 더 유리함
- 실험실 게임에서는 피험자들의 3분의 2 정도가 경쟁을 택하며 게임이 진행될수록 경쟁하는 경향이 증가함

  ㉣ 사회딜레마(social dilemma)
- 개인에게 즉각적인 보상을 주지만 장기적으로는 개인과 집단 전체에 해로운 결과를 초래하는 상황 예 계곡에 쓰레기 버리기
- 자신이 유일한 협동자가 되어 손해보지 않을까 하는 불안과 자신이 유일한 비협동자가 되어 이득을 보려는 탐욕이 작용
- 사회 딜레마의 해결 방안
  - 멸종위기에 있는 고래를 보호하기 위해 고래남획금지 협약을 맺는 것처럼 공동선(共同善)을 성취하기 위한 법률이나 규제안을 마련
  - 수도요금 누진제도와 같이 협동적인 사람에게 보상을 더 줘서 협동을 유도
  - 공동체 의식을 증가시키거나 사람들의 이타성에 호소
  - 상대 불신에서 경쟁이 유발되기 때문에 사회딜레마의 해결에 관한 토의 등으로 의사소통을 활성화시키면 상호 불신이 해소되고 협동이 증가함

③ 집단 의사결정

  ㉠ 집단극화
- 집단토의와 같은 집단 상호작용 이후의 구성원들의 평균 태도나 의견이 상호작용 이전과 동일한 방향으로 더 극단화되는 현상
- 집단구성원들의 전반적 성향이 모험적이라면 집단 상호작용 후에는 더 모험적인 결정, 전반적 성향이 보수적이라면 집단결정은 더 보수적이 됨

  ㉡ 집단사고
- 응집성이 높은 집단에서 초래될 수 있는 비합리적이고 비생산적인 결정이나 판단

- Janis(1972)가 미국 대통령들의 역사적 큰 실수를 분석하여 집단 의사결정 과정에서 중대한 결함들이 있었음을 확인한 후 이를 집단사고라고 명명
- 집단사고의 원인과 예방

집단사고의 원인	• 집단구성원들의 응집성이 매우 높다. • 집단이 외부로부터 단절되어 있다. • 집단 내에 대안을 심사숙고하는 절차가 미비하다. • 리더가 지시적이며, 리더가 제시한 방안보다 더 좋은 방안을 찾을 가망이 없어서 스트레스가 높다.
집단사고의 예방	• 리더는 구성원들에게 모든 제안들에 대한 반론을 제기하도록 권장한다. • 리더 자신의 견해를 밝히는 것을 삼간다. • 적어도 한 사람은 다른 구성원의 의견에 비판만 하는 역할을 하도록 지명한다. • 때때로 외부의 전문가들을 초빙하여 토의에 참여시킨다. • 집단을 여러 개의 하위집단으로 나누어 독립적으로 토의한 후 함께 모여서 차이를 조정한다.

TOPIC. 3 사회심리학 제이론

1. 페스팅거(Festinger)의 인지부조화이론(Cognitive Dissonance Theory)

(1) 배경

① 사람들은 자신의 지식과 감정 그리고 행동의 모든 측면이 일치하지 않으면 불쾌감을 경험한다.

② 태도와 행동의 불일치로 인한 불쾌감으로 조화 상태를 회복하려는 동기가 유발된다.

(2) 인지부조화이론

① 개요 : 사람들이 취소하거나 변경하기 불가능한 행동 대신 주로 태도를 행동과 맞도록 변화시킴으로써 인지부조화를 감소시키게 된다고 보는 이론이다.

② 인지부조화이론은 사람들이 자신의 행동을 합리화하는 경향이 있음을 강조한다.

③ 인지부조화의 감소 과정이 곧 행동의 합리화 과정이며, 그에 따라 어떤 행동을 한 후 개인의 태도는 그 행동과 일관되게 조정되는 것이다.

(3) 인지부조화의 발생 조건

① 행동에 대한 자발적 선택 : 태도와 관련된 행동을 상황적 압력에 의해서가 아니라 스스로 취한 것이라는 인식(행동에 대한 책임감)을 느끼게 됨으로써 부조화가 발생한다.

② 취소 불가능한 개입(돌이킬 수 없는 행동)

㉠ 자신이 자발적으로 선택한 행동이 취소할 수 없는 것이라는 인식에서 부조화가 발생한다.

㉡ 만약 그 선택이 언제든지 변경 또는 취소할 수 있는 것이면 부조화는 나타나지 않는다.

③ 불충분한 유인가(자신이 선택한 행동의 바람직하지 못한 결과에 대한 예측)

　　㉠ 자신이 선택한 행동이 바람직하지 못한 결과를 가져올 것을 알거나 예견할 수 있음에도 불구하고 취한 것일 경우 부조화가 발생한다.

　　㉡ 만약 그와 같은 결과를 전혀 예측하지 못했거나 좋은 결과가 나올 경우 부조화는 나타나지 않는다.

2. 벰(Bem)의 자기지각이론

(1) 배경

벰은 태도와 행동의 불일치를 다룬 연구결과들을 검토한 후 사람들이 자신의 거짓말을 믿는 이유가 인지부조화 때문이 아닌 자기지각 때문이라고 주장하였다.

(2) 개요

① 자기지각이론은 사람들이 자신의 행동을 통해서 태도를 확인하고 이해하는 과정을 설명한다.

② 사람들이 타인지각과 마찬가지로 자신의 행동을 통해 자신의 태도를 추론하는 경향이 있다고 본다.

(3) 인지부조화이론과의 비교

① 자기지각이론도 인지부조화이론과 동일한 예언을 하나, 설명 방식은 전혀 다르다.

② 인지부조화이론은 인지부조화로 인해 긴장상태가 매개되는 것으로 가정하고 있으나, 자기지각이론은 피험자들이 자신의 행동을 보다 잘 이해하기 위한 귀인과정을 거친다고 가정한다.

3. 에릭슨의 심리사회이론

(1) 특징

① 인간의 전 생애에 걸친 발달과 변화를 강조한다.

② 인간을 합리적 존재이자 창조적 존재로 보았다.

③ 인간의 행동이 자아에 의해 동기화된다고 보았다.

④ 인간의 행동이 개인의 심리적 요인과 사회문화적 영향의 상호작용에 의해 형성된다고 보았다.

⑤ 기존의 정신분석적 방법과 달리 인간에 대한 정상적 측면에서 접근했다.

⑥ 창조성과 자아정체감의 확립을 강조한다.

⑦ 문화적 · 역사적 요인과 성격구조의 관련성을 중시한다.

(2) 주요개념

① 자아(Ego)

　　㉠ 인간이 신체적 · 심리적 사회적 발달과정에서 외부환경에 적응하는 과정을 통해 형성

　　㉡ 성격의 자율적 구조로서 원초아로부터 분화된 것이 아닌 그 자체로 형성된 것

　　㉢ 독립적 기능을 수행하며, 환경에 대해 적극적이고 창조적으로 대응

　　㉣ 에릭슨은 인간의 성격이 본능이나 부모의 영향을 받는 것으로 생각하는 대신 부모나 형제 · 자매는 물론 모든 사회구성원의 영향을 받는 역동적 힘으로 봄

② 자아정체감(Ego Identity)
  ⊙ 총체적 자기지각을 의미
  ⓛ 시간적 동일성과 자기연속성을 인식함으로써 시간의 흐름에 따른 변화 속에서도 자기 존재의 동
     일성과 독특성을 지속·고양하는 자아의 자질
  ⓒ 에릭슨은 자아정체감을 제1의 측면인 내적측면과 제2의 측면인 외적 측면으로 구분
    • 내적 측면 : 시간적 동일성과 자기연속성의 인식
    • 외적 측면 : 문화의 이상과 본질적 패턴에 대한 인식 및 동일시
  ⓔ 자아정체감을 가진 사람은 개별성과 통합성을 동시에 경험하며, 다른 사람과 동일한 흥미나 가치
     를 가지고 있더라도 자신을 다른 사람과 분리된 독특한 개인으로 인식함
  ⓜ 청소년기의 주요 발달과제와 밀접하게 연관된 것으로서, 자아정체감을 형성하는 경우 자신의 신
     념과 가치관에 따라 행동하며, 직업이나 정치적 견해를 선택하는 데 있어 스스로 의사결정을 할
     수 있음
③ 점성원리(Epigenetic Principle)
  ⊙ 점성적(Epigenetic) : 영어의 Epi(의존하는)와 Genetic(유전의)이 합성된 말로서, 발달이 유전에
     의존한다는 의미
  ⓛ 성장하는 모든 것은 기초안을 가지며, 각 단계는 특별히 우세해지는 결정적 시기가 존재함
  ⓒ 인간 발달은 심리사회적 발달과업을 내포하고 있으며, 특정 단계의 발달은 이전 단계의 발달에
     영향을 받음
  ⓔ 건강한 성격은 각 요소가 다른 요소와 체계적으로 연결됨으로써 적절히 연속적으로 발달함
④ 위기(Crisis)
  ⊙ 정의 : 인간의 발달단계마다 사회가 개인에게 요구하는 어떠한 심리적 요구
  ⓛ 각 심리단계에서 개인은 위기에서 야기되는 스트레스와 갈등에 적응하려 노력함
  ⓒ 현 단계의 위기에 적응하는 경우 다음 단계의 위기에 직면하게 되며, 만약 이러한 위기를 성공적
     으로 해결하지 못하는 경우 자아정체감의 혼란이 야기됨

PART 01

PART 02

PART 03

PART 04

PART 05

PART 06

단원 정리 문제

01 다음 중 알코올 중독 사례를 심리학의 5대 관점에서 바라본 것으로 옳지 않은 것은?

① 생물학적 접근 : 알코올 중독에 대한 생물학적 요소 파악
② 정신분석적 접근 : 알코올 남용은 미해결된 구강기 욕구 때문
③ 행동적 접근 : 알코올 중독의 위험성에 대한 판단 오류
④ 인본주의적 접근 : 알코올 중독 혹은 금주에 대한 주체적인 선택

정답 | ③
해설 | 심리학의 5대 관점
생물학적 접근, 인지적 접근, 행동적 접근, 정신분석적 접근, 인본주의적 접근
- 생물학적 접근 : 두뇌에서 사건이나 유전적 요소와 정신과정 간의 연결을 파악하는 데 중점을 두는 접근방법
- 인지적 접근 : 정신과정(지각, 기억, 사고, 판단, 의사결정, 기타 정보처리체계)에 초점을 두고 연구하는 접근방법(알코올 중독 사례를 인지적 접근으로 본다면 알코올 중독의 위험성에 대한 판단 오류로 볼 수 있음)
- 행동적 접근 : 무엇, 즉 어떤 외적인 절차가 인간을 그렇게 행동하도록 조건화시키는지를 보고자 함(알코올 중독 사례를 행동적 접근으로 본다면 알코올 중독에 대한 태도 형성을 확인할 것)
- 정신분석적 접근 : 비정상적인 행동이나 문제행동은 과거에 갈등이 불만스럽게 해결되었거나 해결에 실패한 것을 의미
- 인본주의적 접근 : 개인은 자기인식, 경험 및 선택을 통해 '우리 자신을 제작하게 된다'는 관점으로 모든 행동은 어떻게 생각하고 행동할 것인지를 선택하는 개인의 능력에 달려 있다고 봄(다른 접근법과 달리 긍정적 인간관을 채택하고 있음)

02 이론심리학에 대한 설명 중 옳지 않은 것을 고르시오.

① 학습심리학 : 기억과 학습의 원리를 다루는 분야로서 우리의 언어, 지식, 태도 등은 모두 학습된 것이라는 입장
② 발달심리학 : 사람들이 인생 행로를 통해서 어떻게 성장하고 변화해가는지 연구하는 분야
③ 인지심리학 : 사고, 언어, 기억, 문제해결, 추론, 판단 및 의사결정과 같은 고급 정신과정을 연구하는 분야로 인간이 환경으로부터 어떻게 정보를 받아 해석하고 의미 있는 형태로 수용, 처리, 판단하는가를 연구하는 분야
④ 성격심리학 : 사람들이 어떻게 상호작용하며, 사회적 환경으로부터 어떤 영향을 받는가를 연구하는 분야로 개인과 개인, 개인과 사회의 상호 영향과 그 관계를 개인의 초점에 맞추어 이해하기 위한 학문

정답 | ④
해설 | 사회심리학에 대한 설명이다. 성격심리학은 같은 상황에서 어떻게 사람들이 서로 다른 행동을 보이게 되는지의 개인차뿐만 아니라 시간에 따른 개인 행동의 일관성과 변화를 설명하는 분야이다. 성격 형성 과정과 정상적인 성격의 개인차에 관심을 가진다.

03 심리학의 연구 방법에 대한 설명 중 옳지 않은 것은?

① 표본조사 : 양적 방법 중 하나로 사람들이 행동, 태도, 신념, 의견 및 의도를 기술하도록 설문지를 사용하거나 특별한 면접을 통해 표본집단에 대해 연구하는 방법으로, 적은 비용으로 많은 사람들을 연구할 수 있다.

② 사례연구 : 양적 방법 중 하나로 특정의 개인, 집단 또는 상황에서 발생한 현상에 대해서 실시되는 집중적 · 심층적 연구 방법이며, 하나의 사례가 다른 모든 사례에도 적용될 수 있다는 점에서 유용하다.

③ 자연적 관찰 : 심리현상이 발생할 수 있는 자연스러운 환경에서 그 현상을 관찰하면서 연구하는 방법으로, 자연스러운 상황에서 사람들을 신중하게 관찰함으로써 성격 차이와 사회적 상호작용의 지속적인 유형을 나타내는 행동을 밝혀낼 수 있다.

④ 실험 : 인위적으로 통제된 조건하에서 연구하고자 하는 변인을 체계적으로 변화시킬 때 그 효과가 어떻게 나타나는지를 측정하는 방법으로, 참여자들은 처치를 받고 그 처치가 그들에게 어떤 행동적 변화를 일으키는지를 관찰한다.

정답 | ②
해설 | 사례연구는 양적 방법 중 하나로 특정의 개인, 집단 또는 상황에서 발생한 현상에 대해서 실시되는 집중적, 심층적 연구 방법으로 현상이 아주 복잡하거나 비교적 희귀한 경우에 유용하다. 그러나 사례연구는 반드시 전체 집단을 대표하는 표본이 아닐 수 있으며 하나의 사례에서 행동의 이유가 된 것이 다른 모든 사례에서도 적용될 수 있는 것은 아니다.

04 다음 중 가장 옳지 않은 것을 고르시오.

① 독립변인 : 연구 대상인 결과나 효과에 대한 원인변수 또는 예측변수에 대한 명칭이다.

② 종속변인 : 독립변인의 변화에 영향을 받아 변하는 요인, 실험에서 측정된 결과이다.

③ 통제집단 : 실험상황에서 변수를 일으킬 수 있는 모든 변인을 통제받는 집단이다.

④ 실험집단 : 처치를 받은 참여자들을 포함한 집단이다.

정답 | ③
해설 | 통제집단은 처치를 받지 않은 참여자들을 포함한 집단이다.

05 발달의 정의에 대한 설명 중 옳지 않은 것은?

① 출산에서부터 성인이 될 때까지 양적, 질적으로 성장 혹은 변화해 가는 과정이다.

② 세포와 조직의 미세한 부분은 물론 신장이나 흉위가 커지고 체중이 늘어나 신체의 기능이 다원화 내지 정교화되는 과정을 양적 발달이라고 한다.

③ 감각, 지각, 인지는 물론 추리, 논리, 사고 등을 포함한 모든 심리적 발달을 질적 발달이라고 말한다.

④ 인간의 발달은 주로 성숙이나 학습에 의해 결정된다.

정답 | ①
해설 | 생명의 시초인 수정에서부터 완전히 노화될 때까지 양적 · 질적으로 성장 혹은 변화해 가는 과정을 발달이라고 말한다.

06 발달심리학에 대한 설명 중 옳지 않은 것은?

① 변화를 포착하고자 하는 학문으로서, 변화를 정확하게 기술하여 발달의 기준을 제시하고 이러한 변화에 내재된 발달의 원리가 무엇인지 발견하고자 하는 심리학의 한 분야이다.

② 인간의 연령에 따른 심리적 변화 과정을 과학적으로 연구하는 분야이다.

③ 태어나면서부터 성인까지의 모든 과정을 나룬다.

④ 우리의 신체, 성격, 사고방식, 감정, 행동, 대인관계 및 삶의 상이한 시기에 우리가 수행하는 역할에서의 변화를 연구하는 학문이다.

정답 | ③

해설 | 태어나면서부터 죽을 때까지의 모든 과정을 다룬다.

07 물체의 배열이나 외형이 변해도 물체의 양이나 수가 변화하지 않는다는 것을 나타내는 인지적 개념을 무엇이라 하는가?

① 스키마　　　　② 보존개념
③ 대상영속성　　④ 물활론적 사고

정답 | ②

해설 | 보존개념은 물체의 배열이나 외형이 변해도 물체의 양이나 수가 변화하지 않는다는 것으로 전조작기의 특징 중 하나이다.

① 스키마는 도식으로 사물이나 사건에 대한 전체적인 윤곽 또는 지각의 틀, 즉 인간의 마음속에서 어떤 개념 또는 사물의 가장 중요한 측면이나 특징을 인식하고 표현하는 능력이다.

③ 대상영속성은 어떤 물체가 눈에 보이지 않아도 존재한다는 것을 아는 것을 말한다.

④ 물활론적 사고는 모든 사물이 인간처럼 생명과 의지를 가지고 있다고 생각하는 것을 의미한다.

08 다음은 인지발달 단계 중 무엇에 해당하는가?

- 감각 경험을 운동행위와 관련시켜 환경과 상호작용하고 환경을 학습하는 시기이다.
- 대상영속성이 발달된다.
- 심리적 표상이 발달되며, 어른의 행동을 보고 따라 하는 모방 행동이 발달된다.
- 낯가림이 있고, 경계해야 하는 대상과 믿고 의지하는 대상을 구별하기 시작한다.

① sensorimotor stage
② preoperational stage
③ concrete operational stage
④ formal operational stage

정답 | ①

해설 | 감각운동기에 대한 설명이다.

② 전조작기는 아직 논리적 사고를 하지 못하는 단계로 자아중심적 사고와 물활론적 사고, 타율적 수준의 도덕률, 보존개념 등의 특징을 가지고 있다.

③ 구체적 조작기는 구체적인 상황에서는 사고가 논리적인 시기로서 제한적인 범위에서는 논리적인 사고를 할 수 있지만, 추상적인 상황에서는 아직도 논리적인 사고가 가능하지 않은 시기이다. 자율적인 도덕 판단이 형성되는 시기이고 보존개념을 획득한다.

④ 형식적 조작기는 인지발달의 마지막 단계로서 추상적인 상황에서도 상징적이고 논리적인 사고가 가능해지는 특징을 가지고 있다. 사물을 객관적으로 바라볼 수 있으며 나와 타인의 입장을 고려하고 자신의 이익과 손해가 타인의 손해와 이익과 서로 맞물려 있다는 사실을 알게 된다. 조합적 사고와 가설적 사고가 가능하다.

09 척도가 측정하려는 대상을 얼마나 정확하게 측정하는가의 정도를 나타내는 것을 무엇이라 하는가?

① 객관도   ② 신뢰도
③ 타당도   ④ 측정도

정답 | ②

해설 | 측정은 개인과 집단에게 일어나는 심리현상을 일정한 규칙에 따라 조사하여 수치화한 것을 말한다. 이때 측정의 도구로서 이용되는 것이 척도이다. 신뢰도는 반복되는 측정에서 척도가 얼마나 일관된 결과를 내고 있는가의 정도이다.

10 다음은 척도 수준에서 무엇에 대한 설명인가?

> • 모든 척도의 속성을 가지고 있고 절대 영점을 가진 가장 상위의 척도이다.
> • 덧셈, 나눗셈을 포함한 연산을 통해 측정, 비교가 가능하므로 가장 많은 정보를 나타낼 수 있다.
> • 길이, 무게, 시간, 밀도 등 물리량의 거의 모든 측정이 이 비율척도로 이루어진다.

① 명명척도   ② 서열척도
③ 등간척도   ④ 비율척도

정답 | ④

해설 | ① 명명척도는 측정 대상을 질적인 특성에 따라 구분하는 척도로 대상에 부여된 숫자는 속성에 따른 분류만을 위한 것이며 순서 또는 가감의 의미를 가지지 않는다.
② 서열척도는 크고 작음, 높고 낮음의 순위관계를 내포하는 척도로 상하, 대소의 관계성만을 나타낼 뿐 연산은 할 수 없다.
③ 등간척도는 서열척도의 특성을 가지면서 수치 사이의 간격이 동일한 차이를 가지는 척도이다. 절대영점을 가지지 않으므로 덧셈, 뺄셈의 계산만 가능하다.

11 자신의 의식 경험을 관찰하는 내성법을 사용한 심리학 학파는?

① 기능주의   ② 형태주의
③ 행동주의   ④ 구성주의

정답 | ④

해설 | 구성주의는 의식의 내용을 요소로 분석하고 그 요소들의 결합으로서 의식현상을 설명하고자 하는 입장을 말한다. 대표적인 학자로 분트가 있으며 내성법은 실험이라는 통제된 조건 속에서 자신의 의식 경험을 주관적으로 관찰·분석하는 방법이다.
① 기능주의는 의식을 요소들의 집합이 아닌 하나의 흐름으로 파악하는 점에서 구성주의와 대립하며 대표적인 학자로 윌리엄 제임스가 있다.
② 형태주의는 의식의 내용을 요소의 조합이 아닌 전체로서 인식한다는 것이 기본개념이다.
③ 행동주의는 왓슨이 주창하였으며 자극-반응으로서 관찰할 수 있는 행동이 심리학의 연구 대상이라고 보았다.

12 다음 뉴런의 구조 중에서 뉴런의 본체에 해당하는 것으로 정보처리 과제를 통합하고 세포 활동을 유지하는 기능을 하며 유기체의 유전 정보를 담고 있는 핵이 위치한 이것은 무엇인가?

① 세포체   ② 수상돌기
③ 축색   ④ 시냅스

정답 | ①

해설 | ② 수상돌기는 다른 뉴런으로부터 정보를 수용하여 이를 세포체에 전달한다.
③ 축색은 신경세포의 한 줄기의 긴 섬유로 그 말단 부위는 여러 갈래의 축색종말로 나뉘어 다른 뉴런과 근육, 내분비선에 정보를 전달하는 역할을 한다.
④ 시냅스는 뉴런과 뉴런의 연결부위(접합부)를 말하며 뉴런은 시냅스라는 미세한 틈을 통해 정보를 주고받는다.

PART 01

PART 02

PART 03

PART 04

PART 05

PART 06

13 신경전달물질의 종류 중 침착성과 안정감을 주는 전달물질로서 쾌감이나 각성을 조절하고 행동을 적절히 억제하는 기능을 하며 부족할 경우 우울증, 불안증에 걸릴 수 있는 이 전달물질의 이름은 무엇인가?

① 세로토닌
② 노르에피네프린(노르아드레날린)
③ 엔도르핀
④ 도파민

정답 | ①
해설 | ② 노르에피네프린은 신경을 흥분시키는 신경전달물질로 의욕, 집중, 기억, 적극성 등에 관여한다.
③ 엔도르핀은 내인성 모르핀의 약칭으로 모르핀처럼 통증을 완화시키고 기분을 안정시키는 뇌 안의 생성물질이다.
④ 도파민은 집중력과 쾌감, 도취감 등에 관여하는 물질이다. 또한 공격성, 창조성, 운동 기능 등을 조절하는 기능을 가진다.

14 대뇌의 영역에 대한 설명으로 옳지 않은 것은?

① 전두엽 : 운동, 기억과 판단, 추상적 사고 등에 전문화된 영역이다.
② 측두엽 : 섭식, 본능, 욕구 등 동물로서 생존에 필요한 기능을 하면서 정동과 밀접한 관련이 있다.
③ 두정엽 : 촉각에 관한 정보를 처리하는 기능을 가진 영역이다.
④ 후두엽 : 시각 정보를 처리하는 영역이다.

정답 | ②
해설 | 측두엽은 청각, 언어, 기억과 관련이 있는 영역이다. ②는 대뇌 변연계에 대한 설명이다.

15 간뇌에 해당하지 않은 것은?

① 시상
② 시상하부
③ 뇌하수체
④ 교

정답 | ④
해설 | 교는 소뇌의 하위 기관으로 뇌간의 일부이며 소뇌와 대뇌, 척수가 서로 연락를 주고받을 수 있도록 다리 역할을 하는 곳이다. 중추신경과 말초신경의 신경섬유 경로이자 중계소의 역할을 한다. 간뇌는 시상과 시상하부, 뇌하수체를 포함한다.
① 시상은 감각기관으로부터 전달되는 정보를 중계하여 대뇌피질로 전달하는 역할을 한다.
② 시상하부는 혈압, 혈류, 체온, 체액, 소화, 배설, 대사, 성기능, 면역 등 자율신경 기능과 내분비 기능을 제어하는 생명 유지의 중추적인 역할을 한다.
③ 뇌하수체는 시상하부의 신호를 받아 호르몬을 생성, 분시하는 내분비선으로 다른 내분비선을 자극하는 호르몬을 분비하여 체내 여러 활동을 통제한다.

16 매슬로우 욕구 단계와 관련된 내용이 잘못 연결된 것은?

① 안전에 대한 욕구 – 신변의 안전과 수입의 안정을 확보하고 싶다.
② 자아실현의 욕구 – 개성을 살리고 인간으로서 성장하고 싶다.
③ 애정과 소속에 대한 욕구 – 주위 사람들로부터 주목받고 칭찬받고 싶다.
④ 생리적 욕구 – 배고픔과 갈증을 해결하고 싶다.

정답 | ③
해설 | 애정과 소속에 대한 욕구는 좋은 직장, 좋은 동료와 같은 사회적인 귀속 욕구이다. 주위 사람들에게 주목 또는 인정받고자 하는 욕구는 존경의 욕구에 해당된다. 존경의 욕구를 성취하기 위해서는 어딘가의 집단에 소속될 필요가 있다.

17 다음 중 빈칸에 들어갈 단어들을 순서대로 나열한 것은?

> ⓐ : 좌반구 전두엽의 후방에 위치한 이 영역은 운동성 언어와 관련이 있다. 이 영역에 손상을 입으면 매끄러운 발화와 문장 구성에 장애를 초래한다. 청각적인 이해 능력은 발화능력에 비해 양호하다.
> ⓑ : 좌반구 측두엽 청각피질 근처에 위치하여 타인의 말을 이해하는 기능을 한다. 유창하게 발화할 수 있지만 상황과 질문에 맞지 않는 의미 없는 말을 하거나 다른 사람의 말을 잘 이해하지 못한다.
> ⓒ : 이해하고 표현하는 데 지장은 없지만 들은 말을 반복하지 못하는 장애를 말한다. 궁상속의 손상에 원인이 있다.

	ⓐ	ⓑ	ⓒ
①	브로카 영역	전도성 실어증	베르니케 영역
②	베르니케 영역	브로카 영역	전도성 실어증
③	전도성 실어증	베르니케 영역	브로카 영역
④	브로카 영역	베르니케 영역	전도성 실어증

정답 | ④

해설 |
- 브로카 영역은 좌반구 전두엽의 후방에 위치해 있으며 운동성 언어와 관련이 있다. 브로카 영역에 손상을 입으면 매끄러운 발화와 문장 구성에 장애를 초래한다. 청각적인 이해 능력은 발화능력에 비해 양호하다.
- 베르니케 영역은 좌반구 측두엽 청각피질 근처에 위치하여 타인의 말을 이해하는 기능을 한다. 브로카 실어증 환자와는 달리 유창하게 발화할 수 있지만 상황과 질문에 맞지 않는 의미없는 말을 하거나 다른 사람의 말을 잘 이해하지 못한다.
- 전도성 실어증은 이해하고 표현하는 데 지장은 없지만 들은 말을 반복하지 못하는 장애를 말한다. 베르니케 영역과 브로카 영역을 연결하는 궁상속의 손상에 원인이 있다.

18 다음 중 프로이트의 성격발달 단계를 순서대로 나열한 것은?

① 잠복기 → 항문기 → 구강기 → 남근기 → 생식기
② 잠복기 → 구강기 → 항문기 → 남근기 → 생식기
③ 구강기 → 항문기 → 잠복기 → 남근기 → 생식기
④ 구강기 → 항문기 → 남근기 → 잠복기 → 생식기

정답 | ④

해설 | 구강기, 항문기, 남근기, 잠복기, 생식기 순으로 성격발달이 나타난다.
- 구강기는 0~1세에 해당하며, 아동의 리비도가 입, 혀, 입술 등의 구강에 집중되어 있다.
- 항문기는 1~3세에 해당하며, 배변으로 생기는 항문 자극에 의해 쾌감을 얻으려는 시기이다.
- 남근기는 3~6세에 해당하며, 리비도가 성기에 집중되어 성기의 자극을 통해 쾌감을 얻는다.
- 잠복기 또는 잠재기는 6~12세에 해당하며 성적 욕구가 억압되어 성적 충동이 잠재되어 있는 시기이다.
- 생식기는 12세 이후에 해당하며 잠복된 성적 에너지가 되살아나는 시기로 2차 성징이 나타난다.

19 오랫동안 회피가 불가능한 혐오자극에 반복적으로 노출되며 그러한 자극으로부터 벗어나려는 자발적인 노력을 하지 않게 된다는 이론은 무엇인가?

① James-Lange 이론
② Cannon-Bard 이론
③ 학습된 무력감
④ Schachter의 정서 2요인설

정답 | ③

해설 | 정서에 관한 이론으로 James-Lange 이론, Cannon-Bard 이론, Schachter의 정서 2요인설이 있다.

　① James-Lange 이론 : 환경에 대한 신체반응이 정서체험의 원인이 된다는 주장으로, '슬퍼서 우는 것이 아니라 우니까 슬픈 것이다'라는 말로 대표된다.
　② Cannon-Bard 이론 : 자극이 자율신경계의 활동과 정서 경험을 동시에 일으킨다는 주장이다.
　④ Schachter의 정서 2요인설 : 정서란 생리적 반응과 원인의 인지 작용 사이의 상호작용임을 주장한 이론으로, 같은 생리적 반응이라도 상황과 환경에 따라 인지가 달라질 수 있다는 점에서 정서란 생리적 반응의 지각 자체가 아닌 그 원인을 설명하기 위한 인지 해석임을 강조하였다.

20 에릭슨의 심리사회적 단계에서 초기 성인기에 겪는 위기는?

① 신뢰감 대 불신감
② 자율성 대 수치심, 회의
③ 자아정체감 대 정체감 혼란
④ 친밀감 대 고립감

정답 | ④

해설 |

시기	심리사회적 위기
유아기	신뢰감 대 불신감
초기 아동기	자율성 대 수치심, 회의
학령 전기 또는 유희기	주도성 대 죄의식
학령기	근면성 대 열등감
청소년기	자아정체감 대 정체감 혼란
초기 성인기	친밀감 대 고립감
성인기	생산성 대 침체
노년기	자아통합 대 절망

PART 02

이상심리학

CHAPTER 01 | 이상심리학의 기본개념

TOPIC. 1 이상심리학의 정의 및 역사

1. 이상심리학의 정의

(1) 이상심리학의 정의

① 이상심리학은 이상행동과 심리장애를 과학적으로 연구하는 학문이다.

② 인간의 심리적 고통과 불행에 대한 깊은 관심에서 출발한다.

(2) 이상심리학의 주제

① 인간은 왜 불행해지며 어떻게 불행에서 벗어날 수 있는가?

② 인간을 고통스럽게 하는 이상행동과 심리장애에는 어떤 것들이 있는가?

③ 다양한 이상행동과 심리장애는 어떻게 분류될 수 있는가?

④ 어떤 특성을 지닌 사람들에게 이상행동이 더 잘 나타나는가?

⑤ 이상행동은 예방될 수 있는가?

2. 이상심리학의 역사

(1) 고대사회

① 정신질환을 초자연적인 현상으로 이해하였다.

② 정신질환의 치료를 위해 귀신을 쫓는 의례를 하거나 신이나 귀신을 달래는 의식을 치르기도 했다.

(2) 그리스 로마 시대

① 히포크라테스(Hippocrates)

ㄱ 모든 질병의 원인은 신체에 있다고 봄

ㄴ 이상심리는 흑담즙, 황담즙, 점액 및 혈액 등 4가지 체액 간의 불균형으로 생긴다고 봄

ㄷ 최초로 심리장애를 분류함 예 조증, 우울증, 광증 등

② 플라톤(Platon) : 영혼의 문제가 신체장애를 유발한다고 봄

③ 아리스토텔레스(Aristotles)

ㄱ 정서 상태가 신체에 영향을 미친다고 보고 영혼과 정신에 영향을 미치는 논리를 사용해야 한다고 주장함

ㄴ 논리와 이성을 강조하였는데, 이것이 후에 인지치료의 중요한 원리가 됨

④ 갈레노스(Galenos)

ㄱ 정신병을 정신적 정기의 병으로 봄

ⓛ 신체적 원인과 심리적 원인을 구분하였고, 정신의학의 발달에 기여함

(3) 중세 서양의 귀신론

① 중세에는 정신장애를 미신과 귀신론으로 이해하였다.

② 정신장애를 귀신 들린 것으로 보고 가혹한 벌을 주어 귀신을 쫓아낼 수 있다고 보았다.

(4) 중세 이후의 발전

① 16세기 초 무도병을 귀신 들린 것이 아니라 병적 현상이라고 본 파라셀수스(Paracelsus)에 의해 이상심리를 과학적으로 이해하기 시작하였다.

② 정신질환의 생물학적인 기초에 초점을 두고 인본적인 치료가 개발되었으나 점성학 등 미신의 영향에서 완전히 벗어나지는 못하였다.

③ 베이컨(Bacon)의 경험주의적 접근에 의해 인간 연구의 필요성이 인정되었다.

④ 1590년 처음으로 심리학이라는 용어가 사용되었다.

⑤ 생리적, 경험적, 실험적 접근과 인간의 충동, 욕구, 정서 등에 관심을 둔 접근이 공존하였다.

⑥ 1547년 최초로 베들레헴의 수도원에 정신병원이 세워졌다.

⑦ 피넬(Pinel)과 듀크(Tuke)는 정신병자의 쇠사슬을 제거하고 인간적인 치료를 주장하였고 이것이 도덕치료의 시작이 되었다.

(5) 과학적 접근의 시작

① 16세기에 시작된 해부학이나 생리학의 발전에 힘입어 정신병리의 원인을 뇌의 기질적인 병변에서 찾으려고 하였다.

② 크레플린(Kraepelin)이 정교화시켰다.

③ 메즈버(Mesmer) 등은 마비, 청각장애, 시각장애들이 심리적 원인을 갖고 있다고 보았다.

④ 샤콧(Charcot)은 최면술에 의해 마비가 나아지면 히스테리로 진단하였다. 그는 불안장애, 공포장애, 기타 정신질환의 발병 요인으로 심리적 요인을 강조하였다.

⑤ 프로이트(Freud)와 브로이어(Breuer)는 히스테리 환자에게 최면을 걸고 정신적 충격을 상기시켜 히스테리를 치료하였다. 이는 후에 정신분석학으로 발전하였다.

(6) 실험 정신병리

① 19세기 말 분트(Wundt)와 윌리엄 제임스(William James)가 인간 행동을 객관화하고 수량화하기 시작하였다.

② 실험 위주의 심리학 분야를 개척하였다.

③ 크레플린(Kraepelin)

ⓖ 분트(Wundt)의 제자

ⓛ 신체장애를 분류하듯 정신장애를 분류

ⓒ 주의력 실험이나 단어 연상 실험 등의 실험법을 통해 정신장애를 이해하기 시작함

ⓔ 조발성 치매(dementia praecox)라는 용어를 제시하며 정신장애가 뇌의 장애에 의해 생긴다고 봄

(7) 이상행동의 측정과 관찰

① 갈톤(Galton) : 19세기 말 우생학을 연구하면서 지적 능력을 변별할 수 있는 검사를 개발하였다.

② 갈톤의 시도는 심리검사의 발전을 촉발하였고 카텔(Cattell)이 이어서 심리측정이론을 발달시켰다.

③ 1905년 비네(Binet)의 지능검사, 1917년 군대 알파 검사, 1921년 로르샤흐(Rorschach)의 잉크반점검사, 융(Jung)의 단어연상검사가 개발되었다.

④ 1940년 다면적 인성검사(MMPI)가 제작되었다.

⑤ 1963년 아론 벡(Beck)의 연구에서 인지치료가 비롯되어 심리치료 발전에 큰 공헌을 하였다.

(8) 1950년대 이후의 발전

① 실험과학과 심리적 접근을 통합하려는 경향이 뚜렷해졌다.

② 1950~1970년 : 인본주의, 행동주의, 인지행동주의 접근이 개발되었다.

③ 1950년대 : 항정신 약물이 개발되었다.

④ 1960년대 : 지역사회 접근이 강조되고 생물심리사회(biopsychosocial) 접근이 등장하였다.

TOPIC. 2 이상심리학의 이론

1. 정신분석 이론

(1) 성격의 삼원구조 이론

원초아(쾌락원리, 일차적 과정) → 자아(현실원리, 원초아 제어, 이차적 과정) → 초자아

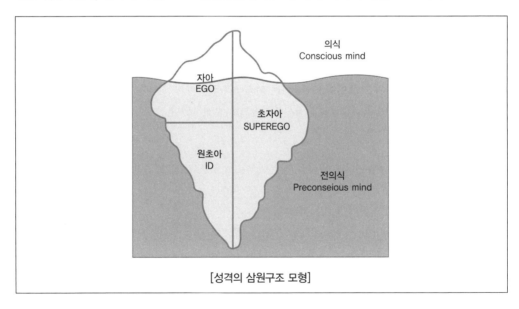

[성격의 삼원구조 모형]

(2) 성격의 발달단계

① 구강기 : 출생 직후~1.5세 – 구강기 고착(씹는 것, 먹는 것 집착, 말이 많음)

② 항문기 : 1.5~3세 – 항문 보유적(지저분, 인색), 항문 배출적(낭비벽)

③ 남근기 : 3~6세 – 오이디푸스, 거세불안, 동일시, 초자아 발달, 엘렉트라

④ 잠복기 : 6세~사춘기 · 학령기 – 자아 성숙, 초자아 확립, 고착(열등감, 소극적, 회피)

⑤ 성기기 : 사춘기 또는 청소년기 – 성적 욕구 증가, 급격한 신체 변화, 심리적 독립, 자기정체감 확립

(3) 정신역동과 방어기제

① 정신역동 : 원초아, 자아, 초자아의 세 가지 심리적 세력이 경합하고 투쟁하고 타협하는 과정이다.

② 신경증적 불안 : 원초아적 욕구가 강하거나 자아의 통제력이 약화되는 경우 원초아 욕구 표출에 대한 두려움이 나타난다.

③ 방어기제 : 자아가 불안을 감소시키기 위해 행하는 방어 책략으로, 억압, 부인, 반동형성, 합리화, 대치, 투사 등이 있다.

④ 자아심리학의 발전 토대 : 자아의 중요성 강조하고 자아 기능을 정교하게 체계화하였다.

(4) 정신분석적 치료 방법

자유 연상, 꿈의 분석, 전이분석, 저항분석, 훈습(통찰 – 학습) 등이 있다.

(5) 정신분석이론에 대한 평가

① 과학적 이론이 아니라는 비판(내성법)을 받는다.

② 인간에 대한 보편적 이론으로 일반화할 수 없다는 비판이 있다(특수성은 있음).

③ 개인 내부의 성격 구조 및 역동적 갈등에 초점을 두어 '대인관계적, 사회문화적 요인'을 간과하였다.

④ 오이디푸스 갈등 이전의 아동기 발달 과정을 간과하였다(대상관계이론이 주장).

⑤ 장기간의 치료 기간이 필요하며, 치료 효과의 검증이 어렵다.

(6) Freud 이후의 정신분석이론

① 자아심리학(Anna Freud, Hartman) : 자아의 자율적 기능 강조, 다양한 방어기제 규명

② 대상관계이론 : 초기 아동기 성격 구조의 발달 과정 강조, 대상표상, 자기표상, 대인관계 영향

③ 자기심리학 : 자기(self)를 심리적 구조의 핵심 개념으로 정의

④ 분석심리학(Jung) : 개인 무의식, 집단 무의식, 페르소나, 그림자, 아니마, 아니무스, 성격유형론 제안

⑤ 개인심리학(Adler) : 권력의지와 열등감의 보상, 목적 지향적 인간(자기실현 욕구)

⑥ 신 Freud 학파

2. 행동주의이론

(1) 고전적 조건형성
① Pavlov : 1차적 욕구를 이용한 조건화, 자극변별, 2차적 조건형성(종소리+손뼉)
② Watson : 앨버트 공포반응 학습

(2) 조작적 조건형성
① Thorndike : 효과의 법칙(보상행동 학습, 처벌행동 회피)
② Skinner : 프로그램 학습, 행동수정기법, 내장 반응(심장박동, 혈관 팽창)의 조건형성 등에 적용
③ 2요인이론 : 공포반응 – 고전적 조건형성+공포반응 유지 – 조작적 조건형성

(3) 사회적 학습이론
① 사회적 학습 : 사회적 상황(관계)에서 다른 사람의 행동에 대한 관찰을 말하며, 모방을 통해 새로운 행동을 학습한다.
② 모방학습 : 다른 사람의 행동을 그대로 따라 하는 것이다.
③ 대리학습 : 타인이 새로운 행동을 시도할 때 어떤 결과가 나타나는지 관찰하여 자신의 결과를 예상한다.
④ 관찰학습 : 타인의 행동을 관찰해 두었다가 유사한 행동을 나타낸다(주의 → 저장 → 동기화 → 운동 재생).

(4) 행동치료
소거, 처벌(혐오적 조건형성), 체계적 둔감법(불안 – 이완/탈조건형성), 행동조성, 환표 등이 있다.

(5) 행동주의적 입장에 대한 평가
① 인간을 환경적 자극에 의해 통제되는 피동적인 존재로 본다. 이는 인간의 자율성을 보장하는 것으로 인본주의 또는 실존주의 심리학에 의해 비판받는다.
② 인간행동을 단순화(자극/반응)하고 인간 내면의 심리적 과정을 무시하였다(다양하고 복잡한 행동을 설명하는 데에 한계).
③ 인본주의적 입장 : 자기실현 성향, 무조건적 긍정적 존중, 공감적 이해, 진솔함 등이 해당한다.

3. 인지적 이론

(1) 개요
① 이상행동에 대한 인지적 입장 : 이것을 바꾸면 정상행동이 된다.
② 인간의 감정과 행동은 객관적, 물리적 현실보다는 주관적, 심리적 현실에 의해 결정된다.
③ 주관적 현실은 외부 현실에 대한 인간의 심리적 구성이며, 구성 과정은 능동적인 과정이라고 가정한다.
④ 주관적 현실은 주로 인지적 활동을 통해 구성되며 사고와 심상 등의 인지적 내용에 의해 표상된다.
⑤ 정신장애는 인지기능의 편향·결손과 밀접하게 관련되며 이러한 인지적 요인에 의해 유발될 수 있다.

(2) 이상행동을 유발하는 인지적 요인

① 인지적 구조
  ㉠ 개인이 자신과 세계에 대한 지식과 정보를 체계적으로 조직하고 저장하는 기억체계
  ㉡ 구성하는 내용과 인지적 구조가 조직된 방식으로 구분 가능
② 인지적 산물
  ㉠ 외부 자극에 대한 정보처리 결과 생성된 인지
  ㉡ 능동적으로 의미 부여한 주관적 현실을 구성함
③ 자동적 사고 : 특정 방향으로 의미 부여를 하는 사고 과정이 아주 빠르며, 사고 내용이 잘 자각되지 않는다.
  ※ 인지적 내용 → 특수성 가설 : 자동적 사고 내용이 정신·병리적 반응에 영향을 미친다고 본다.
④ 인지적 과정
  ㉠ 인지적 구조가 인지적 산물을 생성해 내는 방식
  ㉡ 정보 변환 과정(오류, 결손, 왜곡)이 이에 해당함

(3) 인지적 심리치료

① 인지적 재구성(Ellis 합리정서치료, Beck 인지치료), 대처기술치료(Meichenbaum 스트레스 면역훈련), 문제해결치료 등이 있다.
② 인지치료의 주요 과정
  ㉠ 내담자 호소 문제를 정서적, 행동적, 신체적 문제별로 구체적으로 명료화하여 치료 목표 세우기
  ㉡ 심리적 문제에 인지적 요인이 관련되어 있음을 내담자에게 납득할 수 있도록 이해시키기
  ㉢ 내담자의 심리 증상을 야기하는 부적응적 사고를 탐색하고 조사하기

(4) 인지적 입장에 대한 평가

① 인지적 입장은 심리적 기능의 다른 측면(정서, 동기)의 중요성을 간과하고 있다는 비판을 받는다.
② 정신장애와 관련된 인지적 요인과 과정에 대한 설명일 뿐 정신장애의 궁극적 원인은 아니다.
③ 인지치료는 적응 대상에 한계를 지닌다. 지능, 학력이 낮거나 심리적 내성 능력이 부족한 내담자에게는 부적합하다.

4. 통합이론

(1) 취약성-스트레스 모델

① 환경으로부터 주어지는 심리사회적 스트레스와 그에 대응하는 개인의 특성을 고려한다.
② Kwon : 취약성-스트레스 모델과 매개적 요인을 통합한 모델을 제시하였다.
③ 예컨대 역기능적 신념이라는 인지적 취약성을 지닌 사람에게 부정적 생활 사건이 주어지면 그 사건에 대해 과장된 의미를 부여한 부정적 사고를 나타내고 그 결과 우울증이 유발될 수 있다.

PART 01
PART 02
PART 03
PART 04
PART 05
PART 06

(2) 생물심리사회적 모델

① George Engel : 정신장애뿐만 아니라 신체질환도 생물학적, 심리적, 사회적 요인의 상호작용이 영향을 미친다.

② 탈이론적 입장을 취하고 있다. 즉, 이상행동에 대해 어떤 하나의 이론만으로 설명하지 않는다.

③ 체계이론에 근거하여 전체론을 주장한다. 예 "인간은 타고난 기질, 어린 시절의 경험, 후천적 학습 등의 합 이상이다."

④ 동일결과성의 원리, 다중결과성의 원리, 상호적 인과론(원인 · 결과=양방향적일 수 있음) 등이 주요 개념이다.

⑤ 항상성 : 유기체가 항상 일정한 상태를 유지하려는 성향을 말한다.

TOPIC. 3 　정신장애의 진단 및 통계편람

1. 의의 및 역사

(1) 의의

이상행동 및 정신장애의 원인은 생물학적 유전과 사회환경적 요인들이 복합적으로 작용하고 있으므로 그 증상, 증후 및 장애의 경과에 대한 관찰을 통해 장애를 분류하게 된다. 진단분류체계는 다양한 이상 행동 및 정신장애의 원인을 밝히고 임상의로 하여금 가장 효과적인 치료를 제공할 수 있도록 하기 위해, 또한 전문가들 간의 공통된 언어에 의한 의사소통의 원활화를 위해 필요하다.

(2) 역사

이상행동 및 정신장애의 분류체계로서 널리 사용되고 있는 것은 미국정신의학협회(American Psychiatric Association, APA)에서 발간하는 정신장애의 진단 및 통계편람과 세계보건기구에서 발간하는 국제질병분류이다. DSM의 경우 1994년부터 개정 4판(DSM-IV)이 사용되어 오다가 2013년에 개정 5판(DSM-5)이 출간되었다. ICD의 경우 지난 1992년부터 개정 10판(ICD-10)이 사용되었으며, 2018년 개정 11판이 출간되었다.

2. DSM-5의 개정 배경

(1) 정신장애에 대한 최신 연구 결과의 반영

정신병리, 평가 및 진단, 치료 연구결과 등의 축적에 따라 정신장애에 대한 최신 의견들을 반영할 필요가 있었다. 특히 임상 분야에서 신경생물학(Neurobiology)의 중요성이 확대되었다.

(2) 범주적 진단체계의 한계

범주적 분류는 이상행동과 정상행동을 명확히 구분하면서 이들 간의 질적인 차이를 가정하는 한계를 가지고 있었다. 그로 인해 몇 가지 증상들을 공유하는 공존질환(Comorbidity)에 대해 더욱 정확하고 효율적인 진단의 필요성이 제기되었다.

(3) 사용자 접근성 및 임상적 유용성의 고려

진단분류의 신뢰도 및 타당도를 제공하기 위해 다양한 경험적 연구결과들에 근거하되 이전 버전들과의 연속성을 유지함으로써 실제 임상현장에서 유효하게 사용될 수 있는 진단체계가 요구되었다.

3. 범주적 진단분류와 차원적 진단분류

(1) 장애를 바라보는 관점의 차이

장애를 바라보는 관점에 있어서 범주적 진단분류는 장애의 유무에 초점을 두는 반면, 차원적 진단분류는 장애의 정도에 관심을 기울인다.

(2) 장애의 분류

① 범주적 진단분류 : 장애를 분류하는 데 있어서 일치된 진단기준을 통해 전문가들 간의 의사소통이 용이하고 각 장애에 대한 비교가 가능하므로 현실적 · 실용적 측면에서 유용하다.

② 차원적 진단분류 : 환자 개인에게 초점을 두어 특정 장애 범주가 아닌 부적응과 관련된 몇 가지 차원들을 제시함으로써 장애의 실제적인 측면에서 유효적절하게 활용된다.

③ 범주적 진단분류와 차원적 진단분류 중 어느 하나만을 선택할 필요는 없으며, 각각의 장단점을 고려하여 적합한 방식을 융통적으로 활용하는 것이 바람직하다.

4. DSM-5의 일반적인 개정사항

(1) 개정판 숫자의 변경

기존의 DSM-IV-TR까지는 개정판의 순서를 나타내는 숫자를 로마자로 표기하였다. 그러나 DSM-5에서는 로마자 V가 아닌 아라비아숫자 5를 사용하였다. 이는 새로운 임상적 발견에 따른 개정을 보다 쉽게 하기 위한 의도를 가지고 있다.

(2) 다축체계의 폐지

DSM-IV에서 사용하는 다축진단체계가 실제 임상 현장에서 유용하지 못하며, 진단의 객관성 및 타당성이 부족하다는 비판에 따라 이를 폐지하였다. 다만, 이는 표기 방식을 폐지하는 것일 뿐 내용 전체를 폐기한 것은 아니다.

(3) 차원적 평가의 도입

범주적 분류의 한계를 보완하기 위해 차원적 평가 방식을 도입함으로써 이른바 하이브리드 모델을 제안하였다. 차원적 분류는 이상행동과 정상행동을 단지 부적응성의 정도 차이일 뿐 이들 간의 질적인 차이를 인정하지 않는다.

PART 01

PART 02

PART 03

PART 04

PART 05

PART 06

5. DSM-5의 정신장애 분류범주

범주	하위 장애	범주	하위 장애
신경발달 장애	• 지적 장애 • 의사소통 장애 • 특정 학습 장애 • 운동 장애 · 틱 장애 • 자폐스펙트럼 장애 • 주의력 결핍 및 과잉행동 장애	조현병 스펙트럼 및 기타 정신병적 장애	• 조현병(정신분열증) • 조현정동 장애(분열정동 장애) • 조현양상 장애(정신분열형 장애) • 조현형 성격 장애(분열형 성격 장애) • 망상 장애 • 단기 정신병적 장애
외상 및 스트레스 관련 장애	• 외상 후 스트레스 장애(PTSD) • 급성 스트레스 장애 • 반응성 애착 장애 • 적응 장애 • 탈억제성 사회적 유대감 장애	우울 장애	• 주요 우울 장애 • 지속성 우울 장애(기분저하증) • 파괴적 기분조절 부전 장애 • 월경 전 불쾌감 장애
변태 성욕 장애	• 관음 장애 • 노출 장애 • 성적 가학 장애 • 성적 피학 장애 • 마찰 도착 장애 • 물품 음란 장애 • 복장 도착 장애 • 소아 성애 장애	물질 관련 및 중독 장애	• 알코올 관련 장애 • 카페인 관련 장애 • 환각제 관련 장애 • 흡입제 관련 장애 • 아편계 관련 장애 • 대마 관련 장애 • 진정제, 수면제, 항불안제 관련 장애 • 자극제 관련 장애 • 담배 관련 장애 • 도박 장애(비물질 관련 장애)
양극성 및 관련 장애	• 제1형 양극성 장애 • 제2형 양극성 장애 • 순환성 장애(순환감정 장애)	해리 장애	• 해리성 기억상실증 • 해리성 정체감 장애 • 이인증 및 비현실감 장애
급식 및 섭식 장애	• 이식증 • 되새김 장애(반추장애) • 회피적/제한적 음식 섭취 장애 • 신경성 식욕부진증 • 신경성 폭식증 • 폭식장애	파괴적, 충동 조절 및 품행 장애	• 품행 장애 • 반사회성 성격 장애 • 적대적 반항 장애(반항성 장애) • 간헐적 폭발 장애 • 병적 도벽(도벽증) • 병적 방화(방화증)
강박 및 관련 장애	• 강박 장애 • 신체이형 장애(신체변형 장애) • 저장 장애 • 모발뽑기 장애 • 피부뜯기 장애	신체 증상 및 관련 장애	• 신체 증상 장애 • 질병 불안 장애 • 전환 장애 • 인위성(허위성) 장애
성기능 부전	• 사정 지연 • 발기 장애 • 여성극치감 장애 • 성기 · 골반 통증/삽입 장애 • 남성 성욕 감퇴 장애 • 조기 사정	수면 · 각성 장애	• 불면 장애 • 과다 수면 장애 • 기면증(수면발작증) • 사건수면(수면이상증) • 호흡 관련 수면 장애 • 하지불안증후군 • 일주기 리듬 수면 · 각성 장애

배설 장애	• 유뇨증 • 유분증	성별 불쾌감	성별 불쾌감
불안 장애	• 광장 공포증 • 사회 공포증(사회불안 장애) • 공황 장애 • 분리불안 장애 • 범불안 장애 • 선택적 함구증 • 특정 공포증	A형 성격 장애	• 편집성 성격 장애 • 조현성(분열성) 성격 장애 • 조현형(분열형) 성격 장애
B군 성격 장애	• 반사회성 성격 장애 • 연극성 성격 장애 • 경계선 성격 장애 • 자기애성 성격 장애	C군 성격 장애	• 회피성 성격 장애 • 의존성 성격 장애 • 강박성 성격 장애

신경 인지
장애
	• 섬망
	• 주요 및 경도 신경 인지 장애
		기타 정신
		장애
			• 다른 의학적 상태에 기인한, 달리 명시된
			  정신 장애
			• 다른 의학적 상태에 기인한, 달리 명시되지
			  않은 정신 장애
			• 달리 명시된 정신 장애
			• 명시되지 않은 정신 장애

PART 01

PART 02

PART 03

PART 04

PART 05

PART 06

CHAPTER 02 | 이상행동의 유형

TOPIC. 1 불안 장애

1. 불안 장애(Anxiety Disorders)

(1) 불안 장애의 정의

① 병적인 불안으로 인해 과도한 심리적 고통을 느끼거나 현실적인 적응에 심각한 어려움을 겪는 경우를 말한다.

② 불안은 자신을 위험으로부터 안전하게 보호하도록 돕는 순기능을 갖는다.

③ 불안 반응이 부적응적인 양상을 보일 경우를 '불안 장애'라고 한다.

(2) 유형

① 범불안 장애, 공포증, 공황 장애, 분리불안 장애, 선택적 함구증 등으로 구분한다.

② 공포증은 다시 특정 공포증, 광장 공포증, 사회 공포증(사회불안 장애 : 발표불안)으로 구분한다.

2. 범불안 장애

(1) 정의

일상생활의 다양한 상황·사건에서 만성적인 불안, 지나친 걱정 등으로 인해 현실적인 부적응 상태를 경험하는 것을 말한다.

> **I + 이해더하기 I**
>
> **범불안 장애의 원인**
> - 정신분석적 입장 : 성격구조 간의 역동적 불균형에 의해 경험되는 부동불안 때문으로 봄
> - 행동주의적 입장 : 다양한 자극 상황에 대해 경미한 공포반응이 조건형성되어 나타나는 것으로 봄
> - 인지적 입장 : 잠재적 위험에 예민하여 실제 위험한 사건으로 발생할 확률을 과도하게 높이 평가하는 위험에 관한 인지도식이 발달되어 있기 때문이라고 봄

(2) 특징

① 10대 중반에서 20대 초반에 발생한다.

② 최소 6개월 동안 주요 증상이 나타나는 경우에 진단한다.

③ 불안이 특정 주제에 국한되는 것이 아닌, 광범위한 주제를 포괄한다. 예 친구, 직업, 가족 등

(3) 치료

① 약물치료

    ㉠ 벤조다이아제핀 계열의 약물이 사용되는데, 이는 과민성을 저하시키고 진정 효과를 가져옴

    ㉡ 진정 효과를 발휘하지 못하거나 부작용, 금단 현상이 생길 수 있음

② 심리치료(인지행동치료)

    ㉠ 흔히 경험하는 주된 내용의 걱정을 치료시간에 떠올리게 하여 이러한 걱정이 과연 현실적이며, 효율적인지에 대해 구체적으로 논의하는 방식으로 진행

    ㉡ 환자가 걱정의 비현실성과 비효율성을 인식하게 하는 동시에 걱정에 대한 긍정적 신념 역시 수정 가능

    ㉢ 아울러 걱정이 떠오를 경우에 이를 조절하고 대처하는 방법을 습득하는 것이 중요한 목표

3. 공포증

(1) 특정 공포증

① 정의

    ㉠ 특정한 물건, 환경, 또는 상황에 대하여 지나치게 두려워하고 피하려는 불안 장애의 일종

    ㉡ 어떠한 특정한 공포 대상이나 상황에 노출되는 경우 나타나는 심각한 두려움과 비합리적인 회피 행동을 동반하며, '단순공포증(Simple Phobia)'이라고도 함

② 종류

    ㉠ 상황형 : 교통수단, 터널, 다리, 엘리베이터, 비행기 등에 공포를 느끼는 유형으로 아동기와 20대 중반에 흔히 발병

    ㉡ 자연환경형 : 폭풍, 높은 곳, 물과 같은 자연환경에 대한 공포

    ㉢ 혈액 · 주사 · 상처형 : 피를 보거나 주사를 맞거나 기타 의학적 검사를 두려워하는 경우로, 혈관 미주신경 반사가 매우 예민하며, 주로 초등학교 아동기에 발병

    ㉣ 동물형 : 동물이나 곤충을 두려워하는 것으로, 대개 아동기에 시작

③ 공포증의 유발 요인

    ㉠ 공포증의 2요인 이론(Mower)

        • 공포증은 회피 반응에 의해 유지되고 강화됨

        • 공포증이 형성되면 공포 자극을 회피하게 되는데 회피 행동은 두려움을 피하게 되는 부적 강화 효과를 지님

    ㉡ 공포증이 형성되는 과정에는 고전적 조건형성의 학습 원리가 작용하고, 일단 형성된 공포증은 조작적 조건형성의 원리에 의해 유지되고 강화됨

PART 01

PART 02

PART 03

PART 04

PART 05

PART 06

고전적 조건형성	• 파블로프가 발전시킨 이론 • 공포감을 유발하지 않는 중성적 조건자극이 공포를 유발하는 무조건자극과 반복적으로 짝지어 제시될 경우, 공포반응과 조건자극이 연합되어 무조건자극 없이 조건자극만으로도 공포반응이 유발될 수 있음
조작적 조건형성	어떤 반응에 대해 선택적으로 보상함으로써 그 반응이 일어날 확률을 증가시키거나 감소시키는 것

| + 이해더하기 |

공포증의 2요인

- Watson과 알버트의 공포의 쥐 실험이론 : 왓슨은 알버트에게 흰 쥐를 주고 자유롭게 만질 수 있도록 하였다. 다만 알버트가 쥐를 만지려고 할 때마다 왓슨은 큰 소음을 일으켰다. 이 과정을 서너 번 반복한 후, 이번에는 소음 없이 쥐를 주었더니 알버트는 쥐만 보고도 겁에 질려 울음을 터뜨렸다. 즉, 처음에는 쥐를 보고 아무렇지도 않았지만 실험 후 쥐에 대한 공포심이 만들어진 것이다.
- 정신분석론 입장 : 무의식적 갈등에 기인한 불안이 방어기제에 의해 외부 대상에 투사되거나 대체되었을 때 나타난다. **예** 말을 두려워하는 아이의 경우 말이 아버지의 특징을 상징적으로 지니고 있음

④ 치료

  ㉠ 참여적 모방학습 : 다른 사람이 공포자극을 불안 없이 대하는 것을 관찰하여 공포증을 치료하는 방법 **예** 뱀에 대한 공포증을 지닌 사람이 뱀을 만지고 목에 두르며 가지고 노는 사람을 관찰하면서 그와 함께 뱀에 대한 접근행동을 학습하며 공포증을 극복하게 되는 것

  ㉡ 체계적 둔감법 : 긴장을 이완시킨 상태에서 약한 공포자극부터 시작하여 강한 공포자극을 점차적으로 제시하면서 공포스럽게 하는 자극과 이완 상태를 짝지어 학습하는 방법

(2) 광장 공포증(Agoraphobia)

① 증상

  ㉠ 도움을 받을 수 없는 장소나 상황에 놓였을 때 느끼는 불안

  ㉡ 회피 또는 공황발작이나 이와 유사한 증상이 나타날까 봐 불안해하면서 인내함

② 치료

  ㉠ 약물치료 : SSRI와 같은 항우울제 약물과 벤조다이제핀 계열의 항불안제 약물이 대표적

  ㉡ 인지행동치료

    • 환자가 사소한 신체감각을 파멸 · 죽음과 같은 파국적 상황으로 잘못 인식하는 것을 교정

    • 공황발작이 일어나도 시간이 지나면 실질적으로 생명이 위협받는 상황이 아님을 인지시킴

(3) 사회 공포증(Social Phobia)

① 진단

　㉠ 최소 6개월 동안 사회적, 직업적 활동에 어려움을 느끼는 경우에 진단

　㉡ 두려워하는 상황에 노출되거나 노출될 것이 예상될 때 심각한 불안감이 발생

　㉢ 사회공포증 환자의 1/3 정도가 우울증을 가지는 것으로 추측됨

② 치료

　㉠ 약물치료 : 특별한 행위와 연관된 사회공포증에는 베타아드레날린 수용체 길항제 약물을 병행 사용

　㉡ 정신치료 : 인지재훈련, 탈감각 등의 기법 활용

4. 공황 장애

(1) 진단

① 정의 : 갑자기 엄습하는 강렬한 불안, 즉 공황발작을 반복적으로 경험하는 장애를 말한다.

② 공황발작

　㉠ 강렬한 불안과 더불어 ㉡과 같은 신체적 · 심리적 증상 중 적어도 4개 이상의 증상을 포함하고 있을 때를 의미함

　㉡ 공황발작의 증상 : 호흡곤란, 심계항진, 손발 혹은 몸이 떨림, 질식할 것 같은 느낌, 흉부 통증, 조여듦, 구역질, 뱃속 거북함, 현기증, 땀이 많이 남, 비현실감(이인증), 죽을 것 같은 두려움, 감각 이상, 오한, 열감, 미쳐 버리거나 자제력을 잃어버릴 것 같은 두려움

(2) 원인

① 생물학적 원인

　㉠ 과잉호흡이론 : 깊은 호흡을 빨리 하는 경향이 있는데 이것이 공황발작의 유발에 영향을 미침

　㉡ 질식오경보이론 : 독특한 생화학적 기제에 의해 유발됨

　㉢ 기타 : 뇌의 청반과 관련, 노르에피네프린과 세로토닌과 같은 신경전달물질이 관련, GABA – Benzodiazepine 체계에 이상 야기

② 정신분석적 원인

　㉠ 불안을 야기하는 충동에 대한 방어기제가 제대로 작동하지 못함

　㉡ 분리불안과 관련된 것으로 해석됨

　㉢ 무의식적인 상실 경험과 관련됨

③ 인지적 원인 : 신체감각에 대한 파국적 오해석에 의해 유발됨(Clark의 인지이론)

(3) 치료

① 약물치료

　㉠ 벤조다이아제핀 계열의 약물, 삼환계 항우울제, 세로토인 재흡수 억제제 등이 사용됨

　㉡ 부작용의 가능성이 있음

② 심리치료

    ⊙ 인지행동치료가 효과적이라고 보고됨

    © 복식호흡훈련, 긴장이완훈련, 광장공포증과 관련된 공포상황에의 점진적 · 체계적 노출 등의 요소로 구성

5. 분리불안장애

(1) 정의 및 특징

지나치게 밀착된 가족, 부모의 과보호적인 양육 태도, 의존적인 성향의 아이에게서 주로 나타날 수 있으며, 부모가 무의식적으로 아이와 떨어지는 것을 두려워하거나 불안장애가 있을 때도 위험도가 높다.

(2) DSM-5 진단기준

① 다음 증상 중 3가지 이상이 나타나야 한다.

    ⊙ 애착 대상과 분리되거나, 분리가 예상될 때 반복적으로 심한 고통을 보임

    © 애착 대상을 잃거나 그에게 해로운 일이 일어날 거라고 지속적으로 심하게 걱정함

    © 운 나쁜 사고가 생겨 애착 대상과 분리될 거라는 비현실적이고 지속적인 걱정을 함

    ② 분리에 대한 불안 때문에 학교나 그 외의 장소에 지속적으로 가기 싫어하거나 거부함

    ⑩ 애착 대상 없이 혼자 지내는 데 대해 지속적이고 과도하게 두려움을 느끼거나 거부함

    ⑭ 애착 대상이 가까이 있지 않은 상황이나 집을 떠나는 상황에서는 잠자기를 지속적으로 싫어하거나 거부함

    ⊗ 분리의 주제와 연관되는 반복적인 악몽을 꿈

    ◎ 애착 대상과의 분리가 예상될 때 반복적인 신체 증상을 호소함

② 지속 기간은 4주 이상이어야 한다.

③ 증상으로 인해 일상생활에 심각한 장애를 초래하는 경우여야 한다.

6. 선택적 함구증(무언증)

(1) 정의

어떤 특정한 상황에서만 다른 사람에게 전혀 대꾸하지 않으며 말을 하지 않는 것을 선택적 함구증이라고 한다.

(2) DSM-5 진단기준

① 다른 상황에서는 말을 할 수 있음에도 불구하고 특정한 사회적 상황에서는 지속적으로 말을 하지 못한다.

② 장애가 학업적, 직업적 성취나 사회적 의사소통을 저해한다.

③ 장애의 기간은 적어도 1개월은 지속되어야 한다.

④ 말하지 못하는 이유가 사회생활에서 요구되는 언어에 대한 지식이 없거나 그 언어에 대한 불편과는 관계가 없는 것이어야 한다.

⑤ 장애가 의사소통장애(예 말 더듬기)에 의해 잘 설명되지 않아야 하고, 전반적 발달장애, 정신분열증, 다른 정신증적 장애의 기간 중에만 발생되는 것은 아니어야 한다.

> **| + 이해더하기 |**
>
> **함구증 진단 시 유의사항**
> 다른 언어권에서 이민을 온 아동의 경우 현재 속한 사회의 문화와 언어가 낯설고 불편해서 말하기를 꺼릴 수 있다. 이러한 경우에는 선택적 함구증으로 진단하지 않아야 한다.

TOPIC. 2 기분 장애

1. 기분(정동) 장애

(1) 기분 장애의 정의

지나치게 저조하거나 고양된 기분 상태가 지속되어 현실 생활에의 적응에 심각한 어려움을 겪게 되는 경우를 말하는 것으로 고양된 기분 또는 우울한 기분이 주된 임상 양상이지만 이로 인해 신체적 증상, 자기 파괴적 행동, 사회적 기능의 상실, 손상된 현실파악 능력 등이 나타나 환자 자신은 물론 주위 사람들까지 곤란하게 만들거나 생명에 위협을 주는 상황을 만든다.

> **| + 이해더하기 |**
>
> **기분 장애의 발병률**
> 기분 장애는 흔히 여성이 발병률이 남성에 비해 훨씬 높은 것으로 알려져 있다. 그 이유는 호르몬의 차이, 임신과 출산, 사회심리적 스트레스 등으로 추정된다.

(2) 기분 장애의 분류

① ICD − 10에서의 기분 장애 분류

분류기호	진단명
F30	조증 삽화
F31	양극성 정동 장애
F32	우울증 삽화
F33	반복성 우울 장애
F34	지속적 기분(정동) 장애
F38	기타 기분(정동) 장애
F39	특정 불능의 기분(정동) 장애

② DSM – Ⅳ에서의 기분 장애 분류

분류기호	진단명
〈우울 장애〉	
296.XX	주요 우울 장애
300.4	기분 저하 장애
311	달리 분류되지 않는 우울 장애
〈양극성 장애〉	
296.XX	Ⅰ형 양극성 장애
296.89	Ⅱ형 양극성 장애
301.13	순환성 기분 장애
396.80	달리 분류되지 않는 양극성 장애
〈기타 기분 장애〉	
293.83	일반적 의학적 상태로 인한 기분 장애
29X.XX	물질로 유발된 기분 장애
296.90	달리 분류되지 않는 기분 장애

2. 주요 기분 장애

(1) 우울증 (중요)

① 정신적 장애 중에서도 '심리적 독감'이라고 부를 정도로 매우 흔한 장애이다.

② 개인의 능력, 의욕을 저하시켜 현실적 적응을 어렵게 만드는 주요 요인이다.

③ 전 세계적으로 직업적 부적응을 초래하는 가장 중요한 요인이다(Lopez & Murray).

④ 흔히 자살에 이르게 하는 치명적인 심리적 장애이다.

⑤ 젊은 세대에서 빈도가 증가하고 있으며, 대상 연령도 낮아지고 있다.

> **┤ + 이해더하기 ├**
>
> **우울증의 발생 원인**
> • 정신분석적 입장 : 무의식적으로 분노가 자기에게 향해진 현상으로 봄
> • 행동주의적 입장 : 사회 환경으로부터의 긍정적 강화의 약화로 봄
> • 인지이론적 입장 : 부정적인 자동적 사고, 인지적 오류와 왜곡, 역기능적 인지도식과 신념에 의해 발생한다고 봄(인지이론은 우울증을 설명하는 대표적인 이론)

(2) 주요 증상과 분류

① 주요 증상

ⓐ 우울하고 슬픈 감정, 좌절감, 죄책감, 고독감, 무가치감, 허무감, 절망감 등과 같은 고통스러운 정서상태가 지속됨

ⓑ 일상 활동에 흥미와 즐거움이 저하되어 매사가 재미없고 무의미하게 느껴짐(의욕 상실 및 생활 침체 · 위축)

ⓒ 부정적이고 비관인 생각들이 증폭되어 자신을 무능하고 열등하며 무가치한 존재로 여김(삶이

힘겹고, 인생에 대한 허무주의적인 생각 증가로 죽음과 자살을 생각하기도 함)

ⓔ 인지적 능력 저하 : 주의집중 저하, 기억력과 판단력 저하, 우유부단한 모습 → 학업이나 직업 활동에 어려움을 느낌

ⓜ 일을 시작하는 데 어려움을 느낌(아침에 잘 일어나지 못하고 쉽게 지치며 자주 피곤함을 느낌, 해야 할 일을 자꾸 미루고 지연시킴).

ⓗ 여러 가지 신체 · 생리적 변화(식욕과 체중 변화, 성적 욕구나 성에 대한 흥미 감소, 면역력 저하 등)

② DSM - Ⅳ에 의한 우울증의 하위 유형과 진단

ⓐ 주요 우울 장애 : 가장 심한 증세를 나타내는 우울증

증상	• 하루의 대부분, 그리고 거의 매일 지속되는 우울한 기분이 주관적 보고나 객관적 관찰을 통해 나타남 • 거의 모든 일상활동에 대한 흥미나 즐거움이 하루의 대부분 또는 거의 매일같이 뚜렷하게 저하되어 있음 • 체중 조절을 하고 있지 않은 상태에서 현저한 체중 감소나 체중 증가가 나타나거나, 현저한 식욕 감소나 증가가 거의 매일 나타남 • 거의 매일 불면이나 과다수면이 나타남 • 거의 매일 정신운동성 초조나 지체가 나타남 • 거의 매일 피로감이나 활력 상실이 나타남 • 거의 매일 무가치감이나 과도하고 부적절한 죄책감을 느낌 • 거의 매일 사고력이나 집중력의 감소 또는 우유부단함이 주관적 호소나 관찰에서 나타남 • 죽음에 대한 반복적인 생각을 하거나 또는 특정한 계획 없이 반복적으로 자살에 대한 생각이나 자살기도를 하거나 자살하기 위한 구체적 계획을 세움
진단	• 상기 DMS-4의 진단기준에서 1~2번째 항의 증상을 필수적으로 포함하며 5개 이상의 증상이 거의 매일 연속적으로 2주 이상 나타날 경우 • 우울증상으로 사회적 · 직업적 · 기타 중요한 기능 영역에서 임상적으로 심각한 고통이나 손상이 초래될 경우 • 남용하는 물질이나 일반적 의학상태(갑상선 기능 저하증)의 직접적인 생리적 효과에 의한 것이 아니어야 함 • 사별에 의한 경우 2개월 이상 지속되거나 현저한 기능 장애, 무가치감에 대한 병적 집착, 자살에 대한 생각, 정신적 증상이나 정신성 운동지체가 특징적으로 나타날 경우

ⓑ DSM-4의 진단기준에서 제시된 우울증의 주요한 증상들

기분 부전 장애	• 주요 우울 장애보다 경미한 증상이 2년 이상 나타날 때를 말함 • 지속적인 우울감, 식욕부진이나 과식, 불면이나 과다수면, 활력의 저하나 피로감, 자존감의 저하, 집중력의 감소나 결정의 곤란, 절망감 중 2가지 이상의 증상이 나타날 때 등
미분류형 우울 장애	주요 우울 장애와 기분 부전 장애의 진단기준에 미치지 못하는 가벼운 우울 장애, 단기 우울 장애, 월경 전기의 우울 장애 등

③ 일반적 분류와 하위 유형 : 증상의 강도, 지속 기간, 증상의 양상이나 패턴, 원인적 요인에 따라 다양한 하위 유형이 있다.

ⓐ 증상의 양상에 따라(가장 일반적 분류)

• 양극성 우울증 : 현재 우울상태를 나타내지만 과거에 조증상태를 나타낸 적이 있는 경우

• 단극성 우울증 : 과거 조증의 경험이 없이 우울증상을 나타내는 경우

ⓑ 증상을 유발하는 촉발사건 여부에 따라

• 외인성 우울증 : 가족과의 사별, 실연, 실직, 중요한 시험의 실패 등과 같이 비교적 분명한 환경적 스트레스가 계기가 된 우울증상(반응성 우울증)

• 내인성 우울증 : 유전적 요인, 호르몬 분비나 생리적 리듬과 같은 내부적인 생리적 요인

- 심각성 정도에 따라

신경증적 우울증	• 현실 판단 능력에 현저한 손상 없이 우울한 기분과 의욕 상실 상태 • 망상 수준에 도달하지는 않는 부정적인 생각 • 최소한의 일상생활을 하는 데에는 지장 없음
정신증적 우울증	• 매우 심각한 우울 증상과 현실 판단 능력의 손상 • 망상 수준의 부정적 생각이나 죄의식 • 환각과 망상이 나타나며 현실 세계로부터 극단적으로 철수하려는 경향

- 기타 발병 시기에 따라
  - 산후 우울증 : 출산 후 4주 이내에 우울 증상이 나타나는 경우
  - 계절성 우울증 : 계절의 변화에 따라 주기적으로 특정한 계절에 우울 증상이 나타나는 경우

(3) 우울증의 역학적 특징

① 유병률

ㄱ 주요 우울증의 경우
- 평생 유병률 : 여자 10~25%, 남자 5~12%
- 시점 유병률 : 여자 5~9%, 남자 2~3%

ㄴ 기분 부전 장애의 경우
- 평생 유병률 : 6%
- 시점 유병률 : 3%

② 성별에 따라

ㄱ 남자보다 여성에게 더 흔함

ㄴ 청소년과 성인에 있어서 남자보다 여자가 2배 정도 크게 나타남

ㄷ 단극성 우울증의 경우에서 흔히 나타나고, 양극성 장애의 경우 성차가 거의 없음

ㄹ 25~44세 집단에서 가장 높게 나타나고, 65세 이상 집단에서는 비율 차가 감소함

ㅁ 사춘기 이전의 소년과 소녀들에서는 유병률이 거의 동일하게 나타남

③ 발달 시기에 따라

ㄱ 평균 발병 연령은 20대이며, 12세 미만 아동은 2%

ㄴ 청소년기에 들면서 급증함

ㄷ 아동기에는 남아가 높으나 청소년기부터는 여자가 남자의 2배 정도로 높음

ㄹ 청소년 대상 평생 유병률 조사 : 약 20%(여자 27%, 남자 13%)

④ 선행 경험에 따라(과거의 병적)

ㄱ 우울을 반복적으로 경험할수록 우울증에 걸리게 될 가능성이 점점 높아짐

ㄴ 한 번 우울증을 경험한 사람이 다시 걸릴 확률 : 50~60%

ㄷ 두 번 걸린 사람이 세 번 걸릴 확률 : 70%

ㄹ 네 번 우울을 경험할 확률 : 90%

(4) 우울증의 원인

① 대부분의 이론들은 부정적인 생활 사건이 우울증의 발생에 중요한 역할을 한다고 본다.

② 우울증의 발생에 영향을 주는 요인

주요한 생활 사건	커다란 좌절감을 안겨주는 충격적인 사건 **예** 사랑하는 가족의 사망이나 심각한 질병, 자신의 심각한 질병, 가정 불화, 가족관계나 이성관계의 악화, 친구와의 심한 갈등, 실직이나 사업 실패, 경제적 파탄과 어려움, 현저한 업무·학업 부진
미세한 생활 사건	우울증을 유발할 수 있는 충격적인 사건은 없었지만, 일상생활 속에서 자주 경험하게 되는 사소한 부정적 사건들의 누적으로 인해 발병 **예** 사소한 다툼이나 언쟁, 사소한 비난, 작은 경쟁에서 짐, 불쾌한 일 등
사회적 지지	개인으로 하여금 삶을 지탱하도록 돕는 심리적 또는 물질적 지원인 친밀감, 인정과 애정, 소속감, 돌봄과 보살핌, 정보제공, 물질적 도움과 지원 등의 차단 **예** 가족과 떨어져 지내는 상태가 오래됨, 소속집단으로부터 소외, 친구의 부족, 도움을 요청하고 상의할 사람의 부족, 경제적 궁핍

※ 상기 환경적 요인들이 우울증을 촉발할 수는 있으나 개인차가 있으며, 심리적 요인도 고려되어야 한다.

③ 정신분석적 이론

ⓐ Freud
- 분노가 무의식적으로 자기에게 향해진 현상으로서 사랑하던 대상의 무의식적 상실에 대한 반응이라고 봄
- 이때 상실은 실제로 일어난 일일 수도 있고 상상 속에서 또는 상징적으로 일어난 일일 수도 있음
- 과정 : 사랑하는 대상을 상실하는 경험 → 상실감과 함께 자신을 버려두고 떠나간 대상에 대한 분노 → 감정이 향해질 대상이 사라진 상태에서 도덕적 억압·분노의 감정이 무의식 속으로 잠복하게 되고 자신에게 향해짐 → 분노가 내향화되면 자기 비난, 지기 책망, 죄책감 등의 가치감 손상과 더불어 자아기능 약화 → 우울증

ⓑ Abraham(1949)
- 프로이드의 견해를 발전시켰으며, 어머니와의 관계를 중요시함
- 과정 : 어머니는 가장 중요한 사랑의 존재 → 아이의 욕구를 항상 충족시켜주지는 못함 → 좌절과 미움의 대상 → 어머니에 대한 사랑과 미움의 양가적 태도 형성 → 어머니의 사랑을 실질적 또는 상징적으로 상실 → 버림받았다는 생각과 사랑의 대상을 파괴하는 데에 내가 기여했다는 생각 교차 → 미운 감정과 나쁜 행동으로 인해 사랑의 대상을 잃었다는 죄책감과 후회감, 어머니가 나를 버렸다는 분노의 감정 증폭 → 분노의 감정을 발산할 대상이 현실에서 사라진 상태 → 자기 자신에게로 향하게 됨
- 분노가 자신에게 향하는 다른 이유
  - 성장에서 동일시 대상인 부모가 내면화하여 자신의 심리적 일부가 됨
  - 자신을 버리고 떠나 지금은 존재하지 않는 대상에 대해서 분노로 표출하는 방법은 자신 속에 남아 있는 대상, 즉 자기를 미워하는 것이 됨
  - 이에 자기 책망, 자기 비난, 자기실망으로 우울증이 발전함

ⓒ Stricker(1983) : 인생 초기에 가장 중요한 존재인 부모의 실제 또는 상상 속의 상실로 무력감을 느꼈던 외상적 경험이 우울증을 유발하는 근본적 원인(상실 경험이 우울증을 일으키는 취약성으로 작용) → 나중에 다시 좌절 경험을 맞으면 어릴 적의 외상 경험인 그 시절로 퇴행 → 퇴행의 결과로 무기력감과 절망에 사로잡혀 우울증으로 발전

ⓔ Bibring(1953)

• 손상된 자기존중감을 우울증의 가장 중요한 특징으로 봄

• 자기 도취적이고 자기애적인 성향이 짙은 사람이 우울해지기 쉽다고 봄

• 이는 자신이 늘 가치 있고 사랑받고 우월해야 한다는 높은 자아 이상을 갖는 데 반해, 이러한 이상은 현실에서 충족되기 어려우므로 이상과 현실이 괴리를 일으켜, 자기 존중감을 손상시키기 때문(우울증 유발)

④ 행동주의적 이론 : 사회 환경으로부터 긍정적 강화가 약화되어 나타나는 현상이다(일상생활 속에서 칭찬, 보상, 도움, 지지, 유쾌함 등의 긍정적 강화의 상실).

Lewinsohn	• 우울한 사람들의 특징 　−생활 속에서 더 많은 부정적 사건을 경험함 　−부정적 사건을 더 부정적인 것으로 평가함 　−혐오 자극에 대해 더 민감한 반응을 보이고 긍정적 강화를 덜 받음 　−상기 특징을 고려하였을 때, 우울증이 긍정적 강화의 결핍과 혐오적 불쾌 경험의 증가로부터 기인한 것이라고 봄 • 긍정적 강화의 감소와 혐오적 불쾌 경험 증가의 3가지 원인적 유형 　−환경 자체에 문제가 있는 경우 : 실직, 이혼, 사별 등과 같은 부정적 사건들이 지속적으로 발생하는 경우, 과거 긍정적 강화가 현격히 감소하고 처벌적 요인이 많은 경우(예 칭찬은 하지 않고 벌만 내리는 부모의 경우 아이의 우울증 확률이 높음) 　−적절한 사회적 기술과 대처 능력의 부족 : 다른 사람으로부터 긍정적 강화를 유도하는 능력이나 불쾌한 혐오 자극으로부터 대처하는 기술이 부족 　−긍정적 경험을 즐기는 능력은 부족한 반면, 부정적 경험에 대한 민감성이 높은 경우 : 좋은 일은 덜 좋게, 나쁜 일은 더 나쁘게 확대 해석함
학습된 무기력 이론	• Seligman 　−학습된 무기력이 우울증과 관련 있다고 봄 　−불안이 스트레스의 첫 반응이라면, 그 스트레스가 없어지지 않을 때 불안이 우울증으로 변화한다고 주장 • Seligman의 매개 학습 이론 　−개 실험 : 통제할 수 없는 자극을 개에게 주었을 때 개가 무기력함을 획득함을 드러낸 실험으로, 이후 해당 자극을 통제할 수 있게 됐을 때도 수행도가 현저히 나쁘며 인간의 우울증 증상과 비슷한 증상을 보임 　−인간 실험 : 피할 수 없는 소음 또는 충격을 주거나 풀 수 없는 문제를 주었을 때 무기력감을 획득. 개 실험과 마찬가지로 수행도의 하락을 보임 　−한계 : 무기력의 원인은 수동적으로 학습된 것이 아니라 상황을 통제하지 못할 것이라는 '미래에 대한 부정적 기대' 때문

우울증의 귀인 이론	• 학습된 무기력 이론의 문제점을 해결하기 위해 사회심리학의 귀인 이론을 적용 • 통제 불능 상태의 원인을 추정 • 귀인 방향을 외부적 상황에 두는지 자신 스스로에 두는지에 따라 무기력 양상이 달라짐 • 우울증에 취약한 사람은 실패 경험에 대해 내부적, 안정적, 전반적 귀인을 하는 경향 　－내부적 : 행위자의 성격, 능력, 동기 등 내부 요인에 귀인 　－외부적 : 행위자 외부의 요소, 즉 환경, 상황, 우연, 운 등에 귀인 　－안정적 : 내부 및 외부 상황에 관계없이 비교적 변동이 없는 원인에 귀인(예 성격, 지능) 　－불안정적 : 자주 변동하는 요인에 귀인(예 노력 정도, 동기) 　－전반적/특수적 : 귀인 요인에 얼마큼 한정적으로 귀인하느냐의 정도(예 성격 전반에 귀인하느냐 　　혹은 다양한 성격 중 '게으름'에만 한정하느냐)

I + 이해더하기 I

귀인 방향 사이의 관계
• 실패경험(성적 불량, 사업 실패, 애인과의 결별)에 대해 내부귀인(능력 부족, 노력 부족, 성격 결함)을 하면 자존감에 손상을 입고 우울감이 증진된다. 그러나 외부귀인(잘못된 시험 문제, 경기 불황, 애인의 결함)을 할 경우 자존감 손상이 적다.
• 실패에 대한 안정적 귀인이 우울증의 만성화와 장기화에 영향을 준다. 성격이나 능력 같은 안정적 요인은 쉽게 변할 수 없고, 이런 요인에 귀인한 실패는 지속적으로 발생하기 때문이다.
• 실패에 대한 전반적－특수적 귀인은 우울증의 일반화에 영향을 미친다. 즉, 실패경험을 전반적 요인(전반적 능력 부족, 성격 전체의 문제)에 귀인하면 우울증이 전반적인 상황으로 일반화된다(수학 능력 부족을 지적 능력 전체 부족이라 보고 모든 과목에서 무기력한 반응을 보임).
※ 우울한 사람들은 실패경험에 대해 내부적·안정적·전반적 귀인을, 성공경험에 대해 외부적·불안정적·특수적 귀인을 하는 경향이 있다. 이를 우울 유발적 귀인이라 부른다(귀인의 오류). 그러므로 지나치게 양심적이거나 책임감이 강한 사람들이 우울해지기 쉽다.

I + 이해더하기 I

귀인 이론의 한계
• 귀인 양식만으로는 우울증의 정도를 설명하기 어렵다.
• 귀인하는 부정적인 생활 스트레스 자체도 우울증 유발의 중요한 요인이 될 수 있다.
• 절망감 이론의 발전 : 높은 가치를 부여하는 결과의 발생에 대한 부정적인 기대와 이러한 결과의 발생에 대한 무기력감(부정적 생활 사건＝스트레스)과 우울 유발적 귀인 양식이 있어야 한다(스트레스－취약성 모델).

⑤ 인지적 이론
　㉠ 우울증 유발의 1차 요인 : 부정적이고 비관적인 생각
　㉡ 부정적인 생각이 기분을 우울하게 하고 부적응 행동을 초래함
　㉢ 부정적 생각들은 순간적으로 스쳐 가기 때문에 자각이 잘 안 됨(사고 내용보다는 결과로 나타나는 우울한 기분만이 느껴짐) → 이러한 생각을 반복하다 보면 습관화되어 의식적 자각 없이 자동으로 진행되어 흘러감(자동적 사고)
　㉣ 우울한 사람들이 갖는 부정적인 자동적 사고(인지삼제 : 자기 자신, 자신의 미래, 주변 환경)
　　• 자기 자신에 대한 부정적인 생각
　　• 자신의 미래에 대한 부정적인 생각
　　• 주변 환경에 대한 부정적인 생각

PART 01
PART 02
PART 03
PART 04
PART 05
PART 06

CHAPTER 02 이상행동의 유형　**99**

우울증은 역기능적 신념이라는 취약성과 부정적인 생활 사건이라는 스트레스가 함께 존재해야 유발된다고 보는 취약성-스트레스 모형에 기초하고 있다.

[우울증의 인지 이론]

⑥ 생물학적 이론 : 유전적 요인, 신경전달물질, 뇌구조의 기능, 내분비계통의 이상 등이 우울증과 관련되어 있다는 이론이다.

　㉠ 가계조사(Mendlewicz & Rainer)
　　• 단극성 우울증 환자의 직계가족 발병률 : 1.5~3배
　　• 양극성 우울증 입양아(Allen의 쌍둥이 연구, 1976) : 친부모 유병률 31%, 양부모 12%(단극성은 차이 없음)
　　• 단극성 우울증 : 이란성 쌍둥이 11%, 일란성 쌍둥이 40%
　　• 양극성 우울증 : 이란성 쌍둥이 14%, 일란성 쌍둥이 72%
　　• 연구 결과 단극성 우울증보다 양극성 우울증이 유전적 영향을 더 많이 받음
　㉡ 뇌의 신경화학적 요인

Catecholamine 가설 (Schildraut, 1965)	• 카테콜아민(Catechilamine) : 신경전달물질인 노르에피네프린, 에피네프린, 도파민을 포함하는 호르몬 • 카테콜아민 결핍 시 우울증이 생기고, 과다할 경우 조증이 생김 • 특히 노르에피네프린이 기분 장애에 중요한 역할을 함 • 쥐를 이용한 실험 : 노르에피네프린의 수준을 낮추었을 때 쥐는 우울증 환자처럼 위축되고 무반응적인 행동을 보임 • 레세르핀(reserpine) 혈압강하제 : 부작용으로 우울증을 경험 ← 카테콜아민의 계열 물질 감소가 원인 • 우울증 치료제인 삼환계 항우울제 및 MAO 억제제는 노르에피네프린의 활동을 증가시킴 ※ 노르에피네프린과 같은 신경전달물질이 우울증과 관련이 있으나, 그 영향의 기제 등은 아직 충분히 밝혀지지 않았음
시상하부의 기능 장애	• 우울증 환자들이 뇌하수체 호르몬이나 부신선 또는 갑상선의 기능 장애를 보임 • 상기 호르몬은 시상하부의 영향을 받음 • 시상하부는 기분 조절 기능, 식욕 및 성기능 관련 기능에 영향을 미침
내분비 장애	내분비 계통의 질병이 종종 우울 증상을 동반한다는 임상적 관찰에 근거함
코티솔 (Cortisol)	• 우울증 환자의 혈장 속에 코티솔의 함유량이 많음 • 코티솔을 억제하는 덱사메싸손이 우울증 환자에게는 적용되지 않음 ※ 단, 코티솔 억제 실패는 알코올 및 약물 사용, 체중 감소, 노령 등의 요인으로도 나타날 수 있으므로 우울증 진단 기준으로는 적절하지 않음

ⓒ 생체리듬의 이상
- 특정한 계절에 주기적으로 나타나는 계절성 우울증은 생체리듬과 관련이 깊음 **예** 가을과 겨울에 우울 증상을 겪는 환자의 경우 1년 주기의 생체리듬 이상의 가능성이 있음
- 일반적으로 생물학적 리듬은 일상적인 생활과제의 진행에 맞춰짐
- 생활 사건(대인관계 손상, 업무 과중, 생활 패턴 변화)으로 사회적 리듬이 깨지면 생물학적 리듬이 불안정해져 우울증이 발병

(5) 우울증의 치료

① 인지치료
  ㉠ 개요
  - 내담자의 사고내용을 정밀하게 탐색하여 인지적 왜곡을 찾아내어 교정
  - 현실왜곡적인 부정적 사고를 자각하여 보다 합리적인 사고로 대체함으로써 현실 적응력을 제고
  - 역기능적 신념을 깨닫고 이를 보다 유연하고 현실적인 신념으로 대체
  ㉡ 부정적인 자동적 사고와 역기능적 신념을 찾아내고 변화시키는 다양한 구체적 기법들 : A[선행사건] → B[개입된 생각] → C[결과적 감정] 기법, 소크라테스식 대화법, 일일기록표 방법, 설문지 검사기법, 일기 쓰기, 행동실험법, 하향화살표법 등
  ㉢ 행동치료기법
  - 인지 변화와 행동의 변화를 유도하기 위해 행동치료기법을 사용하여 인지행동치료라 명명
  - 인지치료는 치료 기간이 짧을 뿐만 아니라 치료 효과도 우수한 것으로 확인됨
  - 많은 연구에서 다른 치료법에 비해 우수하다고 밝혀짐
  - 약물치료와 달리 부작용이 없고 재발률이 낮음
  - 치료 기법 예시 : 자기생활 관찰표 작성하기, 시간세획표 만들어 생활하기, 점진적인 과제수행표를 만들어 실행하기, 의사소통기술 훈련하기, 문제해결법 훈련하기, 자기주장 훈련하기 등
② 정신역동적 치료
  ㉠ 내담자의 무의식적 갈등을 잘 파악하여 내담자에게 적절한 방법으로 직면시키고 해석해주는 방법
  ㉡ 내담자는 자신의 무의식적 좌절과 대인관계 방식을 이해, 타인에 대해 억압하고 있었던 분노의 감정을 자각함
  ㉢ 내담자가 비현실적인 이상적 소망을 현실적인 것으로 변화시키고 이러한 소망을 성취하기 위한 새로운 생활방식과 대인관계 방식을 찾도록 도움을 제공
  ㉣ 내담자의 우울증상을 삶의 전반적 맥락에서 이해하며, 우울증에 대한 심층적이고 포괄적인 치료적 접근이 가능
  ㉤ 단, 임상적 치료사례를 통해 보고되었을 뿐 객관적이고 체계적인 실험적 연구를 통해 검증되지 못했으며 이러한 치료는 장기화되는 경향이 있어 경제적 · 시간적 부담이 큼
③ 약물치료
  ㉠ 삼환계 항우울제 : 주요 우울 장애에 효과적
  ㉡ 항우울제는 성분과 작용 기전에 따라 구분되며, 각각의 약에 따라 우리 몸과의 반응에 차이가 있음

PART 01
PART 02
PART 03
PART 04
PART 05
PART 06

ⓒ 종류

삼환계 항우울제	• 가장 오래되고 널리 쓰여 온 항우울제 • 신경전달물질인 노에피네프린, 세로토닌이 재흡수되는 것을 차단하여 항우울 효과를 발생 예 이미프라민, 이미트립틸린, 클로미프라민, 데시프라민, 놀트립틸린 등
선택적 세로토닌 재흡수 차단제	• 1980년대 이후 널리 사용 • 세로토닌의 재흡수만을 억세함으로써 항우울 효과를 발생 예 프로작, 세로자트, 졸로프트 등
MAO (모노아민 산화효소) 억제제	• 최초로 개발된 항우울제 • 1950년내에 새로운 길핵치료 약물을 개발던 중 우연히 발견 • 결핵 치료에는 효과가 없었으나 기분을 고양시키는 효과를 발휘했고, 그 이후로 많은 형태의 항우울제들이 개발됨 • 단극성 우울증에 효과적
새로운 항우울제	• 최근에 개발된 약물로서 각각 약물에 따라 특징적인 작용기전을 가짐 • 안전성이 향상되어 대부분의 환자에게서 부작용이 적게 나타남 예 레메론, 서존, 이펙사 등

ㅣ+ 이해더하기 ㅣ

약물치료의 한계

- 부작용
  - 항콜린성 부작용 : 졸림, 목마름, 변비, 소변 보기가 어려움, 눈이 침침해짐
  - 위장 관계 증상 : 오심, 구토, 복통
  - 중추신경계 증상 : 불안, 초조, 불면, 두통, 손 떨림, 땀이 나는 것
  - 기타 : 성기능 장애
- 약물치료를 거부하는 사람들이 많음
- 항우울제의 치료 효과가 나타나지 않는 사람들도 있음
- 복용 중단 후 50% 이상의 환자에게서 재발됨(Thase, 1990)

(6) 자살

① 전 세계적으로 10대 사망 원인의 하나이다.

② 매일 1,000명, 매년 50만 명이 자살로 사망한다.

③ 우리나라 통계

　ㄱ 2000년 6,460명(남자 4,491명, 여자 1,969명)

　ㄴ 2001년 3,933명(남자 4,871명, 여자 2,062명)

④ 자살자의 70%는 남자이다. 자살 기도자는 여자가 4배 많지만, 남자의 치명적인 자살 방법으로 인해 남자의 사망률이 높다.

⑤ 연령

　ㄱ 미국 : 남자(15~25세와 65세 이후), 여자(55세에 절정)

　ㄴ 우리나라 : 남자(30대와 60대), 여자(연령에 따라 증가하다 55~65세에 절정)

⑥ 자살자의 약 90%는 정신장애, 이들 중 약 80%가 우울증을 지니고 있다.

PART 01

PART 02

PART 03

PART 04

PART 05

PART 06

| + 이해더하기 |

자살 징후

- 자살자가 보이는 징후의 대표적 유형은 '자살 의사 표현'
  - 가장 손쉽게 감지할 수 있는 것으로 사고자는 주위 동료들에게 농담 반, 진담 반으로 죽고 싶다는 의사를 표현함
  - 수첩이나 노트 등에 삶을 비관하는 내용을 기록하기도 하며 부모·동료·애인·형제 등에게 유서 형태의 글을 쓰기도 함
- 말이 부쩍 줄어들고 대화를 회피하며 매사에 의욕을 잃거나 쉽게 짜증 내는 '회피형'
- 갑자기 사물함을 정리하거나 한밤중에 잠을 못 이루는 징후
- '죽어 버리면 그만이다'라는 말을 되풀이하면서 현실 도피나 죽음을 합리화하고 세상을 저주함
- 스스로 자신을 학대하는 '세상 비관'도 자살자들이 사전에 보여 주는 조짐
- 이성을 상실한 비정상적 언행(폭언·과격행동)을 하거나 무언가에 쫓기는 듯이 초조해하면서 안절부절못함

| + 이해더하기 |

청소년의 자살 징후

- 자살을 결심한 청소년들은 결행 직전에 대부분 경고 사인을 남김
- 충동적 자살의 경우에도 '누가 봐주었으면 좋겠다'는 흔적을 남기며, 자살자의 70%가량은 '마지막 SOS'라고 할 수 있는 신호를 보냄
- 유서를 쓰거나 주변 정리를 의식적으로 하는 것이 일반적
- 일기장이나 편지로 미리 주변에 결심을 암시하기도 하고 가까운 친구들에게는 직·간접 화법을 통해 '죽고 싶다', '삶의 의미가 없다', '얼마 안 남았다' 등으로 의사를 표현함
- 아끼던 물건을 나눠준다거나 가족·친구들과의 관계를 회복하려고 애쓰기도 하며 마치 먼 여행을 떠날 것처럼 행동함
- 활달하던 아이가 사람을 기피하거나 성적이 급격히 떨어지는 경우
- 과수면증이나 불면증을 보이는 등 수면이 불규칙해지는 경우
- 신경질이 늘고 위생관리에 소홀히 하는 등 게을러지는 경우

3. 주요 기분 장애-양극성 장애

(1) 진단기준과 임상적 특징

① 양극성 기분 장애의 정의 : 우울한 기분 상태와 고양된 기분 상태가 교차하여 나타나는 것을 말한다.

② 유발 원인

   ㉠ 유전적 영향을 많이 받는 정신장애

   ㉡ 노르에피네프린(Norepinephrine)과 같은 신경전달물질, 시상하부와 관련된 신경내분비계통의 기능 등의 생물학적 요인이 밀접하게 관련된 것으로 알려짐

   ㉢ 정신분석적 입장 : 양극성 장애의 조증 증세를 무의식적 상실이나 자존감 손상에 대한 방어 혹은 보상 반응으로 봄

   ㉣ 인지적 입장 : 우울증의 경우와 마찬가지로 현실에 대한 인지적 왜곡이 조증 상태를 유발한다고 봄

(2) DSM-Ⅳ에 의한 양극성 장애의 분류

① 제1형 양극성 장애

  ㉠ 개요

- 기분이 비정상적으로 고양되는 조증 상태를 특징적으로 나타내는 장애
- 가장 심한 형태의 양극성 장애
- 한 번 이상의 조증 상태가 나타나는 모든 경우를 말하며 흔히 한 번 이상의 우울증 상태를 경험
- 조증 상태와 우울증 상태가 혼합되어 1주일 이상 나타나는 혼재성 기분 상태가 나타나는 경우도 여기에 속함
- 가장 최근에 나타난 기분 상태에 따라 여러 가지 세부적 진단이 내려지기도 함
  - 예 현재 주요 우울 장애를 나타내고 있지만 과거에 조증 상태를 나타낸 적이 있으면 제1형 양극성 장애, 즉 가장 최근의 우울증 상태에 기인해서 진단함
- 양극성 장애 진단 시에는 현재의 증상뿐만 아니라 과거의 병력을 자세히 탐색해야 함

  ㉡ 진단기준

- 비정상적으로 의기양양하거나, 지나치게 기분이 고양된 조증 상태가 적어도 1주간 이상 분명히 지속되어야 함
- 상기 조증 상태는 DSM-Ⅳ에서 제시된 7가지 증상들 중 3가지 이상(기분이 과민한 상태인 경우에는 4가지)이 심각한 정도로 나타나야 함
- DSM-Ⅳ에서 제시된 조증 상태의 주요한 증상들
  - 팽창된 자존심 또는 심하게 과장된 자신감
  - 수면에 대한 욕구 감소 예 단 3시간의 수면으로도 충분하다고 느낌
  - 평소보다 말이 많아지거나 계속 말을 하게 됨
  - 사고의 비약 또는 사고가 연달아 일어나는 주관적인 경험
  - 주의 산만 예 중요하지 않거나 관계없는 외적 자극에 너무 쉽게 주의가 이끌림
  - 목표 지향적 활동(직장이나 학교에서의 사회적 또는 성적 활동)이나 흥분된 활동성 활동의 증가
  - 고통스러운 결과를 초래할 쾌락적인 활동에 지나치게 몰두함 예 흥청망청 물건 사기, 무분별한 성행위, 어리석은 사업 투자
- 각 증상은 물질(남용하는 물질, 치료약물 또는 기타 치료)이나 신체적 질병(갑상선 기능항진증)의 직접적인 생리적 효과로 인한 것이 아니어야 함
- 기분 장애가 심각해 직업 적응은 물론 일상생활에 현저한 곤란이 있거나 자신 및 타인을 해칠 가능성이 있어 입원이 필요하며 정신증적 양상(망상이나 환각)을 동반함

② 제2형 양극성 장애

  ㉠ 제1형 양극성 장애와 매우 유사하나 조증 상태가 상대적으로 미약한 경조증 상태

  ㉡ 경조증 상태는 평상시의 기분과는 분명히 다른, 의기양양하거나 고양된 기분이 적어도 4일간 지속됨

  ㉢ DSM-Ⅳ에서 제시된 7가지의 조증 증상 중 3가지 이상이 나타나지만, 이러한 조증 증상이 사회적, 직업적 기능에 현저한 지장을 주지 않으며 입원이 필요할 정도로 심각하지 않을 뿐 아니라 정신증적 양상도 동반되지 않음

   ② 과거 한 번 이상의 주요 우울 장애를 경험해야 하나 조증 상태나 혼재성 기분 상태를 경험한 적이 없어야 함

   ⑩ 제1형 양극성 장애와 제2형 양극성 장애는 증상적 측면에서는 매우 유사하나 역학적 양상이나 원인에 있어서 차이가 있다는 연구 결과가 누적됨으로써 진단적 구분이 이루어짐

 ③ 제3형 양극성 장애

   ㉠ 경미한 우울증 상태와 경조증 상태가 2년 이상 장기적으로 순환되어 나타나는 경우

   ㉡ 순환성 장애는 만성적인 기분 장애로서 경미한 형태의 조증 증상과 우울증 증상이 자주 번갈아 나타남

 ④ 양극성 장애의 분류별 유병률

제1형	• 평생 유병률 : 0.4~1.5%로 보고됨 • 주요 우울 장애를 반복적으로 나타내는 청소년 중 약 10~15%가 제1형 양극성 장애로 발전된다는 연구가 보고되고 있으며, 이는 성차 없이 비슷하게 나타남 • 남자는 조증 상태가, 여자는 우울증 상태가 먼저 나타나는 경우가 많음 • 제1형 양극성 장애를 지닌 여자는 출산 직후 기분 장애를 경험할 위험성이 높음 • 재발성 장애로 한 번 조증 상태를 보인 사람들의 90% 이상이 향후 또 다른 기분 장애를 보임 • 조증 상태의 약 60~70%는 주요 우울 장애의 직전 혹은 직후에 발생하나, 나이의 증가에 따라 기분 장애 발병 간 간격이 줄어드는 경향을 보임 • 제1형 양극성 장애를 지닌 사람의 5~15%는 1년간 4번 이상의 기분 장애 상태를 나타내는데, 이 경우 양극성 장애의 급속 순환성 유형에 속하며 예후가 좋지 않은 것으로 알려짐 • 급속 순환성 유형은 대부분 기분 장애 상태에서 회복되면 비교적 정상적인 상태로 돌아오지만, 20~30%의 사람들은 불안정한 기분이 지속되며 대인관계 및 직업적 활동에도 어려움을 보임 • 제1형 양극성 장애를 지닌 사람의 직계가족은 제1형 양극성 장애(4~24%), 제2형 양극성 장애(1~5%), 주요 우울 장애(4~24%) 등의 발생 확률이 높음 • 유전적 영향을 가장 많이 받는 장애(쌍둥이와 입양아 연구) • 주요 우울 장애와 더불어 자살 위험성이 가장 높은 장애로, 양극성 장애 환자의 약 25%가 자살을 시도함 • 우울증 상태에서 조증 상태로 전환되는 시기에 특히 자살 시도를 많이 하는 경향을 보임
제2형	• 평행 유병률 : 약 0.5%로 보고됨 • 남성보다 여성에게 더 흔하며, 이 장애를 경험한 여성은 출산 직후 기분 장애를 경험할 위험성이 높음 • 경조증 상태를 나타내는 사람의 약 60~70%는 주요 우울 장애의 직전이나 직후에 발생 • 기분 장애 증상을 나타내는 간격은 나이의 증가에 따라 감소하는 경향을 보임 • 제2형 양극성 장애의 경과 중 조증 혹은 혼재성 기분 상태가 발생할 경우 진단은 제1형 양극성 장애로 바뀜 • 제2형 양극성 장애를 지닌 사람들 중 5~15%는 최초 발병 후 5년이 지나면 조증 상태를 나타내어 제1형 양극성 장애로 전환되는 것으로 보고됨
제3형	• 평생 발병률 : 0.4~1.0%로 보고됨 • 남녀의 발생 비율은 비슷하나, 임상 장면에서는 여성이 치료받는 경향이 더 높음 • 대개 청소년기나 초기 성인기에 시작됨 • 다른 기분 장애의 기질석 취약성을 반영하는 것으로 간주되기도 함 • 일반적으로 서서히 발병하고 만성적 경과를 밟으며, 15~20%는 제1형 혹은 제2형 양극성 장애로 발전 • 순환성 장애를 지닌 사람의 직계 가족은 일반인에 비해 다른 기분 장애를 나타낼 가능성이 높음

(3) 양극성 장애의 원인

① 생물학적 입장 : 유전적 요인, 신경전달물질, 신경내분비적 요인, 수면생리적 요인 등

    ㉠ 유전적 요인

- 양극성 장애에서 많은 영향을 미치는 요인
- 양극성 장애로 진단받은 환자들이 대다수는 가족 중 동일한 장애 또는 주요한 우울 장애를 지닌 사람이 있음

    ㉡ 신경전달물질

- Norepinephrine, Serotonin, Dopamin 등의 신경전달물질이 양극성 장애에 중요한 역할
- 우울증은 신경전달물질의 부족으로, 조증은 이 물질들의 과잉에 기인하는 것으로 연구됨

    ㉢ 신경내분비적 요인

- 우울증에서는 시상하부 – 뇌하수체 – 부신피질 축의 기능 이상이 흔히 발견됨
- 갑상선의 기능 이상도 기분 장애와 관련이 있는 것으로 알려짐
- 갑상선 기능항진증은 우울증과 조증을 모두 유발

    ㉣ 수면생리적 요인

- 기분 장애에서 공통적으로 나타나는 증상
- 우울증에서는 불면이나 과다수면을, 조증 상태에서는 수면욕구가 감소되는 특징을 보임
- 기분 장애가 생체리듬의 이상과 관련이 있다는 주장의 근거

② 정신분석적 입장

    ㉠ 무의식적 상실이나 자존감 손상에 대한 방어나 보상 반응으로서 나타나는 것으로 봄

    ㉡ 정신분석적 입장의 분류

프로이드	조증은 우울증과 핵심적 갈등은 동일하나, 에너지가 외부로 방출된 것, 즉 무의식적 대상의 상실로 인한 분노와 책망의 에너지가 외부로 방출된 것임
아브라함	어린 시절 누구나 초보적 수준의 우울증을 경험하나, 이때 우울증을 인내하는 것을 배우지 못했거나 부모 또는 부모의 사랑을 상실했던 경험이 자신의 발달적 비극의 현실을 부정하고 조증 반응을 보이게 함
카메론	• 개인이 직면하기에 너무 고통스러운 현실을 부정한 결과 나타나는 정신병리적 현상 • 부정이라는 방어기제를 광범위하게 사용하고 과대망상을 해 가상적 현실로 재구성
크레인	아동기에 선한 내적 대상을 자기 마음속에 표상하는 데 실패했음을 반영하는 것

③ 인지적 입장

    ㉠ 우울증 증세를 가진 사람들과 마찬가지로 현실의 해석에 대한 인지적 왜곡으로 나타남

    ㉡ 우울증을 지닌 사람들이 상실과 실패의 자동적 사고를 지니고 있다면 조증 환자들은 획득과 성공을 주제로 자동적 사고를 지님

        ※ 사소한 한두 번의 성공을 근거로 앞으로의 무슨 일이든 성공을 확신하는 '과잉일반화'의 오류, 자신의 행동에 대해 단점을 보지 못하고 장점만 보는 '선택적 추상화'의 오류, 자신의 특별한 능력 때문에 어떤 일들이 일어난다고 해석하는 '과대망상적 사고' 등이 이에 해당함

    ㉢ 왜곡된 추론이 조증 환자들에게 행복감을 느끼게 하고 그들의 활동 수준을 높임

(4) 양극성 장애의 치료

① 제1형 양극성 장애, 특히 조증 상태가 나타날 때에는 입원치료와 약물치료를 우선으로 고려해야 한다.
② 조증 상태로 자신과 타인에게 커다란 피해를 줄 우려가 있을 경우에는 입원치료가 필요하며 이런 경우는 항조증 약물이 처방된다.
③ 대표적인 항조증 약물로는 Lithium과 Carbamazepine이 있고 Valproate나 Clonazepam과 같은 항경련제도 사용된다.
④ 약물은 조증 증세를 완화시켜 줄 뿐 양극성 장애를 근본적으로 치료하는 것은 아니므로 환자 자신이 자신의 증상을 주시하면서 생활을 조절하게 하는 것이 중요하며 스스로 증세가 악화되지 않도록 심리적 안정을 취하거나 전문가의 치료를 받아야 한다.
⑤ 인지행동적 치료가 도움이 된다. 즉, 인지행동적 치료의 기본적 기법을 익혀서 자신에게 적용할 수 있도록 돕는 것이다.

| + 이해더하기 |

우울증 간이 진단 검사(권석만, 이상심리학 시리즈)

다음 항목을 잘 읽고 '최근 며칠 사이 이런 경험을 얼마나 자주 했는지'를 그 빈도에 따라 적절한 숫자에 ○표 하십시오.

구분	0 전혀 그렇지 않다	1 가끔 그렇다	2 자주 그렇다	3 항상 그렇다
1. 나는 슬프고 기분이 울적하다.	0	1	2	3
2. 나의 외모는 추하다고 생각한다.	0	1	2	3
3. 나 자신이 무가치한 실패자라고 생각된다.	0	1	2	3
4. 나는 다른 사람보다 열등하고 뭔가 잘못돼 있다고 느낀다.	0	1	2	3
5. 나는 매사에 나 자신을 비판하고 자책한다.	0	1	2	3
6. 나의 앞날엔 희망이 없다고 느껴진다.	0	1	2	3
7. 어떤 일을 판단하고 결정하기 어렵다.	0	1	2	3
8. 나는 쉽게 화가 나고 짜증이 난다.	0	1	2	3
9. 진로, 취미, 가족, 친구에 대한 관심을 잃었다.	0	1	2	3
10. 어떤 일에 나 자신을 억지로 내몰지 않으면 일을 하기가 힘들다.	0	1	2	3
11. 인생은 살 가치가 없으며 죽는 게 낫다.	0	1	2	3
12. 식욕이 없거나 지나치게 많이 먹는다.	0	1	2	3

13. 불면으로 고생하며 잠을 개운하게 자지 못하거나, 지나치게 피곤하여 너무 많이 잔다.	0	1	2	3
14. 나의 건강에 대해 걱정을 많이 한다.	0	1	2	3
15. 성(Sex)에 대한 관심을 잃었다.	0	1	2	3

〈채점 및 해석〉

15개 항목에 내에 ○표를 친 숫자를 합하면 총점이 되며, 총점의 범위는 0~45점이다. 총점이 의미는 다음과 같다.

- 0~10점 : 현재 우울하지 않은 상태이다.
- 11~20점 : 정상적이지만 가벼운 우울 상태이다. 자신의 기분을 새롭게 전환할 수 있는 노력이 필요하다.
- 21~30점 : 무시하기 힘든 우울 상태이다. 우울 상태를 극복하기 위한 적극적인 노력이 필요하며, 이러한 상태가 2개월 이상 지속될 경우에는 전문가의 도움을 받아야 한다.
- 31~45점 : 심한 우울 상태이다. 가능한 빨리 전문가의 도움을 받아야 한다.

TOPIC. 3 ▶ 중독 장애

1. 물질 관련 장애(Substance-Related Disorders)

(1) 물질 사용 장애(Substance Use Disorders)

특정한 물질을 과도하게 사용하여 개인적 고통과 사회적 부적응이 초래되는 경우이다.

(2) 물질 유도성 장애(Substance-Induced Disorders)

① 정의 : 특정한 물질을 섭취했을 때 나타나는 부적응적인 심리상태이다.

② 구분

ㄱ 물질 중독(Substance Intoxication) : 특정한 물질의 과도한 복용으로 인해 일시적으로 나타나는 부적응적 증상군

ㄴ 물질 금단(Substance Withdrawal) : 물질 복용의 중단으로 인해 일시적으로 나타나는 부적응적 증상군

ㄷ 물질/약물 유도성 정신장애(Substance/Medication-Induced Mental Disorders) : 물질 남용으로 인해 일시적으로 심각한 중추신경장애를 나타내는 증상

2. 비물질 관련 장애(Non-Substance-Related Disorders)-도박장애(Gambling Disorder)

(1) 주요 증상과 임상적 특징

다음 중 4개 이상의 항목에 해당하는 도박 행동이 12개월 동안 반복적으로 일어나 사회적, 직업적 부적응을 초래할 때 진단된다.

① 원하는 흥분을 얻기 위해서 점점 더 많은 액수의 돈을 가지고 도박을 하려는 욕구를 지닌다.

② 도박을 줄이거나 중단하려고 시도할 때는 안절부절못하거나 신경이 과민해진다.

③ 도박을 통제하거나 줄이거나 중단하려는 노력이 거듭 실패로 돌아간다.

④ 도박에 집착한다.

⑤ 정신적인 고통을 느낄 때마다 도박을 하게 된다.

⑥ 도박으로 돈을 잃고 나서 이를 만회하기 위해 다음 날 다시 도박판으로 되돌아간다.

⑦ 도박에 빠져 있는 정도를 숨기기 위해서 거짓말을 한다.

⑧ 도박으로 인해서 중요한 대인관계, 직업, 교육이나 진로의 기회를 위태롭게 하거나 상실한다.

⑨ 도박으로 인한 절망적인 경제상태에서 벗어나기 위해 다른 사람에게 돈을 빌린다.

(2) 원인과 치료

① 정신역동적 입장

    ㉠ 오이디푸스 갈등과 관련된 무의식적 동기로 도박장애를 설명

    ㉡ 공격적이거나 성적인 에너지를 방출하려는 욕구가 무의식적으로 대치되어 도박행동으로 나타난다고 봄

② 학습이론

    ㉠ 모방학습과 조작적 조건형성으로 도박장애를 설명

    ㉡ 부모, 형제, 친구와 놀이로 도박을 하다가 병적인 도박증(Pathological Gambling)을 보이는 경우가 많음

    ㉢ 돈을 따거나 따는 과정에서 느끼는 강한 흥분이 도박행동을 지속하게 하는 강화물로 작용

③ 인지적 입장

    ㉠ 병적 도박자들은 인지적 왜곡을 지님

    ㉡ 자신이 돈을 따게 될 주관적 확률을 객관적 확률보다 현저히 높게 평가하는 비현실적인 낙관주의에 빠져 있는 경우가 많음

④ 그 외의 주장

    ㉠ 도박장애는 중독 상태임

    ㉡ 도박장애는 우울증이 변형된 상태로, 우울하고 불쾌한 내면적 상태를 변화시키려는 시도로서 도박을 시도함

⑤ 치료

    ㉠ 행동치료적 기법 : 도박에 대한 매력 자극을 제거하고 혐오자극을 제시하여 도박행동을 감소시킴

    ㉡ 약물치료 : 집단치료와 병적 도박자들의 자조집단, 단도박 모임 등이 해당함

3. 알코올 관련 장애(Alcohol-Related Disorders)

(1) 알코올 사용 장애(Alcohol Use Disorder)

① 과도한 알코올 사용으로 인해 발생하는 부적응적 문제이다.

② 관련 증상 중 2개 이상에 해당될 경우 진단된다.

③ 심각도를 세분화하여 진단

   ⊙ 경도(Mild) : 2~3개

   ⊙ 중등도(Moderate) : 3~4개

   ⊙ 중증도(Severe) : 6개 이상

     ※ 이 진단기준은 다른 물질에도 동일하게 적용한다.

④ 알코올 사용장애 진단기준

   ⊙ 알코올을 흔히 예상했던 것보다 더 많은 양 또는 더 오랜 기간 마심

   ⊙ 알코올 사용을 줄이거나 통제하려는 노력을 지속적으로 기울이지만 매번 실패함

   ⊙ 알코올을 획득하여 사용하고 그 효과로부터 회복하는 데 많은 시간을 허비함

   ⊙ 알코올을 마시고 싶은 갈망이나 강렬한 욕구를 지님

   ⊙ 반복적인 알코올 사용으로 인해서 직장, 학교나 가정에서의 주된 역할 의무를 수행하지 못함

   ⊙ 알코올의 효과에 의해서 초래되거나 악화되는 사회적 또는 대인관계적 문제가 반복됨에도 불구하고 지속적으로 알코올을 사용함

   ⊙ 알코올 사용으로 인해서 중요한 사회적, 직업적 또는 여가 활동이 포기되거나 감소됨

   ⊙ 신체적 위험이 존재하는 상황에서도 반복적으로 알코올을 사용함

   ⊙ 알코올에 의해서 초래되거나 악화될 수 있는 지속적인 신체적 또는 심리적 문제가 있음을 알면서도 알코올 사용을 계속함

   ⊙ 내성(tolerance)이 다음 중 하나의 방식으로 나타남

     • 중독(intoxication)되거나 원하는 효과를 얻기 위해서 현저하게 증가된 양의 알코올이 필요

     • 같은 양의 알코올을 지속적으로 사용함에도 현저하게 감소된 효과가 나타남

   ⊙ 금단(withdrawal)이 다음 중 하나의 방식으로 나타남

     • 알코올의 특징적인 금단 증후군이 발생

     • 금단 증상을 감소하거나 피하기 위해서 알코올(또는 관련 물질)을 마심

     ※ 알코올 의존(alcohol dependence) : 잦은 음주로 인하여 알코올에 대한 내성이 생겨 알코올의 섭취량이나 빈도가 증가하고 술을 마시지 않으면 여러 가지 고통스러운 금단 현상이 나타나게 되어 술을 반복하여 마시게 되는 경우

     ※ 알코올 남용(alcohol abuse) : 잦은 과음으로 인하여 직장, 학교, 가정에서 자신의 역할을 제대로 수행하지 못하거나 법적인 문제를 반복하여 유발하는 경우

| + 이해더하기 |

Jelline의 알코올 의존 발전 4단계
- 전알코올 증상 단계(prealcoholic phase) : 사교적 목적으로 음주를 시작하여 즐기는 단계
- 전조 단계(prodromal phase) : 술에 대한 매력이 증가하면서 점차 음주량과 빈도가 증가하는 단계
- 결정적 단계(crucial phase) : 음주에 대한 통제력을 서서히 상실하게 되는 단계
- 만성 단계(chronic phase) : 알코올에 대한 내성이 생기고 심한 금단 증상을 경험하게 되어 알코올에 대한 통제력을 완전히 상실하는 단계

(2) 알코올 유도성 장애(Alcohol Intoxication)

① 개요 : 알코올의 섭취나 사용으로 인해 나타나는 부적응적인 후유증으로 과도한 알코올 섭취로 인해 심하게 취한 상태에서 부적응적 행동이 나타나는 경우이며, 다음 중 1개 이상의 증상이 나타나는 경우 진단된다.

② 증상
- ㉠ 불분명한 말투
- ㉡ 운동 조정 장애
- ㉢ 불안정한 걸음
- ㉣ 안구 진탕
- ㉤ 집중력 및 기억력 손상
- ㉥ 혼미 또는 혼수

(3) 알코올 금단(Alcohol Withdrawal)

① 개요 : 지속적으로 사용하던 알코올을 중단했을 때 여러 가지 신체생리적 또는 심리적 증상이 나타나는 상태이며, 알코올 섭취를 중단한 이후 몇 시간 또는 며칠 이내에 다음 중 2개 이상의 증상이 나타날 때 진단된다.

② 증상
- ㉠ 자율신경계 기능 항진
- ㉡ 손 떨림 증가
- ㉢ 불면증
- ㉣ 오심 및 구토
- ㉤ 일시적인 환시, 환청, 환촉 또는 착각
- ㉥ 정신운동성 초조증
- ㉦ 불안
- ㉧ 대발작

> **| + 이해더하기 |**
>
> **증상의 특성에 따른 다양한 하위 유형**
> 알코올 유도성 불안 장애/성기능 장애/치매(Alcohol-induced anxiety disorder/sexual dysfunction/persisting dementia) 등을 비롯하여 알코올 유도성 기분 장애/수면 장애/기억상실 장애/정신증적 장애가 있다.

(4) 유병률 및 수반되는 문제들

① 유병률
- ㉠ 알코올 사용장애는 유병률이 높은 장애 중 하나
- ㉡ 여성보다는 남성에게서 더 많이 나타남
- ㉢ 여성은 남성에 비해 알코올 관련 장애가 더 늦은 시기에 발생하지만 일단 발생하면 매우 급속도로 진행되는 경향이 있음

② 유발 질환

　　㉠ 지속적이 알코올 섭취는 중추신경계를 손상시켜 주의력, 기억력, 판단력 등의 인지적 기능을 저
　　　하시킴

　　㉡ 심한 경우에는 새로운 경험을 기억하지 못하는 지속성 기억상실증인 코르사코프 증후군
　　　(Korsakoff's syndrome)을 유발

　　㉢ 산모가 알코올을 과다하게 섭취하면 태아의 체중 미달, 발육 부진, 신체적 기형, 지적 장애를 일
　　　으키는 태아 알코올 증후군(fetal alcohol syndrome)을 초래함

(5) 원인

① 생물학적 입장 : 알코올 의존 환자들은 유전적 요인이나 알코올 신진대사에 신체적인 특성을 지닌다.

　　㉠ 제1형 알코올 의존(type 1 alcoholism) : 증상이 늦게 발달하며 알코올과 관련된 신체적 문제가
　　　발생할 위험이 높은 반면, 반사회적 행동이나 사회적, 직업적 문제를 나타내는 비율은 낮음

　　㉡ 제2형 알코올 의존(type 2 alcoholism) : 유전적 요인이 매우 강력하게 작용함

② 사회 문화적 요인 : 가족과 또래 집단의 음주 행위에 영향을 받는다.

③ 정신분석적 입장

　　㉠ 심리성적 발달 과정에서 유래한 독특한 성격 특성을 지님

　　㉡ 심리적 갈등을 회피하고 방어하기 위해서 음주

④ 행동주의적 입장 : 불안을 줄여주는 알코올의 강화 효과 때문에 알코올 의존이 초래된다.

⑤ 인지적 입장 : 음주 기대 이론(alcohol expectancy theory), 즉 알코올의 효과는 음주 행동에 대한
　긍정적 기대와 신념의 결과라는 입장이다.

I + 이해더하기 I

알코올 관련 장애의 원인

주요 원인은 생물 · 심리사회 통합 모델이 가장 타당하다고 보고되고 있다. 알코올 문제의 예방 및 치료는 예
방부터 재발 방지까지 연속선상에서 다루는 것이 가장 효과적이다.

---

(6) 치료

① 증상이 심한 사람은 입원치료를 받는 것이 바람직하다.

② 정도가 상대적으로 약한 사람의 경우에는 심리치료가 도움이 될 수 있다.

③ 술에 대한 매력을 제거하고 오히려 술에 대한 혐오감을 조건형성시켜 술을 멀리하게 하는 행동치료
　적 기법이 있다.

④ 알코올 의존자를 위한 자조 집단(self-help group) : Alcoholics Anonymous(AA), 알코올 의존자
　였거나 현재 알코올 의존 상태에 있는 사람들이 익명의 상태로 정기적인 모임을 가지며 서로의 경험
　을 나누고 알코올 의존을 극복하는 방법을 알려주며 지원한다.

4. 타바코 관련 장애(Tobacco-Related Disorders)

(1) 개요
① 타바코의 사용으로 인해 발생되는 다양한 심리적 장애를 말하며 크게 타바코 사용 장애와 타바코 금단으로 분류된다.
② 재발률이 매우 높기 때문에 예방의 중요성을 강조한다.

(2) 타바코 사용 장애(Tobacco Use Disorders)
과도한 타바코 사용으로 인해 발생하는 부적응적 문제를 말하며 알코올 사용장애와 마찬가지로 11개의 진단기준 중 2개 이상에 해당되는 경우 진단된다.

(3) 타바코 금단(Tobacco Withdrawal)
① 개요 : 적어도 몇 주 이상 타바코를 매일 사용하다가 타바코 사용을 급격하게 중단하거나 사용량을 줄였을 때 24시간 이내에 다음의 여러 가지 부적응적인 징후가 나타나는 현상을 말한다.
② 증상
   ㉠ 불쾌한 기분 또는 우울한 기분
   ㉡ 불면
   ㉢ 자극 과민성, 좌절감, 분노
   ㉣ 불안
   ㉤ 집중력 장해
   ㉥ 안절부절못함
   ㉦ 심장박동수의 감소
   ㉧ 식욕 증가 또는 체중 증가

(4) 원인과 치료
① 생물학적 입장
   ㉠ 니코틴 일정효과 이론(nicotine fixed-effect theory) : 니코틴이 신경계통 내의 보상중추(reward center)를 자극하기 때문에 강화효과를 지니며 이러한 강화효과는 단기적이므로 일정한 수준의 보상중추 자극을 위해 지속적인 흡연 욕구가 생긴다는 이론
   ㉡ 니코틴 조절 이론(nicotine regulation theory) : 인체 내에 적당량의 니코틴 수준을 유지하기 위한 조절기제가 있어서 적정량에 이르지 못하면 흡연 욕구를 상승시켜 니코틴 섭취를 유도한다는 이론
   ㉢ 다중 조절 모형(multiple regulation model) : 정서적 상태와 니코틴의 조건 형성에 의해서 흡연 행동을 설명
② 담배를 피우는 심리적 이유
   ㉠ 사회형 : 타인과 함께 있을 때 담배를 피움
   ㉡ 자극형 : 자극을 위해 담배를 피움
   ㉢ 긴장이완형 : 편안함을 위해서 담배를 피움

PART 01
PART 02
PART 03
PART 04
PART 05
PART 06

ⓔ 감정발산형 : 부정적 감정을 느낄 때 담배를 피움

　　ⓜ 고독형 ; 혼자 있을 때 담배를 피움

　　ⓗ 자신감 증진형 : 사회적 능력이나 자신감을 증가시키기 위해서 담배를 피움

　　ⓢ 감각운동형 : 담배 피우는 동작과 감각에서 즐거움을 느낌

　　ⓘ 음식 대체형 ; 식욕억제를 위해 담배를 피움

　　ⓩ 습관형 : 자각 없이 담배를 피움

③ 치료

　　㉠ 니코틴 대체 치료(nicotine replacement therapy) : 니코틴에 대한 갈망과 금단 증상을 제거하기 위해서 니코틴이 들어 있는 껌이나 패치를 사용하는 방법

　　㉡ 혐오 치료(aversion therapy) : 금연을 위한 행동치료적 기법으로 담배에 대한 혐오감을 조건형성시키는 방법

　　㉢ 다중양식적 치료(multimodel intervention) : 금연의 동기를 강화시키고 그 구체적 계획을 스스로 작성하며 인지행동적 기법을 통해 금연 계획을 실행에 옮기게 하는 방법

5. 기타 물질 관련 장애

(1) 카페인-관련 장애(Caffeine-Related Disorders)

① 카페인 중독(Caffeine Intoxication) : 다음 중 5개 이상의 증상이 나타날 경우 진단된다.

　　㉠ 안절부절못함

　　㉡ 신경과민

　　㉢ 흥분

　　㉣ 불면

　　㉤ 안면 홍조

　　㉥ 잦은 소변

　　㉦ 소화내장기의 장해

　　㉧ 근육 경련

　　㉨ 두서 없는 사고와 언어의 흐름

　　㉩ 빠른 심장박동 또는 심부정맥

　　㉪ 지칠 줄 모르는 기간

　　㉫ 정신운동성 초조

② 카페인 금단(Caffeine withdrawal) : 카페인을 지속적으로 사용하다가 중단했을 경우에 나타나는 증후군이다.

　　㉠ 두통

　　㉡ 현저한 피로감이나 졸림

　　㉢ 불쾌한 기분, 우울한 기분 또는 짜증스러움

　　㉣ 집중 곤란

　　㉤ 감기 같은 증상(구토, 토역질 또는 근육통/뻣뻣해짐)

(2) 칸나비스 관련 장애(Cannabis-Related Disorders, 대마계 제제)

① 칸나비스 사용 장애(Cannabis Use Disorder)

    ㉠ 과도한 칸나비스 사용으로 인해 발생하는 부적응적 문제

    ㉡ 알코올 사용 장애와 마찬가지로 11개의 진단기준 중 2개 이상에 해당되는 경우 진단됨

    ㉢ 생리적 의존이 잘 발생하지 않으며 금단 증상도 심각하지 않은 것으로 알려짐

    ㉣ 대마계 제제 의존이 있는 사람들은 몇 개월 또는 몇 년에 걸쳐서 매우 심하게 대마계 제제를 사용하고, 물질을 구하고 사용하는 데 하루 중 많은 시간을 보냄

② 칸나비스 중독(Cannabis Intoxication)

    ㉠ 대마계 제제의 사용으로 인하여 심각한 부적응적 행동 변화나 심리적 변화가 나타나는 경우

    ㉡ 흔히 결막충혈, 식욕증가, 구갈, 빈맥 등의 증상이 수반됨

(3) 환각제 관련 장애(Hallucinogen-Related Disorders)

① 환각제 사용 장애(Hallucinogen Use Disorder) : 환각제 사용으로 인한 내성과 금단현상으로 인해 반복적으로 환각제를 사용하는 경우

② 환각제 유도성 장애, 환각제 중독(Hallucinogen Intoxication)

    ㉠ 환각제 사용 중 또는 그 직후에 발생되는 부적응적 행동 변화나 심리적 변화, 지각적 변화

    ㉡ 환각제 사용 후 다음 중 2개 이상의 징후가 나타나면 환각제 중독으로 진단

- 동공상대
- 발한
- 시야 혼탁
- 운동 조정 곤란
- 빈맥
- 가슴 두근거림
- 진전

③ 환각세 시속성 지각상애(Hallucinogen persisting perception disorder)

    ㉠ 환각제 중독기간 동안 경험했던 지각적 증상을 재경험하는 경우

    ㉡ 플래시백(flash back)이라고 부르기도 함

(4) 흡입제 관련 장애(Inhalants-Related Disorders)

① 흡입제 사용 장애(Inhalant Use Disorder)

    ㉠ 과도한 흡입제 사용으로 인해 나타나는 다양한 부적응적 문제

    ㉡ 흡입제는 사용 중단 후 24~48시간에 금단증후군이 시작되어 2~5일 동안 지속됨

    ㉢ 흔히 수면장애, 몸 떨림, 과민성, 발한, 메스꺼움, 순간적인 착각 등의 증상

② 흡입제 유도성 장애

    ㉠ 흡입제 중독이 대표적으로, 휘발성 흡입제를 의도적으로 사용하거나 단기간에 많은 용량에 노출되어 현저한 부적응적 증상을 나타내는 경우

    ㉡ 흡입제 사용 후 다음 중 2개 이상의 증상이 나타날 경우 진단

- 현기증
- 운동 조정 곤란
- 불안정한 보행
- 안구진탕증
- 불분명한 언어
- 기면

- 반사의 감소
- 진전
- 시야 혼탁이나 복시
- 다행감

- 정신운동성 지연
- 전반적인 근육 약화
- 혼미, 혼수

(5) 아편류 관련 장애(Opium-Related Disorders)

① 아편류 사용 장애 : 아편류는 매우 강한 의존성을 초래하기에 강한 내성을 지니며, 중단 시 심한 금단 증상을 경험한다.

② 아편류 남용 : 아편류 사용으로 인해 법적 문제나 부적응적 사건이 반복적으로 발생하는 경우를 말한다.

③ 아편류 유도성 장애

　㉠ 아편류 중독
　　• 아편류 사용 도중 또는 직후에 발생되는 심각한 부적응적 행동 변화나 심리적 변화가 나타나는 경우
　　• 동공 축소와 함께 졸림 또는 혼수, 불분명한 발음, 집중력 장해와 기억력 장해 중 한 가지 이상의 증상이 나타나면 아편류 중독으로 진단

　㉡ 아편류 금단
　　• 지속적으로 사용하던 아편류의 중단 후에 특징적인 금단 증후군이 나타나는 경우
　　• 불쾌한 기분, 오심 또는 구토, 근육통, 눈물을 흘리거나 콧물을 흘림, 동공산대, 입모 또는 발한, 설사, 하품, 발열과 불면증 중 3가지 이상의 증상이 나타나면 아편류 금단으로 진단

④ Freud : 아편 의존을 성적 만족의 추구 과정으로 보았다.

⑤ Khantzian : 주로 대처 능력의 미숙, 부적절한 의존 욕구, 욕구 만족의 좌절, 정서적 불안정과 같은 미숙한 자아기능을 지닌 사람들에게 약물 의존이 나타난다고 보았다.

(6) 진정제, 수면제 또는 항불안제 관련 장애(Sedatives, Hypnotics, Anxiolytics-Related Disorders)

① 진정제, 수면제 또는 항불안제 약물의 사용 후에 다음 중 한 가지 이상의 심각한 부적응적 변화가 나타나는 경우 진단된다.

　㉠ 불명료한 발음
　㉡ 운동조정 곤란
　㉢ 불안정한 보행
　㉣ 안구진탕
　㉤ 주의력 장애와 기억력 장애
　㉥ 혼미, 혼수

② 진정제, 수면제 또는 항불안제 금단 증상 : 다음 중 2가지 이상의 증세가 나타나는 경우 진단된다.

　㉠ 자율신경계 항진
　㉡ 손떨림의 증가

ⓒ 불면

ⓓ 오심 또는 구토

ⓜ 일시적인 시각적, 촉각적, 청각적 환각이나 착각

ⓗ 정신운동성 초조

ⓢ 불안

ⓞ 대발작 경련

(7) 자극제 관련 장애(Stimulants-Related Disorders)

암페타민과 코카인을 비롯한 중추신경계를 자극하는 물질에 의한 중독 증상을 말한다.

① 자극제 남용 : 자극제 사용으로 인한 직업적 부적응, 대인관계 갈등, 경제적 문제, 법적 문제가 반복하여 발생하는 경우이다.

② 자극제 유도성 장애

ⓐ 자극제 중독

- 자극제의 사용 중 또는 그 직후 심각한 부적응적 행동이나 심리적 변화가 나타나는 경우
- 빈맥 또는 서맥, 동공산대, 혈압 상승 또는 하가, 발한 또는 오한, 오심 또는 구토, 체중 감소의 증거, 정신운동성 초조 또는 지연, 근육 약화, 호흡 억제, 흉통, 심부정맥, 의식 혼란, 경련, 운동실조, 근육긴장 이상증, 혼수 중 2개 이상의 증상이 나타날 경우 진단

ⓑ 자극제 금단

- 지속적으로 사용하던 자극제의 사용을 중단하거나 용량을 감소했을 때 불쾌한 기분을 비롯한 부적응적 생리적 변화가 나타나는 경우
- 피로, 생생하고 기분 나쁜 꿈, 불면 또는 수면 과다, 식욕 증가, 정신운동성 지연 또는 초조 중 2개 이상의 증상이 나타날 경우 진단

TOPIC. 4 ▶ 성격 장애

1. 성격 장애의 정의

(1) 개념

① 일상적 상황과 매일 개인을 특징지어 주는 비교적 안정적이고 예측 가능한 전체적·감정적 및 행동적 경향을 말한다.

② 개인의 지속적인 내적 경험과 행동 유형이 개인이 속한 사회의 사회문화적 기대에서 심하게 벗어나며, 다음 중 2개 영역에서 문제가 나타난다.

ⓐ 인지(자신과 타인, 사건을 지각하는 방법)

ⓑ 정서(정서 반응의 범위, 강도, 불안정성, 적절성)

ⓒ 대인관계 기능

ⓓ 충동 조절

(2) 특징

① 지속적인 유형이 융통성이 없고 개인생활과 사회생활 전반에 넓게 퍼져 있다.

② 지속적인 유형이 사회적, 직업적, 그리고 다른 중요한 영역에서 임상적으로 심각한 장애를 초래한다.

③ 유형은 안정적이고 오랜 기간 동안 있었으며 발병 시기는 적어도 청소년기나 성인기 초기에 시작된다.

④ 지속적인 유형이 다른 정신질환의 현상이나 결과로 더 잘 설명되지 않는다.

⑤ 지속적인 유형이 물질(남용약물, 치료약물)의 생리적 효과나 다른 의학적 상태(예 두부 손상)로 인한 것이 아니다.

2. 성격 장애의 분류

(1) A군 성격 장애

① 특징 : 사회적 고립, 기이한 성격

② 종류 : 편집성, 분열형, 분열성

(2) B군 성격 장애

① 특징 : 정서적, 극적인 성격

② 종류 : 반사회성, 연극성, 자기애성, 경계선

(3) C군 성격 장애

① 특징 : 불안하고 두려움이 많은 성격

② 종류 : 강박성, 의존성, 회피성

3. A군 성격 장애

(1) 편집성 성격 장애

① 개념

　㉠ 타인에 대한 강한 불신과 의심을 지니고 적대적인 태도를 보여 사회적 부적응을 나타내는 성격특성

　㉡ 이 경우에 속하는 사람들은 주로 고집쟁이, 부정행위 수집가, 배우자에 대한 병적 질투심을 갖는 자, 소송을 좋아하는 괴짜 등이 있음

② 주요 증상 및 임상적 특징

　㉠ 타인의 동기를 악의적인 것으로 해석하는 것과 같이 타인을 전반적으로 의심하고 불신함

　㉡ 이는 초기 성인기에 시작되고 여러 상황에서 다음 중 4가지 또는 그 이상의 항목으로 나타남

　　• 충분한 근거 없이 타인이 자신을 착취하거나 해를 끼치며 속이려 한다고 의심함

　　• 가족, 친구, 지인의 진심이나 신뢰에 대한 부당한 의심에 사로잡혀 있음

　　• 자신의 정보가 자신에게 나쁘게 이용될 것이라는 비합리적인 두려움 때문에 타인에게 비밀 등을 털어놓기를 꺼림

　　• 보통의 악의 없는 언급이나 사건 속에도 숨겨진 위협 또는 자신을 비하하는 의미가 있다고 판단함

　　• 지속적으로 원한을 품으며, 대체로 모욕, 무례 또는 경멸을 용서하지 못함

- 다른 사람이 볼 때 그러한 사실이 아님이 명백함에도 불구하고 자신의 성격이나 평판에 대해 공격으로 지각하고, 즉각적으로 화를 내거나 반격함
- 정당한 이유 없이 배우자 또는 애인의 정절에 대해 반복적 · 지속적으로 의심함

③ 원인
  ⊙ 정신분석적 입장
  - 기본적 신뢰의 부족 : 가학적인 부모로부터 자신과 타인에 대한 가학적 태도를 내면화한 경우, 사람들에 대한 부정적인 신념을 갖고 있음 **예** "사람들은 나쁜 의도가 있다, 나를 공격할 것이다, 경계하고 의심해야만 내가 속지 않는다" 등
  - 동성애적 욕구에 대한 불안 제거 : 부인, 투사, 반동 형성의 방어기제를 사용
  ⊙ 인지적 입장 : "사람들은 악의에 차 있고 타인을 속이려 하고 있다. 그들은 기회만 있으면 나를 공격할 것이다. 늘 긴장하고 경계해야만 나에게 피해가 없을 것이다" 등에 기인함

④ 치료
  ⊙ 심리치료를 주로 시행
  ⊙ 내담자와 신뢰를 쌓는 것이 중요하며 지지 심리치료(supportive psychotherapy)가 가장 효과적
  ⊙ 집단치료, 사회기술훈련과 같은 행동치료는 대체로 잘 맞지 않음
  ⊙ 걱정과 불안에 대해서는 약물치료가 효과적

(2) 분열성 성격 장애

① 개념
  ⊙ 타인과의 친밀한 관계 형성에 관심이 없고 감정 표현이 부족하여 사회적 적응에 현저한 어려움을 나타내는 성격 장애
  ⊙ 특징
  - 다른 사람들이 볼 때 괴벽스럽고 외톨이처럼 보임
  - 혼자 지내고 정서적으로 냉담하고 무관심하며 타인에 대해 따뜻함이나 부드러움이 없음
  - 이성교제에 대한 욕구도 거의 없고, 타인의 느낌, 칭찬 또는 비평에 무관심함
  - 언어, 행동 또는 사고의 괴이한 면은 없음

② 주요 증상과 임상적 특징
  ⊙ 가족과의 관계를 포함해서 친밀한 관계를 바라지도 않고 즐기지도 않음
  ⊙ 항상 거의 혼자서 하는 활동을 선택함
  ⊙ 다른 사람과의 성적 경험에 대한 관심이 있다 해도 실제 경험은 별로 없음
  ⊙ 거의 모든 분야에서 즐거움을 취하려 하지 않음
  ⊙ 가족 이외의 친밀한 친구가 거의 없음
  ⊙ 다른 사람의 칭찬이나 비난에 무관심해 보임
  ⊙ 감정적 냉담, 유리 또는 단조로운 감정의 표현을 보임

③ 원인
  ⊙ 정신분석적 입장 : 부모로부터의 신뢰의 결여가 주요 원인
  ⊙ 인지적 입장

- 부정적 자기개념과 회피에 관한 사고가 분열성 성격 장애의 특징
- "나 혼자 있는 것이 낫다. 다른 사람들과 관계를 맺으면 문제만 일어난다" 등의 역기능적 신념을 가짐

④ 치료
  ㉠ 심리치료를 받으려 하는 경우가 거의 없음
  ㉡ 치료자는 적극적이고, 참을성 있고, 수용적이어야 하며 환자의 사생활을 존중해야 함
  ㉢ 애착이 일어날 수 있는 관계를 만들어야 함
  ㉣ 사회기술을 증진시키고, 새로운 대인관계를 형성하도록 돕는 구조화된 틀을 제공하는 집단치료가 도움이 될 수 있음
  ㉤ 소량의 항정신병 약물, 항우울제, 뇌자극제 등이 도움이 될 수 있음

(3) 분열형 성격 장애

① 개념 : 사회적으로 고립되어 있으며 기이한 생각이나 행동을 나타내어 사회적 부적응을 초래하는 성격 장애를 말한다.

② 주요 증상과 임상적 특징
  ㉠ 인지 및 지각 왜곡, 행동의 엉뚱함뿐만 아니라 친밀한 관계를 갑자기 불편해하고, 그러한 능력이 감소함
  ㉡ 사회 및 대인관계 결핍의 양상이 전반적으로 나타나는데, 이는 초기 성인기에 시작되고 여러 상황에서 다음 중 5가지 또는 그 이상의 항목으로 나타남
  - 관계사고 : 타인의 행동 또는 환경 현상이 자신에게 어떤 영향을 주기 위해 일어난다는 불확실한 믿음. 관계망상(관계사고보다 더 큰 신념)은 제외
  - 행동에 영향을 미치며 소문화권의 규범에 맞지 않는 이상야릇한 믿음이나 마술적 사고 예 미신, 천리안, 텔레파시 또는 '육감'에 대한 믿음. 소아나 청소년의 경우 괴이한 공상이나 몰두하는 것
  - 신체적 착각을 포함하는 이상한 지각 경험
  - 이상야릇한 생각이나 말 예 모호하거나, 현실적으로 거리가 있는, 은유적이거나, 과도하게 수식적인 또는 상투적인 것
  - 의심 혹은 편집증적 사고
  - 부적절하거나 제한된 감정
  - 이상야릇하거나 엉뚱한 괴짜 같은 행동이나 외모
  - 가족 외에 친밀한 친구나 막역한 친구가 없는 경우
  - 과도한 사회적 불안 : 이는 친밀해져도 줄어들지 않으며 자신에 대한 부정적 판단보다는 편집증적 두려움과 관련이 있음

③ 원인 : 유전적 요인에 의해 발생하거나, 불안정한 애착관계 등이 주요 원인

④ 치료
  ㉠ 심리치료를 우선하며, 지지적인 심리치료가 적합함
  ㉡ 환자의 기묘한 사고방식과 행동에 대해 우습게 여기거나 판단적인 모습은 보이지 않아야 함

ⓒ 행동기법을 이용한 재활치료, 보호적 작업치료 등도 도움이 됨

ⓔ 관계사고, 이인증, 불안, 강박적 반추 및 신체화 등이 있을 경우에 한해 소량의 신경이완제가 도움이 될 수 있음

> ※ 이인증 : 자기가 낯설게 느껴지거나 자기로부터 분리, 소외된 느낌을 경험하는 것으로 자기 자신을 지각하는 데에 이상이 생긴 상태

4. B군 성격 장애

(1) 연극성 성격 장애

① 개념

ⓐ 본 성격 장애를 지닌 사람은 정서적으로 불안정하며 대인관계의 갈등을 초래하는 경향으로 사회적 부적응을 나타냄

ⓑ 타인의 애정과 관심을 끌기 위한 지나친 노력과 과도한 감정 표현이 주로 나타남

② 주요 증상과 임상적 특징

ⓐ 자신이 관심의 초점이 되지 못하는 상황일 경우 심리적으로 불편해함

ⓑ 다른 사람과의 관계에서 흔히 상황에 부적절하게 성적으로 유혹하거나, 도발적으로 행동하려는 특징을 보임

ⓒ 감정의 변화가 급격하며, 감정표현이 피상적으로 나타남

> ※ 피상적 : 본질적인 현상은 추구하지 아니하고 겉으로 드러나 보이는 현상에만 관계함

ⓓ 타인의 관심을 끌기 위해 항상 자신의 외모를 이용함

ⓔ 지나치게 인상적으로 말하려 하나 내용이 없는 대화양식을 보임

ⓕ 자기극화, 연극조, 과장된 감정표현 등

ⓖ 피암시성이 강하여 즉 타인이나 상황에 의하여 쉽게 영향을 받음

> ※ 피암시성 : 현실 검토 없이 타인으로부터의 의식내용을 받아들이는 특성

ⓗ 대인관계를 실제보다도 더 친밀한 것으로 생각함

③ 원인

ⓐ 정신분석적 입장

- 어린 시절의 오이디푸스 갈등에서 기인함
- 엄마의 애정 부족에 실망을 느끼고 아빠에게 집착하고 아빠의 주의를 얻기 위해 유혹적이며 과장된 감정표현 양식을 습득하여 "모든 사람으로부터 사랑을 받아야 한다. 다른 사람의 관심과 애정만이 나를 행복하게 해 줄 수 있다" 등의 잘못된 신념을 가짐

ⓑ 인지적 입장 : "나는 부적절한 존재이며 혼자서 삶을 영위할 수 없다. 나를 돌봐줄 사람들을 찾아야 한다."라는 독특한 인지적 신념이 영향을 미침

④ 치료

ⓐ 자신의 감정을 의식하지 못하기 때문에 진정한 내적 감정을 명료화하는 것이 중요한 치료 과정

ⓑ 정신분석적 개인 또는 집단 심리치료가 적합함

ⓒ 함께 가지고 있는 증상에 따라 항우울제, 항정신병 약물이 사용됨

PART 01
PART 02
PART 03
PART 04
PART 05
PART 06

(2) 자기애성 성격 장애

① 개념 : 자신에 대한 과장된 평가로 인한 특권의식을 지니고 타이에게 착취적이거나 오만한 행동을 나타내어 사회적인 부적응을 초래하는 성격을 말한다.

② 주요 증상과 임상적 특징 : 과대성, 숭배에 대한 요구, 공감 결여 등을 보인다. 이는 초기 성인기에 시각되며 다음 중 5가지 이상이 증상이 나타난다.

    ㉠ 자기중요성에 대한 과대감

    ㉡ 무한한 성공, 권력, 아름다움에 대한 지나친 몰두

    ㉢ 자신이 특별하고 독특한 존재이며 특별한 사람이나 지위가 높은 사람들만이 자신을 이해할 수 있고 또한 그런 사람들하고만 교제해야 한다는 믿음

    ㉣ 자신에 대한 과도한 숭배 요구

    ㉤ 특권 의식

    ㉥ 착취적인 대인관계

    ㉦ 공감의 결여

    ㉧ 타인이 자신을 부러워한다고 믿음

    ㉨ 거만하고, 건방진 행동이나 태도

③ 원인

    ㉠ 정신분석적 입장

      • 자기애는 심리적 에너지가 자신에게 향해 자신의 신체를 성적인 대상으로 취급하는 태도임

      • 유아기의 과대한 자기상에 대한 좌절 경험이 너무 없거나 또는 너무 심하게 좌절 경험을 한 경우 건강한 자기애가 손상되어 병적인 자기애가 발생함

    ㉡ 인지적 입장 : "나는 매우 특별한 사람이다. 나는 너무나 우월하기 때문에 특별한 대우를 받고 특권을 누릴 자격이 있다."라는 신념체계가 어린 시절 부모나 형제, 중요한 타인들로부터 직접 또는 간접적으로 받은 메시지에 의해 발전

④ 치료

    ㉠ 자기애적 손상에 대한 취약성이 있기 때문에 그들의 예민성, 실망에 대해 공감해주고 치료 과정에서 생기는 좌절 및 실망에 대해 명료화시킴

    ㉡ 치료 초기부터 취약성을 직접 해석하고 직면하여 환자들이 자신의 과대성과 이로 인한 부적응인 결과들을 인식할 수 있도록 함

    ㉢ 치료 과정에서 발생하는 우울증에 대해서는 항우울제를 사용

(3) 경계선 성격 장애

① 주요 증상과 임상적 특징 : 대인관계, 자기 이미지, 감정의 불안정성 및 현저한 충동성이 초기 성인기에 시작되고, 다음 중 5가지 이상의 증상을 보인다.

    ㉠ 실제적 또는 가상의 유기(버려짐)를 피하기 위한 노력

    ㉡ 이상화와 평가절하의 양극단을 오락가락함, 불안정하고 강력한 대인관계 양상

    ㉢ 불안정한 자기 이미지, 정체성의 혼란

    ㉣ 자신을 손상할 수 있는 2가지 이상의 충동성

ⓜ 반복적인 자살행동, 자살 시도, 자해행동

ⓑ 감정의 불안정성

ⓢ 만성적인 공허감

ⓞ 부적절하고 강렬한 분노 또는 분노 조절의 곤란

ⓩ 일시적 편집적 사고 또는 심한 해리증상

② 원인

ⓒ 정신분석적 입장 : 오이디푸스 이전의 갈등에서 비롯되며 분리 개별화 단계에서 실패하여 이 단계에 고착된 것

ⓛ 인지적 오류 : "세상은 위험하며 악의에 차 있다. 나는 힘없고 상처받기 쉬운 존재이다. 나는 원래부터 환영받지 못할 존재이다." 등에 기인함

③ 치료

ⓒ 장기간의 개인 심리치료가 도움이 되나, 환자가 치료에 잘 참여하지 않으려 하기 때문에 약물치료를 부가적으로 하는 것이 도움이 됨

ⓛ 환자의 충동, 분노 폭발의 조절, 거부에 대한 민감성 감소를 위해 행동치료가 적합함

ⓒ 항정신병 약물은 분노, 적개심, 단기간의 정신증적 삽화에 사용

ⓔ 항우울제는 우울한 기분을 호전시키는 데 도움이 됨

ⓛ 치료 과정 시 자살 시도에 대해 항상 주의할 것

(4) 반사회성 성격 장애

① 개념

ⓒ 사회의 규범이나 법을 지키지 않으며, 무책임하고 폭력적인 행동을 반복적으로 나타냄으로써 사회적 부적응을 초래하는 경우

ⓛ 만성적이며 지속적으로 나타남

ⓒ 반사회성 성격 장애를 지닌 사람들은 절도, 사기, 폭력과 같은 범죄에 연루되는 경우가 흔함

　※ 하지만 이들 환자가 반드시 범죄자라는 의미는 아니다.

ⓔ ICD - 10에서는 비사회적(dissocial) 성격 장애라고 명명

② 주요 증상과 임상적 특징

ⓒ 타인의 권리를 무시, 침해하는 패턴을 보이며 만 15세 이후에 다음 중 3가지 이상의 증상을 보임

　• 사회적 규범 및 법 위반

　• 자신의 이익이나 즐거움을 위해 거짓말, 속임수 사용

　• 충동적, 무계획성

　• 신체적 싸움이나 폭력 등 호전성 및 공격성

　• 안전에 대한 부주의한 무시

　• 직업 유지나 경제관념 부족 등 무책임성

　• 죄책감이나 후회, 도덕성 및 양심 발달의 부족

ⓛ 최소한 18세 이상의 성인에게 진단되며 15세 이전 품행장애가 시작된 증거가 있어야 함

③ 원인
　㉠ 생물학적 위인 : 유전적 요인과 자율신경계 및 중추신경계의 낮은 각성, 뇌의 활동 이상(느린 뇌파) 등
　㉡ 정신분석적 입장
　　• 아동기 양육 환경, 특히 어머니와 유아 간의 관계 형성의 문제에 기인
　　• 기본적 신뢰가 형성되지 못해 폭력적이고 파괴적인 방법으로 타인과 관계를 맺으려는 시도가 반사회적 성격으로 발전함
　㉢ 인지적 입장 : "우리는 정글에 살고 있고 강한 자만이 살아남는다. 힘과 주먹이 내가 원하는 것을 얻는 최선의 방법이다." 등의 비합리적 신념
④ 치료
　㉠ 동기가 부족하고, 권위에 대해 불신하고, 자신의 감정을 외적으로 발산하는 경향이 있기 때문에 일반적으로 실패하는 경향을 보임
　㉡ 개인 심리치료보다 동료들로부터의 압박, 사회적 교정 경험 등이 더 도움이 됨
　㉢ 치료 프로그램은 내담자들의 행동에 책임지고 타인에 대한 책임을 지도록 구조화시키는 것이 적절함
　㉣ 불안, 분노, 우울 등의 증상에 약물치료가 도움이 될 수 있음

5. C군 성격 장애
(1) 회피성 성격 장애
① 개념 : 다른 사람과의 만남에 대한 불안과 두려움 때문에 사회적 상황을 회피함으로써 적응에 어려움을 나타내는 경우를 말한다.
② 주요 증상과 임상적 특징 : 사회적 억제, 부적절감, 부정적 평가에 대한 과민성을 특징적으로 보이고 초기 성인기에 시작하며 다음 중 4가지 이상의 증상을 보인다.
　㉠ 비판받거나 거부될 것에 대한 두려움 때문에 대인 접촉과 관련된 직업 활동 회피
　㉡ 자신을 좋아한다는 확신 없이 어울리지 않음
　㉢ 창피당하거나 조롱당할 것에 대한 두려움 때문에 친근한 대인관계 이내로 제한
　㉣ 사회적 상황에서의 비난과 거부에 대해 집착
　㉤ 부적절감으로 인한 새로운 대인관계 억제
　㉥ 자신을 부적절하거나 열등한 사람으로 봄
　㉦ 새로운 활동에 참여하는 것을 회피하며 위험을 감수하지 않으려고 함
③ 원인
　㉠ 기질적으로 수줍고 억제적인 성향이 있으며 위험에 대해 과도한 생리적 민감성을 보임
　㉡ 정신분석적 입장 : 수치심이 주된 감정으로, 자신에 대한 부정적 자아상으로 인해 대인관계나 자신이 노출되는 상황을 회피함
　㉢ 인지적 입장 : 자신이 부적절하고 무가치한 사람이며 타인과의 관계에서 거부당하거나 비난받을 것이라는 믿음을 가짐

④ 치료

　　㉠ 심리치료가 우선시되며, 치료 시 환자와의 유대관계를 공고히 하는 것이 중요함

　　㉡ 사회기술치료는 도움이 될 수 있으나 실패 시 더욱 자존감이 낮아질 가능성이 있으므로 조심스럽게 시도하는 것이 필요함

　　㉢ 행동치료로서 자기주장훈련이 도움이 됨

| + 이해더하기 |

회피성 성격 장애의 감별 진단

- 광장공포증을 동반한 공황장애의 회피는 공황발작 후에 시작되나 회피성 성격 장애에서 회피는 일찍 시작되고 분명한 유발 인자가 없으며 일정한 경과를 밟게 됨
- 사회공포증과 회피성 성격 장애는 유사한 부분이 많아 축1과 축2에 같이 내려지는 경우가 많음
- 회피성 성격 장애는 다른 사람과 관계맺기를 바라지만 분열성 성격 장애는 사회적 고립을 선호하는 경향이 있음

---

(2) 의존성 성격 장애

① 주요 증상과 임상적 특징

　　㉠ 돌봄받고자 하는 과도한 욕구가 이별에 대한 두려움 및 복종적이고 매달리는 행동을 초래함

　　㉡ 초기 성인기에 시작하며 다음 중 5가지 이상의 증상을 보임

- 타인의 충고와 재확신 없이는 일상적 결정이 어려움
- 자신에 대해 타인이 책임지라고 요구함
- 지지와 칭찬을 잃는 것에 대한 두려움 때문에 타인과 의견이 다르다는 것을 표현하기 어려워함
- 자신의 뜻대로 뭔가를 시작하는 것을 어려워함
- 돌봄과 지지를 얻기 위해 불쾌한 일을 자원함
- 자신을 돌볼 수 없다는 확대된 두려움 때문에 혼자 있을 때 심리적 불편함과 절망감을 느낌
- 친밀한 관계가 끝나면 빨리 다른 관계를 찾음
- 자신의 일을 알아서 하도록 하는 것이 두려움

② 원인

　　㉠ 정신분석적 입장

- 부모의 과잉보호로 구순기에 고착되어 구강기 성격인 의존성을 보임
- 혼자됨에 대한 불안, 비관주의, 수동성 등의 특성을 보임

　　㉡ 인지적 입장 : "나는 근본적으로 무력하고 부적절한 사람이다. 나는 혼자서는 세상에 대처할 수 없으며 의존할 사람이 필요하다."라는 기본적 신념을 가지고 있음

③ 치료

　　㉠ 개인 심리치료를 통해 환자가 결정을 내리거나 자기주장을 할 때 생기는 불안을 견디도록 지지

　　㉡ 특히 독립보다는 자율적인 삶을 살 수 있도록 지지

(3) 강박성 성격 장애

① 개념 : 지나치게 완벽주의적이고 세부적인 사항에 집착하며 과도한 성취지향성과 인색함을 특징적으로 나타내는 성격 장애를 말한다.

② 주요 증상과 임상적 특징 : 초기 성인기에 시작하며 다음 중 4가지 이상의 증상을 보인다.

 ㉠ 세부, 규칙, 목록, 순서, 스케줄에 집착함

 ㉡ 일의 완수를 방해할 정도의 완벽함을 보임

 ㉢ 일이나 생산적인 것에 지나치게 충실함

 ㉣ 과도하게 양심적이고 꼼꼼하며, 융통성이 없음

 ㉤ 낡고 가치 없는 물건을 버리지 못함

 ㉥ 자신의 의사와 일의 절차에 완벽히 따르고 복종하지 않는 한 타인에게 일을 위임하거나 함께하지 않음

 ㉦ 돈을 쓰는 데 인색하고 돈은 미래의 재난에 대비해서 저축해 두어야 하는 것으로 생각함

 ㉧ 경직되고 고집이 셈

③ 원인

 ㉠ 정신분석적 입장

  • 항문기 성격(anal character)으로, 오이디푸스 시기의 거세 불안으로 인해 항문기의 안정된 상태로 퇴행한 것

  • 항문기의 성격 : 규칙성, 완고성, 인색함, 정서적 억제, 자기회의, 강한 도덕의식 등

 ㉡ 인지적 오류 : "나는 나 자신과 주변 환경을 완벽히 통제해야 한다, 실수는 곧 실패이다."와 같은 신념

④ 치료

 ㉠ 정신분석을 포함하여 역동적 정신치료가 선호됨

 ㉡ 정신분석이 방어 구조의 현저한 변화를 가져올 수도 있음

 ㉢ 인지치료는 강박적 몰두를 차단하고 확고한 인지적 스키마를 확인할 수 있음

 ㉣ 강박증이 동반될 경우에는 항강박증 약물이 도움이 됨

| + 이해더하기 |

강박성 성격 장애와 강박 장애 및 불안 장애와의 차이
- 강박 장애와 차이 : 비합리적인 행동을 하지는 않음
- 불안 장애와 차이 : 불안 장애는 자신의 행동을 부적응적이라 생각하고 괴로워하지만, 강박성 성격 장애의 경우는 그러한 행동이 스스로의 통제하에 있다고 생각함

정신분열 스펙트럼 및 기타 정신증적 장애

1. 정신분열증(조현병)

(1) 개요

현실에 대한 왜곡된 지각, 비정상적인 정서체험, 사고·동기·행동의 총체적인 손상과 괴리 등을 수반하는 정신장애를 일컫는 말이다. 정신(마음)이 분열되어(갈라져) 있다고 보며 존재하는 것과 존재하지 않는 것에 대한 구분이 없다.

(2) 주요 증상 및 진단 기준

① 주요 증상 : 다음 증상 가운데 2개(또는 그 이상)가 있어야 하며, 1개월 중 상당 기간 존재해야 한다 (단, 성공적으로 치료된 경우에는 짧을 수 있다).
   ㉠ 망상
   ㉡ 환각
   ㉢ 와해된 언어 **예** 언어표현의 빈번한 탈선 또는 지리멸렬
   ㉣ 심하게 와해된 행동이나 긴장증적 행동(극단적으로 와해된 모습이며 전혀 움직이지 않거나 침묵하거나, 정반대로 극도로 와해되어 흥분하는 행동)
   ㉤ 음성 증상, 즉 정서적 둔마, 무언어증 또는 무욕증
② 진단 기준 : 징후가 적어도 6개월 이상 지속되어야 한다.

(3) 양성 증상과 음성 증상

① 양성 증상(positive symptom)
   ㉠ 정상인에게는 없는 증상이 나타나는 것으로 망상, 환각, 와해된 언어나 행동을 보임
   ㉡ 스트레스에 대한 반응으로 급격하게 발생하며 뇌의 과도한 도파민 수준에 의해 발생
② 음성 증상(negative symptom)
   ㉠ 있어야 할 적응적 기능이 결여된 상태로 정서적 둔마, 언어의 빈곤, 의욕 저하가 나타남
   ㉡ 외부 사건과 무관하게 서서히 악화되며, 이는 뇌의 구조적 변화나 유전적 원인과 관련 있음
   ㉢ 항정신성 약물에 잘 반응하지 않으며 만성적으로 지적 기능과 사회적 기능이 저하됨

(4) 정신분열증(조현병)의 하위 유형

① 고전적 분류
   ㉠ 크레플린(Kreapelin) : 파괴형(hebephrenic), 긴장형
   ㉡ 블로이어(Blueler) : 단순형(simple), 파괴형(hebephrenic), 긴장형, 망상형
② DSM−Ⅳ의 분류
   ㉠ 망상형 : 하나 이상의 분명한 망상과 빈번한 환청을 경험 **예** 피해망상, 과대망상, 질투망상, 종교망상, 신체망상 등

ⓒ 해체형
　　　　• 와해된 언어, 쇠퇴된 행동, 정서적 둔마, 부적절한 감정 반응 등과 같은 음성 증상, 인지적 결함
　　　　　과 부적절한 행동을 나타냄
　　　　• 망상이나 환각이 있더라도 단편적이며 체계화되어 있지 않음
　　　ⓒ 긴장형
　　　　• 긴장된 자세로 오랜 시간 움직이지 않는 강직증이나 부동증을 주된 증상으로 보임
　　　　• 흔히 부적절하고 괴상한 자세를 취함
　　　ⓔ 감별불능형 : 혼합형으로 특정 형태가 아닌 여러 가지 유형이 섞여 있는 경우
　　　ⓜ 잔류형
　　　　• 증상이 완화된 상태로 지속되고 있는 상태
　　　　• 장애의 활성기와 회복기 사이의 과도기적 단계
　　　　• 현저한 양성 증상이 없고 음성 증상이나 2개 이상의 약화된 양성 증상을 보임
　③ DSM - 5 : 정신분열증(조현병)의 하위 유형이 없어졌다.

(5) 정신분열증(조현병)의 원인

　① 유전적 요인 : 유전적 요인이 크며, 전체적인 일치성은 일란성 쌍둥이가 28%, 이란성 쌍둥이가 6%임
　② 가족변인
　　　㉠ 정신분열증(조현병) 내담자의 아동기 가족 연구를 통해 가족변인이 발병에 영향을 미친다는 연구
　　　　가 축적됨
　　　㉡ 부모의 양육 스타일 : 지나치게 비판적이거나 무관심한 아버지일 때 효과는 더욱 심화됨

> **Ⅰ+ 이해더하기Ⅰ**
>
> **이중구속이론(double bind theory)**
> 부모의 상반된 의사소통의 문제가 정신분열증(조현병)의 유발에 영향을 주는데, 상반된 의사소통이란 동일한
> 사안에 대해 부모가 서로 상반된 지시나 설명을 하는 경우를 의미한다. 정신분열증(조현병) 가계에서 흔히 나
> 타나는 의사소통의 문제는 애매하고 불명확한 생각을 전달하는 불분명한 소통 방식과 명료하지만 단편적이
> 고 논리적인 연결이 부족한 비논리적 소통 방식이 있다.

　③ 신경학적 요인
　　　㉠ CT나 MRI 등 컴퓨터를 이용한 현대 기술의 발전으로 정신분열증(조현병)의 발병에 이르는 발달
　　　　적 손상과 그 손상의 효과를 설명함
　　　㉡ 태아기나 주산기 때 비롯된 뇌손상으로서, 유년기 초기에 탐지가 가능하지만 제대로 정의 내려지
　　　　지 않은 신경학적 증후들이 존재함
　④ 생물학적 요인
　　　㉠ 도파민 가설 : 정신분열증(조현병)은 도파민성 시냅스 과다 활동으로 인해 야기됨
　　　㉡ GABA - 도파민 상호작용 : GABA는 흑질 도파민 뉴런과 상호작용하여 이 뉴런의 전기적 활성을
　　　　억제함
　　　㉢ 비정형적 항정신병 약물의 출현 : 세로토닌에 반응하는 기제 5 - HT2 수용체의 차단 효과가 높은
　　　　리스페리돈(risperidone)이 효과적인 약물치료제로 쓰임

⑤ 심리적 요인

　　㉠ 인지적 입장 : 주의력, 작업 기억, 전두엽 등의 인지기능 이상이 원인

　　㉡ 정신분석적 입장

　　　• 통합된 자아가 발달하기 이전, 즉 오이디푸스 이전(pre-oedipal)의 심리적 갈등과 결핍이 원인

　　　• 신경증보다 더 원시적인 방어기제, 투사, 부정을 사용하며 자아경계(ego boundary)가 붕괴되어 외부 현실과 내적 심리적 현실을 구분하지 못하는 환각, 망상 등의 증상이 출현함

　　㉢ 취약성-스트레스 모델 : 유전적 취약성을 지닌 사람이 다양한 스트레스를 만났을 때 증상이 발병함

⑥ 사회문화적 관점

　　㉠ 다문화적 요소, 인종과 민족에 따라 다양함

　　㉡ 사회적 유발설 : 낮은 경제적 수준, 낮은 교육 수준 등 경제적으로 하위층에서 발생률이 높음

　　㉢ 사회적 선택설 : 증상으로 인해 사회 하류 계층으로 옮겨감

(6) 정신분열증(조현병)의 치료

① 생물학적 치료

　　㉠ 전두엽 절제술 : 환자 두뇌의 하부 중추들과 전두엽을 연결하는 통로를 파괴

　　㉡ 인슐린 요법(insulin-coma therapy) : 인슐린을 다량 투여해 혼수상태(coma)를 유도

　　㉢ 전기충격요법(ETC) : 30년 전에 널리 쓰였으나, 1950년대에 항정신성 약물들이 개발되면서 이 치료법은 잘 사용되지 않음

② 약물치료

　　㉠ 항정신병 약물(clozapine) : 대부분의 약물이 도파민 억제제로, 이는 추체외로 부작용(extrapyramidal side effect)을 보임

　　㉡ 한계점 : 약물치료는 단지 증상을 경감하는 작용만 함

③ 환경치료

　　㉠ 병원 또는 보호소의 심리사회적 맥락 및 환경이 치료적으로 중요함

　　㉡ 1950년대 약물의 발전과 더불어 환경치료가 등장

　　㉢ 설리번(Sullivan)

　　　• 정신분열증(조현병) 환자에게 심리치료를 적용하는 데 선구적인 역할

　　　• 현재 문제에 대한 과거의 영향을 통찰하도록 요구하고 대인관계를 탐색함

④ 행동치료

　　㉠ 사회성 기술 결여와 같은 음성 증상에 효과적이며 사회 적응을 향상시키는 것이 목적

　　㉡ 행동의 선택적 강화, 토큰경제, 환경치료는 전통적인 보호치료보다 사회 적응 및 정신증적 행동 감소에 효과적이며, 정신병원에서 퇴원한 환자들의 지역사회 생활 적응을 도움

⑤ 가족치료

　　㉠ 표현된 정서를 감소시키고, 환자의 가정생활을 안정시키는 데에 초점을 둠

　　㉡ 표현된 정서(EE : Expressed Emotion) : 적대감 표현, 비판, 참견, 과잉보호가 특징적이며, 정신분열증(조현병) 가족은 분노 감정을 과도하게 표현하는 특징이 있음

- EE 수준이 높은 가정 : 재발률 증가
- EE 수준이 낮은 가정 : 재발률 감소, 사회 적응에 도움
ⓒ 가족들에게 정신분열증(조현병)에 대해 교육하는 것은 환자에 대한 기대를 낮추고 환자에 대한 비판, 적대감을 줄임으로써 정서적 긴장을 낮춤
ⓓ 의사소통 방식 교육 ; 긍정적 감정과 부정적 감정을 표현하는 방법을 교육
ⓔ 효과적인 문제해결 방식과 갈등 대처 방식을 교육

2. 기타 정신증적 장애

(1) 정신분열형 장애(schizophreniform disorder)

정신분열증(조현병)과 증상이 같지만 증상 지속 기간이 1개월 이상 6개월 이하인 경우를 말한다.

(2) 단기 정신증적 장애(brief psychotic disorder)

정신분열증(조현병)과 유사하지만 증상 지속 기간이 한 달 이내로 짧게 나타나며 병전 상태로 회복되는 경우로 심한 스트레스에 의해 발병한다.

(3) 분열정동장애(schizoaffective disorder)

정신분열증(조현병) 증상과 주요 우울증, 조증, 혼재성 삽화의 증상이 혼재되어 있고 현저한 주요 우울증, 조증, 혼재성 삽화의 증상이 없는 상태에서 망상이나 환각이 적어도 2주 동안 지속된다.

① 양극형 : 조증 삽화 또는 혼재성 삽화가 나타나는 경우에 해당된다. 주요 우울증 삽화가 나타날 수 있다.

② 우울형 : 주요 우울증 삽화만 나타나는 경우에 해당된다.

(4) 망상장애

① 최소한 1개월 이상 명백한 망상을 나타내지만 정신분열증(조현병) 증상 기준에는 해당되지 않는 경우이다.

② 망상 내용이 덜 비현실적이고(⑩ 미행당한다거나, 누가 독을 먹인다거나, 타인이 자신을 사랑한다거나, 배우자나 연인이 부정하다고 하거나, 질병을 가지고 있다는 등) 현실에서 일어날 수 있는 상황과 관련된다.

③ 애정형, 과대형, 질투형, 피해형, 신체형, 혼재형, 불특정형이 있다.

성도착 장애, 성불편증, 성기능 장애

1. 성도착 장애

(1) 개념

① 성도착증은 성적으로 빈번하고 강렬한 자극적 상상이나 행동을 말한다.

② 무생물, 아동 또는 동의하지 않은 성인, 혹은 자신이나 파트너가 고통이나 수치감을 느끼도록 하는 것이 포함된다.

③ 성도착 장애는 성도착증이 있는 당사자에게 괴로움을 주거나 문제를 유발할 수 있으며, 때로는 타인에게 해가 될 수 있다.

(2) 유형

① 인간이 아닌 존재를 성적 대상으로 삼는 경우 ⓐ 동물애, 물품 음란증
  ㉠ 여성 물건애
    • 무생물체에 의해서 성적으로 흥분되는 것
    • 이성과의 관계에서 성적으로 흥분되기보다 여성의 물건에 과도한 애착으로 문제가 됨
    • 남자에게만 나타남
  ㉡ 의상도착증
    • 남자가 성적인 흥분과 쾌감을 경험하기 위해 상습적으로 여자의 옷을 입는 것
    • 이성을 사랑의 대상으로 보며 이성과의 관계 및 사회적 관계가 비교적 원만함
  ㉢ 수간 : 성적인 흥분을 위한 대상으로 인간이 아닌 동물을 선택하는 것

② 소아를 위시하여 동의하지 않는 사람을 대상으로 성행위를 하는 경우 ⓐ 강간, 소아기호증

③ 자신이나 상대방이 고통이나 굴욕감을 느끼게 하는 성행위 방식을 나타내는 경우
  ㉠ 가학증 : 성행위 과정에서 상대방에게 정신적·신체적으로 굴욕감을 주거나 고통을 줌으로써 성적 쾌감을 얻는 것
  ㉡ 피학증
    • 상대방에게서 정신적 및 육체적인 고통을 받음으로써 성적인 흥분과 쾌감을 경험
    • 상대방의 공격에 의도적으로 복종하고 상해를 입거나 학대받고 굴욕당함으로써 성적 쾌감을 경험
  ㉢ 노출증 : 성적인 흥분을 경험하기 위해 낯선 사람에게 자신의 성기를 노출하는 행위 등을 하는 것
  ㉣ 관음증 : 여자들이 벗고 있는 모습이나 성행위하는 모습을 들여다보는 데 강박적으로 집착하는 것

④ 6개월 이상 지속되고 이러한 문제로 스스로 심각한 고통을 받거나 현저한 사회적·직업적 부적응을 나타낼 때 진단이 내려지며 대부분은 법적 구속의 대상이 될 수 있음

(3) 원인

① 정신분석적 입장
  ㉠ 유아기적인 성적 발달 단계에 고착되어 성인기까지 지속되는 것
  ㉡ 특히 오이디푸스 콤플렉스가 잘 해소되지 않은 사람들이 지니고 있는 아버지에 대한 거세 불안이 성도착 장애의 형태로 나타날 수 있다고 주장함

        © 노출증
- 자신의 성기를 처음 보는 여성이나 소녀에게 노출시킴으로써 자신이 거세되지 않는다는 사실을 확인하려는 무의식적 동기를 지님
- 자신의 노출 행동을 보고 여성이 충격을 받으면 거세 불안을 극복하고 이성을 정복했다는 느낌을 가진다는 것
        © 관음증 : 소아기에 부모의 성교 장면을 충격적으로 받아들이면서 자신이 목격하고 있다는 사실을 부모가 알지 못하도록 몰래 지켜보거나 엿듣게 될 수 있음
        © 성적 가학증 : 어린 시절 경험한 외상을 극복하려는 무의식적 욕구가 반영된 것
    ② 행동주의 입장 : 고전적 조건형성 과정을 통해 성도착 장애가 발생 ⑩ 흰색 양말을 신은 여성을 보면 성적으로 흥분하는 환자의 경우 흰색 양말과 성적 흥분이 조건형성된 것

(4) 치료

    ① 정신분석
        ③ 어린 시절에 경험한 충격 경험(충격적인 성적 경험)을 회상해 내고 거세 불안을 위시한 심리적 갈등이 성도착적 문제로 나타남을 깨닫도록 유도하는 것이 중요
        © 치료 과정에서 치료자는 자신의 성도착적 충동이 의식화되는 것에 대한 불안과 혐오감을 경험할 수 있고 이러한 불쾌 감정으로 인해 성도착 장애 환자를 처벌하려는 태도가 나타나기 쉬우므로 주의가 필요함
    ② 행동주의 : 혐오적 조건형성을 통해서 잘못된 조건형성을 제거할 수 있다고 봄 ⑩ 구두에 대한 성적 매력을 느끼는 물품 음란증 환자에게 구두를 볼 때마다 전기쇼크를 가하면 구두에 대한 매력이 제거될 수 있다고 봄

2. 성불편증

(1) 진단 및 특징

    ① 선천적으로 주어진 생물학적 성과 성역할에 대해서 심리적 불편감을 느끼는 경우를 말한다. 성 전환증이라고 불리기도 한다.
    ② 자신에게 주어진 생물학적 성과 성역할에 대해서 불편을 느끼며, 반대의 성에 대한 강한 동일시를 나타내거나 반대의 성이 되고자 하는 강렬한 욕구를 지닌다.
    ③ 강하고 지속적인 반대 성과의 성적 동일시 : 소아의 경우 다음의 사항 중 4가지 이상의 양상이 드러난다.
        ③ 반복적으로 반대 성이 되기를 소망
        © 소년은 옷 바꿔 입기 또는 여성 복장 흉내 내기를 좋아하고, 소녀는 오로지 인습적인 남성 복장만을 고집함
        © 놀이에서 강력하고 지속적인 반대 성 역할에 대한 선호 또는 반대 성이라고 믿는 지속적인 환상을 지님
        ② 반대 성의 인습적인 놀이와 오락에 참여하기를 간절히 원함
        ⑩ 반대 성의 놀이친구에 대한 강한 편애를 지님

④ 자신의 성에 대한 지속적인 불쾌감, 또는 자신의 성 역할에 대한 부적절한 느낌을 받는다.
　　㉠ 소아의 경우
　　　　• 소년은 자신의 음경 또는 고환을 혐오하거나 난폭하고 거친 놀이를 싫어함
　　　　• 소녀의 경우 앉은 자세에서 소변 보기를 거부하고, 유방이 커지는 것과 월경을 원하지 않으며 음경이 생길 것이라고 주장하고, 여성 복장에 대한 강한 혐오를 나타냄
　　㉡ 청소년과 성인의 경우 : 제1차 성징과 제2차 성징을 없애려는 집착 **예** 반대 성을 자극할 목적으로, 신체적으로 성적 특징을 변화시키고자 호르몬, 외과적 수술, 혹은 기타의 치료법을 요구하거나 또는 잘못된 성으로 태어났다고 믿는 등의 증상이 나타남

(2) 원인과 치료

① 원인
　　㉠ 선천적 요인
　　　　• 선천적 요인을 원인으로 보는 이들은 유전자 이상이 성불편증을 유발할 수 있다고 봄
　　　　• 태아의 유전적 결함이나 어머니의 약물복용 등으로 인해 태내기의 호르몬이 이상이 생겨 신체적 특성과 심리적 특성에 괴리가 나타난다는 것
　　㉡ 후천적 요인 : 후천적인 경험이나 학습에 의해서 유발된다는 주장이 있음
　　㉢ 정신분석적 입장
　　　　• 성불편증을 성장 과정 중 오이디푸스 갈등이 중요시되는 남근기에 고착된 현상으로 설명함
　　　　• 이성의 부모를 과도하게 동일시하게 되면 이후에 성불편증이 발생한다고 주장함

┌─ **Ⅰ+ 이해더하기 Ⅰ** ─────────────────────────────────
• 남성 성불편증 환자 : 아버지가 없거나 무기력한 반면, 어머니는 지배적이고 속박적인 경향이 있다.
• 여성 성불편증 환자 : 어머니가 우울증적 경향이 있고, 아버지는 냉담하고 무관심한 경향이 있어서 딸이 아버지를 대신해서 지지적이고 남성적인 역할을 해야 하며, 이때 남성적인 행동은 아버지에 의해 지지되고 여성성은 무시된다.
└──

　　㉣ 행동주의 입장
　　　　• 반대 성의 행동이 나타나게 되는 과정을 학습원리에 의해 설명
　　　　• 성에 대해 혼란이 생기기 쉬운 경우 : 동성의 부모가 소극적이거나 존재하지 않는 반면, 반대 성의 부모가 지배적이어서 아동이 반대 성의 부모를 모델로 삼아 사회적 행동을 습득
　　　　• 아동이 반대 성의 행동을 모방하기 시작할 때 부모가 관심과 흥미를 가지고 귀여워하는 등의 보상을 주게 되면 이런 행동이 더욱 강화될 수 있음
② 치료
　　㉠ 성전환 수술 : 새로운 성으로 2년 정도 살아보고 난 후에 여전히 성전환 수술을 원하면 수술하는 경우가 많음(심리적 충격 완화 차원)
　　㉡ 여자이지만 남자로 성전환을 요구하는 경우 더 복잡한 시술이 요구되고 여러 번의 수술이 필요

3. 성기능 장애

(1) 개요
성행위와 관련하여 나타나는 성반응 주기의 장애 또는 성교 통증 등을 의미한다.

(2) 성적 욕구 장애
① 성욕 감퇴 장애
- ㉠ 성적인 공상을 하지 않거나, 성적 욕망이 부족하거나 전혀 없는 경우
- ㉡ 성적인 자극을 추구하는 동기가 거의 없고, 성적인 표현을 하지 못하는 것에 대해서도 좌절감을 느끼는 정도가 약함
- ㉢ 성행위를 주도하지 못하고 단지 상대방에 의해서 성행위가 요구될 때 마지못해 응함
- ㉣ 적절한 상황에서의 성적인 욕구가 일어나지 않으며, 정신적 고통, 대인관계의 어려움을 호소함
- ㉤ 원인 : 종교적 신념, 마음에 없는 사람과의 성교 시도, 성적 학대의 경험 등
- ㉥ 일반 성인 인구의 약 20%가 경험하며 점점 증가하는 추세
- ㉦ 과거에는 여자에게 더 흔했으나 최근에는 남자의 비율이 약 60%를 차지함
- ㉧ 성적 욕구의 감퇴는 일시적으로 나타나기도 하지만 지속될 경우 심각한 문제가 되고, 대부분 심리적인 원인에 의한 것
- ㉨ 성욕 감퇴가 우울증의 결과로 나타나기도 하고 성욕 감퇴로 인해 우울증이 나타날 수도 있음

② 성적 혐오 장애
- ㉠ 지속적이고 반복적으로 이성과의 성기 접촉을 혐오하고 적극적으로 회피하는 것
- ㉡ 혐오스런 성적 자극을 받게 되면 약한 불쾌감에서 심한 공포에 이르는 다양한 수준을 경험
- ㉢ 성 공포증 : 성적 자극을 받아 '공황발작(panic attack)'을 보이는 수준의 공포를 경험할 경우
- ㉣ 특징 : 성행위에 직면하여 불안, 두려움, 혐오감을 나타내며, 대인관계에 어려움이 있음
- ㉤ 원인 : 심한 성적 학대나 폭력을 당한 경우가 많음

> **| + 이해더하기 |**
>
> **프로이트의 성적 혐오 장애**
> 프로이트(Freud)는 남성의 경우 성에 대한 혐오감은 오이디푸스 갈등에 의한 것으로 본다. 심한 거세 불안을 지닌 남아는 여성의 성기에 이빨이 있다는 상상을 하고, 성행위를 하게 되면 자신의 성기가 잘릴 수 있다는 두려움을 지니게 되는데, 이러한 거세 불안이 성행위의 공포감을 유발한다. 또한 여성의 경우 '통제감 상실에 대한 두려움'과 연관이 있다. 봉건적이고 청교도적인 가정 분위기에서 양육된 여성은 자신의 행동과 욕구를 잘 통제해야 하며, 그렇지 못하면 매우 천박한 사람이라는 극단적인 신념을 지니게 된다.

(3) 성흥분 장애
여성 성적 흥분 장애(불감증), 남성 발기 장애 등이 있다.

(4) 절정감 장애
여성 절정감 장애, 남성 지루증, 조루증 등이 있다.

(5) 성교 통증 장애

① 성교통 : 성관계 시 반복적 · 지속적으로 나타나는 통증을 말한다.

② 질경련 : 질 주변의 근육(질외측 1/3 부분)이 자신의 의지와는 관계없이 경련이 일어나 질 입구가 닫혀 성관계가 불가능하게 만드는 것이다.

③ 성교통은 신체적 질환에 의한 기질적 원인이 많은 반면, 질경련은 부정적 태도나 성폭행의 경험 등 심리적 원인이 많고 고학력의 신경질적인 여성에게 더 잘 발생한다고 알려져 있다.

TOPIC. 7 ▶ 아동 및 청소년기 장애

1. 개요

(1) 아동 및 청소년기 장애

① DSM – 5에서는 성인기 이전, 즉 18세 이전에 흔히 나타나는 정신장애를 말한다.

② "유아기, 아동기, 청소년기에 흔히 처음으로 진단되는 장애" → 아동 · 청소년기 장애

③ DSM – 5에서는 18세 기준으로 청소년기와 성인기를 구분 : 18세경에는 육체적 성장과 심리적 성숙이 이루어져 비교적 안정된 심리적 특성을 지니게 된다는 일반적인 견해에 근거한다.

※ 성인도 아동 · 청소년기 장애로 진단될 수 있고, 아동과 청소년도 성인기 장애의 진단을 받을 수 있다.

(2) 아동 · 청소년기 장애의 하위 유형

정신지체, 전반적 발달장애, 주의력 결핍 및 파괴적 행동장애, 학습장애, 의사소통장애, 틱장애, 배설장애, 급식 및 식이장애, 운동기술장애, 기타의 아동 · 청소년기 장애 등이 있다.

2. 정신지체

(1) 개요

지적 기능과 적응행동의 어려움이 함께 존재하여 교육적 성취와 일상생활에서 제한이 따르는 발달장애를 가리킨다.

(2) 진단 기준과 임상적 특징

① 정신지체(mental retardation) : 지능이 비정상적으로 낮아서 학습 및 사회적 적응에 어려움을 나타내는 경우로서 의사소통, 학업 적응, 대인관계, 직업적 기술 습득 등의 일상적인 생활 적응에 심한 장애가 뒤따르며 개인의 사회적인 책임을 수행하는 데 어려움을 겪는 경우가 대부분이다.

② IQ 수준에 따라서 4가지 등급으로 구분한다.

　㉠ 70 미만 50~55 : 경미한 정신지체(약 85%, 초등학교 6학년 수준의 지적 수준)

　㉡ 50~55에서 35~40 : 중간 정도의 정신지체(약 10%, 초등학교 2학년의 지적 수준)

　㉢ 35~40에서 20~25 : 심한 정신지체(약 3~4%, 매우 초보적인 언어 습득)

　㉣ 20~25 이하 : 매우 심한 정신지체(약 1%, 대부분 신경학적 결함, 현저한 발달지체와 열등한 신체적 조건으로 유아기나 아동기 초기에 판별 가능, 지적 학습 거의 불가능)

③ 정신지체의 유병률

ⓖ 일반 인구의 약 1%

ⓛ 남자＞여자

ⓒ 정신지체는 지속되는 경향이 있으나 반드시 평생 동안 지속되는 것은 아니며 신체적 요인과 환경적 요인에 의해 영향을 받음

(3) 원인과 치료

① 원인 : 정신지체를 유발하는 원인은 매우 다양하다.

ⓖ 유전자 이상 : 약 5% 예 다운증후군, Fragile X 증후군, Klinefelter 증후군(XXY), Toner 증후군(XO)

ⓛ 임신 중 태내 환경의 이상 : 약 30% 예 알코올, 아스피린, 인슐린, 코카인, 니코틴, 매독, 인플루엔자, 외막염 등

ⓒ 임신 및 출산 과정의 이상 : 약 10% 예 적절한 영양분 공급의 부족, 물리적 외상, 조산이나 난산, 출산 시 무산소증

ⓔ 후천성 아동기 질환 : 약 5% 예 감염질환, 뇌손상을 유발하는 각종 사고, 독성 물질 섭취

ⓜ 열악한 환경적 요인 : 약 15~20%. 사회적 지위가 낮고 빈곤한 가정, 지능 발달을 위한 풍부한 지적 자극을 제공받지 못하는 경우

ⓗ 나머지 30% 정도의 정신지체는 그 원인이 밝혀지지 않은 상태

② 치료

ⓖ 치료는 그 목표와 방법이 정신지체의 수준에 따라 달라짐

ⓛ 치료의 목표 : 일상생활에 필요한 다양한 적응 기술을 학습시키고 유지되도록 하는 것

ⓒ 여러 가지 신체적 이상에 기인할 수 있으므로 신경학적 평가와 더불어 지능을 비롯한 심리평가를 받은 후에 적절한 교육 및 재활프로그램을 적용하는 것이 바람직함

ⓔ 가능한 한 조기 발견과 집중적인 교육(인지학습치료 등)이 이루어지도록 하는 것이 중요

3. 전반적 발달 장애(pervasive developmental disorders)

(1) 전반적 발달 장애

① 비정상 또는 지체된 의사소통, 반복적 · 정형화된 행동, 비전형적인 사회적 관계 등이 장애 진단의 준거를 충족시키는 발달과 관련된 장애이다.

② 언어발달, 대인관계, 일상적 행동을 비롯한 적응기능 전반에서 현저한 발달 지연과 결함이 나타나는 장애이다.

③ 정신지체와는 달리 특이하고 부적절한 행동을 나타낼 뿐만 아니라 특수한 기능에서는 남다른 재능을 보이기도 한다.

(2) 자폐증(대표적인 유형)

① 심각한 부적응을 나타내는 대표적인 전반적 발달 장애이다.

② 주요 증상과 임상적 특징

 ㉠ 사회적 상호작용이 심각히 곤란해짐으로써 대인관계에 필요한 행동이 매우 부적절하여 부모나 친구와 친밀한 관계를 형성하지 못함(대인관계 형성의 어려움)

 ㉡ 의사소통에도 심각한 어려움이 나타나며, 적절한 언어발달이 이루어지지 못하거나 괴상한 단어 혹은 언어 행동을 나타냄

 ㉢ 특정한 양상 또는 기이한 행동을 반복하게 되며 특정한 대상이나 일에 비정상적으로 고집스럽게 집착하는 행동을 나타냄

 ㉣ 자폐증 아동의 약 75%는 정신지체 수준의 적응을 나타내며 중간 정도(IQ 35~50)의 정신지체를 나타냄

 ㉤ 자폐증 아동 중에는 자신의 관심을 갖는 영역에서 놀라운 기억력이나 우수한 지적 능력을 나타내는 경우가 있음

 ㉥ 문화와 상관없이 상당히 일정한 빈도로 나타남(여자 아동 < 남자 아동, 흔히 3세 이전에 나타남)

③ 원인과 치료

 ㉠ 원인

  • 유전적 요인 : 쌍둥이 연구, 형제 자매 연구

  • 생물학적 요인 : 뇌의 신경학적 손상, 작은 소뇌, 정상인보다 높은 Serotonin 수준

  • 환경적 요인

   – 부모의 성격이나 양육방식에 의해서 유발

   – 자폐아의 부모 대부분이 차갑고 무심하며 소심하고 내성적, 또한 친밀한 대인관계를 맺지 않으며 매우 높은 교육 수준을 가진 사람들이라는 특성을 나타냄

  • 심리적 요인 : 단절형 자폐증, 융합형 자폐증

 ㉡ 자폐아의 치료

  • 부모와 가족의 역할이 매우 중요하며 부모의 교육이 전문가의 치료보다 더 효과적

  • 이 밖에도 놀이치료를 통해 언어적 기술과 상상적 활동을 증진시키는 것이 필요함

(3) 소아기 붕괴성 장애

출생 후 2년 동안은 정상적인 발달이 이루어지다가 10세 이전에 언어기능과 사회적 행동이 상실되고 대소변 조절의 어려움이 있으며 놀이나 운동기술이 현저하게 감소하는 등 자폐증과 매우 유사한 증상을 보이다. 이 장애는 매우 드물며 남자 아동에게 더 흔하다. 일단 발병하면 평생 지속되는 경우가 대부분이고 장애의 원인은 알려진 바 없다.

(4) 아스퍼거 장애

사회적 상호작용에 심한 곤란이 나타나고 이상한 행동을 반복적으로 나타내는 등 자폐증과 매우 유사한 증상을 나타내지만 언어적 발달만은 정상인 경우이다. 이 장애는 매우 희귀하며 남자 아동에게 더 흔하다. 발병 시기도 늦어서 장애가 인식되는 시기도 늦다. 발병하면 평생 사회적 상호작용과 정서적 교류에 심각한 곤란을 지속적으로 나타내는 경향이 있다.

(5) 레트 장애

생후 5개월까지 정상적인 발달이 이루어지다가 만 4세 이전, 특히 만 1~2세에 머리 크기의 성장이 저하되고 기이한 손 움직임이 나타나며 사회적 교류에 어려움을 나타낸다. 자폐증보다 더 드물며 여성에게만 발병한다고 보고되어 있다.

4. 주의력 결핍 및 파괴적 행동 장애(ADHD ; Attention Deficit and disruptive Behavior Disorders)

(1) 개요

① 아동과 청소년에게 나타나는 주의집중력의 문제, 과잉행동의 문제, 파괴적이고 공격적인 비행의 문제를 말한다.

② 육아 방법보다는 유전적인 경향과 더 연관된 것으로 보인다. 가족력이 있으며 몇몇 유전자가 이 질환의 발병과 관련 있을 것으로 여겨진다.

(2) 주의력 결핍 및 과잉행동 장애

① 중요 증상과 임상적 특징

  ㉠ 매우 산만하고 부주의한 행동을 나타낼 뿐만 아니라 자신의 행동을 적절히 통제하지 못하며 충동적인 과잉행동을 나타냄

  ㉡ 일반적으로 어린 아동에게 나타나고 점차 성장하면서 줄어들게 되나, 나이가 들어감에도 부적절하게 이러한 부적응적 행동 특성을 나타내는 경우 ADHD로 진단될 수 있음

  ㉢ 학습장애, 의사소통장애, 운동조정장애를 동반하는 경우가 많음

  ㉣ 크고 작은 말썽과 사고를 자주 일으키기 때문에 꾸중과 처벌을 받기 쉬우므로 부정적 자아개념을 형성하고 정서적으로 불안정하며 공격적이고 반항적인 행동을 나타내는 경향이 있음

  ㉤ ADHD를 지닌 아동의 40~50%는 이후 품행장애로 진단됨

  ㉥ 청소년기에 호전되는 경향이 있으나 성인기까지 지속되는 경우도 있으며, 과잉행동은 대부분 개선되지만 부주의와 충동성은 오래 지속되는 경우가 흔함

  ㉦ 미국에서는 외래 병원에 의뢰하는 아동의 50%에 해당할 만큼 흔한 아동기 장애이며 남아가 여아에 비해 8~9배 정도 높은 빈도로 나타남

② 원인과 치료

  ㉠ 원인

   • 유전적 요인 : 쌍둥이 연구(ADHD의 공병률, 일란성 51%, 이란성 33%)

   • 가족연구 : 형제자매 중 ADHD가 있는 경우 다른 형제 · 자매가 걸릴 가능성이 일반인의 2배

   • 생물학적 요인 : 출생 과정에서 미세한 뇌손상이나 출생 후의 고열, 감염, 독성물질, 대사장애, 외상 등으로 뇌손상이 일어나 유발될 수 있다는 주장

   • 심리사회적 요인

    −부모의 성격이나 양육 방식

    −취약성−스트레스 이론−아동의 과잉활동적인 기질과 부모의 잘못된 양육방식이 결합되면 ADHD가 발생

ⓛ 치료 : 약물치료보다는 심리치료(행동치료적 방법, 인지행동적 치료방법)와 부모의 교육에 의해 호전될 수 있음

(3) 품행 장애

① 주요 증상
  ㉠ 폭력적이거나 무책임한 행동을 통해 타인을 고통스럽게 하는 행위를 반복적으로 나타내는 경우
  ㉡ 청소년들이 나타내는 소위 '비행 행동'이 빈번한 경우가 이에 속함
  ㉢ 다른 사람의 기본적 권리를 해치거나 나이에 적합한 사회적 규범을 어기는 행동 양상이 지속적으로 반복됨
  ㉣ 공격적인 반사회적 행동으로 약자를 괴롭히거나 폭력을 남발하며 잔인한 행동을 보임
  ㉤ 어른에게 반항적이고 적대적이며 복종하지 않으며, 이러한 행동에 죄책감을 느끼거나 후회하지 않고 다른 사람의 탓으로 돌림
  ㉥ 처벌은 반항심과 분노를 증가시켜 문제행동을 악화시키는 경향이 있음
② 임상적 특징
  ㉠ 품행 장애는 소아기나 청소년기에서 나타나는 상당히 흔한 장애
  ㉡ 평균적으로 남자는 10~12세, 여자는 14~16세에 시작
  ㉢ 정도가 경미하고 다른 정신장애가 없으며 지능이 정상일 경우에는 예후가 좋지만, 예후가 좋지 않으면 성인기에 반사회성격장애로 발전 가능
③ 원인 및 치료
  ㉠ 원인
    • 부모의 양육 태도 : 강압적이고 폭력적인 양육 태도와 무관심하고 방임적인 양육 태도 모두 품행 장에 촉발 가능
    • 가정 환경 : 가정의 불화, 가정폭력, 아동학대, 결손가정, 부모의 정신장애나 알코올 장애, 낮은 사회 · 경제적 수준 등
  ㉡ 치료
    • 부모, 가족, 교사, 정신건강전문가의 협력적 노력, 좌절과 불만을 사회적으로 좀 더 용인되는 방법으로 표현하도록 가르치는 것, 개인심리치료 등
    • 가정 환경으로 인한 품행 장애는 다각적인 방법을 통한 치료가 필요

(4) 적대적 반항 장애

① 주요 증상
  ㉠ 어른에게 거부적이고 적대적이며 반항적인 행동을 지속적으로 나타냄
  ㉡ 화를 잘 내고 어른의 요구나 규칙을 무시함
  ㉢ 어른에게 논쟁을 통해 도전하고 고의로 타인의 기분을 상하게 하거나 귀찮게 함
  ㉣ 자신의 실수나 잘못을 타인에게 비난하고 심술을 잘 부리며 복수심이 강함

PART 01

PART 02

PART 03

PART 04

PART 05

PART 06

② 임상적 특징
  ㉠ 여러 가지 반항적 행동들이 6개월 이상 지속되어 학교나 가정에서 많은 문제가 생길 때, 품행장애의 기준에 해당되지 않으면 적대적 반항장애로 진단
  ㉡ 청소년기에는 알코올, 담배, 흡입제 등을 남용하기 쉬우며 품행장애나 기분장애로 발전
  ㉢ 어리는 대체로 반항장애, 나아는 품행장애로 진단되는 경향
③ 원인과 치료
  ㉠ 원인
    • 잘 밝혀져 있지 않으나 부모와 자녀 간의 갈등이 중요한 역할을 하는 것으로 여겨짐
    • 정신분석학적 입장 : 항문기적 문제의 관점으로 간주함
    • 행동주의적 입장 : 적대적 반항 행동이 가족 내에서 모방학습을 통해 학습되고 조작적 조건형성을 통해 강화된다는 입장
    • 성장하면서 자연적으로 사라질 수 있지만 부모나 교사와의 관계를 악화시킬 뿐 아니라 교우관계나 학업성취도를 저하시키고 품행장애나 기분장애로 발전될 수 있는 위험성을 지님
  ㉡ 치료 : 개인 심리치료, 효과적인 부모 – 자녀 의사소통과 관계개선이 이루어지도록 유도

5. 학습 장애

(1) 개요
① 나이나 지능에 비해서 실제적인 학습기능이 낮은 경우를 뜻한다.
② 학습 장애의 원인은 단일하지 않으나 유전적 요인이 가장 크게 작용하는 것으로 알려져 있으며, 특히 읽기 장애의 경우 장애와 연관된 염색체의 위치가 확인되었다.
③ 미국 공립학교 학생의 약 50%가 학습 장애를 나타낸다.

(2) 읽기 장애
① 특징
  ㉠ 글을 읽는 데에 어려움을 나타내는 경우로서, 흔히 글을 잘못 읽거나, 읽는 속도가 느리거나 글의 이해력이 부족한 증상을 나타냄
  ㉡ 단어를 바꾸거나 생략해서 읽고 유사한 낱말을 혼동하거나 추측해서 읽음
  ㉢ 문장에 없는 내용을 삽입 또는 추가하여 읽음
  ㉣ 의미 파악을 잘 하지 못하는 장애로, 난독증이라 불리기도 함
② 유병률
  ㉠ 우리나라의 경우 독해장애를 지니고 있는 아동이 영어권 아동과 비슷하게 5% 내외로 많은 편
  ㉡ 특히 우리나라의 경우 글을 정확하게 잘 읽고도 무슨 뜻인지 모르는 아동이 많음
  ㉢ 읽기 장애는 단독으로 나타나거나 또는 다른 학습 장애와 동반하여 나타나는 비율이 전체 학습 장애의 80%로서 가장 많으며, 학령기 아동의 4% 정도가 이에 속함

(3) 산술 장애

숫자의 계산능력에 결함이 있는 경우로서 특히 산수 과목에서 어려움을 나타낸다.

(4) 쓰기 장애

① 개요 : 글을 쓰는 데에 어려움을 나타내는 경우로서, 철자법을 자주 틀리거나 문법에 어긋난 문장을 사용하고 문장 구성이 빈약한 문제를 나타낸다.

② 유병률 : 쓰기 장애 유병률은 2~10%까지 다양하다.

(5) 원인과 치료

① 원인 : 학습 장애는 여러 가지 생물학적 원인이 관여된 것으로 여겨지고 있다.

   ㉠ 뇌손상 : 출생 전후의 외상이나 생화학적 또는 영양학적 요인에 의한 뇌 손상

   ㉡ 인지적 결함이 작용

   ㉢ 후천적인 환경적 요인에 의해서도 유발 가능

② 치료 : 일반적으로 학습장애에 대한 심리치료는 크게 3가지 요소로 구성된다.

   ㉠ 학습을 위한 기술을 가르침

   ㉡ 아동에게 심리적인 지지를 해 주어 자존감과 자신감을 키워줌

   ㉢ 학습 장애 아동이 가정과 학교에서 효과적으로 공부하고 자신의 생활을 관리할 수 있도록 지도함

③ 약물 치료

   ㉠ 학습 장애를 지닌 아동은 과잉행동을 나타내는 경향이 있는데, 이를 억제하기 위해 리탈린이나 덱시드린과 같은 중추신경 자극제가 사용되기도 함

   ㉡ 약물은 과잉행동을 통제하여 어떤 과제에 주의를 기울이게 하는 데에는 효과적이나, 학습 장애를 치료할 수는 없음

6. 의사소통 장애

(1) 개요

① 정상적인 지능 수준에도 불구하고 의사소통에 사용되는 말이나 언어의 사용에 결함이 있는 경우를 말한다.

② 대뇌의 발달 지연이나 손상 등이 원인으로 추정되며, 말더듬증의 경우 불안이나 스트레스를 유발하는 상황과 일부 관계가 있을 것으로 추정된다.

(2) 표현성 언어장애

① 개요 : 언어 이해에는 문제가 없으며 언어적 표현에 현저한 제한이나 결함을 나타내는 경우이다.

② 획득형 : 정상적 언어 발달이 이루어진 후에 뇌염이나 두부 외상 등의 신경학적 문제가 나타나는 경우이다.

③ 발달형 : 특별한 신체적 문제 없이 서서히 언어장애가 나타나는 경우이다.

④ 유병률

    ⊙ 3~5%로 추정

    ⓛ 남자에게 더 많이 나타남(3세경에 인식)

    ⓒ 획득형은 드물게 나타남

    ⓔ 이러한 장애를 지닌 아동의 절반은 성장하면서 언어장애가 호전되는 반면 절반은 오랫동안 지속

(3) 혼재형 수용-표현성 언어장애

① 개요 : 정상적인 기능을 지녔음에도 불구하고 언어의 표현과 더불어 이해에 현저한 어려움을 나타내는 경우를 말한다.

② 유병률 : 학령아동의 3%까지 발생한다는 보고가 있지만 표현성 언어장애보다 드물며 남성에게 더 흔하다.

③ 원인

    ⊙ 신체적 : 뇌 손상이나 감각기능(⑩ 청력장애)의 결함

    ⓛ 환경적 : 유아의 발성이나 발음에 부모가 무관심하여 발성을 늦게 시작하는 경우

④ 치료

    ⊙ 먼저 이비인후과, 소아과, 치과 등에서 감각적, 신체적 문제가 있는지를 점검

    ⓛ 정서적 문제나 부모-자녀관계를 잘 탐색하여 이를 해결해주는 것이 중요함

    ⓒ 언어치료사나 교사를 통해 체계적인 언어교육을 실시

(4) 음성학적 장애

① 정의 : 발음에 어려움을 나타내는 경우를 말한다.

② 특징

    ⊙ 나이나 교육 수준에 비해서 현저하게 부정확하거나 잘못된 발음을 사용하고 단어의 마지막 음을 발음하지 못하거나 생략하는 등의 문제를 냄

    ⓛ 혀 짧은소리를 내는 경우가 가장 흔하며, 단어를 발음할 때 한 음을 생략하거나 다른 음으로 대치하는 경우도 있음

③ 원인 : 기질적 문제에 의해 유발될 수 있다.

    ⊙ 청각장애, 발성기관의 구조적 결함(⑩ 언청이)

    ⓛ 신경학적 장애(⑩ 뇌성마비)

    ⓒ 인지적 장애(⑩ 인지적 기능 저하 - 기억력, 집중력, 판단력 등)

    ⓔ 기능적 음성학적 장애 : 취학 전 아동의 상당수가 가지고 있는 원인불명의 음성학적 장애

④ 유병률 : 6~7세 아동의 약 2~3%는 발음 문제가 나타나며, 17세경이 되면 그 비율이 0.5%로 떨어진다.

⑤ 치료

    ⊙ 수술을 통해 발성기관을 치료하거나 정서적 불안과 긴장을 이완시킬 수 있도록 하는 심리치료 방법을 이용

    ⓛ 언어치료사에 의해 올바른 발성 습관을 교육하는 방법을 이용

(5) 말 더듬기

① 정의 : 말의 유창성에 문제가 있는 경우를 말한다.

② 특징

　㉠ 말을 시작할 때 첫 음이나 음절을 반복해서 사용(**예** "나-나-나-나-난 기분이 좋다.")

　㉡ 특정한 발음을 길게 발음(**예** "나는 하~악교에 간다.")

　㉢ 말을 하는 도중에 부적절하게 머뭇거리거나 갑자기 큰 소리로 발음

③ 유병률

　㉠ 아동기에는 1% 정도이고 청소년기에는 0.8%로 감소

　㉡ 남자 아이가 여자 아이보다 3배 정도 더 높음

③ 전형적으로 2~7세에 점진적으로 발생하나, 약 60%는 16세 이전에 자연적으로 회복됨

④ 치료 : 개인이 나타내는 증상과 심리적 특성을 고려하여 시행되어야 함

7. 틱 장애

(1) 개요

① 얼굴 근육이나 신체 일부를 갑작스럽게 움직이거나 갑자기 이상한 소리를 내는 이상행동을 반복적으로 나타내는 경우를 말한다.

② 틱은 소아에서는 매우 흔한 질병으로, 전체 아동의 10~20%가 일시적인 틱을 나타낼 수 있으며 증상은 7~11세에 가장 많이 나타난다.

(2) 분류

① 운동 틱 : 눈, 머리, 어깨, 입, 손 부위를 갑자기 움직이는 특이한 동작이 반복되는 경우이다.

　㉠ 단순 운동 틱 : 하나의 근육 집단이 수축되어 발생

　㉡ 복합 운동 틱 : 여러 근육 집단의 수축과 관계됨

② 음성 틱 : 갑자기 소리를 내는 행동을 말한다.

(3) 뚜렛 장애

① 개요 : 다양한 운동 틱과 음성 틱이 1년 이상 지속적으로 나타나는 경우로, 틱 장애 중에서 가장 심각한 유형이다.

② 특징

　㉠ 운동 틱과 음성 틱이 복합적으로 나타나는데 그 심한 정도는 매우 다양함

　㉡ 뚜렛 장애를 나타내는 아동은 흔히 강박증적 사고와 행동을 동반하며, 아울러 주의가 산만하고 충동적인 경향이 있음

　㉢ 틱 증상으로 인해 사회적 상황을 피하고 우울감을 나타내기도 함

　㉣ 사회적, 학업적, 직업적 기능에 심각한 장애를 초래함

③ 유병률
　　㉠ 인구 1만 명당 약 4~5명꼴로 발생
　　㉡ 여성보다 남성에게 1.5~3배 정도 더 흔하게 발생
　　㉢ 대부분 아동기 또는 초기 청소년기에 발생하며, 운동 틱의 평균 발병 연령은 7세
④ 원인
　　㉠ 유전적 요인 : 뚜렛 환자의 가족은 뚜렛 장애, 만성 틱 장애, ADHD, 강박상애가 발병될 위험이 더 높음
　　㉡ 신경화학적 또는 신경해부학적 요인 : 도파민의 과잉활동, 기저핵의 이상
⑤ 치료
　　㉠ 약물치료 : Haloperidol, Pimozide, Clonidine 등을 사용
　　㉡ 심리치료 : 큰 효과는 없으나 행동 장애나 적응 문제가 있을 때 적용
　　㉢ 행동치료 : 습관반전법

(4) 만성 운동 또는 음성 틱장애

① 개요 : 운동 틱 또는 음성 틱 중 한 가지의 틱이 1년 이상 지속적으로 나타나는 경우이다.
② 유병률 : 6~8세 때 발병하여 대개 4~6년간 지속되다가 초기 청소년기에 사라진다.
③ 원인 : 유전적 요인(같은 가족 내에서 흔히 발생)
④ 치료
　　㉠ 심한 경우 : 약물치료(Haloperidol → 부작용이 심하므로 신중히 사용해야 함)
　　㉡ 경미한 경우 : 행동치료를 비롯한 심리치료

(5) 일과성 틱장애

① 개요 : 운동 틱이나 음성 틱이 일시적으로 나타내는 경우를 말한다. 즉 한 가지 이상의 틱이 최소한 4주 이상 거의 매일 하루에도 여러 번씩 일어나지만 1년 이상 지속되지 않는 경우이다.
② 원인
　　㉠ 신체적 원인
　　　　• 틱 장애의 가족력이 있는 경우
　　　　• 대부분 점점 악화되어 뚜렛 장애로 이행함
　　㉡ 심리적 원인 : 서서히 사라지지만 스트레스나 불안에 의해 악화될 가능성이 있음
② 치료
　　㉠ 심리치료 : 지지적 심리치료(긴장과 불안을 이완해 줌), 가족치료 등
　　㉡ 행동치료 : 증상의 제거에 효과적

8. 배설 장애(elimination disorder)

(1) 개요

① 대부분의 아동은 4~5세가 되면 대소변을 스스로 가릴 수 있으나, 충분한 나이가 되었음에도 불구하고 이를 가리지 못하고 옷이나 적절치 못한 장소에서 배설하는 경우 배설 장애라 한다.

② 유뇨증과 유분증으로 구분한다.

③ 배설 장애는 소아의 지적 능력, 사회성숙도, 문화적 요소 및 모자 사이의 심리적 상호교류 등의 요인에 의해 영향을 받는다.

(2) 유뇨증

① 개요

ㄱ 배변훈련이 끝나게 되는 5세 이상의 아동이 신체적인 이상이 없음에도 불구하고 옷이나 침구에 반복적으로 소변을 보는 경우

ㄴ 특히 연속적으로 3개월 이상, 그리고 매주 2회 이상 부적절하게 소변을 볼 경우 유뇨증으로 진단함

② 분류

ㄱ 야간 유뇨증

ㄴ 주간형 유뇨증 : 남자보다 여자에게 많고, 특히 수업이 끝난 오후에 가장 흔하게 발생

ㄷ 주야간형 유뇨증

② 유병률

ㄱ 5세, 10세, 18세경에서 모두 남자가 여자보다 유병률이 더 높음

ㄴ 소변 가리기를 한 번도 하지 못한 경우 일차적 유뇨증이라 하며 5세까지 소변을 가리지 못하면 일차적 유뇨증으로 진단함

ㄷ 일정 기간 분명하게 소변을 가린 후 장애가 나타나는 이차적 유뇨증은 5~8세 사이에 흔히 발생

③ 원인

ㄱ 유전적 요인, 중추신경계의 미성숙, 방관의 부분적 기능장애, 요농축능력의 장애, 자발적 배뇨를 할 수 없을 정도의 낮은 방광 용적, 심리사회적 스트레스나 심리적 갈등, 부적절한 대소변 훈련 등

ㄴ 정신분석적 입장 : 부모에 대한 불만, 두려움, 분노 등의 억압된 감정

④ 치료

ㄱ 행동치료

• 전자식 경보장치 : 잠자리 요나 기저귀에 소변이 한 방울이라도 떨어지면 즉시 벨이 울려 잠을 깨우는 장치(야뇨증의 50% 이상에서 효과적임)

• 방광훈련 : 일정량의 수분을 마시게 한 후 가능한 한 오랫동안 소변보는 것을 참게 하는 것

ㄴ 놀이치료, 가족치료 : 심리적 갈등에 의한 것일 때 사용

ㄷ 약물치료 : 다른 치료법의 효과가 없을 경우 마지막 방법으로 드물게 사용(심환계 항우울제)

(3) 유분증

① 개요

ㄱ 4세 이상의 아동이 대변을 적절치 않은 곳(옷이나 마루)에 반복적으로 배설하는 경우

ㄴ 이러한 행동이 3개월 이상, 그리고 매주 1회 이상 나타날 경우에 유분증으로 진단

② 특징

ㄱ 수줍음이 많아 난처한 일이 일어날 수 있는 상황을 피하려고 함

ㄴ 사회활동의 제약, 친구들로부터의 놀림과 배척, 부모에 대한 불안과 분노, 낮은 자존감 등의 문제가 나타날 수 있음

ㄷ 흔히 유뇨증과 함께 나타나기도 함

③ 유병률

ㄱ 5세 아동의 약 1%

ㄴ 남자 아동에게 더 흔함

④ 원인

ㄱ 다양한 심리사회적 스트레스, 즉 입학이나 동생의 출산, 부모의 불화, 어머니와의 이별, 병에 걸리거나 입원하는 사건 등 다양한 요인에 의해 촉발 가능

ㄴ 유분증이 있는 아동은 대체로 주의가 산만하고 집중력이 낮으며 과잉행동을 나타낸다는 점에서 유분증이 뇌신경 발달의 지연과 관련되어 있다는 주장도 제기됨

⑤ 치료

ㄱ 대변 가리기 훈련

ㄴ 행동치료 : 규칙적인 시간에 배변을 보게 하는 습관을 기르는 훈련, 대변 잘 가리는 행동에 대해서 보상을 주는 기법 등이 효과적

ㄷ 심리치료

9. 급식 및 식이 장애

(1) 개요

① 유아나 어린 아동이 영양분을 섭취하는 행동에 있어서 비정상성을 나타내는 경우이다.

② 유아기나 초기 아동기에 나타나는 급식 및 식이장애는 크게 3가지 하위 유형, 즉 이식증, 반추장애, 유아기나 소아기의 급식장애로 구분된다.

③ 지속적인 급식 및 섭식의 장애가 특징이다.

(2) 이식증

① 개요

ㄱ 영양분이 없는 물질이나 먹지 못할 것을 적어도 1개월 이상 지속적으로 먹는 경우

ㄴ 이식증은 정신지체를 동반하는데, 정신지체가 심할수록 이식증의 빈도도 증가함

② 원인

ㄱ 가정의 경제적 빈곤, 부모의 무지와 무관심, 아동의 발달지체와 관련되는 경우가 많음

    ゜ 정신분석적 입장 : 충족되지 않은 구순기 욕구를 반영

    ア 심리적 스트레스

    ゞ 영양 결핍 : 특히 철분 결핍에 의해 유발될 수 있음

  ③ 치료

    ㉠ 부모와 아동에 대한 교육 : 어머니가 아동이 먹는 것에 대해 세심한 관심을 가지고 적절하게 양육

     하도록 교육

    ㉡ 영양분 결핍에 의해 초래된 경우 결핍된 양분을 보충

    ㉢ 행동치료

(3) 반추장애

  ① 개요

    ㉠ 음식물을 반복적으로 되씹거나 토해내는 행동을 1개월 이상 나타내는 경우

    ㉡ 부분적으로 소화된 음식을 위장장애나 뚜렷한 구역질 반응이 없는 상태에서 입 밖으로 뱉어내거

     나 되씹은 후 삼키는 행동이 나타남

  ② 특징

    ㉠ 평소에 안절부절못하고 배고픔을 느낌

    ㉡ 많은 양의 음식을 섭취하지만 먹은 후에는 즉시 토하므로 체중 감소와 영양실조가 일어날 수 있

     고 심한 경우엔 사망에 이름

  ③ 유병률

    ㉠ 보통 생후 3~12개월 사이에 발병

    ㉡ 정신지체와 같은 발달지체 상태에서 발생 가능

  ④ 원인

    ㉠ 부모의 무관심, 정서적 자극의 결핍, 스트레스가 많은 생활환경, 부모 – 아동 관계의 갈등이 주요

     유발 요인으로 알려짐

    ㉡ 정신분석적 입장 : 반추장애를 엄마에게서 오는 과잉자극에 대처하려는 시도라 봄

    ㉢ 행동주의적 입장 : 정적 자극에 의해 강화되고 지속되는 행동이라고 봄

    ㉣ 생물학적입장 : 식도 역류와 같은 신체적 기제가 관여하는 것으로 봄

    ㉤ 대부분의 학자들은 여러 요인의 복합적 결과에 의해 유발되는 것으로 봄

  ⑤ 치료

    ㉠ 영양학적 개입과 행동치료를 통해 신속하게 치료하는 것이 중요

    ㉡ 특히 아동에게 음식을 먹이고 정서적인 관계를 맺는 어머니의 태도를 변화시키는 교육이 필요

(4) 유아기 또는 초기 아동기의 급식장애

  ① 개요 : 6세 이하의 아동이 지속적으로 먹지 않아 1개월 이상 심각한 체중감소가 나타나는 경우이다.

  ② 원인

    ㉠ 수면과 각성의 불규칙성과 빈번한 음식 역류를 나타내는 경향이 있어 신경학적 결함이 관련된다

     는 주장이 있음

    ㉡ 부모의 정신장애나 아동학대 및 방치도 이 장애에 영향을 미침

② 유병률

    ㉠ 흔히 생후 1년 이내 발생

    ㉡ 여아와 남아에게 비슷한 비율로 나타남

10. 운동기술 장애

(1) 개요

① 몸의 수의적 운동(예 사지, 몸통, 목, 얼굴, 안면, 혀 등을 움직이는 것), 즉 나이 또는 지능 수준에 비해서 움직임 및 운동 능력이 현저하게 미숙한 경우를 뜻한다.

② 이는 움직임에 관여하는 근육운동의 조정 능력에 결함을 나타내는 것으로서 발달성 근육운동 조정 장애(developmental coordination disorder)라고 부르기도 함

(2) 증상과 유병률

① 증상

    ㉠ 나이와 발달 단계에 따라 다양

    ㉡ 운동기술장애를 나타내는 아동은 의사소통장애를 함께 나타내는 경향이 있음

② 유병률

    ㉠ 5~11세 아동의 6%

    ㉡ DSM-5 : 기타의 아동·청소년기 장애로서 4가지 장애를 포함

- 분리불안장애(separation anxiety disorder) : 어머니를 위시한 애착 대상과 떨어지는 데에 심한 불안을 나타내는 정서적 장애
- 반응성 애착장애(reactive attachment disorder) : 5세 이전에 나타나게 되는 부적절한 대인 관계 패턴을 말하며 사회성의 발달에 어려움이 나타나는 경우
- 선택적 무언증(selective mutism) : 언어발달이 정상적으로 이루어져 있음에도 불구하고 특정한 상황에서 말을 하지 않는 경우
- 정형적 동작장애(stereotypic movement disorder) : 특정한 패턴의 행동을 외견상 아무런 목적 없이 반복적으로 지속하여 부적응적 문제를 일으키는 경우

1. 해리 장애

(1) 해리(dissociation)

① 자신, 시간, 환경에 대한 연속적인 의식이 단절되는 현상이다.

② 감당하기 어려운 충격적 경험으로부터 자신을 보호하는 기능을 지닌다.

③ 정상적 수준 : 몰입, 최면, 종교적 황홀 경험 등으로 인해 일시적으로 나타날 수 있다.

④ 병리적 수준 : 지나치게 긴 시간 동안, 광범위하게 자주 일어나거나 이로 인한 부적응이 있을 경우 장애로 진단한다.

⑤ 해리 장애 : 기억, 행동, 자기정체감, 의식의 통합적 기능에 갑작스러운 이상을 나타낸다.

(2) 특징

① 보통 성장 시기에 충격적인 사건을 경험한 과거력을 가지는 경우가 많다.

② 일반적으로 4가지 요소가 질환 발생에 관여하는 것으로 알려져 있는데 충격적인 사건, 질환 발생에 대한 개인적인 취약성, 환경적인 요소, 그리고 외부 지원 기능의 부재이다.

③ 어렸을 때의 충격적인 사건은 신체적, 성적 학대와 연관된 경우가 많다.

(3) 종류

① 해리성 기억상실증(dissociative amnesia)

  ㉠ 중요한 개인적 정보를 회상하지 못하는, 한 번 또는 그 이상의 삽화가 있는 경우

  ㉡ 대개 외상성이거나 스트레스성 요인과 관련됨

  ㉢ 기본적인 인지기능이나 비개인적인 정보의 기억은 유지됨

  ㉣ 갑작스럽게 나타나고 일시적(수시간~수년간)으로 지속되다가 갑작스럽게 회복됨

② 해리성 둔주(dissociative fugue)

  ㉠ 집이나 평소의 활동 장소에서 벗어나 갑자기 예기치 않은 여행을 하며, 자신의 과거를 회상하지 못함

  ㉡ 해리성 둔주 시기 동안 개인의 정체감에 대한 혼돈이 일어나거나 새로운 정체감이 형성됨

  ㉢ 자신에 대한 기억이나 인생 사건들은 망각하나 인지기능은 유지됨

  ㉣ 충격적 스트레스 사건, 강렬한 정서 상태를 경험한 후 발생

  ㉤ 수시간~수년간 지속될 수 있고, 대개 자연적으로 회복되며, 회복 시에는 빠르게 회복됨

③ 해리성 정체감 장애

  ㉠ 둘 또는 그 이상의 각기 구별되는 정체감이나 성격 상태가 존재함

  ㉡ 적어도 둘 이상의 정체감이나 성격 상태가 반복적으로 개인의 행동을 통제함

  ㉢ 일상적인 망각으로 설명하기에는 너무 광범위하고 중요한 개인적 정보를 회상하지 못함

  ㉣ 매우 희귀하며, 인격의 수는 2~10개 이상

④ 원인 및 치료

　㉠ 위이

　　• 정신분석적 입장 : 불안을 일으키는 심리적 내용을 능동적으로 방어하고 억압, 부인함으로써 심리적 내용이 의식되지 못함

　　• 행동주의 입장

　　　－불안이나 죄책감을 유발하는 혼란스러운 행동이나 생각을 잊어버림

　　　－스트레스를 주는 사건으로부터 자신을 보호

　　　－고통스러운 감정(예 불안, 죄책감)에서 벗어나거나 상황으로부터 회피하는 것이 강화됨

　㉡ 치료 : 기억의 회복을 위한 심리치료, 최면술, 그리고 지지적인 치료 환경의 조성이 필요

TOPIC. 9　섭식 장애, 파괴적 · 충동 통제 및 품행 장애

1. 섭식 장애

(1) 정의

① 음식을 먹는 섭식행동과 관련되어 심각한 부적응 상태를 나타내는 이상행동을 말한다.

② 신경성 식욕부진증과 신경성 폭식증의 두 가지 유형으로 나눌 수 있다.

(2) 신경성 식욕부진증(anorexia nervosa)

① 주요 임상적 특징

　㉠ 체중 증가와 비만에 대한 극심한 두려움을 지니고 있어서 음식 섭취를 현저하게 감소시키거나 거부함으로써 체중이 비정상적으로 저하되는 경우

　㉡ 90% 이상이 여성에게 발생하며, 여자 청소년에게서 흔히 발생

　㉢ 날씬함에도 불구하고 자신의 몸이 뚱뚱하다고 왜곡되게 생각하는 경향

　㉣ 연령 및 신장에 의해 기대되는 체중보다 적어도 15% 이상의 저체중 상태가 지속되는 경우

　㉤ 음식 거부로 인한 영양부족 상태가 심각할 경우 죽음에 이르기도 하는 치명적인 장애

② 진단 기준

　㉠ 연령과 신장에 비하여 체중을 최소한의 정상 수준이나 그 이상으로 유지하기를 거부

　㉡ 낮은 체중임에도 불구하고 체중 증가와 비만에 대한 극심한 두려움을 느낌

　㉢ 체중과 체형이 경험되는 방식이 왜곡되고, 체중과 체형이 자기 평가에 지나친 영향을 미치며, 현재의 낮은 체중에 대한 심각성을 부정함

　㉣ 월경이 시작된 여성에서 무월경, 즉 적어도 3회 연속적으로 월경 주기가 없음. 만일 월경 주기가 에스트로겐과 같은 호르몬 투여 후에만 나타날 경우 무월경으로 간주

③ 유형

　㉠ 제한형

　　• 신경성 식욕부진증의 현재 삽화 동안 규칙적으로 폭식하거나 하제를 사용하지 않음

　　• 스스로 유도하는 구토 또는 하제, 이뇨제, 관장제의 남용이 없음

ⓛ 폭식 및 하제 사용형 : 신경성 식욕부진증의 현재 삽화 동안 규칙적으로 폭식하거나 하제를 사용

④ 원인

　㉠ 정신분석적 입장

　　• 어머니로부터 심리적 독립이 되지 못해 자기 신체에 대해서 확고한 주체 의식이 없음

　　• 청소년기에 어머니의 간섭과 규제는 분노를 유발하고, 굶음은 신체 속에 내재하는 간섭적이고 적대적인 어머니상이 자라는 것을 멈추게 하려는 시도임

　　• 먹는 행동은 성적인 욕구의 대체이므로 신경성 식욕부진증을 성적인 욕구에 대한 방어적 행동, 즉, 성적 욕구를 부인하기 위해 음식을 거부하는 것으로 해석함

　㉡ 행동주의 입장

　　• 여성들은 뚱뚱함에 대한 공포와 과도한 음식 섭취에 대한 공포를 가지고 있으며, 공포를 감소시키기 위해 음식을 먹지 않음

　　• 체중 증가에 대한 두려움이 음식에 대한 회피 반응을 일으킴

　㉢ 인지적 입장

　　• 자신의 신체에 대한 왜곡된 지각

　　• 날씬한 몸매가 성공과 애정을 얻는 가장 중요한 요인이라고 지각하며 성취·인간관계에서의 좌절을 불만족스러운 몸매로 귀인하면서 낮은 자존감을 보호하려고 함

④ 치료

　㉠ 영양실조 상태에서 여러 가지 합병증의 위험이 있어 입원치료를 하는 경우가 많음

　㉡ 체중 증가 행동은 다양한 강화를 받으며 음식 섭취를 통해 체중을 늘려 나감

　㉢ 신체상에 대한 왜곡과 불만감에는 신체상에 대한 둔감화나 비합리적 신념과 인지적 왜곡에 도전하는 등의 인지행동적 기법을 적용

　㉣ 가족치료 : 식욕 부진 환자 가족은 대개 갈등이 많고 의사소통의 문제가 있으며 세대 간, 개인 간 경계가 모호함

　㉤ 우울증을 동반하는 경우가 많으며 약물치료가 적합함

(3) 신경성 폭식증(bulimia nervosa)

① 주요 증상 및 특징

　㉠ 짧은 시간 내에 많은 양을 먹는 폭식 행동과 이로 인한 체중 증가를 막기 위해 구토 등의 보상 행동이 반복되는 경우

　㉡ 폭식 후 체중 증가에 대한 두려움으로 인해 심한 자책을 하고 구토, 이뇨제, 설사제, 관장약 등을 사용하여 체중을 감소시키기 위한 보상 행동을 함

　㉢ 대개 정상 체중을 유지하며 신경성 식욕부진증보다 흔함

② 진단 기준

　㉠ 대부분의 사람들이 유사한 상황에서 동일한 시간 동안 먹는 것보다 분명하게 많은 양의 음식을 섭취함

　㉡ 삽화 동안 먹는 데 대한 조절 능력의 상실감이 있음

　㉢ 스스로 유도한 구토 또는 하제, 이뇨제, 관장약, 기타 약물의 남용, 금식이나 과도한 운동과 같은 체중 증가를 억제하기 위한 반복적이고 부적절한 보상 행동이 있음

ⓔ 폭식과 부적절한 보상 행동 모두 평균적으로 적어도 1주 2회씩 3개월 동안 일어남

ⓜ 유형

- 하제 사용 : 신경성 폭식증의 현재의 삽화 동안 정규적으로 구토를 유도하거나 하제, 이뇨제, 관장약을 남용
- 하제 비사용 : 신경성 식욕부진증의 현재의 삽화 동안 금식이나 과도한 운동과 같은 부적절한 보상 행동을 하지만, 정규적으로 구토를 유도하거나 또는 하제, 이뇨제, 관장제를 남용하는 행동은 하지 않음

③ 원인

㉠ 정신분석적 입장

- 부모에 대한 무의식적 공격성의 표출, 부모에 대한 강렬한 무의식적 분노가 음식으로 대치, 폭식을 통해 무참하게 음식을 섭취
- 사람들을 상징적으로 파괴하고 자기 속에 통합하려는 욕구에서 나옴
- 부모와 분리의 어려움(대상관계)이 있음
- 전이 대상(ⓔ 담요, 인형 등)이 없어 신체를 전이적 대상으로 삼음
- 음식 섭취는 엄마와 합일되고 싶은 소망, 음식을 토해 내는 것은 엄마와 분리하려는 노력에서 나옴

㉡ 행동주의 입장

- 체중 증가에 대한 두려움에서 접근 행동과 회피 행동을 반복
- 과도한 음식 섭취, 활동 부족, 비만, 몸매에 대한 불만으로 체중조절을 위해 절식하나, 반동으로 식욕이 생겨 폭식 행동이 유발됨

④ 치료

㉠ 인지행동치료

- 음식을 먹되 토하지 못하게 해서 토하지 않아도 불안이 사라진다는 것을 학습
- 인지적 재구성을 통해 음식과 체중에 대한 비합리적 신념과 태도를 확인하고, 도전하고 행동하도록 가르침
- 신체상을 변화시키기 위해 심상화를 통한 신체적 둔감화나 자신의 몸에 대한 둔감화, 몸에 대한 긍정적 평가 기법을 사용

㉡ 영양상담

- 균형 잡힌 섭식 행동을 유도하고 영양학적 정보를 제공
- 건강한 식이요법과 운동요법이 중요

㉢ 표현적/지지적 정신분석 치료

- 환자/치료자 간 적대적인 전이, 역전이에 대처하는 것이 필요
- 우울증, 성격장애(ⓔ 경계선, 연극성 등), 약물 남용 등과 같은 공존 정신병리에 대한 치료 병행

| + 이해더하기 |

설정점 이론

설정점 이론은 주로 비만 등의 섭식장애를 설명할 수 있다. 비만이었던 사람은 몸의 안정된 체중 유지를 위해 설정점을 유지하려는 경향이 있다는 것이다.

---

(4) 이식증

① 주요 증상 및 특징

  ㉠ 영양분이 없는 물질(**예** 종이, 천, 머리카락, 흙, 배설물, 모래, 곤충, 자갈 등)을 1개월 이상 섭취

  ㉡ 지적장애가 동반되기도 함

② 원인 : 영양 결핍, 철분 결핍 등

(5) 반추장애

① 주요 증상 및 특징

  ㉠ 음식물을 반복적으로 되씹거나 토해내는 행동을 1개월 이상 보임

  ㉡ 평소에 안절부절못하고 배고픔을 느낌

  ㉢ 체중 감소와 영양실조가 나타날 수도 있고 심지어 사망하기도 함

  ㉣ 생후 3~12개월 사이에 나타나며 여아보다 남아에게서 많이 나타남

② 원인 : 부모의 무관심, 정서 자극의 결핍, 스트레스 환경, 부모 자녀 관계 등

2. 도벽증

(1) 주요 증상 및 특징

① 남의 물건을 훔치고 싶은 충동을 참지 못해 반복적으로 도둑질을 한다.

② 개인적으로 쓸모가 없거나 금전적으로 가치가 없는 물건도 충동을 억제하지 못하고 훔치는 것을 반복한다.

③ 이들은 훔치는 물건보다는 훔치는 행위가 중요하며 그러한 행위를 하면서 느끼는 긴장감, 만족감, 스릴감에 대한 유혹을 통제하지 못하는 사람이라고 할 수 있다.

(2) 원인

① 전두엽의 대뇌피질이 퇴화되어 있고 뇌측실이 커진 것으로 발견되고 있다.

② 정신분석적 입장 : 아동기에 잃어버린 애정과 쾌락에 대한 대체품이다.

(3) 치료

체계적 둔감법, 혐오적 조건형성, 사회적 강화요인의 변화 등을 통한 행동치료가 효과적이라는 보고가 있다.

3. 방화증

(1) 주요 증상

① 불을 지르고 싶은 충동을 참지 못해 반복적으로 방화를 저지른다.

② 사전에 계획을 세우고 어떤 목적이 있는 방화를 한 번 이상 한다.

③ 불을 저지르기 전에 긴장이 되거나 흥분이 된다.

(2) 특징

① 방화증을 지닌 사람들은 불을 지르기 전에 긴장이 되거나 흥분이 되며 불을 지르거나 남이 불을 지르는 것을 볼 때 기쁨이나 만족감 또는 안도감을 느낀다.

② 보험금을 노리는 경우와 같이 경제적 이익을 위해서, 사회정치적인 이념을 구현하기 위해서, 범죄현 장을 은폐하기 위해서, 분노나 복수심을 표현하기 위해서, 생활환경을 개선하기 위해서, 다른 정신 장애에 의한 판단력 장애로 인해 불을 지르는 것 등이 아니다.

③ 품행장애, 조증 상태, 반사회성 성격장애에 의해 설명되지 않는 반복적 방화행위도 방화증으로 진단 될 수 있다.

(3) 원인

① 정신분석적 입장 : 성적 욕구를 해소할 수 있는 대체 수단으로 불을 지르게 된다. 불의 상징적 의미 는 성적인 흥분 뒤에 일어나는 감각과 비슷한 감각을 불러일으킨다.

② 뇌의 기능적 결함으로 인해 일어난다.

③ 지적장애, 알코올 중독 환자, 성도착 환자들이 방화 행동을 자주 저지른다.

(4) 치료

치료가 거의 없으며, 정신분석, 행동치료 사례가 보고되는 정도이다.

4. 간헐성 폭발장애

(1) 주요 증상 및 특징

① 공격적 충동이 적절히 조절되지 않아 심각한 파괴 행동으로 나타나는 경우를 말한다.

② 공격적 행동 이전에 심리적인 긴장감이나 압박감이 먼저 나타나며, 그 후 즉각적인 안도감을 느낀다.

③ 공격적 행동으로 인해 동요하고 후회하며 당혹스럽게 느끼게 된다. 이러한 문제로 직업 상실, 학교 적응 곤란(정학), 이혼, 대인관계의 문제, 사고, 입원, 투옥 등을 겪을 수 있다.

(2) 원인

① 정신분석적 입장 : 어린 시절 부모나 다른 사람에게서 학대를 받은 경우 또는 가족의 분위기가 폭력 적인 경우 이런 장애가 나타날 가능성이 높다.

② 안드로겐 수준과 같은 호르몬 요인이 공격적 행동에 중요한 요인이 될 수 있다. 또한 세로토닌이 비 정상적으로 과다하게 분비되었을 때 공격 행동이 높게 나타난다.

(3) 치료

심리치료를 통해 공격성과 적개심을 비공격적인 방법으로 표출하도록 하고 심리사회적인 스트레스에 대한 내성을 길러주는 것이 필요하다.

5. 적대적 반항 장애

(1) 주요 증상

① 지속적으로 부정적이며, 명령에 순종하지 않고, 부모나 선생님과 같은 권위적인 대상에게 적대적 행동을 보인다.

② 권위적 대상이 아닌 또래와는 별다른 어려움이 없는 경우가 많고, 사회적 규범을 심각하게 무시하거나 타인의 권리를 지나치게 침해하는 위험한 행동을 하지는 않는다.

(2) 특징

① 타인에 의해 자주 기분이 상하거나 쉽게 신경질을 낸다.

② 자주 화내고 원망한다.

③ 악의에 차 있거나 앙심을 품고 있다.

④ 버럭 화를 낸다.

⑤ 어른과 논쟁한다.

⑥ 적극적으로 어른의 요구나 규칙을 무시하거나 거절한다.

⑦ 고의로 타인을 귀찮게 한다.

⑧ 자신의 실수나 잘못된 행동을 남의 탓으로 돌린다.

(3) 원인과 치료

① 부모 – 자녀의 관계 갈등이 중요한 원인이 된다. 이들 부모는 권력, 지배, 자율에 관심이 많다. ⓔ 기질적으로 자기주장과 독립성이 강한 아동에게 지배성이 강한 부모가 일방적으로 권위나 힘으로 과도하게 억제하려는 경우

② 정신분석적 입장 : 부모와 자녀가 힘서루기하는 항문기적 문제라고 본다.

③ 행동주의 입장 : 적대적 반항 행동이 가족 내 모방학습을 통해 학습, 조작적 조건형성을 통해 강화된다.

④ 치료 : 효과적인 부모 – 자녀의 의사소통과 관계 개선이 이루어지도록 치료적으로 유도할 필요가 있다.

6. 품행 장애

(1) 주요 증상 및 특징

① 반사회적, 공격적, 도전적 행위를 반복적, 지속적으로 행하여 사회 학업 작업 기능에 중대한 지장을 초래하는 장애를 의미한다.

② 다른 사람의 기본적 권리를 침해하고 나이에 맞는 사회적 규범 및 규칙을 위반하는 지속적이고 반복적인 행동 양상으로서, 다음 중 3개(또는 그 이상) 항목이 지난 12개월 동안 있었고, 적어도 1개 항목이 지난 6개월 동안 있었을 때 해당된다.

ⓐ 사람과 동물에 대한 공격성

· 다른 사람을 괴롭히거나, 위협하거나, 협박함

· 육체적인 싸움 도발

· 다른 사람에게 심각한 신체적 손상을 일으킬 수 있는 무기 사용 ⓔ 망치, 벽돌, 깨진 병, 칼, 총

· 사람 및 동물에게 신체적으로 잔혹하게 대함

- 피해자와 대면한 상태에서도 도둑질을 함 **예** 노상강도, 날치기, 무장강도, 강탈
- 다른 사람에게 성적 행위를 강요함

ⓒ 재산의 파괴

- 심각한 손상을 입히려는 의도로 일부러 불을 지름
- 다른 사람이 재산을 일부러 파괴

ⓒ 사기 또는 도둑질

- 다른 사람들의 집, 건물, 차를 파괴
- 물건 또는 호감을 얻거나 또는 의무를 회피하기 위해 거짓말을 함
- 피해자와 대면하지 않은 상황에서 귀중품을 훔침 **예** 파괴와 침입이 없는 도둑질, 위조문서

ⓔ 심각한 규칙 및 법 위반

- 13세 이전에 부모의 금지에도 불구하고 밤늦게까지 미귀가함
- 친부모 또는 양부모와 같이 사는 동안 적어도 2번 가출함(또는 오랫동안 돌아오지 않는 한 번의 가출)
- 13세 이전에 시작되는 무단결석

(2) 발병 연령에 따른 유형

① 소아기 발병형 : 10세 이전에 품행장애 진단 기준 중 적어도 한 가지가 발생한 경우를 말한다.
② 청소년기 발병형 : 10세 이전에는 품행장애의 어떠한 진단 기준도 충족시키지 않는다.

(3) 원인과 치료

① 원인

ㄱ 부모의 양육태도와 가정환경

- 폭력적이고 강압적인 부모의 양육태도 또는 무관심하고 방임적인 양육태도
- 부모 불화, 가정폭력, 아동학대, 결손가정, 부모의 정신장애나 알코올 사용장애 등

ㄴ 좌절감에 대한 내성(tolerance)이 떨어짐

ㄷ 문제행동이 부모를 통해 모방학습, 조작적 조건형성에 의해 습득되고 유지됨

② 치료

ㄱ 부모의 태도 변화가 필요함 : 효과적인 분노 표출 방법이나 욕구 충족 방법을 습득

ㄴ 일관성 있는 보상과 처벌의 규칙 : 긍정적 행동을 강화하고 반사회적 행동을 약화

ㄷ 개인 심리치료로 좌절에 대한 인내력을 키우고 궁극적으로 긍정적인 자아상을 회복

TOPIC. 10 ▶ 치매, 섬망 및 기타 인지장애

1. 섬망(Delirium)-의식혼미

(1) 주요 증상 및 특징

① 급속하게 발병하며 증상의 기복이 많다.

② 주의력, 기억력, 지남력의 장애, 각성 감퇴, 불면, 감각장애, 정신운동 활동의 증가 또는 감퇴가 나타난다.

③ 주의력 장애는 주위 환경의 자극에 주의를 유지시키는 능력과 합목적적 사고나 행동에 주의를 집중시키는 능력에 장애가 나타나는 것을 말한다.

④ 경중에서는 사고가 단편적이고 연결성이 없으며 사고 진행이 느리고, 중증에서는 사고는 항진되어 있으나 전체가 통합되어 있지 않고 분열되어 있다.

⑤ 언어는 모순되고 연관성이 없어지며, 언어나 행동에 보속증(perseveration, 계속 반복함)이 일어날 수 있다.

⑥ 안절부절못하고 활동이 많아진다.

⑦ 섬망은 일반적·의학적 상태로 인한 섬망(머리를 다쳐서 생기는 것), 물질로 유발된 섬망(물질 중독성 섬망, 물질 금단성 섬망) 등이 있다.

2. 치매(Dementia)

(1) 치매

① 치매의 필수증상은 기억장애와 인지 장애 가운데 최소한 1개 이상을 포함한 인지 결손의 발생이나.

② 실어증, 실행증, 실인증, 또는 실행 기능의 손상, 인지 결손은 직업적·사회적 기능이 방해받을 정도로 심하고 발병 전의 기능 상태보다 저하되어 있어야 한다.

③ 섬망의 경과 중에 인지 장애가 있었다고 해서 치매라고 진단하면 안 된다. 증상이 중독이나 섬망의 일부분인 경우 치매라고 하지 않는다.

④ 치매에 걸렸을 때는 이미 획득한 사회적 또는 직업적 기능이 어려워지고, 지적 기능의 붕괴, 기억장애, 추상적 사고장애, 판단 및 충동자제장애 또는 인격의 변화가 나타난다.

⑤ 기억상실은 가장 뚜렷한 증상이다. 예 수도꼭지를 틀어놓은 채 두거나 가스레인지를 끄지 않음

⑥ 황폐(deterioration)가 진행되면 먼 과거의 기억도 심하게 없어지고 겨우 생년월일, 직계 가족에 대한지식 등이 기억되는 정도가 많다(흥미 축소).

(2) 치매의 종류-원인에 따라 분류

① 알츠하이머형 치매

　㉠ 알츠하이머형 치매 중 조발성

　　• 65세 이하에 치매가 발병한 경우　　• 합병증이 없는 것

　　• 섬망이 있는 것　　• 망상이 있는 것

　　• 우울기분이 있는 것

ⓛ 알츠하이머형 치매 중 만발성
- C5세 이상에 치매가 발병한 경우
- 합병증이 없는 것
- 섬망이 있는 것
- 망상이 있는 것
- 우울기분이 있는 것
ⓒ 혈관성 치매(Vascular Domentia)
- 특징 : 뇌혈관 질환의 증거가 있어야 하며, 대개 대뇌피질과 피질하 구조물의 혈관장애가 발견됨
- 유형 : 합병증이 없는 것, 섬망이 있는 것, 망상이 있는 것, 우울기분이 있는 것
② 기타
ⓐ 인간면역결핍바이러스 병으로 인한 치매
ⓑ 두부 외상으로 인한 치매
ⓒ 파킨슨병으로 인한 치매
ⓓ 헌팅턴병으로 인한 치매
ⓔ 피크병으로 인한 치매
ⓕ 크로이츠펠트 – 야콥병으로 인한 치매
ⓖ 물질로 유발된 지속적 치매 등

3. 기억상실 장애(Amnestic Disorders)
(1) 주요 증상
① 일반적인 의학적 상태와 물질 사용의 직접적인 생리적 효과로 인한 것이다. 예 머리를 다치거나 어떤 독성이 있는 물질을 흡입하게 되었을 때 생겨나는 기억상실
② 새로운 정보를 학습하는 능력이 이전만 못하고, 사회적 활동, 직업적 활동에서 상당한 어려움을 겪는다.

(2) 특징
① 기억상실은 해리성 기억상실 및 기타 해리성 장애와 다르다. 해리성 기억상실증은 새로운 정보를 학습할 수 있으며, 해리성 장애에서 기억상실은 충격적 사건을 회상하는 데 국한된다.
② 남용 약물에 의한 중독이나 금단기간 동안 나타나는 기억력 장해는 물질 중독이나 물질 금단으로 진단내려야 한다.
③ 섬망과 기억상실의 차이점은 섬망은 주의를 이동하지 못하는 문제가 있다는 점이다.
④ 치매와 차이점은 다른 인지적 결손이 일어난다는 것이다.

(3) 유형
① 전진성 건망증(anterograde amnesia) : 새로운 정보를 짧은 기간 파지하지 못하며 새로운 기억을 하지 못한다.
② 역행성 건망성(retrograde amnesia) : 과거에 알던 것을 회상하지 못한다. 예 25분 전의 기억이 불가능할 때 이런 장애가 있다고 볼 수 있음

TOPIC. 11 신체 증상 및 관련 장애

1. 전환장애 중요

(1) 주요 증상 및 특징

① 수의적 운동기능이나 감각기능에 영향을 미치는 한 가지 이상의 증상이나 결함을 나타낸다.

② 신경학적 이상 또는 신체적 증상이 시작되거나 악화되는 데에는 심리적 갈등이나 스트레스들이 선행한다.

③ 증상이나 결함이 의도적으로 만들어지거나 과장되지 않아야 한다.

(2) 주요 하위 유형 4가지

① 운동 증상 또는 결함을 보이는 전환장애 : 마비, 무성증, 삼키는 것의 어려움, 손상된 협응 능력, 기립보행불능증

② 감각적 결함이나 증상 : 손발의 감각 마비, 시각과 청각의 마비

③ 갑작스러운 신체적 경련이나 발작을 나타내는 경우

④ 위의 3가지가 복합적으로 나타나는 경우

(3) 원인과 치료

① 원인

㉠ 정신분석적 입장

• 무의식적인 생각이나 감정을 표현하려는 욕구와 그것을 표현하는 것에 대한 두려움의 타협으로 생겨난다.

• 오이디푸스 시기에 생기는 수동적인 성적 유혹과 관련이 있다. 이에 대한 억압이 성적 흥분을 신체증상으로 전환하게 만든다.

㉡ 행동주의적 입장 : 전환증상은 충격적인 사건이나 정서적 상태 후에 생기는 신체적 변화나 이상이 외부적으로 강화된 것으로, 다른 사람을 조종하고 주의를 끌며 특권을 누리고 불쾌한 과제나 책임을 회피하는 수단으로 사용될 수 있다.

㉢ 생물학적 입장 : 주의와 각성의 장애를 나타내고 자신의 증상에 대해 무관심한 태도를 나타내는 것은 대뇌피질과 망상체의 기능 이상 때문이다.

② 치료 : 치료법은 잘 개발되어 있지 않지만, 증상을 유발한 충격적인 사건을 확인하고 이러한 부정적인 상황을 제거해야 한다. 또한 전환증상으로 생기는 이차적 이득을 확인하고 제거해 주어야 한다.

2. 신체 증상 장애

(1) 주요 증상 및 특징

① 초점은 신체적인 관심사이다.

② 주로 정신건강의학과보다는 신체 관련 진료를 찾는다.

③ 일반 인구집단에서 5~7% 정도의 유병률을 보인다.

④ 신체 증상 장애의 경우 자신이 지닌 증상에 대해 매우 심각하게 생각하며 과도한 생각을 가진다.

⑤ 잘 치료되지 않는 경향이 있으며 스트레스가 많아지면 증세가 악화된다.

※ DSM-5에서 신체형 장애에 속하는 신체화 장애, 동통 장애, 감별 불능 신체형 장애, 건강염려증 등이 진단 간에 중첩되고 모호하여 신체 증상 장애로 대체되었다.

(2) 진단 기준

① 일상생활을 저해할 정도로 고통스러운 한 가지 이상의 신체 증상을 가진다.

② 다음 중 적어도 한 가지에서 신체 증상이나 건강염려와 관련된 지나친 생각과 감정 또는 행동을 보인다.

　㉠ 신체 증상의 심각성에 대한 부적합하고 지속적인 생각

　㉡ 건강이나 증상에 대한 지속적으로 높은 수준의 불안

　㉢ 증상이나 건강염려에 대해 지나친 시간과 에너지를 쏟음

③ 한 가지 증상을 지속적으로 보이지는 않아도 증상이 있는 상태가 대개 6개월 이상 지속된다.

(3) 위험 요인과 예후

① 기질 : 부정적 정서성(신경증)이 가장 높은 위험요인이며, 불안과 우울이 공존 병리로 나타난다.

② 환경 : 교육 수준과 사회경제적 수준이 낮고 스트레스 생활사건을 많이 경험한 사람들에게서 발병 빈도가 높다.

③ 경과에 영향을 미치는 요인 : 여성, 노인, 낮은 교육 수준, 실업 상태, 낮은 사회경제적 수준, 성폭력을 당한 경우, 사회적 스트레스, 아동기 역경, 우울 장애, 공황장애, 고통에 대한 민감화, 신체 감각에 예민, 신체증상을 의학적 질병에 기인하는 경우 등이 있다.

3. 질병불안장애

(1) 개요

신체증상이 있다고 호소하는 것이 아니라 병에 걸릴 것 같다고 걱정하는 것이다.

(2) 진단 기준

① 심각한 질병을 가지고 있다고 집착한다.

② 신체증상이 없거나, 있다고 해도 약한 상태이다.

③ 건강에 대한 높은 수준의 불안을 느끼고 건강상태에 대해 쉽게 놀란다.

④ 지나치게 건강 관련 행동(예 반복적으로 신체 질병 의심 부위를 체크)을 하고 부적응적인 회피 반응을 보인다. 예 의사와의 약속이나 병원 진료를 회피

⑤ 질병에 대한 집착이 6개월 이상 존재하고 두려워하는 특정 질병이 수시로 바뀐다.

　㉠ 의료 처치를 추구하는 유형 : 자주 의사를 찾아가고 검사를 받음

　㉡ 의료 처치를 회피하는 유형 : 의료 보호를 받으려고 하지 않음

(3) 발병 및 경과

① 질병에 대한 염려는 어느 연령에서나 시작될 수 있으나, 초기 청소년기에 가장 흔히 나타난다.

② 발병 최고조 나이는 남성 30~39세, 여성 40~49세이다.

③ 일반적인 경과는 만성적이며, 증상의 호전과 악화가 반복되는 경향이 있다.

④ 흔히 만성적인 경과를 나타내기 때문에 이 장애의 양상이 성격특성의 일부라는 주장도 제기되고 있다.

⑤ 일반적으로 불안이나 우울증상이 공존하고 성격장애적 요소가 없으며, 증상이 어린 나이에 나타나거나 급작스럽게 나타날 경우에 예후가 좋다고 알려져 있다.

TOPIC. 12 ▶ 외상 및 스트레스 관련 장애

1. 외상 후 스트레스 장애(PTSD ; Post Traumatic Stress Disorder)

(1) 개요

① 신체적인 손상과 생명의 위협을 받은 사고에서 심리적 외상을 받은 뒤에 나타나는 질환이다.

② 충격 후 스트레스 장애, 외상성 스트레스 장애, 외상 후 증후군, 외상 후 스트레스 증후군, 트라우마라고도 한다.

(2) 주요 증상 및 특징

① 개인은 다음의 2가지 조건이 충족되는 외상성 사건에 노출된다.

　㉠ 개인이 자신이나 타인의 실제적이거나 위협적인 죽음이나 심각한 장해, 또는 신체적 안녕에 위협을 가져다주는 사건(들)을 경험하거나 목격하거나 직면하였을 경우

　㉡ 개인의 반응에 극심한 두려움, 무력감, 공포가 포함된 경우

② 외상성 사건을 다음 중 한 가지(또는 그 이상) 방식으로 지속해서 재경험한다.

　㉠ 사건에 대한 반복적이고 집요하게 떠오르는 고통스러운 회상(영상이나 생각, 지각을 포함)

　㉡ 사건에 대한 반복적이고 괴로운 꿈

　㉢ 마치 외상성 사건이 재발하고 있는 것 같은 행동이나 느낌(사건을 다시 경험하는 듯한 지각, 착각, 환각, 해리적인 환각 재현의 삽화들은 잠에서 깨어날 때 또는 중독 상태에서의 경험을 포함)

　㉣ 외상적 사건과 유사하거나 상징적인 내적 또는 외적 단서에 노출되었을 때 심각한 심리적 고통

③ 외상과 연관되는 자극을 지속적으로 회피하려 하거나 일반적인 반응의 마비가 다음 3가지 이상일 때를 말한다.

　㉠ 외상과 관련되는 생각, 느낌, 대화를 피함

　㉡ 외상이 회상되는 행동, 장소, 사람들을 피함

　㉢ 외상의 중요한 부분 회상 불가

　㉣ 중요한 활동에 대한 흥미나 참여가 매우 저하됨

　㉤ 정서의 범위 제한 **예** 사랑의 감정을 느낄 수 없음

　㉥ 미래가 단축된 느낌 **예** 직업, 결혼, 자녀 등 정상적인 삶을 기대하지 않음

④ 다음의 각성 반응 중 2가지 이상을 겪는다.

　㉠ 잠들기 어려움 또는 잠을 계속 자기 어려움

　㉡ 자극에 과민한 상태 또는 분노의 폭발

PART 01
PART 02
PART 03
PART 04
PART 05
PART 06

ⓒ 집중의 어려움

ⓔ 지나친 경계

ⓜ 악화된 놀람 반응

⑤ 기간 : 급성은 3개월 이하, 만성은 3개월 이상이다.

(3) 원인

① 외적 사건이 분명히 존재한다.

② 다음과 같은 개인적 요인이 존재한다.

    ㉠ 정신장애에 대한 취약성

    ㉡ 아동기 외상 경험

    ㉢ 의존성이나 정서적 불안정과 같은 성격 특성

    ㉣ 자신의 운명이 외부 요인에 의해 결정된다는 통제 소재(locus of control)

    ㉤ 사회적 지지체계 부족, 최근 생활의 스트레스 등

③ 생물학적 입장 : 유전적 요인, 또는 특정한 신경전달물질의 이상이 보고되고 있다.

④ 행동주의 입장

    ㉠ 외상 사건이 무조건자극이 되고 외상과 관련된 단서들이 조건자극이 되어 불안 반응이 조건형성됨

    ㉡ 외상 사건의 단서를 회피하는 행동이나 무감각한 감정 반응은 불안을 감소시키는 부적 강화 효과를 지님

⑤ 인지적 입장 : 개인은 자신과 세상에 대한 기본적 신념을 가지고 살아가는데, 외상 사건은 이런 기본적 신념의 혼란을 불러일으킨다.

> **┃+ 이해더하기 ┃**
>
> **기본적 신념**
> • 안전성에 대한 신념 **예** "저런 일이 나에게는 일어나지 않을 것이다."
> • 의미 있는 세상에 대한 신념 **예** "이 세상은 통제 가능하고 예측 가능한 공정한 세상이다."
> • 가치 있는 자기에 대한 신념 **예** "나는 저런 사건의 희생양이 되지 않을 소중한 사람이다."

⑥ 정보처리이론

    ㉠ 외상에서 유발되는 엄청난 내적·외적 정보들이 개인의 인지체계에 잘 수용되지 않아 정보의 과부하가 일어나고, 처리되지 않은 원래의 형태로 활성화된 채로 남음

    ㉡ 마비나 부인은 이런 고통스러운 외상적 정보가 의식되지 못하게 하는 방어기제

(4) 치료

① 약물치료 : 세로토닌 재흡수 억제제나 삼환계 항우울증제가 사용된다.

② 지연된 노출법 : 외상 사건에 대한 기억과 연관된 불안을 감소시키기 위해 외상 사건을 단계적으로 떠올리게 하여 불안한 기억에 반복적으로 노출시킴으로써 궁극적으로 외상 사건을 불안 없이 직면하게 한다.

③ 불안조절 훈련, 긴장이완 훈련, 호흡훈련, 인지적 재구성, 역할 연습 등이 활용된다.

④ 인지치료 : 외상 사건에 부여하고 있는 의미를 탐색하고 새로운 방식으로 의미를 재구성시킨다. 아울러 외상 사건을 자신에게 일어났던 실제 경험의 일부로 수용하고 통합하게 한다.

⑤ 포아(Foa)의 지속노출치료 : 외상 사건과 관련된 자극과 단서에 지속적으로 노출하고 반복적으로 회상시킴으로써 환자의 부적응적인 사고와 행동을 완화시킨다.

| + 이해더하기 |

EMDR(Eye Movement Desensitization&Reprocessing)

1987년 미국의 심리학자 프란시스 샤피로(Francine Shapiro)는 우연히 자발적인 안구운동이 부정적이고 기분 나쁜 생각을 감소시킨다는 사실을 발견하였다. 이후 샤피로(Shapiro) 박사는 EMDR이 베트남 참전 용사와 성폭행 피해자들이 앓고 있는 외상 후 스트레스 질환(PTSD)의 증상을 감소시킨다는 사실을 알게 되었다. 이러한 새로운 치료방법으로 인해 연구 대상자의 플래시백(사고 장면의 순간적 재현)이나 침입하는 부정적 사고가 줄어드는 것을 발견하여, 1989년부터 EMDR은 전 세계적으로 훈련 받은 임상가와 연구가에 의해 발전되어 왔고, 여러 이론적 경향, 즉 정신분석, 인지치료, 행동치료, 고객중심 치료의 요소들을 총망라하는 복합적인 방법이 되었다.

---

2. 급성 스트레스 장애

(1) 개요

압도적인 외상적 사건 직후에 나타나는 단기간의 불편한 기억이다. 외상적 사건 발생 후 4주 내에 시작되며 2일에서 4주 동안만 지속된다는 점을 제외하고는 외상 후 스트레스성 장애와 유사하다.

(2) 주요 증상 및 특징

① 개인은 다음의 2가지 조건이 충족되는 외상성 시건에 노출된다.
  ㉠ 개인이 자신이나 타인의 실제적이거나 위협적인 죽음이나 심각한 장해, 또는 신체적 안녕에 위협을 가져다주는 사건(들)을 경험하거나 목격하거나 직면하였을 경우
  ㉡ 개인의 반응에 극심한 두려움, 무력감, 공포가 포함된 경우

② 고통스러운 사건을 경험하는 도중이나 그 이후에 개인은 다음 해리성 증상들 가운데 3가지(또는 그 이상) 증상을 보인다.
  ㉠ 정서 반응의 마비, 소외, 결핍에 대한 주관적인 느낌
  ㉡ 주변에 대한 자각의 감소 **예** 멍한 상태
  ㉢ 현실감 소실
  ㉣ 이인증
  ㉤ 해리성 기억상실 **예** 외상의 중요한 부분을 회상하지 못함

③ 외상 후 스트레스 장애와 비슷하나 기간이 2일 이상 4주 이내로 단기간 동안 나타난다.

3. 반응성 애착 장애(RAD ; Reactive Attachment Disorder)

(1) 개요

① 부모와 친밀한 관계의 형성이 어긋나게 되어 아무에게나 강한 애착반응을 나타내거나 접촉을 거부하고, 성장이 지연되며, 체중이 늘지 않는 상태이다. 애착 반응성 또는 발육부진 양육이라고도 한다.

② 한 살 이내 아동의 경우 애착에 문제가 있는지 여부를 알 수 있다.

(2) 진단 기준

① 성인 양육자에 대해 다음과 같이 억제되고 정서적으로 철수된 행동을 일관적으로 보인다.

㉠ 고통스러울 때 양육자에게 위안을 구하지 않거나 최소한으로 구함

㉡ 고통스러울 때 양육자가 위로하는 것에 거의 반응하지 않거나 최소한으로 반응함

② 다음 중 적어도 2가지에서 사회 정서적 문제를 보인다.

㉠ 타인에 대해 최소한의 사회 정서적 반응을 보임

㉡ 제한된 긍정 정서를 보임

㉢ 성인 양육자와 상호작용을 하는 동안 이유 없이 짜증, 슬픔, 두려운 정서의 에피소드를 보임

③ 다음 중 적어도 한 가지에서 불충분한 양육 패턴을 경험한다.

㉠ 양육자로부터 위로 자극, 애정과 같은 기본적인 정서 욕구가 지속적으로 박탈되거나 사회적으로 방임됨

㉡ 주 양육자가 자주 바뀌어 안정 애착을 형성할 기회가 제한됨

㉢ 선택적인 애착을 형성할 기회를 심각하게 제한하는 곳에서 양육됨(예 보육원 등)

(3) 원인과 치료

① 애착 외상이라는 비교적 분명한 환경적 촉발 요인을 가진다.

② 부모의 양육 행동과 아동의 기질적 특성이 상호작용한다.

③ 정신분석학자 스피츠(Spitz)는 반응성 애착 장애 아동의 증상이 상실 경험과 관련된 성인 우울증과 유사하다고 본다.

④ 아동은 자기 욕구와 그 욕구를 충족시켜주는 양육자와의 관계 속에서 자신과 타인의 명료한 분화를 이루게 된다. 따라서 적절한 반응이 없으면 분화가 잘 안 되고 타인에게 애정 주기를 멈추어 버린다.

⑤ 9~12개월부터 반응성 애착 장애 양상을 보인다.

⑥ 대상관계이론 : 부모의 학대와 무관심에 저항 → 실망·좌절 → 탈애착

⑦ 애착이론(볼비, Bowlby)

㉠ 어머니와의 애착 경험을 근거로 자기, 타인에 대한 정신적 표상으로 구성되는 내적 자동모델을 형성

㉡ 일관성이 없고 학대적인 양육을 받게 되면 극도의 불안을 경험하면서 자기는 무가치한 존재, 타인은 예측하기 어려운 존재라는 내적 작동모델을 형성

㉢ 결과적으로 부모나 타인에 대한 회피 행동을 보임

4. 탈억제 사회 관여 장애

(1) 주요 증상 및 특징

① 양육자와 애착 외상을 경험한 아동이 낯선 성인에게 아무런 주저 없이 과도한 친밀감을 표현하며 접근한다.

② 반응성 애착장애와 비슷한 양육 경험을 하였지만 탈억제적 사회 관여 아동은 무분별한 사회성과 과도한 친밀감을 표현한다.

③ 지나치게 친밀한 언어적 · 신체적 행동을 나타낸다.

④ 낯선 상황에서 주변을 탐색하고 난 후에 성인 양육자의 존재를 확인하지 않는다.

⑤ 낯선 성인을 아무런 망설임이나 주저 없이 기꺼이 따라나선다.

⑥ 생후 9개월 이상 아동에게 진단된다.

⑦ 언어적, 발달 지연을 나타내는 경우가 많다.

　㉠ 만 2세 전 : 낯선 사람에게 다가감

　㉡ 만 2~5세 : 모든 사람에게 매달리며 주의를 끌려는 행동을 보임

　㉢ 만 5세 이상 : 낯선 사람에게 지나치게 신체적인 친밀감을 표시하거나 과도하게 사적인 질문을 하는 등 공격적인 방식으로 접근함

　㉣ 청소년기 : 친구가 없거나 또래들과 피상적인 관계 또는 무분별한 성적인 관계를 맺음

(2) 원인과 치료

① 반응성 애착장애의 원인과 유사하나 선천적인 기질의 차이가 있다.

　㉠ 반응성 애착장애 : 선천적으로 내향성과 과민한 기질 → 애정 결핍에 대한 회피 반응

　㉡ 탈억제 사회관여 장애 : 외향성과 자극 추구 성향 → 무분별한 사회성과 충동적 행동

② 고통으로부터 자신을 보호하기 위해 외로움과 두려움을 억압하는 방어기제이며, 낯선 사람에게 가짜 위안(pseudo-comfort)을 구한다.

③ 한 사람을 믿고 따랐을 때 실망할 것을 우려해 모든 사람으로부터 관심과 애정을 얻으려고 하며, 낯선 사람에 대한 정상적인 불안이 없다.

④ 피상적이고 진정성이 결여된 상호작용으로서 주변 사람을 배척한다.

⑤ 치료는 안정적으로 양육자와 친밀한 관계를 맺도록 해주어야 한다.

⑥ 아동의 경우 놀이치료가 적합하다.

강박 및 관련 장애

1. 강박 장애(OCD ; Obsessive-Compulsive Disorder)

(1) 개요

① 자신의 의지와는 상관없이 어떤 특정한 사고나 행동을 떨쳐버리고 싶은데도 시도 때도 없이 반복적으로 하게 되는 상태를 말한다.

② 강박성 장애는 강박적 행동과 강박적 사고로 구분이 되며, 강박적 사고가 불안이나 고통을 일으키는 것이라면, 강박적 행동은 그것을 중화시키는 기능을 한다.

③ 강박적인 생각과 행동을 할 때는 떨쳐버리거나 중단하고 싶지만 그렇게 할 수 없기 때문에 불편함을 느끼고 고통스러워하게 되는 상태를 겪기도 한다. 이러한 특성에 의해서 강박성 장애는 DSM-5(정신 장애 진단 및 통계 편람)에 의해서 불안장애 안에 포함되어 있다.

(2) 주요 증상 및 특징

① 강박적 사고

㉠ 반복적이고 지속적인 사고, 충동 또는 심상

※ 이러한 증상은 장애가 경과하는 도중 어느 시점에서 침입적이고 부적절한 것이라고 경험되며, 현저한 불안이나 고통을 일으킨다.

㉡ 사고, 충동, 심상은 실생활 문제를 단순히 지나치게 걱정하는 것이 아님

㉢ 사고, 충동, 심상을 무시하거나 억압하려고 시도하며 다른 생각이나 행동에 의해 중화하려 함

㉣ 강박적인 사고, 충동, 심상이 자신의 정신적 산물임을 인정하며, 사고 주입의 경우처럼 외부에서 강요된 것이 아님

② 강박적 행동

㉠ 반복적인 행동(例 손 씻기, 정돈하기, 확인하기) 또는 정신적인 활동(例 기도하기, 숫자 세기, 속으로 단어 반복하기)을 보이며, 이는 증상은 개인의 강박적 사고에 대한 반응으로, 엄격하게 적용되어야 하는 원칙에 따라 수행되어야 한다는 압박감을 동반함

㉡ 강박적 행동이나 정신적 활동은 고통을 예방하거나 감소시키고 두려운 사건이나 상황을 방지하려고 하는 것이나, 현실적인 방식으로 연결되어 있지 않으면 명백하게 지나친 것임

③ 발병 연령 : 남성이 여성보다 빠르며, 남자는 6~15세, 여자는 20~29세에 발병

(3) 원인

① 인지적 입장

㉠ 자동적 사고가 원인 例 "이런 생각은 비윤리적인 생각이니 절대로 떠오르지 않도록 해야 해. 이 생각은 너무 중요하니까 무시해서는 안 돼."

㉡ 사고 억제의 역설적 효과 : 사고를 통제하면 할수록 더 침투적으로 나타남

㉢ 사고 행위 융합(thought-action fusion) : 생각한 것이 곧 행동한 것과 다르지 않음

② 정신분석적 입장

ㄱ 특정한 방어기제를 통해 무의식적 갈등으로 인한 불안에 대처하려 할 때 나타남

ㄴ 항문기에 억압된 욕구나 충동이 재활성화될 때 나타나는 불안을 통제하기 위한 수단으로 격리, 대치, 반동형성, 취소 등이 사용됨

- 격리 : 사고와 그에 수반되는 감정을 단절시키는 것으로 난폭한 강박사고를 지닌 사람이 생각에 집착하면서 이에 수반되는 분노 감정을 경험하지 않음
- 대치 : 본래 욕구를 다른 것으로 대체·위장하여 불안을 감소시킴 예 부부 갈등을 자물쇠 잠그는 데 집착함으로써 위협을 간과
- 반동형성 : 실제 욕구에 반대되는 방식으로 행동하는 것으로, 난폭한 강박사고에서 상징적으로 드러나는 공격적 충동과 달리 평소에는 매우 친절한 행동을 함
- 취소 : 이미 벌어진 일을 어떤 행위로 무효화하는 것 예 신성 모독의 강박사고를 가진 사람이 성호를 긋는 강박행동을 하는 경우

③ 생물학적 입장

ㄱ 뇌의 구조적 결함으로 인한 기능 이상 : 특히 기저핵 및 전두엽의 기능 손상

ㄴ 세로토닌 이상 : 세로토닌 재흡수 억제제에 반응하는 것을 근거로 함

(4) 치료

① 약물치료 : 클로미프라민(clomipramine)이나 세로토닌 재흡수 억제제를 사용한다.

② 인지행동치료

ㄱ 노출 및 반응 방지법(ERP : Exposure and Response) : 학습이론에 근거하여 강박증 환자들이 두려워하는 자극(더러운 물질)이나 사고(손에 병균이 묻었다)에 노출시키되 강박행동(손 씻는 행동)을 하지 못하게 하여 강박행동 없이 자극과 사고를 견디어 내는 둔감화 효과를 이끌어 냄

ㄴ 침투적 사고에 대해서 과도한 책임감과 통제의무감을 느끼게 만드는 자동적 사고를 확인하고 변화시켜 강박적 사고와 행동을 감소시킴

2. 신체 변형 장애

(1) 개요

① 다른 사람이 보기에는 그렇지 않음에도 불구하고 당사자 스스로 자신의 외모에 대해서 기형적이라고 믿고 이에 대해서 걱정하며 집착하는 경우이다.

② 사람들은 누구나 독특한 신체적 특성이 있고 자신의 외모에 대해 불만족스러워 할 수 있지만, 신체 변형 장애를 지닌 사람들은 자신의 신체적 특성에 과도한 관심과 집착을 나타낸다.

(2) 주요 증상 및 특징

① 자신의 외모가 기형적이라고 잘못 집착하는 경우를 말하며 신체추형장애라고 불리기도 한다.

② 얼굴의 특성(예 비뚤어진 코, 긴 턱, 옥니, 튀어나온 광대뼈, 비대칭적 얼굴, 지나치게 짙은 눈썹이나 얼굴의 털, 두꺼운 입술, 거친 피부, 검은 피부, 좁은 이마, 얼굴의 점, 주름살 등)에 대해서 기형적이라고 생각하는 경우가 많으며 대부분 성형수술을 통해 이러한 모습을 바꾸고자 한다.

③ 신체 변형 장애를 지닌 사람은 신체적 기형에 대한 믿음 때문에 심한 열등감을 지니거나 자신감을 상실하고 대인관계에서 위축되는 경우가 많다. 따라서 빈번하게 거울을 보거나 확대경으로 신체적 결함을 세심하게 관찰 또는 과도하게 치장하는 행동에 많은 시간을 보낸다.

④ 얼굴 외에 유방, 엉덩이, 손, 발, 성기 등과 같은 다른 신체 부위도 관심의 초점이 될 수 있다.

(3) 원인

① 인지적 입장 : 우연한 사건에 의해 자신의 신체적 증상에 주목하게 되고 이에 대해 선택적 주의를 기울이기 시작하면서 신체적 특성이 심각한 것으로 여겨지게 된다.

② 정신분석적 입장 : 어린 시절의 심리성적 발달과정에서 겪은 경험과 상징적인 연관성을 지닌 특정 신체 부위에 집착하게 되는 것이다. 즉, 무의식적 성적 또는 정서적 갈등이 신체 부위에 대치되어 나타난다.

③ 생물학적 입장 : 세로토닌과 관련되어 있다는 수장이 있다.

(4) 치료

① 생물학적 치료 : 세로토닌 재흡수 억제제를 사용한 약물은 망상적 수준의 신체 변형 장애에 효과가 있다.

② 심리적 치료 : 강박 장애와 비슷하기 때문에 침투적 사고를 확인하거나 교정하려는 인지치료적 방법이 효과적이다.

3. 저장 장애

(1) 주요 증상 및 특징

저장 장애가 있을 경우 가지고 있는 물품을 처분하거나 버리는 것을 어려워하므로 물건이 쌓여서 주거 공간을 제대로 사용할 수 없을 정도로 집안을 가득 채운다.

(2) 진단 기준

① 실제 가치가 없음에도 불구하고 소유하고 있는 물건을 버리지 못한다.

② 물건을 버리지 못하는 것은 언젠가는 쓸모가 있다고 생각하고 물건을 버리는 것에 대해 고통을 느끼기 때문이다.

③ 물건을 버리지 못해 주거 공간이 난장판이 되고 쓰레기 더미로 가득 차게 된다.

④ 저장하고 쌓아두는 행동이 사회, 직업, 그리고 다른 중요한 기능 영역(자기와 타인을 위한 안전한 환경을 유지하는 것)에 손상을 끼친다.

⑤ 다른 의학적 상태(뇌손상 등)에 의한 것이 아니다.

(3) 위험 요인과 예후

① 기질 : 우유부단한 기질이 원인이 된다.

② 환경 : 장애의 발병과 악화에 과거 스트레스 및 트라우마가 원인이다.

③ 유전 및 생물학적 : 가족력, 유전적 소인이 작용한다.

④ 가족들, 이웃 사람들, 관계 당국과 마찰을 빚는다.

⑤ 위생상의 문제, 신체적 질환을 유발할 수 있다.

⑥ 강박 장애와 감별 진단이 필요하다. 강박장애 맥락에서 저장이 일어날 경우 쓰레기, 똥, 오줌, 손톱, 털, 사용한 기저귀, 썩은 음식 등과 같은 물건을 저장한다.

　　※ 강박 장애 증상과 같이 일어날 경우 두 진단 모두 내린다.

4. 발모광

(1) 진단 기준

① 반복적으로 자신의 털을 뽑아 현격한 털의 상실을 초래한다.

② 털(머리, 겨드랑이, 음부, 회음부 등 전 신체 영역에 나는 털)을 뽑으려는 행동을 줄이거나 중단하려고 반복적으로 시도한다.

③ 임상적으로 유의한 사회적, 직업적 또는 다른 중요한 기능 영역에 장애를 초래한다.

④ 장애는 다른 의학적 상태(피부과적 질환 등)에 의한 것이 아니다.

⑤ 장애는 다른 정신 장애(신체 변형 장애 등)로 설명되지 않는다.

　　※ 털을 뽑는 행동은 긴장감, 불안, 지루함 등의 정서에 의해 촉발된다(털을 뽑은 다음에 안도한다).

(2) 원인

① 아동의 경우 어머니와의 이별과 상실에 의해 생기기도 한다.

② 엄마를 위협적으로 지각할 때 발생하기도 한다.

(3) 치료

① 최면요법, 비이오피드백 등을 이용한 행동치료, 가족관계에 기초를 둔 정신역동적 정신치료, 분석적 정신치료 등이 사용되고 있으나 효과는 잘 알려져 있지 않다.

② 항불안제, 항우울제, 항정신병 약물이나 세로토닌계 약물을 사용하여 치료한다.

5. 피부 뜯기 장애

① 반복적으로 피부를 뜯어 피부 손상이 발생한다.

② 피부 뜯는 행동을 줄이거나 중단하려고 반복적으로 시도한다.

③ 임상적으로 유의한 사회적, 직업적 또는 다른 중요한 기능 영역에 장애를 초래한다.

④ 장애는 다른 물질(코카인)이나 의학적 상태(옴)에 의한 것이 아니다.

⑤ 장애는 다른 정신상애(망상, 환촉 등)로 설명되지 않는다.

　　※ 피부를 뜯는 행동은 긴장감, 불안, 지루함 등의 정서에 의해 촉발된다(피부를 뜯은 후에 안도한다).

TOPIC. 14 신경 발달 장애

1. 개요

신경 발달 장애란 중추신경계, 즉 뇌의 발달지연 또는 뇌 손상과 관련된 것으로 알려진 정신장애를 포함하고 있다.

2. 신경 발달 장애

① 지적 장애(intellectual disability)

　㉠ 요약 : 지능이 비정상적으로 낮아서 학습 및 사회적 적응에 어려움을 나타내는 경우를 뜻한다. 주로 어린 나이에 발병되며 유병률은 일반인구의 약 1% 정도이다.

　㉡ 주요 증상과 임상적 특징 : 지적 기능과 적응 기능에서의 결손을 보인다.

- 지적 기능 : 추리, 문제해결, 계획, 추상적사고, 판단, 학교에서의 학습 및 경험을 통한 학습
- 적응 기능 : 가정, 학교, 직장, 지역사회와 같은 다양한 환경에서의 의사소통, 사회적 참여, 일상생활을 영위할 수 있는 능력

　㉢ 원인

- 유전적 요인 : 임신 중 어머니의 약물복용, 감염성 질환
- 임신 중 태내환경 이상 : 영양 부족
- 임신 및 출산과정 이상 : 조산, 난산, 무산소증
- 후천성 아동기 질환 : 질병, 사고
- 환경적 요인

　㉣ 치료 : 지적 장애의 치료는 그 목표와 방법이 지적 장애의 수준에 따라 달라지기 때문에 평가 후 적절한 교육 및 재활프로그램 적용이 필요하다.

② 의사소통 장애(communication disorders) : 의사소통에 필요한 말이나 언어의 사용에 결함이 있는 경우이다. 지능 수준은 정상적이지만 언어 사용에 문제가 나타난다.

　㉠ 언어 장애

- 주요 증상과 임상적 특징 : 어휘의 부족, 문장 구조의 빈곤, 대화 능력의 장해 등 언어능력이 나이에 비해 현저하게 저하됨을 보이고, 학업적, 직업적 성취나 사회적 적응에 심각한 어려움을 초래한다.
- 원인

신체적 원인	뇌손상, 감각 기능의 결함
환경적 원인	적절한 환경과 자극 결손

- 치료
  - 이비인후과, 소아과, 치과 등에서 감각적, 신체적 문제가 있는지 점검
  - 정서적 문제나 부모-자녀 관계를 잘 탐색
  - 언어 교육 실시

ⓛ 발화음 장애
- 주요 증상과 임상적 특징 : 발음의 어려움으로 인해서 언어적 의사소통에 지장을 초래하는 경우 혀 짧은 소리를 낸다. 발음할 때 한 음을 생략하거나 다른 음으로 대치하기도 한다.
- 원인 : 청각장애, 발성기관의 구조적 결함, 신경학적 장애, 인지장애
ⓒ 기능적 음성학적 장애
- 증상 : 편안한 상태에서는 정확한 발음을 구사할 수 있으나 불안하거나 흥분한 상태에서는 불명료한 발음을 나타낸다.
- 치료 : 음성학적 문제를 유발하는 신체적 또는 심리적 문제를 해결한다.
ⓔ 아동기 – 발생 유창성 장애
- 주요 증상과 임상적 특징 : 말더듬기로 인해서 언어의 유창성에 장해가 있는 경우 특정한 발음을 길게 하고, 말을 하는 도중에 부적절하게 머뭇거리기도 하며, 갑자기 큰소리로 발음한다.
- 원인 : 말을 더듬는 사람을 흉내 내거나 정서적 흥분이나 불안 상태에서 우연히 말을 더듬게 되면서 시작된다.
- 치료 : 심리적 요인에 대한 분석 후 적절한 치료를 실시한다.
ⓜ 사회적 의사소통장애
- 언어적 비언어적 의사소통 기술의 사회적 사용에 지속적인 어려움을 나타내는 경우이다.
- 인사하기, 정보교환과 같은 사회적 목적을 위한 의사소통 능력, 맥락이나 듣는 사람의 필요에 맞추어 의사소통을 적절하게 변화시키는 능력, 대화나 이야기하기에서 규칙을 따르는 능력과 명시적으로 표현되지 않은 것 또는 언어의 함축적이거나 이중적 의미를 이해하는 능력 네 가지 모두에서 어려움을 나타낸다.
③ 자폐 스펙트럼 장애(autism spectrum disorder) : 사회적 의사소통에서 장애를 나타낼 뿐만 아니라 제한된 관심과 흥미를 지니며 상동적인 행동을 반복적으로 나타내는 장애를 뜻한다.
ⓐ 주요 증상과 임상적 특징
- 사회적 상호작용과 의사소통에서 장애를 나타낼 뿐만 아니라 제한된 관심과 흥미를 지니며 상동적인 행동을 반복적으로 나타내는 장애들을 포함한다.
- 사회적 의사소통과 상호작용에 지속적인 결함이 나타나고, 눈 마주치기, 표정, 몸짓들이 매우 부적절하다.
- 행동, 흥미 또는 활동에 있어서 제한적이고 반복적인 패턴이 2개 이상의 증상으로 나타난다.
- 대인관계의 형성과 의사소통이 이루어지지 않는다.
- 의사소통에 심각한 문제 : 언어능력 부족, 경청 불가, 괴상한 말을 한다.
- 자신이 관심 있는 영역에서 놀라운 기억력이나 우수한 지적 능력을 나타내는 경우가 있다.
ⓑ 원인
- 생물학적 원인 : 유전, 뇌 손상
- 심리적 원인 : 어머니와의 상호작용에 심각한 문제
ⓒ 치료
- 행동치료
- 조작적 조건형성
- 모방학습

④ 주의력 결핍 과잉행동 장애(attention deficit, hyperactivity disorder) : 주의집중의 어려움과 더불어 매우 산만하고 부주의한 행동을 나타낼 뿐만 아니라 자신의 행동을 적절히 통제하지 못하고 충동적인 과잉행동을 나타내는 경우이다.
  ㉠ 주요 증상과 임상적 특징 : 핵심증상은 부주의와 과잉행동이다.
    • 부주의 : 세부적인 면에 대해 면밀한 주의를 기울이지 못하거나 학업, 작업 또는 다른 활동에서 실수를 저지른다.
    • 과잉행동 – 충동성 : 손발을 가만히 두지 못하거나 의자에 앉아서도 몸을 옴지락거린다.
  ㉡ 원인
    • 생물학적 원인 : 유전, 미세한 뇌손상, 출생 후 고열
    • 환경적 원인 : 부모의 성격, 양육방식, 모델링
  ㉢ 치료 : 약물치료 – 리탈린(부작용 : 식욕 감퇴, 두통, 불면, 틱 등), 행동치료, 부모교육
⑤ 특정 학습 장애(specific learning disabilities) : 정상적인 지능을 갖추고 있고 정서적인 문제가 없음에도 불구하고 지능 수준에 비하여 현저한 학습 부진을 보이는 경우를 말한다.
  ㉠ 주요 증상과 임상적 특징 : 다음 중 한 가지 이상의 증상을 6개월 이상 나타낼 경우
    • 부정확하거나 느리고 부자연스러운 단어 읽기
    • 읽은 것의 의미를 이해하는 것의 어려움
    • 맞춤법이 미숙함
    • 글로 표현하는 것에 미숙함
    • 수 감각, 수에 관한 사실, 산술적 계산에 숙달하는 데의 어려움
    • 수학적 추론에서의 어려움
  ㉡ 원인
    • 생물학적 원인 : 유전, 임신 중 산모의 알코올, 담배, 약물에 의해 뇌의 좌 – 우반구 불균형
    • 감각적 인지적 결함, 청각적 변별력 결함
    • 환경적 요인 : 가정환경(불화, 학대), 학습 저하
  ㉢ 치료
    • 학습을 위한 기술을 가르침
    • 심리적인 지지
    • 자신의 생활을 관리할 수 있도록 지도
⑥ 운동 장애(motor disorder) : 지능 수준에 비해서 움직임 및 운동능력이 현저하게 미숙하거나 부적응적인 움직임을 반복적으로 나타내는 경우이다.
  ㉠ 틱 장애 : 얼굴 근육이나 신체 일부를 갑작스럽게 움직이거나 갑자기 이상한 소리를 내는 이상행동을 반복적으로 나타내는 경우
  ㉡ 발달성 운동 조정 장애 : 앉기, 기어 다니기, 걷기, 뛰기 등의 운동발달이 늦고 동작이 서툴러서 물건을 자주 떨어뜨리고 깨뜨리거나 운동을 잘하지 못하는 경우
  ㉢ 정형적 동작 장애 : 특정한 패턴의 행동을 아무런 목적 없이 반복적으로 지속하여 정상적인 적응에 문제를 야기하는 경우. 다분히 의도성이 있고 율동적이며 자해적인 측면이 있음

PART 01

PART 02

PART 03

PART 04

PART 05

PART 06

TOPIC. 15 ▶ 신경 인지 장애

1. 개요

신경 인지 장애(Neurocognitive Disorders)란 뇌의 손상으로 인해 의식, 기억, 언어, 판단 등의 인지적 기능에 심각한 결손이 나타나는 경우를 뜻한다. 핵심증상은 인지장애로 의식, 기억, 언어, 판단 등의 인지적 기능에 심각한 결함이 나타나는 경우를 말한다. 노년기에서 많이 나타나는 질환이지만 외상적인 뇌손상, 신경세포의 경색현상, 물질 또는 약물에 의해서도 유발되기 때문에 모든 연령층에서 나타날 수 있다. 하위 유형으로는 주요 신경인지장애, 경도 신경인지장애, 섬망이 있다.

2. 주요 신경 인지 장애(Major Neurocognitive Disorders)

① 개요
  ㉠ 뇌의 질환으로 인해 한 가지 이상의 인지적 영역(복합주의, 실행기능, 학습 및 기억, 지각 – 운동 기능 또는 사회적 인지)에서 과거의 수행 수준에 비해 심각한 인지적 저하가 나타나는 경우
  ㉡ DSM – IV에서는 치매(dementia)로 지칭됨
② 주요 증상과 임상적 특징 : 인지적 손상으로 인해서 일상생활을 독립적으로 영위하기 힘들 경우, 인지적 손상으로 인해 일상생활을 독립적으로 영위하지 못하고 다른 사람의 도움을 필요로 할 경우에 주요 신경 인지 장애로 진단된다.
  ㉠ 치매증상
    • 실어증 : 가족의 이름과 사물의 이름을 말하지 못함
    • 실인증 : 사물을 인지하지 못하거나 그 의미를 파악하지 못함
    • 실행증 : 동작을 통해 어떤 일을 실행하는 능력에 장애가 나타남
    • 실행기능 : 과제 수행에 필요한 여러 기능들을 수행하지 못함
    • 부수적 증상 : 우울, 불안, 분노와 같은 정서적 변화, 행동장애, 시공간 판단능력, 성격변화, 환각이나 망상과 같은 정신증적 증상들이 나타남
  ㉡ 심각도에 따른 분류
    • 경도 : 수단적 활동(집안일, 돈 관리)에 어려움이 있을 경우
    • 중등도 : 일상생활의 기본적 활동(먹기, 옷 입기)에서 어려움이 있을 경우
    • 중증도 : 완전히 의존해야 하는 경우
  ㉢ 원인 질환에 의한 분류
    • 알츠하이머병 : 뇌 속 독성물질인 베타 – 아미로이드 단백질이 과도하게 만들어져 비정상적으로 침착되고, 신경섬유의 엉킴이 특징적으로 나타나는 것으로 가장 흔한 노인성 치매
    • 전측두엽 변성질환 : 전두엽과 측두엽을 구성하는 신경세포가 퇴행성으로 변해가는 퇴행성 질병. 타우린 단백질이 침착되면서 신경섬유의 엉킴 현상이 일어남
    • 루이소체 질환 : 신경세포 내에서 발달하는 비정상적인 단백질 집합체 질병
    • 혈관성 질환 : 뇌혈관 질환에 의해 뇌 안으로 흐르는 혈액의 양이 줄거나 막혀 치매가 발생하는 경우 예 뇌졸중(중풍, 풍), 동맥성 고혈압, 뇌출혈 등

- 외상적 뇌손상 : 자동차 사고, 낙상, 머리를 얻어맞는 등의 외상적 뇌손상으로 인해 의식 상실, 의식 후 기억상실증, 지남력 상실과 혼란, 신경학적 증후 등의 증상이 나타나는 경우
- 물질 또는 약물 사용 : 다양한 종류의 물질이나 약물이 중추신경계에 작용하여 치매를 유발하는 경우 ⓓ 주로 알콜, 흡입제, 진정제, 수면제, 항불안제 등
- 인체면역결핍 바이러스 감염(에이즈) : 감염 질병에 대한 방어능력을 상실한 장애
- 프리온 질환(인간 광우병) : 뇌에 스펀지처럼 구멍이 뚫려 신경세포가 죽음으로써 뇌기능을 상실
- 파킨슨병 : 추체외로계의 퇴행성 질환에 의한 것으로 도파민 결핍 상태가 관련
- 헌팅턴병 : 뇌 특정 부위의 신경세포들이 선택적으로 파괴되어 가는 진행적 퇴행성 뇌 질환

③ 원인 : 중추신경계통의 손상, 즉 뇌세포의 손상 때문이고 뇌세포에 손상을 초래하는 원인은 다양하다. 알츠하이머 질환, 뇌혈관 질환, 충격에 의한 뇌손상, HIV감염, 파킨슨 질환 등과 같은 질환에 의해서 유발될 수 있다.

④ 치료 : 악화되면 병전상태로의 회복은 불가능하고 전체 치매 환자의 10~25%만이 치료 가능하다. 그러나 이 경우도 치매 증상을 일부 개선시키거나 악화를 늦추는 것일 뿐 증상의 완전한 제거는 불가능하다.

3. 경도 신경 인지 장애(Minor Neurocognitive Disorders)

① 주요 신경 인지 장애에 비해서 증상의 심각도가 경미한 경우

② 인지기능이 과거의 수행 수준에 비해 상당히 저하되었지만 이러한 인지적 저하로 인해서 일상생활을 독립적으로 영위할 수 있는 능력이 저해되지 않는 경우

4. 섬망(Delirium)

① 개요 : 뇌에 영향을 주는 어떤 원인에 의해 의식이 혼미해지고 주의집중 및 전환능력이 현저하게 감소하게 될 뿐만 아니라 주의기능(의식의 혼미)과 인식기능(지남력 상실)에 붕괴현상이 나타나는 경우

② 주요 증상과 임상적 특징
  ㉠ 주의 장애 : 주의를 집중하거나 유지하거나 전환하는 능력의 손상
  ㉡ 각성 저하(인식 장애) : 환경에 대한 현실 감각의 감소
  ㉢ 그 외 기억력 감퇴, 언어능력의 저하, 현실 판단능력, 시공간 능력 결함 등
  ㉣ 증상은 단기간에 발생하여 악화되며 하루 중에도 심각도가 변동함
  ㉤ 의식이 혼미해지고 현실감각이 급격히 혼란되어 시간과 장소에 대한 인식에 장애가 나타남
  ㉥ 주위를 알아보지 못하고 헛소리를 하거나 손발을 떠는 증상
  ㉦ 증상이 급격히 나타남

③ 원인 : 과도한 약물 복용, 물질 또는 약물 중독이나 금단, 독소에의 노출, 신체적 질병(간질환, 당뇨, 뇌수막염 등)과 같은 다양한 원인

④ 치료
  ㉠ 원인을 제거하면 증상이 갑자기 사라지는 경우가 많다.
  ㉡ 안전을 위해 구조화된 환경을 만들어 주어야 한다.
  ㉢ 심한 과다행동이 나타날 경우 진정제나 수면제와 같은 약물 사용이 도움이 된다.

단원 정리 문제

01 신경발달장애로 옳지 않은 것은?

① 지적장애
② 자폐스펙트럼장애
③ 주의력 결핍 및 과잉행동장애
④ 조현병

정답 | ④

해설 | 신경발달장애에는 지적장애, 자폐스펙트럼장애, 주의력 결핍 및 과잉행동장애, 학습장애, 틱장애, 의사소통장애가 있다. 조현병은 정신분열 스펙트럼 및 기타 정신증적 장애에 해당된다.

02 조현병의 음성 증상에 대한 설명으로 옳지 않은 것은?

① 정상인에게 없는 증상이 나타나는 것으로 망상, 환각, 와해된 언어나 행동을 보인다.
② 있어야 할 적응적 기능이 결여된 상태로 정서적 둔마, 언어의 빈곤, 의욕의 저하가 나타난다.
③ 외부 사건과 무관하게 서서히 악화되며 뇌의 구조적 변화나 유전적 소인과 관련 있다.
④ 항정신병 약물에 잘 반응하지 않으며 만성적으로 지적 기능과 사회적 기능이 저하된다.

정답 | ①

해설 | 양성 증상에 대한 설명이다. 조현병의 양성 증상은 망상, 환각, 와해된 언어나 행동을 보이며 스트레스에 대한 반응으로 급격하게 발생하고 뇌의 과도한 도파민 수준에 의해 발생한다.

03 다음 중 B군 성격장애의 하위 유형에 해당하지 않는 것은?

① 반사회성 성격장애
② 편집성 성격장애
③ 자기애성 성격장애
④ 경계선 성격장애

정답 | ②

해설 | 편집성 성격장애는 A군 성격장애에 해당된다. 성격장애는 A군 성격장애, B군 성격장애, C군 성격장애로 나눌 수 있다. A군 성격장애의 하위 유형은 편집성, 분열형, 분열성이 있으며 B군 성격장애는 반사회성, 연극성, 자기애성, 경계선 성격장애가 있고 C군 성격장애는 강박성, 의존성, 회피성 성격장애가 있다.

04 다음 중 성격장애에 관한 설명으로 옳지 않은 것은?

① 외상 사건에 노출되거나 심각한 스트레스 상황에 처한 뒤에 발생하는 정신병리이다.
② A군 성격장애는 사회적 고립, 기이한 성격을 특징으로 하고 있으며 편집성, 분열형, 분열성 성격장애를 하위 유형으로 두고 있다.
③ B군 성격장애는 정서적, 극적인 성격을 특징으로 하고 있으며 반사회성, 연극성, 자기애성, 경계선 성격장애를 하위 유형으로 두고 있다.
④ C군 성격장애는 불안하고 두려움이 많은 성격으로 강박성, 의존성, 회피성 성격장애를 하위 유형으로 두고 있다.

정답 | ①

해설 | 성격장애는 행동양식이 변하지 않고 오랜 기간 지속되어 온 것이며 발병 시기는 적어도 청소년기나 성인기 초기에 시작한다. ①은 PTSD에 대한 설명이다.

05 정신분석이론의 인간의 심리적 현상에 대한 기본적이 가정으로 옳지 않은 것은?

① 심리적 결정론으로서 인간의 모든 행동은 원인 없이 일어나지 않는다.
② 무의식에 대한 가정으로 인간의 행동은 의식적 요인보다 무의식적 요인에 의해 더 많은 영향을 받는다고 가정한다.
③ 성적욕구는 인간의 가장 기본적인 욕구이며 무의식의 주요한 내용을 구성한다.
④ 인간의 주관적 현실은 주로 인지적 활동을 통해 구성되며 사고와 심상 등 인지적 내용에 의해 표상된다고 가정한다.

정답 | ④

해설 | 인지적 입장의 가정이다. 정신분석이론에서는 어린 시절의 경험을 중요시하였으며 특히 부모와의 상호작용 경험이 성격 형성의 기초를 이룬다고 보았다.

06 다음 빈칸에 들어갈 말로 옳은 것은?

> 스키너는 지렛대를 누르면 먹이가 한 조각씩 나오는 실험 상자 안에 배고픈 쥐를 넣고 관찰하였다. 실험 상자 안 쥐는 우연히 지렛대를 누르자 먹이가 나왔고 이런 일이 반복되자 지렛대를 누르면 먹이가 나온다는 것을 학습하게 되고 배가 고프면 지렛대를 누르는 행동을 나타냈다. 이 행동은 결과에 따라 증가 혹은 감소되었는데 보상이 따르는 행동은 증가하고 처벌이 따르는 행동은 감소된다는 것이 _____이다.

① 고전적 조건형성의 원리
② 조작적 조건형성의 원리
③ 현실 원리
④ 쾌락 원리

정답 | ②

해설 | 무조건자극과 조건자극을 짝지어 반복적으로 제시하면 조건자극만으로도 조건 반응이 유발될 수 있는데 이러한 학습과정을 고전적 조건형성이라고 한다. 현실 원리와 쾌락 원리는 정신분석이론의 성격의 삼원구조이론에서 등장하는 개념으로 원초아는 쾌락원리에 따라 기능하고 자아는 현실원리에 따라 기능한다.

07 이상행동에 대한 인지적 입장으로 옳지 않은 것은?

① 인간의 감정과 행동은 객관적, 물리적 현실보다는 주관적, 심리적 현실에 의해 결정된다.
② 주관적 현실은 외부 현실에 대한 인간의 심리적 구성으로서 이러한 구성 과정은 수동적인 과정이 아니라 능동적인 과정이라는 가정이다.
③ 정신장애는 인지적 기능의 편향이나 결손과 밀접하게 연관되어 있으며 또 이러한 인지적 요인에 의해 유발될 수 있다는 가정이다.
④ 인지적 왜곡과 결손의 수정 및 변화를 통해 정신장애를 치료하기 어려우므로 조건형성을 통해 치료될 수 있다는 입장이다.

정답 | ④

해설 | 인지적 왜곡과 결손의 수정 및 변화를 통해서 정신장애는 완화되고 치료될 수 있다고 본다. 요컨대 정신병리에 대한 인지적 접근에서 인간은 인지활동을 통해 객관적 세계를 능동적으로 구성하며 이러한 인지적 활동이 정신장애를 유발하고 지속하게 하는 주요한 요인이라는 가정에서 출발한다.

08 생물학적 입장에 관한 설명 중 옳지 않은 것은?

① 신체적 원인론의 전통에 뿌리를 두고 있다.
② 모든 정신장애는 신체질환과 마찬가지로 신체적 원인에 의해서 생겨나는 일종의 질병이다.
③ 이러한 질병은 생물학적 방법에 의해서 치료되어야 한다고 가정한다.
④ 오늘날 생물학적 입장의 연구자들은 그 원인으로 유전적 요인, 뇌의 기능적 결함, 뇌의 생화학적 이상에 초점을 맞추고 있다.

정답 | ④
해설 | 오늘날 생물학적 입장의 연구자들은 그 원인으로 유전적 요인, 뇌의 구조적 결함, 뇌의 생화학적 이상에 초점을 맞추고 있다.

09 정신분석적 치료기법 중 무의식적 갈등에 대한 통찰을 실생활에서 행동으로 옮기는 것을 무엇이라고 하는가?

① 자유연상   ② 실행
③ 훈습   ④ 행동화

정답 | ③
해설 | 훈습에 대한 설명으로 반복적인 연습 과정을 말한다. 정신분석치료를 크게 3단계로 나누었을 때 첫 단계는 정화과정으로 억압되었던 감정을 자유롭게 표현하고 아무런 억압을 받지 않는 욕구상태로 되돌아가는 것을 말한다. 두 번째 단계는 통찰로 내담자가 그의 갈등의 뿌리를 이해하게 되었을 때 통찰이 이루어졌다고 한다. 마지막으로 정신분석이 진행됨에 따라 내담자의 저항이 극복되고 자기 문제에 대한 통찰이 깊어 가면 재구성된 성격을 몸에 익히는 과정이 일어나는데 이를 훈습이라고 한다.

10 편집형 정신분열증의 주된 증상은?

① 의심
② 정서적 무관심
③ 정서의 유동성
④ 과대망상

정답 | ①
해설 | 편집형 정신분열증의 필수 증상은 인지기능과 정동이 비교적 잘 보전된 상태에서의 현저한 망상이나 환청의 출현이지만 주된 증상은 의심이다.

11 DSM-Ⅳ에서 양극성 장애의 하위 유형이 아닌 것은?

① 양극성 장애 Ⅰ
② 양극성 장애 Ⅱ
③ 달리 분류되지 않는 양극성 장애
④ 기분 부전 장애

정답 | ④
해설 | 기분 부전 장애는 우울증의 하위 유형 중 하나이다. 양극성 장애의 하위 유형은 양극성 장애 Ⅰ, 양극성 장애 Ⅱ, 순환성 장애, 달리 분류되지 않는 양극성 장애가 있고, 우울증의 하위 유형에는 주요 우울 장애, 기분 부전 상애, 달리 분류되지 않는 우울 장애가 있다.

12 인지이론의 인지삼제에 해당하지 않은 것은?

① 자신의 과거   ② 자기 자신
③ 자신의 미래   ④ 세상(세계)

정답 | ①
해설 | 인지이론의 인지삼제는 자기 자신, 자신의 미래, 세계를 말하며 우울한 사람들은 이 세 가지 영역에서 두드러진 부정적 사고 패턴을 가진다.

13 DSM-IV에 따른 정신분열증의 하위 유형으로 옳지 않은 것은?

① 편집형　　　② 혼란형
③ 긴장형　　　④ 단순형

정답 | ④
해설 | 단순형은 ICD-10에서는 있지만 DSM-IV에서는 부록의 기타 정신병적 장애에 포함되어 있다. DSM-IV에서 정신분열증의 하위 유형으로는 편집형(망상형), 혼란형, 긴장형, 잔류형, 감별불능형이 있다.

14 정신분열증의 신경생화학적 요인으로 옳지 않은 가설은?

① 도파민 가설
② 세로토닌 가설
③ 글루타메이트 가설
④ ABBA 가설

정답 | ④
해설 | ABBA 가설이 아닌 GABA 가설이다. GABA 가설은 신경계의 대표적인 억제성 신경전달물질인 GABA와 관련하여 정신분열증의 원인을 찾고자 하는 가설이다. 정신분열증 환자는 해마의 GABA를 분비하는 신경이 소실되어 있다는 보고가 있으며 이러한 억제성 GABA신경의 소실은 도파민과 노르에피네프린의 과활성을 유발할 수 있다고 본다.

15 특정 공포증의 세분화에 속하지 않은 것은?

① 동물형
② 일반화형
③ 혈액주사손상형
④ 자연환경형

정답 | ②
해설 | 특정 공포증의 세분화형은 동물형, 자연환경형, 혈액주사손상형, 상황형, 기타형이 있고, 사회공포증의 세분화로 일반형이 있다.

16 다음 중 진단기준을 충족시키기 위한 증상의 지속 기간이 가장 짧은 것은?

① 분열형 성격장애
② 단기 정신증적 장애
③ 정신분열형 장애
④ 정신분열증

정답 | ②
해설 | 단기 정신증적 장애 : 망상, 환각, 혼란스러운 언어, 전반적으로 혼란스럽거나 긴장된 행동 중 한 가지 이상이 갑자기 시작하여 1회 삽화의 길이가 하루 이상 한 달 이하인 장애이다.
　① 분열형 성격장애 : A군 성격장애 중 하나로서 사회적으로 고립되어 있으며 기이한 생각이나 행동을 나타내어 사회적 부적응을 초래하는 성격장애를 말한다. 패턴이 변하지 않고 오랜 기간 지속되며 발병 시기는 적어도 청소년기나 성인 초기로 올라갈 수 있다.
　③ 정신분열형 장애로 진단되는 경우는 두 가지이다.
　　－정신분열증 증상의 지속 기간이 1개월에서 6개월 사이이며, 환자가 이미 회복된 경우
　　－현재 정신분열증 증상이 지속되고는 있으나 6개월이 되지 않은 경우이며 추후 환자의 증상이 6개월 이상 지속되면 정신분열증으로 진단하는 경우
　④ 정신분열증은 망상, 환각, 와해된 언어, 심하게 와해된 행동이나 긴장된 행동, 음성 증상과 같은 필수 증상 중 2개 이상이 최소 6개월 이상 지속되어야 하며, 1개월 이상 활성기 증상이 있어야 한다.

17 NOS(달리 세분되지 않는 범주 사용)진단이 적절한 경우가 아닌 것은?

① 임상 양상이 진단체계 내에서 정신장애의 일반 지침에는 부합되지만 증상적 특징이 어떤 장애의 기준에도 부합되지 않는 경우
② 임상 양상이 DSM – IV의 분류체계에는 포함되지 않지만 임상적으로 심각한 고통이나 손상을 초래하는 증상으로 드러나는 경우
③ 장애의 병인이 불확실한 경우, 즉 장애가 일반적인 의학적 상태로 인한 것인지 물질로 유발된 것인지 일차성인지 불확실한 경우
④ 완전한 자료 수집 기회가 충분했음에도 특정 진단군에 속한다는 정보가 불충분하거나 모순되는 경우

정답 | ④
해설 | 완전한 자료 수집 기회가 불충분하거나(◉ 응급상황), 수집된 자료가 불일치 또는 모순되지만 특정 진단군에 속한다는 정보는 충분한 경우 NOS진단을 내린다.

18 다음 중 DSM-IV에서의 불안장애가 아닌 것은?

① 외상 후 스트레스 장애
② 공황장애
③ 강박장애
④ 건강염려증

정답 | ④
해설 | 불안장애는 광장공포증이 없는 공황장애, 광장공포증이 있는 공황장애, 공황장애 과거력이 없는 광장공포증, 특정 공포증, 사회공포증, 강박장애, 외상 후 스트레스 장애, 급성 스트레스 장애, 범불안장애, 일반적인 의학적 상태로 인한 불안장애, 물질 유발 불안장애, 달리 세분되지 않는 불안장애 등이 있다. 건강염려증은 신체형 장애에 속한다.

19 다축체계는 여러 축의 평가를 포함한다. 옳지 않은 것은?

① 축 1 : 임상적 장애, 임상적 관심이 초점이 되는 기타 장애
② 축 2 : 성격장애, 정신지체
③ 축 3 : 일반적인 의학적 상태
④ 축 4 : 전체기능평가

정답 | ④
해설 | 축 4는 심리사회 및 환경문제이고 축 5가 전체기능평가이다.

20 인지적 입장의 연구자들이 사회공포증을 지닌 사람들이 공통적으로 나타내는 인지적 특성으로서 제시한 것으로 옳지 않은 것은?

① 사회공포증을 지닌 사람들은 자기 자신, 자기 미래, 세계에 부정적인 신념을 가지고 있다.
② 다른 사람에게 자신에 관한 좋은 인상을 심어주어야 한다는 강한 신념을 지니고 있다.
③ 이들은 다른 사람들이 비판적이어서 자신이 사소한 실수라도 하면 자신을 싫어하고 멀리할 것이라고 생각하는 경향이 있다.
④ 사회적 상황에서 자신이 한 행동을 부정적으로 평가하는 경향이 있다.

정답 | ①
해설 | 인지삼제에 대한 설명으로 자기 자신, 자기 미래, 세계에 부정적인 신념을 가지고 있다고 보는 정신병리는 우울증에 해당한다.

PART 03

심리검사

CHAPTER 01 | 심리검사의 기본개념

TOPIC. 1 자료수집 방법과 내용

1. 평가 면담의 종류와 기법

(1) 개요

면담(Interview)법은 심리적 평가를 하는 동안 자료를 모으는 매우 중요한 수단으로, 면담을 통해 다른 방법으로 얻을 수 없는 소중한 정보(예 행동의 관찰, 내담자의 개별적 특징, 당면한 상황에 대한 내담자의 반응)를 얻을 수 있고 라포를 형성할 수 있으며 검사결과의 의미와 타당성을 점검할 수 있다.

① 면담의 정의
- ㉠ '잠깐 본다'라는 의미의 프랑스어 enrevoir, 그리고 대면한다는 의미의 S'entrevoir에서 유래
- ㉡ 언어적, 비언어적으로 교환되는 의사소통을 통하여 면담자와 피면담자 간에 정보와 아이디어, 태도, 감정, 메시지 등을 교환하는 과정
- ㉢ 개인의 심리학적 문제나 정신장애를 진단하는 가장 기본적인 수단

② 면담의 목적
- ㉠ 내담자가 지니고 있는 심리학적 문제를 평가하고 이를 개선하기 위한 개입 목표와 전략 및 개입 방식을 제시
- ㉡ 내담자 개인의 신상 및 성격 특성을 이해
- ㉢ 대인관계 특성 및 발달 과정에 대한 통찰

③ 면담의 일반적 목표
- ㉠ 다른 방법으로는 쉽사리 얻을 수 없는 정보를 입수
- ㉡ 정보를 얻는 데 도움이 되는 관계를 형성
- ㉢ 면담자나 피면담자 모두에게 문제행동에 대한 이해 제고
- ㉢ 피면담자가 문제행동에 대처할 수 있도록 돕는 지침과 지지를 제공

> **ㅣ+ 이해더하기ㅣ**
>
> **면담과 대화의 차이**
>
> | 면담 | 대화 |
> | --- | --- |
> | • 전문가에 의해 진행
• 특별한 목적을 성취하기 위해 유도되는 내용
• 체계적 · 계획적
• 한정된 시간과 장소에서 진행
• 면담자와 내담자의 역할 규정
• 대등하지 않은 관계 | • 누구나 가능
• 특별한 목적이나 주제가 없음
• 자발적이고 비계획적인 방식
• 어느 곳에서든 가능
• 참여자의 역할이 규정되어 있지 않음 |

④ 면담의 장단점

　㉠ 장점

　　• 피면담자가 정확하고 구체적인 정보를 제공하도록 동기화

　　• 애매한 반응을 해석하고 문제를 명료화하고 피면담자의 문제행동의 만성 정도와 맥락 기록 가능

　　• 피면담자의 언어적 비언어적 행동을 동시에 관찰함으로써 정보의 타당성을 평가

　　• 아동의 행동과 관련하여 부모나 다른 성인들이 가지는 신념과 가치, 기대에 관해 파악 가능

　㉡ 단점 : 피면담자가 정확하지 않은 정보를 제공할 수 있기 때문에 신뢰도와 타당도를 확립하기가 어려움

(2) 면담의 유형 분류

① 목적에 따른 면담의 유형

　㉠ 진단적 면담 : 임상진단을 내리기 위한 목적으로 사실정보 및 관련 자료를 수집(이해＋평가＋진단)

　㉡ 치료적 면담 : 면담자가 내담자의 입장을 이해·공감하고 이를 내담자에게 전달, 진단적 면담 후 치료적 면담을 실시(이해＋평가＋진단＋공감, 수용, 통찰)

② 형식에 따른 면담의 유형

　㉠ 체계적(구조화) 면담

　　• 표준화된 면담(Standardized interview)이라고도 불림

　　• 질문 문항과 순서가 일정하게 규격화

　　• 진단의 신뢰도와 정확도를 높여주고, 초보 면담자의 경우 빠짐없이 질문할 수 있도록 함

구분	면담법 종류
임상진단이나 정신상태 진단을 위한 면담법	• 진단면담표(DIS, Robins 등, 1981) • 현대 상태검사(PSE, Wing 등, 1967) • DSM－Ⅲ－R 체계적 임상면담(SCI for DSM－Ⅲ－R, Spitaer, 1987)
인격 형성 과정에 대한 검토 및 대인관계, 현실 상황 등 개인의 심리사회적 요인	과거력 면담(GOLPH, Giannetti, 1985) －개인의 일반적 배경 및 현재 생활 조건 －원래의 가족 －개인의 발달 과정 －교육력, 범죄력 －직업력 및 현재의 경제적 조건 －군대 과거력 －심리적 증상 및 치료 －신체적 질병 및 현재 신체적 증상
특수 장애를 진단하기 위한 면담법	• 정서장애와 정신분열증진단표(SDAS, Sitzer와 Endicott, 1978) • 종합음주프로파일(CDP, Miller와 Marlatt, 1984) • A형 행동면담(TTASI, Friedman과 Rosenman, 1974) • 정신사회적통증질문지(PSPI, Heaton 등, 1980) • 그 외의 인격장애검사(PDE, Talbott, 1988, 고안 중)

　㉡ 비체계적(비구조화) 면담

　　• 면담 문항을 일정하게 지정하지 않고 내담자나 환자가 제공하는 정보에 따라 면담을 진행

　　• 임상가 자신의 독단적인 결정에 치우칠 수 있음

　　• 임상가의 숙련된 경험과 기술이 요구됨

ⓒ 반체계(반구조화) 면담

- Semistandardizd interview라고 불리며, 대부분의 임상가들이 채택하는 면담 방식
- 환자의 반응에 따라 면담자가 융통성을 발휘할 수 있음

(3) 역사와 발달

① 내담자로부터 정보를 얻어내는 초기의 방식 : 임상적 면담

ⓐ 의학적 형식(질문 - 답) → 정신분석의 영향(개방적, 자유로움) → 정신상태평가(내담자의 현재 기능 - 외관, 행동, 사고 과정, 사고 내용, 기억, 주의, 말투, 통찰, 판단을 평가) → 전기적 자료와 직업적 성공의 예측 또는 구체적인 정신질환의 예후에도 관심을 가짐

ⓑ 면담자들의 공통된 목표 : 개인의 심리적 특성을 알아내기, 내담자가 당면한 문제의 원인을 규명하기, 진단하기, 치료계획을 수립하기 등

ⓒ 단점 : 신뢰도와 타당도 의심, 비용이 많이 든다는 점 등

ⓓ 표준화된 심리검사 개발 : 엄격한 심리 측정적 평가를 기초로 대면 시간이 길지 않다는 점에서 비구조화 면담보다 경제적

② 1940~1950년대

ⓐ 연구자 및 임상가들이 면담의 중요한 개념을 개념화하고 평가하기 시작

ⓑ 내용 대 과정, 목표지향(문제해결) 대 표현적 요소, 지시의 정도, 구조화 수준, 내담자가 표현한 활동의 상대적 강도 **예** Snyder(1945)의 비지시적 접근

③ 1960년대 : 여러 학파가 각자 자신의 견해를 내세워 팽팽히 대립한 때

ⓐ Rogers(1961) : 최적의 치료관계를 형성하는 데 필요한 대인관계의 요소 강조

ⓑ Truax, Carkhuff(1967) : 내담자에 대한 면담자의 이해를 측정하기 위해 5점 척도를 만들고, 면담과 치료자의 훈련에 사용

ⓒ 행동평가 발달, 공식화 : 성취 가능한 표적행동을 설정할 뿐만 아니라 현재와 과거의 강화제를 이해하는 데 초점을 맞춘 목적 지향적 면담 → 자기평가도구, 자기보고 발달

ⓓ Beier의 연구(1966) : 비언어적 행동을 통해 표현되는 무의식적 과정을 개념화

ⓔ 내담자 중심의 접근 : 내담자 자기개발과 실현의 중요성을 강조
- 행동주의적 면담 : 행동의 선행사상과 결과를 강조함
- 가족치료 : 상호작용적 집단에 초점을 둠

④ 1970년대 : 구조화된 면담을 더욱 강조하고, 1960년대의 경향을 다듬고 발전시킴

ⓐ 정신의학적 진단의 신뢰도가 낮다는 비판은 구조화된 면담에 대해 관심을 갖도록 부추김

ⓑ 구조화된 면담을 성인에게 성공적으로 적용할 수 있게 되면서 아동에게도 적용하려는 관심이 증가하여, 부모와 아동에게 구조화된 면담을 병행함

ⓒ Kanfer와 Grimm(1977) : 면담자가 평가할 때 고려해야 할 사항으로 행동의 결함, 행동의 과잉, 부적절한 환경 자극의 통제, 자생적인(self - generated) 부적절한 자극, 문제의 강화유관(contingencies) 등을 규정

ⓓ Lazarus(1973) : 평가가 완전해지기 위한 BASIC - ID 모델을 개발

행동(Behavior)	• 관찰할 수 있는 습관, 반응, 반작용이 포함됨 • 양식에서 나타나는 상담 문제 : 싸움, 울음, 부적절한 언사, 절도, 지연 등
정서(Affect)	• 다양한 정서와 기분을 말함 • 상담과 관련된 문제 : 분노 표현, 불안, 공포증, 우울, 외로움, 무력감 등
감각/학교 (Sensation/School)	• 시각, 청각, 촉각, 미각, 후각과 같은 기본 감각이 포함됨 • 부정적인 측면은 두통, 요통, 현기증, 위통, 지각(perceptual) 또는 운동 문제, 아동의 경우 학업 실패나 성적 미달과 같은 문제들임
심상(Imagery)	• 청각이나 다른 감각적 이미지뿐만 아니라 공상, 심상, 꿈이 포함됨 • 상담과 관련된 문제 : 악몽, 낮은 자아 존중감, 부정적 신체 이미지, 거부에 대한 공포, 과도한 백일몽 및 환상과 같은 것 등
인지(Cognition)	• 사고, 관념, 가치, 선택이 포함됨 • 아동들은 비합리적 사고, 목표 설정 곤란, 의사결정 문제, 문제해결의 어려움, 또는 무가치함에 대한 생각 등과 같은 문제들을 가지고 상담자에게 옴
대인관계 (Interpersonal relationship)	• 사람이 가족, 친구, 동료, 교사 등과 같은 사람들과 상호작용하는 방식들 • 상담과 관련된 문제 : 타인으로부터의 철회(수줍음), 어른과의 갈등, 또래와의 갈등, 가족 문제, 또는 타인과의 문제 등
약물/식이요법 (Drug/Diet)	• 건강과 의학적 문제들에 초점을 맞춤 • 상담자가 다루는 문제 : 과잉행동, 체중조절 문제, 약물 남용, 중독 등

- Lazarus의 BASIC ID 모델은 상담자들이 아동, 청소년 및 성인을 상담할 때 직면하게 되는 대부분의 문제에 적용 가능
- 도움을 찾는 사람들을 이해하고 그들과 작업하는 데 필요한 잘 규정된 절충적 접근을 제공

㉱ 전기적 자료, 컴퓨터 기술, 면담자의 훈련에 대해서도 관심을 가졌으며 특히 미래의 행동(자살, 위험도, 정신분열증 환자의 예후)을 예측하고, 현재의 특성을 추론하기 위해 전기적 자료를 통합하려고 노력함

㉲ 포괄적인 구조화된 면담법의 장점을 강조하는 한편, 가족치료자는 형식적인 면담 구조에서 전통적으로 무시해 왔던 집단 과정을 중시함

⑤ 1980년대

㉠ DSM – Ⅲ(1980), DSM – Ⅲ – R(1987)에 대한 많은 도구들을 만들려고 노력함

㉡ 아동문제에 대한 세분화된 진단에 대한 지식을 축적

㉢ 평가를 위한 구조화된 면담의 필요성이 증가

㉣ 효율적이고 경제적인 면에서 구체적인 진단준거를 사용하기 위한 노력이 이루어짐

⑥ 1990년대

㉠ 건강정보의 관리와 억압된 기억이 얼마나 타당한가에 대한 논쟁

㉡ Gerler(1990)와 Gerler, Drew와 Mohr(1990)는 중다양식적 연구, 적용 및 변화에 대해 개관하면서 이러한 절충적 상담 방법을 지지하는 많은 연구들을 인용함

㉢ Kear(1990a, b)는 중다양식적 아동상담에 대해 상세하게 설명하였으며, BASIC ID모델을 다음과 같이 HELPING이라는 약자로 대치함

- H : 건강(Health) 문제 **예** 통증, 질병
- E : 정서(Emotion) **예** 불안, 분노, 의기소침

- L : 학습(Learning) 문제 **예** 결함, 실패, 감각 피상성
- P : 대인관계(Personal relationship) **예** 성인 및 또래 관계
- I : 심상(Imagery) **예** 낮은 자아 존중감, 대처 기술 부족
- N : 알고자 하는 욕구(Need) **예** 실망, 그릇된 사고, 정보 부족
- G : 활동, 행동 및 결과에 대한 안내(Guidance) **예** 행동 및 동기 문제

(4) 신뢰도와 타당도에 관한 문제들

① 면담자 간의 신뢰도는 평가자 간의 합의로서 알아보게 된다.

② 면담자가 기법을 잘 훈련받은 경우, 구조화된 면담이 신뢰도가 높다.

③ 면담 편파를 일으키는 요인에 초점을 맞춰 타당도에 대한 연구가 이어졌다.

   ㉠ 할로효과(halo effect) : 면담자가 전반적인 인상을 형성한 후 그것에 준해 다른 관련된 특성을 추론하는 경향 **예** 다정하게 보이는 내담자를 실제보다 더 유능하고 정신적으로 더 건강하다고 보는 것

   ㉡ 확인편파(confirmlatory) : 면담자가 내담자에 대한 추론을 이미 내린 상태에서 그 추론을 확인하는 정보를 이끌어내는 방향으로 면담을 이끌어갈 때 발생 **예** 정신분석을 지향하는 면담자는 현재의 행동보다는 아동 초기의 외상(trauma)에 대해 질문함으로써 자신의 추론을 확인해 나감

   ㉢ 어떤 특성(**예** 외모, 교육 수준)이 할로 효과와 유사하게 면담에 영향을 미칠 수 있음 **예** 매우 매력적인 사람을 면담할 때, 외모에 압도되어 병리를 과소평가하거나 이와 반대로 당황감을 감추기 위해 병리를 과대평가함

   ㉣ 상황적 결정 요인보다는 특질을 강조함으로써 행동을 그릇되게 설명하기도 함 **예** 면담을 심리검사에 지나치게 의존하여 해석할 때 나타나는데, 심리검사는 진행 중인 상호작용 과정보다는 정적인 특성을 개념화하여 강조하기 때문

   ㉤ 내담자가 반응을 왜곡함으로써 타당도에 문제를 일으킬 수 있음 **예** 자신을 실제보다 더 멋지게 포장하여 제시하는 경우, 성행동처럼 민감한 문제, 의식적인 거짓말, 망상, 그리고 자신은 사실이라고 믿고 있는 병적인 거짓말 등

(5) 면담의 이론적 배경

① 인지 – 행동 면담

   ㉠ 외현적 행동 : 문제행동의 요소, 유인하는 환경적 자극, 환경적 반응 결과

   ㉡ 인지적 요소 : 심리적 장애에 선행하거나 동반되거나 뒤따르는 사고 내용

   ㉢ 신체적 활동 : 심리적 장애에 동반되는 신체적 변화

   ※ 당면문제의 특징 : 심각도(빈도, 강도, 기간), 신체적, 인지적, 행동적 특징

   ㉣ 인지적 – 행동 면담 자료

   - 일반적 배경 : 신상기록
   - 발달사 정보 : 개인의 발달사 및 생활 사건
   - 신체건강 : 과거, 현재의 의학적 치료
   - 문제 : 구체적으로 현재 도움받을 문제 명료화
   - 당면문제의 특징 : 심각도, 신체, 인지, 행동적 특징

- 원인요인 : 촉발, 선행 요인 및 결과
- 유지원인 : 문제발생을 강화·지속시키는 요인
- 과거치료 : 과거의 치료 형태와 치료 반응
- 기타 : 치료 동기, 결과에 대한 기대
② 정신의학적 면담
  ㉠ 정의 : 경청하고 관찰하고 해석한 내용을 정신상태 검사라는 형식에 담아서 정신장애 진단을 내리고 개인의 다각적인 측면을 평가
  ㉡ 목적 : 의학적 진단 체계에 따라 진단을 내리고 이를 기초로 하여 합리적 치료 계획을 세우려는 것이며, 환자를 다차원적으로 이해
  ㉢ 특징
    - 정신과 영역에서 정신장애자를 임상적으로 평가하는 데 필요한 자료 수집 및 치료 형성을 위해 활용
    - 환자는 도움을 받고자 하나 내적인 갈등을 방어하고 숨기는 경향이 있음
③ 정신의학적 과거력
  ㉠ 정신의학적 과거력 면담 자료
    - 환자의 개인적 자료 : 신상기록
    - 자문 배경
  ㉡ 주요 문제
    - 장애의 발병에 영향을 주었던 촉발 요인 : 현재 환자가 왜 도움을 받고자 하는가?
    - 발병 당시 환자의 주변 환경과 영향 : 환자의 정신장애 발병은 환자의 직업이나 주요 대상 관계와 같은 영역에 어떠한 결과를 초래하였는가?
    - 정신장애로 인한 기능장애 : 정신·신체적 증상
    - 이차적 이득 : 환자의 불안이 특정한 환경과 연관이 있는가?
    - 불안이 어떻게 대처되는가?
  ㉢ 현재의 정신장애 병력, 과거 개인력, 성적 과거력, 가족력, 의학적 과거력 특징
    - 환자의 인격 특징 전반(환자의 자아 강도와 취약점을 포함하여)을 이해하려는 노력
    - 환자의 과거와 현재의 중요한 대상 관계를 파악
    - 반구조화면담법 사용
④ 정신상태검사
  ㉠ 특징 : 최초 면담 당시 관찰된 내담자나 환자의 다각적 행동을 개별적으로 평가하고 이를 종합할 수 있도록 세부적 항목을 제시하고 평가기준을 제공
  ㉡ 경험이 적은 초보자에게 유용한 방식
⑤ 정신역동적 면담
  ㉠ 목적 : 주요 정신역동을 이해하고 이러한 면을 치료과제와 연결하는 것

ⓛ 회상적 치료
- 자신의 기억, 해석에 의존
- 당면한 현실 상황, 습관, 호소, 감정적 관계에 대한 과거력, 초기 아동기, 잠재기, 청소년기와 성숙기, 의학적 과거력
ⓒ 의식적 감정적 태도
- 감정을 억압하기 때문에 인식하지 못함
- 타인과 자기 자신에 대한 감정, 자기 자신에 대한 견해, 미래에 대한 견해, 주요 동기
ⓔ 무의식적 연상자료
- 내담자의 기억에 의존
- 기억, 꿈, 의식적 공상과 백일몽, 개인의 외양, 전이, 연상, 역전이
⑥ 임상심리학적 면담
ⓒ 특징
- 다른 면담법에 비해 임상심리학적 평가를 기초로 한 전문가의 견해가 집중적으로 제시됨
- 심리학적 평가가 주요한 판단의 기준
- 장기적 노력 요구 ⓔ『Clinical Psychology』(Garfield, 1983) : 개인적 자료, 문제의 진술 혹은 자문 이유, 행동관찰, 현재의 생활조건, 개인의 발달사적 과거력, 가족배경, 심리검사 결과, 의학적 결과, 요약과 평가, 전문가적 견해
ⓛ 결론적으로 면담 내용이나 목적은 내담자나 환자의 행동이나 심리적 특성에 대해 기술하는 것이며, 정신장애 및 문제행동을 분류하고, 미래 행동에 대한 예견 및 전문적 치료 전략을 탐색하는 데 있음

2. 행동관찰과 행동평가

(1) 개요

① 1차적으로 평정척도, 면담 질문지, 혹은 직접적 행동관찰의 방법을 통해 문제행동 진단을 하여 문제행동의 원인 및 강화 요인을 알아낸다.

② 이러한 방법들을 통해 문제행동의 원인이나 강화 요인이 확실히 파악되지 않았을 때에는 문제행동에 대한 가설을 설정하고 실험분석의 방법을 이용하여 2차적 진단을 하게 된다.

(2) 면담 질문지와 평정척도

① '문제행동의 동기 평정척도'는 실험적 기능분석을 대신하여 아동의 자해행동에 대한 기능을 알아내도록 개발된 것인데, 총 16개의 문항 질문에 대한 답을 평정척도로 나타낸다.

② 점수의 합은 관심, 회피, 구체적 사물, 감각적 자극 중에 어떠한 것이 문제행동을 강화했던 요인인가를 파악할 수 있게 해준다.

③ '1차 기능평가 조사지'는 일차적으로 문제행동의 변인을 알아내는 것으로, 가설 설정 단계에서 빈번하게 이용된다.

④ 질문지의 특징

 ㉠ 22개의 구조화된 질문으로 구성

 ㉡ 문제행동이 가장 많이 발생하는 상황과 가장 적게 발생하는 상황은 어떤 것인지, 문제행동에 대해 교사가 어떠한 반응 양상을 보이는지, 학생의 생리적 혹은 신체적 상태 등 학생의 상태는 어떠한지 등을 파악하고, 아동을 둘러싸며 영향을 미치는 환경 내의 여러 요인들을 알아낼 수 있도록 하여 아동의 문제행동에 대해 심도 있게 알 수 있도록 개발됨

(3) 직접적 행동 관찰 방법

① 아동이 있는 환경에 들어가 직접 관찰하는 방법을 통해 아동의 문제행동의 기능을 파악해 내는 방법으로, 관찰자는 특정 행동이 발생하는 일상적인 환경(예 아동의 교실, 학교 운동장 등) 내에서 아동의 행동을 명료하게 규정하고 난 후 관찰한다.

② 관찰자가 아동이 있는 환경에 직접 들어가 관찰을 통해 평가함으로써 아동의 문제행동과 아동을 둘러싼 주변 환경 내 특정 상황 요인 간의 관계를 파악할 수 있으며 문제행동이 발생하는 원인과 해당 행동이 지속적으로 나타나게 하는 요인을 알아낼 수 있다.

③ 직접적 행동 관찰 방법에서 여러 가지 방법들이 개발되었지만, 그중에서 가장 널리 쓰이고 있는 방법은 '시간분산표집법'과 'A－B－C(선행자극－행동－후속결과) 분석'이다.

 ㉠ 시간분산표집법

  • 관찰자가 미리 선정한 일정한 시간 구간 내 발생한 특정 행동을 지속적으로 관찰하여 아동의 하루 일과 중 나타난 행동의 규칙적 유형을 알아내고자 할 때 쓰임

  • 특정 시간대에 특정 행동이 일관성 있게 발생하게 되면 그 시간대에 아동이 하고 있던 어떤 활동 등을 통해서 아동의 문제행동을 유발하게 된 선행 요인을 알아내는 데 효과적으로 활용 가능(예 한 아동이 잘 수업을 듣던 중 매일 낮 12시 무렵에 소리를 지르는 등의 문제행동을 보인다. 아동이 앉은 자리가 햇빛이 너무 강렬하게 들어와 너무 더운 것이 이유였다.)

  • 단점 : 이 방법만으로는 행동과 관련된 직접적 선행 조건과 후속 결과 변인을 알아낼 수 없음

 ㉡ ABC 분석 방법 : 아동이 많은 시간 생활하고 있는 교실 활동 속에서 일어나는 여러 상황들을 관찰해 아동의 문제행동 발생 전과 후에 어떠한 일이 발생하였는지 간단하게 서술하면서 특정 행동을 유발하게 한 선행 자극 및 후속 결과 자극을 파악할 수 있게 함

 ㉢ 이 외에도 행동 측정을 위해 행동을 지속시간, 비율(혹은 빈도), 반응시간, 크기, 형태 등 다섯 가지 방면으로 관찰함으로써 더욱 객관적으로 측정 가능

지속시간	• 아동이 일정한 한 활동에 얼마나 오랜 시간 지속적으로 참여하고 있는지를 나타냄 • 정서 및 행동장애 아동이 특정한 한 활동에 참여하는 시간은 다른 일반 아동에 비하여 흔히 너무 길거나 짧은 양상이 나타남 예 대부분의 아동은 울화를 가지고 있으나 대개 몇 분 동안만 지속되는 반면, 어떤 정서 및 행동장애 아동은 한 번에 한 시간 이상 울화를 터뜨리는 양상을 보일 수도 있음
비율 (혹은 빈도)	• 특정 행동이 얼마나 자주 발생하는지에 대해 파악 가능 • 정서 및 행동장애 아동과 일반 아동 간에는 특정 행동의 발생 빈도 차이가 나타날 수 있음 예 울기 혹은 타인을 때리기와 같은 바람직하지 못하다고 여겨지는 행동을 자주 한다거나, 또래와 잘 어울려 지내는 사회성 기술 혹은 적응행동을 일반 아동들에 비하여 적게 보이는 것을 측정할 수 있음

반응시간	• 아동에게 반응을 보일 기회를 제공하고 난 후, 그 특정 행동이 시작할 때까지 흘러간 시간 • 어떤 아동이 반응시간은 너무 길 수도 있지만 또 다른 아동의 반응시간은 너무 짧을 수도 있음 **예** 아주 작은 일에 화를 크게 내거나 울화를 바로 터뜨려서 적절한 대체 행동을 고려할 시간이 없는 경우가 생길 수도 있음
크기	• 행동의 세기나 강도 • 어떤 아동이 반응을 보인 크기가 너무 작나거나(**예** 말소리가 너무 작아서 들을 수 없는 상태) 혹은 행동의 크기가 너무 큰 상황(**예** 문을 쾅 닫고 들어간 상태)
형태	• 행동에 대한 신체적 모양 **예** 어떤 아동의 행동에서 한결같은 크기와 굵기로 글자를 쓰는 것에 어려움을 보이는 것 • 이러한 형태의 행동들은 아동 자신에게는 물론 타인에게 괴상하게 비춰질 수 있으며 위험을 초래할 수 있음

> **Ⅰ + 이해더하기 Ⅰ**
>
> **행동관찰법**
> 저항이 심한 아동이나 매우 어린 아동에 유용한 평가 수단이며 어떤 특정한 행동의 지속시간, 빈도, 세기 등을 측정해 기록한 문제행동을 분류하고 제일 먼저 수정해야 할 문제행동들을 결정해 해당 행동을 보이지 않을 경우 강화를 주는 수단으로도 유용하다.

3. 심리검사의 유형과 특징

(1) 검사 실시 방식에 따른 분류 `중요`

① 속도검사와 역량검사 – 실시 시간 기준

    ㉠ 속도검사(speed test)

- 시간제한을 두는 검사
- 문항의 난도는 낮으나, 문항수가 많고 주어진 시간이 제한되어 있어서 시간 안에 다 풀 수 없게 구성
- 제한된 시간 내의 수행능력을 측정하는 것으로 문제해결력보다는 숙련도를 측정하는 것

    ㉡ 역량검사(power test)

- 어려운 문제들로 구성되며 사실상 시간제한이 없어 숙련도보다는 궁극적인 문제해결력을 측정하는 검사
- 수학경시대회 문제 등이 대표적인 예로 시간이 부족해서 못 푸는 것이 아니라 문제의 답을 몰라서 못 푸는 문제들로 구성됨

② 개인검사와 집단검사 – 한 번에 실시할 수 있는 수검자의 수

    ㉠ 개인용 검사

- 검사할 때 한 사람씩 해야 하는 검사 **예** 웩슬러 지능검사(K – WAIS), 로르샤흐, 주제통각검사(TAT) 등
- 피검사자의 특수한 조건을 고려하여 보다 타당한 검사가 가능
- 피검사자의 검사 수행에 관한 임상적 자료를 얻을 수 있어 결과 해석을 위한 적절하고 풍부한 자료 제공 가능

- 많은 노력과 경비를 들여 임상적 관찰을 실시하므로 검사 실시자의 많은 훈련과 전문적 배경지식이 필요
  - ⓒ 집단검사
    - 한 번에 여러 명에게 실시할 수 있는 검사 **예** 미네소타 다면적 인성검사(MMPI), 켈리포니아 심리검사(CPI), 미육군 알파검사(Army-α)와 베타검사(Army-ß) 등

> **I + 이해더하기 I**
>
> **미육군 알파검사와 베타검사**
> - Army-α : 장교훈련에 적합한 지원자를 가려내거나 정신적 능력이 떨어지는 군인들을 가려 제대시키는 데 사용되었다.
> - Army-ß : 영어를 잘 읽지 못하는 사람들에게도 실시할 수 있도록 그림을 많이 추가한 검사이다.

- 선다형검사이며 보통 컴퓨터로 한꺼번에 객관적으로 채점
- 집단용 지능검사도 있으나 신뢰도, 타당도, 표준화 같은 기술적인 수준에서 충분치 않다는 평가

③ 지필검사와 수행검사 – 검사 도구
  - ㉠ 지필검사(paper-pencil test)
    - 종이에 인쇄된 문항에 연필로 응답하는 방식
    - 물리적 조건이나 신체행동 불필요 **예** 운전면허시험의 필기시험, 각종 자기보고 항목표와 질문지 및 검사(K-WAIS의 바꿔쓰기, 문장완성검사, MMPI, CPI 등)
  - ㉡ 수행검사(performance test)
    - 수검자가 대상이나 도구를 직접 다루어야 하는 검사
    - 주로 일상생활과 유사한 상황에서 직접 행동해 보도록 하는 방식 **예** 운전면허시험의 주행시험, 한국판 웩슬러 지능검사의 차례 맞추기, 모양 맞추기 등

④ 내용에 따른 분류
  - ㉠ 인지적 검사(cognitive test)
    - 인지능력을 평가하기 위한 검사
    - 문항의 정답이 있고 시간제한이 엄격함 **예** 지능검사, 적성검사, 성취도검사 등
    - 인간 자체가 아닌 일부 능력만을 측정하는 것으로 능력검사라고도 함
    - 수검자가 자신의 능력을 최대한 발휘할 것을 요구하기 때문에 '극대수행검사'라고도 함
  - ㉡ 정서적 검사(affective test)
    - 인간의 인지능력 이외의 정서, 동기, 흥미, 태도, 가치 등을 측정하는 검사
    - 인지적 검사와는 달리 정답이 없기 때문에 '~검사' 보다는 '~목록 또는 항목표'라고 부름
      - ※ 한국은 구분 없이 '~검사'로 사용한다. 예컨대 MMPI는 미네소타 다면적 인성검사라고 부르지만, 원명은 'Minnesota Multiphase Personality Inventory'로서 검사라는 용어를 사용하지 않는다.
    - 응답시간을 제한하지 않는 것이 일반적임
    - 수검자가 자신이 가장 습관적으로 하는 행동을 선택하도록 한다는 면에서 '습관적 수행검사'라고도 함

⑤ 도구의 구조화 여부에 따른 분류

- ㉠ 객관적 검사(objective test)
    - 과제가 구조화되어 있고, 채점방식이 표준화되어 있으며, 해석의 규준이 제시되어 있는 검사
    - 장점 : 검사 실시와 해석이 간편하고, 검사의 신뢰도 및 타당도가 검증되어 있으며 검사자 변인이나 검사의 상황변인에 따라 영향을 적게 받으므로 개인 간 비교가 객관적으로 제시될 수 있음
    - 단점 : 방어기 가능하고, 무의식적 자료를 찾아낼 수 없고, 사회적으로 바람직한 방향으로 표출되기 쉽고, 대답의 일관성(반응경향성)이 있음
    - 지능검사로 WISE, WAIS, WPPSI, 성격검사로는 MMPI, MBTI, 흥미검사로는 직업흥미검사, 학습흥미검사, 적성검사 등이 있음
- ㉡ 투사적 검사(projective test)
    - 정답이 없어서 생각나는 대로 표현하므로 개인의 독특성을 최대한 이끌어 낼 수 있는 비구조화된 검사
    - 장점 : 방어가 불가능, 독창적 반응 유출, 무의식적 자료 도출
    - 단점 : 해석이 어려움, 신뢰도 · 타당도 검증이 어려움
        - 예 Rorschach 검사, TAT, CAT, DAP, HTP, BGT, SCT 등

(2) 심리평가의 유형

① 표준화검사
- ㉠ 정해진 절차에 따라 실시되고 채점되는 검사
- ㉡ 검사 조건이 모든 내담자에게 동일해야 하고 모든 채점은 객관적이어야 함
- ㉢ 도구의 표준화, 절차의 표준화, 채점 및 해석의 표준화
- 예 성취도검사, 적성검사, 인성검사, 흥미검사, 가치검사, 환경검사 등

② 투사검사
- ㉠ 피검사자에게 애매모호한 자극을 주고 이에 반응하도록 하는 것
- ㉡ 자극의 모호성(잉크 반점, 모호한 그림, 불완전한 문장) 때문에 사람들은 자극에 단순히 반응하기보다는 자극을 해석하는 과정에서 자기 자신을 드러내게 되는 경향이 있음
- 예 로르샤흐 잉크반점 검사, 주제통각검사, 문장완성검사

③ 행동관찰
- ㉠ 관찰되고 측정될 수 있는 사건을 사전에 미리 계획하여 기록하는 것 예 섭식장애의 경우 하루에 먹는 칼로리 양, 지각하는 학생의 경우 일주일간의 지각 횟수 등을 기록, 반응 기간과 행동의 정도(관찰자에 의해 평정된)도 기록
- ㉡ 행동관찰은 내담자의 호소 문제와 직접적으로 관련될 수 있다는 장점이 있음
- ㉢ 상담의 목표를 관찰할 수 있는 행동으로 설정하고, 행동관찰을 통해 상담 효과를 평가하기도 함

(3) 평가도구의 조건

① 타당도
- ㉠ 검사가 측정하고자 하는 것을 어느 정도 충실히 측정하고 있느냐의 정도를 말하는 것
- ㉡ 무엇을 측정하고 있느냐, 그 측정하려는 것을 어느 정도로 충실히 측정하고 있느냐의 두 가지 문제로 요약됨
- ㉢ 종류 : 내용타당도, 준거타당도(공인, 예언), 구인타당도, 처치타당도 등

② 신뢰도
- ㉠ 하나의 검사에서 '얼마나 정확하게', '얼마나 오차 없이' 측정하고 있는가
- ㉡ 측정의 일관성과 안정성을 보장하는 것으로 문항수가 많을수록 검사의 신뢰도가 높아짐
- ㉢ 종류 : 검사－재검사 신뢰도, 동형검사 신뢰도, 반분 신뢰도, 문항 내적 합치도 등

CHAPTER **02** | 지능검사(유아/아동 · 청소년/성인)

TOPIC. 1 ▶ 지능의 기초개념

1. 지능의 개념

　　지능은 여러 가지의 형태로 나타날 수 있으며, 하나의 특별한 능력이 아니라 통합적이고 전반적인 속성, 즉, 목적을 가지고 행동하고, 합리적으로 생각하고, 자신의 환경을 효율적으로 다룰 수 있는 개인의 능력을 말한다(Wechsler).

2. 지능의 분류

(1) Thorndike

　　① 추상적 지능 : 언어나 수 등의 상징적 기호를 처리하는 능력
　　② 구체적(실제적) 지능 : 동작에 의해서 사물을 조작하는 능력
　　③ 사회적 지능 : 사람을 이해하거나 협력하는 능력

(2) Catell

　　① 유동성 지능 : 교육이나 경험에서 비교적 독립한 신경 생리적 기능과 우연적 학습의 영향이 합성된 것
　　② 결정성 지능 : 경험의 응집체로서 문화적 순응의 한 형태로 형성된 것

3. 지능의 특성

　　① 추상적 사고를 수행하는 능력
　　② 환경에 적응하는 것을 학습한 것 또는 그 학습능력
　　③ 생활에서 비교적 새로운 장면에 대한 적응능력
　　④ 아는 능력과 소유하고 있는 지식
　　⑤ 본능적인 적응을 금지하는 능력, 금지된 본능적인 적응을 상상으로 경험된 시행착오를 통해 재정의하는 능력, 사회적 동물로서의 개인에 알맞도록 수정된 본능적인 적응을 행동으로 실현시키는 의지력
　　⑥ 능력을 획득하는 능력
　　⑦ 경험에 의한 학습능력 또는 이해능력

TOPIC. 2 ▷ 지능검사의 실시

1. 지능검사의 지침과 주의사항 중요

① 피검자에게 지능검사라고 알려주지만, 검사의 실시 목적이 지능의 평가에 있지 않고 피검자의 문제 해결에 도움이 될 수 있는 자료를 얻는 데 있음을 강조한다.

② 피검자의 능력을 최대로 발휘할 수 있는 분위기에서 시행될 수 있어야 한다. 적절히 반응을 격려하거나 안심시키면서 진행하도록 한다.

③ 피검자가 한 번에 검사를 마칠 수 없는 경우는 피검자의 상황에 따라야 한다. 시간제한이 없는 검사에서는 피검자가 응답할 수 있을 때까지 충분한 시간 여유를 주어야 한다.

④ 피검자의 반응을 기록할 때는 항상 피검자가 한 말을 그대로 기록하도록 한다.

⑤ 모호하거나 이상하게 응답되는 문항은 다시 질문하여 확인하여야 한다. 검사 채점은 실시 요강의 채점안내에 제시된 기준에 따른다.

⑥ 개인용 지능검사라는 특성을 살려, 피검자의 행동 특성을 잘 관찰하도록 한다.

2. 지능검사의 절차 – 웩슬러(Wechsler) 지능검사

(1) 언어성 소검사

① 기본 지식(information)

② 숫자 외우기(digit span)

③ 어휘(vocabulary)

④ 산수(arithmetic)

⑤ 이해(comprehension)

⑥ 공통성(similarities)

(2) 동작성 소검사

① 빠진 곳 찾기(picture completion)

② 차례 맞추기(picture arrangement)

③ 토막짜기(block design)

④ 모양 맞추기(object assembly)

⑤ 바꿔쓰기(digit symbol)

| + 이해더하기 |

검사를 실시하는 방법은 각 소검사에 따라서 다르다. 각 소검사마다 실시 요강에서 제시하고 있는 표준화된 절차를 철저하게 지키는 것이 매우 중요한데, 검사자는 세부적인 절차들을 잘 숙지하여서 실제로 검사를 시행할 때는 검사 요강을 보지 않고 자동적으로 수행할 수 있을 정도까지 표준화된 절차에 익숙해져 있어야 한다.

---

3. 지능검사의 기본적 해석

(1) 해석 시 유의사항

① 개인반응행동에 관한 관찰이 중요하다.

② 지능검사는 한 문화권 내에서 개인이 학습했던 내용을 측정한다.

③ 지능검사 결과를 일반적인 상황에 일반화시킬 때는 신중하게 검토되어야 한다.

④ 지능검사 결과는 관찰된 행동, 과거력 등 개인에 관해 알려진 정보, 다른 검사 결과들과 종합하여 해석을 내릴 때 가장 유용하다.

(2) 양적 분석

① 개요 : 검사 결과 얻어진 수치들을 기준으로 분석해 나가는 것이다. 양적 분석을 통해서 우선 피검자의 현재지능을 파악할 수 있으며, 병전지능의 파악도 가능하다.

② 현재지능의 파악

　㉠ 언어성과 동작성 지능 간 점수 차이가 유의하지 않을 경우 : 언어성 지능, 동작성 지능, 전체 지능지수, 백분위, 표준측정오차범위를 밝히는 방식으로 기술

　㉡ 언어성과 동작성 지능 간 점수 차이가 유의한 수준일 경우 : 언어성, 동작성 지능 각각에 대해 지능수준, 백분위, 오차범위를 기술할 것

③ 병전지능의 파악

　㉠ 병전지능 : 원래의 지능수준을 말하는 것

　㉡ 지능검사를 시행한 후 피검자의 원래의 지능수준을 추정하여 현재 지능수준과의 차이를 계산

　㉢ 병전지능(잠재지능) 추정의 기준이 되는 소검사 : 어휘, 기본상식, 토막짜기

　㉣ 피검자의 현재 지능이 15점 이상 저하되어 있다면 현재 피검자에게 유의미한 지능저하가 있는 것으로 추정 가능

④ 언어성 IQ와 동작성 IQ 비교 : 실시요강에 연령별로 15%와 5% 유의도 수준에서 요구되는 언어성과 동작성 IQ 점수의 최소하의 점수차가 제시되어 있다.

⑤ 소검사 점수분산 분석 : 각 소검사 점수가 다른 소검사들의 경향으로부터 이탈한 정도를 비교해 보는 것이다.

　㉠ 어휘 분산 : 어휘문제 점수를 중심으로 다른 소검사 점수들이 이 기준에서 얼마나 이탈되어 있는가

　㉡ 평균치 분산 : 언어성 소검사들은 언어성 소검사들의 평균에서, 동작성 소검사들은 동작성 소검사들의 평균에서 얼마나 이탈되어 있는가

　㉢ 변형된 평균치 분산 : 지나치게 높거나 낮은 한두 개의 소검사는 제외하고 평균을 낸 뒤 그 수치를 기준으로 다른 소검사들의 이탈 정도를 보는 것

15% 또는 5% 신뢰수준에서 유의하기 위한 언어성 IQ와 동작성 IQ의 차이

유의도 수준	연령							평균
	16~17	18~19	20~24	25~34	35~44	45~54	55~64	
15%	12.59	11.83	10.58	8.64	7.48	7.16	7.48	9.39
5%	17.14	16.10	14.40	11.76	10.18	9.75	10.18	12.78

4. 질적 분석

(1) 개요

① 반응내용, 반응방식, 언어적 표현방식, 검사 행동방식 등을 기초로 하여 개인의 독특한 심리적 특성을 알아보고자 하는 것이다.

② 이를 통해서 양적 분석에서 놓칠 수 있는 개인의 성격적인 특징이나 심리적인 상태 등에 대하여 더욱 세부적인 정보를 얻을 수 있다.

(2) 질적 분석에서 고려되어야 할 반응들의 예

① 곤란도 분석 방식

② 드물거나 기괴한 내용의 대답

③ 부연설명을 계속하거나 강박적으로 여러 가지 응답을 나열하는 경우

④ 지나치게 구체화된 반응 방식

⑤ 정서적인 응답을 하는 경우

⑥ 반항적인 내용의 응답을 하는 경우

⑦ '공통성' 문제에서 계속 차이점을 말하거나 '공통점이 없다'는 식으로 문제를 부정하는 경우

⑧ '산수' 문제에서 하나의 숫자를 대는 것이 아니라 '6에서 7개'라는 식으로 근접한 대답을 하는 경우

⑨ '차례 맞추기'에서 카드의 순서는 올바르게 맞추었지만, 내용을 제대로 설명하지 못하는 경우

5. 지능검사에서 나타나는 진단별 반응 특징

(1) 강박장애

① 전체 지능지수는 110 이상이다.

② 주지화로 인해 상식·어휘문제 점수가 높다. 판단능력 장애로 인한 것이 아니라 회의적 경향으로 인해 이해 점수가 낮다.

③ 언어성 지능>동작성 지능 : 강박적인 주지화 경향을 반영한다.

(2) 기질적 뇌손상(organic brain syndrome)

① 토막짜기, 바꿔쓰기, 차례 맞추기, 모양 맞추기 점수가 낮다.

② 숫자 외우기 소검사에서 '바로 따라 외우기'와 '거꾸로 따라 외우기' 점수 간에 큰 차이를 보인다.

③ 공통성 문제 점수 낮음 : 개념적 사고의 손상을 나타낸다.

④ 어휘, 상식, 이해 소검사의 점수는 비교적 유지되어 있다.

(3) 반사회성 성격장애

① 언어성 지능<동작성 지능 : 동작성 지능은 '우수'나 '최우수' 수준인 반면 언어성 지능은 보통 '상' 수준을 넘는 경우가 드물다.

② 소검사 간 분산이 심한 편이다.

③ 사회적 상황에 대한 예민성을 보인다.

④ 바꿔쓰기, 차례 맞추기 점수는 높고, 공통성 소검사 점수는 낮다.

⑤ 되는 대로 노력 없이 아무렇게나 대답한다.

⑥ 사회적 규준에 따르지 못한다.

⑦ 지나친 관념화, 주지화, 현학적인 경향을 보일 수 있다.

(4) 불안장애

① 숫자 외우기, 산수, 바꿔쓰기, 차례 맞추기 점수가 낮다.

② 사고의 와해나 혼란은 없다.

(5) 우울증

① 언어성 지능이 동작성 지능보다 높다.

② 쉽게 포기하는 경향이 있으며, 지구력이 부족하다.

③ 전반적으로 반응이 느리다.

④ 언어성 검사 중에서는 공통성 점수가 낮다. 빠진 곳 찾기를 제외한 다른 동작성 소검사에서 낮은 점수를 보인다.

⑤ 반응의 질적인 면에서의 정교화나 언어표현의 유창성 등이 부족하다.

⑥ 자신에 대해 비판적인 모습을 보인다.

⑦ 사고의 와해는 없다.

(6) 정신증

① 상식, 어휘 소검사를 중심으로 극단적인 분산을 보인다(지적 기능의 심한 불균형).

② 언어성 지능>동작성 지능(14점 이상) : 동작성 지능이 장애의 영향을 더 많이 받는다.

③ 쉬운 문항에서 잦은 실패를 보이고 문항을 잘못 이해한다.

④ 이해문제, 차례 맞추기 점수가 낮음 : 사회적 적응 능력의 손상을 시사한다.

⑤ 공통성 저하, 상식 · 어휘 상승의 양상을 보인다(과잉 일반화, 잘 보존된 기억력, 그러나 손상된 추상적 사고 능력).

⑥ 빠진 곳 찾기, 산수문제 점수가 낮음 : 주의집중력의 어려움을 나타낸다.

⑦ 토막짜기 점수가 낮다.

⑧ 개별적인 문항의 반응, 특히 차례 맞추기, 공통성, 어휘 소검사에서의 반응을 질적으로 분석하는 것이 진단적 평가에 매우 중요하다. → 전형적인 와해(비논리성, 연상장애, 조리가 없음, 부적절성, 괴이한 언어 표현)가 나타날 수 있다.

⑨ 숫자외우기는 유지됨 : 즉각적 기억 손상 없다. → 불안이 적거나 없다.

(7) 히스테리성 성격 장애

① 쉬운 문항에 실패한다.

② 특히 산수 소검사에서 쉽게 포기하는 경향을 보인다.

③ 상식문제에 비해 이해문제 점수가 높고 토막짜기, 차례 맞추기 점수가 높다.

④ 도덕적인 반응내용을 보인다.

⑤ 사고의 와해 징후는 없다.

CHAPTER 03 | 표준화된 성격검사

TOPIC. 1 ▶ 다면적 인성검사

1. 다면적 인성검사(MMPI)

(1) 개념

① 세계적으로 가장 널리 쓰이고 있으며 가장 많이 연구되어 있는 객관적 성격검사이다. 현재의 심리 상태, 스트레스의 정도, 적응의 수준 등을 파악해 주어 보다 심층적인 성격의 분석을 도모하는, 가장 널리 사용되는 표준화된 심리검사이다.

② 오늘날까지 MMPI에 관해 45개 나라에서 115종류 이상의 번역판이 출판되었고 12,000가지 이상의 연구 논문이나 저서가 발표되어 있다.

③ 566문항, 388문항 두 종류의 검사지가 있으며 수기용이나 컴퓨터용으로 측정할 수 있다. 10가지 임상척도와 그 사람의 검사 태도에 따라 해석된다.

(2) 내용

① 주요 비정상적 행동의 종류를 측정하는 10가지 임상척도(Hs, D, Hy, Pd, Mf, Pa, Pt, Sc, Ma, Si)와 그 사람의 검사 태도를 측정하는 4개의 타당척도(알 수 없다, L, F, K)로 구성되어 있다.

② 타당척도는 피검사자가 얼마나 정확하게 검사를 실시했었는지를 평가할 수 있다.

2. 다면적 인성검사의 이론적 배경과 목적

(1) 이론적 배경

① 세계적으로 가장 널리 쓰이고 가장 많이 연구되어 있는 객관적 성격검사이다.

② MMPI는 질문지형 성격 검사지만 문항들은 투사법적인 함축성을 띠고 있고 550문항 중에서 16개 문항 각각은 한 번 더 중복해서 질문하도록 되어 있다(총 566개 문항).

③ 검사는 4개의 타당척도와 10개의 임상척도로 구분한다.

④ MMPI의 일차 기능은 정신과적 진단과 분류를 위한 것이며 일반적인 성격 특성을 측정하는 것이 아니다.

(2) 목적

원래 MMPI는 1940년대 미국 미네소타 대학의 심리학자인 Stark Hathaway와 정신과 의사인 Jovian Mckinley에 의하여 비정상적인 행동을 객관적으로 측정하기 위한 수단으로 만들어졌다.

① 정신과적 진단 분류를 위한 측정을 위함

② 개인의 인성 특징의 비정상성 혹은 징후를 평가하여 상담 및 정신치료에 기여하기 위함

③ 비정상적이고 불건전한 방향으로 진전될 가능성을 미리 찾아내 예방 및 지도책을 도모하기 위함

3. 다면적 인성검사의 구성 및 특징 중요

(1) 구성

① MMPI는 질문형 성격 검사인데도 상당히 투사법적 함축성을 띤 550개의 문항으로 구성되어 있으며, 피검사자가 각 문항에 대하여 '그렇다' 혹은 '아니다'의 두 가지 답변 중 하나를 택하여 반응하게 되어 있다.

② 이러한 반응은 주요 비정상 행동의 종류를 측정하는 10가지 임상척도와 그 사람의 검사 태도를 측정하는 4가지 타당척도에 따라 채점된다.

③ 문항수는 총 550개가 넘는데, 이는 척도들 간에 중복되는 문항들이 일부 포함되어 있기 때문이다.

④ 내용이 완전히 같은 문항 16개는 피검사자가 얼마나 일관성 있게 반응했는지를 확인하는 지표로 사용된다.

[MMPI의 척도 구성]

척도명	기호	약자	문항 수
타당척도			
모르겠다		?	
L척도		L	15문항
F척도		F	64문항
K척도		K	30문항
임상척도			
건강염려증	1	HS	33문항
우울증	2	D	60문항
히스테리	3	HY	60문항
반사회성	4	PD	50문항
남성특성-여성특성	5	MF	60문항
편집증	6	PA	40문항
강박증	7	PT	40문항
정신분열증	8	SC	78문항
경조증	9	MA	46문항
사회적 내향성	10	Si	70문항

⑤ MMPI 실시에 있어 문항수가 너무 많고 방대하여 시간이 많이 걸린다는 문제점들이 제기되었기 때문에 단축형 MMPI에 대한 관심과 연구가 꾸준히 있어 왔다. 현재 임상장면에서는 383문항형이 단축형으로서 가장 널리 사용되고 있다.

PART 01

PART 02

PART 03

PART 04

PART 05

PART 06

(2) 특징

① MMPI는 개인의 성격특징의 비정상성 혹은 징후를 평가하여 상담 및 정신치료에 기여하기 위함은 물론, 비정상적이고 불건전한 방향으로 진전될 가능성을 미리 찾아내어 예방 및 지도책을 도모하기 위한 검사이다.

② MMPI는 진문지형 성격검사인데도 상당히 투사법적 함축(projective implication)을 띤 550개의 문항을 포함하고 있다. 그중 16문항이 중복되어 총 566문항으로 구성되어 있으며, 피검사자가 각 문항에 대하여 '그렇다' 혹은 '아니다'의 두 가지 답변 중 하나를 택하여 반응하게 되어 있다.

③ MMPI는 주요 비정상 행동의 종류를 측정하는 10가지 임상척도와 그 사람의 검사태도를 측정하는 4가지 타당척도로 구성되어 있다. 타당척도는 피검자가 얼마나 정확하게 검사를 실시했었는지를 평가할 수 있다.

④ MMPI의 문항 선정과 척도 구성은 철저한 경험적 접근을 통하여 만들어졌다. 이것을 국내의 상황에 맞게 다시 재표준화하였다.

⑤ MMPI는 피검자의 심리적 상태 및 정상으로부터의 이탈을 매우 신뢰성 있고 타당하게 반영해 준다.

⑥ 진단을 목적으로 하는 병원 중심의 임상척도뿐 아니라 일반인의 적응이나 성격 특성을 이해할 수 있는 특수내용 척도가 있어 정상인의 적응과 성격을 예측, 이해하는 데 효율성이 높다.

4. 장점 및 단점, 유의사항

(1) 장점

① 검사 실시의 간편성 : 그 시행과 채점, 해석의 간편성뿐만 아니라 시행 시간이 비교적 짧다.

② 검사의 신뢰도 및 타당도 : 신뢰도와 타당도의 검증이 이루어지고 있으므로 검사의 신뢰도와 타당도가 높다.

③ 객관성의 증대 : 검사자 변인이나 검사 상황 변인에 따라 영향을 덜 받고, 개인 간 비교 또한 객관적으로 제시될 수 있으므로 객관성이 보장된다.

(2) 단점

① 검사 실시의 상황적 조건의 중요성을 과소평가할 수 있다.

② 검사 지시 과정을 소홀히 할 수 있다.

③ 올바르게 실시할 수 없는 사람에게 검사를 맡기는 경우도 있다.

(3) 다면적 인성검사의 검사 시 유의사항

① 심리치료 장면에서 MMPI를 사용할 경우 심리치료자에게는 개인의 정신건강 정도를 파악하고 내담자에 맞게 치료의 전략을 세우는 데 도움이 될 수 있다.

② 내담자들은 주로 가정이나 학교, 직장에 다니면서 일시적인 스트레스나 대인관계에 문제가 있다고 생각이 될 때 성격검사를 신청하게 된다. 이런 경우 검사자가 MMPI가 의미하는 바가 무엇인지를 확실히 안다면 정신과 약물을 필요로 하는 경우와 상담이나 심리치료가 필요한 경우를 구분할 수 있을 것이며, 적절한 치료를 받을 수 있도록 도와줄 수 있을 것이다.

③ MMPI는 정신과적 진단을 목적으로 정신병리를 알아보기 위한 대표적인 객관적 검사이다. 그러나 MMPI 검사 하나만으로 피검사자의 모든 것을 알 수 있는 만능의 검사는 아니다.

④ 검사자는 MMPI의 정확한 해석을 위해서 광범위한 임상적 경험과 진단적 면접 및 다른 심리 검사 자료를 함께 참고할 필요가 있다.

TOPIC. 2 ▶ MMPI의 해석

1. MMPI 해석 방식

형태해석과 내용에 근거한 해석으로 이루어지는데, 보통 MMPI에서는 형태해석이 중요한 점으로 부각된다.

① 형태해석

ㄱ 임상척도 간 상관관계나 임상증후군 간 중복 때문에 피검자의 MMPI 결과는 몇 개의 척도가 동시에 하나의 형태를 이루면서 상승하는 경향을 보임(예 임상척도 가운데 척도 6과 척도 8이 함께 상승한 경우 편집증 의심 가능)

ㄴ 이러한 MMPI 프로파일에서 공통 형태를 보이는 피검자들은 문제와 증후, 성격 특징에 있어서 서로 유사하다는 점이 알려지면서 MMPI의 형태적 해석이 선호됨

② 내용에 근거한 해석 : 요인 분석적 접근, 내용 분석에 대한 논리적 접근, 내용 해석에 대한 '결정문항' 접근이 있다.

2. MMPI 해석 전략

(1) 주요 내용

① MMPI는 피검자에 대한 가설을 제공하지 피검자에 대한 확실하고 완전한 해석을 제공하는 것이 아니다. 그러므로 그 해석 과정에서 임상가는 해석 내용을 신중하고 깊이 있게 다루어야 한다.

② 일반적으로 소요되는 1시간 혹은 1시간 30분보다 길게 소요된다면 운동지연이나 혼란을 나타낸다고 볼 수 있으며, 지나치게 짧은 경우 무성의한 혹은 충동적 응답이라 볼 수 있다.

(2) 검사수행의 태도

① 일차적으로 척도 L, F, K의 점수를 기초로 검토

ㄱ 무응답척도(?)가 높은 경우 : 피검사자가 우유부단함이나 양가적인 점을 감추고자 할 때 나다남

ㄴ L척도가 높은 경우 : 피검자가 자신이 가진 사소한 단점마저 부인하는 경우

ㄷ F척도
- 높은 경우 : 피검자가 이탈된 방향의 태도나 행동을 가지고 있다는 것을 나타냄
- 낮은 경우 : 일반인보다 이탈된 행동이나 태도를 더 적게 인정하고 있음을 나타내며, 지나치게 방어적이라는 의미

ㄹ K척도 : 부적절함을 부정하는 척도

② 일반적인 해석

　　㉠ 자기 자신을 지나치게 호의적으로 나타내고자 하는 경우는 L, K 점수가 높고 F점수가 낮은 V자형 프로파일을 보임

　　㉡ 지나치게 자기 비판적이거나 자신의 문제를 과장하는 태도를 취하고 이러한 목적으로 검사를 이용하고자 하는 경우는 타당도 척도가 역V자형 프로파일을 보임

TOPIC. 3 MMPI의 타당도 척도와 해석

1. 척도

① 답하지 않았거나 모두에 답한 문항들의 총합

② 빠뜨린 문항들은 정상적 방향으로 응답한 것으로 간주

③ '답하지 못하는 것인가? 답하지 않으려는 것인가?'

2. L척도

① 자신을 좋은 모형으로 나타내 보이려는 다소 고의적이고도 부정직한 시도를 측정하려는 척도

② 이상적인 근거에 의해 선별된 15개의 문항들로 구성

③ 양심적인 사람들에게서만 발견되는 태도나 특성

④ L척도의 해석

T점수	해석
44 이하	• 모든 문항을 '그렇다'로 답하는 반응 태도가 있을 수 있음 • 인간의 일반적인 약점(도덕적 혹은 사회적)을 인정할 수 있는 능력이 있음 • 비교적 독립적이고 자기신뢰감이 높음 • 대체로 교육수준이 높은 정상적인 사람 • 자신을 극히 병적으로 보는 환자
45~59	• 사소한 사회적 약점을 적절히 부인하거나 인정할 줄 앎 • 호감을 주는 자아상을 창조하려 시도하는 세련된 환자
60~69	• 보통보다 다소 더 사회 순응성이 높고 도덕적으로 조심성이 많은 정상인 • 부인 방어를 잘 쓰는 환자
70 이상	• 가장 보편적인 인간의 약점도 부인하려 하며 자기의 가치나 도덕성을 비현실적으로 그리고 경직되게 강조함 • 자기의 통제가 매우 강하고 자기 행동의 동기가 무엇인지 통찰력이 부족하거나 결여되어 있음 • 매우 세속적이고 사회적 순응성이 강함 • 인사선발과 같은 상황에서 과도하게 좋은 인상을 주려고 애쓰는 세련되지 못한 정상인 • 스트레스에 대한 인내력이 약하고 사고의 독창성이 없으며 문제 해결에서 유연하지 못하고 자신의 행동이 다른 사람에게 어떤 결과를 주는지 알지 못함 • 매우 방어적이고 특히 부인이나 억압 방어가 강한 환자(주로 히스테리성 장애나 신체화 장애) 혹은 정신과 입원 환자로서 모든 임상척도가 70T 이하로 낮으면 혼란된 정신증 환자일 수 있음

3. F척도

① 비전형적인 방법으로 응답하는 사람들을 탐지하기 위해 구성된 64개 문항

② F척도가 높을수록 문제 영역이 많고 정도가 심함

③ F척도의 해석

T점수	해석
50 이하	• 비교적 스트레스를 느끼지 않는 정상인 • 사회적 순응도가 높음 • 심한 정신병리를 부인하려 함
50~64	• 어떤 특별한 영역에 문제가 있을 수 있음(가정 문제, 종교 문제, 건강 문제. 70T 이상의 임상척도가 있으면 그것이 나타내는 문제에 적응되어 별로 걱정하지 않는 상태) • 외견상 잘 나타나지 않는 정신병 환자
65~79	• 보통과는 매우 다른 사회적, 정치적 혹은 종교적 사고방식을 가지고 있는 사람 • 자아정체 문제로 고민하고 있는 청소년 • 정신증적 장애 및 행동장애, 심한 신경증, 현실검증력에 장애
80 이상	• 무효(혹은 무작위), 프로파일 : 고의적·문맹·비협조적 • 심하게 혼란된 정신병적 환자 혹은 두뇌손상 환자 • 극도로 불안하고 도움을 원하는 경우 • 자아정체 위기를 겪고 있는 청소년 • 그 사람이 겪고 있는 정신병리의 심한 정도를 반영함 • 사고장애, 판단력장애, 사회적 회피 및 언어 감소 등 • 고의적으로 병을 가장하거나, 보통과는 매우 다르게 보이려 하는 사람(청소년)

4. K척도

① 정신적인 장애를 식별하기 위해 경험적으로 선택된 30개의 문항으로 구성

② 피검사자의 유형에 따라 방어성의 정도를 해석

③ 성격적 통합성과 건강한 적응에 대한 정도

④ K척도의 해석 : 정상인인 경우

T점수	해석
45 이하	• 스스로 자기 문제를 해결할 능력이 부족함을 인정하고 있는 상태. 정신병리의 유무를 감별할 필요가 있음 • 스트레스를 겪고 있는 대학생(F>boT)
46~55	• 자기노출과 자기보호 간에(혹은 자기평가와 비판 간에) 적절한 균형을 유지하고 있는 사람 • 사회경제적 수준이 낮거나 교육 정도가 낮은 사람
70 이상	• 방어적 성질을 띤 적절성 혹은 적응력의 외형 강조 • 타인과의 깊은 정서적 친근성을 두려워하며 감정 표현을 잘 못하고 수줍어함 • 유연성이 부족하고 경직되어 있으며 타인의 비정상적인 행동이나 태도에 대해서도 용인하지 않으려 함 • 검사 이유나 목적 혹은 비밀 보장에 관한 설명이 부족한 검사 지시 상황에서 자기노출에 다소 조심성이 많은 방어적인 대학생 • 여자의 경우는 남자보다 자신을 더 엄하게 심판하므로 방어적 태도보다는 효율성을 반영할 수 있음

⑤ K척도의 해석 : 정신과적 장애가 있는 환자들인 경우

T점수	해석
35 이하	• 자신의 단점을 과장하거나 자신에 관하여 나쁜 점을 강조하고자 함 • 심한 정서적 장애를 가지고 있는 것처럼 문제를 조작했거나 강조함 −특별히 도움이나 관심을 청하기 위하여 −고의적인 과장
36~45	• 공개적으로 인정하는 심한 정신적 장애를 가지고 있음(F>bot) • 제한된 성격적 자질과 강한 자기불만을 가지고 있으나 자신의 상태를 향상시킬 만한 대인관계 기술이나 능력이 결여되어 있음 • 자신의 행동이나 동기에 대한 통찰력이 결여되어 있고 타인의 동기에 대하여 의심이 많음 • Masochistic confessor • 교육 수준이 낮은 환자의 경우 중증도의 장애를 나타내나, 수준이 높은 환자는 심한 장애와 자아력 및 방어기제의 약화를 나타냄
46~59	• 자기노출과 자기보호 간에 적절한 균형을 유지하고 있는 환자 • 심리적인 치료를 원하고 견딜 수 있는 충분한 성격적 자질을 가지고 있음 • 교육 수준이 높은 환자인 경우 중증도의 장애가 예상됨 • 심리적 치료의 예후는 양호함
70 이상	• 외견상 적절함과 통제력을 과시하려 무척 노력하며 자신이 가지고 있는 어하한 문제나 약점도 인정하려 하지 않음 • 자신의 문제에 대한 이해나 정서적 통찰이 심히 결여되어 있고 평가도 거부함 • 환자 역할을 거부하고 극단적으로 방어적이며, 프로파일에서 그의 문제성을 식별하기 곤란함 • 임상척도들이 낮아질 수 있음 • 임상척도들이 동시에 크게 상승하여 있는 경우는 심한 정신적 장애가 있으나 본인은 그것을 알지 못하고 있는 상태임

5. 임상척도 (중요)

(1) 건강염려증

① 개요
 ㉠ 호소하는 신체적 증상의 수와 이것이 다른 사람을 조종하는 데 사용되고 있지 않은가를 측정하는 33개 문항으로 구성
 ㉡ 불안이나 집착은 원칙적으로 정신병적 상태보다는 신체기능에 대한 신경증적 걱정을 의미
 ㉢ 희포콘트리어증을 측정
② 척도 1이 높은 사람(T점수 65 이상)
 ㉠ 타인에게 요구 사항이 많고 의존적임
 ㉡ 자기의 건강에 대한 병적인 관심을 나타냄. 우울증과 관련
③ 척도 1이 낮은 사람(T점수 45 이하) : 건강염려증적인 고통을 부인하는 것을 특징으로 하는 하나의 이질적 집단

④ 점수별 해석

T점수	해석
44 이하	• 모호한 신체적 증상이나 건강에 대한 걱정을 부인하는 사람 • 보건직에 종사하는 사람이나 건강염려증 환자의 가족이나 병을 나약함과 동일시하여 부정적으로 생각하는 사람 • 기민하고 낙천적이며, 통찰력 있고 효율적임
45~55	보통 범위에 속하는 신체적 증상을 호소함
56~65	• 실제로 신체적 질환이나 장애가 있는 사람, 미성숙하고 고집 세고 의욕이 약함 • 자신 및 타인의 신체적 건강에 대하여 건설적인 관심을 가지고 있는 정상인 • 조심성 있고 사려 깊고 진실하며 양심적임
66 이상	• 자신에게 어떤 신체적 병이 있다고 생각하거나, 같은 병을 이용하여 다른 사람을 조종하고 지배하려 함 • 모호한 신체적 증상에 과도하게 집착하고, 불평이 많고 냉소적이며 요구사항이 많고 부정적 · 비판적임 • 심리적 및 신체적 치료에 대한 예후가 불량함 • 여하한 해결책에 대해서도 거부적임

(2) 우울증

① 개요

㉠ 60개 문항

㉡ 우울증상을 측정하기 위한 것으로 비관, 슬픔의 정도를 나타내는 기분 척도

㉢ 신경증적 혹은 내면성 우울증보다는 반응성 혹은 외인성 우울증을 측정함

㉣ 내적으로 우울, 외적으론 명랑, 내적 비관을 잘 드러냄

② 척도 2가 높은 사람(T점수 65 이상) : 대체로 우울증적 증상을 나타내는 사람

③ 척도 2가 낮은 사람(T점수 45 이하) : 능동적이고 기민하며 활동적이고 다양한 일에서 효율적인 사람

④ 점수별 해석

T점수	해석
40 이하	• 사교적이고 낙관적이며 기민한 사람, 사고나 행동이 자유로움 • 이 같은 행동들이 그 사람의 환경과 상황에 적절할 것(특히 근래에 사고가 있었을 때)
41~59	경력과 열의가 균형을 이룬 생활 태도나 행동
60~69	• 자신이나 어떤 일에 대하여 불만이 있으나 이 같은 상태를 우울한 것이라고 느끼지는 않으며, 오히려 상황에 적절할 수도 있음 • 자신에게 일어나는 일에 적절한 걱정을 나타내지 않거나 만성적인 우울한 생활에 적응된 상태 • 정상인일 경우, 현실적 · 객관적이며 사려 깊고 생각을 좋아함 • 스트레스하에서는 자신의 행동에 과도하게 비판적인 태도를 취하고, 죄책감에 잘 빠지며, 걱정과 불안을 나타냄 • 옳고 그른 것, 선과 악을 잘 따지고, 인성이나 그 의미에 대한 실존적 의문을 잘 가짐 • 대학 상담 의뢰자에서 가장 흔하며, 만성적 우울증이라기보다는 현실적으로 압박을 가하는 문제에 대한 반응을 나타냄 • 소척도 분석을 통하여 정확한 해석을 시도할 것

70 이상	• 인생이나 자신에 관하여 비관과 우울한 기분을 보이는 환자 • 자기 비하적 현실 회피적, 죄의시, 우유부단, 걱정이 많음 • 점수가 높아질수록 운동지체, 극단적 무망감, 자기비하 등이 확산되고 망상적이 됨 • 다른 임상 척도를 검토하거나 환자 면담을 통하여 우울감의 원인을 파악해야 함

(3) 히스테리

① 개요

　　㉠ 히스테리증의 정도 및 경향 진단

　　㉡ 어떤 사건에 대한 부인의 양과 형태를 측정

　　㉢ 60개의 문항들 중 특정한 신체적 증상을 나타내는 문항과 심리적 혹은 정서적 문제도 가지고 있
지 않다고 주장하는 것을 나타내는 문항으로 구성

② 척도 3이 높은 사람(T점수 70 이상) : 부인과 피암시성이 강하고 신체적 증상을 나타냄으로써 스트
레스에 대처하거나 책임을 회피하려는 사람

③ 척도 3이 낮은 사람(T점수 40 이하) : 대체로 일상생활에서 순응적이고 통속적이며 비모험적인 사람

④ 점수별 해석

T점수	해석
40 이하	• 냉소적이고 불신하며, 사회적으로 고립되어 있는 환자 • 세상에 냉혹하게 대처하며, 흥미 범위가 좁고 방어기제가 약함
41~59	• 히스테리 역동의 태도나 행동을 전형적으로 가지고 있는 환자 • 대부분의 정상인. 해석 불요
60~69	• 과다노출적, 외향적, 피정상적인 환자, 순박하고 자기중심적이며 여하한 문제도 부인함 • 인생의 긍정적인(낙관적인) 측면만 보려 하고, 불유쾌한 일들을 외면하려 함 • 대인관계에 대한 통찰력이 부족함 • 정서적이고 긍정적인 강점을 잘 나타냄
70 이상	• (60~69)의 첫 번째 항목이 더욱 상향, 피암시적임 • 스트레스하에서는 특수한 신체적 장애가 나타남 • 미성숙하고 요구가 많고 억압이 강함 • 단순하고 구체적인 문제 해결책을 요구하고 자기검토를 불원함 • 첫인상은 좋으나 심리적 치료는 어려움

(4) 반사회성

① 갈등에 대한 50개의 문항으로 구성

② 특징

　　㉠ 사회적 규범 무시

　　㉡ 깊은 정서적 반응의 결핍

　　㉢ 체험(경험)으로부터 학습하고 습득하는 능력이 부족

　　㉣ 반사회적 성격을 지녔고 비사회적이며 비도덕적인 유형으로서 17~22세의 젊은이들을 기준집단
으로 사용하여 문항 구성

③ 척도 4가 높은 사람(T 점수 65 이상) : 분노감, 충동성 · 정서적 피상성 및 예측 불능성 등 사회적으
로 규범에 대하여 또는 권위적 대상에 대하여 거부적임

④ 척도 4가 낮은 사람(T 점수 40 이하) : 매우 통속적이고 순응적이며 권위에 대하여 순응적임. 또한 수동적이고 복종적이며 비주장적임

⑤ 점수별 해석

T점수	해석
40 이하	• 경직되고 통속적인 환자, 매우 지루하고 권태로운 생활도 잘 견딜 수 있음 • 남자들은 성에 대한 흥미가 적고 특히 이 척도가 가장 낮을 때 그러함
41~55	• 권위, 소외감 및 권태에 대하여 정상 범위에 속하는 불평을 하는 환자 • 권위적 대상에 대한 불안을 잘 나타내지 않고 사회현실을 그런대로 받아들임
56~64	• 사회적 문제나 현안에 대하여 진지하게 관심을 가지고 있는 환자 • 환경적 갈등에 대한 반응을 나타내고 있거나 혹은 습관적인 대인관계 및 사회적 갈등에 적응되어 있는 상태 • 갈등의 원인이 환경적인 것이라면 갈등이 해소된 후에는 점수가 정상 범위로 돌아와야 함 • 자기 주장을 잘하고 신체적 원기와 욕구를 잘 표현하는 정상인 • 새로운 상황에 쉽게 적응하고 선도적이며, 정력적 · 활동적임 • 모험적이고 솔직하며 진취적이나, 욕구가 좌절되면 공격적이고 사회적 부적응 행동을 보일 수 있음
65 이상	• 화나 있고 싸우고 있는 사람임. 주로 권위적 대상과 갈등을 겪고 있는 환자이며, 이 갈등은 행동으로 나타나기보다는 적대감이나 반항심으로 나타나고 있음 • 신뢰성이 결여되어 있고, 자기중심적이며, 무책임함. 경험에서 배울 줄 모르며 계획성이 없고 충동적임. 좌절 인내력이 낮음 • 사회적으로 호감을 주고 첫인상이 좋으나, 오래 사귀거나 스트레스를 받으면 반사회적 특성이 나타남

(5) 남성특성 – 여성특성

① 60개 문항으로 구성

　㉠ 직업 및 취미에 대한 관심, 심리적 및 종교적 취향

　㉡ 능동성 – 수동성 그리고 대인감수성 등

　㉢ 남성들 – 여성특성, 여성들 – 남성특성을 나타낼 때 비정상적으로 채점

② 척도 5가 높은 남자

　㉠ 남자로서 동성애를 하고 있거나 혹은 동성애적 관심이 있음

　㉡ 정형화된 남성적 흥미가 부족

　㉢ 심리적이고 예술적인 흥미를 가지고 있음

　㉣ 대부분의 남자들보다 집안일을 돌보거나 육아 등에 참여한 예가 더 많음

③ 척도 5가 높은 여자

　㉠ 전통적인 여성적 역할의 거부

　㉡ 매우 공격적이고 불친절하며 경쟁적이고 지배적

　㉢ 자유분방하고 자신만만하며 자발적임

　㉣ 모험심이 많음

④ 척도 5가 낮은 남자

　㉠ 하는 일이나 취미나 기타 활동에서 거의 강박적으로 남성적 특성을 과시하려는 사람

　㉡ 남성적인 흥미를 항상 강조

⑤ 여성의 점수별 해석

T점수	해석
34 이하	• 전통적인 여성 역할에 과도하게 동일시하며, 허상에 가까운 여자일 가능성이 높음 • 수동적이고 수줍어하며 양보심이 많고 스스로 무력하다고 생각함 • 관계를 너무 염려한 나머지 대인관계에서 자기주장적 · 자기연민적이고, 불만이 많으며 잔소리가 심함
35~44	• 전통적인 여성적 취미나 활동에 관심이 많은 전형적인 여자 • 가정 밖에서의 활동에도 흥미가 많으나, 다소 수동적임
45~59	• 운동 및 기타 옥외활동을 좋아함 • 남성적인 취미를 가지고 있을 수도 있고 그렇지 않을 수도 있으나 여성적으로 보이는 것에는 크게 흥미가 없음
60 이상	• 이 범위에 속하는 여자는 흔치 않으므로 채점이나 환상과정에서의 오류를 확인할 것 • 전통적인 여성 역할에 합당한 행동이나 외모에는 분명히 흥미가 없음. 그것을 강요하면 불안해지거나 공격적이 됨 • 동성애적 행동은 나타나지 않음 • 공격적인 충동을 적절히 해소하는 데 어려움이 있음

(6) 편집증

① 40개 문항으로 구성

㉠ 집착증, 의심증, 과민성 및 각종 망상의 정도와 징후를 측정

㉡ 자기의 능력이나 지능에 비하여 너무 높은 것을 그림

㉢ 현재의 처지나 상황을 잘못 파악 · 해석하고 대인관계에서 과민하고 부드럽지 못함

② 척도 6이 높은 사람

㉠ 의심이 많고 적대적이며, 경계심이 많고, 지나치게 민감하고 논쟁을 좋아하며, 남 탓을 잘하는 사람

㉡ 언쟁, 합리화, 편집성 성격 구조, 매우 도덕적

㉢ 치료자와의 관계도 매우 어려움

㉣ 대인관계에서 예민하고 정서적이며 합리적이고 생각이 분명함

③ 척도 6이 낮은 사람

㉠ 일반적으로 좋게 평가

㉡ 사회적으로 유능

㉢ 남을 쉽게 믿으며 균형적이고, 관습적임

㉣ 현명하고 사회적 흥미 높음

㉤ 생활상의 문제를 적절히 직면함

㉥ 쉽게 속아 넘어감

④ 척도 6의 평균

㉠ 남자의 평균 점수 : 55점

㉡ 여자의 평균 점수 : 56점

⑤ 점수별 해석

T점수	해석
44 이하	• 흥미 범위가 좁고 고집이 세고 회피적이며 경계심이 많고 불만이 많음 • 문제 해결 방식이 경직되어 있고 의심이 많으며 망상을 갖고 있을 수 있음 • T점수가 낮을수록 편집증적 증상이나 진단을 보임
45~59	• 과민하고 의심성이 많으나, 명백 문항을 피할 줄 아는 환자 • 정신증적 증상을 보이지는 않으나 편집형적 양상을 가지고 있으며, 타인의 생각에 예민하고 동기를 의식하며 분노가 많음
60~69	• 대인 관계에서 민감하며, 타인의 의견에 과도하게 반응하며 경계심과 의심이 많고 잘못된 일은 타인의 탓으로 돌림 • 비판에 과도하게 민감하고, 타인의 행동을 자신과 연관시킴 • 여성들은 슬프고 불안하며 현실도피적인 경향이 있고 감정 변화가 많음
70 이상	• 의심 많고 적대적이며 과도하게 민감한 환자. 점수가 높을수록 그것을 말로 표현하고 논쟁을 벌임 • 사고장애가 있을 수 있고, 피해망상이나 과대망상을 보이며 정신분열증이나 편집형 장애로 진단될 수 있음 • 투사와 외형화를 주된 방어기제로 사용함

(7) 강박증

① 48개 문항으로 구성
  ㉠ 신경증적 정신쇠약의 정도를 진단하기 위하여 작성
  ㉡ 오랫동안 지속되어 온 만성적 불안
  ㉢ 성격형(특성불안)에서 나타나는 스트레스 성향을 측정
  ㉣ 심리적 고통이나 불안을 나타내는 훌륭한 지수
  ㉤ 싱격적인 불안을 나타냄
② 척도 7이 높은 사람
  ㉠ 불안하고 긴장되고, 우유부단하고 주의집중이 안 됨. 또한 매우 사소한 일에도 걱정이 많고 겁이 많으며 공포심이 많음
  ㉡ 매우 내성적이며 강박적이고 마술적인 생각을 많이 하여 예식적인 행동을 잘하고, 명상을 좋아함
  ㉢ 단정하고 꼼꼼하며 신뢰성은 있으나 문제해결에 적절한 솜씨나 창의력이 부족
  ㉣ 형식적이며 수줍어하고 대인관계가 서툴고 타인의 반응에 민감하여 감성적이고 친절
  ㉤ 신체적 기능에 대하여 극단적인 관심을 보임
  ㉥ 피로감, 기진맥진함 상태, 불면증 등을 호소
③ 척도 7이 낮은 사람
  ㉠ 대체로 매우 유능하고 잘 적응
  ㉡ 심한 공포나 불안을 가지고 있지 않고 자신만만
  ㉢ 일반적으로 안정감을 느끼는 사람
  ㉣ 꾸준하고 성공지향적
  ㉤ 온화하고 명량하며 우호적이고 다양한 취미를 갖고 있으며 현실적이고 효율적
  ㉥ 적응력이 풍부하고 성공이나 지위 및 인정받는 것을 중요시함

④ 점수별 해석

T점수	해석
40 이하	• 불안이나 공포를 느끼지 않으며 인정되어 있고, 자신에 만족하고 있는 사람 • 성공지향적이고 유능하며 걱정이 없음 • 과거에 척도 7이 높았던 시점으로서 과잉 보상한 상태
41~59	비정상적인 불안이나 걱정 없이 자기 업무나 책임을 잘 수행하는 사람
60~69	• 자신의 책임을 정확하게 수행하며, 그렇지 못할 때에는 걱정이 많아짐 • 다소 강박적인 성격의 소유자이며, 쉬이 걱정하고 불안해지거나 우울해질 수 있음
70 이상	• 자타가 인정하는 심한 불안 상태를 보이며, 걱정이 많고 긴장되고 우유부단함 • 초조하고 주의집중이 안 됨 • 극단적으로 높을 때에는(T>80) 강박적인 사고와 초조가 너무 심하여 불안을 통제할 수 없음 • 매우 심한 죄책감과 더불어 우울증이 있을 수 있음 • 심리치료를 시행하기 전에 약물요법이 필요함

(8) 정신분열증

① 78문항으로 구성된 가장 큰 척도

　㉠ 척도만으로 단독 해석하기에는 가장 어려운 단일 척도

　㉡ 여러 가지 요인에 의하여 그 점수가 높아질 수 있기 때문

② 척도 8이 높은 사람

　㉠ 냉담하고 무감동적이며 소원하고 사고와 의사소통에 곤란

　㉡ 정신법적 사고장애를 가지고 있을 수 있음. 인간이라면 갖추어야 할 근본적인 무엇이 자기에게는 결여되어 있는 것 같고, 자신은 현재 살고 있는 가정이나 사회의 일부가 아닌 것처럼 느낌

　㉢ 실제적인 대인관계보다 백일몽이나 환상을 더 즐김

　㉣ 고립감, 열등감 및 심한 자기불안감에 빠져 있음

　㉤ 사회적 접촉을 회피

　㉥ 혼자 있기를 좋아함

③ 척도 8이 낮은 사람

　㉠ 순응적이고, 복종적이며, 권위에 대하여 지나치게 수용적인 태도를 보임

　㉡ 실용적인 현실주의자로서 이론적 혹은 철학적인 문제에 대해서는 별로 흥미가 없음

　㉢ 그들은 여러 가능성에 대하여 상상하는 일이 어려우며 그들처럼 인생을 지각하지 못하는 사람들을 이해하기도 어려워함

　㉣ 어떤 문제를 이론적이거나 철학적인 방식으로 생각하는 사람을 이해할 수 없으며, 비창조적이고 경직되어 있고 짜여진 생활을 좋아함

④ 점수별 해석

T점수	해석
40 이하	• 관습적, 현실적이며, 이론적이거나 철학적인 문제에는 흥미가 없는 환자 • 상상력이 부족하고, 비창조적이며, 세상을 자기와 다르게 지각하는 사람을 이해할 수 없음
41~59	• 정신병적 과정에 적응된 만성 정신분열증환자 • 정상인
60~69	• 보통 사람들과는 생각하는 바가 좀 다른 사람들 • 창조적, 진위적, 혹은 분열성과 유사한 과정의 환자 • 현상이나 증상을 통하여 현실을 회피하려 함 • 내적 갈등이 많은 대학생, 학업 성적이 불량한 청소년 • 함께 상승한 다른 임상척도를 검토할 것
70~89	• 환경으로부터 소외감과 유리감을 느끼는 환자 • 대개는 정신분열증이나 때로는 환경적 혹은 심리적 스트레스에 기인할 수 있음 • 점수가 높아질수록 비논리적이며, 주의 집중과 판단력의 장애 및 사고장애를 보임 • 때로는 항정신약물을 필요로 함
90 이상	• 급성적이며 심한 환경적 스트레스에 처해 있는 불만이 심한 환자 • 자아정체 위기를 맞고 있는 사람 • 대개 정신분열증은 아님

(9) 경조증

① 46문항으로 구성된, 정신적 에너지를 측정하는 척도

 ㉠ 경조증의 정도를 측정

 ㉡ 사고와 행동의 과잉, 지나친 정서적 흥분, 관념의 비약

 ㉢ 연광적이며 과도한 낙천주의, 과잉 의욕 그리고 경우에 따라서는 사회적 전통을 무시하고 법률 문제를 야기하는 것 등이 특징

② 척도 9가 높은 사람

 ㉠ 3가지 특징 : 과잉 활동성, 정서적 흥분성, 사고의 비약

 ㉡ 환자 : 충동적, 경쟁적, 말이 많음. 자기도취적, 사회적 관계에서 피상적 행동 통제에 문제, 대체로 기분이 좋으나 때로 화를 잘 내는 성질을 가짐

③ 척도 9가 낮은 사람

 ㉠ 대체로 좋게 기술되고 있음

 ㉡ 신뢰성 있고 성숙되어 있으며 양심적으로 믿음직스러움

 ㉢ 문제 해결 방식이 실제적이고 합리적이나 자신감이 부족하고, 남들이 보기에 겸손하고 진지하며 조용함

 ㉣ 감정 억제가 심한 경향이 있고 사회적 활동에 별로 참여하지 않으려는 경우가 많음

 ㉤ 극단적으로 낮은 점수($CT > 1$)를 보이는 사람들은 무감동적이고 기운이 없으며 의욕이 없고 비활동적임. 때로는 만성적인 피로감과 공허함을 호소함

④ 점수별 해석

T점수	해석
40 이하	• 활력 및 활동수준이 낮은 환자. 그 원인은 우울증일 수도 있고 혹은 피로나 일시적인 병에 기인할 수도 있음 • 극단적으로 낮을 경우(CT>35)에는 척도 2의 상승에 관계없이 우울증을 의미함
41~59	• 정상적인 활동 수준을 보이는 환자 • 나이 많은 정상인(40~50T) • 정상적인 대학생 및 청소년(55~59T)
60~69	• 활동적이고, 외향적이며, 정력적인 환자. 활동성에 대한 외적 제약을 받으면 안절부절못하고 겉으로 불안감을 표현함 • 대학생, 특히 대학원생에서는 자기 계획을 수행할 수 있는 정력을 나타내는 것으로서 바람직한 현상임
70 이상	• 과잉활동. 정서적 불안정성. 사고 비약을 보이는 환자 • 대체적으로 기분이 향상되어 있으나 폭발적인 분노를 표현함 • 충동적이며, 만족의 지연이 곤란함. 자기도취적, 과대망상적이며, 점수가 높을수록 조광적임 • 계획은 많으나 완성하는 일은 적으며, 환상적임 • 바쁘게 움직이지 못하면 우울해짐

(10) 사회적 내향성

① 70문항으로 구성

㉠ 개인의 사회적 접촉 회피, 대인관계의 기피, 비사회성 등의 성격 요인 측정

㉡ 그 사람이 혼자 있는 것을 좋아하는가(척도 0이 높을 때) 아니면 다른 사람들과 함께 있는 것을 좋아하는가(척도 0이 낮을 때)

② 척도 0이 높은 사람

㉠ 사회적으로 내향적

㉡ 수줍어하며 현실회피적

㉢ 혼자 있거나 몇몇 가까운 친구들하고만 있을 때 편하게 느낌

㉣ 여러 가지 사회적 활동에 참여하는 것은 싫어함

③ 척도 0이 낮은 사람

㉠ 외향적이고 사고적

㉡ 사람을 좋아하고 다양한 사람들과 잘 어울림

㉢ 여러 사회적 활동에 참여

㉣ 사람들 앞에 나서기를 좋아하고 의사 표현에 적극적

㉤ 정력적이며 권위나 지위에 관심이 많음

㉥ 경제적인 상황을 찾아다님

㉦ 충동 억제에 문제가 있어서 만족을 지연할 줄 모르며 정서적인 통계가 부족

④ 점수별 해석

T점수	해석
40 이하	• 외향적이며, 사람들과 함께 있는 것을 좋아하고, 그것이 편한 환자 • 극단적으로 낮을 경우(T>35) 대인관계가 피상적이고 참된 깊이가 없음 • 청소년 및 대학생들은 이 범위의 상단에 위치하는 것이 정상적임 • 혼자 있는 것이 어려움
41~59	외향적 행동이나 태도와 내향적 성향 간에 균형을 이루고 있는 환자
60~69	• 혼자 있거나 소수의 가까운 친구들하고만 있는 것을 더 좋아하는 환자 • 대인관계 형성의 능력은 있으나 일반적으로 안 하는 것을 더 좋아함 • 자율성, 독립성 및 자기실현이 가능한 정상인
70 이상	• 내향적이고 수줍어하며 사회적 상황에서 불안정해지는 환자 • 과민하며 때로는 의심성이 많음 • 도움을 줄 수 있는 친근한 사람들을 회피하고 사회적 접촉을 기피함으로써 그들의 문제를 더욱 악화시킬 수 있음 • 감정 발산의 가능성은 적은 반면에 영상이 많음

┃＋ 이해더하기 ┃

검사별 척도 비교표

구분	MMPI-2	NNPI-2-RF	MMPI-A
문항 수	567문항	338문항	478문항
규준 집단	(미국) 남자 1,138명, 여자 1,462명 (한국) 남자 651명, 여자 701명	(미국) 남자 1,138명, 여자 1,138명 (한국) 남자 651명, 여자 651명	(미국) 남자 805명, 여자 815명 (한국) 남자 775명, 여자 759명
T점수	전체 규준&성별 규준	전체 규준	성별 규준
K교정점수	Hs, Pd, Pt, Sc, Ma 척도에 K 교정 적용, K교정 안 한 T 점수도 함께 제공	없음	임상척도에 K교정 적용하지 않음
타당척도	VRIN, TRIN, F, F(B), F(P), FBS, L, K, S	VRIN-r, TRIN-r, F-r, Fp-r, Fs, FBS-r, L-r, K-r	VRIN, TRIN, F, F1, F2, L, K
임상척도	10개(Hs, D, Hy, Pd, Mf, Pa, Pt, Sc, Ma, Si)	없음	10개(Hs, D, Hy, Pd, Mf, Pa, Pt, Sc, Ma, Si)
재구성 임상척도	9개(RCd, RC1, RC2, RC3, RC4, RC6, RC7, RC8, RC9)	9개(RCd, RC1, RC2, RC3, RC4, RC6, RC7, RC8, RC9) ※ MMPI-2와 동일함	없음
척도 구성	타당척도 9개 임상척도 10개 임상 소척도 31개 재구성 임상척도 9개 성격병리 5요인척도 5개 내용척도 15개 내용 소척도 27개 보충척도 15개	타당척도 8개 상위차원척도 3개 재구성 임상척도 9개 특정문제척도 23개 흥미척도 2개 성격병리 5요인척도 5개	타당척도 7개 임상척도 10개 임상 소척도 31개 내용척도 15개 내용 소척도 31개 보충척도 6개

결정적 문항 및 척도	Koss-Butcher critical item(6개 영역) Lachar-Wrobel critical item(11개 영역)	7개의 결정적 척도(SUI, HLP, AXY, RC6, RC8, SUB, AGG)	청소년용 결정적 문항 (Forbey&Ben-Porath, 1998)

TOPIC. 4 기타 성격검사

1. TCI

① TCI 소개

㉠ 이론적 배경 : 심리생물학적 인성 모델(Cloninger, Svrakin & Przybeck, 1993)

| + 이해더하기 |

유전적으로 서로 독립적인 인성의 세 차원
- 행동 활성화 체계(Behavioral Activation System) : 새로운 자극이나 보상신호에 대한 반응 혹은 처벌을 적극적으로 회피하기 위한 반응으로, 행동이 활성화되는 기능을 조절하는 체계
- 행동 억제 체계(Behavioral Inhibition System) : 처벌이나 위험의 신호 혹은 보상 부재의 신호에 대한 반응으로, 행동이 억제되는 기능을 조절하는 체계
- 행동 유지 체계(Behavioral Maintenance System) : 이전에 보상된 행동이 지속적 강화 없이도 일정 시간 동안 유지되는 기능을 조절하는 체계

㉡ 검사 목적 : 개인의 기질 및 성격을 측정

㉢ 검사 구성 : 기질을 측정하는 4개의 척도와 성격을 측정하는 3개의 척도로 구성되어 있으며 기질과 성격의 차원들은 서로 상호작용하면서 한 개인이 삶의 경험에 대해 적응해가는 고유한 양상을 만들어내고, 정서 장애 및 행동 장애에 대한 취약성에 영향을 미친다.

| + 이해더하기 |

인성(Personality) : 기질×성격
- 기질(Temperament) : 냉장고 속의 음식
  - 자극에 대해 자동적으로 일어나는 정서적 반응 경향성
  - 자극 추구, 위험 회피, 사회적 민감성, 인내력
- 성격(Character) : 냉장고의 온도 조절 장치
  - 개인이 어떤 목표와 가치를 추구하는가, 개인이 자신을 어떤 사람으로 이해하고 동일시하는가를 포함하는 자기개념에서의 개인차와 관련됨
  - 성격은 기질이라는 원재료를 바탕으로 환경과의 상호작용 속에서 형성되며, 사회문화적 학습의 영향을 받으면서 일생 동안 지속적으로 발달함
  - 성격은 기질에 의한 자동적 정서반응을 조절함
  - 자율성, 연대감, 자기초월
---

② TCI의 장점
  • 기질과 성격을 구분하여 측정할 수 있다.
  • 기질과 성격의 분리로 인해 인성발달에 영향을 미친 유전적 영향과 환경적 영향을 구분하여 인성 발달 과정을 이해하는 것이 가능해졌다.
  ⑩ 검사 대상 : 만 3세 이상의 유아부터 전 연령층
② TCI의 척도 구성과 내용
  ㉠ 자극추구(Novelty Seeking) : 새로운 자극이나 잠재적인 보상 단서에 접하여 자극에 끌리면서 행동이 활성화되는 유전적인 경향성과 관련됨. 흥분과 보상을 추구하는 탐색활동, 처벌과 단조로움을 적극적으로 회피하려는 성향
  ㉡ 위험회피(Harm Avoidance) : 위험하거나 혐오스러운 자극에 접하여 행동이 억제되고 위축되는 유전적인 경향성. 처벌이나 위험이 예상될 때 이를 회피하기 위해 행동이 억제되며 이전에 하던 행동을 중단하는 성향
  ㉢ 사회적 민감성(Reward Dependence) : 타인과의 사회적 애착을 이루기 위해 사회적 보상 신호에 민감하게 반응하는 유전적인 경향성. 즉 사회적 보상 신호(타인의 칭찬, 찡그림 등)와 타인의 감정(기쁨, 분노, 슬픔, 고통 등)을 민감하게 파악하고 이에 따라 정서반응이나 행동반응이 달라지는 경향성. 사회적 애착에 대한 의존성에서의 개인차, 다시 말하면 사회적 보상 신호와 타인의 감정에 대한 민감성에서의 개인차를 측정하기 위한 척도
  ㉣ 인내력(Persistence) : 지속적인 강화가 없더라도 한번 보상된 행동을 일정한 시간 동안 꾸준히 지속하려는 유전적인 경향성. 즉 미래의 보상이 예상되지만 지금 당장은 보상이 주어지지 않거나 간헐적으로만 보상이 주어지거나 심지어 간헐적인 처벌이 주어지더라도, 한번 시작한 행동을 계속하려는 성향
  ㉤ 자율성(Self-Directedness) : 자신을 '자율적 개인'으로 이해하고 동일시하는 정도. 이 점수가 높은 사람일수록 자율성에 노은 가치를 부여하며 자신을 자율적 개인으로 이해하고 또한 자율적 개인이 되고자 노력함
    • 자신의 선택에 대한 책임의 수용
    • 목적의식과 의미 있는 목표의 추구
    • 목표 추구행동에서의 유능감과 주도성
    • 자신의 한계에 대한 수용과 자존감
  ㉥ 연대감(Cooperativeness) : 자신을 인류 혹은 사회의 통합적 한 부분으로 이해하고 동일시하는 정도를 측정함. 즉 타인에 대한 수용능력 및 타인과의 동일시 능력에서의 개인차를 측정함
  ㉦ 자기초월(Self-Transcendence) : 자신을 '우주의 통합적 한 부분'으로 이해하고 동일시하는 정도를 측정함. 즉 우주만물과 자연을 수용하고 동일시하며 이들과 일체감을 느끼는 능력에서의 개인차를 측정함. 자기초월이란 만물을 우주적 전체의 필수적인 한 부분으로 인식함으로써 만물과 자신을 동일시하는 것을 의미함. '우주의식' 속에서는 자신과 타자의 구분이 줄어듦으로써 개인으로서의 자신의 중요성 또한 줄어들게 됨

2. MBTI(마이어스-브릭스 성격유형검사)

(1) 의의 및 특징

① 마이어스-브릭스 성격유형검사는 융의 심리유형이론을 토대로 마이어스와 브릭스(Myers&Briggs)가 제작한 객관적 검사이다.

② MMPI와 닐리 MBTI는 인간의 건강한 심리에 기초를 두어 만들어진 심리검사 도구로서, 인간성격의 일관성 및 상이성에 근거한다.

③ MBTI는 수검자로 하여금 자신의 성격유형을 파악하도록 하여 자신을 보다 깊이 이해하며, 진로나 직업을 선택하는 데 도움을 제공한다. 또한 수검자의 타인에 대한 이해 및 대인관계 향상에 긍정적인 영향을 미치는 것을 목표로 한다.

④ 개인이 비교적 쉽게 응답할 수 있는 자기보고식의 문항들을 통해 선호경향들을 추출한 다음 그러한 경향들이 행동에 어떠한 영향을 미치는지 파악한다.

⑤ 개인의 성격을 4개의 양극차원에 따라 분류하고 각 차원별로 2개의 선호 중 하나를 선택하도록 함으로써 총 16가지의 성격유형으로 구분한다.

⑥ 총 95개의 문항으로 구성되어 잇으며, 검사에만 약 30분 정도의 시간이 소요된다.

(2) MBTI의 선호지표에 따른 성격유형

① 에너지의 방향 : 에너지의 방향은 어느 쪽인가?

㉠ 개인의 주의집중 및 에너지의 방향이 인간의 외부로 향하는지 혹은 내부로 향하는지를 반영

㉡ 외향형(Extroversion, E) : 에너지가 외부세계의 일이나 사람에게 향하는 것을 선호

㉢ 내향형(Introversion, I) : 에너지를 내부세계의 아이디어에 집중하는 것을 선호

외향형	내향형
• 자기 외부에 주의집중	• 자기 내부에 주의집중
• 폭넓은 활동력 및 활동성	• 내부 활동, 아이디어에 집중
• 정열적 · 사교적	• 조용하고 신중함
• 글보다는 말로 표현	• 말보다는 글로 표현
• 경험 우선	• 이해 우선
• 솔직함	• 사려 깊음
• 쉽게 알려짐	• 서서히 알려짐

② 인식기능 : 무엇을 인식하는가?

㉠ 정보의 인식 및 수집방식에 있어서 경향성을 반영

㉡ 감각형(Sensing, S) : 오감을 통해 직접적으로 인식되는 정보에 주의를 기울이고 실제로 존재하는 것을 선호

ⓒ 직관형(Intuition, N) : 육감을 통해 얻은 정보에 관심을 기울이고 실제로 존재하는 것보다 있음 직한 것 혹은 있을 법한 것, 즉 숨어있는 의미를 알아차리는 것과 관련된 것을 선호

감각형	직관형
• 지금, 현재에 초점	• 미래의 가능성에 초점
• 실제 경험 강조	• 아이디어, 영감 강조
• 정확함, 철저한 일처리	• 신속 · 비약적 일처리
• 나무를 보려는 경향	• 숲을 보려는 경향
• 세부적 · 사실적 · 실리적	• 상상적 · 임의적 · 개혁적
• 일관성	• 다양성
• 가꾸고 추수함	• 씨뿌림

③ 판단기능 : 어떻게 결정하는가?

ⓐ 인식된 정보를 바탕으로 판단 및 결정을 내리는 경향성을 반영

ⓑ 사고형(Thinking, T) : 판단할 때 사실과 논리에 근거를 두고 객관적인 가치에 따라 결정을 내리는 것을 선호

ⓒ 감정형(Feeling, F) : 개인적 가치와 인간중심적 가치에 근거해 결정을 내리는 것을 선호

사고형	감정형
• 사실과 논리에 근거	• 인간 및 인간관계에 주목
• 원리 · 원칙 강조	• 의미와 영향을 강조
• 객관적 가치에 따라 결정	• 인간중심적 가치에 따라 결정
• 옳다/그르다	• 좋다/나쁘다
• 규범과 기준 중시	• '나'에게 주는 의미 중시
• 머리로 생각	• 가슴으로 느낌
• 지적 논평, 비판	• 우호적 협조, 설득

④ 생활양식 또는 이행양식 : 어떤 생활양식을 채택하는가?

ⓐ 외부세계에 대한 태도, 생활방식 및 적응양식에 있어서 어떠한 과정을 선호하는지를 반영

ⓑ 판단형(Judging, J) : 무엇이든 나름대로 판단을 하여 서둘러 결정을 내리는 것을 선호

ⓒ 인식형(Perceiving, P) : 결정을 가능한 한 미루면서 새로운 가능성의 소지를 남겨두는 것을 선호

판단형	인식형
• 철저한 준비와 계획 중시	• 가능성 중시
• 의지적 추진	• 이해로 수용
• 임무 완수, 신속한 결론 강조	• 과정을 즐김
• 통제와 조정	• 융통성과 적응성
• 조직과 체계	• 유연성, 호기심
• 분명한 목적의식과 방향감각	• 목적과 방향의 변화에 대한 개방성
• 뚜렷한 기준과 자기 의사	• 상황 및 재량에 따른 포용성

3. PAI(성격평가질문지)

(1) 의의 및 특징

① 의의
- ㉠ 성격평가질문지(Personality Assessment Inventory, PAI)는 미국의 심리학자 모레이(Morey)가 개발한 성격 및 정신병리의 평가를 위한 객관적 검사로, 임상장면에서 환자나 내담자에 대한 중요한 정보를 제공하기 위한 자기보고형 검사
- ㉡ 척도의 안정성 및 상관성은 물론 이론에 근거한 충분한 문항의 선별을 강조하는 구성개념타당도에 기초해 개발
- ㉢ 성격평가질문지에서 평가하는 구성개념은 기존 정신장애 진단분류에서 차지하는 중요성과 최근 진단 실제에서 차지하는 비중의 두 가지 준거에 기초해 선별됨
- ㉣ 특정 문항에의 반응에 포함된 정보를 이용하는 문항반응이론에 근거해 제작되었으므로, 구성개념들을 잘 구분해주는 문항보다 구성개념과 관련된 다양한 정보들을 망라하는 문항들을 선정함

② 특징
- ㉠ 환자집단의 성격 및 정신병리적 특징은 물론 정상인의 성격평가에 매우 유용함 **예** 미네소타다면적인성검사(MMPI)의 경우 수검자의 비정상행동을 측정하는 데 중점을 둠으로써 정상인보다 정신병리적 특징을 가진 사람들에게 더 유용한 반면, 성격평가질문지는 이들 모두에게 유용한 것으로 평가됨
- ㉡ 조현병(정신분열증), 기분장애, 불안장애 등 축1의 장애는 물론 편집성성격장애, 분열성성격장애, 반사회성성격장애 등 축2의 장애를 포함하므로 DSM - 4의 진단분류에 가장 가까운 정보를 제공함
- ㉢ 4점평정척도로 이루어져 있으므로 기능의 손상 정도 혹은 주관적 불편감 수준을 보다 정확히 측정 및 평가 가능
- ㉣ 분할점수(Cut - Off Score)를 사용하는 각종 장애의 진단과 함께 꾀병이나 과장, 문제에 대한 부인 등 반응왜곡을 탐지하는 데 유용함
- ㉤ 총 344문항으로 구성되며, 4가지 타당도척도, 11가지 임상척도, 5가지 치료척도, 2가지 대인관계척도를 포함함
- ㉥ 문항이 중복되어 있지 않으므로 변별타당도가 높으며, 위기문항을 통해 임상척도의 의미를 보다 정확히 평가할 수 있음

(2) 척도

① 타당도척도(Validity Scales)
- ㉠ 비일관성 : 내용적으로 관련성이 높은 10개의 문항쌍으로 구성되어 있으며, 문항에 대한 수검자의 일관성 있는 반응태도를 평가함
- ㉡ 저빈도 : 수검자의 부주의하거나 무선적인 반응태도를 확인하기 위한 것으로, 8개의 문항 중 4문항은 전혀 그렇지 않다, 다른 4문항은 매우 그렇다고 반응할 것으로 기대하는 문항
- ㉢ 부정적 인상 : 지나치게 나쁜 인상을 주거나 꾀병을 부리는 등 왜곡된 반응과 관련된 9개의 문항

ⓔ 긍정적 인상 : 지나치게 좋은 인상을 주거나 자신의 결점을 부인하는 등 왜곡된 반응과 관련된 9개의 문항

② 임상척도(Clinical Scales)

　ⓐ 신체적 호소 : 신체적 기능 및 건강과 관련된 문제에 대한 관심도를 반영하는 24개의 문항으로 이루어져 있으며 전환(Convesion, SOM – C), 신체화(Somatization, SOM – S), 건강염려(Health Concerns, SOM – H) 등 3개의 하위척도를 포함함

　ⓑ 불안 : 불안을 경험할 때 공통적으로 나타나는 임상적 특징을 반영하는 24개의 문항으로 이루어져 있으며 인지적, 정서적, 생리적, 불안 등 3개의 하위척도를 포함함

　ⓒ 불안관련장애 : 불안장애와 관련된 증상과 행동에 초점을 둔 24개의 문항으로 이루어져 있으며 강박장애, 공포증, 외상적 스트레스장애 등 3개의 하위척도를 포함함

　ⓓ 우울 : 우울증후군의 공통적 임상적 특징을 반영하는 24개의 문항으로 이루어져 있으며 인지적, 정서적, 생리적 우울 등 3개의 하위척도를 포함함

　ⓔ 조증(Mania, MAN) : 조증 및 경조증의 인지적 · 정서적 행동적 특징을 반영하는 24개의 문항으로 이루어져 있으며 활동수준(Activity Level, MAN – A), 자기확대(Grandiosity, MAN – G), 초조감(Irritability, MAN – D) 등 3개의 하위척도를 포함함

　ⓕ 편집증(Paranoia, PAR) : 편집증의 공통적인 임상적 특징을 반영하는 24개의 문항으로 이루어져 있으며 과경계(Hypervigilance, PAR – H), 피해의식 등 3개의 하위척도를 포함함

　ⓖ 조현병(정신분열증) (Schizophrenia, SCZ) : 조현병(정신분열증)의 다양한 특징적 증상에 초점을 둔 24개의 문항으로 이루어져 있으며 정신병적 경험(Psychotic Experiences, SCZ – P), (Social Detachment, SCZ – S), 사고장애(Thought Disorder, SCZ – T) 등 3개의 하위척도를 포함함

　ⓗ 경계선적 특징(Borderline Features, BOR) : 대인관계 및 정서의 불안정성을 반영하는 경계선증후군의 특징적 증상에 초점을 둔 24개의 문항으로 이루어져 있으며 정서적 불안정(Affective Instability, BOR – A), 정체감문제(Identity Problems, BOR – I), egative Relationships, BOR – N), 자기손상(Self – Harm, BOR – S) 등 4개의 하위척도를 포함함

　ⓘ 반사회적 특징(Antisocial Features, ANT) : 범죄행위, 권위적 인물과의 갈등, 자기중심성 등 반사회적 성격을 반영하는 24개의 문항으로 이루어져 있으며 반사회적 행동(Antisocial Behaviors, ANT – A), 자기중심성, 자극추구 등 3개의 하위척도를 포함함

　ⓙ 알코올문제(Alcohol Problems, ALO) : 알코올남용 · 의존 · 중독 등 문제적 음주행동에 초점을 둔 12개의 문항으로 이루어짐

　ⓚ 약물문제(Drug Problems, DRG) : 약물남용 · 의존 · 중독 등 문제직 약물사용 행동에 초섬을 눈 12개의 문항으로 이루어짐

③ 치료척도(Treatments Scales)

　ⓐ 공격성(Aggression, AGG) : 공격성, 적대감, 분도심 등의 태도 및 행동을 반영하는 18개의 문항으로 이루어져 있으며 공격적 태도(Aggressive Attitude, AGG – A), 언어적 공격(Verbal Aggression, AGG – V), 신체적 공격(Physical Aggression, AGG – P) 등 3개의 하위척도를 포함함

ⓛ 자살관념(Suicide Ideation, SUI) : 죽음이나 자살과 관련된 사고를 반영하는 12개의 문항으로 이루어짐

ⓒ 스트레스(Stress, STR) : 개인이 현재 경험하고 있거나 최근 경험한 바 있는 스트레스와 관련된 8개의 문항으로 이루어짐

ⓜ 비지지(Nonsupport, NON) : 접근이 가능한 사회적 지지의 수준 및 질을 고권하여 지각된 사회적 지지의 부족족과 관련된 8개의 문항으로 이루어짐

ⓜ 치료거부(Treatment Rejection, RXR) : 개인의 심리적·정서적 변화, 치료에의 참여의지, 변화의 필요성에 대한 인식 등을 반영하는 8개의 문항으로 이루어짐

④ 대인관계척도

ⓞ 지배성(Dominance, DOM) : 대인관계에서의 통제성 및 독립성을 유지하는 정도를 평가하기 위한 12개의 문항으로 이루어짐

ⓛ 온정성(Warmth, WRM) : 대인관계에서의 지지 및 공감의 정도를 평가하기 위한 12개의 문항으로 이루어짐

4. 로샤검사(Rorschach Test)

(1) 의의

① 로샤검사는 1921년 스위스 정신과의사인 로샤(Hermann Rorschach)가 「심리진단(Psychodiagnostik)」에 발표한 논문을 통해 세상에 소개되었다.

② 로샤는 잉크반점(Ink-Blot)으로 된 카드들에 대해 정신과 환자들이 일반인과 다르게 반응한다는 사실에 주목하며, 405명의 수검자들을 대상으로 한 테스트에서 잉크반점기법이 조현병(정신분열증)을 진단하는 데 유효한 도구가 된다는 사실을 입증하였다.

③ 로샤는 자신의 연구가 단순히 정신과적 진단에 유효한 것이 아닌 개인의 성격 및 습관, 반응양상 등에 대한 유용한 정보를 제공하는 도구로 사용될 수 있음을 인식하고, 연구를 체계적으로 확장하고자 하였다.

④ 로샤는 처음에 자신이 고안한 검사가 무의식을 탐구하는 도구로 오인되어서는 안 된다고 주장하였으나 차츰 검사결과가 수검자의 무의식에 대한 깊은 통찰을 제공할 수 있다고 입장을 바꿈으로써 수많은 논쟁을 불러왔다.

⑤ 로샤검사는 다양한 학자들에 의해 연구되었으며, 최근에는 엑스너(Exner)의 실증적 접근방법과 러너(Lerner)의 개념적 접근방법이 주류를 이루고 있다.

(2) 특징

① 대표적인 투사적·비구조적 검사로서, 지각과 성격의 관계를 상정한다.

② 추상적·비구성적인 잉크반점을 자극자료로 하여 수검자의 학습된 특정 반응이 아닌 여러 가지 다양한 반응을 유도한다.

③ 개인이 잉크반점을 조직하고 구조화하는 방식이 근본적으로 그 사람의 심리적 기능을 반영한다고 본다.

④ 수검자는 그가 지각한 것 속에 자신의 욕구, 경험, 습관적 반응양식을 투사한다.

⑤ 로샤카드에서는 형태와 색채는 물론 음영에 대한 지각적 속성까지 고려한다.

⑥ 해석자의 판단에 있어서 옳고 그름을 판단하는 정답은 없다.

⑦ 우울증상이 있는 사람은 보통 음영차원과 무채색 반응의 빈도가 높게 나타난다.

⑧ 로샤검사는 주관적 검사로서 신뢰도 및 타당도가 검증되지 못했으므로 객관적·심리측정적 측면에서는 부적합하다.

(3) 잉크반점카드(Ink-Blot Card)

순서	색상	평범반응
카드 Ⅰ	무채색	박쥐 또는 나비
카드 Ⅱ	무채색에 부분 적색	동물
카드 Ⅲ	무채색에 부분 적색	인간의 형상
카드 Ⅳ	무채색	인간 또는 거인
카드 Ⅴ	무채색	박쥐 또는 나비
카드 Ⅵ	무채색	양탄자 또는 동물가죽
카드 Ⅶ	무채색	인간의 얼굴 또는 동물의 머리
카드 Ⅷ	유채색	움직이는 동물
카드 Ⅸ	유채색	인간 또는 인간과 흡사한 형상
카드 Ⅹ	유채색	게 또는 거미

(4) 실시과정

① 제1단계 : 소개단계

　㉠ 검사자는 로샤검사에 대해 수검자에게 자세히 설명

　㉡ 수검자가 검사를 받는 목적을 어느 정도 이해하고 있는지 확인하기 위해 짧은 면접을 할 필요 있음

　㉢ 검사에 대한 부정적 이해나 오해가 확인되는 경우 검사의 전 절차를 개략적으로 설명 **예** 지금부터 그림이 있는 10장의 카드를 보여드리겠습니다. 잘 보시고 그림이 무엇처럼 보이는지 말씀해주세요. 그림은 사람마다 다르게 보일 수 있습니다.

② 제2단계 : 반응단계

　㉠ 이 단계에서는 그림에 대한 수검자의 지각 및 자유연상이 이루어짐

　㉡ 검사자는 수검자가 하는 말을 가능하면 있는 그대로 기록

　㉢ 수검자가 하나의 카드에서 한 가지 반응을 보이고 멈추는 경우 다시 격려하여 연상하도록 할 것

　㉣ 수검자의 반응이 너무 적은 경우 질문단계로 넘어가지 않은 채 반응단계를 반복 **예** 보통 하나의 그림에서 2개 이상을 이야기하곤 합니다. 더 보시면 그것 외에 또 다른 것을 보실 수도 있어요.

③ 제3단계 : 질문단계

　㉠ 검사자는 수검자가 어떤 결정인에 의해 해당 반응을 형성한 것인지 확인할 수 있는 질문을 제시

　㉡ 개방적인 질문을 통해 어떤 영역을 무엇 때문에 그렇게 보았는지 질문

　㉢ 검사자는 수검자의 이야기를 반응기록지(Location Sheet)에 기재

② 과도한 질문은 수검자의 저항과 거부감을 유발할 수 있으므로 삼갈 것 **예** 어디서 그렇게 보았나요?(반응영역), 무엇 때문에 그렇게 보았나요?(결정인), 무엇을 보았나요?(반응내용)

④ 제4단계 : 한계검증단계

㉠ 공식적인 검사가 끝난 후 수검자에게 자연스럽게 질문을 건네는 단계

㉡ 수검자가 평범반응을 놓친 경우 검사자가 해당카드에 대해 손으로 가리는 등의 일정한 한계를 준 후 재질문하는 과정이 포함됨

㉢ 이 단계에서 검사자는 수검자의 투사와 관련하여 유용한 해석정보를 얻을 수 있으나, 수검자의 새로운 반응내용을 채점에 포함시키지는 않음

㉣ 검사과정상의 반응에 대해 추가적인 설명 **예** 수검자가 선호하는 카드 또는 거부하는 카드를 고르도록 하여 그 이유를 설명하도록 할 수 있다.

(5) 질문단계에서의 주의사항

① 적절한 질문

㉠ 질문단계에서 검사자는 3가지 주요영역, 즉 반응영역, 결정인, 반응내용에 초점을 두나, 기초적인 질문 외에 수검자에게 좀 더 자세한 설명을 요구해야 하는 경우도 많음

㉡ 검사자는 '어떤 점이 ~처럼 보인 건가요?', '모양 외에 ~처럼 본 이유가 더 있습니까?', '~에 대해 좀 더 설명해 보시겠어요?' 등 보충적인 질문과 격려적인 개입을 하게 됨

㉢ 특히 검사자는 수검자의 응답이 잘 이해되지 않을 경우 '당신이 어디를 그렇게 보았는지 잘 모르겠네요'(반응영역), '그것처럼 보이도록 하는 게 무엇인지 모르겠네요'(결정인) 등의 질문을 해야 함

㉣ 수검자가 '그냥 그렇게 보여요'와 같이 애매하게 응답할 경우, 검사자는 '그냥 그렇게 보인다고 하셨는데 어떤 것을 말씀하시는 것인지 조금 더 구체적으로 설명해 주시겠어요?'와 같은 질문으로 수검자가 회피하려는 것을 불허해야 함

㉤ 만약 수검자가 반점을 보고 반응한 것인지, 단순히 카드에 대한 평을 한 것인지 모호한 경우, '그것은 카드에 대한 대답인가요?'라고 질문

② 부적절한 질문

㉠ 검사자는 수검자에게 질문 시 다음과 같은 부적절한 질문을 삼갈 것

- 직접적인 질문 : 그 사람이 뭔가를 하고 있나요?
- 유도질문 : 어느 쪽이 위인가요?
- 반응을 상세히 묘사하도록 하는 질문 : 그 동물은 왜 싸웠을까요?

㉡ 검사자는 채점을 하는 데 직접적으로 관계가 없으나 검사자가 궁금한 사항들에 대해 질문하는 것을 삼갈 것

㉢ 검사자는 모든 반응결정인을 염두에 두고 질문을 할 필요가 있으나 강박적인 생각을 할 필요는 없음. 즉, 질문은 간결하고 비지시적일 것

㉣ 질문 시 검사자와 수검자가 주고받은 말은 대화체로 기록하도록 하며, 위치를 표시하는 용지는 영역 확인 시에 정확히 기록할 것

| + 이해더하기 |

반응의 위치

기호	정의	기준내용
W	전체반응	• 반점 전체를 보고 반응하는 경우 • 아주 작은 부분이 제외되어도 W로 기호화할 수 없음
D	흔히 사용하는 부분에 대해 반응 또는 보통 부분반응	자주 사용되는 반점 영역을 보는 경우
Dd	드문 부분반응 또는 이상 부분반응(정상규준집단 5% 미만)	• 남들이 잘 보지 않는 부분이나 검사자의 판단상 그럴 듯하게 보일 경우 • W반응, D반응이 아니면 자동적으로 Dd로 기호화함
S	흰 공간 부분이 사용되었을 경우의 공백반응 또는 간격 반응	• 카드의 여백을 본 경우 • 흰 공간은 다른 영역과 함께 사용하는 경우도 있고 흰 공간만을 사용할 수도 있음 • 어떤 경우든 S는 단독으로 기호화할 수 없으며, 따라서 WS, DS 또는 DdS처럼 항상 다른 기호와 같이 사용함

5. 주제통각검사(TAT)

(1) 의의

① 주제통각검사(Thematic Apperception Test)는 로샤검사와 더불어 전 세계적으로 널리 사용되고 있는 대표적인 투사적 검사이다.

② 1935년 하버드대학의 머레이와 모건(Murray&Morgan)이 『공상연구방법론 : A Method for Investigating Fantasies』을 통해 처음 소개하였다.

③ 머레이는 기존의 아카데믹한 심리학이 인간본성에 대한 실제적인 내용을 알려주지 못한다고 주장하며, 상상을 통해 인간 내면의 내용들을 탐구하는 새로운 검사방식을 고안하였다.

④ 머레이는 프로이트(Freud)와 융(Jung)의 정신분석이론을 통해 지각(Perception)보다는 상상(Imagenation)에 의한 반응이 우선한다는 점을 강조하였다.

⑤ 머레이는 융의 정신분석을 연구하던 모건과 함께 카드 형태의 TAT 도구를 개발하였으며, 이 카드는 1936년 처음 배포되기 시작하여 1943년 하버드출판부에서 출판되었다.

⑥ 3회의 개정을 거쳐 1943년에 출판된 31개 도판의 TAT 도구는 현재까지 그대로 사용되고 있다.

(2) 특징

① 통각(Apperception)
ㄱ 투사(Projection)와 유사하나 보다 포괄적인 의미를 가진 것으로서, 지각에 대한 의미 있는 해석
ㄴ 지각에 의미가 부가되는 것으로서, 외부세계에 대한 객관적인 지각 과정에 주관적인 요소가 개입된 통합적인 인식 과정

② TAT : 투사적 검사로서, 자아와 환경관계 및 대인관계의 역동적 측면 등을 평가한다.

③ 정신분석이론을 토대로 수검자 자신의 과거경험 및 꿈에서 비롯되는 투사와 상징을 기초로 한다.

④ 수검자가 동일시할 수 있는 인물과 상황을 그림으로 제시하여 수검자의 반응양상을 분석·해석한다.

⑤ 수검자는 그림들을 보면서 현재의 상황과 그림 속 인물들의 생각 및 느낌과 행동, 그리고 과거와 미래의 상황들을 상상력을 발휘하여 이야기한다.

⑥ 수검자의 그림에 대한 반응을 통해 현재 수검자의 성격 및 정서, 갈등, 콤플렉스 등을 이해하는 동시에 수검자 개인의 내적 동기와 상황에 대한 지각방식 등에 대한 정보를 얻을 수 있다.

⑦ 로샤검사와 주제통각검사는 상호보완적으로 사용된다. 로샤검사가 주로 사고의 형식적·구조적 측면을 밝히는 데 반해, 주제통각검사는 주로 사고의 내용을 규명한다.

⑧ TAT는 가족관계 및 남녀관계와 같은 대인관계 상황에서의 욕구내용 및 위계, 원초아(Id), 자아(Ego), 초자아(Superego)의 타협구조 등을 파악할 수 있도록 한다.

⑨ 머레이는 TAT를 심리치료 과정의 첫 단계에 유용하게 사용할 수 있다고 제안하였다.

(3) 기본가정

벨락은 TAT의 기본가정으로서 통각, 외현화, 정신적 결정론을 제시하였다. 특히 벨락은 TAT에 대한 연구를 토대로 3~10세의 아동에게 시행할 수 있는 아동용 주제통각검사를 고안하였다.

통각 (Apperception)	개인은 대상을 인지할 때 지각, 이해, 추측, 심상의 심리적 과정을 거쳐 대상에 대한 결론을 내린다. 이러한 과정에서 개인은 내적 욕구와 선행 경험을 토대로 새로운 지각에 대해 상상력을 발휘하게 된다.
외현화 (Externalization)	수검자는 전의식적 수준에 있는 내적 욕구와 선행경험을 외현화 과정을 통해 의식화한다. 수검자는 반응 시 즉각적으로 인지하지 못하더라도, 질문 과정을 거치면서 그것이 자기 자신에 대한 내용임을 부분적으로 인식하기에 이른다.
정신적 결정론 (Psychic Determination)	TAT를 비롯한 모든 투사적 검사는 자유연상의 과정을 포함하며, 검사 결과의 해석에 있어 정신적 결정론의 입장을 따른다. 즉, 수검자의 반응내용은 그의 역동적인 측면을 반영하므로, 수검자의 반응 모두 역동적인 원인과 유의미하게 연관된다는 것이다.

(4) 구성

① 주제통각검사는 30장의 흑백그림카드와 1장의 백지카드 등 총 31장으로 구성되어 있다.

② 그림카드 뒷면에는 공용도판, 남성공용도판(BM), 여성공용도판(GF), 성인공용도판(MF), 미성인공용도판(BG), 성인남성전용도판(M), 성인여성전용도판(12F), 소년전용도판(B), 소녀전용도판(G)으로 구분되어 있으며, 한 사람의 수검자에게 20장을 적용할 수 있도록 구성되어 있다.

③ 숫자로만 표시되어 있는 카드는 연령과 성별의 구분 없이 공통적으로 적용될 수 있다.

④ 주제통각검사의 31장의 카드는 로샤검사의 잉크반점카드와 달리 각 카드별 평범반응이나 채점기준이 명시되어 있지 않다.

(5) 시행방법

① 검사에 의한 피로를 최소화하기 위해 대략 한 시간 정도 두 번의 회기로 나누어 시행한다. 이때 회기 간에는 하루 정도의 간격을 두도록 한다.

② 보통 1~10번의 카드를 첫 회기에 시행하며, 나머지 11~20번의 카드를 다음 회기에 시행한다.

③ 검사는 검사자와 수검자 간에 관계형성(Rapport)이 이루어진 상태에서 시행하도록 한다.

④ 검사자는 수검자에게 각 카드를 보여주고 어떠한 극적인 이야기 혹은 연극적인 장면을 만들어 보도록 요구하며, 그에 대해 대략 5분 정도 이야기를 해줄 것을 요청한다. 만약 수검자가 카드의 분명하지 않은 세부에 대해 질문하는 경우, 검사자는 수검자에게 보이는 대로 상상하여 이야기를 만들어보도록 요구한다.

⑤ 16번 백지카드에서는 수검자가 어떤 그림을 상상하고 있는지 말해달라고 요청한다. 다만, 과도하게 상상력을 발휘할 것을 요구하여 수검자로 하여금 위협감을 느끼게 해서는 안 된다.

⑥ 검사자는 수검자의 응답상 불완전한 부분에 대해 중간질문을 하도록 한다. 다만, 이 경우 수검자의 연상의 흐름을 방해해서는 안 된다.

⑦ 검사자는 종결질문을 통해 수검자로 하여금 자유로운 연상과정에서의 의미 있는 경험을 의식화할 수 있도록 돕는다. 이로써 수검자는 자신에 대한 통찰력을 얻을 수 있게 된다.

(6) 해석방법

① 표준화법(Hartman) : 수량화된 해석방법으로서, 수검자의 반응을 항목별로 구분하여 표준화자료와 비교한다.

② 욕구 – 압력분석법(Murray) : 주인공 중심의 해석방법으로서, 주인공의 욕구 및 압력, 욕구 방어 및 감정, 다른 등장인물과의 관계 등에 조점을 둔다. 일반적으로 가장 널리 사용되고 있다.

③ 대인관계법(Arnold) : 이야기에 등장하는 인물들의 상호관계를 중심으로 한 해석방법으로서, 이들 간의 공격성이나 친화성 등을 분석한다.

④ 직관적 해석법(Bellak) : 해석자의 통찰적인 감정이입능력이 요구되는 해석방법으로서, 수검자의 반응에서 나타나는 무의식적 내용을 자유연상을 이용하여 해석한다.

⑤ 지각법(Rapaport) : 이야기 내용에 대한 형식적 해석방법으로서, 수검자의 왜곡적 반응이나 일탈된 사고, 기괴한 언어사용 등을 포착한다.

6. 문장완성검사(Sentence Completion Test, SCT)

(1) 의의

① 단어연상검사의 변형 발전된 형태로서, 다수의 미완성문장들에 대해 수검자가 자신의 생각대로 문장을 완성하도록 하는 검사이다.

② 갈튼(Galton)의 자유연상법, 카텔(Cattell) 및 라파포트(Rapaport)의 단어연상법, 융(Jung)의 임상적 연구 등에 영향을 받았다.

③ 1897년 에빙하우스(Ebbinghaus)가 최초로 지능검사 도구로서 미완성문장을 활용하였으며, 1928년 페인(Payne)이 문장완성을 성격검사 도구로서 처음 사용하였다. 이후 1930년 텐들러(Tendler)가 이를 사고반응 및 정서반응의 진단을 위한 도구로 발전시켰다.

④ 제2차 세계대전 당시 대규모의 인원을 대상으로 한 효과적인 병사선발을 목적으로 일대일의 직접면담 대신 활용되었다. 이후 심리검사배터리(Battery)에 포함되어 연구목적에 따라 다양한 형태로 변형 제작되었다.

⑤ 현재 임상현장에서는 삭스문장완성검사(Sacks Sentence Completion Test, SSCT)가 널리 사용되고 있다.

(2) 특징

① SCT는 완성되지 않은 문장을 완성하도록 되어 있는 투사검사 중 하나이다.

② 자유연상을 토대로 하므로 수검자의 내적 갈등이나 욕구, 환상, 주관적 감정, 가치관, 자아구조, 정서적 성숙도 등을 효과적으로 파악할 수 있다.

③ 언어표현을 사용하므로 수사법, 표현의 정확성 여부, 표현된 정서, 반응시간 등이 중요한 의미를 지닌다.

④ 보통 50~60개 문장을 통해 수검자의 복합적인 성격패턴을 도출해낸다.

⑤ 로샤검사나 주제통각검사(TAT)보다 더 구조화되어 있으므로, 몇몇 학자들에 의해 투사적 검사로 보기 어렵다는 견해도 있다.

⑥ 단어연상검사에 비해 연상의 다양성이 감소된다는 지적도 있으나, 검사문장을 통해 나타나는 상황적 맥락이나 감정적 색채 등이 오히려 수검자의 태도나 관심 영역을 잘 반영하고 있다는 주장이 받아들여지고 있다.

⑦ 수검자는 '예/아니오'와 같이 단정적으로 답을 강요당하지 않으며, 자신이 원하는대로 답할 수 있다.

⑧ 수검자가 검사의 구체적인 의도를 명확히 알지 못하고, 옳은 답 또는 그른 답을 분간할 수 없으므로 비교적 솔직한 답을 얻을 수 있다. 다만, 다른 투사적 검사에 비해 검사의 의도가 완전히 은폐되지 않으므로 수검자의 응답이 왜곡되어 나타날 가능성을 완전히 배제하기는 어렵다.

⑨ 다른 투사적 검사에 비해 검사의 시행 및 해석에 있어서 특별한 훈련이 요구되지 않는다. 다만, 표준화검사와 같이 객관적인 채점을 할 수는 없으므로 검사결과의 임상적인 분석을 위해 보다 전문적인 수준의 지식과 훈련이 필요하다.

⑩ 집단적인 검사가 가능하므로 시간 및 노력이 상대적으로 적게 소요된다.

⑪ 검사문항의 작성이 매우 용이하며, 특히 다양한 상황에 부합하도록 검사문항을 수정할 수 있다.

⑫ 수검자의 언어표현능력이 검사결과에 영향을 미치므로, 언어발달이 완성되지 못한 아동에게는 적용하기 어렵다.

(3) 삭스문장완성검사(SSCT)

① SSCT는 20명의 심리학자들을 대상으로 가족, 성, 대인관계, 자아개념의 4가지 영역에 대해 중요한 태도를 유도할 수 있는 미완성문장들을 만들도록 한 후 선별의 과정을 거쳐 만들어졌다.

② 최종 검사문항은 가족 12문항, 성 8문항, 대인관계 16문항, 자아개념 24문항으로 총 60개였으나, 내용상 중복되는 것을 제외한 채 현재 50개 문항의 형태로 널리 사용되고 있다.

③ 삭스(Sacks)는 4개의 영역을 15개의 영역으로 보다 세분화하여, 각 영역에서 수검자가 보이는 손상의 정도에 따라 0, 1, 2점으로 평가하고, 해당 평가에 대한 해석체계를 구성하였다.

④ SSCT의 4가지 주요 영역별 특징

영역	특징
가족	어머니와 아버지, 그리고 가족에 대한 태도를 측정 📀 어머니와 나는 _____
성	남성과 여성, 결혼, 성적 관계 등 이성관계에 대한 태도 측정 📀 내 생각에 여자들은 _____
대인관계	가족 외의 사람, 즉 친구와 지인, 권위자 등에 대한 태도를 측정 📀 내가 없을 때 친구들은 _____
자아개념	자신의 능력, 목표, 과거와 미래, 두려움과 죄책감 등에 대한 태도를 측정 📀 내가 저지른 가장 큰 잘못은 _____

⑤ SSCT의 반응유형

유형	반응내용	판단
고집형	내용의 변화가 적으며, 특정 대상이나 욕구를 반복적으로 제시함	성격의 경직성, 기호의 편벽성
감정단반응형	좋다 또는 싫다 등 간단하고 짤막한 어휘로 반응함	정신지체, 감정 통제의 어려움
장황형	감정단반응형과 달리 장황하고 지루하게 반응함	신경증적 · 강박적 성향
자기중심형	자신과 관련되지 않은 문항에서조차 자기중심적인 주제로 반응함	미성숙
공상반응형	비현실적인 생각이나 공상으로 반응함	현실도피, 현실에의 부적응
허위반응형	자신의 본래 모습을 감추면서 도덕적으로 반응함	반사회성, 가장적 성향
모순형	검사 전체의 전후 내용을 고려할 때 내용상 모순적으로 반응함	무의식적 갈등
반문형	자극문항 앞에서 응답이 아닌 반문으로 반응함	권위에 대한 저항
은닉형	자극문항 앞에서 반응의 내용에 대해 구체적인 표현을 삼감	자기방어적 성향
거부형	자극문항 앞에서 고의로 없다 또는 모른다로 반응하거나 전혀 반응하지 않음	자기방어적 성향
병적 반응형	자극문항 앞에서 비정상적인 내용으로 반응함	정신장애

CHAPTER 04 | 신경심리검사

TOPIC. 1 ▶ 신경심리검사의 제개념

1. 신경심리학의 기본개념
① 신경심리학 : 두뇌의 기능과 인간의 사고, 정서 및 행동 간의 관계를 심리학적인 관점에서 연구하는 학문이다.
② 임상신경심리학 : 시경학적 장애, 정신 장애, 신경발달학적 장애 또는 기타 의학적 장애 등으로 인해 두뇌의 구조적 · 기능적 손상이 발생한 환자들을 진단 · 평가하고 치료 및 재활과 관련된 연구를 하는 신경심리학의 한 분야이다.

2. 인지기능의 유형 및 특성
(1) 인지기능의 평가 방법
① 병력 청취
② 인지기능검사
 ㉠ Screening test
 ㉡ Neuropsychological test battery

(2) 인지기능
① 주의력(Attention)
② 언어(Language)
③ 시공간기능(Visuospatial function)
④ 기억력(Memory)
⑤ 추상적 사고력/집행기능(Abstract thinking/Executive function)

(3) 인지기능에 대한 병력 청취
① 기억력장애의 구체적 사례가 무엇인가?
② 언제부터 시작되었는가?
③ 그 빈도와 심각도가 어떠한가?
④ 발생 양상이 어떠했는가?
⑤ 진행 양상은 어떠한가?
⑥ 기억력장애 외에 주의력장애, 언어기능장애, 시공간기능장애, 집행기능장애는 없었는가?

(4) 병력 청취 : 기억력

① 기억력에 문제가 있습니까?

    ㉠ 약속(Appointment)을 잘 기억하십니까?

    ㉡ 소지품(Belonging)을 둔 곳을 잘 기억하십니까?

    ㉢ 최근의 대화 내용(Conversation)을 잘 기억하십니까?

    ㉣ 최근에 있었던 일을 잘 기억하십니까?

② 언제부터, 어떻게(갑작스럽게/서서히) 시작했나요?

③ 증상이 점점 심해지고 있나요? – 계단식으로? / 서서히 지속적으로?

④ 증상이 호전되거나 기복이 있나요?

(5) 병력 청취 : 그 외의 문제

① 지남력 및 시공간기능

    ㉠ 시간에 대한 감각이 어떻습니까?

        • 오늘이 며칠인지 아십니까?

        • 몇 시인지(하루 중 어느 때인지) 아십니까?

    ㉡ 길을 찾는 능력은 어떻습니까?

        • 대중교통을 이용해서 먼 곳까지 잘 가십니까?

        • 익숙한 곳에서 길을 잃으신 적이 있습니까?

② 추상적 사고력/집행기능

    ㉠ 돈 관리나 간단한 업무 처리를 잘 하십니까?(한 달 생활비 관리, 은행 업무, 공과금 납부)

    ㉡ 간단한 돈 계산을 잘 하십니까?

    ㉢ 어떤 상황이나 설명을 잘 이해하십니까?

(6) GDS

구분	GDS(Global Deterioration Scale)
Authors	Reisberg et al.(1982)
Skill/Function	• C : Cognition • B : Behavioral sx • A : ADL
Administration	Interview patients and caregiver
Stage	• No cognitive decline • Very mild cognitive decline • Mild cognitive decline • Moderate cognitive decline • Moderately severe cognitive decline • Severe cognitive decline • Very severe cognitive decline

주의력 및 집중력	• 숫자 폭 검사 : 숫자 바로 따라 외우기, 거꾸로 따라 외우기 • 시공간 폭 검사 : 바로 따라하기, 거꾸로 따라하기 • 순서화 • 지우기 검사 • 연속 수행력 검사 : 지속적 주의 집중력 평가 • 선로 잇기 검사 : 주의 지속 및 주의 전환 능력 평가 • 스트룹 검사 : 선택적 주의력 평가 • 기타 주의력 검사 : 요일 또는 달 거꾸로 말하기, 연속 빼기 검사 등
언어 능력	• 어휘 검사 • 보스턴 이름 대기 검사 • 언어 유창성 검사 : 범주 유창성 검사, 음운 유창성 검사 • 따라 말하기 검사 • 토큰검사 • 기타 종합 언어 능력 검사 : 보스턴 진단용 실어증 검사(BDAE), 웨스턴 실어증 검사(WAB) 등
시공간 처리 능력 검사	• 토막짜기 검사 • Rey 복합 도형 검사 • Rey 단순 도형 검사 • 벤더 도형 검사 • 시각-운동 통합 발달 검사 • 기타 도형 그리기 검사 : 겹친 오각형 그리기, 육면체 그리기
실행기능/전두엽기능	• 위스콘신 카드 분류 검사 • 런던 탑(하노이탑) 검사 • 공통성 검사 • 언어 유창성 검사 : 범주 유창성 검사, 음운 유창성 검사 등 • 스트룹 검사 • Rey 복합 도형 검사 • Kims 전두엽 관리기능 신경심리검사 • 전두엽 평가 배터리 • 기타 : Constrasting Program, Go-No-Go Test, Luria 3단계 검사, 양손 교차 운동 검사 등
치매 관련 종합 신경심리 검사	• 한국판 치매평가검사-2(K-DRS-2) • 서울신경심리검사-2(SNSB-2) • 한국판 CERAD 신경심리평가집[CERAD-K(N)]

신경심리검사의 실시

1. 개요

① 임상신경심리학은 행동으로 표현되는 뇌 기능 장애를 연구하는 응용과학이다.

② 내담자를 평가해보면 내담자의 문제가 다양하다는 것과 행동의 범위가 넓다는 것, 그리고 각 내담자들의 능력이 천차만별이라는 사실에 흔히 직면하게 된다.

③ 내담자들이 보여주는 문제와 그 개인의 특성들이 다양하기 때문에 검사의 목적을 충분히 달성하고, 더 나아가 환자의 능력과 한계에 맞게 최상의 평가를 하고자 하는 임상가들에게는 평가 과정이 끝없는 도전으로 다가온다.

④ 이러한 복잡하고 광범위한 분야에서 당연하게 생각되는 사실이나 원리는 거의 없으며, 지식과 경험이 축적됨에 따라 평가절차에서의 규준들도 새로 도입되거나 수정되기 마련이다.

⑤ 실제로 신경심리검사를 할 때는 융통성, 탐구심, 창의성이 요구된다.

2. 주요 평가사항

① 수검자가 새로운 정보를 획득하고 기억할 수 있는가?

② 정보가 얼마나 빠르게 망각되는가?

③ 간섭 정보가 학습을 얼마나 방해하는가?

④ 결함이 특정 영역에 한정되어 있는가, 확산되어 있는가?

⑤ 시간이 흘러도 결함이 안정적인가?

3. 염두에 두어야 할 사항

① 증상에 대한 파악

② 현실판단력, 현실접촉력의 상실이 일시적인지 관찰

③ 검사가 적절한 시점인지에 대한 판단

④ 어떤 심리검사 도구를 선별해 사용할 것인지에 대한 판단

4. 신경심리검사의 실시

(1) 지능

① 웩슬러 지능검사

　㉠ 지능검사 11개 소검사들은 신경 심리검사로도 사용됨

　㉡ 소검사들은 다양한 뇌영역의 기능장애에 차별적으로 예민함

　㉢ 전체 소검사의 총합으로는 중요한 정보를 얻지 못함

ⓔ 신경심리학자는 소검사 점수들의 총합이나 평균점수보다는 소검사들의 점수분포에 관심을 가짐

언어성 지능 저하	좌반구 손상
동작성 지능 저하	우반구 손상, 확산적인 손상
토막짜기	시공간 구성 손상
바꿔쓰기, 산수문제	주의력 문제
처례 맞추기, 이해문제	사회적 상황, 사회적 규범, 규칙에 대한 이해

② 주의력과 정신적 추적능력
　　ⓖ 일반적인 대뇌 손상의 결과 사고가 지연되고 집중적인 행동수행에 장애가 옴
　　ⓛ 뇌간이나 대뇌반구 손상을 포함하는 확산적인 손상은 다양한 주의장애를 초래
　　　• CTT(Color Trails Test)
　　　　－인지적 세트를 변환하는 데 요구되는 집중력, 시각적 탐색활동, 융통성을 측정
　　　　－뇌손상에 가장 민감한 검사 중 하나

CTT 1(Color Trails Test 1) : 주의력	CTT 2(Color Trails Test 2) : 집중력, 인지, 융통성
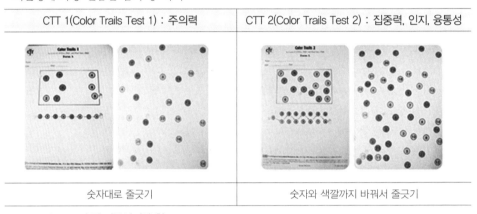	
숫자대로 줄긋기	숫자와 색깔까지 바꿔서 줄긋기

　　　　※ Mental Shifting이 잘 이루어져야 함
　　　• TMT(Trail Making Test)
　　　　－주의력, 심적 유동성(mental flexibility), 시각적 탐색, 운동기능을 측정
　　　　－검사는 A형과 B형으로 나뉘어져 있음
　　　　－검사자는 반응시간을 측정하고 오류 수를 계산

A형	피험자는 연필을 사용하여 숫자를 차례대로 연결
B형	숫자와 문자를 차례대로 번갈아 가면서 연결

　　　　※ 학력 등의 영향을 받을 수 있음

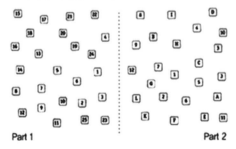

- PASAT(Paced Auditory Serial Addition Test) : 경미한 뇌손상을 평가하는 경우 집중력과 정신적 추적능력을 측정하는 고도로 어려운 검사

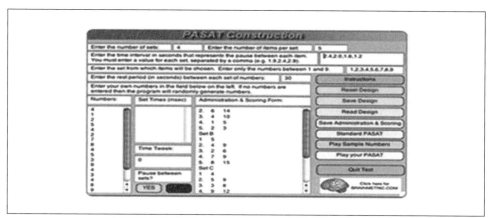

※ 지시사항의 문제 자체를 이해 못하는 경우도 있음

(2) 기억

① WMS-R(Wechsler Memory Scale-Revised) : 새로운 학습과 파지를 측정하는 검사

② Rey-kim 기억검사

　㉠ Rey AVLT와 Rey CFT를 한국 실정에 맞게 번안 및 표준화

　㉡ 임상현장에서 기억장애를 객관적으로 평가하는 데 유용

　㉢ IQ(지능지수)와 MQ(기억지수)의 차이를 이용하여 기억장애를 진단

　㉣ 언어적 기억 : RAVLT, CVLT → K-AVLT

　㉤ 시공간적 기어 : RCFT → K　CFT

학습 기울기	• 5번째 시행 원점수 : 1번째 시행 원점수 • 반복에 따른 기억효과 측정
기억 유지도	• 5번째 시행 원점수 : 자연회상 원점수 • 정보의 망각력 측정
인출 효율성	• 지연재인 원점수 : 지연회상 원점수 • 단서없이 기억하는 량 측정
그리기/기억 일치도	• 그리기 원점수($\downarrow$), 즉시회상 원점수($\downarrow$), 그리기/기억일치도($\uparrow$) : 시공간 구성능력의 영향 여부를 알 수 없음 • 그리기 원점수($\uparrow$), 즉시회상 원점수($\downarrow$), 언어/시각기억 일치도($\downarrow$) : 기억장애로 인함
언어/시각기억 일치도	언어기억 원점수($\uparrow$), 시각기억 원점수($\downarrow$), 언어/시각기억 일치도($\downarrow$) : 우반구 손상 가능성
지능/기억지수 일치도	지능지수($\uparrow$), 기억지수($\downarrow$), 지능/기억지수 일치도($\downarrow$) : 기억장애

(3) 지각

① 국소적 뇌손상이 있을 경우, 지각적 부주의 증상이 나타날 수 있음
② 입력되는 자극들 가운데 어느 한 방향의 자극을 지각하는 능력이 감소되거나 장애되는 양상으로 나타남

  ㉠ Line Bisection Test : 시각적 부주의를 측정

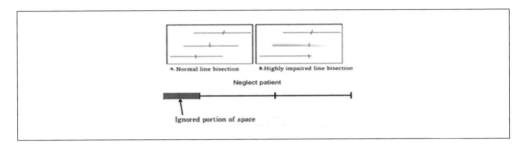

  ㉡ Face－Hand Test : 촉각 부주의 검사 **예** 손으로 얼굴을 만지면, 오른쪽을 만질 때는 모르고 왼쪽은 아는 경우

(4) 구성능력

① 공간적 관계에 대한 인지능력
② 구성능력의 실패는 원근, 각도, 크기, 거리판단의 실패 혹은 부분들의 통합이나 그들의 관계성에 대한 인지 실패로 일어남 → 공간적 관계나 지각대상의 세부적 특징을 잘못 지각하고, 잘못 판단하는 것이 문제
③ 시공간적 정보처리를 다루는 모든 검사들이 신경심리학적 평가도구로 이용될 수 있음

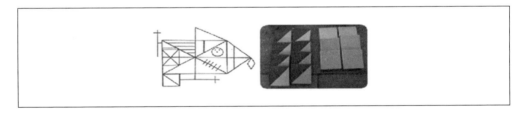

(5) 개념적 기능

① 추리력, 추상적 사고력, 문제해결능력 등을 포함하는 사고기능을 측정
② 개념 수준의 장애는 손상 부위에 상관없이 심한 뇌손상으로 인해 초래
③ 대부분의 신경심리검사들은 단순한 수준의 개념적 기능을 요구함
④ 추리능력 : 대부분의 웩슬러 소검사들의 성공적인 수행을 위해서 요구되는 기능

빠진 곳 찾기	지각적 추리능력
이해 문제	속담에 대한 상식적 수준의 언어적 추리능력과 해석능력을 평가
공통성 문제	사물이나 개념들 간의 우상성에 대해 질문함으로써 추상적으로 사고하는 능력을 측정함

산수 문제	수학적 문제해결능력과 연관
차례 맞추기	주제가 있는 그림들에 대한 연속적인 추리능력을 검사함
토막짜기/모양맞추기	시공간적 분석능력과 토막과 조각으로 문제를 해결하는 능력을 평가함

⑤ WCST(Wisconsin Card Sorting Test)

   ㉠ 개념 형성, 가설 검증, 문제해결능력, 사고의 융통성 평가

   ㉡ 검사 도구는 4장의 자극카드와 128장의 반응카드로 구성

   ㉢ 피험자는 반응카드를 한 장씩 차례대로 사용해 4장의 자극 중 놓고 싶은 곳에 놓음

   ㉣ 카드를 내려놓는 데는 일정한 규칙이 있으며 검사자는 피험자가 카드를 하나씩 내려놓을 때마다 피험자의 반응에 대해 피드백을 주게 되고 이 답변을 통해 피험자는 규칙을 발견해 나감

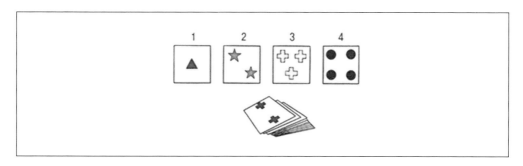

(6) 실행기능 또는 집행기능

① 목표 설정, 계획 수립, 목표지향적인 계획을 효율적으로 수행 → 수행을 스스로 감독하고 개선해 나가는 능력과 관련이 있음

② 전두엽이나 광범위한 영역의 뇌손상을 입은 환자들에게는 어려운 과제

③ 한 개인이 책임을 지고 사회적으로 적절하게 행동해야 하는 성인들에게는 필수적으로 요구됨

   ㉠ WCST(Wisconsin Card Sorting Test)

   ㉡ Kims 전두엽 – 관리기능검사 : 전두엽증후군(the frontal lobe syndrome)에 특화된 국내 최초의 임상심리검사

(7) 운동기능

① 신경심리검사는 운동활동에 대한 표준화된 측정방식을 제시함으로써 운동기능에 대한 신경학적 검사를 보완해줄 수 있음

② 손으로 쥐는 힘과 손가락 두드리기와 같은 운동기능에 대한 검사

hand dynamometer	fingertapping	Grooved Pegboard Test
		섬세한 운동협응 능력에 대한 검사

5. 벤더게슈탈트 검사(BGT)

(1) 의의

① 벤더게슈탈트 검사(Bender Gestalt Test, BGT)는 1938년 벤더(Bender)가 미국 정신의학협회 (American Orthopsychiatric Association) 연구지에 실은 「시각 – 운동 게슈탈트 검사 및 그 임상 적 활용 : A Visual – Motor Gestalt Test BT and Its Clinical Use」라는 논문을 통해 소개되었다.

② 벤더는 정신병리의 유형과 지각 간의 관계를 연구하기 위한 용도로 게슈탈트검사를 고안하였다.

③ 형태심리학의 창시자인 베르타이머(Wertheimer)가 지각의 형태학적 측면을 연구하기 위해 다양한 도 형을 검사도구로 사용하였으며, 벤더가 그 도형들 중 9개를 선별하여 자신의 검사도구로 응용하였다.

④ 초기에는 발달적 측면에서 기질적 장애를 판별하기 위해 적용하였으나, 해석에 대한 경험적 증거나 신뢰도에 대해서는 간과되었다.

⑤ 허트(Hutt)는 1945년에 베르타이머의 원도형과 보다 유사한 자극으로 구성된 검사를 개발하여 검사 의 실시 및 해석에 대한 새로운 지침인 HABGT(Hutt Adaptation of the Bender Gestalt Test)를 제시하였다.

⑥ 벤더게슈탈트 검사는 투사적 목적은 물론 신경심리적 목적으로 뇌의 기질적인 손상이 있는 환자들을 진단하기 위한 용도로 사용되고 있다.

(2) 특징

① BGT는 형태심리학과 정신역동이론을 기초로 한다.

② 검사자는 수검자에게 약 11cm×10cm 크기의 카드 9장으로 구성된 도형들을 제시한다. 카드는 도형 A를 포함하여 도형 1~8까지로 구성된다.

③ 검사자는 수검자가 해당 도형들을 어떻게 지각하여 재생하는지 관찰함으로써 성격을 추론할 수 있으 며, 수검자에 대한 정신병리적 진단 및 뇌손상 여부도 탐지할 수 있다.

④ 언어표현이 아닌 단순한 도형 그림 작성방식이므로, 언어능력이나 언어표현이 제한적인 사람, 언어 적인 방어가 심한 환자에게 효과적으로 적용할 수 있다.

⑤ 정신지체나 뇌기능장애는 물론 성격적 문제를 진단하는 데 효과적으로 적용할 수 있다.

⑥ 일종의 투사적 검사로서, 시각 – 운동협응능력 및 시지각 능력을 측정한다.

⑦ 수검자의 수검공포와 검사자의 관계 형성을 위한 완충검사(Buffer Test)로서의 역할을 한다.

(3) BGT를 적용할 수 있는 수검자(Hutt)

① 적절히 말할 수 있는 능력이 없거나 능력이 있어도 표현할 의사가 없는 수검자

② 말로 의사소통을 할 능력이 충분히 있어도 언어적 행동에 의해 성격의 강점이나 약점에 대한 적절한 정보를 제공받기 어려운 수검자

③ 뇌기능장애가 있는 수검자

④ 지적 장애(정신지체)가 있는 수검자

⑤ 문맹자나 교육을 받지 못한 수검자 혹은 외국인 수검자

(4) 시행방법

① 모사(Copy Phase)

　㉠ 수검자는 검사자의 지시에 따라 주어진 그림을 보고 따라 그림

　㉡ 이때 수검자가 지나치게 길게 반응하는 경우 여러 가지 정신적인 문제를 반영하며, 수검자가 지나치게 빨리 반응하는 경우 불안이나 회피, 반항적 경향을 반영함

② 변용묘사 또는 정교화(Elaboration Phase)

　㉠ 수검자는 검사자의 지시에 따라 앞서 모사한 그림을 자신이 원하는 방식으로 고쳐 그림

　㉡ 특히 이 단계는 수검자의 투사적 반응을 극대화하여 그의 독특한 심리적 특징을 드러내도록 함

③ 연상(Association Phase)

　㉠ 검사자는 수검자로 하여금 원도형과 변형된 도형에 대해 이야기하도록 요구함

　㉡ 이 단계는 변용묘사 단계와 함께 수검자의 성격적 특성과 역동적인 면에 대해 많은 정보를 얻을 수 있도록 함

④ 순간노출(Tachistoscophic Phase)

　㉠ 모사와 흡사하나 보통 5초 정도의 짧은 시간 동안 그림을 노출한 후 수검자에게 해당 그림을 기억을 통해 그리도록 함

　㉡ 이 단계는 특히 수검자의 뇌기능장애가 의심될 때 사용함

⑤ 재모사 또는 한계음미(Testing the Limits Phase)

　㉠ 모사단계에서 얻어진 정보가 모호하여 확증을 얻기 어려울 때 관련 도형을 재모사하도록 하여 정확한 정보를 얻기 위해 사용함

　㉡ 특히 그려진 도형이 일탈한 경우, 그것이 단순한 실수인지 뇌기능 장애에서 비롯된 것인지 판단하기 위해 수행함

⑥ 회상(Recall Phase)

　㉠ 모사로 그린 그림을 다시 회상하면서 그리도록 함

　㉡ 특히 회상법은 기질적 뇌손상이 있는 환자와 그렇지 않은 환자를 변별하는 데 유용함

(5) 시행상 유의사항

① 자극 카드는 수검자가 미리 보지 못하도록 엎어놓으며, 검사실시와 함께 도형 A부터 도형 8까지 차례대로 제시한다.

② 모사용지는 여러 장을 준비하며, 수검자가 추가적으로 요구하는 경우 더 사용할 수 있도록 한다.

③ 모사할 때 자 등의 보조도구를 사용하지 않도록 지시한다.

④ 수검자가 제시된 내용 이외의 질문을 하는 경우 짧게 '좋을 대로 하십시오'라고 답변한다.

⑤ 검사자는 수검자의 검사태도 및 검사행동을 유심히 관찰하여 해석에 참고하도록 한다. 특히 수검자가 모사와 상관없이 용지를 회전한다거나 점의 수를 헤아리는 등의 행위를 하는 경우 또는 무성의하게 스케치하듯이 그리는 경우 일단 제지하도록 하며, 그와 같은 행위가 반복적으로 나타나는 경우 이를 검사결과에 반영한다.

(C) 해석

평가 항목	내용	
조직화 (Organization)	• 배열 순서 • 공간의 사용 • 도형 간의 중첩 • 용지의 회전	• 도형 A의 위치 • 공간의 크기 • 가장자리의 사용 • 자극도형의 위치변경
크기의 일탈 (Deviation in Size)	• 전체적으로 크거나 작은 그림 • 점진적으로 커지거나 작아지는 그림 • 고립된 큰 그림 또는 작은 그림	
형태의 일탈 (Deviation of Form)	• 폐쇄의 어려움 • 교차의 어려움	• 곡선 모사의 어려움 • 각도의 변화
형태의 왜곡 (Distortion of Form)	• 지각적 회전 • 단순화 • 중첩의 어려움 • 보속성	• 퇴영 • 파편화 또는 단편화 • 정교함 또는 조악함 • 도형의 재모사
움직임 및 묘사요인 (Movement and Drawing)	• 운동방향에서의 일탈 • 운동방향의 비일관성 • 선 또는 점의 질	

| + 이해더하기 |

- 퇴영(Retrogression)
  - 수검자가 원을 점으로 모사하거나 연속된 점들을 선으로 그리는 등 자극도형을 매우 유치한 형태로 나타내는 것
  - 특히 퇴영은 심리적 외상에 대한 만성적 방어상태에서 비롯되며, 자아통합의 실패나 자아기능의 이상을 나타내는 것으로 해석됨
- 파편화 또는 단편화(Fragmentation)
  - 모사한 도형의 형태가 원형과 달리 결합되어 있지 않은 채 여러 부분으로 떨어져 있어 전체적인 형태가 상실된 경우
  - 특히 파편화는 지각 운동기능상의 장애나 통합능력의 저하를 나타내는 것으로 해석됨
- 보속성(Perseveration)
  - 앞서 제시된 도형의 요소가 다음 도형의 모사과정에서 연속적으로 나타나거나, 자극도형에서 요구되는 이상으로 연장하여 그리는 것
  - 특히 보속성은 자아통제력의 저하나 현실검증력의 장애를 나타내는 것으로 해석됨

(7) 발달적 채점법과 정서지표(Koppitz)

① 코피츠(Koppitz)는 5~10세까지의 아동을 대상으로 발달적 채점법(Koppitz Developmental Bender Scoring System)을 적용하였다.

② 발달적 채점법은 아동이 현재 보이고 있는 시각 – 운동 발달수준이 아동의 실제 연령에 부합되는 것인지를 파악하는 데 유용한 방법이다.

③ 9장의 도형그림을 이용하며, 30개의 상호독립적인 문항으로 구성되어 있다.

④ 모든 채점항목은 각 1점이나 0점으로 합산하므로, 최하 0점에서 최고 30점까지 받을 수 있다. 이때 오류점수가 높으면 나쁜 성적을, 오류점수가 낮으면 좋은 성적을 반영한다.

⑤ 발달적 채점법을 통해 아동의 지각성숙도 및 신경장애의 가능성을 파악할 수 있는 한편, 정서지표를 통해 정서적 적응상태에 대한 정보를 얻을 수 있다.

⑥ 코피츠의 BGT 채점을 위한 10개의 정서지표는 다음과 같다.

　㉠ 도형배치의 혼란(Confused Order)

　㉡ 도형 1과 2에서의 파선(Wavy Line in Figs. 1 and 2)

　㉢ 도형 2에서 원 대신 대시(Dashes Substituted for Circles in Figs. 2)

　㉣ 도형 1, 2 혹은 3의 크기의 점증(Increasing Size of in Figs. 1, 2 or 3)

　㉤ 과대묘사(Large Size)

　㉥ 과소묘사(Small Size)

　㉦ 약한 선(Fine Line)

　㉧ 부주의한 가중묘사 혹은 강한 선(Careless Overwork or Heavily Reinforced Lines)

　㉨ 반복시행(Second Altempt)

　㉩ 확산(Expansion)

6. SNSB-2

① 본 검사는 중장년과 노인들의 전반적인 인지기능을 평가하는 종합적인 신경심리검사 배터리로서, 전국 규모의 표집(1,100명)을 기반으로 '주의집중력, 기억력, 시공간기능, 언어기능, 전두엽 집행기능'의 5개 인지영역의 점수를 제공한다. 이 중 한 영역에서 −1.5 표준편차의 평균 이하의 저하를 보인다면 추가적인 뇌 MRI – MRA를 건강보험 수가로 시행하여 원인을 평가하게 된다.

② 검사시간은 60~90분 정도이며 숙련된 검사자와 개별 대면검사를 시행하게 된다. 이후 30분가량의 컴퓨터 채점을 통하여 점수표 및 그래프를 제공하게 되며 신경과 치매 전문의인 원장의 상세한 상담을 받게 된다.

7. 세라드(CERAD-K)

대상자 및 정보제공자에 대한 인구학적 자료, 치매와 관련된 임상력, 블레스트 치매척도 – 일상생활동작평가(BDS – ADL), 한국어판 간이 블레스트 검사(SBT – K)를 비롯한 간이 인지기능평가, 신체검사 및 신경학적 검사, 임상병리 및 영상학적 검사, 임상치매평가(CDR) 척도, 진단적 인상 등으로 구성되며 시행에 약 30~40분이 소요된다.

CHAPTER **05** | 기타심리검사

1. 베일리 검사(Bayley Scale of Infant Development, BSID)

① 베일리(Bayley)가 1969년 생후 2개월에서 30개월까지의 영유아를 대상으로 발달척도(BSID)를 고 안한 이후, 1993년 개정판(BSID-Ⅰ)을 통해 생후 1개월(또는 16일)에서 42개월까지의 영유아를 대 상으로 한 표준화가 이루어졌다.

② 1969년 초판(BSID-Ⅰ) 발행 당시 1930년대의 캘리포니아 영유아 발달검사를 토대로 정신척도 (Mental Scale)와 운동척도(Motor Scale)만으로 구성되었다.

③ BSID-Ⅰ는 초판인 BSID의 연령범위를 확장한 것은 물론, 신뢰도와 타당도에 관한 보다 많은 정보를 제공한다. 특히 검사도구의 임상적 효용성을 개선하여 상대적으로 발병률이 높은 다운증후군, 태내 기약물중독, 자폐아, 발달지체아 등에 관한 정보를 제공한다.

④ 영유아의 정상적인 발달수준을 분류 · 기술하고 이를 토대로 영유아의 발달지체나 정신지체 등의 문 제를 조기에 발견하여 적절한 치료적 개입조치를 취함으로써 문제를 예방 또는 최소화 하는 것을 주 된 목적으로 한다.

⑤ 검사과정은 검사자와 아이가 1:1로 마주 앉은 상태로 진행되며, 아이의 연령이나 기질 등의 다양한 요인을 고려하여 융통성 있게 전개된다.

⑥ 인형이나 퍼즐, 감각놀이판 등을 사용하여 아이의 자연스러운 활동을 통해 운동기능을 측정한다.

⑦ 일종의 편차지능지수와 매우 흡사한 정신발달지표(Mental Development Index)를 산출한다.

⑧ 최근에는 유아의 우수한 잠재력을 발견하고 영재성을 판별하기 위한 용도로도 사용되고 있다.

⑨ 정신척도(Mental Scale), 운동척도(Motor Scale), 행동평정척도(BehaviorRating Scale)로 구성된다.

하위척도	검사내용
정신척도 (Mental Scale)	• 인지발달 : 기억력, 문제해결능력, 분류 및 변별능력 등 • 언어발달 : 어휘 및 발성, 수용언어 및 표현언어 등 • 개인/사회성발달 : 언어적 의사소통 등
운동척도 (Motor Scale)	• 소근육 발달 : 쓰기 및 잡기, 손 운동 따라하기, 도구 사용하기 등 • 대근육 발달 : 앉기 및 서기, 걷기 및 뛰기, 균형잡기 등
행동평정척도 (Behavior Rating Scale)	• 주의 및 각성상태 • 과제 및 검사에 대한 참여 정도 • 정서조절 • 운동의 질

TOPIC. 2 ▶ 아동 및 청소년용 심리검사

1. 아동 및 청소년용 심리검사의 특성

(1) 아동 및 청소년용 심리검사의 특성

① 영유아기, 취학 전 초기 아동기, 학령기 초기, 청소년기 등 각 발달 단계에 따라 인지, 정서, 행동 및 사회성 등의 주요 주제와 특성에 차이가 크므로 아동 및 청소년을 대상으로 한 심리검사에서는 정상 발달에 대한 이해가 선행되어야 한다.

② 지능을 비롯한 인지기능검사, 발달검사에서는 일반 성인에 비해 연령규준의 구간이 짧게 적용된다.

(2) 아동 및 청소년용 심리검사의 종류

① 아동 – 청소년용 행동평가척도(CBCL ; Child Behavior Checklist)

　㉠ 아동 및 청소년의 문제행동의 여러 속성들을 포함하고 있는 포괄적이고 정교한 행동평가척도

　㉡ 대상 연령은 4~18세의 아동 및 청소년이며, 부모를 비롯한 주양육자가 평정하는 CBCL 외에 교사 평정에 기초한 TRF(Teacher's Report Form)도 개발되어 있음

　㉢ CBCL과 TRF 모두 120문항으로 구성되어 있으며, 0~2점 범위의 3점 척도 [0점(전혀 아니다)~2점(자주 그런 편이다)]로 평정하도록 구성됨

② 한국 아동 인성평정척도(K – PRC ; Korean Personality Rating Scale for Children)

　㉠ 아동 및 청소년을 대상으로 정신과적 장애의 선별 및 진단, 학교 장면에서 심리적 도움이 필요한 학생의 조기 발견 등을 위해 이들의 인지 · 정서 · 행동 특성을 다차원적으로 평가할 목적으로 개발된 아동 인성 검사(PIC ; Personality Inventory for children)를 수정 · 보완한 척도로서 주양육자 평정에 기초

　㉡ KPL – C는 4~15세에 속하는 아동 및 청소년을 대상으로 하였으며, 255문항으로 구성되어 있고, 2분척도(예/아니오)가 적용되었으나, K – PRC는 적용연령 범위를 3~17세까지 확대하였으며, 문항수를 177문항으로 줄이는 대신 4점 척도(0~3점)로 세분함

③ 코너스 평정척도(CRS ; Conners Rating Scale)

　㉠ 주의력 결핍 및 과잉행동장애와 관련된 행동 증상을 객관적으로 평정할 목적으로 개발됨

　㉡ 부모용 및 교사용 각각 2개의 버전씩[부모용(99문항, 48문항)/교사용(39문항, 28문항)] 총 4가지 형태가 있음

　㉢ 각 척도는 4점 척도[0점(전혀 아니다)~3점(매우 그렇다)]로 평정되며, 부모용은 3~17세, 교사용은 3~14세의 아동 및 청소년을 대상으로 적용됨

　㉣ 주의력 결핍 및 과잉행동장애와 관련된 행동증상 외에도 가족 문제, 정서 문제, 분노조절 문제, 불안 문제 등 다양한 정서적 · 행동적 관계의 문제를 평정할 수 있는 하위척도가 포함되었으며, 부모용(80문항, 27문항), 교사용(59문항, 28문항) 외에도 청소년용 자기보고 척도가 개발됨

④ 청소년 자기 행동평가척도(YRS ; Youth Self Report)

　㉠ 아동 – 청소년 행동평가척도(CBCL)에 대응되는 청소년 대상(11~18세)의 자기보고형 척도로 유능감척도, 문제행동척도로 분류됨

　㉡ 유능감 척도에는 사회적 유능감척도가 포함되며, 문제행동척도는 CBCL에 포함되는 8개의 문제행동 중후군 하위척도 외에 사회적 바람직성척도가 개발됨

⑤ 청소년용 다면적 인성검사(MMPI - A)

ⓐ 14~18세(한국판은 13~18세) 청소년에게 적용하도록 개발됨

ⓑ 원판 MMPI의 기본 타당척도와 임상척도의 틀을 유지하되, MMPI - 2와 마찬가지로 새로운 타당척도, 내용척도, 보충척도 및 PSY - 5 척도들이 추가됨

ⓒ 성인과 청소년기 발달 단계, 사회문화적 환경의 차이를 고려해 청소년들에게 적용하기 적절하지 않은 문항은 삭제하거나 청소년들에게 맞게 수정됨

ⓓ 청소년기의 독특한 영역을 다루기 위해 새로운 문항들이 추가되어 총 478문항으로 구성되어 있음

⑥ 덴버발달선별검사

ⓐ 미국 콜로라도(Colorado) 의과대학에서 고안한 선별검사로서, 생후 1개월에서 6세까지의 아동을 대상으로 함

ⓑ 검사자가 대상 아동을 직접 관찰하거나, 부모 또는 해당 아동을 항시 돌보는 사람에게서 입수되는 자료를 통해 발달상태를 확인함

ⓒ 주로 발달지체가 의심되는 아동을 발견하기 위한 목적으로 사용됨

ⓓ 개성 및 사회성, 언어능력, 소근육운동, 대근육운동의 기능영역에 대해 검사함

ⓔ 검사의 실시 및 해석이 간편하여 심리검사에 대한 전문적인 지식을 가지고 있지 않은 사람이라도 실시할 수 있음

ⓕ 의료장면에서 활용하기 위해 고안된 것인 만큼 발달지체를 신체적인 요인으로 귀인하는 경향이 있음

⑦ 시각 - 운동통합발달검사

ⓐ 3~18세의 아동 및 청소년을 대상으로 시지각 및 운동협응을 평가하기 위한 발달검사

ⓑ 수직선, 수평선, 삼각형, 정방형, 원 등 24개 기하학적 형태의 도형으로 구성되며, 각각의 기하학적 도형은 단순한 것에서부터 복잡한 것에 이르기까지 난이도에서 차이를 보임

ⓒ 검사자는 수검자에게 제시된 도형을 모사하도록 지시하며, 이때 이미 그린 것을 지우거나 검사지를 돌려서 그리지 않도록 요구함

ⓓ 연령기준과 함께 모사의 성공 또는 실패 여부에 따라 모사된 도형에 대한 채점이 이루어지며, 보다 객관적인 평가를 위해 모사 도형에 대한 채점기준이 마련되어 있음

ⓔ 언어가 아닌 도형으로 과제가 제시됨으로써 아동에게 보다 익숙하며, 청각장애나 언어장애가 있는 아동에게도 적용할 수 있음

⑧ 교육진단검사

ⓐ 미국 노스캐롤라이나(North Carolina) 대학 연구소에서 개발한 것으로서, 정신지체나 자폐증 등 주로 정신병리를 가진 아동을 대상으로 한 발달적 평가

ⓑ 정신연령 1~5세, 생활연령 1~12세 아동을 대상으로 한 검사로서, 검사자가 아동과 놀이 공간에서 상호작용하면서 평가하는 방식

ⓒ 의사소통상의 문제로 인해 기존의 검사를 받을 수 없었던 아동의 발달 및 정신장애 수준을 평가함

ⓔ 아동에 대한 정신병리적 진단을 내리기보다는 아동의 현재 기능적·발달적 수준에 적합한 교육프로그램을 개발하는 데 목적이 있음

ⓜ 아동에게 익숙하지 못하나 종종 성공에 이르는 반응들을 기록함으로써, 이를 토대로 개별적인 학습프로그램을 구성할 수 있도록 함

ⓗ 아동이 관심을 가지고 참여할 수 있는 재미있고 흥미로운 과제와 도구들(고무공, 찰흙, 비눗방울, 종이와 가위 등)로 구성됨

ⓢ 발달척도에서는 모방(10문항), 지각(11문항), 소근육운동(10문항), 대근육운동(11문항), 눈-손협응(14문항), 언어이해(20문항), 언어표현(19문항)을 통한 아동의 발달수준 측정이 이루어짐

ⓞ 병리척도에서는 대인감정(7문항), 사람 사귀기(7문항), 물건 다루기(6문항), 감각(13문항), 언어(11문항)를 통한 아동의 병리행동수준 측정이 이루어짐

(3) 발달검사를 통한 아동 평가 시 고려사항

① 아동은 특별한 집단이므로 성인을 대상으로 한 일반적인 평가방식을 그대로 적용하는 것은 바람직하지 않다.

② 아동의 적절한 목표 행동을 명확히 결정하고 치료적 개입과 관련된 행동 변화를 확신 있게 설명하기 위해 규준에 의한 발달적 비교가 가능해야 한다.

③ 아동평가를 통해 인지, 행동, 정서 상태 등 여러 측면에서의 변화목표를 가질 수 있다.

④ 변화를 필요로 하는 목표 행동의 범위가 넓은 경우 다중적인 평가기법을 적용하는 것이 바람직하다.

⑤ 사용되는 측정 도구들은 경험적으로 타당성을 검증받은 것이어야 하며, 아동의 발달적 변화에 대해서도 민감한 것이어야 한다.

TOPIC. 3 ▶ 노인용 심리검사

1. 개요

노인용 심리검사는 크게 인지기능 평가와 정서 및 행동장애 평가로 구분할 수 있다.

2. 인지기능 평가

치매는 가장 대표적인 인지장애 중 하나로 기억력을 포함해 광범위한 인지기능의 손상을 주요 특징으로 한다. 치매 평가에 많이 사용되는 신경심리검사 혹은 종합치매평가척도는 다음과 같다.

① 한국판 치매평가검사2(K-DRS-2)

ⓐ 치매 환자의 진단 및 경과를 평가할 목적에서 개발한 신경심리검사

ⓑ KDRS는 DRS를 국내 실정에 맞춰 표준화하였는데, 이것은 국내 최초의 공식화된 치매 평가 도구임

ⓒ 주의, 관리기능, 구성, 개념화, 기억 등 5가지 인지 영역을 측정하는 데에도 용이함

② CERAD 평가집(Consortium to Establish Registry for Alzhemer's Disease Battery)

　　㉠ CERAD 임상검사(CERAD-C ; ERAD-Clinical Battery) : 인구학적 자료, 현병력, 가족력, 다양한 심리적·신경학적 장애에 대한 임상력, 일상생활 기능, 치매 심각도를 평가

　　㉡ CERAD 신경심리검사(CERADN ; CERAD-Neuropsychological Battery)

　　　　• 신체저 피로감이나 장기간 주의집중력의 어려움을 호소하는 노인층에게 용이하게 사용할 수 있도록 실시 시간이 비교적 짧고 시행이 간단한 신경심리검사로 구성됨

　　　　• 간이 정신상태검사(MMSE ; Mini-Mental Status Examination), 언어 유창성 검사(동물 범주), 단축형 보스톤 이름대기 검사, 구성능력검사, 단어목록 기억검사, 단어목록 지연 회상검사, 단어 지연 재인검사, 구성회상검사, 선로 잇기 검사(Trail Making Test) A형과 B형 등이 포함됨

③ 노인 기억장애검사(EMS ; Elderly Memory Disorder Scale)

　　㉠ 국내 노인 인구를 위해 자체 개발된 종합신경심리검사집으로 기억력을 중심으로 주의집중력, 시공간기능, 언어기능 및 개념화 능력 등을 평가하는 소검사들로 구성됨

　　㉡ EMS에 단어목록이 사용된 언어기억검사 외에도 일화기억을 평가할 수 있는 이야기 회상 검사가 포함되어 있으며, 구성능력의 경우에도 노인들에게 실시하기 용이하도록 R-CFT를 변형시킨 단순 Rey 도형검사가 사용됨

(2) 정서 및 행동 장애 평가

노인은 신경심리학적 손상에 의해 신경, 정서 및 행동상의 문제가 초래되기도 하며, 역으로 정서 상태가 인지기능에 영향을 미치기도 한다. 따라서 신경심리평가에서는 개별 인지기능에 대한 평가 외에도 성격, 정서 및 행동에 대해서도 종합적으로 평가하는 것이 중요하다.

① 우울평가

　　㉠ 주의집중력 저하를 비롯한 인지기능 저하는 우울에 흔히 동반되는 징후일 뿐만 아니라 신경심리학적 손상 시에도 우울, 무감동, 동기 저하 등 우울 관련 징후를 흔히 보임

　　㉡ 우울증상 관련 검사

　　　　• 해밀톤 우울평정척도(Hamilton Depression Rating Scale) : 우울증상 및 심각도에 초점을 맞춘 검사로 임상가 평정척도

　　　　• BDI(Beck Depression Inventory), CES-D(Center for Epidemiologic Studies Depression Scale) : 일반 성인들을 대상으로 한 자기보고형 우울척도

　　　　• 노인우울척도(GDS ; Geriatric Depression Scale) : 노인에게 특화된 대표적인 우울척도

② 치매 정신행동 증상 관련 척도

　　㉠ 치매와 같은 인지기능 감퇴에 흔히 수반되는 심리적·행동적 변화를 평정하기 위해 다양한 척도들이 개발되어 있음

　　㉡ 망상이나 환각과 같은 정신증적 증상, 우울, 불안 및 기타 정서적 불안정성, 충동적·공격적 행동, 탈억제, 반복행동, 수면장애, 식이행동의 변화 등이 포함됨

　　㉢ 치매 정신증상척도(NPI ; Neuropsychiatric Inventory), CERAD-치매 행동평가척도(BRSD ; Behavioral Rating Scale for Dementia) 등

TOPIC. 4 진로검사

1. 적성검사의 종류와 특징

적성검사는 직업·진학·예술(음악, 미술) 적성검사 및 레디니스테스트(readiness test, 준비도검사)로 대별할 수 있다. 직업적성검사는 특수 직업적성검사와 일반 직업적성검사로 나누어진다. 전자에는 서기적 적성검사와 기계적 적성검사 등이 표준화되어 있으며, 그 밖에도 여러 종류의 검사가 각각 다른 직업에 관하여 사용되고 있다. 이들 적성검사는 검사의 종류에 따라 각각 내용이 다르나, 다음과 같은 종류의 검사를 포함한다.

① 체격·체력검사 : 신장·체중·악력·점프력 등
② 감각·지각검사 : 시력·색각·청력 등
③ 동작능력검사 : 반응속도·태핑·눈감고 양 손가락 맞추기·손재주 등
④ 지능검사 : 기억·추리·언어능력·계산능력 등
⑤ 성격·흥미 등의 검사

2. 일반직업 적성검사(GATB)

(1) 의의 및 특징

① 일반직업적성검사(The General Aptitude Test Battery)는 1947년 미국 연방정부 직업 안정국(United States Employment Service)이 일반적성 검사 배터리를 표준화한 것이다.
② 포괄적인 적성을 측정하는 종합적성검사로서, 11개의 지필검사와 4개의 수행검사(동작검사)를 포함한 총 15개의 하위검사로 구성되어 있다.
③ GATB를 통해 총 9개 분야의 적성이 검출된다.
④ GATB는 검사의 타당화에 대한 연구가 별로 없어서 타당도에 대한 증거가 미흡하다.

(2) 구성

① 지필검사
　㉠ 기구대조검사 : 보기에 제시된 그림의 전개도를 본 후 동일한 형태의 도형을 찾아냄
　㉡ 형태대조검사 : 서로 대조되는 도형집단에서 크기와 모양이 동일한 도형을 찾아냄
　㉢ 명칭비교검사 : 좌우 양쪽의 문자 또는 숫자로 표시된 명칭을 비교하여 서로 동일한지를 판별
　㉣ 타점속도검사 : 연속적으로 나열되어 있는 사각형 안에 최대한 빨리 3개씩 점을 찍음
　㉤ 표식검사 : 사각형 안에 최대한 빨리 정해진 기호(표식)를 기입함
　㉥ 종선기입검사 : H의 양측 선에 닿지 않도록 H 가운데의 횡선을 가로질러 최대한 많이 선을 그음
　㉦ 평면도판단검사 : 보기에 제시된 자극도형 중 위치나 방향을 바꾸어 놓은 도형을 5개의 기하학적 도형 중에서 찾아냄
　㉧ 입체공간검사 : 보기에 제시된 평면도를 본 후 해당평면도형에 해당하는 입체도형을 찾아냄
　㉨ 어휘검사 : 제시된 4개의 단어 중 동의어 또는 반대어에 해당하는 단어 2개를 찾아냄
　㉩ 산수추리검사 : 문장으로 제시된 산수응용문제를 품
　㉪ 계수검사 : 덧셈, 뺄셈, 곱셈, 나눗셈의 사칙연산을 통해 기본연산능력을 측정함

② 수행검사(동작검사)

　　㉠ 환치검사 : 상판과 하판에 48개 구멍이 뚫려있는 팩보드(Peg Board)에서 상판 막대기의 팩을 양
　　　손을 이용하여 동시에 뽑은 다음 이를 하판의 대응되는 위치에 꽂아 넣음

　　㉡ 회전검사 : 환치검사를 통해 하판에 꽂아 넣은 팩을 한 손으로 한 개씩 빼낸 후 이를 뒤집어 다시
　　　꽂아 넣음

　　㉢ 조립검사 : 상판과 하판에 50개 구멍과 원주가 있고 일정한 간격으로 못과 좌목 철이 놓여있는
　　　손가락 재치보드에서, 상판에 꽂혀 있는 못과 원주에 꽂혀 있는 좌철을 양손을 이용하여 빼내어
　　　조립한 다음, 못을 빼낸 손으로 하판의 대응되는 위치에 꽂아 넣음

　　㉣ 분해검사 : 조립검사를 통해 하판에 꽂아 넣은 못과 좌철의 조립물을 다시 분해하여 못과 좌철이
　　　있던 본래의 위치에 양손을 이용하여 동시에 꽂아 넣음

(3) GATB에 의해 검출되는 적성의 분류

① 지능(General Intelligence, G) 또는 일반학습능력(General Learning Ability, G) : 일반적인 학
　습능력, 설명이나 지도내용과 원리를 이해하는 능력, 추리 · 판단하는 능력, 새로운 환경에 신속하게
　순응하는 능력 등

② 언어능력(Verbal Aptitude, V) : 언어의 뜻과 함께 그와 관련된 개념을 이해하고 사용하는 능력, 언
　어 상호 간의 관계와 문장의 뜻을 이해하는 능력, 보고 들은 것이나 자신의 생각을 발표하는 능력 등

③ 수리능력 또는 수리적성(Numerical Aptitude, N) : 신속하고 정확하게 계산하는 능력 등

④ 사무지각(Clerical Perception, Q) : 문자나 인쇄물, 전표 등의 세부를 식별하는 능력, 잘못된 문자
　나 숫자를 찾아 교정하고 대조하는 능력, 직관적인 인지능력의 정확도나 비교 · 판별하는 능력 등

⑤ 공간적성(Spatial Aptitude, S) : 공간상의 형태를 이해하고 평면과 물체의 관계를 이해하는 능력,
　기하학적 문제해결능력, 2차원이나 3차원의 형체를 시각적으로 이해하는 능력 등

⑥ 형태지각 (Form Perception, P) : 실물이나 도해 또는 표에 나타나는 것을 세부까지 바르게 지각하
　는 능력, 시각으로 비교 · 판별하는 능력, 도형의 형태나 음영, 근소한 선의 길이나 넓이 차이를 지각
　하는 능력, 시각의 예민도 등

⑦ 운동반응 또는 운동협응(Motor Coordination, K) : 눈과 손 또는 눈과 손가락을 함께 사용하여 빠
　르고 정확하게 운동할 수 있는 능력, 눈으로 겨누면서 정확하게 손이나 손가락의 운동을 조절하는 능
　력 등

⑧ 손가락 재치 또는 손가락 정교성(Finger Dexterity, F) : 손가락을 정교하고 신속하게 움직이는 능
　력, 작은 물건을 정확하고 신속하게 다루는 능력 등

⑨ 손의 재치 또는 손 정교성(Manual Dexterity, M) : 손을 마음대로 정교하게 조절하는 능력, 물건을
　집고 놓고 뒤집을 때 손과 손목을 정교하고 자유롭게 운동할 수 있는 능력 등

일반직업적성검사(GATB)의 하위검사별 검출되는 적성

측정방식	하위검사명	검출되는 적성
지필검사	기구대조검사	형태지각(P)
	형태대조검사	형태지각(P)
	명칭비교검사	사무지각(Q)
	타점속도검사	운동반응(K)
	표식검사	
	종선기입검사	
	평면도판단검사	공간적성(S)
	입체공간검사	공간적성(S), 지능(G)
	어휘검사	언어능력(V), 지능(G)
	산수추리검사	수리능력(N), 지능(G)
	계수검사	수리능력(N)
수행검사 (동작검사)	환치검사	손의 재치(M)
	회전검사	
	조립검사	손가락 재치(F)
	분해검사	

(4) 채점 및 적용

① 채점 및 원점수 산출 시 지필검사는 맞은 문항수를, 수행검사는 완성한 개수를 센다. 단, 종선기입검사, 타점속도검사, 표식검사는 진행한 수를 세는데, 이때 해당 수치가 원점수가 된다.

② 환산점수 산출 검사 요강에 수록된 환산표를 참조하여 원점수를 그에 부합하는 환산점수로 변환한다.

③ 적성별 점수 산출 환산점수를 이용하여 9개의 적성분야별 점수를 산출한다.

④ 적정 직무군 선정 GATB는 2~3개의 적성분야를 조합하여 모두 15개의 직무군을 제공하고 있으며, 각 직무군에서 필요로 하는 적성분야의 점수에 따라 다시 2~3개의 하위직무군으로 분류해놓고 있다.

⑤ 이 분류는 직무군별로, 직무군 내 하위직무군별로 적성분야의 기준점수를 제시하고 있으며, 수검자의 적성분야별 점수를 이 기준과 비교하여 수검자의 적정한 직무군을 판별한다.

3. 홀랜드 유형 직업적성검사(CAT)

(1) 의의 및 특징

① 홀랜드(Holland)는 개인 – 환경적합성모형을 통해 직업심리학적 특성과 직업환경의 심리적 특성을 결부시킴으로써, 개인의 행동이 그들의 성격에 부합하는 직업환경 특성들 간의 상호작용에 의해 결정된다고 보았다.

PART 01 | PART 02 | PART 03 | PART 04 | PART 05 | PART 06

② 개인의 성격은 그들의 직업적 선택을 통해 표현되며, 개인의 직업적 만족이나 안정, 성취, 적응 또한 그들의 성격과 직업환경 간의 적절한 연결에 달려있다고 본다.

③ CAT는 직무의 다양한 특성들을 탐색하고, 개인이 해당 직무를 수행할 수 있는 능력이 있는지 판단함으로써 개인의 진로적성을 파악할 수 있도록 한다.

④ 직무의 실제 특성을 6가지 유형으로 분류하여 개인이 어느 유형에 속하는지, 개인이 선호하는 유형의 특징적 양상은 어떠한지, 그에 적합한 직업은 무엇인지 제시한다.

(2) CAT 직업분류체계의 기본가정

① 대부분의 사람 또는 문화는 현실형(Realistic Type), 탐구형(Investigative Type), 예술형(Artistic Type), 사회형(Social Type), 진취형(Enterprising Type), 관습형(Conventional Type)의 6가지 유형 또는 유형들의 조합에 의해 분류될 수 있다.

② 직업환경 또한 6가지 유형 또는 유형들의 조합으로 분류될 수 있다.

③ 사람들은 자신의 능력과 기술을 발휘할 수 있는 환경, 자신의 태도와 가치를 표현할 수 있는 환경을 찾고자 한다.

④ 사람들의 행동은 자신의 직업환경 및 특성, 자신의 성격 및 흥미 특성의 상호작용에 의해 결정된다.

(3) CAT의 6가지 직업성격유형(RIASEC)

① 현실형(Realistic Type, R)

일반적 특징	• 확실하고 현재적 · 실질적인 것을 지향한다. • 현장에서 수행하는 활동 또는 직접 손이나 도구를 활용하는 활동을 선호한다. • 추상적인 개념을 통해 자신의 생각을 표현하는 일이나 친밀한 대인관계를 요하는 일은 선호하지 않는다.
성격적 특징	• 신체적으로 강인하며, 안정적이고 인내심이 있다. • 평범하고 솔직하며, 정치적 · 경제적인 측면에서 보수적인 양상을 보인다.
직업활동 양상	• 일과 성과에 대한 구체적이고 신속한 확인을 통해 직무활동에 보람을 느낀다. • 기술직 · 토목직, 자동차엔지니어, 비행기조종사, 농부, 전기 · 기계기사 등이 적합하다.

② 탐구형(Investigation Type, I)

일반적 특징	• 추상적인 문제나 애매한 상황에 대한 분석적이고 논리적인 탐구 활동을 선호한다. • 새로운 지식이나 이론을 추구하는 학문적 활동을 선호한다. • 대인관계에 관심을 가지지 않으며, 공동작업을 선호하지 않는다.
성격적 특징	• 자신의 지적인 능력에 대한 자부심이 있다. • 새로운 정보에 대해 관심을 가지며, 문제해결보다는 문제 자체에 대해 더 많은 관심을 가진다.
직업활동 양상	• 복잡한 원리 또는 첨단기술 등의 새로운 분야에 도전을 하여 내면적인 호기심을 충족시킴으로써 보람을 느낀다. • 화학자, 생물학자, 물리학자, 의료기술자, 인류학자, 지질학자, 디자인 기술자 등이 적합하다.

③ 예술형(Artistic Type, A)

일반적 특징	• 어떤 것의 시비보다는 상상적이고 창조적인 것을 지향하는 문학, 미술, 연극 등의 문화 관련 활동 분야를 선호한다. • 직업활동이 자신의 개인적인 관심 분야와 밀접하게 연관된다. • 구조화된 상황이나 정서적으로 억압적인 상황을 선호하지 않는다.
성격적 특징	• 독립적인 상황에서 자신의 내면세계를 작품으로 표현하고자 한다. • 심미적인 가치를 높이 평가하며, 예술적인 방법으로 자신을 표현한다.
직업활동 양상	• 새로운 것을 창조하거나 창의적인 사람과 관계를 형성할 때 보람을 느낀다. • 문학가, 작곡가, 미술가, 무용가, 무대감독, 디자이너, 인테리어 장식가 등이 적합하다.

④ 사회형(Social Type, S)

일반적 특징	• 인간의 문제와 성장, 인간관계를 지향하고 사람과 직접 일하기를 좋아하며, 원만한 대인관계를 맺는다. • 다른 사람을 교육 · 육성하는 일을 좋아하며, 개인적인 이익을 추구하기보다 타인을 돕는 활동을 선호한다. • 논리적 · 분석적인 활동이나 인간의 가치가 배제된 경쟁적인 활동을 선호하지 않는다.
성격적 특징	• 다른 사람에 대해 협력적이고 친절하며, 유머감각과 재치를 가지고 있다. • 평화로운 인간관계를 선호하며, 다른 사람의 복지에 관심을 가진다.
직업활동 양상	• 동료들과 친밀한 관계를 형성하며, 상대방의 능력에 대해 서로 신뢰를 나타낼 때 보람을 느낀다. • 사회사업가, 교사, 상담사, 간호사, 임상치료사, 언어재활사, 목회자 등이 적합하다.

⑤ 진취형(Enterprising Type, E)

일반적 특징	• 정치적 · 경제적 도전 극복을 지향하며, 지위와 권한을 통해 다른 사람의 행동을 이끌고 통제하는 활동을 선호한다. • 다른 사람들과 함께 일하는 것을 선호하며, 조직화된 환경에서 공동의 목표를 달성하고자 한다. • 추상적이고 애매한 상황에서 관찰적이고 상징적인 활동은 선호하지 않는다.
성격적 특징	• 다른 성격유형보다 자기주장이 강하고, 지배적이며, 자기확신이 강하다. • 자신감과 모험심이 강하며, 낙천적이고 논쟁적이다.
직업활동 양상	• 조직활동 내에서 적절한 권한 행사를 통해 조직의 목표를 달성할 때 보람을 느낀다. • 기업실무자, 영업사원, 보험설계사, 정치가, 변호사, 판매원, 연출가 등이 적합하다.

⑥ 관습형(Conventional Type, C)

일반적 특징	• 구조화된 상황에서 구체적인 정보를 토대로 정확하고 세밀한 작업을 요하는 일을 선호한다. • 정확성을 요하는 활동, 회계 등과 같이 숫자를 이용하는 활동을 선호한다. • 비구조화된 상황, 창의성을 요하는 활동은 선호하지 않는다.
성격적 특징	• 보수적 · 안정적이며, 성실하고 꼼꼼하다. • 스스로 자기통제를 잘하며, 인내심을 가지고 주어진 일을 묵묵히 수행한다.
직업활동 양상	• 자신의 기여에 의한 실질적인 성과가 조직의 목표 달성에 긍정적인 결과를 가져올 때 보람을 느낀다. • 사무직 근로자, 경리사원, 컴퓨터 프로그래머, 사서, 은행원, 회계사, 법무사, 세무사 등이 적합하다.

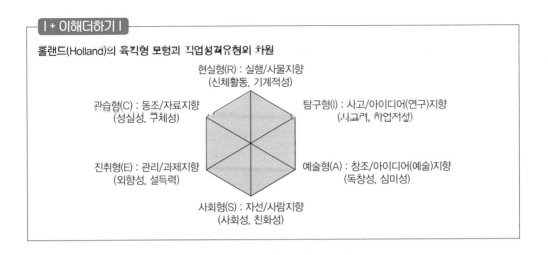

홀랜드(Holland)의 육각형 모형과 직업성격유형의 차원

현실형(R) : 실행/사물지향
(신체활동, 기계적성)

관습형(C) : 동조/자료지향
(성실성, 구체성)

탐구형(I) : 사고/아이디어(연구)지향
(지고려, 학업적성)

진취형(E) : 관리/과제지향
(외향성, 설득력)

예술형(A) : 창조/아이디어(예술)지향
(독창성, 심미성)

사회형(S) : 자선/사람지향
(사회성, 친화성)

(4) 직업성격유형의 해석차원

① 일관성(Consistency)

㉠ 개인의 흥미 하위유형 간의 내적 일관성을 말하는 것으로서, 개인의 흥미유형이 얼마나 서로 유사한가를 의미함

㉡ 어떤 쌍들은 다른 유형의 쌍들보다 공통점을 더 많이 가지고 있음 즉, 육각형 모형의 둘레를 따라 서로 인접한 직업유형들은 유사성이 있는 반면, 떨어져 있는 직업유형들은 유사성이 거의 없음

㉢ 예를 들어, 예술적－사회적(AS) 유형은 탐구적－진취적(IE) 유형보다 공통점을 더 많이 가짐. 또한 탐구적이고 관습적인 활동에 흥미를 가진 현실적인 사람(RIC)은 진취적이고 사회적인 활동에 선호를 나타내는 현실적인 사람(RES)보다 더 일관성이 있음

㉣ 일관성을 알아보는 간단한 방법

• 앞의 두 문자가 육각형에 인접할 때 일관성이 있다고 가정됨

• 즉, 높은 일관성은 두 문자가 인접할 때(RI, SA), 중간정도의 일관성은 육각형에서 다른 문자가 두 개 코드 사이에 있을 때(RA, SC), 낮은 일관성은 코드의 두 문자가 육각형에서 두 개 사이에 낀 문자들에 의해 나누어질 때(RS, AC) 나타남

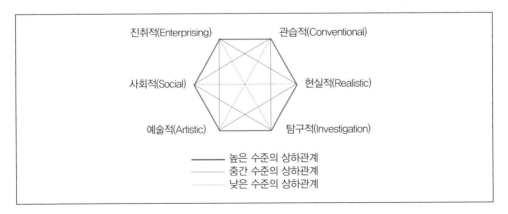

진취적(Enterprising)

관습적(Conventional)

사회적(Social)

현실적(Realistic)

예술적(Artistic)

탐구적(Investigation)

—— 높은 수준의 상하관계
—— 중간 수준의 상하관계
······ 낮은 수준의 상하관계

② 변별성 또는 차별성(Differentiation)
  ㉠ 개인의 흥미유형 혹은 작업환경은 특정흥미유형 혹은 작업환경과 매우 유사한 반면, 다른 흥미유형 혹은 작업환경과 차별적
  ㉡ 흥미의 차별성에 대한 측정치로서, 6가지 흥미유형 중 특정흥미유형의 점수가 다른 흥미유형의 점수보다 높은 경우 변별성도 높지만, 이들의 점수가 대부분 비슷한 경우 변별성이 낮다고 할 수 있음
  ㉢ 모든 유형에 거의 동일한 유사성을 보이는 사람은 차별적 특징이 없거나 잘 규정되지 않으며, 어떤 작업환경이 여러 유형들에 골고루 유사성을 보이는 경우 해당 작업환경을 명확히 규정할 수도, 직무를 세부적으로 규정하기도 어려움
  ㉣ 차별성은 자기방향탐색 또는 직업전환도검사 프로필로 측정됨
③ 정체성(Identity)
  ㉠ 성격과 환경유형 모두를 형성하도록 지원해주는 이차적인 구조로 간주됨
  ㉡ 성격적 측면에서의 정체성은 개인의 목표, 흥미, 재능에 대한 명확하고 견고한 청사진을 말하는 반면, 환경적 측면에서의 정체성은 조직의 투명성 및 안정성, 목표·일 보상의 통합을 의미함
  ㉢ 자기 직업상황의 직업정체성척도는 개인의 정체성 요인을 측정하는 데 사용됨
④ 일치성(Congruence)
  ㉠ 개인의 흥미유형과 개인이 몸담고 있거나 소속되고자 하는 환경의 유형이 서로 부합하는 정도를 말함
  ㉡ 한 개인이 자기 자신의 성격과 동일하거나 유사한 환경에서 일하고 생활하는 경우에 해당함. 즉, 개인은 자신의 유형 또는 정체성과 비슷한 환경에서 일하거나 생활할 때 일치성이 높아짐
  ㉢ 육각형모형을 통해 개인의 흥미유형과 작업환경 간의 일치 정도를 측정할 수 있으며, 가장 완벽한 적합은 현실적 환경에 현실적인 유형이라 할 수 있음
⑤ 계측성 또는 타산성(Calculus)
  ㉠ 유형들 내 또는 유형들 간의 관계는 육각형 모형에 의해 정리되며, 육각형 모형에서의 유형들 간의 거리는 그 이론적인 관계에 반비례함
  ㉡ 육각형은 이론의 본질적 관계를 설명해 주는 것

단원 정리 문제

01 심리평가의 구성 요소로 옳지 않은 것은?

① 심리검사　　　② 면담
③ 행동관찰　　　④ 검사도구

정답 | ④
해설 | 심리평가는 심리검사, 면담, 행동관찰, 전문지식으로 구성되어 있다.

02 심리평가 시 고려해야 할 점으로 옳지 않은 것은?

① 평가 동맹　　　② 피검사 변인
③ 검사자 변인　　④ 검사 윤리

정답 | ④
해설 | 심리평가 시 고려해야 할 점으로는 평가 동맹, 피검자 변인, 검사자 변인, 검사 상황 변인이 있다.

03 조작적 정의에 대한 설명으로 옳지 않은 것은?

① 어떤 개념을 다른 개념을 사용하여 묘사하거나 간단한 다른 용어를 이용하여 정의한 것
② 개념적 정의를 관찰 및 측정 가능한 형식으로 정의한 것
③ 이론적 수준과 경험적 수준의 차이를 매워주는 것
④ 어떤 개념에 대해 응답자가 구체적인 수치를 부여할 수 있는 형태로 상세하게 정의를 내린 것

정답 | ①
해설 | 개념적 정의에 대한 설명이다.

04 투사 검사의 종류로 옳지 않은 것은?

① Rorschach Test
② Thematic Apperception
③ Minnesota Multiphasic Personality Inventory
④ Sentence Completion Test

정답 | ③
해설 | 투사 검사의 종류로는 로샤 검사, 주제통각검사, 집-나무-사람 검사, 문장완성검사, 로렌츠 바이크의 그림좌절검사가 있다.
① 로샤 검사
② 주제통각검사
④ 문장완성검사

05 심리검사 제작 절차 중 어떤 단계에 대한 설명이다. 이때, (가)는 무엇인가?

- 문항에 대한 검토가 끝났으면 다음 단계로 전체 문항들을 소수의 응답자에게 실시하여 어떤 문제점이 없는지 파악하는 과정이 필요하다. 이를 (가)단계라고 한다.
- (가)단계 후 피검자들에게서 검사에 관한 전반적인 피드백을 받는 것이 바람직하다.
  - 이해가 잘 안 되는 문항은 없었는가?
  - 실시 시간은 적당했는가?
  - 검사의 질을 향상시키기 위해 수정할 내용은 없는가?
- (가)단계의 두 가지 목적
  - 문항의 적절성, 검사 소요 시간, 지시문 내용, 기타 검사 시 발생할 수 있는 문제점을 사전에 검토하고 조절하기 위한 목적
  - 문항 분석을 위한 자료(문항 난이도, 평균 및 표준편차 등)를 얻기 위한 목적

① 예비검사　　　② 본검사
③ 사전검사　　　④ 신뢰도와 타당도 검토

정답 | ①
해설 | 예비검사, 예비검사단계에 대한 설명이다.

06 타당도에 대한 설명으로 옳지 않은 것은?

① 검사하고자 하는 심리 특성을 그대로 반영하고 있는지의 문제이다.
② 한 측정 도구가 문항 제작 시 의도했던 목적을 얼마나 충실히 측정하고 있느냐에 따라 결정된다.
③ 검사가 측정하고자 하는 바를 객관적으로 측정할 때 그 검사는 타당도가 있다고 할 수 있다.
④ 어떤 피검자의 구체적인 점수가 어떤 의미를 지니는지 알 수 있게 해주는 검사의 요소이다.

정답 | ④
해설 | 표준화에 대한 설명이다.

07 표준화에 대한 설명으로 옳지 않은 것은?

① 검사의 실시 및 채점에서의 일관성을 의미한다.
② 누가 사용하더라도 검사의 실시와 채점 그리고 결과의 해석이 동일하도록 모든 절차와 방법을 일정하게 만들어 놓은 검사를 표준화 검사라고 한다.
③ 점수 평가의 표준화는 검사 결과를 누구나 동일하게 해석할 수 있는 절차와 방법을 규정하며 해석의 균일성 유지를 위해 규준집단의 검사 결과를 제시한다.
④ 검사가 사용될 대상을 대표할 수 있는 큰 표본인 규준집단으로부터 얻은 검사 점수의 분포를 의미한다.

정답 | ④
해설 | 규준에 대한 설명이다.

08 다음 중 심리검사의 분류와 그에 따른 종류를 설명한 것으로 옳지 않은 것은?

① 진로 문제 : 진로탐색검사, 적성검사, 진로의식 발달검사, 의사결정 유형검사, 직업 흥미검사, 가치관검사, 성격검사 등
② 뇌손상과 관련한 기질적 문제 : MMPI, PAI, 지능 검사, 로샤 검사, SCT, 간이정신진단검사(SCL-90-TAT, 인물화검사 등)
③ 아동 문제행동 : 사회성숙도 검사, 아동용 인성검사, 지능검사, 부모자녀 관계검사, CAT, 그림좌절검사
④ 학업 문제 : 지능검사, 학습방법검사 등

정답 | ②
해설 | 성격 및 정신건강 관련 문제 검사로는 MMPI, PAI, 지능 검사, 로샤 검사, SCT, 간이정신진단검사(SCL-90-TAT, 인물화검사 등)가 있고, 뇌손상과 관련한 기질적 문제 검사로는 신경심리검사, 지능검사, 성격검사, BGT 등이 있다.

09 행동평가에 대한 설명 중 옳지 않은 것은?

① 행동의 상황적인 결정 인자를 강조하면서 특성 요인을 배제한다(상황특정적).
② 환경적 요인, 상황특정적 행동을 측정한 다음 인지 과정을 검토하여 통합한다.
③ 정신 역동이나 성격 접근이 주류이다.
④ 행동은 역동적 과정을 통해 시작되고 유지된다. 역동적 과정은 선행 사건과 행동의 결과를 조사하여 평가한다.

정답 | ③
해설 | 전통적인 평가
• 정신 역동이나 성격 접근이 주류이다.
• 행동은 안정적, 지속적이고, 내적이며, 심리적 과정의 결과로 여겨진다.
• 내적 경험과 그 기저에 있는 특성을 평가한다. 이러한 특성은 안정적인 속성을 지니고 있어서 치료를 통해서도 변경되지 않는다.
• 추상적인 구성개념을 받아들이고, 경험적인 탐구를 통해서도 수정할 수 없는 기저의 특성을 개념화하였다.

행동평가

- 행동의 상황적인 결정 인자를 강조하면서 특성 요인을 배제한다(상황특성석).
- 환경적 요인, 상황특정적 행동을 측정한 다음 인지 과정을 검토하여 통합한다.
- 행동은 역동적 과정을 통해 시작되고 유지된다. 역동적 과정은 선행 사건과 행동의 결과를 조사하여 평가한다.
- 행동평가에서 상황적 결정 인자를 강조하다 보니 개인차가 중요하게 여겨진다.
- 환경적, 맥락 변인을 모니터링기, 체계적 관찰, 타당화된 도구를 사용한다.

10 지능에 대한 학자들의 설명이다. 다음 중 옳지 않은 것은?

① 스피어만 : 지능검사의 결과를 일반지능요인과 특수지능요인에 의하여 결정하였다. 지능에는 공통적으로 존재하는 하나의 일반요인과 특수한 기능을 지닌 여러 개의 특수요인이 작용한다고 주장하였다.

② 비네 : 지능의 요소로 판단력, 이해력, 논리력, 추리력, 기억력을 제안하면서 기억, 산수, 어휘 등의 소검사로 구성된 지능검사를 제작하였다. 지능이 동기, 의지, 인격 및 이와 유사한 행동 특징과도 관련이 있다고 주장하였다.

③ 길포트 : 내용, 조작, 결과라는 3차원 지능 모형을 개발하였으며, 각 차원의 아래에 하위 차원들이 존재하여 지능은 120개의 요인으로 구성되어 있다고 주장하였다.

④ 서스톤 : 지능을 유동적 지능과 결정적 지능으로 구분하였다.

정답 | ④

해설 | 학자 카텔의 지능에 대한 설명이다. 카텔은 지능을 유동적 지능과 결정적 지능으로 구분하였고, 서스톤은 능력의 차이에 관심을 두고 지능을 일곱 개의 기본 정신 능력으로 구분하였다.

11 손다이크의 추상지능에 대한 설명 중 틀린 것은?

① C(Comprehension) : 이해문제

② A(Arithmetic) : 수학적 추리

③ V(Verbal) : 어휘검사

④ D(Demand) : 빙빙 끼시

정답 | ①

해설 | Comprehension은 WAIS-R의 언어성 검사 중 하나이고, 손다이크의 추상지능 C는 Complement로 문장 완성, 즉 추리 작용이다.

12 카텔의 유동적 지능에 대한 설명 중 옳지 않은 것은?

① 개인의 신체 구조에 기초해서 발달하다가 뇌손상이나 노령화에 의해 감소하는 지적 능력이다.

② 비언어적이며 비교적 특정한 문화적 환경에 국한되지 않는 형태의 정신능력을 의미한다.

③ 선천적으로 타고난 학습능력과 문제해결 능력을 포함한다.

④ 학습된 반응을 요구하는 과제에 사용된다.

정답 | ④

해설 |
- 유동적 지능은 새로운 상황에 적응하는 것을 요구하는 과제에서 사용된다. **예** 속도, 지각 능력, 기계적 암기능력 등
- 결정적 지능은 유동적 지능을 바탕으로 문화적, 교육적 경험에 의해 영향을 받아 40세까지 또는 환경에 따라 그 이후에도 발전할 수 있는 지능으로서 학습된 반응을 요구하는 과제에 사용된다. **예** 언어능력과 문제해결능력 등

13 서스톤은 지능을 일곱 개의 기본 정신능력으로 구분하였다. 이에 해당하지 않는 것은?

① 공간능력, 기억
② 지각속도, 단어 유창성
③ 언어, 기억파지
④ 수리능력, 추리

정답 | ③

해설 | 서스톤의 일곱 개의 기본 정신능력은 공간능력, 기억, 지각속도, 단어 유창성, 수리능력, 추리, 언어이다. 기억파지는 길포드의 지능 구조에서 조작차원 중 하나이다.

14 검사의 신뢰도를 낮추는 요인 중 옳지 않은 것은?

① 검사 자체의 결함이 있는 경우
② 검사를 받는 피검자의 신체적, 심리적 조건이 좋지 않은 경우
③ 문항의 뜻이 한 가지로 유도되는 경우
④ 순전히 우연적인 여러 요인의 작용으로 인한 문제가 있는 경우

정답 | ③

해설 | 문항의 뜻이 모호하여 여러 가지 뜻으로 해석되는 경우 검사의 신뢰도를 낮추는 요인이 된다.

15 다음 중 타당도에 대한 설명으로 옳지 않은 것은?

① 내용타당도 : 주어진 측정 도구가 평가하려고 하는 내용을 어느 정도로 충실히 측정하고 있는지를 측정, 분석한다.
② 구성타당도 : 어떤 검사의 측정 결과가 측정하고자 하는 속성 및 목적의 이론적 합리성에 비추어 얼마나 적합한가를 측정하여 검사의 타당성을 보는 방법이다.
③ 공인타당도 : 검사의 실시 및 채점에서의 일관성을 의미한다.
④ 예언타당도 : 한 측정 도구의 검사 결과가 피검자의 미래 행동이나 특성을 어느 정도로 정확하고 완전하게 예언하느냐에 의해 결정되는 타당도이다.

정답 | ③

해설 | 공인타당도는 검사 실시와 동시에 준거에 관한 자료를 수집하여 이와의 관계를 따진다. 비용이 너무 많이 들고 피검자들이 정해진 준거행동에 이르기 전까지 기다릴 수 없을 때, 그리고 즉각적으로 결과를 얻고자 할 때 요구되는 방법이다. 보기의 설명은 표준화에 대한 설명이다. 표준화는 검사의 실시 및 채점에서의 일관성을 의미한다. 또 어떤 피검자의 구체적인 점수가 어떤 의미를 지니는지 알 수 있게 해주는 검사의 요소이다.

16 표준화에 대한 설명 중 옳지 않은 것은?

① 검사의 실시 및 채점에서의 일관성을 의미한다.
② 검사가 사용될 대상을 대표할 수 있는 큰 표본인 규준집단으로부터 얻은 검사 점수의 분포를 의미한다.
③ 어떤 피검자의 구체적인 점수가 어떤 의미를 지니는지 알 수 있게 해주는 검사의 요소이다.
④ 누가 사용하더라도 검사의 실시와 채점 그리고 결과의 해석이 동일하도록 모든 절차와 방법을 일정하게 만들어 놓은 검사를 표준화 검사라고 한다.

정답 | ②

해설 | 보기의 설명은 규준에 관한 설명이다. 규준 자료는 흔히 규준표라는 형식으로 제시되는데, 각 점수는 규준표에 나타난 전체에 대한 개인의 비율로 설명한다.

17 웩슬러형 지능검사의 목적으로 옳지 않은 것은?

① 개인의 전반적인 지적 능력을 평가하고자 한다.

② 지능검사의 소검사 프로파일을 통해 개인의 인지적 특성, 강약점을 파악하고자 한다.

③ 지능검사의 결과에 기초해 임상적 진단을 명료화하고자 하며, 두뇌의 기질적 장애 여부를 평가하기 위한 신경심리학적 검사이다.

④ 지능검사의 결과에 기초해 치료계획 및 합리적인 치료 목표를 수립하고자 한다.

정답 | ③

해설 | 지능검사의 결과에 기초해 임상적 진단을 명료화하고자 하며, 두뇌의 손상 여부 및 두뇌 손상으로 인한 인지적 손상을 평가하고자 한다.

18 WAIS-R의 구성으로 옳지 않은 것은?

① 언어성 검사 : 기본지식
   동작성 검사 : 공통성 문제

② 언어성 검사 : 숫자 외우기
   동작성 검사 : 차례 맞추기

③ 언어성 검사 : 어휘문제
   동작성 검사 : 토막짜기

④ 언어성 검사 : 산수문제
   동작성 검사 : 모양 맞추기

정답 | ①

해설 | 공통성 문제는 언어성 검사의 소검사이다.
- WAIS-R의 언어성 검사는 기본지식, 숫자 외우기, 어휘문제, 산수문제, 이해문제, 공통성 문제가 있다.
- 동작성 검사는 빠진 곳 찾기, 차례 맞추기, 토막짜기, 모양 맞추기, 바꿔쓰기가 있다.

19 병전 IQ를 추정하는 방식으로 옳지 않은 것은?

① 소검사에 근거한 추정(어휘, 상식, 토막짜기)

② 행동능력에 근거한 추정

③ 최대 수행에 근거한 추정

④ 인구통계학적 특성을 활용한 추정

정답 | ②

해설 | 행동능력에 근거한 추정이 아닌 언어능력에 근거한 추정이다.

20 언어성 지능과 동작성 지능 비교로 옳지 않은 것은?

① 연령대별로 차이가 있기는 하지만 일반적으로 언어성 지능과 동작성 지능의 점수 차이가 15점 이상이라면 유의한 차이로 간주한다.

② 언어성 지능이 동작성 지능보다 20점가량 높게 나온다면 좌반구 손상을 고려해 볼 수 있다.

③ 교육 수준을 비롯하여 사회경제적 수준이 높은 사람일수록 언어성 IQ가 동작성 IQ보다 높은 경향이 있다. 그들은 이성적, 지적인 문제해결을 선호하지만 순발력 있고 즉각적인 행동 대처는 상대적으로 약할 수 있다.

④ 교육 수준이 낮거나 육체노동을 하는 직업군일수록 동작성 IQ가 언어성 IQ보다 높은 경향이 있다. 그들은 교육을 통해 습득된 지식이 부족해 시행착오를 보이지만 직접적인 경험과 행동 지향적 대처를 선호하며, 일상생활에서의 대처 능력은 상대적으로 양호할 수 있다.

정답 | ②

해설 | 언어성 지능이 동작성 지능보다 20점가량 높게 나온다면 우반구 손상을 고려해 볼 수 있다.

PART 04

임상심리학

CHAPTER 01 | 심리학의 역사와 개관

TOPIC. 1 ▶ 심리학의 역사

1. 심리학의 현대적 발전

① 개요 : 1879년 빌헬름 분트가 독일의 라이프치히 대학에 세계 최초의 실험 심리학연구소를 설립, 이 것이 근대 심리학의 시작으로 평가받는다.

② 20세기
  ㉠ 1900년대 : 인간이 보고 느끼고 판단하는 것, 즉 심리적 기능을 연구 주제로 삼아야 한다고 보았 던 기능주의가 등장하였다.
  ㉡ 1910년대 : 심리학은 과학의 산물로서 객관적이고 외현적인 행동과 상황을 연구의 초점과 목표 로 삼아야 한다는 행동주의가 등장하였다.
  ㉢ 1920년대 : 무의식에 대한 발견으로 프로이트의 정신분석이 등장하였다.
  ㉣ 1970년대까지는 수많은 심리학적 견해나 주장에 의해 기존의 심리학파들이 수정되거나 사라지는 과도기적 시기이다.

③ 현대 : 현대에 들어 실존주의, 인본주의, 인지심리학 등이 등장하였다.

2. 임상심리학의 성장과 발전

① 임상심리학의 발달 : 위트머(Lightner Witmer)로부터 시작
  ㉠ 1896년에 최초로 심리학 클리닉을 개설하여 미국임상심리학의 초석을 다지게 되었다.
  ㉡ 장애아들을 대상으로 평가와 진단, 치료를 했으며 평가와 진단을 매우 중시하였다.
  ㉢ 행동적인 접근법을 사용하였고, 자신의 방법을 '교육학적 처치'라고 불렀다.
  ㉣ 1904년에 펜실베니아 대학에서 최초로 임상심리학 강좌를 개설하였고, 최초의 임상심리학 저널 인 'The Psychological Clinic'이라는 잡지를 창간(1907)했다.

② 19세기 말과 20세기 초
  ㉠ 유럽 : 비넷(Alfred Binet)과 사이먼(Theodor Simon)에 의해 지적장애아와 정상아를 변별해주 려는 목적에서 Binet-Simon 검사로 알려진 지능검사가 개발되었다.
  ㉡ 미국
    • 임상심리학자의 주된 기능은 위트머(Witmer)의 영향으로 인해 학습장애아들의 평가에 머물렀다.
    • 1916년에는 터만(Lewis Terman)이 Stanford Binet 검사를 만들어 지능 측정 분야에서 영향 을 미쳤고 임상심리학이 발전하는 데 결정적인 역할을 하였다.
    • 힐리(Healy)는 청소년 비행상담을 시작하였고, Binet 검사의 유용성과 프로이드 정신분석을 모두 수용하여 이후의 아동상담소들은 대부분 힐리(Healy)의 모델을 따랐다.

③ 제1차 세계대전과 임상심리학의 발전

    ㉠ 1917년 미국이 제1차 세계대전에 참여함으로써 심리학자들이 임상 활동에 참가하게 되었으며, 징집된 군인들의 지적, 심리적 안정성을 예측하기 위해 심리학자들의 도움으로 Army Alpha와 Army Beta 검사가 개발되었다.

    ㉡ 우드워스(Robert Woodworth)에 의해 인성검사(Personal Data Sheet)도 개발되었는데, 이는 장병들의 인성적 문제를 가려내기 위한 도구였다.

④ 제2차 세계대전과 임상심리학의 발전

    ㉠ 1941년 제2차 세계대전이 발발하면서 다시 임상심리학자들이 군대에서 활약할 기회가 생겼는데, 주로 징병과 배치 업무에 많이 관여하였으며 심리평가 외에 개인 및 집단 심리치료 일도 맡게 되었다.

    ㉡ 당시 군대에서 심리치료의 수요는 크게 늘어난 데 반해 정신과 의사들의 수효는 절대적으로 부족했고, 이 때문에 임상심리학자들이 현장에 투입되면서 자연스럽게 심리치료 업무를 맡게 되었다.

3. 임상심리학의 최근 동향

① 주요 특징

    ㉠ 연구 방법 및 진단 기술 등의 발달에 따라 정신질환의 사회 · 심리적 원인과 처치 방안, 사회나 국가를 단위로 한 정신건강 예방 프로그램 등 관심 영역이 확대되고 있다.

    ㉡ 심리적 건강을 개인적 · 문화적 · 사회적 · 윤리적 요인의 복합적인 현상으로 보고 다방면으로 접근하고 있다.

    ㉢ 정신병 · 청소년 범죄 · 범죄행동 · 약물 중독 · 정신박약 · 가족 갈등, 그 외의 부적응 행동 등을 다룬다.

② 임상심리학에 대한 사회적 요구 증대 : 임상심리학에 대한 사회적 요구의 증대에 따라 임상심리학자들은 병원 · 학교 등에서 치료 활동을 하는 것 외에도 소년법원 · 직업상담소 · 결혼상담소 · 노인학교 등 여러 기관에서 상담 활동을 하고 있다.

TOPIC. 2   심리학의 제이론

1. 정신분석 관점

① 기본 철학

    ㉠ 결정론 : 무의식적 동기, 생물학적 욕구, 생후 약 5년간의 경험 등이 성격 구조를 형성한다.

    ㉡ 무의식

    ㉢ 정신역동(psychodynamics) : 무의식에 저장된 심리적 요소들은 상호 촉진 또는 억제하는 역동적인 관계이다.

    ㉣ 추동(drive) : 출생 초기부터 지니고 있는 생물학적인 욕구이며 자기보존적 추동, 종 보존적 추동(리비도 – 성적 에너지, 무의식의 주된 동력) 등이 있다.

② 기본개념

　　㉠ 지형학적 모델

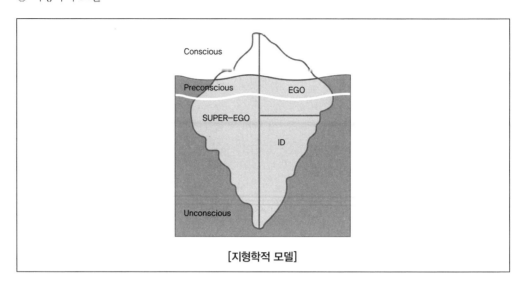

Conscious
Preconscious　　EGO
SUPER-EGO
ID
Unconscious

[지형학적 모델]

　　㉡ 성격의 삼원구조
　　　• 원초아(id) : 심리적 에너지의 원천(본능과 쾌락 원리)
　　　• 자아(ego) : 원초아의 본능과 외부 현실세계를 중재(적응과 조절 기능)
　　　• 초자아(superego) : 완전성, 이상 추구(전통적 가치, 도덕원리)
　　㉢ 방어기제 : 불안하거나 붕괴 위기에 처한 자아를 보호하기 위해 무의식적으로 사용하는 자기보호적 사고(수단)를 말한다.
　　　• 억압 : 현실이 너무 고통스럽고 충격적이어서 무의식 속으로 억누름
　　　• 부인 : 고통스러운 현실을 인정하지 않음
　　　• 투사 : 자신의 심리적 속성이 타인에게 있는 것처럼 여기는 것
　　　• 고착 : 다음 단계로 발달해 나아가지 못하고 현 단계에 머물러 버림
　　　• 퇴행 : 비교적 단순한 초기의 발달단계로 후퇴
　　　• 합리화 : 실망을 느끼지 않으려고 그럴듯한 구실을 붙임
　　　• 승화 : 사회적으로 인정되는 방향으로 충동과 갈등을 발산
　　　• 치환 : 전혀 다른 대상에게 자신의 감정을 발산
　　　• 반동 형성 : 무의식적 소망과는 반대로 행동함
③ 심리성적 발달단계
　　㉠ 구강기(생후 1년) : 입과 입술을 통해 만족을 얻는 시기이다. 이 시기에 적절한 만족을 얻지 못하면 자신과 타인, 세상에 대한 불신감이 형성된다.
　　㉡ 항문기(1~3세) : 배변훈련과 관련된 시기이다. 아동은 분노, 적대감 등 부정적 감정을 수용하는 것을 학습한다.
　　㉢ 남근기(4~6세) : 성기에 관심을 가지며 오이디푸스 콤플렉스/엘렉트라 콤플렉스가 나타난다. 반대 성의 부모에 대한 무의식적 욕망에서 비롯된 갈등은 동성의 부모를 동일시함으로써 해소된다.

ⓔ 잠복기(6~12세) : 리비도가 무의식 속에 잠복하는 시기이다. 초자아의 발달. 사회화 등의 특징이 나타난다.

ⓜ 성기기(사춘기 이후) : 신체적 성숙과 호르몬의 변화가 나타난다. 타인과의 관계를 통해 만족을 추구한다.

2. 행동주의 관점

(1) 기본철학

① 행동치료는 임상 현장에서 인간의 행동에 대한 연구에 실험적인 접근을 하는 방법이다.

② 임상 현장에서 보는 문제행동은 다양한 심리학적 실험에서 나온 원칙에 근거해서 가장 잘 이해될 수 있으며, 이런 원칙은 임상 현장에서 행동 변화에 제시하는 바가 크다는 것이 기본 가정이다.

③ 과학적 측면을 강조한다.

④ 추론 변인에 대한 역할을 축소한다(자극이나 반응을 매개하는 변인보다는 자극 반응에 초점).

(2) 기본 개념

① 고전적 조건형성

ⓐ 기본 개념
- 무조건반응(행동)을 발생시키는 무조건자극과 연합된 중성자극이 반복적인 노출을 통해 조건자극이 되어 무조건반응(행동)과 유사한 조건반응(행동)을 일으키는 원리이다.
- 고전적 조건형성은 우리가 무조건적인 대상이나 자극이 아닌 중성적인 대상이나 자극에도 무조건적인 반응과 행동을 하는 원리와, 특정 개인에게 반응과 행동을 유발하는 대상과 자극의 다양성에 대한 설명을 제공한다.

ⓑ 연합 방식
- 흔적-조건형성 : 조건자극을 제시하고, 조건자극이 완전히 사라진 후에 무조건자극을 제시한다.
- 지연-조건형성 : 조건자극을 제시하고, 조건자극이 사라지기 전에 무조건자극을 제시한다.
- 동시-조건형성 : 조건자극과 무조건자극을 동시에 제시하고 동시에 사라지게 한다.
- 역향-조건형성 : 무조건자극을 먼저 제시하고 조건자극을 나중에 제시한다.

ⓒ 소거
- 무조건자극의 부재(조건자극만 단독으로 제시)로 인해 조건반응이 감소하는 현상이다.
- 이미 확립된 조건반응이라 할지라도 지속적으로 무조건자극이 제시되지 않는다면 조건반응 또한 감소한다.

ⓓ 자발적 회복 : 소거된 조건자극에 대한 반응이나 행동이 일정 시간 후에 갑자기 재출현하는 현상을 말한다.

ⓔ 일반화 : 조건형성 시에 존재하지 않았던 자극에 반응하는 경향성을 말한다.

ⓕ 변별 : 조건자극에는 반응하지만 조건형성 시에 존재하지 않았던 자극에는 반응하지 않는 경향성을 말한다.

② 조작적 조건형성
    ㉠ 기본 개념
- 유기체의 행동은 행동의 결과를 포함하는 외부 환경에 의해 조절될 수 있다는 원리이다.
- 인간을 포함하는 유기체의 행동은 결과에 의해 생성 · 수성 · 소멸되어 왔으며, 자극 통세를 이용한 외부적인 조절을 통해 변화가 가능하다.
- 강화와 처벌의 원리에 대한 체계적인 이해와 외부 환경과 행동, 그리고 행동의 결과의 연합을 과학적으로 설명한다.
- 효과의 법칙에 의해 행동이 조절되는 형태의 학습이다.

    ㉡ 효과의 법칙 : 특정 대상, 자극, 환경에서 발생한 행동과 그 행동의 결과가 연합되어 추후의 행동을 증가시키거나 감소시키는 원리이다.

    ㉢ 강화 : 어떤 행동에 따른 결과를 제공하는 절차로서, 그 행동의 확률을 증가 또는 유지시키는 것이다. 예 정적 강화, 부적 강화

    ㉣ 처벌 : 어떤 행동의 결과가 주어짐에 따라 그 행동의 강도를 감소시키는 것이다. 예 정적 처벌, 부적 처벌

(3) 평가

① 정신역동이나 현상학이 가진 정신적, 주관적, 비과학적, 미신적 요소를 떨쳐내고 보다 과학적인 접근을 이루었다.

② 반면 피상적이고, 과학적으로만 보며, 사람의 행동 평가를 위한 기계적인 시도 때문에 비인간적이라는 시각도 존재한다.

3. 생물학적 관점

(1) 개념 및 정의

① 생물심리학(biological psychology)은 생물학적인 배경을 가지고 심리학(psychology)의 주제에 접근하는 분야이다.

② 행동의 생물학적인 기초인 행동과 경험의 생리적, 진화적 및 발달적 메커니즘에 관해 연구한다.

③ 감각 및 지각, 각성과 수면, 동기, 성 행동, 불안과 공격성, 스트레스 등과 연관된 주제의 범주와 관련되며, 그 외에도 학습과 기억, 언어, 뇌손상에서의 회복, 우울증과 조현증 등을 포함한 심리학의 주요 문제들을 그것들과 가장 깊이 관련된 생물학적 기제들을 중심으로 다룬다.

④ 행동에 대한 생물학적 설명은 네 개의 범주로 나뉜다.

    ㉠ 생리학적 설명 : 행동을 뇌 및 기타 기관들의 활동과 관련시킨다.

    ㉡ 개체발생적 설명 : 어떤 구조나 행동의 발달을 기술한다.

    ㉢ 진화적 설명 : 어떤 구조나 행동을 진화적인 역사의 측면에서 살펴본다.

    ㉣ 기능적 설명 : 어떤 구조나 행동이 왜 그와 같은 양식으로 진화했는지를 기술한다.

(2) 접근방법 및 주요 연구 영역

① 접근방법

ㄱ 모든 정신장애는 신체적 원인에 의해 생겨나는 일종의 질병이라 가정한다.

ㄴ 유전적 이상은 뇌의 구조적 결함을, 신경화학적 이상은 정신장애를 유발한다고 주장한다.

ㄷ 약물치료, 전기충격치료, 뇌절제술 등의 생물학적 치료법이 유효하다고 본다.

② 연구 영역

ㄱ 파킨슨병, 조현증, 조울증, 불안장애, 강박증, 신경성 식욕부진, 비만증 약물중독 등 다양한 신경장애 및 정신장애를 대상으로 한다.

ㄴ 동물연구를 포함한다.

③ 주요 연구 주제 : 생물심리학은 뇌를 비롯한 신경계의 작용을 원리 실험과 가설 검증을 통해 밝히고자 한다. 인간의 정신·행동과 관련된 문제를 다루는 이 분야의 주요 연구 주제는 다음과 같다.

ㄱ 지각 : 어떻게 보고, 듣고, 냄새를 맡고, 맛보고, 느끼는지, 즉 어떻게 감각기관으로 감각 정보를 받아들이고, 이를 어떻게 통합하여 해석하는지를 연구

ㄴ 주의 : 엄청난 양의 정보 중 특정 정보를 취사 선택하고 더욱 정교하게 처리하는 '주의'의 원리와 이러한 과정이 기억·정서·동기 등의 인지 과정과 어떤 영향을 주고받는지를 탐구

ㄷ 의식 : 현실에서 체험하는 사고·감각 등의 정신 과정 중 어디까지가 '자각'할 수 있는 체험인지, 주의·기억·학습 등의 인지 과정과 의식 간의 상호 관계는 어떠한지를 연구

ㄹ 학습 : 연습이나 경험에 의해 지식과 행동이 어떻게 지속적으로 변화·유지되는지를 탐구

ㅁ 개념적 사고 : 어떻게 우리가 사물·관념의 공통된 속성을 묶어 어떤 구조로 분류하고, 범주화하고, 구별하는지를 탐구

ㅂ 기억 : 입력되는 정보가 어떻게 저장·인출되는지, 기억의 구조와 체계는 어떻게 나눌 수 있는지, 우리의 머릿속 정보 처리 과정의 특성은 무엇인지를 연구

ㅅ 언어의 이해·산출 : 우리가 어떻게 말과 글을 이해하고 해석하는지, 축적된 지식과 언어 이해와의 관계는 어떤지, 어떤 과정을 통해 생각을 말과 글로 산출하는지를 탐구

ㅇ 문제 해결 : 과제 해결을 위한 정보를 어떻게 탐색하는지, 어떤 규칙과 전략을 형성하여 적용하는지와 이 과정에서 전문가와 초보자의 차이는 무엇인지를 탐구

ㅈ 추리·판단·결정 : 어떤 원리를 통해 알고 있는 것을 바탕으로 불확실한 문제를 예측·판단·결정하는지, 그 과정에 영향을 미치는 요인은 무엇인지를 탐구

4. 현상학적 관점

① 개요

ㄱ 현상학은 개인의 현상적 장이 행동을 전적으로 결정한다고 본다.

ㄴ 사람의 행동을 이해하기 위해서는 그들의 현상적 장, 즉 그들에게 세상은 어떤 것인가를 알아야 한다.

ㄷ 현상학적 관점을 반영한 대표적인 이론이 인간중심치료이다.

② 기본 철학

ㄱ 인간의 실현 경향성, 잠재적 힘에 대한 믿음

ㄴ 통합된 유기체(organism) : 육체와 정신을 포함하는 전체로서의 개별적 생명체

ㄷ 현상적 장(phenomenal field) : 주관적 경험세계, 매 순간 개인의 의식에 지각되고 경험되는 모든 것

ㄹ 자기(self) : 환경과의 상호작용을 통해 자신의 존재와 기능을 자각하는 것

③ 주요 개념

ㄱ 가치의 조건화(conditions of worth)와 유기체적 가치화 과정(organismic valuing process) : 개인이 경험하는 것에 근거하여 변화하는 자기 개념의 발달 과정, 자기 경험에 대한 평가 과정

ㄴ 자기(self)와 경험(experience)의 불일치

④ 치료자의 핵심 특성

ㄱ 공감 : 치료자가 중심을 잡고 내담자의 주관적 세계를 이해한다.

ㄴ 무조건적인 긍정적 존중 : 내담자를 한 인간으로 존중하며 내담자의 사고나 감정, 행동을 평가하거나 판단하지 않고 있는 그대로 받아들이는 것이다.

ㄷ 일치성(진솔성) : 치료자로서 내담자와의 관계에서 느낀 감정과 생각 등을 솔직하게 표현한다.

5. 통합적 관점

① 개요

ㄱ 현존하는 심리치료법은 약 400개 이상으로 추산된다(corsini&Wedding, 2000).

ㄴ 현대사회의 내담자 호소 문제가 다양하고 복잡해졌다.

ㄷ 임상가의 35% 이상이 절충 혹은 통합적 관점을 사용한다(Prochaska&Norcross, 1994).

ㄹ 특정 이론적 모델이 다른 모델에 비해 우수하다고 증명된 바는 아직 없다.

ㅁ 다양한 치료들이 차이점보다 공통점을 더 많이 지니고 있다.

ㅂ 치료 효과의 30~70%가 공통 요인에 기인한다.

ㅅ 특정한 치료법이 우월한지보다 특정한 장애나 문제를 치료하는 데 어떤 치료법이 가장 효과적인지가 중요하다(Prochaska&Norcross, 1999).

② 절충주의적 접근

ㄱ 정신분석, 행동치료 등의 임상심리적 접근법의 절충을 말한다.

ㄴ 절충주의의 기본 가정은 효과적인 심리치료란 그것의 상표명에 의해서 규정되는 것이 아니라 환자의 욕구에 얼마나 잘 부합되는가에 의해 정의된다는 것이다.

ㄷ 어떤 환자의 문제 해결을 위해 최상의 효과를 가지는 것으로 보이는 이론과 기법을 사용한다.

ㄹ 환자의 독특한 욕구에 잘 부합되는 치료를 설계하기 위해 다양한 조망으로부터 나온 전략을 사용한다.

③ 취약성, 스트레스 모델

ㄱ 심리적 요인뿐만 아니라 유전적 요인의 통합을 설명한다.

ㄴ 본래 정신분열증의 발병 모델로 제시되었다(Zubin&Spring, 1977).

- 유전적 취약성+심리사회적 스트레스=심리적 문제
- 유전적인 취약성은 특정한 장애에 걸리기 쉬운 개인적인 특성이다.
- 스트레스는 신체적인 변화와 심리학적인 변화로 야기될 수 있는데 신체적인 변화는 신체 생리적 변화와 병균의 침입 등이 원인이 될 수 있으며, 심리학적인 변화는 생활 사건이나 외상 등이 원인이 될 수 있다.

④ 동물심리학적 접근 : 심리학 이론 내의 절충뿐만 아니라 더 넓은 시각에서 생물학적 요인, 사회적인 요인들을 포괄적으로 고려하여 심리적 장애를 이해하고 돕고자 하는 통합적 접근을 가리킨다.

㉠ 생물학적 요인
- 유전적인 요인 : 유전자의 이상
- 신경해부학적 요인 : 뇌의 구조적 이상과 결함
- 신경생리학적 요인 : 신경전달물질 및 내분비계통의 이상
- 기타 생물학적 요인 : 질병, 감염, 약물 복용, 태내 환경, 출산 전후의 손상, 영양섭취 등

㉡ 심리적 요인
- 정서동기적 요인 : 정서체험 및 표현 양식, 불균형적 동기와 욕구
- 인지적 요인 : 부적응적 인지도식, 역기능적 신념, 부정적 사고, 인지적 편향, 인지기능의 결손
- 행동적 요인 : 부적응적 행동양식, 미숙한 대처 방식, 대인기술 부족, 잘못된 습관
- 발달적 요인 : 발달적 지체, 발달과제, 부모의 양육 방식
- 기타 심리적 요인 : 가족관계의 갈등, 형제 간의 갈등 등

㉢ 사회적 요인
- 개인적 환경 요인 : 결혼 상태, 가족 구조, 직업, 거주 지역, 사회적 지지
- 사회문화적 요인 : 성차별, 종족 차별, 사회적 낙인, 문화적 가치
- 사회경제적 요인 : 사회경제적 계층, 가난과 빈곤, 경제적 불황
- 기타 사회적 요인 : 개인주의적 사회, 경쟁적이고 성취 지향적인 문화

CHAPTER 02 | 심리평가의 기초

TOPIC. 1 ▶ 면접의 제개념

1. 면접의 개념

(1) 면접의 특징

① 상호작용

　㉠ 면접은 적어도 두 사람 사이에 일어나는 상호작용으로 참가자 각자가 과정에 기여하고 상대의 응답에 영향을 준다.

　㉡ 임상학적 면접은 목적을 가지고 시작하기에 일상의 대화를 특징 짓는 편안함은 없다.

　㉢ 면접관은 개인적 만족감이나 자신의 명성을 위해 면접을 하지 않아야 한다.

② 면접 대 검사

　㉠ 면접은 보통의 대화와 검사의 중간에 있다고 할 수 있다. 대화보다 더 목적적이고 조직적이나, 심리학적 검사보다 덜 공식적이고 덜 표준화되어 있다.

　㉡ 면접은 심리검사에 비해 유연성을 지니고 있는데, 이는 가장 적절한 방법으로 정보를 구할 수 있다는 장점을 지니나, 실수의 가능성이 있다는 약점이 있다.

③ 면접의 예술 : 가장 구조화되고 형식화된 면접을 제외하고는, 일반적으로 다른 평가 절차와는 다르게 임상가의 기술과 풍부한 자원을 발휘할 수 있는 여지가 있기에 면접은 자주 예술로 간주된다.

(2) 면접의 본질과 기술

① 물리적 환경 조성

　㉠ 면접에 있어서 바람직한 물리적 환경을 조성하는 데 가장 중요하게 고려할 두 가지는 사생활 보호와 방해받지 않는 것이다.

　㉡ 사무실이나 가구의 배치 역시 주의를 분산시키는 요소이기에 너무 주의를 끌거나 혹은 평가를 하게 만드는 것은 좋지 않다.

② 요점 적기(기록)와 녹음

　㉠ 면접 내용을 회상하는 데 도움이 된다.

　㉡ 윤리, 법적인 문제가 걸려 있기도 하므로 반드시 필요하다.

　㉢ 일반적으로 면접 중에 기록하는 것이 바람직하다.

　㉣ 기록을 비롯한 녹음, 녹화 모두 반드시 환자의 동의하에 이루어져야 한다.

(3) 라포

① 정의와 기능

　㉠ 면접장면에서 면접자와 피면접자 간에 형성되는 상호 신뢰 관계를 말한다.

　㉡ 환자와 임상가 사이의 관계를 특징 짓는 데 사용한다.

　㉢ 편안한 분위기 및 면접의 목적에 대한 상호 이해와 관련된다.

② 특징

　㉠ 라포가 형성되면 후속 질문, 대면, 면접자의 주장 등이 가능해진다.

　㉡ 라포는 존경과 상호 믿음과 어느 정도의 허용성을 바탕으로 형성된다.

(4) 의사소통

① 회기 시작 : 일상 대화로 평가를 시작하는 것이 좋다. 이는 환자에게 있어서 임상가가 자신들을 '제 기능을 못하는 사람'으로 보지 않을까 하는 두려움을 가라앉혀 준다.

② 언어

　㉠ 가장 중요한 점은 환자가 이해할 수 있는 언어를 사용하는 것이다.

　㉡ 환자의 배경이나 교육 수준, 일반적인 교양 등에 관한 일차적인 판단을 먼저 내려 그에 맞게 언어를 사용해야 한다.

③ 질문의 이용

　㉠ 개방형 질문 : 환자에게 반응에 대한 책임감과 융통성을 준다.

　㉡ 촉진형 질문 : 환자의 대화를 독려한다.

　㉢ 명료형 질문 : 명확성과 확실성을 독려한다.

　㉣ 직면형 질문 : 불일치와 반대를 반문한다.

　㉤ 직접 질문 : 라포가 형성되고 나면 환자가 책임을 진다.

④ 침묵

　㉠ 침묵은 다양한 의미를 내포한다.

　㉡ 침묵의 기능과 의미를 평가하는 것이 중요하다.

　㉢ 임상가는 면접의 목적에 부합하도록 환자의 침묵에 반응해야 한다.

⑤ 경청

　㉠ 효과적인 의사소통을 위한 기본 요소이다.

　㉡ 능동적 경청이 중요하다.

⑥ 자신의 욕구 충족 : 초점은 항상 환자에게 있어야 한다. 임상가는 자신에게 초점을 맞추려는 유혹에 저항해야 한다.

⑦ 임상가의 영향 : 임상가의 외모, 분위기, 인상 등은 환자에게 영향을 줄 수 있다. 때문에 임상가는 환자의 행동에 의미를 부여하기 전에 자신의 영향력의 정도를 인식하는 마음가짐을 가질 필요가 있다.

⑧ 임상가의 가치와 배경 : 가치, 배경 그리고 편견은 사람의 인지에 영향을 미친다. 때문에 임상가는 늘 중립을 유지할 수 있도록 자신을 되돌아볼 수 있어야 한다.

2. 면접의 유형

① 초기면접

    ㉠ 초기면접은 '왜 환자가 클리닉이나 병원에 찾아왔는가를 결정하는 것'과 '기관의 시설, 정책, 서비스가 환자의 필요와 기대에 부응하는가를 판단하는 것'을 목적으로 한다.

    ㉡ 초기면접의 다른 기능은 환자들에게 클리닉의 기능, 비용, 정책, 절차 그리고 지원 등과 같은 정보를 제공하는 것이다.

② 개인병력면접

    ㉠ 개인병력면접에서는 가능한 많은 개인 정보와 사회적 정보가 수집된다.

    ㉡ 환자와 문제를 해결하는 장을 마련하는 데 그 목적이 있다.

    ㉢ 환자 이외에도 환자의 주변인들은 풍부한 정보 수집원이 될 수 있다.

③ 정신상태검사면접 : 전형적으로 인지, 정서 혹은 행동에 문제가 있는지를 평가한다.

④ 위기면접

    ㉠ 발생한 문제를 파악하고 즉각적인 방책을 강구하는 것을 목적으로 한다.

    ㉡ 법적, 의학적 지식을 요한다.

⑤ 진단적 면접 : 특정 기준(DSM)에 따라 환자의 상태를 진단, 평가한다.

TOPIC. 2   행동평가 제개념

1. 행동평가의 개념

(1) 개요

① 행동평가란 행동에 선행하는 사건(상황)과 행동에 수반하는 결과에 초점을 맞춰 인간의 행동 특성을 평가하고자 하는 심리평가 기법의 한 종류이다.

② 행동평가는 고전적 조건형성 및 조작적 조건형성 연구를 기반으로 한 행동 치료와 함께 발달해 왔는데, 공포증, 강박 행동, 공격 행동과 같이 겉으로 드러나는 문제 행동의 내용과 심각도를 평가하는 데에 매우 유용하다.

③ 이를 토대로 효과적인 행동 치료 기법을 선정하고 치료 계획을 세우기도 하며, 행동 치료 효과를 평가하는 데에도 사용된다.

(2) 특징

① 행동평가에서는 행동을 행동 상황적 변인과 개인이 상호작용하여 나타난 결과라고 보며 행동에 대한 상황적 결정 요인을 강조한다.

② 행동에 관여하는 선행하는 사건(상황)과 사후 결과 등 맥락에 초점을 맞추어 인간 행동을 이해하는 것이 행동평가의 핵심이다(Groth – Marnat, 2009).

③ 행동평가에서는 대표성을 가진 문제 행동과 이를 유발하는 조건 및 지속시키는 조건을 평가의 표적으로 삼아 구체적으로 관찰 가능한 방법으로 수량화하고 직접적인 방법으로 측정한다.

2. 행동평가의 방법 [중요]

관찰법	피험자의 행동이나 상황을 관찰, 기록하여 자료를 수집하는 방법
평정법	연구자가 피험자의 평가 내용을 수치로 분류하는 방법
질문지법	연구자가 어떤 문제에 관하여 작성한 일련의 질문 사항에 대하여 피험자가 대답을 기술하도록 한 조사 방법
면접법	연구자가 직접 피험자와의 면담을 통해 자료나 정보를 수집하는 방법
사회측정법	개인이나 집단의 사회적 특성의 측정 방법
체크리스트법	연구자가 평정표에 열거된 평정 요소에 대한 질문에 따라 피험자에게 해당되는 사항을 체크하는 평정의 방법
추인법	사회도 측정법의 하나로서 각 피험자에게 여러 개의 특성을 설명해 주는 일련의 진술문을 주고 각 설명에 적합한 사람의 이름을 적어 넣게 하는 방법
척도법	• 피험자의 평가 속에 숨어 있는 심리적 판단 기준을 규명하기 위한 방법 • 유사성/비유사성에 따른 거리를 측정
사례연구	구체적인 현상이나 사회적 단위에 대해 상세하고 심층적인 자료 수집을 하고 이를 집중적으로 탐구하는 방법

TOPIC. 3 성격평가 제개념

1. 성격평가의 개념

① 개요 : 개인의 지속적인 동기의 성향이나 비교적 지속적이 행동 성향을 체계적으로 측정하고 판단하는 활동이다.

② 특징

　㉠ 성격이라는 개념의 포괄성으로 인해 주로 감정이나 의지적 특징과 같은 정의적 측면을 강조하지만, 인지적이거나 신체적인 측면도 포함된다.

　㉡ 관찰이나 면접을 통하여 이루어지기도 하지만, 표준화된 검사를 활용하기도 한다.

　㉢ 표준화된 검사는 크게 객관적 검사와 투사검사로 분류할 수 있다.

2. 성격평가의 방법

(1) 객관적 성격검사

① 장점 : 경제적, 채점과 실시가 단순하고 객관적, 결과의 객관성과 신뢰도가 높다.

② 단점 : 피검자의 역동이나 동기 확인이 어려우며, 하나의 대푯값으로 나타내어 동일한 점수를 받은 사람이 실제로 상당히 다를 수 있다. 또한 검사의 질문이 일부 피검사자에게 문항을 오해하게 할 수 있고, 왜곡된 반응을 유발할 가능성이 높다.

③ 구분

    ㉠ Eysenck 성격검사

- 임상적 관찰이나 선험적 연역자료가 아닌 객관적 검사나 측정 도구로 측정한 자료를 고급 통계 방법으로 분석하여 구성한 검사이다.
- Eysenck 성격검사는 일반인의 성격을 세 차원의 조합으로 설명한다.
- 외향성 – 내향성 차원, 신경증적 경향성 차원, 정신병적 경향성 차원이 기본적인 성격 차원을 구성한다.
- 허위성 차원, 중독성 차원, 범죄성 차원이 보조적인 차원을 구성한다.

    ㉡ 5요인 성격검사

- Big – five 모델에 근거하여 Costa와 McCrae가 개발한 검사이다.
- 신경증, 외향성, 개방성, 우호성, 성실성이라는 5개의 요인으로 구성되어 있다.
- 기본적인 정서와 대인관계, 그리고 동기의 양상을 측정한다.

    ㉢ 16성격 요인검사

- Cattell이 4,000여 개의 성격 형용사를 사용하여 요인 분석을 하고 이를 성격검사로 구성한 것이다.
- 심리 측정적 구조가 우수한 편이지만 척도의 명칭이 친숙하지 않고 일상 행동과 연결이 어려워 비교적 잘 사용되지 않는다.

    ㉣ 다면적 인성검사(MMPI – 2)

- MMPI – 2의 대표적인 특징으로 검사 문항의 향상, 동형 T점수를 갖도록 함, 타당도 척도를 보완, 재구성 임상척도를 개발, 새로운 내용척도를 개발, 새로운 보충척도 개발 등이 있다.
- 청소년에게 적용할 수 있는 MMPI – A도 함께 개발되었다.
- MMPI – 2의 문항은 이론적인 방법이 아닌 경험적인 방법으로 구성된 정신병리 증상의 측정치이므로, 환자의 성격적인 역동을 이해하고 싶을 때는 다른 검사를 이용하는 것이 더욱 바람직하다.

(2) 투사검사

① 투사검사의 특징

    ㉠ 구조화되지 않은 자극을 재료로 사용한다.

    ㉡ 자신의 성격 구조를 드러내게 한다.

    ㉢ 간접적인 방법으로 측정한다.

    ㉣ 개방적인 반응이 가능하다.

    ㉤ 반응의 범위가 보다 넓어 많은 변인을 다룰 수 있다.

② 투사검사의 종류

    ㉠ Rorschach 검사

- 10개의 대칭적인 잉크 반점이 그려진 10장의 카드로 구성되어 있고, 5장은 무채색 카드, 5장은 유채색 카드이다.

- 여러 투사법 검사 중 피검사자가 모호한 잉크반점이라는 외적 자극에 반응하는 과정에 자기방어가 개입할 여지가 가장 적어 허위반응을 할 가능성이 적다는 장점이 있다.
- 무의식적 자각이나 정서까지 미묘하게 포착할 수 있어서 여러 정보를 통합적으로 이해하는 데 매우 유용한 측정도구이다.

ⓒ 주제통각검사
- Morgan과 Murray가 개발한 검사로 독특한 상황이 그려진 그림을 보여주고 이야기를 만들게 하는 검사이다.
- Rorschach 검사와는 달리 성격의 내용과 사회적 상호작용 방식을 추론하는 데 주로 사용된다.

ⓒ 인물화 검사 : 과잉해석의 가능성은 피해야 하지만 아동이나 자신의 감정을 언어로 표현하는 데 어려움을 가진 사람과 라포를 형성하는 데 있어서 유용한 방법이다. **예** HTP, DAP, 가족활동 그리기 검사

ⓔ 문장완성검사 : 피검사자가 자유롭게 문장의 빈 곳을 채울 수 있다는 장점이 있으나, 신뢰도나 타당도를 입증할 수 없다는 한계가 있다.

TOPIC. 4 ▶ 심리평가의 실제

1. 계획

① 의뢰 문제 분석 및 평가
  ㉠ 심리평가를 의뢰하는 이들은 심리평가를 통해 알고자 하는 바를 명확히 밝혀야 한다.
  ㉡ 심리평가자는 의뢰인들이 표면적으로 제시한 의뢰 사유 외에도 이면의 주제나 기대하는 바, 의뢰인이 인식하지 못하지만 중요한 측면, 수검자와 의뢰자 간의 복잡한 이해관계 등을 명확히 파악하는 것이 필요하다.

② 문제 내용에 대한 지식 획득
  ㉠ 심리평가자는 수검자가 호소하는 문제와 관련해 기분장애, 불안장애, 정신병적 장애, 성격장애, 인지장애 등 조작적 정의를 내리고 분류하는 데 익숙해야 하며, 이를 위해 정신병리학적 지식을 두루 갖추고 있어야 한다.
  ㉡ 심리평가자는 의뢰 문제를 정확히 평가하면서도 수검자의 상태와 능력에 적합한 평가 절차와 기법이 무엇인지를 결정할 수 있어야 한다.
  ㉢ 수검자의 연령, 성별, 인종, 교육적 배경, 사회 및 경제적 상태, 직업, 대인관계 환경, 수행 동기, 심리평가에 대한 사전 경험 여부 등을 고려한다.
  ㉣ 각 평가 기법의 특징, 장단점 등에 대한 풍부한 지식이 필요하다.

2. 실시와 해석

① 실시

ㄱ 의뢰 문제를 확인하고 이에 대한 지식을 획득한 후, 다양한 출처를 통해 실제 자료를 수집한다.

ㄴ 실시한 심리검사의 결과, 수검자의 반응 내용, 평가 장면에서의 관찰된 행동 특성, 부모·교사를 비롯해 중요한 주위 사람들을 대상으로 한 면담, 학교 생활 기록부, 의학적 기록, 군복무 경력, 범적 기록 등 과거사와 관련해 다양한 자료를 수집해야 수검자에 대한 심도 있는 이해가 가능하다.

② 해석

ㄱ 결과 해석에는 수집된 수검자의 현재 기능, 증상과 관련된 변인, 예후, 추천되는 치료 또는 개입 방법 등에 대한 설명이 포함되어 있어야 한다.

ㄴ 수집된 검사 자료는 객관적이고 경험적일 수 있으나, 평가자는 이러한 자료가 각각의 수검자에게 어떻게 적용될 수 있는지에 대해 가설을 세우고, 그 가설의 지지 자료를 얻고, 통합해서 결론을 내리는 통합적인 추론이 필요하다.

ㄷ 통합적인 추론은 심리평가자의 경험과 훈련에 의존한다.

CHAPTER 03 | 심리치료의 기초

행동 및 인지행동 치료의 제개념

1. 행동 및 인지행동 치료의 특징

네 가지 주요 특성, 즉 과학적(scientific) 기반, 현재 중심(present focus), 내담자의 능동적 참여 (active), 그리고 학습에 중점을 두고(learning focus) 심리적인 문제에 영향을 미치는 행동과 인지를 수정하는 치료이다.

2. 행동 및 인지행동 치료의 종류

① 행동치료

체계적 둔감법	• 구체적으로 문제가 되는 불안이나 공포와 양립할 수 없는 반응(근육이완 등)을 문제가 되는 자극과 역조건 형성시키는 절차를 따르게 되는데, 흔히 불안이나 공포를 덜 일으키는 자극으로부터 시작하여 점차 더 강한 불안이나 공포를 일으키는 자극을 심상으로 유발시켜 역조건형성시킴으로써, 최종적으로 특정 자극에 대해 나타내던 비정상적인 불안이나 공포 반응을 완전히 제거하는 치료이다. • 적절한 대처능력이 있으나 특정 상황에 심각한 불안을 보이는 환자에게 적합하다.
노출치료	• '홍수법'이라고 불렸던 절차를 가다듬은 행동치료기술이다. • 공포를 일으켰던, 혹은 회피를 유발했던 자극이나 상황에 환자 자신을 노출시킨다. • 강박증 치료에 널리 사용되는 '노출과 반응방지' 방법은 노출을 기초로 한 경험 근거 치료의 예이다.
행동 시연	• 환자에게 치료실 내에서 어떤 역할을 시험적으로 해보도록 함으로써 인간관계의 형성과 유지에 필요한 태도나 행동 특징을 습득할 수 있도록 하는 행동 수정 기법이다. • 사이코드라마, 자기주장훈련 등이 있다.
혐오치료	• 역조건형성의 일종으로 부적절한 반응을 유발하는 조건자극을 혐오적 반응을 일으키는 무조건자극과 짝지어 부적절한 반응을 감소시키는 치료법이다. • 치료법 중 가장 논쟁이 되는 치료 중 하나이다. 처벌과도 같은 혐오자극을 이용하는 것은 인간의 존엄성에 크게 위배된다는 비판이 있다.

② 인지행동 치료

모델링	• 환자가 획득해야 할 바람직한 행동의 실제적, 상징적 본보기를 제공함으로써 모방 및 관찰을 통해 소기의 목표행동을 학습하도록 하는 방법 • 묵시적인 모델링 : 환자가 의식하지 못하는 사이에 본보기의 행동을 배우는 것 • 현시적인 모델링 : 역할수행 연습과 같이 환자가 스스로 모방하고 있음을 자각하는 것 • 직접적인 모델링 : 실제 환경 장면에서 타인의 행동을 관찰하고 모방하는 것 • 대리적인 모델링 : 환자로 하여금 필름이나 비디오테이프를 통해 본보기가 되는 제3자의 행동을 관찰하고 본뜨게 하는 것

합리적 정서행동 치료 (REBT)	• 모든 행동(결과)은 그것이 부적응적이건 아니건, 사건에 의해 결정되는 것이 아니라 그 사건에 대한 환자의 해석에 의해 결정됨 • ABCDEF 모델 : 발생한 사건(Activation events)에 대한 신념(Beliefs)이 결과적 감정과 행동 (Consequences)을 유발. 이것이 문제가 되는 경우는 신념이 비합리적인 것이기 때문 이러한 비합리적 신념은 논박(Disputing)을 통해 효과적인 것(Effect)으로 변화되고 그 결과 새로운 감정과 행동(Feelings)이 나타남
Beck의 인지치료	• 자동적 사고 : 어떤 사건을 접하게 되었을 때 자동적으로 떠올리는 생각 • 인지도식 : 자기와 세상을 이해하는 틀 • 역기능적 인지도식 : 인지도식이 부정적인 성질인 것 • 역기능적 인지도식은 인지적 오류를 유발하고 이는 부정적 자동적 사고로 이어져서 심리적 문제 발생 • 인지적 오류 : 현실을 제대로 지각하지 못하거나, 사실 및 그 의미를 왜곡하여 받아들이는 것 • 인지삼제 : 자신, 미래, 세상에 대한 부정적인 생각 • 치료목표 : 자기 자신과 세상에 대한 왜곡된 인지 수정. 역기능적인 신념을 좀 더 현실적이고 유연한 신념으로 변화시키는 것
변증법적 행동치료 (DBT)	• 경계선 성격장애의 치료를 위해 고안 • 변증법적 갈등을 겪는 이유는 잘못된 타협 형성 때문. 이에 잘못된 타협 형성으로 인한 긴장감을 잘 다루고 균형을 찾을 수 있게 도와주는 치료적 접근을 사용 • 마음 챙김 : 흐트러지지 않고 비판적이지 않으면서 순간을 인식하는 능력을 습득 • 감정 조절 : 감정을 규명하고 감정이 자신이나 다른 사람에게 주는 효과를 인식하며 부정적인 감정 상태를 바꾸고 긍정적인 감정을 일으키는 행동을 증가시키는 법을 배우는 것 • 고통 인내 : 스트레스 상황에 대처하는 법과 자기 위로법을 배우는 것 • 대인관계 효과성 : 대인관계 갈등을 효과적으로 해결하고, 자신의 요구와 욕구를 적절하게 충족시키며, 다른 사람들이 원치 않는 요구 시 적절하게 거절하는 방법

TOPIC. 2 ▶ 정신역동적 심리치료의 제개념

1. 정신역동치료의 개념

(1) 개요

정신역동이란 정신 결정론(psychic determinism)과 무의식(unconsciousness)을 기초로 인간의 심리
현상과 행동을 설명하는 이론이다.

(2) 내용

① 정신 결정론 : 사람의 생각과 행동은 과거의 경험에서 영향을 받는다는 것이다.

② 무의식 : 의식적인 수준에서 일어나지 않는 정신적 활동이다.

③ 인간의 행동이 무의식적 동기나 의도의 영향을 받는다고 가정한다.

④ 정신역동치료는 무의식적 갈등을 의식화하여 현실적이고 적응적으로 대처하도록 하는 데 그 목표가
있다.

2. 역동적 심리치료 시행 방안

(1) 자유연상

① 자유연상에서 '자유'라는 단어는 의식적 통제를 중지시키는 것을 의미한다.
② 환자의 모든 생각, 감정, 바람, 감각, 이미지 그리고 기억을 아무런 유보 없이 있는 그대로 표현하도록 한다.

(2) 꿈의 분석

① 꿈은 무의식에 이르는 왕도이다.
② 꿈은 무의식적인 소망들을 상징적인 형태로 드러낸다.
③ 꿈의 표면 내용 : 꿈에서 실제 발생한 것이다.
④ 꿈의 잠재 내용 : 꿈의 상징적 의미이다.

(3) 일상의 정신병리

말실수, 잊어버린 약속 등은 환자의 문제를 평가할 수 있는 추가적인 자료로서 치료자의 해석과 더해서 환자가 추가적인 통찰을 얻게 해 준다.

(4) 저항

① 치료 과정에서 환자에게 발생하는 성격적 방어기제이다.
② 환자의 지각, 관념, 기억, 감정 또는 그러한 요소들의 복합체인 콤플렉스에 대한 인식을 가로막음으로써, 현재 경험과 초기 경험 사이의 연관성을 깨닫지 못하게 하고 무의식적 갈등의 성질을 통찰하지 못하게 한다.
③ 자기인식을 회피하고자 하는 환자의 모든 방어적 노력을 포함한다.

(5) 전이

① 정신분석적 치료의 핵심이다.
② 전이란 아동기 동안에 중요한 사람들과의 관계에서 경험했던 느낌, 사고, 행동 유형이 현재 맺고 있는 다른 사람들과의 관계로 전치된 것을 말한다.
③ 치료자의 해석을 통해 환자는 전이 감정의 근원과 비합리적인 본질을 인식한다.
④ 반복적 해석과 분석으로 환자는 치료실에서 이러한 반응들을 통제할 수 있게 되고, 현실 세계에서도 그 같은 통제를 일반화할 수 있는 방법을 배우기 시작한다.

(6) 해석

① 사고와 행동의 무의식적인 의미를 밝혀내는 방법이다.
② 환자가 다른 방식으로 생각, 행동, 감정, 소망을 바라볼 수 있게 해 주는 과정이다.
③ 환자가 거의 자각할 즈음에 해석을 하는 것이 가장 효과적이다.
④ 환자가 받아들일 준비가 되어있는 것 이상을 해석하는 것은 역효과를 초래할 수 있다.

1. 인본주의 치료

① 인간의 실현경향성, 잠재적 힘에 대한 믿음에 기반한다.

② 실현경향성 : 유기체의 기본 속성. 본래의 나, '되고자 하는 나'

③ 조건화된 가치감 : 인정·사랑에 대한 욕구로 인해 외부에 의해 조건화된 속성. '되어야만 하는 나'

④ 실현경향성과 조건화된 가치감이 불일치할 때 심리적 문제 발생. 즉, '자기'와 '경험'의 불일치가 심리적 고통을 유발한다.

⑤ 촉진적 치료 : 치료자의 기술보다는 태도를 중요시하며, 치료자가 지녀야 할 3가지 특성으로 '일치성(진솔성)', '무조건적인 긍정적 존중', '공감적 이해'를 제시한다.

2. 집단 치료

(1) 집단 치료

① 집단 치료가 중심부에 떠오르게 된 것은 제2차 세계대전 후부터이다.

② 많은 수의 전쟁 참전 용사들에 대한 상담과 치료의 요구가 급속하게 증가하였고, 이에 기관 및 병원들이 부족해짐에 따라 즉각적인 요구에 부응하기 위해 집단치료의 필요성이 대두되었다.

③ 개별 심리치료 중심의 거의 모든 학파나 접근법들이 개별치료에 상응하는 집단 형태를 가지게 되었다.

(2) 집단치료의 구분

① 접근법

㉠ 정신역동적 집단치료

- 다중 전이 효과, 수정된 환자-치료자 전이, 집단 성원 간의 영향 등 개별치료와는 현격한 차이가 있으나, 중점은 개별치료와 마찬가지로 자유연상, 전이, 저항의 해석, 훈습과 같은 현상에 있다.
- 집단 과정이 존재하나, 이는 개인 과정에 부차적인 것으로 본다.
- 개별치료와 반대로, 집단치료에서는 보다 깊은 수준의 분석을 경험할 수 있는데, 이는 개개인이 집단에 의존해서 불안 내성을 증가시킬 수 있기 때문이다.
- 집단 내 다른 사람이 어떻게 서로 소통하는지를 관찰하고, 자신이 치료자의 유일한 관심이 아닌 상황을 경험하며, 다른 사람에게 도움을 받고 또한 도움을 줌으로써 개개인은 개인 치료 세팅에서보다 더 효과적인 분석에 도달한다.

㉡ 사이코드라마

- 환자는 자기가 연극에 출연하는 것처럼 자신의 역할을 연기하고, 이를 통해 유발되는 카타르시스를 통해 통찰과 자기 이해를 고조시킨다.
- 연극은 환자의 과거에 있었던 사건이나 환자가 두려워하는 앞으로 있을 사건과 관계가 있다.
- 일반적으로 사이코드라마는 환자, 연기가 펼쳐지는 무대, 감독이나 치료자, 보조자아(다른 환자, 치료 보조자), 그리고 관중이 관련된다.

- 특히 사회기술이 부족하거나 억제된 환자들에게 사이코드라마는 향상된 자기표현과 보다 나은 사회기술의 발달을 가능케 한다.
- ⓒ 교류분석
  - 어떠한 자아 상태에서 인간관계가 교류되고 있는가를 분석하여 자기 통제를 돕는 기법이다.
  - 집단에서 사람들의 여러 측면 간의 상호작용이 분석되는 과정이다.
  - 아이, 부모, 성인 자아 상태에서 이루어지는 인격의 구조 분석과 기능이론에 근거하여 관찰 가능한 현실의 수준으로 분석한다.
  - 게임을 강조한다(⑩ 게임은 근본적인 동기를 가진 계획된 교류).
  - 교류분석은 변화가 빠르고 활동 중심적인 접근으로 현재, 그리고 즉각적인 문제에 대해 감을 잡는 것을 강조하였다.
  - 고통스러울 정도로 느린 전통적 치료에 대한 바람직한 대안이 될 수 있다.
- ⓔ 게슈탈트 집단
  - 정신역동적 집단치료와 마찬가지로 환자의 개인적 경험을 중시한다.
  - 집단에서는 한 번에 한 성원에게 집중해서 이를 성취하려고 한다.
  - 뜨거운 의자(hot seat) 기법 : 치료자는 환자에게 초점을 맞추는 반면, 다른 집단 성원은 관찰자 역할을 한다.
- ⓜ 행동 치료 집단
  - 집단 행동 치료는 집단 상호작용의 역동이 특별히 가치 있어서라기보다는 그 효율성 때문에 생겨난 것으로 보인다.
  - 체계적 둔감법, 대인관계기술, 인지적 재구조화 중재는 집단 형태로 하기 쉽다.
  - 행동적 혹은 인지행동적 집단은 시간 제한적이며, 비슷한 문제를 가진 환자들로 구성된다.
  - 연구 결과는 행동, 인지행동 집단 중재가 우울증, 사회기술 부족, 통증, 광장공포증, 그리고 다른 상태의 치료에 효과적임을 보여준다.
- ⓗ 시간 – 제한적 집단 치료
  - 효과성 면에서 매력적이다.
  - 집단 준비 및 선별, 집단에서 초점을 결정하고 이를 지킨다.
  - 집단 응집력, 시간 – 제한에 대한 반응의 네 가지 주요 특징을 가진다.
- ② 준비와 구성
  - ⊙ 임상가에 따라 그 방법이 매우 다양하나 일반적으로 집단은 약 5~10명의 환자로 구성되고, 주당 1회, 약 90~120분의 회기를 갖는다. 성원들은 서로 볼 수 있도록 원형으로 앉거나, 회의용 탁자를 두고 앉게 된다.
  - ⓛ 치료자의 확신이나 실제적인 여건에 따라 집단의 구성은 달라진다. 동질 집단으로 구성 시에는 집단 동질성으로 인해 큰 효과, 빠른 이해, 그리고 상호 수용이 커질 수 있으며, 이질 집단으로 구성할 경우 다양한 문제, 배경, 그리고 성격을 가진 남녀를 함께 볼 수 있기에 폭넓은 시각, 경험을 할 수 있다는 장점이 있다.
  - ⓒ 대부분의 치료자는 집단치료에 인지적으로 기능이 낮은 사람, 정신병이 심한 사람, 집단 과정을 방해하기 쉬운 사람은 포함하면 안 된다는 것에 동의한다.

③ 치료 요소
  ㉠ 정보 나누기 : 집단 성원은 치료자뿐 아니라 다른 집단 성원으로부터 충고와 가이드를 받을 수 있다.
  ㉡ 희망 고취 : 문제를 성공적으로 해결하는 타인을 관찰하는 것은 희망을 심어 주는데, 그 희망은 성공적인 치료 경험에 필수적인 요소이다.
  ㉢ 보편성 : 다른 사람에게 귀 기울임으로써 타인도 비슷한 문제, 공포, 걱정을 가지고 있다는 것을 알게 된다. 자기가 혼자가 아니라는 사실을 아는 것은 성원을 안심하게 만들어 준다.
  ㉣ 이타성 : 초기에 집단 성원은 보통 자신이 쓸모없고 가치 없다고 느낀다. 자신이 집단 내의 타인을 도울 수 있다고 느끼게 되면 자기 가치감의 느낌과 효능감이 생기게 된다.
  ㉤ 대인관계 학습 : 집단에서 타인과의 상호작용은 대인관계, 사회기술, 민감성, 갈등 해소 등을 가르칠 수 있는 기회가 된다.
  ㉥ 모방 행동 : 다른 사람을 보고 듣는 것은 보다 유용한 행동을 모델링할 수 있게 만든다.
  ㉦ 교정적 원가족 경험 : 집단 상황은 환자가 가족구성원과 관련된 문제를 이해하고 해결하는 것을 돕는다. 과거 가족 경험의 효과는 부적응적인 대처 방식이 현재 집단 상황에선 더 이상 통하지 않을 것이라는 것을 깨달음으로써 해결된다.
  ㉧ 카타르시스 : 집단에서 다른 사람들에 대한 감정을 어떻게 정직하고 개방된 방식으로 표현하는가를 배우는 것은 상호 신뢰와 이해 능력을 심어준다.
  ㉨ 집단 응집성 : 집단 성원은 집단 수용을 통해서 자기 존중감을 증대시킴으로써 잘 엮인 집단이 된다.

3. 기타 치료

(1) 가족 치료

① 개념
  ㉠ 가족 치료는 가족 구성원 간의 관계 구조와 상호작용을 변화시켜 대인관계 기술과 적응 능력을 향상시킴으로써 개인과 가족이 건강하고 기능적인 생활을 하도록 전문적인 도움을 주는 활동이다.
  ㉡ 개인을 별개의 독립된 존재이며 수동적이고 반응적인 존재로 보는 개인 치료와는 달리, 가족 치료는 한 사람 한 사람이 관계망에 속해 있다고 보고 능동적으로 선택할 수 있는 존재로 본다.
  ㉢ 가족 치료는 개인을 둘러싼 환경요소 중 가족을 치료적 매개로 사용하여 개인 치료로 해결하지 못한 문제들을 다룬다.
② 가족 치료와 개인 치료의 비교
  ㉠ 문제의 초점에 대한 시각차 : 개인 치료에서는 환자의 행동이나 문제에 초점을 맞춘다. 반면 가족 치료에서는 환자가 가지고 온 문제를 해결하기 위해 환자의 가족 관계나 맥락을 일차적으로 고려한다.
  ㉡ 환자에 대한 시각차 : 개인 치료에서는 환자를 수동적이고 반응적인 존재로 본다. 그래서 치료자가 전문적으로 조언하고 해결책을 제시하면 환자가 반응할 것이라고 가정한다. 그러나 가족 치료에서는 환자의 세계와 환자 가족의 상호작용을 존중하면서 치료 과정을 진행한다.

ⓒ 인과관계를 보는 시각차 : 개인 치료는 문제의 원인과 결과를 선형적으로 본다. 따라서 원인을 파악하기 위해 '왜?'라는 질문을 자주 하여 심리적 사건의 특정 원인을 밝히고자 한다. 이에 반해 가족 치료에서는 인과관계를 순환적이고 회귀적인 것으로 보고, 문제를 둘러싼 체계의 맥락이 유기적으로 연결되어 있기 때문에 원인을 정확히 파악하여 분별하는 것이 어렵다고 본다. 따라서 원인을 찾아내기보다는 지금-여기(here and now)에서 어떤 일이 일어나고 있으며 어떤 식으로 상호작용하는지를 파악하는 데 초점을 둔다.

ⓔ 문제의 진단과 해결 과정의 차이 : 기계론적 세계관에 기초한 개인 치료에서는 환자의 문제를 객관적이고 정확하게 진단하고 평가할 수 있다고 본다. 이와 같은 이유로 개인 치료에서는 DSM-V, MMPI, MBTI 등과 같은 진단도구를 흔히 사용하는 반면, 가족 치료에서는 환자를 유기체로 보기 때문에 동일한 상황이라도 환자의 인식 행위에 따라 다르게 이해되고 경험될 수 있다고 가정한다.

(2) 부부 치료

① 가족 치료자 또는 다른 전문가들이 부부들을 도와서 그들의 관계, 대화 형태, 성적인 문제, 경제적 문제 등을 해결하도록 개입하는 과정이다.

② 결혼한 부부뿐만 아니라 동거 커플, 동성 커플, 그리고 다른 사람들에게도 적용한다.

③ 가족 치료의 한 형태로 간주될 수 있다.

④ 치료는 관계의 변화를 초래한다는 것이 명백한데, 흔히 부부 치료는 이혼을 예견한다고 알려져 있다. 이는 부부 모두 변화해야 하는데, 한쪽만 성장하는 경우가 많기 때문이다.

CHAPTER **04** | 임상심리학의 자문, 교육, 윤리

TOPIC. 1 ▶ 자문

1. 자문의 정의

① 병원, 치료센터, 학교, 기업체, 정부기관 등의 다양한 공동체 장면에 존재하는 특정한 질문과 문제에 대해 인간 행동의 지식과 이론을 응용하여 전문적 충고를 제공하는 것이다.

② 자문의 대상은 개인적인 임상 사례일 수도 있으며 전체 기관일 수도 있다.

③ 자문은 피자문자가 제공하는 치료나 서비스의 질과 성과를 향상시키도록 한다.

④ 자문은 피자문자의 문제해결능력이나 업무 관련 능력을 향상시킬 수 있도록 한다.

2. 자문의 유형

사례자문	• 내담자 중심 사례자문 　−자문가는 내담자의 치료 및 보호에 대한 책임감을 가지고 내담자의 특별한 요구를 효과적으로 충족시키기 위해 자문을 의뢰할 수 있다. 　−자문가는 다른 분야의 전문가로부터 내담자의 치료를 위한 자문을 요청받을 수 있다. • 피자문자 중심 사례자문 　−내담자의 임상적 문제보다는 피자문자의 관심사가 자문의 주 대상이다. 　−피자문자의 경험 부족, 정보 부족, 오류 등을 주로 다룬다.
행정자문	• 프로그램 중심 행정자문 　−내담자의 개별적 사례보다는 프로그램 자체에 중심을 둔 자문이다. 　−임상가는 내담자를 위한 집단치료 프로그램의 구성 및 진행 과정에 대한 자문을 구할 수 있다. • 피자문자 중심 행정자문 　−특정 조직에 소속된 피자문자가 조직의 행정, 인사 등의 행정업무에 대한 자문을 요청할 수 있다. 　−자문가는 특정 조직의 효율적 행정업무가 이루어지도록 지도 및 훈련을 제공한다.
비공식적 동료집단 자문	임상가가 동료 전문가에게 비공식적인 자문을 요청할 수 있다.

3. 자문의 역할

① 개요 : 자문 과정 동안에는 자문 과제들을 해결하기 위한 많은 상이한 자문 역할들이 요구된다.

② 직접적인 역할 자문가

　㉠ 전문적이고 기술적인 자문을 제공하며, 피자문자가 관심이 있는 쟁점에 대해 효과적으로 다룰 수 있도록 지원한다.

　㉡ 결과에 더 초점을 맞추고 있으며 과제 지향적이다.

③ 간접적인 역할 자문가

ⓐ 피자문자의 기술을 촉진시켜주기 위해 자문가 자신의 기술과 전문성을 사용하여 조력한다.

ⓑ 과정이나 성장에 초점을 맞추며 과정 지향적이고 촉진적이다.

4. 지역사회심리학

정신건강 인력이 부족한 현실에서 자문의 기본 이점은 동시다발적인 효과를 가진다는 것이다. 개별개입 기법을 사용하면 정신건강 전문가들은 제한된 수의 내담자에게만 접근할 수 있다. 하지만 교사, 경찰, 성직자 등 다른 서비스 제공자의 자문을 받을 경우 보다 많은 내담자에게 간접적으로 다가갈 수 있다.

TOPIC. 2 〉 교육

1. 교육의 정의

'인간이 삶을 영위하는 데 필요한 행위를 가르치고 배우는 과정이며 수단'이라는 교육의 기본 정의와 같이, 임상심리학의 교육 역시 다양한 분야를 대상으로 임상지식의 전달을 통해 개인의 심리적 부적응과 장애, 심리적 불편감 등에 대한 이해를 높이고 이를 통해 개인의 심리적 건강, 적응, 발달을 증진시키는 데 그 목표가 있다.

2. 교육의 유형

(1) 학구적 장면에서의 교육

① 심리학과 대학·대학원

ⓐ 강의 : 임상심리학, 이상심리학, 정신병리학, 심리평가, 심리치료, 면담법, 심리통계 등

ⓑ 수퍼비전 : 대학생 및 대학원생들의 임상사례에 대한 개별·집단 지도감독

② 기타 학과 대학·대학원 : 교육학, 아동학, 아동복지학, 사회복지학, 여성학, 경영학 등의 전공학과에서 강의

③ 의과대학 및 병원

ⓐ 강의 : 의과대학, 레지던트, 간호사, 행정직원들을 위한 건강심리학, 성격심리학, 발달심리학 등을 강의

ⓑ 세미나 : 질병의 발병/유지/치료에 개입하는 심리적 요인들, 효과적 의사소통법 등

ⓒ 수퍼비전 : 사례 토의, 임상심리 수련생을 위한 수련감독

(2) 비학구적 장면에서의 교육

① 치료센터 및 재활기관 : 특정 장애를 가진 환자를 위한 평가, 치료 기법에 대한 강의

② 학교 및 학회의 워크숍 : 특정 주제를 가지고 하루 또는 며칠간 지속하여 집중적으로 교육

③ 내담자 및 가족을 위한 심리교육 : 정신과적 문제를 이해하고 다룰 수 있도록 교육

④ 사업체와 산업체 : 특정 주제에 대한 강의나 프로그램 운영

3. 교육의 역할

① 학부 수준에서 심리학 입문, 임상심리학, 심리검사, 이상심리학 등 임상심리학 관련 기초 과목을 가르치고, 대학원 학생들을 대상으로 고급 정신병리학, 심리평가, 성격이론, 개별 심리치료기법을 포함한 심리치료 전반, 신경심리학 및 신경심리평가 등을 가르치며 임상심리학자를 양성한다.

② 정신보건 간호사, 정신보건 사회복지사, 청소년 상담사 등 다른 영역의 정신건강 요원이 경찰관, 보호관찰관, 성직자, 자원봉사자 등을 대상으로 임상심리와 관련된 오리엔테이션 강의나 워크숍 진행을 통해 임상심리에 대한 이해를 높인다.

TOPIC. 3 ▶ 윤리

1. 심리학자의 윤리 중요

(1) 심리학자의 기본적 책무(제9조)

① 심리학자는 인간의 정신 및 신체 건강의 향상을 위해 노력하여야 한다.

② 심리학자는 개인과 사회의 발전을 위해 노력하여야 한다.

③ 심리학자는 학문 연구, 교육, 평가 및 치료의 제 분야에서 정확하고, 정직하며, 진실되게 업무를 수행하여야 한다.

④ 심리학자는 자신의 업무가 사회와 인류에 영향을 미칠 수 있음을 자각하여, 신뢰를 바탕으로 전문가로서의 책임을 다한다.

⑤ 심리학자는 심리학적 연구 결과와 서비스가 필요한 모든 사람에게 공정하게 제공될 수 있도록 최선의 노력을 기울여야 한다.

⑥ 심리학자는 인간의 가치와 존엄성을 존중하며, 아울러 사생활을 침해받지 않을 개인의 권리와 자기결정권을 존중한다.

(2) 전문성(제10조)

① 심리학자는 자신의 능력과 전문성을 발전시키고 유지하기 위하여 지속적인 노력을 기울여야 한다.

② 연구와 교육에 종사하는 심리학자는 전문 분야에 대한 과학적 지식을 추구하고 이를 정확하게 전달하기 위하여 끊임없이 노력하여야 한다.

③ 평가와 심리치료에 종사하는 심리학자는 교육, 훈련, 수련, 지도감독을 받고, 연구 및 전문적 경험을 쌓은 전문적인 영역의 범위 내에서 서비스를 제공하여야 한다. 다만 긴급한 개입을 요하는 비상상황인데 의뢰할 수 있는 심리학자가 없는 경우에는 자격을 갖추지 못한 심리학자도 서비스를 제공할 수 있다. 단, 이 경우에는 자격을 갖춘 심리학자의 서비스가 가능해지는 순간 종료하여야 한다.

④ 자신의 전문 영역 밖의 지식과 경험이 요구되는 서비스를 제공하고자 하는 심리학자는 이와 관련된 교육과 수련 및 지도감독을 받아야 한다.

(3) 검사의 보안 유지(제50조)

① 심리검사의 대중적 노출이 검사의 타당도를 손상시킬 가능성을 고려하여 검사의 보안을 위해 노력하여야 한다.

② 능력검사(지능검사, 신경심리검사, 적성검사 등)와 투사적 검사의 요강, 도구, 자극 또는 문항이 대중매체, 인터넷 등을 통해 대중적으로 노출되지 않도록 해야 한다. 또한 이러한 검사에서의 특정한 반응에 대한 구체적인 해석이 대중적으로 노출되지 않도록 해야 한다.

③ 검사의 보안을 위한 노력의 의무는 심리검사에 관한 내용이 포함되는 서적에도 적용된다. 단, 심리학 전공자들이 심리검사를 연구하고 사용하는 데 도움을 주기 위해 제작되는 검사 요강, 핸드북, 해설서, 사례집, 워크북 등의 서적에 대해서는 특별한 제한을 두지 않는다.

④ 심리검사를 제작하여 판매하려는 심리학자는 그 검사의 특징을 감안하여 검사 구입자의 자격 범위를 규정하고, 그러한 자격을 갖추지 못한 사람에게 판매되지 않도록 해야 한다.

2. 심리학자의 행동규약

(1) 다중관계(제14조)

① 다중관계, 즉 어떤 사람과 전문적 역할 관계에 있으면서 동시에 또 다른 역할 관계를 가지는 것은 심리학자가 공정하고 객관적이며 효율적으로 업무를 수행하는 데 위험 요인이 될 수 있으며, 또한 상대방을 착취하거나 해를 입힐 가능성이 있으므로, 심리학자는 다중관계가 발생하게 될 때 신중하여야 한다.

② 심리학자는 자신의 업무 수행에 위험 요인이 되고 상대방에게 해를 입힐 수 있는 다중관계를 피하여야 한다.

③ 심리학자의 업무 수행에 위험 요인이 되지 않고, 또 상대방에게 해를 입히지 않을 것으로 생각되는 다중관계는 비윤리적이지 않다.

④ 예측하지 못한 요인으로 인해 해로울 수 있는 다중관계가 형성된 것을 알게 되면, 심리학자는 이로 인해 영향받을 사람들의 이익을 고려하여 합당한 조처를 하고 윤리규정을 따르도록 한다.

(2) 비밀 유지 및 노출(제17조)

① 심리학자는 연구, 교육, 평가 및 치료 과정에서 알게 된 비밀정보를 보호하여야 할 일차적 의무가 있다. 비밀 보호의 의무는 고백한 사람의 가족과 동료에 대해서도 지켜져야 한다. 그러나 내담자/환자의 상담과 치료에 관여한 심리학자와 의사 및 이들의 업무를 도운 보조자들 간에서나, 또는 내담자/환자가 비밀 노출을 허락한 대상에 대해서는 예외로 한다. 그러나 이 경우에도 실명 노출을 최소화하기 위해 노력한다.

② 심리학자는 조직 내담자, 개인 내담자/환자, 또는 내담자/환자를 대신해서 법적으로 권한을 부여받은 사람의 동의를 얻어 비밀정보를 노출할 수도 있다. 이는 전문적인 연구 목적에 국한하여야 하며, 이 경우에는 실명을 노출해서는 안 된다.

③ 법률에 의해 위임된 경우, 또는 타당한 목적을 위해 법률에 의해 승인된 경우에는 개인의 동의 없이 비밀정보를 최소한으로 노출할 수 있다.

(3) 치료 절차에 대한 설명과 동의(제59조)

① 심리학자는 내담자/환자에게 치료의 본질과 치료 절차를 알려주고 동의를 얻어야 한다. 이때 치료비, 비밀유지의 한계 및 제3자의 관여 등에 대한 설명노 있어야 안나.

② 치료에서 위험 요인이 있을 때는 그 사실과 다른 대체 치료 방법에 대한 설명도 하여야 한다.

③ 이에 더하여 심리학자는 내담자/환자에게는 그 사람의 능력에 맞게 치료에 관하여 설명하여야 하며 치료에 대한 동의를 구하여야 한다.

④ 심리학자는 내담자/환자의 선호와 최상의 이익을 고려해야 한다.

CHAPTER **05** | 임상 특수분야

TOPIC. 1 ▶ 개념과 활동

1. 행동의학 및 건강심리학
(1) 정의
① 행동의학
- ㉠ 근본적으로 행동과학과 의학의 통합을 의미
- ㉡ 건강, 병 또는 그것과 연관된 생리학적 기능장애에 관한 과학적인 연구, 교육 및 실행을 하는 광범위한 다학제 간 영역을 지칭(Matarazzo, 1980)

② 건강심리학
- ㉠ 심리학 내의 한 전문 영역으로 심리학의 일차적인 역할을 행동의학 영역에서의 과학과 직업으로서 나타내는 특정적인 학문 분야를 지칭
- ㉡ 건강을 증진하고 유지하는 것과 병을 예방하고 치료하는 것, 그리고 건강, 병 및 그와 관련된 기능장애의 원인과 진단적 상관물을 밝히는 것에 대한 심리학의 교육적, 과학적, 직업적 기여를 모두 모은 것(Matarazzo, 1980)
- ㉢ 사회, 산업, 생리심리학 등 많은 분야의 심리학자들에 의한 건강 관련 실행, 연구 및 교육을 포함

(2) 개입 방법
① 반응적 방법
- ㉠ 자연적으로 발생하는 자극(비조건화된 자극)과 짝을 이룬 중성자극(조건화된 자극)은 시간이 경과하면 그 자체가 어떤 특정한 반응을 일으킬 수 있게 된다. 이것이 고전적인 Pavlov 패러다임이다.
- ㉡ 이 과정은 조건화된 정서적 반응을 생산하게 되는데, 이러한 정서적 반응은 만성적이 되면 궤양, 신경피부염 또는 본태성 고혈압과 같은 지속적인 조직 변화를 가져올 수 있다. 이런 종류의 증상들은 건강심리학자들에 의해서 여러 가지 방법으로 치료된다.
- ㉢ 반응적 기법의 경우에는 흔히 소거나 체계적 둔감법 개입이 사용된다.
- ㉣ 소거는 조건화된 자극이 그 행동을 일으키는 환경적 자극과 더 이상 연합되지 않는 상황을 만들이 조건화된 정서적 반응을 제거하는 것이고, 체계적 둔감법은 역조건화의 좋은 예로 환자가 불안을 일으키는 자극에 직면한 상태에서 이를 이완하는 법을 학습하는 것이다.

② 조작적 방법
- ㉠ 학습된 반응들은 그 반응들이 초래한 결과에 따라서 유지되거나 제거된다. 강화된 행동은 재발하는 경향이 있으나, 강화되지 않거나 처벌받은 행동은 빈도가 감소하는 경향이 있다.
- ㉡ 조작적 조건화는 건강을 향상시킨다고 알려진 행동들을 증가시키거나 건강 문제를 일으킨다고 알

려진 행동들을 감소시키기 위해서 건강심리학과 행동의학에서 사용될 수 있다. ⓔ 조작적인 관점에서 통증 환자들이 보이는 많은 행동들(불평, 신음 등)은 정적 강화 때문에 시작되고 유지되는 것이므로 가족과 의료진은 더욱 바람직한 행동들을 강화하고 덜 바람직한 행동들은 무시하도록 훈련받는다.

ⓒ 건강심리학자들은 유관성 계약(Contingency contracting)을 사용한다. 이 방법에서는 치료자와 환자가 기대되는 행동들과 어떤 행동들의 결과들을 일일이 규정하는 공식적인 계약을 체결한다.

③ 인지행동적 방법

ⓐ 건강심리학자들은 다양한 인지 기법들을 사용하는데, 이 기법들은 단독으로 사용되거나 이완, 바이오피드백과 같은 다른 전략들과 함께 사용되기도 한다. 인지 기법에는 합리적 재구성 기법과 스트레스 면역 훈련 등이 있는데, 이는 모두 사고가 문제의 원인과 유지에 중요한 역할임을 강조하는 이론들이다.

ⓑ 인지행동치료는 만성 두통 치료에 있어서 중요한 하나의 요소이다.

ⓒ 환자가 인지행동적 치료를 통해 기존의 부적절한 사고에 대해 대안적인 사고방식이나 대처방법을 실제 생활 장면에서 사용할 수 있고 성공을 거두게 되면 치료자는 이를 칭찬함으로써 강화한다.

④ 바이오피드백

ⓐ 바이오피드백은 현재 대단히 유행하고 있으며 행동의학 자체와 거의 동의어가 되었다. 환자들은 특정 조건에서 심장박동, 혈압, 뇌파와 같은 생리적 과정을 수정하거나 통제하는 것을 배울 수 있다.

ⓑ 바이오피드백은 광범위한 일련의 절차들을 포함한다. 그러나 기본적인 틀은 환자의 일부 생리적 기능(심장박동이나 혈압 등)이 어떤 장치에 의해서 측정되고, 측정된 정보는 청각적, 촉각적 또는 시각적인 신호의 형태로 환자에게 알려지게 되며, 환자는 생리적인 기능을 변화시킴으로써 그 신호를 수정하는 것이다.

ⓒ 바이오피드백은 다양한 문제에 대해서 효과적이라고 알려졌으나, 효과 면에서 이완기법보다 특별히 우수하지 않다는 점, 값비싼 장비와 훈련된 인원을 필요로 하기에 치료비용이 비싸다는 점 등의 단점도 지닌다.

ⓓ 바이오피드백이 효과적일 때는 보통 이완기법이나 인지적 전략을 포함한 다양한 치료기법들이 함께 사용되었을 때이다. 하지만 바이오피드백 그 자체만으로도 인생에서 자기 조절이 가능하다는 사례를 환자에게 보여줄 수 있다는 측면에서 긍정적이다.

2. 신경심리학

(1) 정의

① 신경심리학은 두뇌의 기능과 인간의 사고, 정서 및 행동 간의 관계를 심리학적인 관점에서 연구하는 학문이다. 임상신경심리학은 신경학적 장애, 정신장애, 신경발달학적 장애 또는 기타 의학적 장애 등으로 인해 두뇌의 구조적, 기능적 손상이 발생한 환자들을 진단하고 치료 및 재활과 관련된 연구를 하는 신경심리학의 한 분야이다.

② 임상신경심리학은 임상심리학, 인지심리학, 신경해부학, 신경병리학 및 정신병리학, 신경생물학 등에 대한 광범위한 지식을 포괄한다. 유능한 신경심리학자라면 이 밖에도 진단, 효과 평가 및 연구 등과 관련해 신경심리학적 관점에서 진행되는 다양한 심리평가는 물론이고 영상학적 검사와 의학적 검사에 대한 기본 지식을 갖추고 있어야 한다.

(2) 뇌의 구조, 기능

① 뇌는 두 반구로 이루어져 있다.

② 좌반구 : 우측 신체를 통제하며 거의 모든 오른손잡이와 상당수 왼손잡이들의 언어기능, 논리적 추론 및 세부 분석에 관여하는 것으로 생각된다.

③ 우반구 : 신체의 왼쪽을 통제한다. 우반구는 시공간기술, 창조성, 음악적 활동 및 방향 지각에 더 관여한다.

※ 일부 왼손잡이들은 이와는 반대의 반구 패턴을 지닌다.

④ 두 반구들은 뇌량을 통해서 서로 의사소통을 하며 뇌량은 우리의 복잡한 행동을 조정하고 통합하도록 돕는다.

⑤ 각 대뇌반구는 4개의 엽(lobe)을 갖는다(전두엽, 측두엽, 두정엽, 후두엽).

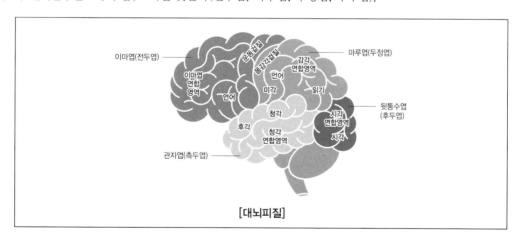

[대뇌피질]

㉠ 전두엽 : 뇌에서 가장 최근에 발달된 부분으로, 가치 있는 목표를 성취하기 위해서 행동을 변화시키는 데 필요한 피드백을 얻을 수 있도록 자신의 행동과 그에 대한 다른 사람들의 반응을 관찰하고 비교할 수 있게 한다. 또한 집행기능 및 정서적 조절도 전두엽 기능과 연관된다.

㉡ 측두엽 : 언어적 표현, 수용 및 분석을 중재한다. 또한 음조, 소리, 리듬 및 비언어적인 의미의 청각적 처리에도 관여한다.

ⓒ 두정엽 : 촉각과 근육운동지각, 공간지각 및 일부 언어 이해와 처리에 관련된다. 또한 신체 자각 (body awareness)과도 관련 있다.

ⓔ 후두엽 : 주로 시각적 처리와 시각적으로 중재된 기억의 일부 측면에 관여한다. 균형의 통제와 근육 긴장도 및 운동조절 기능은 소뇌와 연합되어 있다.

(3) 두뇌 손상의 선행사건과 원인

① 두뇌 외상의 주된 결과는 뇌진탕, 뇌좌상 및 뇌열상의 3개 범주로 분류한다.

ⓐ 뇌진탕 : 보통 순간적인 두뇌기능의 혼란을 일으키나, 반복적인 진탕이 아니라면 영구적인 손상은 흔치 않다.

ⓑ 뇌좌상 : 뇌가 정상적인 위치에서 벗어나 두개골에 눌린 경우를 말하며 그 결과 두뇌 조직에 멍이 들어 심각한 결과가 초래될 수 있다.

ⓒ 뇌열상 : 두뇌 조직이 실제로 피열되고 피괴되는 것으로 충알이나 날아오는 물체에 의해 발생할 수 있다.

② 뇌혈관 사고 : 대뇌혈관이 막히거나 터지는 뇌졸중, 혈병이 뇌의 특정 영역에 공급되는 혈관을 막는 폐색, 혈관이 파열되고 혈액이 뇌 조직으로 흘러가서 그 조직을 손상시키거나 파괴시키는 대뇌출혈 등이 있다.

③ 종양 : 뇌종양은 뇌의 바깥이나 내부에서 성장하거나 폐나 유방과 같은 신체의 다른 기관으로부터 체액을 통해 퍼진 전이세포에 의해 생긴다. 종양은 수술로 제거될 수 있지만, 수술 자체가 더 많은 뇌손상을 일으킬 수 있고, 일부 종양은 수술하기에 너무 위험한 위치에 있어서 이 경우엔 흔히 방사선 치료가 사용된다.

④ 퇴행성 질환 : 중추신경계에 있는 뉴런들이 퇴행하는 것이 특징이다. 운동 영역의 증상들과 함께 점진적으로 대뇌 퇴행을 나타낸다. ⓔⓘ 헌팅턴병, 파킨슨병, 알츠하이머병 등

⑤ 영양 결핍 : 영양실조는 신경학적이고 심리적인 장애들을 일으킨다. 코르사코프 정신병, 펠라그라, 각기병이 여기에 속한다.

⑥ 독성 장애 : 다양한 금속, 독소, 가스, 심지어 식물들도 피부를 통해서 흡수될 수 있다. 일부 경우에서는 두뇌 손상을 일으키는 독성 효과를 낳는다. 이런 장애들과 연합되어 나타나는 매우 흔한 증상은 섬망이다.

⑦ 만성 알코올 남용 : 알코올에 장기적으로 노출되면 흔히 알코올에 대한 내성과 의존이 생긴다. 내성과 의존은 신경전달물질의 민감도 변화나 두뇌조직의 수축과 같은 신경학적 상관물을 낳는다. 대표적으로 기억 형성, 정서적 조절 및 감각 통합과 연결되어 있는 변연계에 결함을 일으키고, 간뇌의 손상, 대뇌피질의 위축 등을 일으킨다.

(4) 신경학적 손상의 결과와 증상

① 손상된 지남력 : 상대방이 누구인지, 오늘이 무슨 요일인지 말하지 못하고 자신의 주변에 관해 알지 못한다.

② 손상된 기억력 : 환자는 사건들, 특히 최근 사건들을 잊고 때때로 잊어버린 부분을 메우기 위해서 이야기를 만들어 내며, 새로운 정보를 학습하고 유지하는 능력이 손상된다.

③ 손상된 지적 기능 : 이해, 말하기, 계산 및 일반적인 지식이 손상된다.

④ 손상된 판단력 : 결정을 하지 못한다.

⑤ 얕고 불안정한 정서 : 사소한 자극에도 너무 쉽게 웃거나 울며, 대부분의 경우 부적절하다.

⑥ 정서적 · 정신적 회복능력의 상실 : 정상적인 환경에서는 비교적 잘 기능할 수 있으나 스트레스가 있으면 판단, 정서적 반응 및 비슷한 문제들에서 퇴행을 보인다.

⑦ 전두엽 증후군 : 수술, 종양 또는 손상에 의해서 전두엽 조직이 파괴되면 충동 통제의 장애, 사회적 판단능력과 계획능력의 장애, 행동결과에 대한 관심의 부족, 무감동과 무관심, 의심과 격렬한 떼쓰기 등의 증상들이 나타난다.

(5) 신경심리학적 평가 방법

① 주요 접근방법

㉠ 표준(고정) 배터리 접근방법 : 모든 기본적인 신경심리학적 능력에 대해서 환자를 평가하는 방법으로, 시간이 지나면서 모든 환자들에 대한 표준 데이터베이스를 축적할 수 있고, 중요한 점수 패턴을 확인할 수 있다는 이점을 지닌다. 주된 단점은 검사에 소요되는 시간이 길고 비용이 많이 들며, 환자가 피로할 가능성이 많고 융통성이 부족하다는 것이다.

㉡ 융통적인(가설−검증) 접근방법 : 각 평가는 개별 환자에게 맞추어지며 신경심리학자들은 각 사례에 따라 자신의 가설을 기준으로 검사를 선택한다. 어떤 경우에는 부가적인 가설이 검증될 수 있도록 검사 실시 방법을 바꾸어 시행할 수도 있다. 어떤 사람들은 개별화된 접근이 임상가가 지닌 최고의 임상적 판단을 이용하는 효과적인 접근이라고 주장하나, 다른 사람들은 만일 임상가가 검사를 잘못 선택하면 잘못된 평가를 낳는다고 주장한다.

② 신경심리학적 검사 결과의 해석

㉠ 환지의 수행 수준을 규준 자료의 맥락에서 해석할 수 있다.

㉡ 한 환자가 수행한 2개의 검사 점수들 간의 차이를 계산할 수 있다.

㉢ 두뇌 손상의 병리적 징후를 지적하고 해석할 수 있다.

㉣ 점수들의 패턴 분석을 실시할 수 있다.

㉤ 검사 점수에 차별적으로 가중치를 주는 통계적 공식들을 사용할 수 있다.

③ 신경진단적 절차

㉠ 신경학적 검사, 척수천자, x−ray, 뇌파검사, 컴퓨터 단층 촬영, 양전자방출촬영, 핵자기 공명영상 등이 있다.

㉡ 앞서 기술된 표준신경진단절차 외에 추가적인 대안적 새로운 신경전달 절차로는 '단일광자방출컴퓨터 촬영', '기능적 MR영상' 등이 있다. '단일광자방출컴퓨터 촬영(SPECT)' 영상은 대뇌 혈류 흐름에 기초하여 뇌가 어떻게 작동하는지 '그림'을 제공하고, '기능적 MR영상(fMRI)'은 뇌에서의 혈류 흐름 변화를 평가한다.

㉢ 많은 신경진단적 절차들은 꽤 비싸고 일부는 침습적이다. 그러므로 더 비싼 신경진단적인 검사가 필요한지 여부를 알려 줄 수 있는 신경심리학적 검사를 선별 검사로서 사용하는 것이 도움이 될 것이다.

3. 법정 및 범죄심리학

(1) 정의

심리학의 방법, 이론 및 개념들을 법률체계에 적용하는 학문으로, 여기에는 다양한 현장과 성인 및 아동을 포함한 다양한 내담자들이 포함될 수 있다. 회사, 정부 기관, 대학, 병원과 진료소 및 교정시설 등을 포함하는 모든 기관들이 의뢰인 또는 증언의 대상이 될 수 있다.

(2) 주요 활동

① 전문가 증인 : 과학, 직업, 수련 혹은 경험 등을 통해 판사가 증거를 이해하고 평가하거나 사건과 관련된 사실을 결정하도록 도움을 준다.

② 형사사건 : 범죄를 저지른 자가 정신장애를 지니고 있는지 판단하는 것을 돕고, 피고인이 실제로 재판 과정을 이해할 능력이 있는지 검증하는 것을 돕는다.

③ 민사사건 : 정신장애 시설에의 입원과 퇴원, 자녀양육권 논쟁 등의 영역에서 그 판단을 돕는다.

④ 환자들의 권리 : 정신과 입원 환자의 권리에 대한 사법적 검토에 기여한다.

⑤ 위험성 예측 : 환자의 위험성을 예측하여 환자에 따른 적절한 처치를 내리도록 돕는다.

⑥ 심리치료 : 무능력한 사람을 역량이 있는 상태로 복구시켜 놓는 것이나 혹은 수감을 직면한 이들에게 감정적인 지지를 제공한다.

⑦ 자문 : 배심원 선정, 모의 배심원, 여론 설문, 증인 준비, 배심원 설득 등에 자문한다.

⑧ 연구 : 실제적으로 심리학의 모든 연구가 법률적 문제와 연관되는데, 몇 가지 연구는 법정심리학과 특히 동일시되어 왔다. 목격자 증언과 배심원 행동이 그것이다.

4. 소아과심리학 및 아동임상심리학

(1) 소아과심리학

① 개요

㉠ 이 분야는 아동임상심리학과 중복되는 부분이 많이 있다. 그러나 가장 큰 차이는 정신과가 아닌 일반 병원이나 의원에서 일하면서 학제 간 협력을 한다는 점이다.

㉡ 내용적으로 볼 때도 소아과심리학은 신체 건강과 관련된 문제들을 더 많이 다룬다는 차이도 있다. 즉, 소아과심리학은 소아과 의사들과 협동하여 아동들의 문제를 좀 더 종합적으로 다룰 수 있는 특징이 있다.

㉢ 소아과심리학은 예방과 관련하여서도 많은 일을 할 수 있다. 부모교육을 통해 아동과 가족 간의 상호작용을 원활히 해줄 수 있는 것도 가능하다.

㉣ 소아과는 부모들이 부담 없이 찾아오는 곳이기 때문에 아동이나 부모의 정신건강 문제들에 대해서 자연스럽게 다룰 수 있는 이점도 있다.

㉤ 심리학자와 소아과 의사는 여러 측면에서 서로 보완적으로 협동할 수 있다. 예컨대, 아동이 처방된 약을 잘 복용하지 않는 경우 심리학자가 의사 대신 아동이나 부모에게 약물 복용의 필요성에 대해 설명해 주거나 또는 아동의 약물 복용 효과에 대해 관찰하여 소아과 의사에게 이에 대한 피드백을 줄 수도 있다.

ⓑ 심리학자는 소아과 의사에게 아동을 부드럽게 대하는 기술을 가르쳐줌으로써 치료의 효율성을 높여 줄 수도 있다.

② 역할 : 소아과 심리학자들은 의사와 긴밀한 협조 관계를 유지하면서 의사의 힘만으로는 해결할 수 없는 아동의 행동상 문제들을 도와준다.

③ 예시

ⓐ 병원에 오랫동안 입원해 있는 아동이 부모나 의료진들에게 너무 의존적이 되어 자기 관리를 전혀 하지 않는 경우 행동치료를 통해 아이가 스스로 자기 관리를 책임지도록 도와준다.

ⓑ 당뇨병이 있는 아동이나 청소년에게 복잡한 다이어트 내용을 숙지시키고 이를 잘 이행하도록 도와주고 점검한다.

ⓒ 정기적으로 포도당을 체크하고 약을 잘 복용하도록 교육하고 정기적으로 운동을 하도록 관리한다.

ⓓ 스트레스에 대처하는 기술을 가르쳐 준다.

④ 아동의 신체적 질환에 부수되는 수많은 행동상, 정서상의 문제를 관리해주는 역할이 소아과심리학자에게 주어진다. 아동뿐 아니라 부모의 협조가 매우 중요하므로 부모교육을 함께 해야 하는 경우가 많다.

⑤ 소아과 가족 치료

ⓐ 소아과심리학자가 심심찮게 부딪치는 문제 중 하나는 심리적 문제와 신체적 문제를 구분하는 일이다.

ⓑ 종종 아동들은 신체적 증상을 보이지만 실제 의학적인 문제는 없는 경우가 있는데 이는 그런 행동을 함으로써 보상을 받을 수 있기 때문에 나타나는 경우가 있다. 이런 경우 소아과심리학자는 가족 치료를 시행하여 도와줄 수 있다. 흔히 환자들은 정신과병원을 가기 꺼려하기 때문에 소아과에서 가족 치료를 하면 훨씬 더 수용적이다(Sturges & Drabman, 1995).

(2) 아동임상심리학

① 정의

ⓐ 진단과 치료를 수행하는 아동심리학이다. 문제아동이 자기를 재조정할 수 있도록 도와주는 것이 궁극적인 목표이다.

ⓑ 아동의 발달 과정을 중심으로 연구하는 아동심리학에 진단과 치료를 중점적으로 실행하여 실제 진료에 이용하는 것이다. 즉 아동을 대상으로 한 임상심리학이다.

ⓒ 아동심리학이 아동의 학습, 정서, 지각 같은 실험 과정에 관심을 가지고 있다면, 임상아동심리학은 아동의 행동을 발달 맥락에서 진단, 평가하여 치료하는 기술에 더 관심을 두고 있다.

ⓓ 임상아동심리학의 구체적인 방법으로는 진단, 처치, 연구, 교육 등이 있다. 아동의 지능이나 행동 등 심리학적 측면을 평가 측정하고, 이에 따라 문제아동에 대한 치료를 실시하게 된다.

ⓔ 치료 방법으로는 상담치료, 놀이치료, 행동치료, 음악치료, 미술치료, 대화치료, 심리극 등이 있다.

ⓕ 최근 아동심리학의 분야에서 치료학에 대한 관심이 높아지는 추세이며, 아동치료의 관심은 정신병리학뿐만 아니라 사회부적응, 발달장애 등까지 확대되어 있다.

② 조망 : 아동임상심리학의 필요성

　　㉠ 아동 발달과 관련된 과학적 정보의 축적과 아동문제 지도에 대한 관점의 변화 : 과거에는 아동이 전문적 도움을 필요로 하는 심각한 문제행동을 보여도 이를 간과하거나 저절로 성장하여 극복하게 될 것으로 여겨 별다른 관심을 가지지 않는 경향을 보였다. 그러나 현대에는 축적된 아동 관련 정보에 기초하여 아동의 성격발달이나 정신병리, 문제행동의 원인들을 보다 체계적으로 이해할 수 있게 되었고 이는 유아기 또는 아동기부터 정신건강의 문제와 문제 행동을 보이는 아동을 조기에 발견하고 이에 따르는 적절한 치료적 접근과 개입, 지도의 필요성이 강조되는 계기가 된다.

　　㉡ 급격한 사회 변화와 부적응 아동 및 청소년의 증가 : 급속한 경제 성장과 산업화는 인구의 도시집중화, 핵가족화, 여성취업의 증가 그리고 빈부격차의 가속화를 야기했다. 정보의 질과 양이 증가하면서 세대 간의 갈등과 의사소통수단의 변화 그리고 새로운 형태의 지식 전달이라는 문제점이 나타난다. 이러한 급격한 사회 변화는 부모가 자녀를 양육하는 태도와 방법에 반영되어 물질만능주의 의식과 지나친 성취지향적 양상을 띠게 된다. 이에 따라 과거보다 더 많은 아동들이 심리적 요인으로 인한 다양한 행동 문제를 보여주게 됨으로써 보다 광범위한 차원에서 상담 및 심리치료의 전문적 도움을 필요로 하게 되었다.

　　㉢ 가족 유형의 다양화와 아동 적응의 문제 : 산업사회의 도래는 가족 관계의 변화와 함께 여성 – 남성 관계의 변화를 가져왔다. 가족 개념은 대가족, 확대가족, 핵가족뿐만 아니라, 독신, 별거, 이혼 등 가족의 유형에 다변화를 가져왔는데, 특히 아동에게 부모 간의 별거나 이혼은 물리적인 측면에서나 심리적인 측면에서 직접적인 영향을 주게 된다.

I + 이해더하기 I

심리적인 스트레스와 불안 등으로 인한 신경증적 경향 또는 급성 소아정신분열증의 증후를 보이거나 도벽, 가출, 공격적 행위 등 문제행동을 보이면서 학교생활 적응에 실패하는 사례를 자주 접할 수 있게 되었다. 이러한 아동의 사례 증가는 이들을 위한 상담의 필요성을 증가시키는 원인이 될 뿐 아니라 현대 가족관계에 발생되는 다양한 문제에 사전 개입하고 아동의 정신건강을 보살피며 부적응 문제를 예방할 수 있는 체계적인 방안의 필요성 또한 증가시킨다.

---

5. 지역사회심리학

(1) 정의

지역사회심리학은 문제의 발생, 완화에서 환경 및 사회적 힘의 역할을 강조하는 정신건강 접근법이다. 치유보다는 문제의 예방에 초점을 두며, 개인과 지역사회 모두가 자신의 문제를 통제하고 숙달하도록 장려함으로써 전문적 개입이 필요 없게 만드는 데 초점을 둔다.

(2) 핵심 개념

① 생태학적 분석 수준

　　㉠ 지역사회심리학의 기저 원리 중 하나는 개인과 사회가 상호의존적이라는 것이다. 타인의 삶을 이해하고 증진시키려면, 다양한 체계와 분석 수준을 고려하는 것이 필수적이다.

ⓛ 개인 수준에서 지역사회심리학자들은 개인과 그들의 환경 간의 관계를 연구한다. 개인은 환경의 영향을 받으며, 개인은 또한 환경에 영향을 준다.

ⓒ 분석 수준은 개인과 미시체계의 관계에 초점을 둔다. 조직은 보다 큰 미시체계의 세트이다. 개인은 조직에 참여할 수 있으나, 그들의 참여는 주로 조직의 미시체계를 통해 이루어진다. 지역 수준은 다양한 미시체계의 조직으로 이루어진다.

ⓔ 거시체계는 지역사회를 넘어서는 사회, 문화, 정부 및 경제기관을 포함한다.

ⓜ 앞서 언급한 생태학적 구조 특징에 더해 지역사회심리학에 틀을 제공할 수 있는 네 가지 생태학적 원리가 있다.

- 첫째, 모든 생태계는 그것이 생물적이든 심리적이든 간에 상호 의존적인 많은 부분들로 구성된다.
- 둘째, 생태계는 안녕에 사용되고 요구되는 자원을 검토함으로써 이해할 수 있다.
- 셋째, 개인과 생태계의 다른 수준은 제약이나 요구에 대처하고 가용한 자원을 사용함으로써 환경에 적응한다.
- 넷째, 개인과 생태계는 정적이기보다는 역동적이다.

② 지역사회정신건강의 개념 : 1955년 정신건강 및 질환 공동위원회(미국)는 지역사회심리학의 발전을 이끈 시대 성향을 설정한 몇 가지 기본 권고안을 만들었고, 이 시대 성향은 국가의 정치적, 재정적 압력에 따라 여전히 울려 퍼지고 있다. 이 권고안들은 다음과 같다.

㉠ 정신건강 현상에 대한 보다 나은 연구

ⓛ 정신건강 서비스 제공자에 대한 폭넓은 정의

ⓒ 지역사회에서 정신건강 서비스가 가능하도록 하는 것

ⓔ 정신질환이 사회적 요인(ⓔ 사회적 매장과 고립)에 의해 일어날 수 있다는 인식의 배양

ⓜ 연방 정부는 이 권고안을 재정적으로 지원

③ 지역사회정신건강 개념은 지역사회 구성원에 대한 책임이 지역사회에 있다는 신념과 관련된다.

(3) 예방의 개념

① 예방은 오랫동안 미국 공중보건프로그램의 핵심 원리였다. 기본적으로 장기적 예방 활동이 질병이나 문제 발생 후에 시행되는 개인 치료보다 효율적이고 효과적이라고 주장한다.

㉠ 1차 예방(primary prevention) : 이 유형의 예방은 정신건강 문제의 전통적인 대처 방식에 대한 가장 급진적인 이탈을 대표한다. 1차 예방의 핵심 개념은 Caplan(1964)이 "해로운 환경이 질병을 야기하기 전에 제거하는 것"을 강조한 것에서 찾을 수 있다. 일부 1차 예방 프로그램은 직업 차별을 줄이고, 학교의 교과과정을 향상시키며, 주택을 늘리며, 부모기술을 교육하고, 편부·편모 슬하의 아동을 돕는다.

ⓛ 2차 예방(secondary prevention) : 2차 예방은 정신건강 문제의 조기 확인 증진과 정신장애로 발전하지 않도록 초기 단계에서 문제를 치료하는 것을 포함한다. 2차 예방의 기본 생각은 문제를 치료하기 힘들어지기 전, 즉 관리할 수 있을 때 문제를 공격하는 것이다.

ⓒ 3차 예방(tertiary prevention) : 3차 예방의 목표는 정신장애 발생 후 그 지속기간과 부정적 영향을 줄이는 것이다. 따라서 3차 예방은 정신장애의 새로운 사례 발생률을 낮추는 것이 아니라 진단된 정신장애의 영향을 줄이는 것이 목적이라는 점에서 1차 예방 및 2차 예방과 다르다.

② 대안적 예방모델 : 전통적인 1차 · 2차 · 3차 예방 모델이 가장 많이 인용되지만, 대안적 분류 틀이 제안되었다.

    ㉠ 보편적 예방 개입(universal preventive interventions) : 전 국민을 대상으로 하며, 모든 사람에게 제공되기 때문에 비용이 많이 든다.

    ㉡ 선택적 예방 개입(selective preventive interventions) : 가깝거나 먼 미래에 해당 장애가 발생할 확률이 평균보다 높은 개인이나 하위집단을 대상으로 한다.

    ㉢ 지정된 예방 개입(indicated preventive interventions) : 역치하 증상 발현이나 장애를 발전시킬 소질을 시사하는 생물학적 표지를 통해 확인한 '고위험' 상태의 개인을 대상으로 한다.

    ㉣ 대안적 예방모델의 가치는 예방, 정신장애의 치료, 그리고 유지를 정신장애 개입의 전 범위에서 연속선상으로 나타낸다는 것이다.

(4) 능력 부여

① 지역사회심리학의 주요 목표는 무력감의 예방이다(Rappaport, 1977).

② 이러한 능력 부여(empowerment) 목표는 성취하기 쉽지 않으며, 지역사회심리학자들은 자신이 생각했던 것만큼 뚜렷한 성공을 거두지 못했다.

③ Rappaport(1981)는 자신의 운명을 스스로 통제할 수 있다는 느낌을 증진시키는 전략이 심지어 예방이나 치료적 접근보다도 바람직하다고 주장하였다.

④ 초기에 그는 능력 부여와 예방적 개입을 서로 반목시켰으나, 이제는 예방 개입이 능력 부여와 일치할 가능성을 인정한다. 그렇지만 이러한 가능성이 실현되기 위해서는 예방 개입이 협력적이어야 하며, 전통적인 치료자 · 내담자 상호작용의 특징인 온정적 스타일을 벗어나는 방식으로 전달되어야 한다고 주장한다.

(5) 다양성

다양성은 지역사회심리학, 그리고 보다 일반적으로는 임상심리학에 중요한 개념이다. 인간의 다양성을 이해하고 인정하는 것은 지역사회심리학자에게 필수적이다. Dalton 등(2001)은 반드시 고려해야 하는 인간 다양성의 9가지 차원을 제시했다.

① 문화 : 정확히 정의하기는 어렵지만, 문화는 사회나 집단이 젊은 세대 혹은 이주민에게 전수하고자 하는 규범이나 전통으로 흔히 간주된다.

② 인종 : 원래는 생물학적 변인으로 생각했었지만, 현재는 인종을 신체적 기준에 기초한 심리학적 또는 사회적 변인으로 보고 있다.

③ 민족성 : 민족성은 사회적 정체성에 관한 것으로 조상, 원문화, 현재 문화 등의 영향을 받는다.

④ 성 : 생물학적 변인인 성별(sex)과 행동, 태도, 남성 및 여성의 역할에 관한 가정들이 사회적으로 구성된 세트인 성(gender)을 구별하는 것이 유용하다.

⑤ 성적 지향 : 하나 또는 두 성에 성적 또는 낭만적으로 끌리는 것을 포함한다.

⑥ 능력 · 무능력 : 사람들은 정신적 혹은 신체적 무능력으로 고통받는 정도가 서로 다르다.

⑦ 연령 : 연령이 다르면 다른 심리적, 신체적 관심을 가지며, 노화 과정은 가족, 지역사회, 기관과의 관계에 영향을 주기 때문에 생물학적 연령이 중요하다.

⑧ 사회경제적 지위 · 사회 계층 : 사회 계층을 고려하는 것이 중요한데, 왜냐하면 이 차원의 다양성은 정체감, 관계, 교육 및 경제적 기회뿐 아니라 다른 심리적 변인에도 영향을 주기 때문이다.

⑨ 종교 및 영성 : 개인의 삶의 의미 추구는 문화 및 민족성과 관련되는데, 지배적인 종교 및 영성을 인정하지 않고서는 문화를 이해할 수 없다.

(6) 사회적 개입의 개념

전통적인 개입 전략은 항상 건강은 개인의 노력을 통해서만 성취할 수 있으며, 그러한 노력이 실패하면 질병이 발생하고, 개인은 임상적 도움을 받기 위해 종합정신건강센터를 방문하게 된다는 함의를 가지고 있다. 하지만 지역사회 심리학자들은 역할과 사회 조직을 재구성하려 한다. 예를 들어, 범죄와 비행으로 인한 문제를 줄이기 위해 지역사회심리학자들은 잠재적인 범죄자 및 비행청소년에게 유리하게, 그리고 이들이 필요한 자원을 사용할 수 있도록 사회기관과 조직을 변화시키려 한다.

┃＋이해더하기┃

사회적 개입전략에 내재한 생각은 개인에게 필요한 자원이나 대안이 주어지면 그들은 스스로 자신의 문제를 해결한다는 것이다. 또한 사람들은 능력과 강점을 가진다는 생각도 내재해 있다. 환경이 변하거나 사람이 스스로 결정할 수 있는 권한을 발휘하도록 허용하면, 강점과 능력은 분명해진다. 결손보다는 능력을 강조하는 것은 지역사회 심리학자로 하여금 문제가 있는 사람을 변화시켜서 주류의 가치에 의해 결정된 적절한 환경에 맞추기보다는 적절한 개인 · 환경 적합성을 만들어 낼 수 있도록 한다.

PART 01
PART 02
PART 03
PART 04
PART 05
PART 06

단원 정리 문제

01 다음은 무엇에 대한 설명인가?

> • 내담자가 처음 방문할 때 문제의 특성을 파악하기 위해 시행되는 면담이다.
> • 내담자의 인적 사항, 호소 문제의 향상, 생활상의 자료, 심리사회적 자원, 내담자의 개인사 및 가족사, 내담자의 태도, 진단평가 및 소견 등이 포함된 요약 및 권고사항 등이 포함되어야 한다.

① 접수면담　　　② 의뢰면담
③ 오리엔테이션면담　④ 위기면담

정답 | ①
해설 | ② 의뢰면담 : 정신과, 법원, 학교, 회사, 사회사업 분야 등에서 진단적인 자문가로서의 역할을 수행할 때 시행된다. 이때 면담의 목표는 의뢰된 질문에 대해 설명하는 것으로 의뢰 질문은 명확하고 구체적으로 기술되어야 한다.
③ 오리엔테이션면담 : 심리평가 및 심리치료를 받는 내담자가 경험 부족으로 무엇을 기대해야 할지 모르는 경우의 평가, 치료, 연구 절차 등을 알려주는 면담이다.
④ 위기면담 : 위기 상황의 사람들에게 짧은 시간 내에 정서적 지지를 제공하고 평가 자료를 수집하며 직접적 도움을 줄 수 있는 면담이다.

02 다음은 구조화된 면담에 대한 설명이다. 옳지 않은 것은?

① 표준화된 형식으로 기술되고 정해진 순서에 따라 구체적 질문을 하는 과정이다.
② 평정표나 체크리스트를 가지고 매우 지시적으로 그리고 목표지향적으로 평가한다.
③ 융통성 있고 라포 형성을 도와주며 임상가가 내담자 반응을 조직화하고 내담자의 개인력에 대해 독특한 세부 사항을 평가하게 해 준다.

④ 면담 형식이 제한적이어서 중요한 내용을 확인하는 데 실패할 수 있다. 즉 내담자가 질문을 잘못 이해했거나 솔직하게 답하고자 하는 욕구가 없을 때 매우 제한적이다.

정답 | ③
해설 | 비구조화된 면담에 대한 설명이다. 구조화된 면담은 라포 형성에 어려움이 있고 표준화된 형식으로 진행되기 때문에 융통성을 기대하기 어렵다.

03 자연관찰법 중 무엇에 대한 설명인가?

> 관찰자가 그 집단의 특징을 관찰하기 위해 부족 및 하위문화 또는 사회공동체에 직접 참여하는 인류학적 현장연구이다. 행동관찰은 민족지라는 구체적 형식의 보고서로 기록된다.

① 참여관찰법　　　② 비침입적 방법
③ 가정관찰법　　　④ 자기관찰법

정답 | ①
해설 | ② 비침입적 방법 : 행동의 부가적인 결과물(학교성적, 법정기록, 생활기록표 등)을 조사하는 방법이다.
③ 가정관찰법 : 내담자의 가정에서 임상적으로 관련된 행동을 측정하기 위해 사용되는 방법이다.
④ 자기관찰법 : 내담자에게 운동, 두통, 즐거운 생각, 흡연, 스트레스, 식습관, 머리카락 잡아당기기 등과 같은 사건의 빈도, 위치, 지속시간, 강도 등을 기록하게 하는 관찰법이다.

04 다음 중 검사의 성격이 다른 한 가지는?

① 성격검사　　② 흥미검사

③ 태도검사　　④ 지능검사

정답 | ④

해설 | 성격검사, 흥미검사, 태도검사는 정의적 특성을 알아보는 검사이고 지능검사는 인지적 능력을 측정하는 검사이다. 인지적 능력을 측정하는 검사는 지능검사, 적성검사, 성취검사가 있다.

05 지능 모델 중 무엇에 대한 설명인가?

- 스피어만의 2요인 이론 중 g의 개념이다.
- 지능의 2요인 이론은 지능에는 공통적으로 존재하는 하나의 일반 요인과 특수한 기능을 지닌 여러 개의 특수 요인이 작용한다고 주장하는 이론이다.

① 일반지능모델

② 다중특수지능모델

③ 위계적 및 요인분석모델

④ 볼더모델

정답 | ①

해설 | ② 다중특수지능모델 : 지능은 비교적 분리된 능력들의 조합이라고 주장하는 모델이다. 스턴버그의 삼위일체 지능이론과 가드너의 다중지능이론이 포함된다.

③ 위계적 및 요인분석모델 : 일반지능모델과 다중특수지능모델의 조합으로 개별적·일반적 인지능력은 위계방식으로 연관된다. 가장 하위에 개별적 특수능력이 있으며, 그러한 특수능력 간 공통 요인이 위계적으로 자리하고 가장 상위에 모든 요인에 기저하는 g요인이 존재하게 된다.

④ 볼더모델 : 과학자-전문가 모델을 말한다. 임상심리학자는 연구와 실무 두 가지 모두에 숙달되고 대학원에서 PhD 학위를 습득해야 하며, 오랜 수련 과정을 통한 지도감독을 마쳐야 한다.

06 지능검사 종류 중 아래와 같이 지능을 정의한 심리검사는 무엇인가?

- 개인이 목표를 달성하기 위해 실행할 수 있고, 합리적으로 사고할 수 있으며, 환경에 효과적으로 대처할 수 있는 전반적이고 총제척인 능력을 의미한다. 전반적이라 함은 지능이 개인의 행동을 전체로 특정 지을 수 있다는 것을, 총체적이라 함은 지능이 질적으로 차별화되는 여러 요소(능력)로 구성되어 있다는 것을 의미한다.
- 편차 지능지수 개념을 도입하였다.

① 비네 검사

② 웩슬러 지능검사

③ 홀랜드 검사

④ MMPI

정답 | ②

해설 | 보기는 웩슬러의 지능에 대한 정의와 웩슬러 지능검사에 대한 특징이다.

① 비네는 지능의 요소로 판단력, 이해력, 논리력, 추리력, 기억력을 제안하면서 기억, 산수, 어휘 등의 소검사로 구성된 지능검사를 제작하였고, 지능이 동기, 의지, 인격 및 이와 유사한 행동 특징과도 관련이 있다고 주장하였다.

③ 홀랜드 검사는 적성 및 성취검사이다.

④ MMPI는 정신병리 및 성격검사이므로 지능검사와 관련이 없다.

07 다음 중 객관적 성격검사의 예로 적절하지 않은 것은?

① CPI　　　② MMPI

③ 16PF　　④ MBTI

정답 | ②

해설 | 객관적 성격검사의 종류는 CPI, 16PF, MBTI, NEO-PI-RO이 있다.

08 다음은 어떤 성격검사에 대한 설명인가?

> 코스타와 매크리의 성격연구 프로그램에서
> 개발되었다. Big Five 차원과 각 차원의
> 6가지 구체적 측면을 측정하였다.

① CPI   ② 16PF
③ MBTI   ④ NEO-PI-R

정답 | ④
해설 | ① CPI : 캘리포니아 성격검사로 측정 범위가 넓
           고 경험적으로 구성된 객관적 성격검사이다.
           ② 16PF : 카텔의 성격검사로 성격의 16가지
              기본 요인을 확인하기 위해 이론과 요인 분
              석을 활용하였다.
           ③ MBTI : 융의 정신분석적 성격 유형 분류를
              기초로 개발되었으며 외향/내향, 감각적/직
              관적, 사고/감정, 판단/인식의 4가지 척도를
              조합한 16가지 유형으로 분류한다.

09 다음은 Big Five 차원에 대한 설명이다. 옳지 않은 것은?

① neuroticism : 많은 상황에서 우울, 불안, 분노를 느끼는 경향성
② extraversion : 주장이 강하고 활동적이며 다른 사람들과 어울리는 것을 선호하는 경향성
③ openness : 많은 경험에 대한 활발한 상상력, 호기심, 수용성을 가리키는 특성
④ conscientiousness : 타인에 대한 긍정적 공감적, 조력적 대인관계 지향성

정답 | ④
해설 | neuroticism은 신경증, extraversion은 외
           향성, openness은 개방성, conscientious
           ness은 양심성으로 목표를 추구함에 있어 신뢰
           성 있고 끈기 있는 성향을 말한다. Big Five는
           신경증, 외향성, 개방성, 우호성, 양심성을 포함
           하며 우호성은 타인에 대한 긍정적, 공감적, 조
           력적 대인관계 지향성을 의미한다.

10 다음은 정신분석 치료기법 중 무엇에 대한 설명인가?

> 불안을 유발하는 기억과 감정을 무의식
> 적으로 억압하려는 모든 노력을 의미한다.
> 무의식적 갈등, 욕구를 표출하는 데 대한
> 회피행동으로 치료의 진행에 방해가 된다.

① 전이   ② 저항
③ 자유연상   ④ 꿈의 분석

정답 | ②
해설 | ① 전이 : 내담자가 과거 중요한 인물에게 느
              꼈던 감정을 현재 치료자와의 관계로 옮겨
              와서 경험하게 되는 것이다.
           ③ 자유연상 : 카우치에 누워 지금 마음에 떠오
              르는 생각, 기억, 심상, 느낌을 말로 표현하
              는 것이다.
           ④ 꿈의 분석 : 꿈을 기억하여 보고하도록 하는
              치료기법이다.

11 다음은 무엇에 대한 설명인가?

> 적응적 사고방식의 발달로서 정신병리적
> 증상의 원인이 되는 자동적 사고 및 전형적
> 인지왜곡을 확인하고, 그 기저에 있는 개인의
> 신념을 변화시키는 데 초점을 둔다.

① 인지치료
② 행동치료
③ 인간중심 심리치료
④ 정신분석

정답 | ①
해설 | ② 행동치료 : 학습원리에 기초한 치료기법이다.
           ③ 인간중심 심리치료 : 칼 로저스의 인간중심
              적 이론을 기반으로 한 심리치료기법으로
              내담자에 대해 목표를 설정하지 않고 내담
              자가 자신의 목표를 자유롭게 선택할 수 있
              는 특징이 있다.
           ④ 정신분석 : 성격 발달 과정에서 심리 내적
              갈등이 성공적으로 해결되지 못한 결과로
              문제가 발생했으며 과도한 방어기제를 사용
              하여 원초아, 자아, 초자아 간의 불균형이 초
              래된 결과로 보고 있다.

12 다음 중 인간중심 심리치료에서 치료자가 지녀야 할 태도가 아닌 것은?

① 공감 　　　　② 진실성
③ 무조건적 존중 　④ 성실성

정답 | ④

해설 | 인간중심 심리치료에서 치료자가 지녀야 할 태도는 공감, 진실성, 무조건적 존중이다. 성실성은 Big Five의 성격 요소 중 하나이다.

13 다음은 행동치료의 치료기법 중 무엇에 대한 설명인가?

> 울프가 개발하여 상용한 치료절차이다. 특정 자극과 그것을 유발하는 불안감의 연관성을 깨뜨려 나가는 기법이다. 자극이 불안을 유발하는 강도에 따라 여러 단계를 설정하고 낮은 단계에서 높은 단계까지 점차로 제시한다. 공포반응과 양립할 수 없는 반응을 하도록 한다.

① 체계적 둔감화 　② 혐오치료
③ 긍정적 강화 　　④ 행동형성

정답 | ①

해설 | ② 혐오치료 : 특정한 자극이 더 혐오스럽게 느껴지도록 조건을 형성시키는 것으로, 특정한 자극과 혐오적 자극을 함께 제공함으로써 특정한 자극을 멀리하게 한다.
③ 긍정적 강화 : 바람직한 행동을 할 때 사회적 강화, 물질적 강화, 토큰경제 등을 제공한다.
④ 행동형성 : 목표행동을 한 번에 달성하기 힘들 때 사용한다. 원하는 목표행동에 가까워지도록 계속적으로 강화하는 과정으로, 목표가 되는 행동에 근접한 행동을 할 때마다 강화를 한다.

14 다음 중 심리치료 효과연구 설계 중 무엇에 대한 설명인가?

> 심리치료와 호전된 결과 간의 원인과 결과 관계를 평가하는 가장 강력한 방법이다. 실험자가 조작한 변인을 독립변인이라 하고 관찰된 변화 결과가 종속변인이 된다.

① 통제실험법
② 피험자 내 연구 설계
③ 반전설계(ABAB 설계)
④ 다중기저선(multiple-baseline) 설계

정답 | ①

해설 | ② 피험자 내 연구 설계 : 동일한 피험자를 대상으로 처치 전(기저선)과 처치 후(개입 후) 간의 문제행동 특성 및 강도 차이를 비교한다.
③ 반전설계 : 비치료 기저선 기간(A)과 치료 기간(B)이 엇갈리게 반복하여 치료 효과를 검증한다. 치료 기간에는 문제 행동이 감소하고, 치료가 중단되는 기저선 기간에는 다시 문제행동이 증가하거나 이전으로 복귀하는 경우에 치료 효과가 명확하다고 볼 수 있다.
④ 다중기저선 설계 : 치료를 중단하는 대신 여러 가지 문제행동을 관찰하지만, 그중 단 한 가지 문제행동만을 치료에 적용한다. 즉, 한 번에 하나씩 치료 표적을 더해 가면서 각 치료 효과를 관찰하게 된다.

15 다음은 임상심리전문가 윤리규정 중 무엇에 대한 설명인가?

> 어떤 사람과 전문적 역할 관계에 있으면서 동시에 또 다른 역할관계를 가지는 것은 심리학자가 공정하고 객관적이며 효율적으로 업무를 수행하는 데 위험 요인이 될 수 있으며, 또한 상대방을 착취하거나 해를 입힐 가능성이 있으므로 심리학자는 이에 신중하여야 한다.

① 전문성
② 다중관계
③ 이해의 상충
④ 심리학자의 기본적 책무

정답 | ②

해설 | ① 전문성 : 심리학자는 자신의 능력과 전문성을 발전시키고 유지하기 위하여 지속적인 노력을 기울여야 한다는 의미이다.
③ 이해의 상충 : 심리학자는 개인적, 과학적, 전문적, 법적, 재정적 또는 기타 이해관계나 대인관계에 있어서 심리학자로서의 역할을 수행하는 데 객관성, 유능성, 효율성을 해치는 경우, 그리고 전문적 관계를 가지고 있는 개인이나 조직에 해를 입히거나 착취할 것으로 생각되는 경우에 전문적 역할을 맡는 것을 자재해야 한다는 조항이 기록되어 있다.
④ 심리학자의 기본적 책무 : 인간의 정신 및 신체건강의 향상을 위해 노력하여야 한다는 조항 외 5가지가 있다.

16 임상심리사의 윤리규정 중 비밀유지 원칙이 있으나 법률에 의해 위임된 경우, 또는 타당한 목적을 위해 법률에 의해 승인된 경우에는 개인의 동의 없이 비밀 정보를 최소한으로 노출할 수 있다. 다음 중 이에 해당하지 않는 것은?

① 내담자/환자의 가족과 동료가 공개를 요구해 온 경우
② 적절한 전문적 자문을 구하기 위한 경우
③ 내담자/환자, 심리학자 또는 그 밖의 사람들을 상해로부터 보호하기 위한 경우
④ 내담자/환자로부터 서비스에 대한 비용을 받기 위한 경우

정답 | ①

해설 | 임상심리사의 윤리규정 중 비밀유지 및 노출에 관한 항목이다. 심리학자는 비밀 보호의 의무를 고백한 사람의 가족과 동료에 대해서도 지켜져야 한다. 그러나 내담자/환자의 상담과 치료에 관여한 심리학자와 의사 및 이들의 업무를 도운 보조자들 간에서나, 또는 내담자/환자가 비밀 노출을 허락한 대상에 대해서는 예외로 한다. 그러나 이 경우에도 실명노출을 최소화하기 위해 노력한다.

17 아동 임상평가 중 행동평정척도인 K-CBCL의 구성 영역으로 옳지 않은 것은?

① 내재화 문제행동
② 외현화 문제행동
③ 사회적 미성숙
④ 지능발달 미성숙

정답 | ④

해설 | K-CBCL의 구성 영역은 내재화 문제행동(불안/우울, 위축/우울, 신체증상), 외현화 문제행동(규칙위반, 공격행동), 사회적 미성숙, 사고문제, 주의집중문제, 기타문제의 영역으로 구성되어 있다.

18 아동기 장애 중 부주의, 충동성, 과잉행동의 특징을 나타내는 아동기 장애는 무엇인가?

① Attention Deficit Hyperactive Disorder
② Conduct Disorder
③ Oppositional Defiant Disorder
④ Autistic Spectrum Disorder

정답 | ①

해설 | ADHD는 부주의, 충동성, 과잉행동의 특징을 지니고 있다.
② 품행장애 : 다른 사람의 권리를 침해하고 규칙을 어기는 지속적인 패턴이다. 다른 사람을 괴롭히고 주도적인 신체적 싸움과 타인 및 동물에 대한 잔인한 행동, 강압적 성행위, 방화, 타인의 재물 파손, 무단결석 등을 보인다.
③ 반항성 장애 : 부모 및 교사에 대한 대립과 반항, 부정적 태도, 급한 기질 및 분노 반응, 다른 사람에게 짓궂게 구는 특징을 지니고 있다.
④ 자폐 스펙트럼 장애 : 사회적 상호작용의 질적 결함, 언어적·비언어적 의사소통의 장해, 제한적·반복적·상동적인 행동 등에 관심 또는 활동을 보이는 특징을 가지고 있다.

19 면접의 타당도에 대한 설명으로 옳지 않은 것은?

① 준거 관련 타당도는 다른 관련 측정치를 예측하는 정도를 말한다.
② 예측 타당도는 어떤 시간에 걸친 면접 점수 간에 일치하는 정도를 말한다.
③ 구성 타당도는 타당도의 모든 측면을 일컬을 때 쓰는 말이다.
④ 공시 타당도는 면접 평가 내용이나 점수가 관련된 독립적인 다른 면접 점수나 행동과 관련되어 있는 정도를 말한다.

정답 | ②

해설 | 예측 타당도는 면접 평가 내용이나 점수가 미래의 어떤 시점에서 관찰되었거나 획득한 행동이나 점수를 예측하는 정도를 말한다.

20 개인병력면접에 대한 설명으로 옳지 않은 것은?

① 진단과 치료 개입의 방향을 확실히 하는 데 도움이 된다.
② 가능하다면 주변 사람들과의 면담을 실시한다.
③ 가능한 많은 개인 정보와 사회적 정보를 수집한다.
④ 인지, 정서, 행동에 문제가 있는지 평가하는 것이 주목적이다.

정답 | ④

해설 | ④는 정신상태 검사면접에 해당하는 내용이다. 정신상태 검사면접은 일종의 심리검사처럼 인지, 정서, 행동에 문제가 있는지 평가한다. 이 평가면접의 문제는 신뢰도가 떨어진다는 것인데, 이를 보완하기 위해 구조적 정신상태 검사면접이 고안되었다.
개인병력면접에서는 가능한 많은 개인 정보와 사회적 정보를 수집한다. 정신적 문제를 비롯하여 환자 자신이 직면하고 있는 생활 전반에 대한 평가, 아동기와 성인기 교육, 성, 병, 종교, 부모나 형제에 대한 태도, 결혼생활 및 취미 등이 포함된다. 개인병력면접의 목적은 환자와 함께 문제를 해결하기 위한 장을 마련하는 것으로 환자의 문제를 정확하게 파악하고 기록하는 것이 중요하며, 이를 통해 진단과 치료 개입의 방향을 확실히 알 수 있다.

PART

05

심리상담

CHAPTER 01 | 상담이론과 실제

1. 상담의 의미와 유형

(1) 의미

① 내담자와 상담자 간에 수용적이고 구조화된 관계를 형성한다.

② 내담자와 상담자아이 관계에서 내담자가 자기 자신과 환경에 대해 의미 있는 이해를 증진하도록 함으로써 내담자 스스로가 효율적으로 의사결정을 하고, 여러 심리적인 특징을 긍정적인 방향으로 변화시키도록 조력하여 결과적으로 내담자의 성장과 발달을 촉진하는 심리적 조력 과정이다.

(2) 유형

① 목적 : 발달과 성장상담, 예방상담, 문제해결상담 등

② 방법 : 대면상담, 매체상담 등

③ 형태 : 개인상담, 집단상담 등

④ 문제 내용 : 위기상담, 가족상담, 성상담, 성장상담, 진로상담, 물질 남용과 중독상담, 학습상담, 정신건강상담 등

⑤ 내담자의 자발적 의사 유무 : 자발적 상담, 비자발적 상담

(3) 기본 원리

① 개별화 : 개인차 고려 → 개인 욕구 고려 → 적합한 상담방법 채택 → 진행

② 의도적 감정표현 : 감정표현이 자유로운 분위기 조성+내담자 문제 이해 → 경청 → 감정 자극+격려

③ 통제된 정서 관여 : 상담자 감정 통제+조절 → 적당한 반응

④ 수용 : 내담자 장단점+바람직 또는 바람직하지 않은 성격+긍정적 또는 부정적 감정+건설적이고 파괴적인 행동+그대로 수용

⑤ 비심판적 태도 : 내담자의 잘못을 심판하지 않을 것+가치관을 비난하지 않을 것+기준을 세워 수용 가능한 상황으로 발전시켜줘야 함(허용과는 다름)

⑥ 비밀보장

　㉠ 정의 : 내담자의 사적 정보를 타인에게 비공개하는 것

　㉡ 중요성 : 비밀보장 확신 → 상담자 신뢰 → 내담자의 문제해결을 위해 솔직하게 상담에 임할 수 있음+내담자가 피해를 받아서는 안 됨

　㉢ 한계 : 내담자와 사회 안전 위협, 치명적인 전염성 질병, 법원 명령, 아동학대 또는 방치, 학교 상담(미성년자) 등

2. 상담자와 내담자

(1) 상담자 윤리

키츠너가 제시한 윤리적 상담의 원칙 : 자율성 존중, 선의, 무해성, 정의, 충실성

(2) 상담관계

상담 관계를 형성하는 방법 : 공감적 이해, 무조건적 긍정적 존중, 진실성, 전문성

(3) 상담실제

① 접수면접
  ㉠ 접수면접자의 역할 : 막연한 기대를 하는 내담자에게 전문적인 능력과 기술을 지닌 사람이라는 인상을 심어 주는 것이 필요함
  ㉡ 접수면접 시 유의해야 할 사항
    • 희망을 불러일으키는 것이 요구됨
    • 비밀이 보장됨을 확실히 이야기하고 비밀보장의 한계도 설명해야 함
    • 상담에 대한 기대를 평가하여야 하며, 상담관계에 대한 잘못된 개념, 왜곡된 기대 등을 안내해 줄 필요가 있음
    • 기본적인 정보 수집 : 가족관계, 사회경제적 수준, 이전에 받았던 상담경험, 중요하게 호소하는 문제, 정서적인 강도(양가감정의 정도), 인지적 기능, 대인관계 기술 등
    • 내담자가 상담실에 찾아오게 된 경위를 파악 : 행동적인 변화에 대한 동기 파악
② 상담 초기
  ㉠ 상담관계 형성, 구조화, 내담자 문제 이해, 상담목표 설정
  ㉡ 초기 단계에서 사용되는 상담기법 : 관심 기울이기, 경청하기, 구체성, 재진술, 개방형 질문하기, 반영하기 예 "말씀을 빠르고 격앙되게 하시는 것을 보니, 많이 속상하고 억울하시군요."
③ 상담 중기
  ㉠ 문제를 해결하는 단계
  ㉡ 여러 가지 상담기법을 사용
  ㉢ 상담 중기의 과제
    • 저항의 처리 : 저항하는 경우 이에 대한 내용을 점검하고 처리해야 함
    • 구체적 탐색과 직면 : 문제에 대해 구체적인 탐색과 내담자의 불일치된 면이 나타나는 경우 이에 직면할 필요가 있음
    • 다양한 기법을 활용하고 해결 대안의 발달을 촉진
    • 내담자가 문제해결을 위해 실천할 수 있는 동기를 조성해 나가야 함
    • 실천 과정을 유지하고 강화해 나가야 함
  ㉣ 상담기법 : 심층적 공감, 피드백 주기, 직면, 즉시적 반응, 해석(재구조화), 대처 질문
④ 종결 : 상담 종결에서 다룰 부분
  ㉠ 종결의 준비과정을 거쳐야 하며 점진적으로 내담자와 함께 정할 필요가 있음
  ㉡ 내담자의 불안을 다루어 주어야 함

ⓒ 상담을 통한 변화와 발전을 재음미하고 요약하며 종결에 따른 불안을 다뤄 주는 것

ⓔ 상담자에 대한 의존성을 극복할 수 있도록 원조

ⓜ 상담자와 내담자의 상담 관계가 상담목표를 가지고 만난 일시적인 관계임을 상기시킬 필요가 있음

ⓗ 내담자를 격려해 주고 상담 관계가 내담자에게 의미 있는 관계임을 확인시켜 주어야 힘

ⓢ 대처에 대한 면역력 증대

ⓞ 상담 종결 후의 생활을 예견해 본 다음 대처방안 논의

ⓩ 증상 재발 시의 대처방법 강구

ⓩ 증상 재발 시 추가 만남에 대한 가능성 제시

⑤ 추수상담

ⓐ 추수상담 계획

ⓑ 3개월이나 6개월 후의 만남(checkup)을 제안하는 것이 좋음

ⓒ 예약을 해 놓을 수도 있고, 필요하다면 내담자가 먼저 약속을 정할 수도 있다고 제안

ⓓ 예약을 했지만 필요 없다고 생각하면 전화로 약속을 취소해도 아무 문제가 없다고 말해 줄 수 있음

ⓔ 만약 상담 성과에 내담자가 계속 시도하기로 한 상담 후 활동이 포함되어 있다면, 상담자는 그 계획이 성공했는가를 확인하기 위해 추수상담을 원할 수 있음

TOPIC. 2 ▶ 상담이론

1. 인지적 접근

(1) 윌리암슨(Williamson)의 지시적 상담이론

① 특징

ⓐ 정확하고 객관적인 정보를 제공하며 합리적으로 문제를 해결할 수 있도록 가르침

ⓑ 카운슬링의 초기 접근 방식

ⓒ 심리검사의 제작과 보급 촉진에 기여

② 한계점 : 카운슬러의 지시적 역할을 지나치게 강조함으로써 내담자의 독립적 결정을 경시한다.

(2) 엘리스(Ellis)의 합리적-정서적 행동치료(Rational-Emotive Theory)

① 인간의 심리적, 행동적 문제는 비현실적이고 비합리적인 사고와 신념에 기인한다고 보며, 그러한 신념 체계를 교정함으로써 문제를 해결하려는 입장이다.

ⓐ 비합리적인 신념의 예

• 모든 중요한 타인으로부터 사랑이나 인정을 받는 것은 개인에게 절대적으로 필요한 일

• 가치 있는 사람이 되려면 반드시 유능하고 적합하며, 모든 영역에 걸쳐 완벽하게 일을 성취해야 함

• 현재의 행동은 개인의 인생에서 지나갔던 사건에 의해 결정되며 과거의 영향에서 벗어날 수 없음

ⓑ ABCDE 전략

• 선행사건(Activating Event) : 인간의 정서적 반응을 유발하는 사건이나 현상

- 신념(Belief) : 그러한 환경적 자극에 대해 사람마다 지니고 있는 신념
- 결과(Consequence) : 선행사건과 관련된 신념으로 인해 생긴 결과
- 논박(Dispute) : 비합리적 신념에 대해 도전하고 다시 생각해 보도록 하는 과정
- 효과(Effect) : 바람직한 정서와 행동이 나타나는 것

② 고도의 지적, 정의적 접근으로 지시적이고 상식적이며 해결 중심적 접근을 원하는 사람들에게 좋은 반응을 얻는다.

③ 한계점 : 아동들에게 적용하는 데에는 한계가 있다.

(3) 켈리(Kelley)의 개인구념이론(Personal Construct Theory)

① 개념 : 인간이 현실을 지각하고 해석하는 일관된 양식을 말한다.

② 과학자로서의 인간관을 가진다.

③ 상담 과정은 구념체제의 재건 과정이다.

④ 역할 실행, 고정역할치료, 고정역할묘사 등의 방법으로 구념체제의 변화를 촉진한다.

2. 정의적 접근

(1) 프로이트(Freud)의 정신분석 이론

① 모든 심리적 문제는 선행하는 심리적 사건이나 현상에 의해 결정된다고 본다.

② 상담자는 내담자의 과거와 관련해서 현재 행동의 배후에 숨은 의미를 해석해야 한다.

③ 자유연상법, 꿈의 분석, 실언 · 유머 · 저항 등의 분석을 활용한다.

(2) 로저스(Rogers)의 비지시적 상담이론

① 내담자 중심 치료이론으로 어떤 기법을 적용하는 것이 아니라, 내담자가 스스로 변화할 수 있도록 인간관계의 조건을 제공하는 것이다.

② 수용, 공감적 이해, 일치

3. 행동적 접근

(1) 울프(Wolpe)의 상호제지에 의한 심리치료

① 파블로프(Pavlov)의 조건화 이론에 기반을 두고 있으며, 신경증적 행동을 적응적 행동을 통해서 제지한다.

② 주장적 훈련(타인에게 정상적으로 요구하고, 긍정적 · 부정적 감정을 자유롭게 표현하며, 대화, 합법적인 권리 표현, 불합리한 요구의 거절 등을 할 수 있도록 하는 것), 체계적 둔감(불안 위계에 따라 가장 불안을 적게 유발하는 자극부터 차례로 제시하여 불안을 극복하게 하는 방법) 등을 활용한다.

(2) Skinner 등의 행동적 상담이론

① Skinner의 자동적 조건화 이론에 기반을 두고 있으며, 부적응행동을 약화시키고 적응행동을 강화시킨다.

② 주장적 훈련, 체계적 둔감, 홍수법, 강화, 조형, 시범, 역할연기, 행동연습, 행동수정 등을 활용한다.

③ 현실치료요법(Reality therapy)

　ⓐ 글레이저(Glasser)가 창시한 이론이며, 무의식적 갈등이나 원인에 관심이 없고 행동의 도덕성, 책임성을 강조함

　ⓑ 현재와 현실지각을 중시하고 욕구 충족을 위해 선택한 행동의 효과성을 냉철하게 평가하면서 새롭고 합당한 방법을 찾는 데 도움을 줌

　ⓒ 선택이론의 일종임

CHAPTER 02 | 심리상담 주요 이론

---

1. 프로이트(Freud)의 생애와 정신분석학의 발달 과정

(1) 생애

지그문트 프로이트(Sigmund Freud, 1856~1939)는 오스트리아 모라비아(현 체코)의 프라이베르크에서 출생했고 영국 런던에서 세상을 떠났다.

> **ㅣ+ 이해더하기ㅣ**
>
> • 1937년 나치가 오스트리아를 점령하여 어쩔 수 없이 영국으로 피난을 떠난 것을 제외하고는 출생 후 3년과 사망 전 3년을 제외한 거의 전 생애를 오스트리아의 수도 비엔나에서 살았다.
> • 중등학교 시절에는 7년 동안 학급에서 수석을 할 만큼 어렸을 때부터 우수한 학생이었으며 특히 다윈 (Darwin)의 과학연구 이론에 매혹되었다고 한다.
> • 프로이트가 3살이 되는 해 그의 가족은 비엔나로 이주했는데 그해 찰스 다윈의 『종의 기원』이 출판되었고 그 다음 해는 구스타프 페히너(Gustav Fechner)가 심리학을 과학의 한 분야로 정립했다.
> • 다윈과 페히너는 당시의 젊은이들에게 막대한 영향을 끼쳤으며 프로이트 역시 그들의 영향을 크게 받으며 지적으로 성장했다.
> • 1873년 비엔나 대학교에 입학하여 1881년 의사 자격을 획득한다. 의과 대학 재학 기간 동안에 그는 생리학 실험실의 책임자이었고, 19세기 가장 위대한 생리학자 중 한 사람이었던 에른스트 브뤼케(Ernst Brucke) 교수의 지도하에서 생리학을 공부하였다. 특히 1874년에 출판된 그의 저서에서 "살아 있는 유기체는 화학과 물리학의 법칙이 적용되는 하나의 역동적 체제"라는 그의 급진적인 견해에 프로이트는 매료되었다.
> • 이 밖에도 큰 영향을 끼친 학문이 물리학이다. 19세기 중엽 독일의 위대한 물리학자 헤르만 폰 헬름홀츠 (Hermann Von Helmholtz)는 '에너지 불변의 법칙'을 밝혀냈다. 즉 에너지는 변형될 수는 있어도 소멸되지는 않는다는 것이다.
> • 프로이트는 이와 같은 역학의 법칙들을 인간의 성격 이론에도 적용시켜 하나의 역동 심리학으로서의 정신분석학을 창안하게 된 것이다. 처음엔 의학 자체보다는 신경학의 연구에 깊은 관심을 두고 1876년에서부터 15년간을 신경학자로서 연구에 전념하였다. 그러나 생계 유지의 어려움과 유대인 배척 운동으로 대학에서 승진할 수 없다는 판단 아래 스승 브뤼케의 권유를 받아들여 종합 병원의 인턴으로 일하게 되었다.

(2) 발달 과정

① 병원의 임상에서 환자들과의 접촉을 통해 신경질환을 심리학적 관점에서 생각해야 한다는 자극을 받았다.

② 1885년에서부터 1년간 프랑스의 유명한 신경학자인 장 샤르코(Jean Charcot)와 함께 연구할 수 있는 기회를 얻게 되었다. 샤르코는 그 당시 최면적 암시에 의해 히스테리를 치료할 수 있다고 주장하였는데, 후에 프로이트는 그의 임상 경험을 통하여 최면술에 의한 히스테리의 치료 효과에 대해서 회의를 갖게 되지만 샤르코와의 만남 자체는 신경학자에서 정신병리학자로 전환하게 되는 중요한 계기

가 된 것으로 보인다.

2. 주요 개념

(1) 인간관

① 인간은 비합리적이고 비관론적인 존재이다.

② 인간의 행동은 기본적이고 생물학적인 충동과 본능을 만족시키려는 욕망에 의하여 동기화되는 것으로, 개인을 과거의 생활 경험, 그것도 출생에서부터 5세 사이의 어린 시절에 경험한 무의식 속에 잠재해 있는 심리 성적인 사건들에 의해 결정되는 존재로 본다.

(2) 의식 수준과 성격 구조

① 의식, 전의식, 무의식

  ㉠ 의식 : 한 개인이 현재 각성하고 있는 모든 행위와 감정을 포함함

  ㉡ 전의식

   - 이용 가능한 기억
   - 의식 부분은 아니지만 조금만 노력하면 의식 속으로 떠올릴 수 있는 생각 또는 감정을 포함하며 의식과 무의식을 연결함

  ㉢ 무의식

   - 개인이 자신의 힘으로는 의식으로 떠올릴 수 없는 생각이나 감정을 포함함

- 자신이나 사회에 의하여 용납될 수 없는 감정이나 생각 혹은 충동들이 억압되어 내적 갈등을 경험하게 되고 이로 인해 왜곡된 증상이 출현함(즉, 인간 행동의 동기로 작용함)

② 성격 구조

　㉠ 원욕(id) : 쾌락의 원리에 따라 본능적 욕구를 만족시키려는 일념만을 갖고 움직이며, 정신적 에너지의 저장소
- 반사 작용 : 생리적인 자동적 반응 **예** 눈 깜박임, 재채기 등
- 일차적 과정 : 긴장을 제거해 주는 대상의 영상을 떠올려 긴장을 해소함 **예** 목마른 나그네가 물을 보는 상상을 하는 것

　㉡ 자아(ego)
- 현실의 원리에 입각하여 욕구 충족을 위해 적합한 대상으로 긴장 해소를 보류할 수 있음(이차적 과정)
- 현실적 사고 과정을 통하여 통제하고, 반응할 환경의 성질을 검토 · 선정하며 욕구를 어떤 방법으로 만족시킬 수 있을 것인가를 결정함
- 현실을 무시하고 쾌락의 원리에 입각하여 작용하는 원욕 및 이상 지향적 작용을 하는 초자아와 통합할 수 있음(이들을 조정하는 중재자 역할을 함)

　㉢ 초자아(superego)
- 사회의 전통적 가치와 이상의 내적 기준으로 성격의 도덕적 무기
- 현실보다는 이상을, 쾌락보다는 완성을 위해 작용함
- 부모가 자녀에게 설명해 줌으로써 부모가 자녀에게 주는 보상이나 처벌에 대한 반응으로 발달함
  - 양심 : 부모가 자녀의 행동에 대하여 부적합한 것을 벌하는 것으로 발달함
  - 자아 이상 : 자녀의 행동을 승인, 칭찬해 주는 것으로 발달함(선에 대한 개념)

(3) 성격의 역동성

한 개인이 보유하고 있는 정신적 에너지의 양은 한정되어 있고, 이것이 원욕, 자아, 초자아 간 어떻게 분배되고 활용되는지에 따라 성격이 결정된다(에너지 보존의 법칙 적용).

① 정신적 에너지원으로서의 본능 : 본능은 신체 조직상의 욕구에 의하여 야기되는 흥분 상태가 소망의 형태로 나타나는 것이다.

　㉠ 삶의 본능 에로스(Eros) : 성적 충동 → 에너지(Libido) → 생명 유지 · 발전 → 사랑, 종족 번창

　㉡ 죽음의 본능 타나토스(Thanatos) : 파괴의 본능 → 잔인성, 공격성, 자살, 살인

② 불안 : 자아는 원욕과 현실, 초자아 간을 적절하게 중재하여 원욕의 생물학적 욕구를 충족시켜 주면서 한편으로는 현실을 고려해야 하고, 또한 초자아의 도덕적 이상에 의한 제한을 받아들여야 한다. 이러한 균형이 깨지면 불안이 등장한다.

　㉠ 신경증적 불안
- 억압된 욕구나 충동, 특히 성적 충동이나 공격적 충동을 자아가 적절히 조절할 수 없어서 벌을 받게 될 어떤 일을 저지르게 되지 않을까 하는 불안을 말함
- 본능으로부터 위험을 지각할 때 발생하는 것으로 현실에 기초해서 형성됨
- 불안의 원인을 개인이 의식하지 못함

　㉡ 현실적 불안

- 현실적 근거가 있는 객관적인 불안으로 일종의 두려움을 말함
- 외부세계의 위험을 지각함으로써 야기되는 고통스러운 정서적 경험

ⓒ 도덕적 불안
- 초자아가 강한 사람이 도덕률에 위배되는 행동이나 생각만으로도 죄의식을 느끼고 불안(양심의 두려움)을 경험하는 것
- 자아가 초자아로부터 벌의 위협을 받을 때 일어나는 정서적 반응

(4) 방어 기제

원욕 속에 포함된 사회적으로 용납될 수 없는 욕구나 충동 등의 사실적 표현과 이에 맞선 초자아의 압력 때문에 발생하는 불안으로부터 자아를 보호하기 위한 전략이다.

① 특징
ⓐ 무의식적으로 작용하기 때문에 본인은 알지 못함
ⓑ 개인으로 하여금 현실을 거부 혹은 왜곡해서 지각하게 함으로써 불안으로부터 자아를 보호함

② 종류
ⓐ 억압
- 사회적·윤리적으로 용납될 수 없다고 생각되는 욕구나 충동 그리고 사고 등을 자신의 무의식 속으로 숨겨 버리는 것
- 용납될 수 없는 욕구나 충동, 생각 때문에 갖게 되는 불안으로부터 자아를 보호하고자 하는 것
- 무의식 속에 남아 현재 그 개인의 행동 동기로 작용함(모든 신경증적 행동, 정신장애의 근본 원인)
  예 숙제하기 싫은 초등학생이 자신의 알림장 잃어버리기

ⓑ 반동형성 : 실제의 욕구나 충동 등과는 오히려 반대되는 행동을 나타냄으로써 금지된 욕구나 충동의 표출로 갖게 될 불안으로부터 자신을 보호함
  예 남편에 대한 분노를 남편의 건강에 대한 지나친 염려로 표현, 미운 자식 떡 하나 더 줌

ⓒ 투사
- 자신이 스스로 받아들일 수 없는 충동이나 태도 등을 무의식적으로 타인이나 환경의 탓으로 돌리는 행동 기제
- 자신의 결점을 다른 사람이나 사물에 전가시켜 비난함으로써 자신의 결함 또는 약점 때문에 갖게 되는 위험이나 불안으로부터 자아를 보호함
  예 남자들에게 갖는 자신의 성적 감정을 인정하고 싶지 않은 여성이, 모든 남자가 자신에게 성적 매력을 갖는다고 느끼는 것

ⓓ 합리화
- 현실을 왜곡하여 자존심을 보호하는 행동 기제
- 현실적·사회적으로 용납되지 않는 동기를 용납되는 동기로 바꾸는 것
  - 신포도형 : 어떤 목표를 위해서 노력했으나 실패했을 때 자아를 보호하기 위하여 원래 그렇게 원하지 않았다고 하는 것
  - 달콤한 레몬형 : 자기가 현재 가지고 있는 것이 진정 자신이 가장 원했던 것이라고 믿는 것
  - 투사형 : 자신의 실수나 책임을 다른 사람에게 전가함

－망상형 : 원하는 일이 마음대로 되지 않을 때 자신의 능력에 대해 허구적 신념을 가짐으로써 실패의 원인을 합리화함

ⓜ 치환(전위) : 본능적 충동을 재조정해서 위협을 덜어주는 상대로 대치하는 행동 기제

　예 동대문에서 뺨 맞고 서대문에서 화풀이하기

ⓗ 승화 : 억압된 충동이나 욕구의 발산 방향을 사회적으로 인정받고 존경받는 가치 있는 목표로 옮기고 실현함으로써 그 충동이나 욕구를 만족시키는 행동 기제

　예 창조적 예술작품, 경쟁적인 운동은 성적 또는 공격적인 본능의 승화로 여겨짐

ⓢ 고착과 퇴행

- 고착 : 발달 과정 중 좌절과 불안이 개인에게 너무 클 때 개인의 성장이 일시적으로 또는 영구히 정지하는 것
- 퇴행 : 좌절을 경험하게 되면 발달 초기의 보다 만족스러웠던 시절의 행동 양식을 나타내는 것

　예 사랑을 독차지하던 맏이가 동생이 태어난 후 사랑을 빼앗기게 되었을 때 어머니의 관심을 끌기 위해 어린 동생처럼 대소변을 못 가리는 행동을 하는 것

(5) 성격의 발달 단계

① 특징

ㄱ 개인의 성격 : 영유아기의 여러 가지 경험에 의해 형성되며 출생 후 5년 사이에 기본 골격이 형성되고 그 후는 마무리 단계임

ㄴ 성적 에너지(Libido) : 출생 시 나타나며, 일련의 심리·성적 발달 단계를 거쳐서 발달됨

② 단계의 명칭 : 성적 에너지가 집중되는 부위의 이동에 따라 명명된다.

ㄱ 구강기(Oral stage)

- 생후 1년 사이
- 전적으로 타인에게 의존하며 빨고, 삼키고, 뱉고, 깨무는 것과 같은 활동으로 충동적이고 즉각적인 만족을 얻으며 그 기능을 하는 부위인 구강이 성격 발달에 중요한 의미를 갖는 시기
- 대부분의 성적 에너지를 포함함
- 구강 – 협응적 행동
  - 입의 쾌락적인 감각
  - 리비도는 처음에 입에서 시작하여 성장함에 따라 신체 각 부위로 이동함
  - 유독 구강적 욕구(**예** 과식, 씹기, 말하기, 담배 피우기, 술 마시기)를 탐하는 성인은 구강적 고착으로 영아기에 구강적 만족을 얻지 못하여 구강 활동에서 얻은 쾌락이 지식 습득이나 소유에서 얻어지는 쾌락과 같이 다른 형태의 활동으로 전환 또는 대치된 것
- 구강 – 공격적, 가학적 행동
  - 물어뜯거나, 씹거나 깨무는 것과 같은 행동은 어머니의 부재나 만족의 지연으로 생긴 불만의 표현
  - 성인의 이 단계에서의 고착은 논쟁적이고 신랄하게 비꼬며 자신의 필요에 따라 타인을 이용하거나 지배함

ㄴ 항문기(Anal stage)

- 1.5~3세
- 성적 에너지가 구강에서 항문으로 옮겨감
- 대변의 배출과 보유가 만족의 원천이며 쾌락에 대해 즉각적으로 반응하지 않고 지연시킬 수 있음(자기 통제와 지배의 출발점)
- 항문적 보유(Anal retentive)
  - 배변 훈련 시 부모가 거칠고 강압적일 때 나타나는 것
  - 고집이 세고 인색하며 복종적이고 지나친 청결이나 불결한 경향의 성격이 나타남
- 항문적 공격(Anal aggressive)
  - 부모가 대변 후 칭찬 등의 만족을 지나치게 주는 경우 자신의 쾌감을 부모에게 빼앗겼다고 느끼게 됨
  - 이 단계에 고착이 되면 잔인하고 파괴적이며 난폭하고 적개심을 나타냄
- 적절한 배변 훈련 : 창의성과 생산성의 기초가 됨

ⓒ 남근기(Phallic stage)
- 3~5세
- 성적 에너지에 대한 관심이 생식기로 옮겨감
- 자신의 성기를 자세히 관찰하고 자위행위를 하며 출생과 성에 관한 관심을 나타냄
- 오이디푸스 콤플렉스(Oedipus complex)
  - 남아는 어머니를 성적 애착의 대상물로 바라게 되나 아버지가 어머니의 사랑을 얻은 성공적인 경쟁자라는 것을 알게 되면서 아버지와 비교하여 열등감을 느끼며, 이러한 자신의 생각에 대한 아버지의 보복에 대한 두려움은 거세불안으로 나타남
  - 어머니에 대한 욕망을 억압하고 자신을 아버지와 동일시하기 시작함으로써 오이디푸스의 갈등을 해결함
  - 동일시 과정을 통해 아버지의 도덕률과 가치체계를 내면화함으로써 양심과 남성적 역할을 습득하고 자아 이상을 발달시킴
- 엘렉트라 콤플렉스(Electra complex)
  - 여아의 첫 애정의 대상도 어머니
  - 남근기로 접어들면서 자신이 남자처럼 음경이 없음을 발견하고 남근 선망을 갖게 됨
  - 자신의 남근을 어머니가 거세한 것으로 여겨 어머니에게 적개심을 가지게 됨과 동시에 부러운 기관을 가진 아버지에게로 사랑을 옮긴다는 것
  - 어머니를 애정의 경쟁자로 생각하게 되나, 마찬가지로 어머니와 동일시하려는 행동을 통해 여성으로서의 성 역할을 배우게 됨

| + 이해더하기 |

남근기에 고착된 성인 남자는 대부분 경솔하며 과장되고 야심적, 성공하려고 아주 노력하며 항상 자신의 강함과 남자다움을 나타내려 한다. 여성의 경우, 순진하고 결백해 보이지만 난잡하고 유혹적이며 경박한 기질을 나타내거나 아주 주장적이어서 남성을 능가하고자 노력한다.

＠ 잠복기(Latency period)
  • 6, 7세~12, 13세경
  • 성적 에너지는 억압 또는 승화되어 지적 관심, 운동, 친구 간의 우정 등으로 나타남
  • 새로운 성감대가 나타나지 않고 성적 본능이 대부분 수면 상태에 있음
⑩ 생식기(Genital stage)
  • 여아 : 약 11세경
  • 남아 : 약 13세경
  • 새로이 나타나는 성적 에너지는 사춘기 초기에 동성에게로 향하나 차츰 이성에게로 옮겨감
  • 쾌락 추구적이고 자애적인 경향에서 현실지향적이고 사회화된 성인으로 바뀌게 됨
  • 아들의 경우 어머니와 연결된 끈을 풀고 자기 자신의 여자를 발견하고, 아버지와의 경쟁심을
    버리고 아버지의 지배로부터 자유로워지게 됨

3. 상담의 목적과 목표

(1) 개요

① 프로이트는 잘 적응하는 개인이란 진정한 사랑을 할 수 있고 일할 수 있는 사람으로 정의하였다.
② 적응을 방해하는 요소는 무의식 속에서 동기로 작용하고 있는 억압된 충동이다(과거에 자아가 적절
   하게 중재할 수 없었던 원욕의 충동).
③ 내담자는 이와 같은 무의식의 내용을 의식화하는 과정을 통하여 자신의 현재 행동의 적절성과 부적
   절성을 탐색할 수 있고, 나아가서는 자신의 문제 행동의 원인을 통찰하게 되어 새로운 행동을 할 수
   있게 된다.

(2) 목적과 목표

① 상담의 목적 : 무의식에 근거하고 있는 내담자의 문제 행동에 대한 각성과 통찰을 도와 건설적인 성
   격으로 변화시킴으로써 진정한 사랑을 할 수 있고 일할 수 있는, 즉 잘 적응하는 개인으로의 성장을
   돕는 데 있다.
② 상담의 목표 : 내담자가 자신의 행동의 동기를 각성 및 통찰하여 의식 수준에서 행동할 수 있도록 돕
   는 것이다.

4. 상담의 과정과 기술

(1) 상담의 과정 – 아로우(Arlow ; 1979)

① 초기 시작의 단계 : 최초의 면담 장면(3~6개월 정도 지속)
  ㉠ 내담자의 문제가 파악되고 이를 근거로 정신 분석의 필요성 유무를 결정함
  ㉡ 이를 위해 내담자에 관해서 가능한 한 많은 것(현재 생활환경·문제, 성취한 것, 인간관계, 가정
     배경, 아동기의 발달사 등)을 알아 둘 필요가 있음
  ㉢ 정신분석을 시작함

② 전이의 발달 단계

　㉠ 내담자와 분석가 사이에 친숙 관계가 형성되면 내담자 자신의 무의식적인 갈등의 문제를 표출하게 되는데, 그 갈등과 관계되는 중요한 인물에 대한 내담자의 정서적 반응이 함께 표출됨

　㉡ 분석가는 그 인물의 의미를 지니게 되는 전이 현상을 발생시킴

　㉢ 이 과정에서 잊어버렸던 어린 시절의 기억들과 억압된 무의식적인 환상들을 현대판으로, 무의식적으로 재연하게 됨

　㉣ 현실과 환상, 과거와 현재를 분별할 수 있게 도와주고 어린 시절의 무의식적인 환상적 소원들의 욕구와 충동을 현실적으로 이해할 수 있도록 도와줌

　　• 내담자가 어떻게 잘못 지각하고, 잘못 해석하고, 과거에 매여 현재 상황에서 어떻게 잘못 반응하고 있는가를 깨닫게 함

　　• 내담자 자신의 충동과 불안이 비현실적이라는 사실을 깨달아 성숙되고 현실적인 수준에서 적절한 결정을 할 수 있게 함

　㉤ 내담자가 겪고 있는 갈등의 성질에 대한 통찰은 무의식적인 과정

　㉥ 철저히 지속적인 활동의 단계(정서적 재교육)

③ 전이 분석 : 여러 번, 여러 면에서 계속되어야만 하며, 내담자의 문제에 대한 통찰은 철저히 지속적인 활동의 과정을 통해서 계속 심화되고 공고화되어야 한다.

　㉠ 훈습 : 무의식의 자료와 방어를 탐색하는 것으로 반복과 정교화 및 확충하는 활동으로 이루어지는 과정

　㉡ 전이를 이해하는 것과 과거를 회상하는 것 사이의 교환적 상호작용은 내담자의 갈등에 대한 통찰을 공고화하고, 내담자가 얻게 된 새로운 해석에 대한 확신을 강화시켜 줌

　㉢ 내담자는 자신의 억압된 감정이나 충동을 이해하고, 이해하는 바를 느끼게 되어 현실을 부정하기보다는 직면할 수 있게 되고, 보다 성숙되고 효과적인 방법으로 반응하는 것을 배움

④ 전이의 해결 단계(분석의 종결 단계)

　㉠ 의미 : 분석가에 의해 내담자의 무의식적이고 신경증적인 애착을 해결하는 단계

　㉡ 특징

　　• 내담자가 상담을 청하게 된 원인이었던 증상들이 약화된 현상을 보여야 함

　　• 지금까지 억압되어 있던 기억들이 나타나서 상담 초기에 이루어졌던 해석이나 재구성을 확고히 하고 정교화함

　　• 내담자나 분석가 모두 더 이상의 분석의 필요성을 느끼지 않게 됨

(2) 상담의 기술

① 자유 연상

　㉠ 가장 기본적인 기술

　㉡ 내담자에게 마음속에 떠오르는 것이면 무엇이든지 이야기하도록 하는 방법

　㉢ 이들의 관련성과 의미를 해석해 주면 내담자는 자신의 무의식적인 동기를 이해하고 통찰할 수 있게 됨

② 해석(interpretation)

　㉠ 자유 연상, 꿈, 저항, 전이를 분석할 때 사용되는 기본적인 절차

ⓛ 자아로 하여금 무의식적인 재료를 의식화하는 것을 촉진시켜 내담자는 무의식적인 재료에 대한 통찰을 갖게 됨

ⓒ 규칙

- 내담자가 저항 혹은 방어적인 태도를 보일 때 그 이면의 숨겨진 원인을 해석하기 전에 내담자의 방어나 저항 행동 그 자체를 지적 및 설명해 주어야 함
- 내담자가 표현한 감정의 대상적인 이면을 이해할 수 있어야 함

③ 저항의 분석과 해석

ⓖ 초기 단계에서 억압된 감정이나 생각들을 회상할 수 없거나 그 표현을 주저하는 경향은 일종의 저항 현상으로, 자신의 억압된 충동이나 감정들을 각성하게 되면 흔히 갖게 되는 불안을 견디기 힘들므로 그 불안으로부터 자아를 방어하려는 것

ⓛ 저항 분석의 목적은 내담자가 그 저항들을 처리할 수 있게 저항의 이유를 각성하도록 돕는 것

ⓒ 해석의 일반적인 원리는 분석가가 내담자의 주의를 집중하게 하고 저항들 가운데서도 가장 분명한 저항 현상을 해석하는 것

ⓔ 해석에 대한 내담자의 거부 가능성을 최소한으로 줄일 수 있으며 내담자가 자신의 저항 행동을 돌아볼 수 있는 기회를 증대시킴

④ 전이 분석과 해석

ⓖ 전이

- 내담자가 어릴 때 어떤 중요한 인물에게 가졌던 사랑이나 증오의 감정을 분석가에게 반응하여 나타내는 현상
- 억압된 사랑의 감정으로부터 표현 가능한 사랑의 대상을 찾고자 하는 내담자의 욕구가 반영된 것
- 무의식적으로 작용함

ⓛ 분석가

- 내담자가 '전이 신경증'을 발달시킬 때까지 전이의 발달을 장려함
- 전이의 표현은 언어적인 의사소통, 자유 연상, 꿈의 내용으로 나타냄

ⓒ 내담자

- 분석가와의 전이 관계의 참된 의미를 각성
- 과거의 경향이 현재에 어떻게 작용하는지를 통찰하게 됨

⑤ 꿈의 분석과 해석

ⓖ 꿈은 억압된 소원들로 구성되어 있으며 무의식의 세계로 통하는 길

ⓛ 꿈의 내용

- 잠재적 내용 : 가장되어 있고 숨겨져 있으며 상징적이고 무의시적인 동기로 구성되어 있음. 너무나 고통스럽고 위협적이기 때문에 용납될 수 있는 내용으로 변형되어 꿈으로 나타남
- 현시적 내용 : 꿈속에 나타나는 꿈의 내용

5. 평가

(1) 비판점

① 유아기에서부터 성적인 동기와 파괴적인 소원에 의하여 행동이 동기화된다고 본다.

② 오이디푸스 콤플렉스와 엘렉트라 콤플렉스 이론에서 볼 수 있는 것처럼 모든 인간에게 근친상간과 파괴적인 충동이 있다고 본다.

③ 현재 인간 행동의 이해 근거로서 유아기의 경험들과 억압된 무의식의 내용을 중시함으로써 인간을 결정론적이고 비합리적인 존재로 보고 인간의 자율성과 책임성, 합리성을 무시한다.

④ 여권신장론자로부터는 남근 선망의 개념에 대하여 맹렬한 공격을 받는다.

(2) 이론의 한계점

① 이론을 뒷받침해 줄 자료가 주로 통제되지 않는 상태에서 관찰한 불완전한 기록들과 자료에 근거한 추론의 결과이다.

② 정신분석의 결과에 대한 연구들이 그 효과성을 충분히 지지해 주지 못하고 있다.

(3) 공헌점

① 인간은 자주 그 개인이 인지하지 못하고 수용할 수 없는 충동에 의하여 사고나 행동이 동기화된다는 사실을 밝혔다.

② 담대하고 통찰력 있는 탐구를 통하여 최초의 체계적인 성격 이론과 효과적인 심리 치료의 기술을 개발해 내었다.

③ 성격의 발달에 있어서 영유아기의 중요성을 강조한 프로이트의 이론은 자녀 양육에 대한 각성과 연구를 자극하였다.

④ 심리 치료에 있어서 면접 활용의 한 모형을 개발하였으며, 신경증이나 치료 과정에 있어서 불안의 기능을 처음으로 확인하였고, 해석, 저항, 전이 현상의 중요성을 강조하였다.

TOPIC. 2 ▶ 인간중심상담

1. 인간관

(1) 개요

① 로저스는 인간마다 현실을 각기 다르게 지각하며 주관적인 경험이 행동을 지배한다고 믿었다. 다시 말해서 사람이 외부현실보다는 내부적인 경험에 의해 이끌어진다는 것이다. 개인을 이해하는 유일한 방법은 그들의 개인적인 세계에 들어가서 그들의 내적 참조 체계를 이해하는 것이다.

② 로저스는 오랜 임상경험을 통해 인간은 기본적으로 자유로우며 자신의 행동에 책임을 지고, 유목적적이며, 합리적이고 건설적인 방향으로 지속해서 성장해 나가는 미래지향적 존재라고 보고 있다.

③ 따라서 선천적 잠재력을 발휘할 수 있는 조건들이 적절히 갖추어진다면 인간은 무한한 성장과 발전이 가능하다고 결론지었다. 이러한 로저스의 인간관을 자세히 살펴보면, 자유, 합리성 그리고 자아실현의 경향이 서로 연결되어 있다.

④ 로저스는 인간의 삶은 자신이 통제할 수 없는 어떤 힘으로 조종당하는 피동적 삶이 아니라 각 개인이 자유롭고 능동적으로 선택한 결과라고 보았다. 모든 인간은 자신의 과거와 현재 생활상태를 정확히 인식할 수 있기 때문에 자신의 삶과 미래를 능동적으로 선택할 수 있다.

⑤ 즉, 인간은 선천적으로 타고난 성장 가능성을 실현하는 과정에서 자신의 인생 목표와 행동 방향을 스스로 결정하고 이러한 결정에 따르는 책임을 수용하는 자유로운 존재로 규정되고 있다. 이러한 인간 본성에 대한 강한 자유론적 관점과 아울러, 로저스는 인간을 합리적인 존재로 규정하며 인간의 합리성은 자아실현의 경향이 강해지고 인간이 더욱 자유로워질 때 강하게 표출된다고 보았다. 로저스는 모든 인간이 자신의 내부에 자기이해, 자기개념과 기본적 태도의 변화 및 자기 지향적 행동을 위한 거대한 자원이 있다고 하였다. 이러한 선천적 능력의 표현이 바로 자아실현 경향이다.

⑥ 로저스는 자아실현 경향을 자기충족, 성숙의 방향을 지향하는 모든 동기를 포함하는 각 개인의 진보적인 추진력이라고 규정하였다. 이러한 자아실현의 경향을 성취하기 위하여 인간은 항상 노력하고 도전하고 어려움을 극복함으로써 진정한 개인이 되어 간다고 본다.

⑦ 로저스는 이러한 자아실현을 완전히 최종적인 것으로 간주하지는 않았다. 그는 인간에게 항상 발전하고 성장할 수 있는 창조성이 있으며, 또 그럴 가능성이 무한히 잠재되어 있다고 보았다. 인간은 각자가 타고난 청사진을 갖고 있으며 그들의 잠재력을 달성하려는 타고난 자성능력이 있어 어떤 역경에서도 금방 회복할 수 있다고 믿었다.

(2) 기본 가정

① 로저스의 인간행동에 대한 기본 가정은 그의 주관적 경험론에 입각하여 모든 인간에게 있어서 객관적 현실세계란 존재하지 않으며 주관적 현실세계만이 존재한다고 보고 있다. 모든 인간은 자신의 사적 경험체계 또는 내적 준거체계와 일치하는 방향으로 객관적 현실을 재구성하며, 이러한 주관적 현실에 근기하여 행동하는 것이다. 즉, 모든 인긴행동은 개인이 세계를 지각하고 해석한 결과이다.

② 그러므로 인간행동을 정확히 이해하기 위해서는 각 개인의 내적 준거체계를 정확히 이해하여야만 한다. 즉, 한 개인이 생각하고 느끼고 행동하는 고유한 방법을 이해하기 위해서는 그가 객관적 현실을 어떻게 지각하고 해석하는지를 알아야만 하는 것이다.

③ 프로이트는 인간행동의 기본 동기를 긴장 감소에 두고 있으나, 로저스는 이와 정반대의 입장을 취하고 있다. 즉, 로저스는 모든 인간은 내적 긴장이 증가하더라도 자아실현을 위하여 그 고통을 감내하고 행동한다고 보고 있다. 이러한 로저스의 인간행동의 동기에 대한 기본 가정이 바로 인간행동의 미래지향성으로서, 인간의 본질적 가치와 성장 가능성에 대한 로저스의 신념에서 유래된 것이다.

④ 따라서 인간은 자아실현을 위한 끊임없는 도전과 투쟁의 과정에서 발생하는 고통을 감내하므로 인간의 자기실현 경향, 즉 미래지향성은 인간행동의 가장 기본적인 동기라고 할 수 있다.

2. 중요 개념

(1) 현상학적 장

① 현상학적 장의 의미 : 경험적 세계 또는 주관적 경험으로도 불리는 개념으로 특정 순간에 개인이 지각하고 경험하는 모든 것을 의미한다.

② 로저스는 동일한 현상이라도 개인에 따라 다르게 지각하고 경험하기 때문에 이 세상에는 개인적 현실, 즉 현상학적 장만이 존재한다고 보고 있다.

③ 로저스는 프로이트가 과거 경험이 인간의 행동을 결정하는 요인이라고 본 점에 대항하여, 현재 행동을 결정하는 것은 과거 그 자체가 아니라 과거에 대한 각 개인의 현재의 해석이라 주장하며 현재의 현상학적 장을 중시하였다.

④ 현상학적 장에는 개인이 의식적으로 지각한 것과 지각하지 못하는 것까지도 포함되지만, 개인은 객관적 현실이 아닌 자신의 현상학적 장에 입각하여 재구성된 현실에 반응한다. 따라서 동일한 사건을 경험한 두 사람도 각기 다르게 행동할 수 있고, 이러한 속성 때문에 모든 개인은 서로 다른 독특한 특성을 보이는 것이다.

⑤ 로저스는 인간을 자극에 단순히 반응하는 존재가 아닌 전체적으로 조직화된 체계로 보고 있기 때문에 이러한 현상학적 장, 즉 현실에 대한 지각도표에 따라 행동하고 생활할 때, 모든 개인은 조직화된 전체로서 반응한다고 보고 있다. 이처럼 로저스는 인간행동에 대한 현상학적 관점을 강하게 주장함과 아울러 전체론적인 관점을 고수하고 있다.

(2) 자아

① 자아의 의미 : 자신에 대해 가진 조직적이고 지속적인 인식을 말한다. 이것은 로저스의 인본주의 이론에서 가장 중요한 구성개념이다.

② 자아개념은 현재 자신이 어떤 존재인가에 대한 개인의 개념으로, 자기 자신에 대한 자아상(self image)이다.

③ 로저스는 자기개념이 현재 자신의 모습에 대한 인식인 현실 자아(real self)와 앞으로 자신이 어떤 존재가 되어야 하며 어떤 존재가 되기를 원하고 있는지에 대한 인식인 이상적 자아(ideal self)로 구성되어 있다고 본다.

④ 로저스는 현재 경험이 이러한 자아구조와 불일치할 때 개인은 불안을 경험한다고 보았다. ⓔ 다른 사람으로부터 존경받고 성공한 인물로 간주되는 사람 중에서 자기 자신을 보잘것없는 실패자라고 지각하는 경우가 많다.

⑤ 로저스는 자아구조와 주관적 경험 사이의 일치가 매우 중요하며 양자가 일치될 경우 적응적이고 건강한 성격을 갖게 되지만, 이들 간의 불일치가 심할 경우에는 부적응적이고 병적인 성격을 갖게 된다고 보았다.

⑥ 자아는 우리에게 우리가 아는 범위 내에서 삶에 대해 나름대로 특정한 방식으로 반응하는 것을 허용한다. 자아의 발달은 자신이 세상에서 경험하는 것을 어떻게 지각하는가를 바탕으로 변화하는 역동적인 과정이라고 볼 수 있다.

⑦ 로저스는 이러한 자기가 사용하는 기본적 방어기제로서 왜곡과 부인을 제시하고 있다.

    ㉠ 경험의 왜곡은 받아들이기 어려운 경험을 자신의 현재 자기상과 일치하는 형태로 변형하여 받아들이는 것을 의미

        예 진급하는 사람을 보고 사장이 진급하게 해 주었다고 왜곡시킴으로써 자신의 현재 자아상을 유지하는 경우

    ㉡ 부인은 위험한 경험이 의식화되는 것을 회피함으로써 자기 구조를 유지하는 것

        예 부당한 대우를 받은 여사원이 화를 내지 못하는 것은 화를 내면 사랑받지 못한다는 부모님의 믿음이 내재되었기 때문

        ※ 부인은 자아개념과 불일치하는 경험이 존재한다는 사실을 완전히 무시해 버린다. 경험과 자기의 인식 사이에 부조화를 감소시키려는 방어를 발동하게 하여 걱정이 줄어드는 것이다.

(3) 자아실현 경향(self actualization)

① 로저스는 인간에게는 많은 욕구와 동기가 있지만, 그것들은 단지 하나의 기본적 욕구의 일부분에 지나지 않는다고 하였다.

② 로저스는 모든 인간은 성장과 자기증진을 위해 끊임없이 노력하며, 그 노력하는 와중에 직면하는 고통이나 성장방해요인을 극복할 수 있는 성장 지향적 유기체라고 보고 있다. 특히 이러한 자기실현 동기는 성장과 퇴행 중 어느 하나를 선택해야 하는 상황에 처하게 되면 더욱 강하게 작용한다.

③ 현실지각이 왜곡되었거나 자아분화의 수준이 낮은 개인의 경우에는 퇴행적 동기가 더 강하게 작용하여 유아적 수준의 행동을 나타내는 경우도 있다. 그러나 로저스는 모든 인간이 퇴행적 동기를 지니고 있지만 그보다는 성장 지향적 동기, 즉 자기실현 욕구가 기본적인 행동 동기라고 보았다.

④ 자기실현의 과정은 자신을 창조하는 과정이기 때문에, 이러한 과정을 통하여 모든 인간은 삶의 의미를 찾고 주관적인 자유를 실천해 감으로써 점진적으로 완성되어 간다고 보았다.

(4) 성격발달에 대한 관점

① 인본주의 이론가들과 마찬가지로 로저스는 주로 개인의 현상학적 자기에 초점을 두고 인간의 성격발달을 논의하고 있다. 그러나 성격발달 그 자체에 특별한 주의를 기울이지 않는 관계로 자아개념을 획득해 나가는 주요 단계에 대해서는 구체적인 시기를 언급하지 않았다. 그 대신 로저스는 유아기나 아동기 초기에 타인이 한 개인을 평가하는 방법이 자아개념의 긍정적 또는 부정적 발달을 촉진시킨다는 점을 강조하고 있다.

② 신생아는 신체적 감각이든지 외적 자극에 의한 것이든지 간에 모든 경험을 하나로 지각한다. 즉, 유아는 다른 대상과 분리된 존재인 'I'로서의 자신을 지각하지 못하며, 'me'와 'not me'를 구분하지 못한다. 이와 같이 인생의 초기 단계에서는 자아라는 것이 존재하지 않으며, 단지 포괄적이고 분화되지 않은 현상학적 장만이 존재한다.

③ 그러나 모든 인간은 자아실현 과정의 일부분인 분화를 지향하려는 경향이 있으므로 어린아이는 점차 자기 자신을 제외한 나머지 세계와 자신을 구분하기 시작한다. 로저스는 개인의 자아개념이 현상학적 장을 구분하는 과정에서 출현한다고 보았다. 즉, 어떤 것은 자신의 것으로 인식되고 또 다른 어떤 것은 자신이 아닌 것으로 인식하는 과정에서 자아가 발달한다고 보았다.

④ 로저스는 자아가 처음 형성될 때 유기체적 평가 과정에 의해 지배된다고 보았다. 다시 말해 유아나 아동은 내적 평가 중심을 지니고 있기 때문에 부모의 도움 없이도 새로운 경험이 자신의 선천적인 자아실현 경향을 촉진시키는지 방해하는지를 평가하고, 이에 따라 반응한다는 것이다.

⑤ 아동이 발달함에 따라 자신과 외계를 구분할 수 있게 되고, 자신에 대한 외부 세계의 평가를 받아들이게 되어 유기체적 가치 부여 과정의 점진적인 변형이 이루어진다. 부모, 교사 그리고 마지막으로 권위적 인물이 자신을 어떻게 생각하는가에 따라 스스로 평가하는 방법을 배우게 된다. 이처럼 아동의 자아발달은 환경과의 상호작용을 통해 형성되며, 점차 분화되고 복잡해진다.

⑥ 이러한 자아개념의 발달에 결정적인 역할을 하는 것이 바로 긍정적 관심에 대한 욕구이다. 자아에 대한 의식이 생기면 모든 사람은 타인으로부터 온화함, 존경, 숭배, 수용 그리고 사랑받고 싶어 하는 기본적 욕구가 생기는데, 특히 어머니로부터 사랑받고 보호받고 싶어 하는 욕구가 강하다.

⑦ 이와 같이 긍정적 관심을 받고자 하는 욕구의 충족은 타인에 의해서 가능해지기 때문에 아동은 성장하면서 점점 더 다른 사람으로부터 긍정적 관심을 받으려 하며, 자신의 유기체적 평가 과정을 희생해서라도 이러한 관심을 받고 싶어 한다. 이와 같이 아동은 긍정적 관심에 대한 강한 욕구를 가지며 점차적으로 주요 타인의 자기에 대한 기대와 태도에 영향을 받고 민감해진다.

⑧ 대부분의 성인은 아동들에게 조건적인 긍정적 관심을 보이는데, 그 예는 '네가 내가 바라는 사람이 되면, 나는 너를 사랑하고 인정할 것이다'라는 표현을 들 수 있다. 이러한 조건적인 긍정적 관심을 조건적 가치부여라고 한다. 이것은 아동이 타인의 기대에 따라 행동함으로써 칭찬받고 주의를 끌며, 인정이나 또 다른 형태의 보상을 받는 상황을 의미한다.

⑨ 이와 같은 조건적 가치부여는 아동의 자아발달에 지대한 영향을 미친다. 현재의 자기 모습이나 앞으로의 자기가 되고자 하는 것을 성취하기 위하여 노력하기보다는 타인이 설정한 기준에 맞추려고 노력하기 때문이다. 즉, 아동은 타인이 설정한 기준에 맞도록 행동하고 생각하고 느낌으로서 타인으로부터 긍정적 관심을 받으려고 한다.

⑩ 따라서 타인의 조건적인 긍정적 관심이 아동에게 내면화되어 행동의 기준과 규범이 된다. 만약 아동이 조건적인 긍정적 관심을 얻기 위하여 다른 측면들을 무시한다면 자신의 잠재력과 접촉이 단절되며, 자기 소외를 경험하게 되고 건전한 성장과 발달은 방해를 받게 된다.

⑪ 어떤 사람도 조건적 가치부여, 즉 조건적인 긍정적 관심을 피할 수는 없지만 로저스는 무조건적인 긍정적 관심을 주고받는 것이 가능하다고 하였다. 이것은 어떤 개인에게 '만약, 그리고, 그러나'라는 조건 없이 있는 그대로 수용하고 존경하는 것을 의미하는 것으로, 어머니가 아동의 행동이나 사고, 감정이 어떻든지 간에 자신의 자식이기 때문에 사랑을 베푸는 것에서 잘 엿볼 수 있다. 이러한 무조건적인 긍정적 관심의 표현은 한 개인을 있는 그대로 수용하고 존중하는 것을 의미하는 것이다. 로저스는 이러한 무조건적인 긍정적 관심을 주고받는 것이 개인으로 하여금 완전히 기능하는 사람으로 진보하게 만들어, 자아구조가 더욱 심화되어 간다고 보았다.

3. 치료과정

(1) 치료목표

① 인본주의적 접근방법의 치료목표는 개인의 보다 큰 독립성과 통합성을 달성하는 데 치료목표를 둔다.

② 로저스의 치료적 초점

    ㉠ 현재의 문제가 아닌 인간 그 자체에 초점을 줌

    ㉡ 단순히 문제를 해결하는 것이 아니라 내담자의 성장과정을 도와줌으로써 그가 현재 대처하고 있는, 그리고 미래에 대처하게 될 문제들에 대해 보다 잘 대처할 수 있도록 돕는 것

    ㉢ 내담자가 자신의 내적 준거 틀을 정확히 이해하게 함으로써, 내담자의 내부 및 환경 내에서 긍정적인 행동 변화가 이루어질 수 있도록 함

    ㉣ 치료자는 내담자가 자신의 경험세계를 탐색하고 존중할 수 있도록 자극하는 촉진적 조건을 제공하여야 함

    ㉤ 이러한 촉진적 치료관계를 통하여 내담자는 자아 가치부여 과정을 새롭게 하고 강화할 수 있게 됨

    ㉥ 내담자는 긍정적 자기존중을 하는 방향으로 변화할 수 있으며, 개인은 평가의 내적 중심을 회복하고, 융통성이 있고, 높은 수준의 분화를 유지하고, 다양한 과거 경험과 현재 경험을 고려할 수 있는 사람이 되어 감

(2) 상담자의 기능과 역할

① 상담자의 기능 : 진실한 보살핌 · 존중 · 수용 · 이해의 태도를 통하여 그들의 방어와 경직된 지각을 느슨하게 할 수 있고 개인적 기능을 높일 수 있다.

② 상담의 역할

    ㉠ 내담자와의 관계에서 진실해지려고 노력해야 함

    ㉡ 내담사를 선입견적인 신단적 범수에서 지각하는 대신, 순간순간의 경험에 기초하여 그들을 만나고 그들의 주관세계에 들어감으로써 그들을 도와야 함

(3) 상담에서의 내담자의 경험

① 치료가 진행됨에 따라 내담자들은 자신의 감정을 더 잘 탐색할 수 있게 되고 자신과 관련된 갈등과 혼란된 감정을 더 잘 수용하고 통합하게 된다.

② 내담자가 이해받고 수용되고 있음을 느낄 때 자신의 경험에 더 개방적이게 된다.

③ 치료에서의 경험은 내담자가 자신이 믿는 방향으로 변화하도록 하는 기회를 제공한다.

(4) 상담자와 내담자의 관계

로저스는 감정이입적 이해, 무조건적 긍정석 관심, 그리고 일치성을 치료적 성격변화를 위한 필요충분 조건이라고 하였다. 그리고 이러한 조건들이 갖추어질 경우 내담자의 자연적 성장이 이루어질 것이라고 하였다. 이에 대해 구체적으로 기술하면 다음과 같다.

① 일치 진솔성

  ㉠ 로저스가 촉진적 치료관계에서의 세 가지 요소 중 가장 중시한 조건

  ㉡ 일치성 : 치료자가 진실하다는 의미로 치료기간에 치료자는 거짓된 태도를 보여서는 안 되며, 자신의 내적 경험과 외적 표현이 일치되어야 하고, 내담자와의 관계에서 일어나는 감정을 솔직하게 표현하여야 함

  ㉢ 진실한 치료자는 자발적이며, 긍정적이건 부정적이건 자신의 행동이나 감정에 솔직해야 함
    • 부정적 감정을 표현함으로써 치료자는 내담자와 정직한 대화를 할 수 있음
    • 그러나 이것은 치료자가 모든 감정을 충동적으로 표현하거나 내담자와 모든 감정을 공유하여야 한다는 의미가 아니며, 적정 수준의 자기표현이 이루어져야 한다는 것을 의미함

  ㉣ 인간 중심적 치료에서는 비조작적이고 진실한 인간관계의 가치를 중시함
    • 치료자가 자신이 내담자에 대해 느낀 것과 다른 방향으로 행동하게 되면 치료에 방해가 된다고 봄
    • 치료자가 내담자를 싫어하거나 인정하지 않으면서도 수용하는 것처럼 가장하여 행동하는 것은 바람직하지 않음

| + 이해더하기 |

로저스의 일치성의 개념은 연속선상의 개념이므로 완전한 자아실현을 성취한 치료자만이 효율적인 치료를 할 수 있다는 의미는 아니다. 치료자도 인간인 이상 완전히 진실한 인간일 수는 없으며, 단지 치료자와 내담자 사이의 관계가 일치성에 근거하였을 때 좋은 치료결과를 얻을 수 있다고 가정하는 것이다. 그러나 치료자가 일치성을 유지하기 위해서는 자기인식, 자기수용, 자기 진실성의 수준이 높아야 하는 것만큼은 분명하다.

② 무조건적 긍정적 관심과 수용

  ㉠ 무조건적 긍정적 관심(unconditional positive regard) 또는 비소유적 온화함(nonpossessive warmth) : 내담자에게 결론을 강요하려는 시도를 하지 않고, 내담자에게 완전한 감정표현의 기회를 제공하는 것

  ㉡ 내담자를 하나의 인격체로서 온화하고 진실하게 보호(caring)해야 함

  ㉢ 보호(caring)는 내담자의 감정이나 생각, 행동의 좋고 나쁨에 대한 판단에 의해 영향을 받지 않는다는 점에서 무조건적인 방법

  ㉣ 내담자를 수용함에 있어서 특별한 규정을 하지 않고 무조건적으로 존중하며 있는 그대로의 모습을 따뜻하게 수용하여야 함

  ㉤ 이러한 수용적 분위기가 형성되었을 때 내담자는 자신의 감정이나 경험 등을 자유롭게 표현할 수 있고, 치료자와 공유할 수 있게 됨

  ㉥ 치료자의 보호는 비소유적이어야 함

  ㉦ 만약 보호하는 치료자가 자신이 인정받고 사랑받으려 한다면 내담자의 건설적인 변화를 기대하기 어려움

로저스에 의하면 비소유적 온화함으로 내담자를 돌보고, 칭찬하고, 수용하며 가치를 인정해줄수록 치료가 성공할 가능성이 높다고 한다. 그러나 치료자가 언제나 수용과 무조건적 관심을 보여줄 수는 없으며, 치료자의 무조건적 관심과 수용은 단지 연속선상의 정도의 문제를 의미하는 것이다. 그런데도 내담자에 대한 존중과 수용을 강조하는 이유는 치료자가 내담자를 존중하지 않거나 싫어하거나 더 나아가 혐오할 경우 내담자는 방어적 태도를 보일 것이며, 이 경우 치료에 성공하기 힘들기 때문이다.

③ 정확한 공감적 이해
  ㉠ 의미 : 치료 순간순간의 상호작용에서 나타나는 내담자의 경험과 감정들을 민감하고 정확하게 이해하는 것
  ㉡ 치료자는 내담자의 주관적인 경험, 특히 지금 여기의 경험을 감지하려고 노력함
  ㉢ 공감적 이해 : 치료자가 내담자의 감정에 빠져들지 않으면서 감정을 자신의 감정인 것처럼 느끼는 것
④ 촉진적 치료관계의 결과 : 로저스는 치료자가 변화를 위한 필요충분조건을 제공하게 되면, 관계에 속해 있는 나머지 사람 즉, 내담자는 다음과 같이 변화될 것이라고 하였다.
  ㉠ 이전에 억압했던 측면들을 경험하고 이해하게 됨
  ㉡ 더욱 통합되고, 효과적으로 가능함
  ㉢ 자신이 되고 싶었던 인물에 더욱 가까워짐
  ㉣ 자기 지향적이고 자기 확신을 갖게 됨
  ㉤ 더욱 인간적이고, 독특하고, 자기 표현적인 사람이 됨
  ㉥ 타인을 더 잘 이해하고, 수용하게 됨
  ㉦ 생활상의 문제에 보다 적절하고 편안하게 대처할 수 있음

4. 치료기법과 절차

(1) 치료기법

① 인본주의 접근방법에서는 기법의 사용을 최대한 억제하며, 치료자의 인간성, 신념, 태도, 그리고 치료적 관계가 치료의 성패를 좌우하는 것으로 보고 있다.
② 인본주의적 접근방법에서의 치료기법은 수용, 존경, 이해를 표현하고 전달하며 생각하고 느끼고 탐색함에 의해 내담자가 내적 준거틀을 발전시키도록 도와주는 것이다.
③ 만약 치료자가 전략의 하나로서 기법을 사용하면 관계를 비인간화시키게 된다.
④ 기법은 치료자의 솔직한 표현이어야 하며 이를 의식적으로 사용하여서는 안 된다.

(2) 절차

① 제1단계 : 경직된 경험의 상태에 있는 개인은 자신에 대해 이야기를 할 수 없다. 친밀하게 터놓고 대화하는 것은 위험한 것이다.

② 제2단계 : 내담자가 자신이 충분히 수용되고 있음을 경험하게 되면 가끔 감정들이 표현되기도 한다.

③ 제3단계 : 약간 느슨해지고 유동적으로 된 태도의 변화가 방해받지 않고 계속 자신이 있는 그대로 수용되고 있다고 느낄 수 있게 되면, 보다 많은 감정과 사적인 표현을 하게 된다.

④ 제4단계 : 내담자가 여전히 있는 그대로의 자신이 수용되고 이해되고 있다고 느낄 때, 보다 자유로운 감정의 흐름이 가능해진다.

⑤ 제5단계 : 비록 두려움이 있기는 하지만 이제는 전에 부인했던 감정들이 의식 속으로 흘러나온다(진실된 내가 되려는 바람).

⑥ 제6단계 : 즉각적으로 전에 부인했던 감정을 현재의 경험들로 수용하고, 자신의 문제를 주체적으로 대체해 갈 수 있게 된다.

⑦ 제7단계 : 상담자의 도움을 필요로 하지 않는다. 개인은 자유롭게 경험하면서 충분히 기능하는 인간으로 성장한다.

5. 결론

(1) 인간중심 접근의 공헌과 한계

① 공헌
- ㉠ 인간 내면의 주관적 경험을 다룰 수 있는 새로운 과학적 연구모델을 고안함으로써, 치료자 자신의 치료방식과 신념을 검토하도록 함
- ㉡ 치료자가 자신의 상담 스타일을 개발해 나갈 수 있도록 함
- ㉢ 자신의 개념을 검증 가능한 가설로 진술하고 연구할 수 있도록 하여, 심리치료의 영역에 대한 연구의 문을 엶
- ㉣ 다양한 문화를 지닌 사람들의 상호 이해를 발전시키는 데 적용됨으로써, 인간관계와 다중문화적 치료에 지대한 공헌을 함

> **| + 이해더하기 |**
>
> 로저스는 상담과 심리치료라는 저서의 제목을 통하여 '상담'과 '심리치료'를 연결하고, 당시까지만 해도 심리치료 영역에서만 다루어지던 내담자 문제를 상담자도 다룰 수 있다는 사실을 제시했다. 또한 상담 장면을 테이프에 담아 공개하고 상담 기술을 체계화하여 보편화시켰다.

② 한계와 비판
- ㉠ 정서적 및 감정적인 요소를 크게 강조하는 반면 지적 및 인지적 요인을 무시하는 경향을 띰
- ㉡ 심리검사 등의 객관적인 정보를 사용하여 내담자를 도와주는 면이 부족하다는 비판을 받음
- ㉢ 카운슬러의 기술 수준을 초월하는 사람됨의 문제이므로 카운슬러의 인격과 수양이 요구되나 이는 쉽지 않음

② 객관적 환경이 그대로라도 수용방법이 변하면 행동이 변한다고 보는 현상학에서는 환경의 작용을 경시할 위험이 있음

⑩ 가르친다는 것은 죄책감으로 생각하는 편견을 소유하게 되나, 카운슬링도 하나의 가치관(자기 본심으로 사는 것이 최선)을 가르침

ⓗ 로저스의 이론에서는 저항과 감정 전이 등이 무시됨

(2) 연구 및 이론에 대한 평가

① 공헌점

㉠ 정신분석에 대한 첫 주요 대안인 내담자 중심의 치료를 소개함

㉡ 과거의 상세한 재구성의 필요성을 무시함으로써 치료 절차들이 단순해지고 치료자의 훈련이 덜 요구됨

㉢ 대면집단, 자조집단 등의 발달로 더 많은 사람에게 개인적 성장 및 발전 가능성을 부여함

㉣ 로저스의 접근 방식은 개인 및 집단상담 및 심리치료의 분야뿐만이 아니라 교육, 사업, 결혼 및 가정생활, 국제관계 등의 분야에서 인간의 문제 해결 및 효율성의 증진을 위한 접근방법으로 확대·발전됨

② 한계와 비판

㉠ 지나치게 현상학에 근거하고 있어 인간에 의하여 지각되고 있는 경험의 장, 즉 현상적 장을 그 개인의 실재의 세계로 보고 그것을 의식적으로 표현하는 것을 전적으로 신뢰하려는 경향을 띰

㉡ 그러나 우리는 의식할 수 없는 요인들이 행동을 동기화한다는 것과 어떤 사람이 자신에 관해서 말하는 것은 방어나 여러 가지 종류의 속임수에 의해서 왜곡된다는 것을 알고 있음

㉢ 내담자의 내면세계, 즉 감정의 표현을 강조함으로써 정서적 및 감정적인 요인을 강조하고 있지만 지적 및 인지적 요인을 무시하는 경향을 띰

㉣ 대인관계에 있어서 전적으로 가치를 배제한다는 것이 과연 가능할 것인가에 대해 의문이 제기됨

㉤ 로저스의 개념 중 어떤 것은 상당히 범위가 넓고 모호함

　　예 '유기체적 경험', '자아개념', '완전한 기능' : 상당히 많은 것을 포함하는 개념이기 때문에 위험스럽게도 의미가 없는 용어가 될 수 있음

㉥ 내담자의 내면세계, 즉 감정의 표현을 강조함으로써 정서적 및 감정적인 요인을 강조하고 있지만 지적 및 인지적 요인을 무시하는 경향이 있음

TOPIC. 3 ▶ 행동주의 상담

1. 의의 및 특징

(1) 행동주의 상담

① 행동주의상담은 비정상적·부적응적인 행동이 학습에 의해 획득·유지된다고 보며, 이를 수정하기 위해 학습의 원리를 적용하는 상담방법이다.

② 기본적으로 내담자의 행동을 변화시키려는 목적에 의해 고안된 것으로서, 내담자로 하여금 문제행동을 소거하는 동시에 바람직한 행동을 학습하도록 돕는 과정이다.

(2) 특징

① 내담자의 문제행동원인을 파악하기 위해 과거를 탐색하기보다는 문제행동을 지속 또는 강화하는 요인이 무엇인지 파악하는 데 초점을 둔다.

② 상담자는 내담자의 문제유형에 따라 각기 다른 기술을 적용하며, 상담과정에서 적극적이고 지시적인 역할을 수행한다.

③ 객관적으로 관찰할 수 있는 내담자의 행동을 대상으로 하므로 상담과정의 효과성 및 효율성을 과학적이고 객관적인 방법으로 평가한다.

④ 고전적 조건형성에 의한 행동주의 심리치료와 조작적 조건형성에 의한 행동수정은 물론 행동주의학습이론과 인지학습이론을 결합한 사회학습적 접근방법 등 다양한 영역을 포함한다.

2. 기본가정

① 인간행동의 대부분은 학습된 것이므로 수정이 가능하다.

② 특정한 환경의 변화는 개인의 행동을 적절하게 변화시키는 데 도움이 된다.

③ 강화나 모방 등의 사회학습원리는 상담기술의 발전을 위해 이용될 수 있다.

④ 상담의 효율성 및 효과성은 상담장면 밖에서 내담자의 구체적인 행동변화에 의해 평가된다.

⑤ 상담방법은 정적이거나 고정된 것 또는 사전에 결정된 것이 아니므로, 내담자의 특수한 문제를 해결하기 위해 독특한 방식으로 고안될 수 있다.

3. 행동주의 상담의 목표(George & Cristiani)

① 내담자의 부적응 행동을 변화시킨다.

② 내담자로 하여금 효율적인 의사결정과정을 학습하도록 한다.

③ 내담자에게 장차 일어날 부적응 행동을 예방한다.

④ 내담자가 호소하는 구체적인 행동상의 문제들을 해결한다.

⑤ 행동의 변화가 일상생활에 전이될 수 있도록 한다.

4. 일반적인 과정

(1) 제1단계 : 상담 관계 형성
① 상담자는 가치판단 없이 내담자에게 관심을 가지며, 내담자의 말을 수용하고 이해해야 한다.
② 상담자는 내담자와 충분한 관계형성이 이루어진 후에 상담기술을 적용하여야 한다.

(2) 제2단계 : 문제 행동 정의 · 규명
① 상담자는 내담자의 문제행동을 명확히 규명하여야 한다.
② 상담자는 내담자로 하여금 자신의 문제행동을 구체적인 행동으로써 나타내도록 돕는다.

(3) 제3단계 : 현재 상태 파악
① 상담자는 내담자의 문제를 파악하여 이를 구체적으로 분석해야 한다.
② 분석항목으로 내담자의 문제 행동 및 그러한 행동이 나타나는 장면에 대한 분석, 내담자의 발달과정 및 그에 따른 통제력에 대한 분석, 내담자의 사회적 관계 및 다양한 환경에 대한 분석 등이 있다.

(4) 제4단계 : 상담목표 설정
① 상담목표는 상담자 및 내담자의 구체적인 행동 표적이 된다.
② 상담기술이 내담자의 문제유형에 따라 달리 적용된다고 해도, 기본적으로 내담자의 문제 행동에 대한 변화를 주된 목표로 한다는 공통점이 있다.

(5) 제5단계 : 상담기술 적용
① 상담기술의 선택은 내담자의 현재상태와 함께 상담과정에서 수집한 정보에 기초한다.
② 바람직한 행동을 강화하거나 바람직하지 못한 행동을 소거하는 기술, 내담자 스스로 자신의 행동을 통제할 수 있도록 돕는 기술 등이 사용된다.

(6) 제6단계 : 상담결과평가
① 상담자는 상담과정 및 상담기술의 효과성과 효율성에 대해 평가한다.
② 평가결과에 따라 상담과정 중 적용되는 기술은 변경될 수 있다.

(7) 제7단계 : 상담 종결
① 상담자는 최종평가에 따라 상담을 종결할 것인지 추가적인 상담을 수행할 것인지 판단한다.
② 상담자는 내담자의 긍정적인 변화가 다른 부적응적인 행동으로 전이될 수 있도록 돕는다.

5. 기법

(1) 고전적 조건형성에 근거한 기법

① 볼페(Wolpe)는 상담에서 고전적 조건형성의 원리를 이용한 상호억제원리(상호제지원리)를 제시하였다.
② 볼페는 상담의 기본적인 목적을 내담자의 불안 제거에 두고, 우선 여러 가지 정보들을 종합하여 내담자가 불안을 느끼고 부적절한 방식으로 반응하는 조건이 위계를 결정하였다. 그리고 그 위계에 따라 점차적으로 불안 자극에 노출시키는 방식을 적용하였다.
③ 이와 같은 방식의 기법으로 체계적 둔감법, (근육)이완훈련, (자기)주장훈련이 있으며, 그 밖에 홍수법, 혐오치료 등도 고전적 조건형성의 원리를 이용한 기법으로 볼 수 있다.

(2) 조작적 조건형성에 근거한 기법

① 스키너(Skinner)는 상담에서 조작적 조건형성의 원리를 이용한 ABC 패러다임을 제시하였다.
② 스키너는 특히 자극과 반응 사이의 연결에 초점을 둔 강화의 원리에 기초하여 특정행동의 재현가능성을 높일 수 있음을 입증하였다.
③ 이와 같은 방식의 기법으로 강화, 행동조성(조형), 토큰경제(상표제도), 타임아웃(Time-Out) 등이 있다.

6. 공헌점 및 비판점

(1) 공헌점

① 행동주의 상담은 상담 성과에 대한 경험적인 연구와 객관적인 평가를 강조함으로써 상담을 과학적으로 발전시켰다.
② 구체적이고 관찰 가능한 행동에 초점을 두며, 목표와 절차를 명확히 세부적으로 기술하도록 요구하므로, 상담자로 하여금 상담기법을 체계적으로 적용하도록 해 주며, 상담 효과의 측정을 용이하게 해 준다.
③ 내담자의 불안이나 우울, 공포증과 같이 명확히 구분되는 문제 행동 및 외적 스트레스와 관련된 행동을 수정하고 치료하는 데 효과적이다.

(2) 비판점

① 시료를 통해 어떤 행동을 일시적으로 제거할 수 있어도 문제를 근원적으로 해결할 수는 없다.
② 상담자와 내담자의 관계를 경시하고 상담 기술을 지나치게 강조한다.
③ 구체적 문제행동의 수정에는 효과적이지만, 고차원적 기능과 창조성, 자율성 등 자아실현 측면에서 부적합하다.
④ 행동의 변화는 가져오지만, 느낌의 변화는 가져오지 못한다.
⑤ 상담 과정에서 감정과 정서의 역할을 강조하지 않는다.
⑥ 내담자의 문제에 대한 통찰이나 심오한 이해가 불가능하다.
⑦ 내담자의 현재 문제의 역사적 원인을 경시한다.

⑧ 상담의 기본 원리로서 학습의 원리는 본래 동물을 대상으로 하여 나온 것이므로, 이를 인간에게 그대로 적용하는 데 있어서 부적절한 면이 있다.

TOPIC. 4 ▶ 인지적 상담

1. 기본 개념
(1) 인지적 접근
① 인간의 사고가 정서 및 행동을 중개하거나 선도한다는 전제하에 심리적 장애의 근원을 인지 과정에서 밝히려는 접근법이다.
② 인지적 상담 및 인지적 심리치료(이하 인지치료)의 정의는 인간(내담자, 환자)의 사고과정을 수정·변화시킴으로써 정서적·행동적 장애를 없애는 접근방법이라고 할 수 있다.
③ 인지적 상담의 방법들은 '정서장애가 주로 비적응적인 사고과정의 결과이며, 치료의 주요 과제는 이 잘못된 사고과정(또는 인지과정)을 재구성하는 것'이라는 가정을 토대로 하고 있다.

2. 주요 기법과 절차
(1) 엘리스(A. Ellis)의 합리적 정서행동치료
① 이론적 근거
ㄱ 정서장애를 유발하는 것은 생활사건 그 자체가 아니라 사건에 대한 왜곡된 지각 때문이라는 가정에서 출발함
ㄴ 왜곡된 지각 및 잘못된 생각의 뿌리에는 비합리적이고 자기패배적인 관념들이 깔려 있다고 봄
ㄷ 치료에서는 이 비합리적 관념과 생각을 합리적이고 생산적인 것으로 대치하는 작업이 진행됨
ㄹ 엘리스에 따르면, 인간은 스트레스에 대처하기 위하여 스스로 다짐하는 자기말(self‒statement, self‒talk)을 배우게 되며, 만일 이 자기말이 비합리적이고 패배적이면 당면한 문제를 해결하기보다는 더 복잡하고 어렵게 만들게 되는 것
② 합리적 정서행동치료(REBT ; Rational Emotive Behavior Therapy)의 주요 절차 : 비합리적 관념을 먼저 규명한 후 이를 보다 합리적인 생각으로 바꾸는 주된 과정
ㄱ 치료법의 절차
• 합리적 정서행동치료(REBT)의 기본철학 및 논리를 내담자가 믿도록 하는 설명과 설득
• 면접 과정에서 내담자의 자기관찰 및 치료자의 반응(feedback)을 통해서 비합리적 관념을 발견·규명
• 치료자는 내담자의 비합리적 관념을 직접적으로 공박하고 문제 장면에 대한 합리적 해석을 예시 또는 시범
• 비합리적 관념을 합리적인 자기 말로 대치시키기 위한 인지적 연습의 반복
• 합리적 반응을 개발·촉진하기 위한 행동과제의 연습

ⓛ 특징
- 'ABCDEF 모형'으로도 설명됨
  ※ 발생한 사건(Activation events)에 대한 신념(Beliefs)이 결과적 감정과 행동(Consequences)을 유발하는데, 이것이 문제가 되는 경우는 신념이 비합리적이기 때문이다. 이러한 비합리적 신념은 논박(Disputing)을 통해 효과적인 것(Effect)으로 변화되고 그 결과 새로운 감정과 행동(Feelings)이 나타난다. 이 모형에서의 핵심은 내담자를 전체적으로 곤란하게 하는 것(C)은 선행사건(A)이 아니고 말로 표현되는 내담자의 관념(B)이라는 것이다.
- 내담자 개인을 논박하는 것이 아닌, 내담자의 비합리적 관념이 직접적인 공격대상임을 강조
- 비합리적 관념을 합리적 관념으로 바꾸는 과정에서 여러 가지 행동기법이 활용됨
  - 지적, 설득, 논박
  - 비현실적 생각에 대한 과잉강조
  - 극적 부정 등의 정서유발기법과 문제 장면에서의 역할연습
  - 집에 가지고 가서 분석하도록 하는 과제물 및 면접 중의 행동 변화에 대한 강화

(2) 벡크(A. Beck)의 인지치료

좁은 의미에서 '인지치료'라고 하면 벡크에 의해 개발되고 발전된 치료체계를 가리키는 경향이 있다. 벡크의 이론을 바탕으로 하여 많은 경험적 연구가 이루어졌으며, 지금은 대표적인 심리치료 이론의 하나로 인정받고 있다. 벡크의 접근법은 우울증, 불안, 성격장애 등 많은 심리적 문제에 적용되고 있다.

① 이론적 근거
ㄱ 인간이 자기의 심리장애를 이해·해결할 수 있는 자각능력과 의식기능을 보유하고 있다는 전제에서 출발함
ㄴ 벡크는 우울증 환자들이 자신과 자신의 미래 그리고 자신의 환경에 대해서 비현실적이고 비관적인 생각을 많이 가지고 있음을 발견함(인지삼제)
ㄷ 이런 생각들은 생활 속의 사소한 자극에 의해 매우 자동적으로 생성되는 경향이 있으며 이는 부정적인 자동적 사고라고도 불림
ㄹ 부정적인 자동적 사고는 생활 사건의 의미를 해석하는 과정에서 체계적인 인지적 오류를 범하기 때문에 생겨남(이분법적 사고, 과잉일반화 등)
ㅁ 벡크는 우울한 사람들이 이와 같은 인지적 오류를 범하는 기저에는 그들이 역기능적인 가정 혹은 도식을 가지고 있다고 보며, 이런 역기능적인 가정은 어린 시절의 경험에 의해 형성된다고 주장함
ㅂ 치료자는 환자의 생각 중 왜곡된 부분을 발견하여 바로잡도록 돕고 생활 경험을 보다 현실적으로 소화하는 대안적 안목 및 태도를 학습하도록 도움
ㅅ 벡크는 자신의 치료법이 비교적 단기간에 좋은 결과를 나타내고, 내담자와의 관계를 중시하며, 내담자 스스로 답을 찾아가게 하는 소크라테스식 질문을 사용하고, 문제 중심적이며, 교육적·지시적이고, 숙제를 중요시한다고 함
② 주요 절차 : 환자의 생각 중 잘못된 관념을 지적하고 교정함으로써 보다 자기충족적인 생활로 바꾸어 나가도록 함
ㄱ 내담자가 자기의 생각이 무엇인지를 자각하게 함
ㄴ 내담자가 자각한 생각 중에서 부정확하고 왜곡된 관념이 무엇인지 규명함

ⓒ 부정확한(현실적 근거가 없는) 관념을 대치할 수 있는 정확하고 객관적인 인지내용이 무엇인지 발견, 학습하도록 함

ⓔ 치료자는 내담자의 인지적 · 행동적 변화에 대해 귀환 반응과 강화를 함

③ 특징 : 치료 절차에서 활용되는 기법들은 대체로 '추측되는 것과 사실로 확인될 수 있는 것'의 구별을 포함한 객관적 판단 등을 강조하는 인지적 특성과, 구체적 행동계획 및 단계적 활동과제를 연습하도록 하는 행동적 특성을 함께 가지고 있다. 그중 몇 가지 기법을 소개하면 다음과 같다.

ⓐ 일일활동표

ⓑ 단계적 과제물

ⓒ 완수 – 만족사항 표기법

ⓓ 인지적 재평가

ⓔ 대치요법

ⓕ 인지연습

ⓖ 가정숙제

④ 인지적 오류의 유형

ⓐ 이분법적 사고(흑백논리) : 생활사건의 의미를 이분법적인 범주 중의 하나로 해석하는 오류

ⓑ 과잉일반화 : 한두 번의 사건에 근거하여 일반적인 결론을 내리고 무관한 상황에도 그 결론을 적용시키는 오류

ⓒ 정신적 여과 : 어떤 상황에서 일어난 여러 가지 일 중에서 일부만을 뽑아내어 상황 전체를 판단하는 오류

ⓓ 의미확대와 의미축소 : 어떤 사건의 의미나 중요성을 실제보다 지나치게 확대하거나 축소하는 오류 ⑩ 우울한 사람들은 부정적인 일의 의미는 크게 확대하고 긍정적인 일의 의미는 축소하는 잘못을 범하는 경향이 있음

ⓔ 개인화 : 자신과 무관한 사건을 자신과 관련된 것으로 잘못 해석하는 오류

ⓕ 잘못된 명명 : 사람의 특성이나 행위를 기술할 때 과장되거나 부적절한 명칭을 사용하여 기술하는 오류

ⓖ 독심술 : 충분한 근거 없이 다른 사람의 마음을 마음대로 추측하고 단정하는 오류(이런 오류를 범하는 사람들은 자신이 타인의 마음을 정확히 꿰뚫어 볼 수 있는 능력을 지녔다고 믿는 경우가 많음. 그러나 많은 경우, 상대방의 마음을 확인할 방법이 없어 자신의 판단이 옳다는 생각하에 상대방에게 행동하기 때문에 상대방의 행동을 통해 자신의 판단이 옳았다고 확신하게 됨)

ⓗ 예언자적 오류 : 충분한 근거 없이 미래에 일어날 일을 단정하고 확신하는 오류

ⓐ 감정적 추리 : 충분한 근거가 없이 막연히 느껴지는 감정에 근거하여 결론을 내리는 오류

(3) 자기교습훈련(SIT ; Self-Instructional Training)

① 마이켄바움(Meichen-baum, 1975~1977)에 의해 개발된 인지 재구성적인 자기훈련이다.

② 마이켄바움은 환자의 '자기말'(스스로의 다짐, 마음 속의 독백 등)을 바꾸도록 하는 치료자의 능력이 모든 치료방법에서 가장 중요한 요인이라고 주장하였다.

③ 이론적 근거

   ㉠ 비합리적 자기언어가 정서적 장애의 근원이라는 점은 엘리스(1970)의 가정과 맥을 같이함

   ㉡ 내면적 언어(internal speech)의 발달은 먼저 타인의 가르침으로 조정되고 차차 자기교습을 통해 행동통제가 가능하게 되며, 이러한 자기언어는 내면적 자기교습으로 내면화함, 아동의 언어발달 단계와 아동 행동에 대한 언어적 · 상징적 통제원리에 관한 루리아(Luria, 1961)의 이론과 맥을 같이함

④ 특징

   ㉠ 인지재구성법에서처럼 환자의 사고방식이 치료의 초점이기는 하나, 행동치료의 실제적인 행동연습 절차가 첨가되는 것

   ㉡ 환자의 자기언어를 단순히 토론하는 데 그치지 않고, 치료자가 보다 적절한 자기언어의 본보기를 제시하며, 이를 환자의 역할연습을 통해 연습하고, 환자가 익혀 가는 자기언어를 굳히기 위한 강화기법을 활용하는 것

⑤ 주요 절차 : 자기교습훈련의 접근 절차를 단계별로 요약하면 다음과 같다.

   ㉠ 환자의 부적응적 자기말(self-statement)을 자각 · 규명하도록 훈련함

   ㉡ 치료자가 보다 효과적인 언어 및 행동방략을 말하면서 시범을 보임

   ㉢ 환자가 보다 적절한 자기언어를 크게 말하면서 목표행동을 해 보이고, 그 다음에는 마음 속으로 외우면서 시연함

   ㉣ 치료자의 귀환반응 및 강화 등으로 환자는 문제해결적 자기언어를 구축하고, 애초의 불안유발 인지와 부적응행동을 변화시켜 감

(4) 켈리(Kelly)의 개인구념이론

① 이론적 근거

   ㉠ 엘리스의 이론이 인간 사고의 합리성 및 비합리성과 사고의 내용에 관심을 두었다면, 켈리의 이론은 사고의 일반적 원리와 특성을 규명하면서 전체 사고 과정을 파악하려고 함

   ㉡ 켈리에 의하면 문제행동이나 심리적 장애란 그 개인이 지니고 있는 구념이 현실 세계에서 효과적으로 적용될 수 없음에도 불구하고 계속 그 구념을 사용하는 데서 일어남

   ㉢ 따라서 상담이란 현재 그 사람이 지닌 구념체계를 더 효율적이고 합리적이며 현실적인 구념체계로 발전시키는 것

   ㉣ 구념

      • 구체성과 추상성, 즉 지각과 개념 양자의 의미를 포함한 용어

      • 개인이 자신의 경험세계를 이해하고 해석하는 사고의 범주로, 구체적이고 사적인 특성으로 인해 지각과 유사

- 한편으로는 제한된 수준이기는 하지만 추상화를 포함한다는 의미에서 고전적 의미의 개념과도 뜻이 통함
- 구념은 미래를 예측하기 위한 예언적 도구라는 점에서 개념과는 조금 차이를 지님
  - **예** 학생이 교사에 대해 유능한 교사 대 무능한 교사라는 개념 구성체를 갖고 있는 경우, 새로 부임한 교사에 대하여 시간이 지난 후 무능 또는 유능하다는 판단을 함

② 핵심 개념 : 켈리는 개인구념의 특징을 1개의 기본 명제와 부차 명제인 11개의 추론으로 정리하고 있다.
  ㉠ 기본 명제 : 한 사람의 과정들은 그가 사상을 예기하는 방식에 의해서 심리적으로 노정지어진다.
  ㉡ 부차 명제
    - 경험의 구성
    - 경험의 조직
    - 선택의 흐름
    - 구념의 발전
    - 구념의 분화
    - 사회성과 사회적 과정
    - 경험의 개인차
    - 구념의 이분성
    - 구념의 범위
    - 구념의 변화 가능성
    - 구념의 공통성

(5) 마음챙김

① 의미 : 불교 수행 전통에서 기원한 심리학적 구성 개념으로 현재 순간을 있는 그대로, 수용적인 태도로 자각하는 것을 말한다.

② 이론적 근거
  ㉠ 대부분의 연구자는 마음챙김을 현재 순간과 자각, 수용의 3요소로 설명함
  ㉡ 마음챙김의 치료적 효과에 대한 다양한 의견
    - 사피로(Shapiro) : 마음챙김의 요소에 의도를 추가하여 주의와 의도, 태도가 서로 영향을 주고받으며 마음챙김을 구성한다고 봄
    - 리네한(Linehan) : 마음챙김이 사고와 정서를 회피하지 않고 지속적으로 관찰하게 함으로써 공포 반응과 회피 행동을 감소시키는 노출효과를 지닌다고 보며, 이를 통해 고통에 대한 인내력과 정서에 대처할 능력을 증진시킬 수 있다는 것을 강조함

③ 주요 절차
  ㉠ 주의집중 : 현재 경험하는 것에 주의를 온전히 유지하고 집중
  ㉡ 자각 : 경험에 대한 즉각적이고 명료한 알아차림
  ㉢ 기술 : 관찰한 속성에 대하여 말로 명명하는 것(말로 명명하기는 마음의 상태를 보다 명료하게 알아차리는 데 도움이 되기 때문에 초보자들에게 권고되기는 하지만 마음챙김의 본질적인 특성을 나타내는 요인은 아님)
  ㉣ 비판단적 수용 : 자신의 경험을 판단하지 않고 있는 그대로 받아들이는 태도
  ㉤ 비자동성(탈중심적 주의) : 내적 경험에 압도되어 자동으로 반응하지 않고 관찰자의 위치에서 현상을 바라보는 태도

(6) 수용전념치료

① 의미 : 수용전념치료란 수용(Acceptance)과 전념(Commitment)을 강조하는 심리치료의 한 방식이다.

② 이론적 근거

    ㉠ 기존의 상담이 어떤 문제가 있을 때 문제해결에 초점을 맞추었다면, 수용전념치료는 나를 힘들게 한 문제를 그 자체로 수용하고 인정하며, 그대로 두고, 다른 더 가치 있는 것을 찾아 그 일에 전념하는 것에 초점을 둠

    ㉡ 원래 문제가 되었던 이전 문제는 없어지지 않았으나 더욱 가치 있는 일에 전념함으로써 새로운 기쁨을 찾게 한다는 것

    ㉢ 단점에 매여 심리적 에너지를 쏟는 것을 새로운 가치 있는 일로 돌림으로써 이겨낸다는 것

③ 핵심 개념

    ㉠ 욕구는 100% 충족될 수 없기에 고통은 필연적이며 자연스러운 것으로, 진짜 문제는 고통이 아니라 괴로움임

    ㉡ 괴로움은 고통과의 투쟁에서 생기며, 이 투쟁은 고통에서 벗어나려는 노력으로 일시적일 수밖에 없음

    ㉢ 이를 경험회피라 하며 그 경험은 있는 그대로의 직접적인 경험이 아닌 언어를 매개로 하는 경험인 것

    ㉣ 고통이 괴로움으로 가지 않는 유일한 해법은 수용으로, 그 수용은 어쩔 수 없는 것이 아니라 적극적으로 기꺼이 이루어져야 함

    ㉤ 기꺼운 수용을 통해 자신의 에너지와 활력을 자신이 원하는 것, 즉 가치에 전념할 수 있음

(7) 변증법적 행동치료

① 변증법

    ㉠ 특정한 문제에 대한 주장(정)이 있고, 이에 반하는 주장(반)이 공존할 때, 최종적으로 이 정과 반 양극단의 주장의 중간지점에서 타협점을 찾으면 통합화하는 과정(합)

    ㉡ 중용의 개념과 유사함

    ㉢ 변증법적 행동치료 : 잘못된 타협형성으로 인한 긴장감을 잘 다루고 균형을 찾을 수 있게 도와주는 것

② 이론적 근거

    ㉠ 변증법적 행동치료는 마샤 리네한이 경계선 성격장애의 치료를 위해 개발한 것으로 마음챙김이 주요한 구성요소를 이룸

    ㉡ 리네한에 따르면 경계선 성격장애 환자는 감정조절에 어려움을 겪는 정서적 취약성을 지니며, 이러한 정서적 취약성은 정서 자극에 매우 예민하고, 강렬하게 반응하며 평상시의 정서 상태로 돌아오는 데 시간이 걸림

    ㉢ 삶은 여러 경쟁적이고 반대되는 요구 사이의 일련의 타협 : 변증법으로 이루어져 있음

        • 쉽게 생각해볼 수 있는 예로는 무언가 새로운 것에 도전할 때

        • '내가 이 안정적인 삶을 이뤄 나갈 것인가', '안정감이 해쳐지더라도 새로운 것을 시도해 볼 것인가' 등 여러 가지 반대되는 욕구 사이에서 갈등하는 경우

② 변증법적 갈등은 한 개인이 지닌 이러한 경쟁적이고 모순적인 요구들 사이에서 생김

⑩ 정서적 강렬성을 가진 사람들은 변증법적 갈등을 더욱 심하게 겪는 경우가 있음 타협형성을 이룰 때 충동적인 경향을 띰

⑭ 잘못된 타협형성으로 인한 긴장감을 잘 다루고 균형을 찾을 수 있게 도와주는 것이 변증법적 행동치료의 접근방법

③ 변증법적 행동치료의 치료적 전략 : 환자의 경험에 대한 수용뿐만 아니라 새로운 심리학적 대처 전략을 제공하는 것 모두 포함되어 있다. 치료는 다음과 같은 4가지 기술을 배우는 것으로 구성된다.

㉠ 고통 감내 기술
- 고통스러운 상황의 영향을 완화시키는 새로운 방법을 알려줌
  - 예 고통스러운 상황에서 주의를 다른 곳으로 돌리는 방법, 그저 온전하게 상황을 받아들이는 방법, 신체를 이완하는 방법 등

㉡ 알아차림 명상
- 지금 이 순간에 머무르면서 충분한 경험을 하는 것을 도움
- 불교 명상이나 선수련에서 하는 여러 방법을 배운다고 생각하면 쉬움
- 과거의 고통스러운 기억이나 미래에 일어날 두려움에 휩싸이는 것을 막아줌
- 습관적으로 스스로의 행동에 대해서 부정적으로 판단하는 것을 막아줌으로써 환자가 고통에서 벗어나도록 도움

㉢ 감정조절 기술
- 자신의 감정을 보다 분명하게 알아차리도록 도우며 압도적인 감정에 휩쓸려가지 않고 그런 감정을 관찰하도록 도와 자신이나 타인에게 파괴적인 방식의 행동을 하지 않고 감정을 조절하도록 함
- 감정조절이 잘 안 되는 여러 가지 상황을 분석하고 이런 상황에서 할 수 있는 대처방법을 고민하여 일상생활에서 이용함

㉣ 효과적인 대인관계 기술
- 환자의 인간관계를 보호하고 자신과 다른 사람을 동시에 존중하는 새로운 기술을 배울 수 있게 도움
- 부정적인 결과를 만들어내는 스스로의 대인관계 패턴이 무엇인지 확인하고 자기주장을 하는 법, 거절하는 법, 갈등이 있을 때 타협하는 법 등을 배움

게슈탈트 상담

1. 펄스(Perls)의 게슈탈트 치료

(1) 기본철학

① 게슈탈트 : '형태'라는 의미로, 형태주의 이론이라고도 한다.

② 기본 전제 : '전체는 부분의 합보다 크다.' 즉 인간은 대상의 부분을 어떤 관계성을 지닌 통합된 전체로 인식한다는 것이다.

③ 게슈탈트의 형성 : 게슈탈트 치료에서 게슈탈트란 지각된 행동 동기를 개인이 처한 상황에서 실현 가능한 행동 동기로 떠올린 것이다.

④ 게슈탈트의 해소 : 게슈탈트를 형성함으로써 욕구나 감정을 유의미한 행동으로 완결시키는 것이다.

⑤ 형성과 해소가 원활해야 건강한 상태를 유지할 수 있다.

(2) 주요 절차

① 전경과 배경
　　㉠ 전경 : 어느 한순간에 우리 의식의 초점이 되는 것
　　㉡ 배경 : 초점 밖에 놓여있는 인식 대상

② 알아차림과 접촉 : 욕구에 의해 게슈탈트가 형성되면 이는 전경으로 떠오르고, 이것이 해소가 되면 배경으로 사라지게 되는 것으로 전경과 배경이 계속 순환하는 과정을 말한다.
　　㉠ 알아차림 : 욕구나 감정을 지각하여 게슈탈트로 형성하는 것
　　㉡ 접촉 : 전경으로 떠오른 게슈탈트를 환경과의 상호작용을 통해 해소하는 것

③ 게슈탈트 치료
　　㉠ 게슈탈트 치료에서는 심리적 문제의 발생 원인을 분명한 게슈탈트를 형성하지 못하였거나, 형성된 게슈탈트를 해소하지 못함에서 비롯된 것으로 봄
　　㉡ 치료원리
　　　• 게슈탈트를 형성하지 못하였을 경우 : 알아차림을 통해 가장 큰 관심사를 전경으로 떠올리게 함
　　　• 형성된 게슈탈트를 해소하지 못했을 경우 : 온전히 경험하고 처리하여 배경으로 전환시킴으로써 심리적 문제를 해소시킴

1. 의의 및 특징

① 아들러(Adler)의 상담모델은 의료모델이 아닌 성장모델이다.

② 즉, 인간의 부적용 문제를 병리적인 것으로 여기지 않는다.

③ 개인의 부적응문제를 의료적 치료대상으로 여기기보다는 교육을 통해 바로잡아야 할 과제로 간주한다.

④ 개인심리학을 토대로 인간의 다양한 문제를 해결하기 위한 실천적 노력에 관심을 기울인다.

⑤ 내담자의 증상 제거보다는 열등감을 극복하고, 잘못된 생활양식을 수정하는 데 관심을 기울인다.

2. 목표

① 사회적 관심을 갖도록 돕는다.

② 패배감을 극복하고 열등감을 감소시킬 수 있도록 돕는다.

③ 잘못된 가치와 목표를 수정하도록 돕는다.

④ 잘못된 동기를 바꾸도록 돕는다.

⑤ 타인과 동질감을 갖도록 돕는다.

⑥ 사회의 구성원으로서 기여하도록 돕는다.

3. 과정

(1) 제1단계 : 상담 관계의 형성 및 치료목표 설정

① 상담 관계를 형성하기 위해서는 우선 첫 면접에서 내담자가 상담에 대해 어떠한 기대를 가지고 있으며, 자신의 문제를 어떠한 방식으로 보고 있는지 살펴보아야 한다.

② 그동안 자신의 문제를 극복하기 위해 어떠한 노력을 펼쳐왔으며, 지금 상담을 받으러 오게 된 계기가 무엇인지 파악해야 한다.

(2) 제2단계 : 개인 역동성의 탐색

① 상담자는 내담자의 생활양식과 가족 환경, 개인적 신념과 부정적 감정, 자기파괴적인 행동 양상 등을 파악하여, 그것이 현재 생활의 문제에 있어서 어떻게 기능하는지 이해해야 한다.

② 이를 위해서는 내담자의 개인 역동성에 대한 심층적인 탐색이 필요하며, 특히 가족구조, 출생순위, 꿈, 최초기억, 행동 패턴 등에 주의를 기울여야 한다.

(3) 제3단계 : 해석을 통한 통찰

상담자는 내담자에 대한 지지와 격려를 지속적으로 보내는 한편, 해석과 직면을 통해 내담자로 하여금 자신의 생활양식을 자각하며, 자신의 외면적 행동을 통해 나타나는 내재적 원인에 대해 통찰할 수 있도록 해야 한다.

(4) 제4단계 : 재교육 혹은 재정향

① 재교육 또는 재정향은 통찰을 행동으로 전환시키는 것으로서, 내담자로 하여금 회피해 왔던 위험을 감수하는 것이 생각보다 나쁘지 않다는 사실을 발견하도록 하는 것이다.

② 상담자는 해석을 통해 획득된 내담자의 통찰이 실제 행동으로 전환될 수 있도록 다양한 능동적인 기술을 사용한다.

4. 주요기법

(1) 단추(초인종) 누르기

① 아들러의 창조적 존재에 관한 관점을 적용한 기법으로, 내담자로 하여금 선택한 사건이나 기억에 의해 자신의 감정을 스스로 만들고 이를 적절히 통제할 수 있음을 깨닫게 한다.

② 상담자는 내담자에게 행복 단추와 우울 단추를 머릿속에 상상하도록 하여 각 단추를 누르도록 지시가 내려진 순간 행복한 사건과 우울한 사건을 떠올리도록 요구한다.

(2) 내담자의 수프에 침 뱉기

① 내담자의 자기 패배적 행동의 감춰진 의도나 목적을 드러냄으로써 이전의 행동을 분리시키기 위한 기법이다.

② 상담자는 내담자의 잘못된 생각이나 행동에 침을 뱉음으로써 내담자가 이후 그와 같은 생각이나 행동을 수행하려고 할 때 이전과 같은 편안한 감정을 느끼지 못하도록 한다.

(3) 마치 ~인 것처럼 행동하기

① 내담자의 치료목표를 명확히 한 다음, 내담자로 하여금 마치 목표를 이룬 것처럼 행동해 보도록 제안하는 기법이다.

② 상담자는 내담자에게 '만약 당신에게 그와 같은 문제가 없다면 당신의 삶은 어떻게 달라질까요?'라고 질문함으로써 내담자로 하여금 새로운 행동과 신념을 시작할 때 재정향(Reorientation)을 용이하게 하거나 내담자의 실제 행동을 변화시킬 수 있다.

(4) 격려하기

① 아들러 학파의 상담기법 중 가장 기초적이고 중요한 기법으로서, 내담자로 하여금 자신의 열등감을 극복하고 스스로의 가치를 깨닫도록 돕는다.

② 상담자는 내담자를 존중하고 내담자에게 믿음을 보여 주며, 내담자의 능력이 만족할만한 수준으로 충분히 기능할 것이라는 기대를 가지도록 한다.

(5) 초기기억(어린 시절)의 회상

① 초기기억은 생후 6개월부터 9세까지의 선별된 기억들로서, 내담자의 생활양식, 잘못된 신념, 사회적 상호작용, 행동목표에 관한 의미 있는 단서를 제공한다.

② 상담자는 내담자의 초기기억에 관심을 보이면서 내담자로 하여금 '가능한 한 어렸을 때의 일들을 말해 주세요. 그것을 떠올리니 지금 어떤 기분이 듭니까?' 등의 질문을 통해 내담자의 태도, 희망, 행동, 투쟁을 이해하도록 한다.

교류분석상담

1. 의의 및 특징

(1) 의의

① 개인의 현재의 결정이 과거에 설정된 전제나 신념들을 토대로 이루어진다고 가정하고, 인간의 생존 욕구충족에 있어서 과거에 적합했던 전제들이 현재에는 적합하지 않은 것일 수 있으므로 문제를 경험하게 된다고 본다.

② 어릴 적 부모로부터 '~하지 마라' 식의 부정적 명령 혹은 금지명령을 받고 자란 아이들은 그와 같은 부정적 메시지를 토대로 잘못된 초기결정을 내리게 된다.

③ 자신의 생존은 물론 부모로부터의 관심과 인정(Stroke)을 얻기 위해 내리는 초기결정은 타인과의 진실하지 못한 상호작용방식, 즉 게임(Game)을 형성하게 되어 결국 개인의 인생각본(Life Script)으로 자리하게 된다.

(2) 특징

① 교류분석상담은 두 사람의 자아상태 사이에서 이루어지는 자극 및 그에 대한 반응으로서 의사소통의 단위에 해당하는 심리교류(Transaction)에 초점을 둔다.

② 상담자는 내담자로 하여금 자각(Awareness), 자발성(Spontaneity), 친밀성(Intimacy)의 능력을 회복하도록 돕는다. 또한 의사소통훈련을 통해 자아상태의 긍정적인 변화를 유도하며, 내담자의 건강한 인성발달을 도모한다.

2. 구조분석(Structural Analysis)

(1) 구조분석

① 내담자로 하여금 자신의 사고, 감정, 행동이 어느 자아 상태에서 일어나는지 깨닫도록 하여 부적절한 내용을 변화시키며, 세 가지 자아 상태를 적절히 활용할 수 있도록 돕는 과정이다.

② 자아의 상태를 부모 자아(Parent, P), 성인 자아 또는 어른 자아(Adult, A), 아동 자아 또는 어린이 자아(Child, C)로 구분하여 그에 대한 내용을 통찰함으로써 비효율적인 사고·감정·행동을 변화시킨다.

③ 특히 구조분석에서는 성격 구조와 관련하여 오염(Contamination)과 배제(Exclusion)의 문제가 제기된다.

(2) 오염

① 특정 자아 상태가 다른 자아 상태의 경계를 침범함으로써 침범된 자아상태가 본래의 기능을 발휘하시 못하는 것이다.

② 예를 들어, 부모 자아(P)가 성인 자아(A)를 침범하는 경우 과거 중요한 타인으로부터 입력된 불합리한 신념을 무비판적·무조건적으로 수용하여 이를 추종하게 된다

(3) 배제

① 세 가지 자아 상태 간의 경계가 경직적·폐쇄적이어서 하나 또는 두 가지 자아 상태를 제대로 사용하지 못하는 것이다.

② 예를 들어, 부모 자아(P)를 배제한 사람은 중요한 타인에게서 배운 예의나 규범의 가치를 깨닫지 못한다.

3. 교류분석(Transactional Analysis)

① 교류분석의 의미 : 두 사람 간 자극과 반응의 소통양상에 따른 교류유형을 발견하여 비효율적인 교류유형에서 벗어나도록 돕는 과정이다.

② 교류유형에는 상보교류(Complementary Transaction), 교차교류(Crossed Transaction), 이면교류(Ulterior Transaction)가 있다.

    ㉠ 상보교류 : 어떤 자아 상태에서 보내는 메시지에 대해 예상대로의 반응으로 되돌아옴

    ㉡ 교차교류 : 특정 반응에 대한 기대와 달리 예상 외의 반응으로 되돌아옴

    ㉢ 이면교류 : 3~4개의 자아 상태가 관련되어 메시지의 두 가지 수준, 즉 사회적 수준과 심리적 수준이 일치하지 않는 것

③ 일반적으로 원활한 의사소통을 위해서 상보 교류가 유용하나, 특정유형에 고정되어 있는 교류는 효율적이지 못하다.

    예 비판적 부모 자아(Critical Parent, CP)와 순응적 아동 자아(Adapted Child, AC)의 관계에서는 오히려 상보교류가 일방적인 비판과 맹목적인 순응의 비정상적인 교류를 야기할 수 있다.

4. 각본분석(Script Analysis)

① 각본분석의 의미 : 내담자로 하여금 현 자아 상태에서의 각본신념을 깨닫고 여기-지금(Here & Now)에서 이를 적절히 효율적인 신념으로 변화시키는 과정이다.

② 각본에 따르는 것은 과거의 부적응적인 사고·감정·행동을 반복하는 것이므로, 이와 같은 자기 제한적 각본신념을 변화시키고 자율성을 획득할 필요가 있다.

③ 인생각본(생활각본)은 생의 초기에 있어서 개인이 경험하는 외적 사태들에 대해 자신의 해석을 토대로 결정·형성된 반응양식으로, 보통 어린 시절 부모의 금지 명령에 대한 반응에서 비롯된 초기결정을 토대로 한다.

④ 각본분석을 통해 내담자의 각본형성과정과 함께 각본에 따른 삶의 양상 각본을 정당화시키기 위해 사용하는 라켓 감정(Racket Feelings)과 게임(Game)을 밝혀낼 수 있다.

TOPIC. 8 **실존주의상담**

1. 의의 및 특징
(1) 의의
① 인본주의심리학에 기초를 두며, 인간의 직접적인 경험으로 자기 자신의 존재에 초점을 둔다.
② 상담목표는 치료 자체에 있는 것이 아닌 내담자로 하여금 자신의 현재 상태에 대해 인식하고 피해자적 역할로부터 벗어날 수 있도록 돕는 것이다.

(2) 특징
① 어떠한 사건에 대한 내담자 스스로의 확고한 신념이 단지 우연에 의한 것임을 인식시키며, 자유의 상황에서 내담자의 선택 및 그에 따른 책임을 강조한다.
② 인간존재의 불안의 원인을 본질적인 시간의 유한성과 죽음 또는 부존재의 불안에서 기인하는 것으로 보며, 이러한 불안을 오히려 생산적인 치료를 위한 재료로 활용한다.
③ 상담자는 내담자와의 인간적이고 진실한 만남을 통해 내담자로 하여금 상담자와의 관계에서 자신의 독특성을 발견하도록 돕는다.

2. 인간본성에 대한 철학적 기본가정
① 인간은 자각하는 능력을 가지고 있다.
 ㉠ 인간은 자기 자신, 자신이 하고 있는 일, 그리고 자신에게 여기 – 지금 일어나고 있는 일들에 대해 자각하는 능력을 가지고 있음
 ㉡ 이와 같은 능력은 인간을 다른 모든 동물들과 구분지으며, 인간으로 하여금 선택과 결단을 가능하게 함
② 인간은 정적인 존재가 아닌 항상 변화하는 상태에 있는 존재이다.
 ㉠ 인간은 하나의 존재가 아닌 존재로 되어가고 있는 혹은 무엇을 향해 계속적인 변화의 상태에 있는 존재임
③ 인간은 자유로운 존재인 동시에 자기 자신을 스스로 만들어 가는 존재이다.
 ㉠ 외적 영향은 인간실존에 제한조건이 될 수 있으나 결정요인은 될 수 없음
 ㉡ 인간실존은 주어지는 것이지만 그 본질은 그가 어떻게 자신의 삶을 의미 있게 그리고 책임감 있게 만들어 가느냐에 달려 있음

④ 인간은 즉각적인 상황과 과거 및 자기 자신을 초월할 수 있는 능력을 가지고 있다.
  ㉠ 인간은 초월의 능력을 통해 과거와 미래를 여기 – 지금의 실존 속으로 가져올 수 있음
  ㉡ 또한 자기 자신과 상황을 객관적으로 볼 수 있으며, 여러 가지 대안을 고려하여 결단을 내릴 수 있음
⑤ 인간은 장래의 어느 시점에서 무존재가 될 운명을 지니고 있으며, 자기 스스로 그와 같은 사실을 자각하고 있는 존재이다.
  ㉠ 인간은 누구나 자신이 죽게 된다는 사실을 자각하고 있으며, 궁극에는 그와 같은 사실에 직면하게 됨
  ㉡ 그러나 인간은 실존의 의미와 가치를 깨닫기 위해 끊임없이 비존재, 죽음, 고독의 불가피성을 자각해야 하며, 그것에 직면하는 용기를 지녀야 함

3. 실존주의상담에서 내담자의 궁극적 관심사와 관련된 주요 주제

(1) 자유와 책임
① 인간은 매 순간 자신의 의지에 따라 선택할 수 있는 자유를 가진 자기결정적인 존재이다.
② 인간은 근본적으로 자유롭기 때문에 삶의 방향을 결정하고 자기의 존재를 개척해 나가는 데 책임을 져야 한다.

(2) 삶의 의미
① 삶의 목적과 의미를 찾기 위한 노력은 인간의 독특한 특성이다.
② 삶은 그 자체로 긍정적 또는 부정적인 의미를 가지고 있지 않으며, 인간 스스로 삶의 의미를 어떻게 창조해 나가는가에 달려 있다.

(3) 죽음과 비존재
① 인간은 미래의 언젠가는 자신이 죽는다는 것을 스스로 자각하며, 삶의 과정에서 불현듯 비존재로서의 위협을 느끼게 된다.
② 인간의 삶은 유한한 것이며, 현재의 삶만이 의미를 가진다.
③ 진실적인 존재로 있다는 것은 우리를 정의하고 긍정하는 데 필수적인 어떤 것이든지 한다는 것을 의미한다.
④ 개인은 진실적 실존 속에서 언젠가 일어나게 될 비존재의 가능성에 직접적으로 직면하게 되고, 불확실성 속에서 선택적 결정을 내리며, 그 결과에 대해 책임을 진다.

4. 실존주의상담의 원리
① 비도구성의 원리 : 실존적 관계란 능률이나 생산성을 강조하는 기술적 관계가 아니므로, 상담장면에서 상담자와 내담자의 관계는 도구적·지시적이 되어서는 안 된다.
② 자아중심성의 원리 : 실존주의상담의 초점은 내담자의 자아에 있으며, 이러한 자아중심성은 내면세계에 있는 심리적 실체를 중심으로 이루어진다.

③ 만남의 원리 : 실존주의상담은 여기 – 지금에서의 상담자와 내담자의 만남을 중시하며, 이러한 만남의 과정을 통해 과거의 인간관계에서 알 수 없었던 것을 현재의 상담 관계를 통해 깨닫도록 한다.

④ 치료할 수 없는 위기의 원리 : 실존주의상담은 적응이나 치료 자체보다는 인간존재의 순정성 회복을 궁극적인 목적으로 한다.

5. 내담자의 자기인식능력 증진을 위한 상담자의 치료원리

(1) 죽음의 실존적 상황에의 직면에 대한 격려

① 상담자는 내담자로 하여금 죽음의 실존적 상황에 직면하도록 격려한다.

② 죽음에의 자각은 사소한 문제에서 벗어나 핵심적인 것에 근거한 새로운 삶의 관점을 제공해 준다.

③ 죽음의 주제를 반복적으로 다룸으로써 둔감화 과정을 통해 내담자로 하여금 죽음에 익숙해지고 죽음에 대한 불안을 감내할 수 있도록 해준다.

(2) 삶에 있어서 자유와 책임에 대한 자각촉진

① 상담자는 내담자에게 스스로의 삶에 대한 자유와 책임을 자각하도록 촉진한다.

② 내담자가 지닌 문제를 구체적으로 다룸으로써 내담자가 어떤 방식으로 책임회피 행동을 하는지 깨닫도록 돕는다.

(3) 자신의 인간관계 양식에 대한 점검

① 상담자는 내담자로 하여금 실존적 고독에 직면시킴으로써 스스로 인간관계양식을 점검하도록 돕는다.

② 이 과정에서 내담자는 인간 대 인간의 진실한 만남조차도 실존적 고독을 완전히 제거하지 못한다는 사실을 인식함으로써 고독 속에 머무르는 새로운 방법을 탐색하게 된다.

(4) 삶의 의미에 대한 발견 및 창조를 위한 조력

① 상담자는 내담자로 하여금 삶의 의미를 발견하고 창조하도록 돕는다.

② 이 과정에서 내담자는 자신의 존재에 스스로 의미와 가치를 부여함으로써 삶을 충만하게 만들 수 있음을 깨닫게 된다.

③ 내담자는 자신의 실존에 대한 직면과 깨달음을 통해 삶의 진실성에 좀 더 다가가게 된다.

6. 의미요법(Logotherapy)

(1) 의의

① 의미요법 또는 의미치료는 프랭클(Frankl)이 의미로의 의지(Will to Meaning)를 강조하면서 기존의 심리학적 이론에 실존철학을 도입한 치료법이다.

② 인간은 의미를 추구하기 위해 초월적인 가치를 탐구하며, 이러한 초월적인 가치는 인간의 잠재능력을 구현하는 동시에 인간이 스스로의 삶을 책임지면서 살도록 해준다.

③ 의미요법은 인생의 의미, 죽음과 고통의 의미, 일과 사랑의 의미 등 철학적이고 영혼적인 양상의 문제를 가진 내담자들을 대상으로 한다.

④ 특히 허무주의나 공허감, 죽음의 공포, 가치관의 갈등상황에 놓인 정신장애에 초점을 둔다.

⑤ 내담자로 하여금 본원적인 가능성과 잠재적인 능력을 깨닫도록 하며, 자기실현, 자기충족, 자기발전에 이를 수 있도록 돕는다.

(2) 의미요법에서 인간에게 삶의 의미를 부여하는 3가지 가치체계

① 창조적 가치(Creative Values)

  ㉠ 인간은 창조적 가치를 실현함으로써 자신에 대한 삶의 의미를 부여하게 됨

  ㉡ 이와 같은 의미의 실현은 개인이 자신의 사명과 구체적인 과업을 자각할 때 생기는 것

② 경험적 가치(Experiential Values)

  ㉠ 인간은 경험적 가치를 실현함으로써 삶에 의미를 부여할 수 있음

  ㉡ 경험적 가치는 비록 자신이 직접 창조해내지는 않더라도 타인이 창조해 놓은 것을 경험함으로써 가치를 느끼는 것

③ 태도적 가치(Attitudinal Values)

  ㉠ 인간은 태도적 가치를 실현함으로써 삶의 의미를 경험할 수 있음

  ㉡ 개인이 극한상황에서 창조도 경험도 하기 어려운 경우라도 태도적 가치를 통해 삶에 의미를 부여할 수 있음

  ㉢ 극도의 절망적인 상황에서도 스스로 운명을 어떻게 맞이하느냐에 대한 태도는 개인의 자유의지에 의해 선택할 수 있음

(3) 예기불안의 제거를 위한 역설적 의도(Paradoxical Intention)

① 의미요법을 개발한 프랭클은 사람들이 가지는 예기불안(Anticipatory Anxiety)에 주목하였다.

② 예기불안은 불안에 대한 불안, 걱정에 대한 걱정을 가중시킨다. 그로 인해 강박증이나 공포증을 가지고 있는 사람들은 이를 회피하려는 성향을 보인다.

③ 역설적 의도는 내담자로 하여금 이를 회피하지 말고 바로 직면하도록 하기 위해 예상되는 불안 및 공포를 의도적으로 익살을 섞어 과장되게 생각하고 표현하도록 유도한다.

TOPIC. 9 　현실주의상담

1. 의의 및 특징

(1) 의의

① 1950년대에 글래서(Glasser)가 정신분석의 결정론적 입장에 반대하여 그에 반대되는 치료적 접근방법을 개발하였다.

② 현실주의상담 또는 현실치료는 인간이 자신의 욕구를 충족하기 위해 행동하며, 그러한 행동은 인간이 스스로 선택하고 결정한 것이라는 점을 강조한다.

③ 인간은 생존의 욕구, 사랑과 소속의 욕구, 권력과 성취의 욕구, 자유의 욕구, 즐거움과 재미의 욕구 등 5가지의 기본적인 욕구를 가지고 있으며, 이와 같은 욕구에는 어떠한 위계도 존재하지 않는다.

(2) 특징

① 현실주의상담은 내담자의 좌절된 욕구를 알고 사람들과의 관계에서 새로운 선택함으로써 보다 성공적인 관계를 얻고 유지할 수 있음을 강조한다.

② 인간은 자유롭고 자신이나 환경을 통제할 수 있으며, 자신의 목표를 스스로 선택하고자 하는 욕구를 가지고 있다.

③ 현실주의상담은 내담자로 하여금 스스로의 삶을 더욱 효과적으로 통제할 수 있도록 하며, 결과에 대해 스스로 책임질 것을 강조한다.

④ 과거나 미래보다 현재에 초점을 두며, 무의식적 행동보다 행동선택에 대한 평가에 초점을 둔다.

⑤ 도덕성을 강조하며, 개인의 효과적인 욕구충족을 위해 새로운 방법을 교육시키고자 한다.

2. 현실주의상담의 8단계 원리(Glasser)

① 제1단계 – 관계형성단계 : 상담자(현실치료자)가 상담(치료)을 시작하기 위해 내담자와 개인적인 접촉을 하면서 관계를 형성하는 것은 필수적이다.

② 제2단계 – 현재행동에 대한 초점화단계 : 상담자는 내담자의 성격과 관련된 과거기록을 강조하지 않으며, 그것이 현재행동과 관련되어 있는 경우에 한해 논의한다.

③ 제3단계 – 자기행동평가를 위한 내담자초청단계 : 상담자는 내담자로 하여금 자신의 행동이 스스로에게 어떠한 도움이 되는지 자기행동에 대해 평가하도록 해야 한다.

④ 제4단계 – 내담자의 행동계획발달을 위한 원조단계 : 상담자는 내담자에게 행동계획을 세우도록 하여 그 계획에 따라 반드시 실천하겠다는 약속을 다짐받는다.

⑤ 제5단계 – 내담자의 의무수행단계 : 상담자는 내담자에게 일상생활에서 계획을 실행하도록 위임하여 내담자 스스로자발성과 책임감을 통해 자기존중감을 느낄 수 있도록 한다.

⑥ 제6단계 – 변명거부단계 : 상담자는 내담자의 변명을 거부함으로써 내담자 스스로 자신의 변화에 대한 보다 큰 책임감을 가지도록 하는 동시에 계획을 수행할 수 있는 능력을 발달시키도록 돕는다.

⑦ 제7단계 – 처벌금지단계

  ㉠ 내담자에 대한 처벌은 내담자의 정체감을 약화시키고 상담자와 내담자 간의 관계를 손상시키는 부정적인 결과를 초래한다.

  ㉡ 상담자는 내담자에게 벌을 사용하는 대신 그 행동에 따르는 당연한 결과를 있는 그대로 받아들이도록 요구하는 것이 바람직하다.

⑧ 제8단계 – 포기거절단계 : 상담자는 내담자가 적응 행동을 받아들이는 데 상당한 시간이 걸리더라도 내담자의 변화능력을 굳게 믿고 인내심을 가지고 지켜보며, 내담자의 포기를 받아들이지 않음으로써 내담자 스스로 변화에 적극적인 위치를 가질 수 있도록 한다.

3. 현실주의상담의 과정(WDEP모형)

(1) 제1단계 : Want(바람)

① 내담자의 욕구, 바람, 지각을 탐색하는 과정이다.

② 상담자는 내담자에게 '무엇을 원하는가?'라고 질문을 함으로써, 내담자로 하여금 자신의 욕구를 충족시킬 수 있는 방법을 발견할 수 있도록 돕는다.

③ 내담자는 자신의 질적인 세계를 탐색하고 상담자의 숙련된 질문에 응답하면서 이제까지 명확하지 않았던 자신의 내적인 바람에 대한 여러 측면을 직관적으로 인식하게 된다.

(2) 제2단계 : Doing(행동, ~하기)

① 내담자의 현재행동을 탐색하는 과정이다.

② 상담자는 내담자에게 '당신은 무엇을 하고 있습니까?'라고 질문을 함으로써, 내담자에게 통제할 수 있는 활동을 스스로 탐색할 것을 강조한다.

③ 내담자는 자신의 바람을 충족하기 위해 어떤 행동을 하고 있는지 인식하게 된다.

(2) 제3단계 : Evaluation(평가)

① 내담자로 하여금 자신의 행동을 평가하도록 하는 과정이다.

② 상담자는 내담자에게 '지금의 행동이 당신에게 도움이 됩니까?'라고 질문을 함으로써, 내담자로 하여금 자신의 행동과 욕구와의 관계를 점검해 보도록 한다.

③ 내담자는 앞서 관찰한 자신의 행동들이 자신에게 어떤 도움 혹은 해가 되는지를 자기평가하게 된다.

(4) 제4단계 : Planning(계획)

① 내담자가 진정으로 원하는 것을 얻을 수 있도록 새로운 계획을 세우는 과정이다.

② 상담자는 내담자로 하여금 자신의 바람과 욕구를 더 효과적으로 충족시킬 계획을 세우고 실천하도록 돕는다.

③ 계획은 구체적이고 현실적이어야 하며, 즉시 실행할 수 있는 것, 반복적이고 매일 할 수 있는 것이어야 한다. 또한 실생활에서 실천 후 평가될 수 있는 것이어야 한다.

4. 주요기법

(1) 유머

① 현실주의상담 또는 현실치료는 인간의 기본욕구로서 즐거움과 흥미를 강조한다.

② 상담자(현실치료자)는 유머를 사용함으로써 내담자와 친근한 관계를 유지하며, 상담 과정에서 내담자의 참여와 소속의 욕구를 충족시킬 수 있다.

③ 유머는 내담자로 하여금 현재 자신의 문제에 대한 새로운 시각을 가질 수 있도록 한다.

④ 유머는 시기적절하게 사용되어야 한다. 내담자와의 상담 관계가 형성되기 전에 유머를 사용하는 것은 바람직하지 않다.

(2) 역설적 기법

① 내담자가 상담 과정에서 저항을 보이는 경우, 내담자가 계획한 바를 실행에 옮기지 않는 경우 효과적인 방법이다.

② 상담자는 내담자에게 모순된 요구나 지시를 함으로써 의도적으로 내담자를 딜레마에 빠뜨린다.

③ 일종의 언어충격으로, 매우 강력한 도구이므로 전문적인 훈련을 받은 상담자가 사용해야 한다.

(3) 직면

① 내담자의 책임감을 강조하며 변명을 허용하지 않는 것이다.

② 상담자는 내담자가 현실적인 책임에서 벗어나는 행동을 하는 경우 내담자에게 책임 있는 행동을 할 것을 촉구한다.

③ 직면은 내담자의 저항을 유발할 수 있으므로 사용상 주의를 요한다.

5. 공헌점과 비판점

(1) 공헌점

① 내담자의 문제와 관련하여 현재에 초점을 둔 채 현실을 판단하고 직면함으로써 비교적 단기간에도 상담효과를 볼 수 있다.

② 내담자로 하여금 자신의 문제에 대한 통찰과 인식 외에도 변화를 위한 계획과 실천을 강조한다.

③ 내담자의 변화정도에 대해 내담자 스스로 평가하게 한다.

④ 변명을 인정하지 않는 등 구체적이고 분명하게 내담자의 책임을 강조한다.

⑤ 학교나 수용시설과 같은 교육기관에서 그 효과가 클 것으로 기대된다.

(2) 비판점

① 상담과정에서 내담자의 무의식, 과거경험, 초기아동기경험의 영향 등을 주시하고 있다.

② 과거에 해결되지 않은 감정을 다루지 않은 채 문제해결에만 지나치게 초점을 두므로, 내담자의 근본적인 문제를 다루지 못할 가능성이 있다.

③ 모든 정서적 장애를 내담자의 책임 없는 행동으로만 생각할 수는 없다.

④ 내담자가 현실을 판단해야 하는 상황에서 상담자의 가치가 지나치게 내담자에게 강요될 수 있다.

CHAPTER **03** | 심리상담의 실제

TOPIC. 1 ▶ 상담의 방법

1. 면접의 기본방법

(1) 경청

① 경청이란 내담자의 말과 행동에 상담자가 선택적으로 주목하는 것을 뜻한다.

② 선택적으로 주목함으로써 내담자가 특정 문제에 대해 탐색하도록 하는 것으로, 이때 상담자가 선택적으로 주목한 것이 내담자의 진술 흐름에 부합되어야 한다.

③ 경청은 내담자가 생각이나 감정을 자유롭게 표현할 수 있도록 북돋아 주며, 자신의 방식으로 문제를 탐색하고, 상담에 대한 책임감을 느끼게 한다.

(2) 반영

① 반영이란 내담자의 말과 행동에서 표현된 기본적인 감정·생각 및 태도를 상담자가 다른 참신한 말로 부연해 주는 것이다.

② 내담자의 자기이해를 도와줄 뿐만 아니라, 내담자로 하여금 자기가 이해받고 있다는 인식을 주게 된다.

③ 반영해 주어야 할 주요 감정

    ㉠ 상담을 하다 보면 내담자의 말이나 행동에 한 가지 감정이나 느낌이 아니라 동일한 대상에 대해 모호하고 양면적인 느낌이 깔린 경우를 접할 수 있음

    ㉡ 상담자로서는 이렇게 서로 일치하지 않는 감정 혹은 느낌의 상태를 발견하여 내담자에게 반영해 주는 것이 필요함

    ㉢ 내담자가 동일한 대상에게 갈등적인 감정과 태도가 있음을 자각하도록 함으로써 내면적 긴장의 원인을 덜어주게 되는 것

④ 행동 및 태도의 반영

    ㉠ 상담자는 내담자가 말로써 표현하는 것뿐만 아니라 자세, 몸짓, 목소리의 어조, 눈빛 등에 의해 표현되고 있는 것도 반영해 주는 것이 필요함

    ㉡ 특히 내담자의 언어표현과 행동 단서가 차이 나거나 모순을 보일 때에는 이를 반영해 주는 것이 필요함

⑤ 반영의 문제점

    ㉠ 상담자는 반영반응을 할 때 내담자의 말과 행동 중 어떤 것을 선택하여 그것을 어느 정도의 깊이로 반영할 것이냐의 문제, 그리고 이러한 반영반응을 언제 하는 것이 가장 바람직한가를 고민해야 함

    ㉡ 내담자가 표현한 감정과 생각 중 더 강한 것을 내담자가 표현한 수준만큼의 깊이로 접근할 필요가 있음

ⓒ 반영반응의 시점이 반드시 내담자의 말이 다 끝나고 난 후일 필요는 없음

(3) 명료화

① 명료화란 내담자의 말 속에 내포된 것을 내담자에게 명확하게 해 주는 것이다.

② 내담자가 말하고자 하는 의미를 상담자가 생각하고, 이 생각한 바를 다시 내담자에게 말해 준다는 의미에서 내담자의 말을 단순히 재진술하는 것과는 차이가 있다.

③ 내담자의 실제 반응에서 나타난 감정 또는 생각 속에 암시되었거나 내포된 관계와 의미를 내담자에게 보다 분명하게 말해 주는 것이다.

(4) 직면

① 직면이란 내담자가 모르고 있거나 인정하기를 거부하는 생각과 느낌에 대해서 주목하도록 하는 것이다.

② 직면은 무척 강력한 것으로 상담자는 직면반응을 사용할 때 시의성, 즉 내담자가 그것을 받아들일 수 있는 준비가 되어 있는지를 면밀히 고려해야 한다.

③ 상담자의 직면반응은 내담자를 배려하는 상호신뢰의 맥락하에서 행해져야 하며, 내담자에 대한 상담자의 좌절과 분노를 표현하는 수단으로 사용되어서는 안 된다.

④ 직면반응은 내담자가 상담자를 깊이 신뢰하고 있고, 상담자가 내담자의 성장과 변화를 진술하게 배려하는 분위기에서 행해지는 것이 바람직하다.

(5) 해석

① 상담에서의 해석이란 내담자에게 어떤 의미를 전달하고자 하는 상담자의 시도로, 내담자가 보이는 행동 간의 관계 및 의미에 대한 가설을 제시하는 것이다.

② 내담자가 과거의 생각과는 다른 각도에서 자기의 행동과 내면세계를 파악할 수 있게 한다.

③ 내담자의 내면세계에 접근하는 깊이의 정도는 '반영 → 명료화 → 직면 → 해석'의 순으로 볼 수 있다.

④ 해석은 내담자가 의식하지 못하는 의미까지 지적·설명해주기 때문에 가장 어렵고 무의식에 관한 '분석적 전문성'을 요한다.

(6) 명료화적 해석

① 연합형 명료화는 명백하거나 함축적인 내담자의 사고와 감정을 함께 연관시킴으로써 명료화하는 해석 방법이다.

ⓐ 유사성 : 비슷한 내용을 가진 두 가지 감정이나 생각을 연관

ⓑ 대비성 : 두 개의 다른 생각이나 감정을 연관

ⓒ 연결성 : 시간과 공간상으로 근접되어 있거나 떨어져 있는 감정 및 생각을 연합

② 시사형 명료화는 이미 제시된 자료에 관계되는 어떤 생각이나 느낌을 내담자에게 시사하는 것이다. 내담자의 말에서 암시적인 것 이외에 새로운 것은 말하지 않는다는 점에서 일반적인 해석과 차이가 있다.

ⓐ 선택적 명료화 : 내담자가 표현한 생각이나 느낌 중, 내담자는 중요하게 생각지 않는다고 하더라도 상담자가 중요하다고 판단한 생각이나 느낌을 선택하여 강조

ⓛ 비유적 명료화 : 내담자가 자기의 상황을 보다 명백히 이해할 수 있도록 일반적인 비유나 은유적 묘사를 사용

ⓒ 바람직하지 못한 행동 및 태도의 명료화 : 불건전하고 바람직하지 못한 습관적 태도로 인해 많은 문제가 발생하는 만큼 상담자는 내담자의 건강하지 못한 생각·신념 그리고 태도에 민감해야 하며, 불합리한 점을 시사적으로 명료화해 주는 것이 필요함

(7) 해석의 제한점

① 해석에 있어서 중요한 제한점은 해석이 주는 위협이다.

② 내담자가 새로운 지각과 이해를 받아들이려 하지 않을 때는 저항이 일어날 수도 있다.

③ 이때 해석은 내담자의 자기탐색을 감소시키는 결과와 해석 때문에 내담자가 자신의 문제를 지나치게 주지화하는 경향을 초래할 수 있다.

④ 주지화는 내담자가 자기의 내면적 감정을 드러내지 않으려는 방어 수단으로 이용될 수 있다.

2. 문제별 접근방법

(1) 자아개념의 수정

① 자아개념은 자기 자신에 대한 평가내용이다. 자기를 긍정적으로 보면 행동과 감정이 만족스럽고, 부정적으로 보면 부자연스럽고 비효과적인 행동결과를 초래하기에 상담에서 내담자의 부정적인 자아개념을 긍정적인 것으로 변화시키는 노력은 (상담의 최종목표는 아닐지라도) 최소한 중요한 과정적 목표가 된다.

② 자아개념의 형성은 인간이 성장하는 과정에서 부모·동료·교사 등 '중요한 타인'이 자기를 어떻게 보고 믿는가에 따라 많은 영향을 받기에, 상담자가 내담자를 긍정적으로 대하고 인정한다면 내담자 자신도 자기의 능력에 대한 자신감을 회복할 확률이 높아진다. 물론, 이는 내담자가 상담자를 '중요한 존재'로 받아들여야 하고, 성실한 믿음과 공감적 이해로 일관된 상담자의 태도가 전제되어야 한다.

(2) 비합리적 사고의 교정

① 합리적 정서행동치료란 비합리적 사고의 교정방법으로 널리 알려진 것으로 인지적 접근의 하나이다.

② 엘리스가 발전시킨 이 방법은 인간의 공포·분노·죄의식 등 정서 문제의 원인이 비합리적이고 불합리하다는 논리를 바탕으로 하고 있다.

③ 내담자의 공포·불안 등을 제거하기 위해서는 그런 정서에 관계되는 내담자의 불합리한 생각을 노출시키고, 그 불합리한 생각이 어떻게 해를 끼치는지를 인식시키고, 보다 합리적이고 논리적인 사고를 하도록 가르쳐야 한다.

(3) 역설적 의도

① 역설적 의도란 '두려워하다 보면 두려움이 오히려 증가하는 반면, 두려움의 내용이나 증상을 적극적으로 표현하면 두려워하는 것이 어리석은 것으로 느껴진다'는 가정을 근거로 한 것이다.

② 프랭클(Frankl, 1960)이 발전시킨 이 방법은 예기적 불안을 회피하거나 집착하지 말고 바로 직면하도록 하는 것이다.

③ 직면하되, 예상되는 불안 및 공포를 의도적으로 익살을 섞어 과장되게 생각하고 표현하면 그 불안에서 해방된다는 것이다.

④ 프랭클은 실존주의 입장에서 이 방법을 제시하고 있으나, 그 원리는 행동수정의 부정적 연습과 유사하다고 볼 수 있다.

⑤ 즉, 상담이나 심리치료 장면에서는 내담자를 두려워하는 사태에 집중적으로 노출시켜도 실제 생활 장면에서처럼 부정적 결과가 오지 않으므로 두려움이 소거되는 것이다.

(4) 역할연습

① 역할연습이란 실패의 위험부담이 없는 모의 장면에서 새 행동반응을 연습하는 것이다.

② 문제가 되는 생활 장면을 상담 장면에 재현하여 관계 인물의 입장에서 바람직한 행동반응을 학습하는 절차이다.

③ 내담자는 역할연습을 통해서 자기 행동에 대한 교정을 스스로 또는 다른 역할자의 귀환반응을 통해 교정할 수 있다.

(5) 본뜨기

① 본뜨기란 새로운 행동을 시도하는 데에 따르는 불안을 제거해 주고 실제 행동의 수행절차를 안내해 주는 것이다.

② 기본 전제

  ㉠ 인간은 다른 사람의 것을 본뜸으로써 새로운 행동과 태도를 배울 수 있음

  ㉡ 새로운 행동이나 태도를 배우기 위해서 반드시 그 행동을 처음부터 직접 시도해 볼 필요는 없으며, 타인의 본보기를 따름으로써 새로운 행동·신념·가치관 및 태도 등을 학습할 수 있음

③ '중요한 타인'의 모범을 따르거나 타인의 행동을 관찰함으로써 배우는 것은, 스스로 처음부터 시도하는 경우보다 위험부담이 적다는 이점을 지닌다.

④ 내담자들은 과거와는 다른 행동 및 태도를 보이고 싶어도, 흔히 그 결과에 대해 자신이 없거나 부정적 반응이 되돌아올지도 모른다는 두려움에 사로잡힌다. 또한 새로운 행동을 어떻게 시도해야 할지 막연한 경우도 많다.

⑤ '본뜨기'는 이렇게 새로운 행동을 시도하는 데에 따르는 불안을 제거해 주고 실제 행동의 수행절차를 안내해 주는 것이다.

(6) 자기표현훈련

① 자기표현훈련이란 대인관계에서의 억제된 생각과 감정을 적절한 방식으로 표현하도록 함으로써, 적극적이고 생산적인 생활태도를 갖추도록 하는 것이다.

② 관료적 집단사회 속에서의 인권회복 필요성, 여권운동에 따른 행동 변화의 방법으로서 갈등과 피해 의식을 줄이는 '비공격적인' 대화방법의 필요성에서 출발하였다고 볼 수 있다.

③ 상담자는 내담자에게 자신이 인간으로서의 기본 권리와 스스로 결정할 권리가 있고 타인으로부터 침해받지 않을 권리가 있으며, 자신의 생각과 감정을 표현할 권리 등이 있음을 인식하도록 먼저 격려해 줄 필요가 있다.

(7) 비생산적 관념의 봉쇄

① 강박적으로 비생산적 관념에 빠지는 내담자에게 활용된다.

② 바람직하지 못한 줄 알면서도 떨쳐버릴 수 없는 생각에 사로잡히게 되는 내담자에게 필요한 방법이다.

③ 비생산적 관념을 생산적이고 현실적인 것으로 바꾸어 주는 것이 상담자의 임무라고 할 수 있다.

(8) 혐오치료

① 혐오치료란 '부정적인 속성과 반복적으로 연결시킨 대상이나 활동이 처음에는 없던 부정적인 속성을 띠게 된다'는 조건형성의 원리를 바탕으로 한 것이다.

② 인간의 어떤 행동은 당장 불안을 감소시키고 만족스러운 결과를 주지만, 장기적으로는 바람직하지 못하고 불만족스러운 결과를 초래한다. 이러한 '문제행동'을 고치기 위해서는 그 행동에 따른 결과 및 영향을 바꿀 필요가 있다.

③ 그러나 결과를 바꾸려 해도 그런 행동을 유발하는 자극이 계속 유혹적일 경우에는 결코 지속적인 효과를 거둘 수가 없다.

④ 문제행동을 유발하는 자극을 혐오스러운 성질의 것으로 바꿈으로써 그런 자극에 대한 습관적 반응을 줄일 수 있다.

(9) 단계적 둔감화

① 단계적 둔감화는 바람직하지 않거나 비적응적인 불안 및 공포반응을 감소·제거시키는 데 주로 사용된다.

② 불안 및 공포반응은 자극조건에 의해서 유발되고, 그런 반응이 계속되는 이유는 '자극조건 → 반응'의 연결, 즉 조건형성이 이루어졌기 때문이다.

③ '일반화의 원리'에 따라서 불안을 처음 유발했던 자극조건과 유사한 다른 장면에서도 불안반응이 일어나게 되므로 불안반응의 제거는 '불안유발자극 → 불안반응'의 연결을 깨는 것이며, 여러 자극조건에서 경험되는 불안의 강도에 따라 단계적으로 접근하는 것이 효과적이다.

TOPIC. 2 상담의 과정

1. 상담의 진행과정

(1) 문제의 제시 및 상담의 필요성에 대한 인식

① 먼저 내담자에게 자신의 걱정거리, 문제, 찾아온 이유를 말하도록 한다.

② 내담자들은 문제에 대한 책임감을 회피하고 남을 비난하거나 자신이 운명의 피해자라는 생각 때문에 전문적인 상담의 필요성을 절실히 느끼지 못하는 경우가 있다.

③ 상담자는 문제의 배경 및 관계요인을 토의한 후, 내담자가 적극적으로 상담과정에 참여해야 한다.

④ 아울러 상담에 대한 내담자의 기대와 느낌을 명료화할 필요가 있다.

(2) 촉진적 관계의 형성

① 솔직하고 신뢰 있는 관계를 형성하는 단계이다.

② 내담자가 상담자에게 느끼는 전문적 숙련성·매력·신뢰성 등은 상담효과에 대한 긍정적 기대를 하게 하는 요인이 된다.

③ 상담의 촉진적 관계를 형성하기 위해 상담자의 공감적 이해·성실한 자세·내담자에 대한 수용적 존중 및 적극적인 경청 등이 필요하다.

(3) 목표설정과 구조화

① 목표설정

　㉠ 상담과정의 방향과 골격을 분명히 하는 단계

　㉡ 내담자들은 흔히 상담자가 자신의 문제를 직접 해결해 주길 바라거나, 문제에 대한 해답 및 행동방향을 제시해 줄 것이라 기대함

　㉢ 내담자를 상담에 대해 확실하게 인식함으로써, 상담의 다음 진행과정에 대한 두려움이나 궁금증을 줄일 수 있게 함

② 구조화

　㉠ 상담의 효과를 최대한도로 높이기 위해 상담의 기본성격·상담자 및 내담자의 역할한계·바람직한 태도 등을 설명하고 인식시켜 주는 작업(내담자 교육)

　㉡ 구조화에 포함되는 사항

　　• 상담의 성질

　　• 상담의 목표

　　• 상담자의 역할과 책임

　　• 내담자의 역할과 책임

　　• 시간과 공간적인 제한사항

(4) 문제해결의 노력

① 문제에 관한 내담자의 감정표현을 촉진하고, 제시된 문제를 다시 구체적으로 정의하는 단계이다.

② 문제의 성질을 명확히 하고 어떤 방법과 절차를 이용할 것인지 먼저 결정해야 한다.

③ 이 과정은 내담자의 문제의 성질이나 상담에 대한 요구 및 상담자의 이론적 입장에 따라서 결과가 달라진다.

④ 문제해결 노력의 과정은 다음과 같다.

　㉠ 문제에 대해 명확히 정의함

　㉡ 문제해결을 위한 방향과 가능한 방안을 정함

　㉢ 문제해결방안에 관련된 정보를 수집함

　㉣ 수집된 자료를 바탕으로 대처행동을 의논함

　㉤ 검사와 심리진단자료 등을 참고로 바람직한 행동절차 및 의사소통의 실제 계획을 수립함

　㉥ 계획된 것을 실제 생활에서 실천해 봄

　㉦ 실천 결과를 평가하고 행동계획을 수정·보완함

(5) 자각과 합리적 사고의 촉진

① 자각은 자신과 생활과정에서의 주요 경험 및 사건을 이전보다 분명히, 통합된 시야에서 재인식하는 것이다.

② 이 단계에서 고려할 것은 내담자들이 자기탐색 및 사고방식의 변화 요구에 대한 심리적 부담 때문에 상담을 도중에 그만두려고 하거나 '저항'이 생길 수 있다는 점이다.

(6) 실천행동의 계획

① 상담자는 내담자의 새로운 견해나 인식이 상담 상황뿐만 아니라 실생활에서도 실현되도록 내담자의 의사결정이나 행동계획을 도와야 한다.

② 이에 내담자의 구체적인 행동절차를 협의하고 세부적인 행동계획을 작성할 필요가 있다.

(7) 실천 결과의 평가와 종결

① 종결은 주로 내담자와 상담자의 합의에 의하여 이루어진다.

　㉠ 내담자가 종결을 희망하더라도 아직 불충분하다는 판단이 들 경우에는 상담을 당분간 계속하도록 권유하는 것이 바람직함

　㉡ 반대로 상담의 종결이 자기를 배척하는 것으로 생각하는 내담자도 있으므로 상담자는 내담자가 이러한 문제에 갑자기 직면하지 않도록 서서히 종결시켜야 함

② 종결에 앞서 그동안 성취한 것들을 상담목표에 비추어 평가하거나 목표에 도달하지 못한 이유를 토의해야 한다.

　㉠ 종결에 즈음하여 상담의 전체 과정을 요약하고, 문제가 생기면 다시 찾아올 수 있다는 추수상담의 가능성을 제시함

　㉡ 상담 결과가 만족스럽지 못한 경우에는 상담과 상담자의 한계에 대해서 명백히 밝히고, 필요하면 다른 기관이나 다른 상담자에게 의뢰하는 것이 바람직함

2. 상담의 시작과 종결

(1) 상담의 첫 면접

① 첫 면접의 목표

　㉠ 내담자로 하여금 자기가 말하고 싶은 것을 안심하고 이야기할 수 있는 분위기를 조성하는 것

　㉡ 내담자에게 상담자가 경청하고 있고 그의 말을 이해하고 있음을 인식하도록 하는 것

② 첫 면접에 관련된 내담자 변인

　㉠ 상담의 본질, 상담자의 역할, 상담에서 의논될 일과 안 될 일 및 상담이 도움되는지에 대한 여부 등에 관한 내담자의 기대·태도·행동 등은 상담과정의 현재와 미래에 커다란 영향을 줌

　㉡ 내담자의 어떤 기대는 상담과정을 촉진하지만, 어떤 기대는 상담과정을 상당히 방해하게 되므로 내담자의 기대가 장애가 될 때에는 상담자가 이를 표면화하여 솔직하게 다루어야 함

③ 첫 면접에 관련된 상담자의 변인
  ㉠ 상담자의 태도와 행동이 내담자가 자유롭게 표현할 수 있는 분위기를 조성하느냐에 따라 내담자는 자기 자신을 표현함
  ㉡ 첫 면접의 목표달성은 상담자의 태도와 행동에 의해 직접적인 영향을 받음
  ㉢ 촉진적인 상담자의 행동이 내담자에게 미치는 영향
    • 상담자의 편안한 자세는 상담 분위기를 부드럽게 함
    • 경청은 내담자가 주목의 대상임을 알게 함
    • 상담자의 이해반응은 내담자가 말하는 것이 중요하다는 것을 알게 함
    • 인내는 내담자에게 자신이나 환경에 관한 이야기를 서둘러서 할 필요가 없음을 알게 하고 다음 면접에 다시 오고 싶은 동기를 갖게 함
④ 상담자의 반영적 선도반응
  ㉠ 감정 지향적인 반영적 선도반응 : 내담자가 자기의 감정을 규명하고 느끼도록 함
  ㉡ 내담자의 자기 이해를 촉진하는 상담에서는 중요한 과정적 목표를 달성할 수 있도록 하며 내담자로 하여금 논의되고 있는 화제에 관해 보다 깊고 자세하게 생각하도록 도움
  ㉢ 상담자가 열심히 경청하고 있고, 내담자의 관심사에 초점을 맞추고 있으며, 내담자가 유일한 주목의 대상임을 전달해 주는 역할을 함
⑤ 의뢰되어 온 내담자
  ㉠ 비자발적 내담자들은 스스로 상담을 원하는 내담자들과는 달리 흔히 첫 면접을 곤란하게 만듦
  ㉡ 이때 상담자는 흔히 대화를 유도하기 위한 목적으로 질문을 던지는 경우가 많은데 이는 오히려 상담자와 내담자가 '질문 – 답변식'의 함정에 빠져들게 할 가능성을 초래할 수 있음
  ㉢ 상담자는 보다 합리적인 방법을 생각해야 하며 어떻게 내담자가 불려 오게 됐는가를 상담자가 아는 대로 솔직히 말헤 주는 것이 필요함
  ㉣ 이를 통해 상담자가 내담자의 관심사를 함께 의논하고, 솔직하게 그리고 공개적으로 말함으로써 내담자도 솔직하게 말해 주기를 바란다는 뜻을 간접적으로 전달할 수 있음
⑥ 첫 면접의 성공 여부를 평가하는 기준
  ㉠ 내가 이 면접에서 얼마나 편안했는가?
  ㉡ 내담자는 이 면접에서 얼마나 편안해 보였는가?
  ㉢ 내가 주의 깊게 경청하려고 노력했는가?
  ㉣ 내가 경청하고 있다는 것이 내담자의 반응·행동으로 입증되었는가?
  ㉤ 내담자가 말하는 것을 이해했으며, 이해했음을 내담자에게 전달해 주었는가?
  ㉥ 내가 이해하고 있다는 것을 내담자가 나의 행동을 통해서 알았는가?
  ㉦ 내가 내담자의 말을 잘 이해하지 못했을 때, 이해하려고 내담자에게 도움을 청했는가?
  ㉧ 내담자 쪽에서 자기를 이해하도록 나를 도와주었는가?
  ㉨ 내담자가 스스로 말하도록 하지 않고 혹시 심문식의 선도반응을 하지는 않았는가?
  ㉩ 내담자가 '핵심을 이야기해야 한다'는 압력을 느끼지는 않았는가?
  ㉪ 내담자가 상담을 받으려는 동기를 보였는가? 그리고 내담자의 그런 욕구를 내가 만족시켰는가?

(2) 상담의 종결

① 상담자에 의한 조기 종결
  ㉠ 상담자는 조기 종결에 따른 내담자의 감정을 다루어야 하고, 이를 위해 상담자 자신이 안정되어야 함
  ㉡ 조기 종결에 따른 내담자의 정서반응을 다루는 원리와 절차는 상담의 다른 과정에서 내담자의 정서반응을 다루는 것과 같음
  ㉢ 상담자는 솔직하고 개방적이며 내담자를 평가하지 말고 그대로 수용하여야 함
  ㉣ 상담자는 신뢰할 만한 유능한 사람을 새로운 상담자로 추천해야 하나, 내담자가 새로운 상담자와 상담을 계속할 의사가 없을 때에는 그런 결정을 받아들여야 함
  ㉤ 그러나 내담자가 장래의 상황에서 심한 장애가 있을 것이라는 생각이 들 때에는 대안을 모색하도록 권고해야 함

② 내담자에 의한 조기 종결
  ㉠ 내담자에 의한 조기 종결 시 상담자가 내담자에 거절당한 데 대한 자신의 감정을 우선 정확히 파악하는 것이 중요함
  ㉡ 훈련 중인 상담자는 내담자에게 거절당하는 것을 자기의 무능함을 나타내는 것으로 생각하고 불안해질 수 있음
  ㉢ 이렇듯 상담자와 내담자의 관계에서 긴장이 발생할 때에는 그 긴장을 피하는 것보다는 개방적으로 다루는 것이 좋으며, 긴장에 대해 솔직히 반응하는 것이 모르는 체하거나 억제하는 것보다 오히려 긍정적인 결과를 가져올 수 있음
  ㉣ 그럼에도 성과가 없다고 판단되면 상담방식을 변화시키거나 완전히 새로운 방식을 채택함

③ 성공적인 결과 후의 종결
  ㉠ 상담이 성공적인 경우에는 상담실 밖에서의 내담자 행동에 변화가 생기고, 이 변화된 행동 양식이 과거의 행동 양식보다 바람직하다는 내담자의 판단이 있어야 함
  ㉡ 상담 간 이뤄졌던 친밀한 관계와 관련하여 종결 시 내담자가 느낄 허전하고 외로운 감정 등을 적절히 다루어서 내담자가 상담자로부터 심리적으로 독립할 수 있다는 것을 느끼게 해주어야 함

④ 상담의 성공 여부를 결정하는 기준
  ㉠ 상담의 성공 여부를 평가하기 위해서는 성공의 기준이 설정되어야 함
  ㉡ 원칙적으로 상담이 성공적이려면 내담자의 행동에 변화가 일어나야 함
  ㉢ 상담에서 기대하는 내담자의 행동과 그러한 행동들이 일어날 상황들을 고려해야 함
  ㉣ 실제 과정에서 주의해야 할 점
    • 내담자가 일반화하거나 분명히 의식하지 못하는 문제를 상담자가 행동적 차원에서 구체화시켜야 함
    • 내담자가 제시하는 문제영역 중 가장 중요하면서도 성취 가능한 목표를 중심으로 기준을 설정해야 함
    • 내담자에게 너무 계량적 분석의 인상을 주지 않으면서도 상담자의 접근방식은 육하원칙에 따르는 것이 바람직함

집단상담

1. 집단상담의 정의

(1) 집단상담

한 사람의 상담자가 동시에 몇 명의 내담자들을 상대로 각 내담자의 관심사 · 대인관계 · 사고 및 행동 양식의 변화를 가져오게 하려는 노력으로, 다시 말해 집단구성원 간의 상호작용적 관계를 바탕으로 내담자 개개인의 문제해결 및 변화가 이루어지는 '집단적 접근방법'을 말한다.

(2) 인간관계 훈련집단

① 1947년 미국에서 대인관계기술과 의사소통 간의 감수성을 계발하기 위하여 '전국훈련연구소(NTL)' 라는 조직에서 시작한 것으로, 훈련집단은 대개 10~12명으로 구성되는 비형식적 집단이며 대인관계와 행동 양식의 검토 및 학습이 강조된다.

② 집단원들은 다른 사람에게 미치는 영향력을 인식하는 것을 배우며 다른 사람들이 어떻게 자신을 보는가를 배운다.

③ 대인관계 및 자기이해의 실험적 학습이며, '학습하는 방식'을 배우는 데 초점을 두고, 훈련과정에서는 즉각적인 생각 · 느낌 · 반응 등을 강조한다.

(3) 집단치료

① 한 사람의 치료자가 동시에 4, 5명 이상의 내담자들을 상대로 심리적 갈등을 명료화하며 '문제행동' 을 수정해 가는 일련의 집단면접이다.

② 집단은 주로 '치료적 목표'를 가지고, 보다 나은 자기이해를 통해 심리적 긴장을 감소시키며 '치료자' 는 허용적이고 지지적 역할을 한다.

③ 비적응적 태도의 변화 및 심리적 문제해결에 직접적 관심을 둔다.

(4) 구조화된 집단 프로그램

근래 우리나라에서는 '집단상담이란 다름 아닌 구조화된 프로그램에 따라 운영되는 집단훈련'이라는 인식이 확산되고 있으나 그 둘은 기본적으로 구별되어야 한다.

① 집단상담
  ⊙ 상당한 훈련을 받고 경험을 쌓은 상담자에 의해 이루어지는 전문적인 활동
  ⓒ 주로 개인의 대인 관계적인 감정 및 반응양식이 집중적으로 탐색 · 명료화되고 수정됨

② 구조화된 집단훈련
  ⊙ 집단지도자의 경험과 지식이 그리 풍부하지 않더라도 주어진 프로그램의 지침의 수행을 통해 큰 무리 없이 진행될 수 있음
  ⓒ 집단 프로그램의 내용과 절차는 지도자가 주도적으로 기획하고 이끌어 가며, 개인적인 문제나 태도보다는 집단 공통의 관심사가 주로 다루어짐

2. 집단상담의 과정

(1) 참여 단계

① 상담자는 상담집단의 분위기를 형성하고 유지시키는 책임이 있다.

② 각 구성원들에게 왜 이 집단에 들어오게 되었는가를 분명히 해 주고 서로 친숙하게 해 주며, 수용과 신뢰의 분위기를 형성하여 집단상담에서 새롭고 의미 있는 경험을 가지도록 이끌어 주어야 한다.

③ 구성원들은 자유로이 각자의 의견과 느낌을 나누도록 격려된다. 이 시기에는 상담자의 적극적인 참여가 필요하나 교사와 같이 가르치는 역할을 하는 것은 아니다.

(2) 과도적 단계

① 과도적 단계는 참여 단계와 엄격하게 구분되지는 않는다. 말하자면 참여 단계에서 생산적인 작업 단계로 넘어가도록 하는 '과도적' 과정이라고 볼 수 있다.

② 이 단계의 성공 여부는 주로 상담자의 태도와 기술에 달려 있다. 과도적 단계의 주요 과제는 집단원들이 집단에 참여하는 과정에서 일어나는 망설임·저항·방어 등을 자각하고 정리하도록 도와주는 것이다.

③ 상담자는 구성원들 간의 진정한 느낌이 교환되도록 격려하는 데 더 노력해야 한다.

(3) 작업 단계

① 작업 단계는 상담집단의 가장 핵심적인 부분이다.

② 앞 단계들이 잘 조정되었다면 대부분의 집단원들이 자기의 구체적인 문제를 집단에 가져와서 활발히 논의하며 바람직한 관점과 행동방안을 모색할 것이다.

③ 작업 단계에서는 높은 사기와 분명한 소속감을 느끼는 것이 특징이며, 집단원들은 이것이 '우리 집단'이라는 느낌을 갖는다.

④ 이 단계에서는 통찰만으로는 행동을 변화시키기에 충분하지 않고, 행동의 실천이 필요하기 때문에 집단원들은 실천의 용기를 북돋아주고 특히 어려운 행동을 실행해야만 하는 구성원에게 강력한 지지를 보내도록 한다.

(4) 종결 단계

① 집단상담의 종결 단계에서 상담자와 집단원들은 집단상담에서 배운 것을 미래의 생활에 어떻게 적용할 것인가를 생각하게 된다.

② 종결해야 할 시간이 다가올수록 집단관계의 종결이 가까워져 오는 데 대한 느낌을 토의하는 것이 필요하다.

③ 상담자의 시간이 제한된 경우가 많으므로, 집단원들은 정규적인 상담이 끝난 후 자기들끼리만 모이기를 원할 수도 있으며, 이때는 반드시 집단에 대한 각자의 책임을 미리 재교육해 두는 것이 중요하다.

④ 상담자는 집단상담의 모든 단계에서 각자의 행동에 대한 자기통찰을 향상하도록 강화하는데, 특히 종결 단계에서는 앞으로의 행동방향에 대해 주의를 기울이도록 상기시킨다.

⑤ 이 단계에서 적용되는 기본적 원리는 집단에서 경험하고 배운 것을 일상생활에서 적용할 수 있다는 것과, 자신을 보다 더 깊이 알고, 자신과 타인을 수용하면서 살아갈 수 있다는 것이다.

3. 집단상담의 방법

① 집단상담의 방법은 집단상담의 진행 및 생산적인 분위기를 촉진하는 방식이다.

② 촉진적 진행방식

집단상담의 초기	• 참여자들의 자기소개 • '누가 먼저 무엇을 말할 것인가'의 합의 • '내 생애에 가장 중요한 세 사람' 말하기 • 구두편지
집단상담의 중반기	• 2인조 및 3인조의 분임토론 • 역할연습 • '자기 패배적 행동의 소득' 말하기 • 일방적 의사전달 • 대인관계의 모험을 경험하기
집단상담의 종반기	• 발전적인 것과 더 개선되었으면 싶은 것 • '생의 마지막 20분' • 가상적 재회

③ 촉진적 진행방식은 어디까지나 생산적 분위기를 조성·유지하기 위한 것이며, 방법 자체에 얽매여서는 안 된다. 자칫하면 재미있는 듯한 분위기는 형성될지 모르나 상담의 목적을 달성하는 데는 절대로 충분하지 않기 때문이다. 그러므로 이런 방법을 적절히 활용하면서 상담자의 문제해결적인 면접기법이 병행되어야 한다.

CHAPTER 04 | 중독상담

TOPIC. 1 중독상담 기초

1. 중독모델

(1) 개요

① 알코올 중독과 같은 물질중독이나 행위중독 등을 이해하고 치료하기 위해서는 현재의 질병 모형인 생물학적 – 심리적 – 사회적 질병 모형으로 중독을 이해해야 한다.

② 사회적이고 환경적인 스트레스 등과 그것을 이겨내는 심리적 면역성의 약화, 그 개인이 가지고 있는 생물학적 취약성 등이 복합적으로 작용해 중독이 발생한다는 관점이다.

③ 중독으로 인해 개인의 몸과 마음이 망가지는 것은 물론이고 가족의 몸과 마음도 망가지며, 결국 사회적인 부담으로 작용하고, 이는 다시 그 중독자에게 외부 스트레스 요인으로 작용하는 악순환을 형성하게 된다.

(2) 필요성

① 물질중독을 설명하고 교육하는 데 있어서 그동안은 알코올 등의 물질에 의한 간질환, 심장질환 등 뇌 이외에 다른 장기의 생물학적 기능 이상에 대한 중요성이 줄곧 강조되어 왔다.

② 그러나 이제는 뇌에 대한 임상적 연구 결과를 근거로 하여 물질이나 행위중독에 의한 뇌의 기능변화를 파악하고, 심리적인 요인을 고려한 접근이 이루어져야 한다.

2. 변화단계이론

(1) 계획 전 단계(precontemplation stage)

변화계획이 없는 단계로 자신의 현 행위 문제에 대한 인식이 부족한 상태이다.

(2) 계획 단계(contemplation stage)

① 문제를 인식하고 곧 행위변화를 하겠다는 생각을 하는 단계이다.

② 대체로 다음 6개월 이내에 행위변화를 하고자 하는 사람이 머무는 단계라 할 수 있다.

③ 주위로부터 자극이나 동기부여가 없다면 이러한 단계가 지속되면서 올바르지 못한 행위가 계속될 수 있다.

(3) 준비 단계(preparation stage)

① 구체적인 행위실행계획이 잡혀 있는 단계이며 보통 한 달 이내에 행위변화를 하겠다고 생각하는 단계이다.

② 이 시기에 있는 대부분의 사람은 이미 변화를 위하여 심리적인 준비가 되어 있어 지난해 동안 행위변화를 시도한 사람일 경우가 많으며, 보건교육 프로그램에 참여하거나, 전문가와의 상담 또는 스스로 정보를 얻어 자기 나름의 변화를 시도하려는 계획을 하고 있다.

(4) 행동 단계(action stage)

① 건강한 생활습관을 갖기 위하여 노력하는 단계로, 개인적인 시간과 노력을 상당히 투자해야 하는 기간이다.

② 이 단계는 사람에 따라 1일~6개월 정도 지속되며, 이 기간에는 건강 행위가 일정하게 지속되지는 않는다.

③ 이 시기의 활동은 눈에 보이는 것이므로 행위변화와 동등한 것으로 간주되는 경우가 종종 있다. 그러나 변화단계이론에서는 궁극적인 행위변화로 가는 하나의 단계에 불과하며 행위변화란 전문가가 질병의 위험을 줄일 수 있다고 판단되는 어떠한 기준에 충분히 도달된 경우 달성된다.

(5) 유지 단계(maintenance stage)

① 중독성 또는 습관성이던 불건전한 행위가 없어진 단계로, 새로운 생활습관이 6개월 이상 지속된 경우이다.

② 유지기는 사람들이 예전의 행동으로 돌아가지 않기 위해 계속 노력하는 단계이다.

③ 행동 단계에 있는 사람들보다 예전의 습관으로 돌아갈 확률이 적다. 왜냐하면 이 단계에 있는 사람들은 예전의 습관으로 돌아가고 싶은 유혹에 덜 빠지며 변화된 행위를 계속 유지할 수 있다는 자신감을 갖게 되기 때문이다.

④ 유지기는 6개월에서 약 5년까지 지속될 수 있다.

3. 정신약물학

(1) 정신약물학

① 정신약물학의 주 관심사는 중추신경계(CNS)에 영향을 미치는 약물과 말초신경계(PNS)에 영향을 미치는 약물 등을 연구하여 정신작용에 영향을 미치는 신경계의 조절을 통해 정신건강을 돕는 약리작용을 규명하는 것이다.

② 투약 경로는 보통 정맥주사(IV ; Intravenous injection)가 가장 빠른 경로이며 혈관에 바로 주사될 경우 약물은 즉시 혈류에 들어가 몇 초 내에 뇌에 도달한다.

③ 신체 내에서 약물 작용 부위들은 대부분 중추신경계의 특정 세포들에 있으며, 몇 가지 요인들이 혈류에 있는 어떤 약물(지용성)이 뇌의 작용 부위에 도달하는 비율을 결정한다.

④ 약물의 효과를 측정하는 가장 좋은 방법은 용량－반응 곡선을 그려보는 것이다.

⑤ 약물의 용량을 점차 높이는 것은 최대 효과점에 도달할 때까지 효과를 점차적으로 높인다.

⑥ 최대 효과점 이후에는 용량의 증가가 약물의 효과를 증가시키지 않지만, 해로운 부작용의 효과는 증가한다.

⑦ 한편 반복투약 효과는 어떤 약물이 반복적으로 투약될 때 그 효과가 감소하는 경우로, 이 경우 해당 약물에 내성이 생긴 것으로 본다.

┌─ |+ 이해더하기 | ─────────────────────────────────

시냅스 전달에 영향을 주는 약물은 두 가지 일반적인 범주로 분류하는데 길항제와 효능제이다. 어떤 경우에서는 신경전달물질의 합성과 방출 비율이 선구물질이 투여될 때 증가하는데, 이 경우 선구물질은 효능제로 가능하다. 어떤 약물들은 신경전달물질이 종말 단추로부터 방출되는 것을 방지함으로써 작용하고 소낭의 내용물을 시냅스 틈으로 배출시킨다. 약물의 작용 부위는 시냅스 전과 시냅스 후이다. 약물이 수용기와 결합하면 효능제와 길항제로 가능할 수 있다.

(2) 약의 오남용

① 약품은 유통구조나 유통질서 또는 과대광고나 난매 등 조건에 따라 약의 오남용 피해가 생길 수 있어, 일반 소비재와는 구별하여 특별한 유통구조와 질서 및 윤리 가운데에서 다루어져야 한다.

② 약의 오남용에서 가장 두려운 것은 약물 의존성이 생기는 문제이다. 약물 의존성은 마약이나 습관성 의약품에 의해서만 생기는 것이 아니라 흔히 개인적으로 자유롭게 구매하여 복용하는 약 등에 의해서도 생긴다. 즉, 약물에 내성이 생기는 것이다.

③ 내성은 약물을 반복 투여함에 따라 그 약물의 효과가 감소하게 되는 현상으로, 약물을 투여할 때 같은 수준의 약물 반응을 유지하기 위해서 용량을 계속 증가시켜야 하는 경우를 뜻한다.

④ 약을 오남용하면 장기적으로 위장 · 신장 · 간장 등의 기능이 손상되며, 정신적 의존성이 생겨 약을 지니고 다녀야 안심이 되는 심리상태가 된다. 이후에는 육체적 의존성이 생겨서 약을 먹지 않으면 여러 가지 육체적 고통이 생기거나 약을 먹어야 고통이 멈추는 단계가 된다. 이런 단계를 거치면 완전한 약물중독 상태라고 말할 수 있다.

⑤ 이 밖에도 임신 중 복약 시 태아 형성에 영향을 미치며, 항생제의 남용으로 내성균의 조성과 태아에 미치는 해독 등이 생긴다.

⑥ 근래 발전한 임상약학에 의하면 복용한 약의 경우 체내에서의 흡수 · 분포 · 배설, 즉 약물의 대사속도가 가장 중요한 문제라는 것이 밝혀지고 있다. 따라서 먹는 사람의 체중 · 체질 · 나이 등을 고려하여 투약 용량과 투약 횟수를 정확히 결정해야 한다.

1. 선별 및 평가

중독은 갈망, 내성, 금단증상, 이로 인한 사회적·직업적 장애의 과정으로 이루어지며, 네 가지 요소가 모두 있을 때 중독이라 정의 내릴 수 있다.

(1) 갈망

① 갈망이란 글자 그대로 간절히 바란다는 뜻이다.

② 알코올 중독을 예로 들면, 술을 마시고자 하는 욕구가 너무 강하여 술을 얻기 위해 무모한 행동이나 사회적으로 용납되기 어려운 행위 등을 하는 것을 말한다.

(2) 내성

① 내성이란 중독에서 종전과 같은 만족을 경험하려면 더 강한 강도나 지속 기간의 자극을 필요로 하는 것을 말한다.

② 알코올 중독을 예로 들면, 점차 견딜 수 있는 술의 양이 증가하는 것, 즉, 마실수록 술이 세지는 것이다. 술에 대한 몸의 저항이 줄어드는, 어찌 보면 좋다고만 할 수 없는 현상임에도 술이 세지면 몸도 같이 세지는 것처럼 과시하는 경우를 흔히 찾아볼 수 있다.

(3) 금단증상

① 금단증상이란 일정 기간 일정 약물을 지속해서 섭취하던 사람이 갑자기 중단한 경우에 발생하는 일련의 증상들을 말한다.

② 식은땀이 나거나 손을 떨며 불안해하고, 일시적인 환각을 보이며 심각한 경우에는 의식을 잃고 산실 발작과 함께 호흡이 마비되어 사망할 수도 있다.

(4) 사회적·직업적 장애

① 심한 금단증상이 발생하게 되면 적절한 선에서 스스로 조절하기 어려워지고 다음 날 중요한 약속을 어기거나, 회사에 지각 또는 결근을 하거나, 가정생활에 문제가 생길 수 있다.

② 최소한 부모님이나 배우자로부터 잔소리를 들으며 심각한 말싸움을 하거나 가까운 친구들과 멀어지는 일이 다반사이다. 즉, 사회적·직업적 장애가 발생하는 것이다.

(5) 결론

① 현재 복용하고 있는 약물로 인하여 내성, 금단증상, 갈망, 이로 인한 사회적·직업적 장애가 초래되는 것이 아니라면 중독이 된다고 할 수 없다.

② 예를 들어 술로 인해 이 같은 증상이 동반된다면 알코올 중독이라고 할 수 있을 것이다. 여기서 주의할 점은 세계의 어느 알코올 사용 장애 진단 기준에서도 얼마 이상을 마셔야 중독이라는 기준이 없다는 것이다.

2. 동기강화 상담

(1) 동기강화 상담의 시작과 정의

① 창시자 : William Miller

② 노르웨이의 중독 심리전문가들의 도전적 질문으로 인해 만들어졌다. **예** '왜 그렇지요?'

③ 초기의 산난한 개입으로 비교적 영속적인 내담기 변화를 이끌어 낼 수 있다.

(2) 동기강화 상담의 원리와 철학

① 중독행동 및 건강 관련 행동의 개선에 조점을 둔다.

② 중독치료의 목표는 행동변화, 행동변화의 핵심은 변화동기, 동기강화 상담은 변화를 향한 동기강화이다.

③ 양가감정을 더 발견해 가도록 격려한다.

(3) 주요 개념

① 공감

 ㉠ 의사소통의 기술, 내담자의 관점에서 이해, 존중, 해결책을 찾도록 돕는 역할

 ㉡ 동기강화 상담에서의 공감은 내담자의 말을 때로는 약간 수정하기도 하고 재구성하는 방식으로 반영해 주되 내담자에 대해서 항상 존중하고 수용하는 태도를 유지하면서 경청하는 자세를 취하는 것

② 양가감정 : 시원 – 섭섭한

 ㉠ 내담자의 준비도와는 무관하게 일반적이고 자연스러운 것으로 이해되어야 함

 ㉡ 내담자의 동기 부족 형태로 나타날 수도 있음을 기억해야 함

③ 저항 : 논쟁하기, 방해하기, 부정하기, 무시하기 등의 관찰 가능한 행동

 ㉠ 동기강화 상담에서는 저항을 부정적인 것으로 간주하지 않음

 ㉡ 상담자에게 유용한 정보를 제공하는 중독상담 과정의 필수 요소로 봄

 ㉢ 내담자의 저항에는 많은 이유가 있음

 ㉣ 상담자는 저항의 이유를 예민하게 생각해보아야 함

④ 변화 대화(자기 동기화 진술) : 현재의 문제 행동을 지속했을 때의 단점, 변화했을 때 생길 가능성이 있는 이점, 변화 가능성에 대한 긍정적 생각 및 표현, 의지

⑤ 자기효능감 : 변화에 필요한 능력에 대해 느끼는 긍정적인 믿음

(4) 동기강화 상담의 정의

내담자의 변화 동기 강화를 목적으로 두고 있는 의사소통적 접근이다.

(5) 동기강화 상담에서 주축이 되는 네 가지 원리

① 공감 표현하기 : 내담자의 관점을 이해하고자 하는 열망을 가지고 존중하는 태도로 귀를 기울임

② 불일치감 만들기 : 내담자 자신의 현재 행동과 목적, 가치관 사이의 불일치감을 만들고 증폭시킴

③ 저항과 함께 구르기 : 내담자의 저항에 직접 맞서지 말고 내담자의 저항과 함께 구르거나 흘러감

④ 자기효능감 지지하기 : 내담자가 변화 과정의 마지막 조정자가 될 수 있도록 자기효능감을 지지함

(6) 내담자의 저항과 변화

① 내담자의 저항과 저항을 다루는 기술
  ㉠ 저항은 내담자의 방어적 특성, 즉 본래 가지고 있는 속성
  ㉡ 동기면담에서는 저항을 일시적이고 정상적인 것으로 여김
  ㉢ 저항에 반응하는 방법
    • 첫 번째 범주 : 반영적 경청으로 단순반영, 확대반영, 양면반영
    • 두 번째 범주 : 초점 바꾸기, 관점 재구조화하기, 방향 틀어 동의하기, 개인의 선택권과 자제력 강화하기, 나란히 가기

② 반영적 경청
  ㉠ 단순반영 : 내담자가 동의하지 않음을 표시할 때 단순하게 이를 인정해주는 것
  ㉡ 확대반영 : 단순한 동의를 넘어서 내담자의 말을 다소 확장시키거나 부풀리는 방법 혹은 조금은 극단적으로 표현해 주는 것
  ㉢ 양면반영 : 양가감정의 양면 모두를 반영하는 방법

③ 반영을 넘어서는 여타 효과적인 반응
  ㉠ 관점 재구조화하기 : 내담자가 한 말을 내용 그대로는 인정하지만 그 의미를 다르게 해석·적용하여 내담자에게 반응하는 방법
  ㉡ 초점 바꾸기 : 내담자가 난관에 봉착했을 때 이를 딛고 올라가도록 하는 것이 아니라 오히려 장애물을 우회하도록 하고, 쉬운 문제부터 풀어 나가도록 함으로써 저항하는 내담자의 주의를 살짝 옮겨 놓는 것
  ㉢ 방향 틀어 동의하기 : 일종의 반영, 내담자의 말에 동의하나 관점을 약간 변경하여 동의함으로써 내담자의 저항과 정면으로 부딪히지 않고 내담자의 관점을 재해석해 볼 수 있는 효과를 지님
  ㉣ 개인의 선택권과 자제력 강화하기 : 내담자에게 궁극적인 선택권이 있음을 말해 주고 내담자의 선택권과 자제력을 인정해 줌
  ㉤ 나란히 가기 : 내담자의 저항에 변화를 촉구하지 말고 상담자가 오히려 변화하지 말기를 주장하는 것

④ 변화에 대한 준비
  ㉠ 변화에 대해서 양가감정을 겪는 것은 정상
  ㉡ 변하는 종종 비선형적인 과정을 거침
  ㉢ 준비도는 고정된 것이 아님
  ㉣ 내담자의 준비도를 잘 살필 것
  ㉤ 내담자의 변화 준비도를 알려 주는 신호들을 잘 파악해야 함

⑤ 변화의 단계
  ㉠ 전숙고 단계 : 내담자들은 자신들의 문제 행동을 문제라고 생각하지 않기에 행동 변화의 필요성을 인식하지 못함
  ㉡ 숙고 단계
    • 내담자들은 자신에게 문제 행동이 존재함을 인정하고 이를 해결하기 위한 방안을 모색
    • 장단점을 저울질하나 행동을 취하지는 않음
    • 가장 강력한 양가감정을 경험하는 단계

ⓒ 준비 단계(결정 단계)
- 현재의 문제 행동의 부정적인 영향 때문에 변화의 필요성을 인식하면서 시작됨
- 변화에 구체적인 계획을 세우는 것이 필요한 단계
ⓓ 실행 단계
- 변화 계획을 실행에 옮기는 단계
- 상담자는 내담자의 자기효능감을 증진시키고 지지하는 역할에 초점을 맞추어야 함
ⓔ 유지 단계
- 변화된 새로운 행동을 계속 유지하는 단계
- 이 마지막 단계를 거치더라도 재발할 수 있음

(7) 동기강화 상담의 구성 요소 : 동기면담의 원리, OARS, 변화 대화

① 동기면담의 정신 : 협동정신, 유발성, 자율성
② 협동정신 : 파트너 정신, 내담자와 동등한 관계, 지지적인 태도로 양가감정과 동기를 탐색할 수 있도록 격려, 내담자 자신이 전문가라는 사실을 인식할 수 있도록 돕는 것, 내담자의 전문성 존중
③ 유발성 : 변화에 대한 동기가 내담자의 내면에 이미 내재되어 있다고 보는 관점에서 출발
  ㉠ 목표 : 내담자의 생각에서 변화해야 할 이유와 잠정적 변화 방법을 끌어내 변화를 유도해 가는 것
  ㉡ 내담자로부터 동기를 이끌어 냄
  ㉢ 내담자의 느낌이나 관점, 인생 목표, 가치관 등의 탐색으로 내담자의 이면에 내재된 변화 동기를 자연스럽게 끌어내어 강화할 수 있음
④ 자율성 : 내담자에게 행동선택의 자유와 이를 유지해 갈 능력이 있다고 보는 것
  ㉠ 자신의 길을 선택하는 책임이 궁극적으로는 내담자에게 있다는 의미
  ㉡ 변화의 책임이 내담자에게 있다는 의미

(8) 동기강화 상담의 필수요소

① 교정반사 삼가기
  ㉠ 상담자는 내담자의 문제에 대한 해답을 알고 있어 고쳐주고 싶은 경향을 지님
  ㉡ 교정반사(righting reflex) : 사실 내담자를 돕고자 하는 마음에서 출발
  ㉢ 상담자 자신의 동기, 생각, 변화에 대한 의견, 가치관 등을 내담자에게 그대로 전달되게 하여 내담자가 자신이 가지고 있는 양가감정 모두를 고찰하는 것을 방해할 가능성을 지님
  ㉣ '저항'이란 내담자가 자신이 변화해야 하는 이유에 대해서 적극적으로 맞서는 과정
  ㉤ 저항을 불러오는 상담자의 행동
    - 내담자들에게 그들이 문제가 있다고 설득하는 것
    - 변화의 장점에 대해서 논쟁하는 것
    - 내담자에게 어떻게 변하라고 이야기하는 것
    - 변화하지 않을 경우 결과에 대해서 경고하는 것
    - 내담자의 저항이 증가했다는 것은 상담자가 행동을 바꿀 필요가 있다는 신호

② 내담자의 동기 이해해 주기

   ㉠ 양가감정에 관한 내용의 논리적 확장, 즉 상담자가 내담자를 동기화시키거나 동기를 작동시키는 것이 아니라 상담자는 이미 내담자 안에 있는 동기를 찾아내서 그들 스스로 이를 발견하고 인식할 수 있도록 돕는다는 것

   ㉡ 목표 : 내담자가 왜 변화해야 하는지, 어떻게 변화를 가능하게 할 것인지, 스스로 말할 수 있는 편안한 환경을 만들어 주는 것

③ 내담자의 이야기 경청하기

   ㉠ 내담자 개인의 관점을 이해하려고 노력하는 존중을 담은 태도

   ㉡ '수용은 변화를 만들고, 변화에 대한 압력은 저항을 만들어 낸다.'

④ 내담자에게 힘을 실어 주기

   ㉠ '모든 변화는 궁극적으로 자신이 만들어 내는 것'

   ㉡ 내담자는 변화할 수 있는 능력이 있고, 문제 해결력을 가지고 있으며, 스스로 변화하겠다는 결심이 있다면 변화를 일으킬 수 있다고 믿는 것(=자기효능감)

   ㉢ 자기효능감(self-efficacy)과 자존감(self-esteem)을 구분할 것

   • 자존감 : 자기(self)와 자신의 가치에 대한 태도, 믿음, 행동을 포함하는 포괄적인 단어

   • 자기효능감 : 원하는 결과를 달성할 수 있는 자신의 능력에 대한 스스로의 인식에 좀 더 초점을 맞추고 있음

   • 자기효능감은 내담자의 말에 무조건 동의함으로써 상승할 수 있는 것이 아니며, 올바르지 못한 변화 계획을 세우도록 몰아갈 수도 있음

(9) 동기강화 상담의 기본 기법

① 열린 질문하기 : '예', '아니오'의 단답형 대답이 아닌 다소 길거나 생각을 해야 하는 대답을 요구하는 형식의 질문

② 반영하기 : 말하는 사람이 의도했던 본래의 의미가 무엇인가를 합리적으로 추측하여 이를 진술문의 형태로 말하는 것

③ 인정해 주기 : 내담자가 가진 감정과 노력하고자 하는 마음을 알아 주고, 적절하게 인정해 주는 것

④ 요약하기

   ㉠ 수집 요약 : 변화 대화에 대한 주제가 여러 번 나올 때, 이를 끌어모아 내담자가 이야기를 계속하도록 하는 것

   ㉡ 연결 요약 : 내담자가 이전에 이야기했던 두 개 혹은 그 이상의 내용 간의 관계를 다시 음미해 보도록 하기 위한 것으로 특히 양가감정을 명료화할 때 유용

   ㉢ 전환 요약 : 대화의 초점이 다른 곳으로 이동함을 알리고자 할 때 사용

⑤ 변화 대화 끌어내기 : 변화 대화란 변화에 대한 욕망, 능력, 이유, 필요성 등에 대해 내담자가 이야기하는 것

3. 재발방지

치료의 종결로 향하는 후기 단계에서는 중독 회복자들에게 빈번히 발생하는 재발 문제에 대처하는 기술을 훈련하고, 지속적으로 회복의 길을 함께 걸어갈 수 있는 지지 집단(예 익명의 중독자 모임)과 연결하여, 중독 이외의 활동에서 삶의 즐거움과 의미를 찾을 수 있도록 다양한 여가 활동을 개발하는 데 주력한다.

CHAPTER 05 | 특수문제별 상담 유형

TOPIC. 1 ▶ 학습문제 상담

1. 학습문제의 기본 특징

① 학생들은 학창시절에 '하기 싫은 공부를 해야 할 것인가, 한다면 어떻게 해야 할 것인가'에 대해 고민을 많이 하게 된다.

② 이와 같은 고민은 공부를 게을리한 후에 생기는 일시적인 것이기도 하지만, 이런 고민이 지속되면 학업 자체에 흥미를 잃고 심지어는 학업을 중단하는 경우도 생긴다.

③ 학교 상담자에게 "저는 공부하기가 힘들어요"라고 호소해 오는 학생들이 간혹 있는데, 이 같은 학습문제는 다른 생활의 문제와 분리시켜 가능한 한 빨리 또 효과적으로 명백하게 처리하는 것이 필요하다.

2. 학습문제 상담의 실제

① 학습문제는 대체로 반복적이고 주기적인 '자기패배적 유형'과 '성공적인 유형'으로 분류하여 고려할 수 있다.

② 상담에서는 '자기패배적 유형'을 '성공적인 유형'으로 바꾸는 것이 학습문제 상담의 주요 목표가 된다고 본다.

③ 자기패배적 유형의 계속 반복되는 3단계

  ㉠ 1단계 : 고정적이고 엄격하여 실행하기 어려운 학습계획을 세우는 단계

  ㉡ 2단계 : 이 같은 계획을 실천하려고 실속 없이 애쓰는 단계

  ㉢ 3단계 : 결국 실패하여 특히 자신의 능력에 대한 모멸감과 목표를 달성하지 못한 데서 좌절감을 느끼는 단계

④ 학습문제에 관한 상담을 원하는 중고등학교 학생뿐만 아니라, 성실하고 열심히 공부하는 대학생이라도 이러한 '비생산적 학습태도 – 비합리적 학습계획 – 좌절감 · 무력감의 단계'의 악순환을 한 학기에 한두 번 경험하게 된다.

3. 학습문제 상담 시 고려사항

자기패배적인 악순환을 탈피하고 성공적인 학습태도로 탈바꿈시키기 위해서, 상담자는 다음과 같이 자각, 대치, 변화를 위한 긍정적인 자극 등의 접근법을 고려해 볼 수 있다.

① 자각 : '무리한 계획 – 심한 긴장(압박) – 능률의 저하'의 과정을 겪고 있음을 내담자에게 시사해 주고 설명해 줌으로써 그 과정을 분명히 깨닫도록, 즉 자각하도록 한다.

② 대치 : 과거의 비효과적인 학습전략을 현실적이고 보다 유동적인 성공수준의 새로운 학습전략으로 교체시키는 일이 필요하다.

③ 변화 : 상담자는 내담자에게 칭찬, 애정, 지원, 인정, 이해적 배려 등의 긍정적인 자극을 제공함으로써 내담자가 자기 불만으로부터 벗어날 수 있는 자각과 용기를 찾게 한다.

TOPIC. 2 ▶ 성 문제 상담

1. 성 문제 상담의 지침

① 성에 관한 상담자 자신의 인식 : 상담자는 내담자들의 성 문제를 다루기 전에 자신의 성적 만족도, 성 행동 과정 등에 관해 충분히 인식하고 있어야 한다.

② 개방적 의사소통
　㉠ 상담자는 내담자의 성에 관계된 불안이 더 이상 증가하지 않도록 하고 더 나아가서는 그 불안을 감소시킬 수 있을 만큼 사고 및 언어에 있어 충분히 융통성을 가지고 있어야 한다.
　㉡ 성에 관한 용어의 사용에 있어서 전혀 거리낌이 없어야 하고, 개방적인 의논이 바람직하다는 것을 내담자에게 알려 주어야 한다.

③ 내담자가 무지하다는 가정 : 상담자는 내담자가 성이라든가 성욕에 관해서 거의 모르는 것으로 가정하는 것이 안전하다. 성에 관한 상식이라는 것이 큰 의미가 없기 때문이다.

④ 상담자의 기본적인 성 지식인 : 상담자는 인간의 성에 관한 올바르고 기본적인 지식을 가져야 한다.

⑤ 의사 · 전문가에의 의뢰
　㉠ 상담자는 성에 관한 상담 과정에서 자신의 한계를 인식하고 그 한계를 넘어서 상담을 하지 않도록 하여야 한다.
　㉡ 필요에 따라 성 문제 전문가 및 산부인과 의사 등에게 의뢰할 수 있는 준비를 하고 있어야 한다.

⑥ 위장적 · 회피적 태도의 처리
　㉠ 성 문제에 관한 도움을 요청하는 내담자들은 자기 자신의 주된 관심사를 숨기고 간접적인 질문을 통해 상담자의 능력이나 태도를 시험할 경우가 있다.
　㉡ 그러한 상황에서는 성에 관한 일반적 화제를 가지고 면접을 시작하는 등 상담자는 이를 알아채고 적절히 대처해야 한다.

⑦ 상담자의 객관적 역할 : 상담자는 가능한 한 성에 관한 자신의 철학과 상담자로서의 역할을 분리시켜야 한다. 이것은 다른 상담 장면에서도 적용되는 기본적 원리일 것이다.

2. 성 피해자 상담의 목표 및 과정

(1) 신뢰적 관계의 형성

① 상담자는 심판하거나 벌을 주지 않고 문제해결에 도움을 주리라는 것을 내담자에게 인식시킨다.

② 지지적 태도와 신뢰감을 보이면서 내담자를 잘 이해하도록 노력해야 한다.

(2) 우선적 관심사의 처리

① 성폭력 피해자들의 걱정은 '내가 성폭력을 당한 사실을 얘기한다면 어떻게 될 것인가?', '부모가 알아야 하는가?', '병원에 가면 자동적으로 경찰에 보고되는 것인가?' 등이다.

② 이런 걱정과 질문에 대한 솔직한 답변에 앞서, 우선 피해자의 정서불안을 안정시켜 주는 것이 필요하다.

(3) 지속적 상담의 준비

① 성 피해자들에게는 장기간의 상담이 요구되는 경우가 많다.

② 지속적 상담의 필요성을 알려 주고, 필요한 마음의 준비를 하도록 하는 과정이 바람직하다.

(4) 성 피해자 상담의 과정

① 성 피해자들은 성폭력에 관한 사건 자체나 받은 충격을 다른 사람에게 말하는 것을 두려워한다. 심리적으로 위안이 될 수도 있으나 우정을 잃거나 수치를 당할 위험이 따르기 때문이다.

② 상담자는 그러한 위험을 지적해 주고 피해자가 자기 자신에게 진정으로 우호적인 사람들을 분별할 수 있게 도와주며, 피해자가 취해야 할 역할 행동의 검토를 통해 필요한 대화와 바람직한 대인관계의 태도를 익히도록 도와주어야 한다.

> **┃ + 이해더하기 ┃**
>
> 피해자가 느끼는 자책감, 죄의식, 수치, 당황, 어리석은 느낌 등의 감정들을 이해하고 어느 정도 명료화한 다음, 이것이 합당한 것인지 성 피해자 스스로 평가하도록 도와주어야 한다. 즉 상담자는 자신에게만 부당하게 책임을 돌리는 데서 오는 내담자의 수치심과 불안을 감소시키고, 내담자가 사실상의 희생자이며 사건의 주원인을 가해자와 환경 쪽에 돌려 생각하도록 한다. 자기중심의 죄의식을 상대자에 대한 분노의 개념과 언어표현으로 바꿈으로써 내담자의 부정적인 자기평가가 없어지도록 돕는다.

(5) 성 피해자 상담의 목표

① 성 피해자 상담의 최종목표는 내담자가 정상적인 생활을 회복하도록 하는 데에 있다.

② 숙련된 상담은 피해자가 입은 공포스러운 사건에 대하여 올바르고 현실적인 관점을 갖게 함으로써 정상 생활로의 회복 과정을 용이하게 한다. 자기패배적인 의식에서 보다 현실적이고 적극적인 의식으로 바꾸어 가도록 도와주는 것이다.

③ 여기서 중요한 것은 내담자가 스스로 자기패배적인 사고방식과 언어표현을 먼저 깨닫게 하는 것이다. 일단 피해자가 자신의 정상적 행동을 회복할 수 있다면, 그 사건을 현실적인 생활 태도의 관점에서 보게 될 수 있다.

3. 성 상담 시 고려사항

① 성 피해자의 상담에서 상담자가 이해해 두어야 할 것은 성폭력 사건이 내담자의 생활에 어떠한 영향을 주는가이다.

② 내담자에 대한 이해의 우선적 초점은 피해자가 가지고 있을지도 모르는 공포이다.

③ 성 피해자들은 평범한 자극에도 상처받기 쉬운 정서를 느끼며 불안한 행동, 남성들에 대한 의심, 문을 항상 꼭 닫아 두는 행동을 보이게 된다. 상담자는 이러한 공포적인 행동은 사건 직후 당연히 나타나는 것이라는 점을 일깨워 줌으로써 내담자가 극복할 수 있도록 도와주어야 한다.

TOPIC. 3 　비행청소년 상담

1. 비행청소년과 상담

① 비행청소년들의 심리적 · 환경적 욕구는 다양하므로 이들의 문제를 지도하거나 해결하는 데는 다각적인 접근이 필요하다.

② 비행청소년들은 종종 무능한 자아상을 보이고 자신들의 감정 · 희망 · 가치와도 무관하게 행동하므로 정신적으로 건강하지 못하다고 판단되기 쉽다. 그러나 성숙한 사람으로서의 책임에 대처할 준비가 되어 있지 못한 그들의 입장에서는 이러한 행동이 당연하다.

③ 비행청소년들의 문제는 사회적 · 경제적 환경과 강력한 함수관계가 있다.

2. 비행청소년에 대한 접근방법

(1) 적응력의 향상

① 모든 청소년들이 한두 번은 비행행동을 하지만 그중 일부는 만성적으로 사회규범에 역행하는 행동을 하고, 결국 자기패배적인 종말을 맞게 된다.

② 청소년들이 일단 소년원 및 교도소와 같은 기관에 들어가게 되었을 때에는 이미 바람직한 적응력이 상실된 경우가 많다고 볼 수 있다.

③ 우리나라 소년원생 중 누범자의 비율이 대체로 50%를 넘고 있다는 점을 근거로, 교도시설을 접하기 전에 사회생활에 대한 적응력을 키워 주는 것이 이상적이다.

(2) 인격적 성장의 촉진

① 사회적 규범에 잘 적응하는 것이 생존을 위해서 중요한 일이지만, 더욱 중요한 것은 청소년의 자아실현이다.

② 대부분 비행청소년들은 자신의 재능을 발휘하지 못하고 있으며 비현실적인 생활목표와 비뚤어진 자아개념을 가지고 있다.

③ 상담을 통해 이들이 지닌 부정적 감정 · 실패감 · 무능력하다는 생각을 덜어 주고, 자아실현의 기회를 줌으로써 인간적 성장을 촉진할 수 있다.

(3) 행동권리의 옹호

① 우리 사회에는 청소년의 권리를 보장하는 법률이나 선도대책기구가 있으나, 대체로 청소년의 행동권리가 경시되는 예가 많으며, 이러한 상황에서는 효과적 상담이나 조정작업이 매우 힘들게 된다.

② 청소년 권익의 보호는 특히 부모 및 가정에서의 여건이 나쁘고 옹호할 의사가 있어도 능력이 없는 경우에는 국가와 사회기관에서 하여야 한다.

③ 적극적인 방법으로 생산적인 청소년 생활을 위한 공공사업을 하고 청소년들이 이러한 사업의 혜택을 받도록 보장하는 것 등이 있다.

3. 상담자의 역할

(1) 정신건강 상담

① 정신건강 상담에서도 상담의 기본과정은 면담을 중심으로 이루어진다.

② 상담의 중점은 상담자와 내담자 사이에 신뢰와 인격적 존중을 토대로 한 인간관계를 형성하는 것이다. 그리고 내담자가 세상을 어떻게 느끼고 있고 자신을 어떻게 받아들이고 있는가를 먼저 이해하고 난 후에야 내담자의 정신건강을 도울 수 있다.

③ 비밀을 유지하고 가능한 한 내담자의 자유를 보장함으로써 청소년 내담자에게 자기 아닌 타인, 특히 성인을 신뢰하는 태도를 배우게 한다.

④ 상담자가 내담자의 믿음으로 인간관계를 유지한다면 인격적 성장을 촉진하는 상담의 기능까지도 수행할 수 있다.

⑤ 행동주의적 방법은 내담자의 이해와 협조가 있다면 비행청소년들에게 유용하게 사용될 수 있다. 반면 처벌이나 훈육적인 방법에서는 상담관계를 깨뜨릴 위험이 있으므로 고도의 기술이 따라야 한다.

(2) 보호조정적 상담

① 정신건강 상담에서는 청소년에게 많은 관심을 자유롭게 기울일 수 있는 반면, 보호조정적인 상담에서는 청소년에게 실제 행동으로 도와주며 가정 · 학교 및 교도기관과 접촉하여 유기적인 역할을 해야 한다.

② 보호조정적 상담의 기능은 필요한 조정작업과 옹호이다. 물론 여기서도 정규적인 상담 방법이 다소 시도되지만 그러한 상담의 한계 때문에 주로 교도적인 접근방법에 의존한다.

③ 때로는 설득 · 위협 · 처벌 등의 비정규적인 방법이 사용되는 사회의 선도기구를 이용하기도 한다.

④ 이러한 점에서 보호조정적 상담자는 청소년 관계 법률에 대한 전문적 지식을 가져야 하고, 비행청소년 및 그 가족에 대한 경제 · 고용 · 의료 · 심리적 문제 등의 봉사활동을 하는 사회기관들과도 빈번한 접촉을 유지해야 한다.

⑤ 정신건강 상담자는 내담자와의 관계유지를 가장 중요시하는 반면, 보호조정적인 상담자는 직업적인 권위 면에서 제한을 받긴 하지만 직접적인 '의논상대' 또는 간접적인 '조정요원'의 역할을 한다.

4. 비행청소년 상담 시 고려사항

① 비행청소년들의 가정이나 친지들은 이들의 문제를 해결하기에는 무능력하며, 학교가 교육적·문화적으로 그들을 다루는 것 역시 충분하지 못한 일이다.

② 비행청소년들은 사회 각층의 사람들로부터 '못된 놈들'로 평가되어 냉대받고 있으며, 그들의 삶에 긴 진한 방향을 계기해 줄 수 있는 우라 및 활동의 기회도 부족한 실정이다.

③ 최근 청소년 법정은 법률적 처리의 한계를 넘어서 정신건강 전문가(정신과 의사, 심리학자 등)로부터 상담의 도움을 구하고 있다.

④ 그러나 비행청소년을 상담한다고 해도 면접만을 통한 전통적인 상담만으로는 매우 한정된 효과밖에는 얻지 못하며, 다시 말해 면접 중심의 전통적인 상담은 비행문제를 다루는 데 있어서 법률적인 보호체제보다 오히려 효과가 적을 수 있음을 인지하여야 한다.

TOPIC. 4 진로상담

1. 진로상담의 의미 및 이론

(1) 진로상담의 의미

① 의미 : 내담자가 자기 자신에 대한 정보와 사실을 탐색·수용하고, 자신에 관해 확인된 사실을 토대로 적절한 진로를 선택하도록 도와주는 활동으로 정의된다.

  ㉠ 상담과정은 내담자에 대한 자료를 수집하고 적합한 진로를 살펴보아 특수한 진로목표를 설정한 후, 그 목표에 도달하기 위한 교육계획을 수립하는 데 중점을 둠

  ㉡ 이와 같은 기본정신은 변하지 않았지만, 최근에는 진로상담을 일반상담의 일부로 보려는 경향이 강함

  ㉢ 진로상담은 내담자의 생활사와 내담자의 생활환경을 관련지어 진행해야 하므로, 단순히 개인과 특정 진로를 짝짓는 기계적인 작업은 아님

② 일반상담과의 관계

  ㉠ 진로선택은 합리적인 '문제해결식 사고'가 보다 강조되므로 일반적인 개인문제와는 차이가 있음

  ㉡ 그러나 진로선택이 합리적인 문제해결과정만은 아니며, 내담자가 가진 갈등적인 태도·포부·감정들과 연결되어서 이루어져야 한다는 점을 유의해야 함

  ㉢ 진로가 상담자와의 면담에서 얻어지는 정보만으로 결정되는 것이 아니며, 진로선택이 한 개인의 장기간의 인생 경험과 교육 및 학습의 산물이라는 점을 토대로, 직업상담도 전체적 일반상담의 기초 위에서 수행되어야 함

(2) 진로상담의 이론

① 자아욕구 결정론

  ㉠ 정신분석적 입장에서는 직업 및 진로에 대한 흥미가 인정받고자 하는 욕구 및 어떤 지위에 도달하려는 자아욕구에 기인한다고 봄

      ⓛ 진로선택은 무의식적 욕구가 표현된 결과인 것

      ⓒ 흥미를 결정짓는 요인들은 기본적 인간의 욕구와 아동기의 가족성원들 사이에서 겪는 수용 · 회피 · 갈등 · 애정의 경험이라고 볼 수도 있음

      ⓔ 아동의 초기 경험은 사물이나 사람에 대한 아동의 일반적 태도 형성에 영향을 주므로 이런 성장기의 경험 및 태도가 진로의 방향을 결정하게 하는 요인이 된다고 해석할 수 있음

  ② 흥미 · 태도의 발달 단계론

      ㉠ 진로선택은 직업에 대한 흥미 및 태도가 주요 발달 단계를 거쳐 결정된다는 관점

      ⓛ '환상기'(6~11세), '잠재기'(12~17세), '현실적 선택기'(18세 이상)를 거치며 이 단계적 발달순서는 바뀌지 않는다고 봄

      ⓒ 진로선택이 개인적인 가치관과 주어진 환경 및 직업기회와의 타협으로 이루어지며, 진로에 대한 현실적 견해보다는 진로에 대한 개인의 지각이 큰 영향을 미친다고 해석할 수 있음

  ③ 환경적응론

      ㉠ 진로에 대한 개인의 태도가 가족 및 사회적 압력, 자신이 의식하고 있는 내면적 욕구와 능력 간의 갈등을 해소하여 외부환경에 적응하려는 결과로 형성된다는 주장

      ⓛ 진로의 동일시 현상을 말한 것으로 진로 방향에 대한 욕구를 자아개념과 관련지음으로써 진로에 대하여 비교적 안정된 흥미를 갖게 된다는 해석

      ⓒ 이 해석은 진로에 따른 흥미가 성격특성과 자아개념에 따라 변한다는 견해와 유사함

  ④ 자아개념 결정론

      ㉠ '진로선택이 자아개념에 의해 결정된다'는 이론

      ⓛ 진로의 분야에 따라 특정 유형의 능력과 성격 특성이 필요하다는 점을 토대로 함

  ⑤ 성격유형 상관론

      ㉠ 성격유형과 진로신대 간의 관계에 초점을 둔 이론

      ⓛ 인간의 경험적 목표 · 역할의 호오 정도 · 활동범위 및 자아개념에 따라 현실적 유형 · 지적 유형 · 사회적 유형 · 모험적 유형 · 예술적 유형 등으로 분류될 수 있는 성격유형이 진로에 대한 태도 및 선택과 깊은 관계가 있다고 보는 것

2. 진로상담의 기본지침

진로상담은 내담자를 평가한 후 적합한 직업정보를 선택해서 진로계획에 반영하는 합리적 과정만으로 이루어지는 것이 아님을 앞서 언급하였다. 엄격한 의미에서 진로상담은 내담자의 생활 및 사고방식을 고려함으로써 내담자가 자기실현을 할 수 있도록 돕는 과정인 것이다.

(1) 내담자에 대한 평가

  ① 상담의 초기 과정에서는 내담자에 대한 정보를 얻기 위해 면접 · 설문지 · 생활기록 및 검사도구를 사용한다.

  ② 상담자는 얻어진 자료를 평가하고 해석하기 위해 적절한 통계적 방법, 컴퓨터 및 자신의 경험 등을 활용하게 된다.

③ 상담자는 수집된 자료를 종합적으로 평가한 후, 내담자에게 일반 상담기법에 따라 평가한 결과 및 의미를 해석해 주고 내담자와 함께 논의한다.

④ 이런 과정을 적절히 거치면 대체로 내담자가 스스로 어느 정도 진로를 계획할 수 있게 되고, 상담자는 바람직한 선택 결정에 이르도록 도와줄 수 있다.

(2) 진로정보의 수집 및 전달

① 상담자가 진로정보를 제시하면서 적절하게 내담자를 격려해 준다면 내담자가 스스로 합리적인 목표를 선택할 수 있다. 따라서 상담자는 적극적으로 진로정보와 선택지침을 제시해 주어야 한다.

② 한편 대부분의 고등교육기관과 직장에서는 소속기관의 구성원으로서 규범적 생활에 적응할 것을 기대하고 있다. 특히 일반 사회의 직장은 가정이나 학교에서처럼 내담자가 자기 멋대로 할 수 있는 환경이 못 된다. 내담자가 직장의 이러한 속성을 잘 이해하지 못하고 있으면 좌절감이나 적대감을 느끼고 직업에 대해 불만을 갖게 된다.

③ 상담자는 내담자의 가치관 · 인생경험 · 기대를 충분히 고려하여, 내담자의 상활양식에 맞는 직업계획을 수립하는 데 도움이 되는 정보를 주어야 한다.

3. 진로상담 시 고려사항

① 상담과정에서 진로정보를 제시할 때는 그 시기를 잘 선택하여 적시에 제시해야 한다.

② 일반적으로 내담자가 상담자로부터 검사 결과에 대한 평가와 해석을 듣고 나서 이것을 자신의 진로 선택에 활용하고자 할 때, 진로정보를 제시해 주는 것이 좋다.

③ 내담자가 정보를 요구할 때에는 그 정보에 대한 올바른 이해를 확인하고서 제공하는 것이 바람직하다.

④ 진로계획이 수립되면, 경우에 따라서는 효과적 직업수행을 위한 훈련 및 교육에 대해 자문을 해 주는 것도 필요하다.

TOPIC. 5 ▶ 위기 및 자살상담

1. 위기 및 자살상담의 의미 및 이론

① 예기치 않았던 환경적인 자극이나 그 밖의 이유로 위기감을 느끼는 내담자에게는 위기상담이 필요하다. 즉, 생활조건의 변화나 가족 및 주위의 사람들에게 큰 변동이 생김으로써 내담자가 심한 긴장과 불안을 느끼는 경우이다.

② 이러한 경우 내담자들은 대개 긴장감을 느끼고 심한 불안감과 심리적 혼란을 경험하게 된다. 이때 내담자의 불안의 성질 및 정도와는 다르지만 상담자도 자칫하면 불안의 당혹감을 느낄 수 있다.

③ 상담자 쪽에서 모호하고 불안한 감정을 느끼게 되면 원래의 상담 능력을 발휘하기 힘들어지므로 위기상담을 할 때에는 내담자에 대해 이해적인 관심을 가지되 결코 놀라서는 안 되고, 내담자의 문제를 보다 합리적인 해결 방향으로 도와줄 수 있는 객관적인 태도를 상실해서도 안 된다.

내담자가 처해 있는 위기의 상황은 상담자 혼자서 처리하거나 해결해 주기 힘든 경우가 대부분일 것이다. 따라서 상담자 혼자서 처리하려 하지 말고 주위의 부모나 선생님 혹은 타인과 협의해서 해결하는 것이 바람직하다.

2. 위기 및 자살상담의 기본지침

위기를 조종하고 상담해 나갈 수 있기 위해 상담자가 갖추어야 할 기본적인 요건들은 다음과 같다.

① 공감 이해 · 경청 : 내담자의 위기 및 긴장감에 대해 공감적인 이해나 경청을 할 수 있는 능력
② 정확한 평가 : 내담자의 환경적인 여건이나 심리적인 반응에 대해 정확히 평가할 수 있는 능력
③ 충분한 지식 준비 : 내담자의 문제를 보다 효과적으로 이해할 수 있는 주변 자원(기관 및 사람)에 대한 충분한 지식을 갖출 수 있는 능력

3. 위기 및 자살상담의 목표

① 심리적 증상 및 고통 해소 : 내담자의 긴장을 포함한 다양한 심리적 증상 및 고통을 해소하는 것
② 혼란 방지 · 회복 : 내담자가 더 이상 혼란을 겪지 않도록 하며, 과거의 정상적인 상태를 회복할 수 있는 적응수행력을 회복하는 것
③ 환경적인 요인 이해 : 내담자에게 위기의식을 촉발한 환경적인 요인에 대해 이해하도록 만드는 것

4. 위기 및 자살상담 시 고려사항

(1) 위기

주요 생활목표의 좌절 또는 생활양식의 혼란에서 오는 과도한 긴장감이다. 즉 평상시의 적응방법이나 생활양식으로는 해결하지 못할 만큼 심리적인 긴장을 느끼는 상태이다.

(2) 위기감을 느끼게 하는 조건

① 정서적으로 깊은 유대감을 가졌던 사람의 상실
② 내면적인 고통이나 슬픔이 촉발된 경우
③ 과도기적인 변화 등

(3) 위기적 조건에서의 고려사항

① 환경조작
  ㉠ 환경의 변화에 따른 위기유발조건에 대해 순전히 환경적으로 접근하는 것
  ㉡ 반드시 상담에만 의존하지는 않는 접근방법
② 일반적인 지원
  ㉠ 내담자가 긴장을 보다 덜 느낄 수 있는 방향으로 조언을 해 주는 것
    예 관심 있게 경청하고 비위험적인 또는 비판적인 태도를 보이지 않는 것

③ 포괄적 해결 노력
  ㉠ 내담자가 부딪힌 위기의 성질을 파악
  ㉡ 해결방법을 합리적으로 모색하도록 협조해 주는 것
④ 개인상담
  ㉠ 포괄적이 접근과 아울러 내담자의 성격이나 이상심리에 관해서도 노력하는 것
  ㉡ 장기적이고 보다 전문적인 심리치료까지 연결하도록 도와주는 과정

단원 정리 문제

01 비밀보장이 한계를 갖는 경우로 옳지 않은 것은?

① 아동학대를 하는 경우
② 내담자가 심각한 질병에 감염된 경우
③ 교육 및 연구 목적의 경우
④ 내담자의 가족과 지인들이 요구하는 경우

정답 | ④
해설 | 비밀보장이 한계를 갖는 경우
   • 내담자나 제3자에게 분명한 위험이 임박해 있는 경우
   • 내담자가 아동학대를 하는 경우
   • 내담자가 심각한 질병에 걸린 경우
   • 전문적 목적, 교육 또는 연구 목적으로 사용할 경우

02 다음 중 상담 윤리에 어긋난 경우는?

① 자신의 역량을 넘어서는 사례라도 비밀보장과 책임감으로 끝까지 상담을 완수한다.
② 내담자와 개인적 관계나 성관계를 갖지 않는다.
③ 내담자의 나이, 피부색, 문화, 장애, 종교, 인종, 성별, 성적 성향, 결혼 여부, 사회경제적 지위에 따라 차별하지 않는다.
④ 내담자의 비밀보장을 위해 노력한다.

정답 | ①
해설 | 상담자는 전문적으로 자격을 넘어서는 행위를 해서는 안 되며 자신의 역량을 넘는 사례를 맡게 될 경우 내담자의 복지를 우선하여 적합한 상담가에게 양도해야 한다.

03 정신분석에서 나눈 여러 가지 불안 유형에 대한 설명 중 옳지 않은 것은?

① 현실 불안 : 실제로 존재하는 외부 위협의 지각에 따른 반응으로, 자아가 유해한 상황을 감지하고 처리하도록 동기화시키려 할 때 발생한다.
② 신경증적 불안 : 신경계의 이상으로 인해 발생하는 불안으로 신경계 계통의 화학적 반응에 의해 생겨난다.
③ 도덕적 불안 : 강한 초자아가 약한 자아를 압도하는 상태로서, 자아가 초자아에게 처벌을 받을 것을 두려워할 때 생기는 불안이다.
④ 혼재성 불안 : 두 가지 이상의 원인이 뒤섞여서 나타나는 두려움을 말한다.

정답 | ②
해설 | 신경증적 불안은 강한 원초아가 약한 자아를 압도하는 상태로, 성욕과 공격성의 지배를 받는 원초아의 본능적 충동이 의식화되어 약한 자아가 이를 통제할 수 없을 것이라는 두려움과 긴장감에 따른 정서반응이 원인이다.

04 프로이트의 이론에서 성격형성 요소가 아닌 것은?

① 의식   ② 원초아
③ 자아   ④ 초자아

정답 | ①
해설 | 성격형성 요소는 원초아, 자아, 초자아가 있으며 의식수준의 요소는 의식, 전의식, 무의식이 있다.

05 다음은 프로이트의 의식수준 중 무엇에 대한 설명인가?

> • 전의식 아래에 위치하며, 성격구조에서 가장 강력하고 이해하기 어려운 부분으로, 정신세계의 가장 깊고 중요한 역할을 한다.
> • 자기 자신에 대한 의식이 없는 상태로 성격의 본능적인 부분을 포함하고 있으며, 억압되어 있는 강력한 힘이 위치하는 부분이다.
> • 이 힘은 개인의 행동을 지배하고 행동 방향을 결정한다.

① consciousness
② unconsciousness
③ id
④ superego

정답 | ②
해설 | 프로이트의 의식수준은 의식, 전의식, 무의식으로 나뉘며, 제시된 설명은 전의식 아래에 위치한 무의식(unconsciousness)에 대한 설명이다.

06 다음은 프로이트의 성격형성 요소 중 무엇에 대한 설명인가?

> • 쾌락의 원칙에 따라 본능적 욕구를 충족시킨다.
> • 태어날 때부터 존재하는 심적 에너지의 저장소로서, 생물적 충동으로 구성된다.
> • 성격의 기초를 이루는 요소로 원욕, 본능, 원본능이라고도 한다.
> • 여건과 결과를 고려하지 않고 본능적인 충동이나 욕구를 즉각 충족시켜 고통이나 긴장을 감소시키고 즐거움을 얻으려는 윤리에 따라 작동된다.

① 원초아   ② 자아
③ 초자아   ④ 현실자아

정답 | ①
해설 | 원초아(id)에 대한 설명이다. 프로이트의 성격형성 요소는 원초아, 자아, 초자아로 구성된다.

07 다음 인간관을 가진 상담관점은?

> • 인간은 본질적으로 선하고 신뢰할 수 있으며 긍정적, 진보적, 건설적, 현실적인 존재이다. 때로는 신뢰할 수 없는 방식으로 행동하거나 남을 속이거나 미워하거나 잔인한 행동을 저지르는 사람들도 있으나 이는 방어성에서 나온 것일 뿐, 본질적으로는 선하다.
> • 인간은 사회적이고 미래지향적인 존재이며 자아실현의 의지와 더불어 선한 마음을 갖고 태어난다.
> • 인간은 본래 부적응 상태를 극복하고 건강한 정신 상태를 되찾을 수 있는 능력을 가지고 있으므로 상담 진행의 책임을 내담자에게 맡긴다.

① 정신분석 상담
② 인본주의 상담
③ 행동주의 상담
④ 인지적 상담

정답 | ②
해설 | 인본주의 상담에 대한 내용이다.
　　　① 정신분석 상담의 인간관 : 인간본성에 대해 결정론적이며 인간은 그들의 생리적 충동과 본능에 의해 지배된다고 본다.
　　　③ 행동주의 상담의 인간관 : 인간의 행동은 유전과 환경의 상호작용의 소산으로 원칙적으로 예측이 가능하고 현재의 행동은 어떤 선행조건에 의하여 결정된다고 본다.
　　　④ 인지적 상담의 인간관 : 인간의 여러 측면 중 감정이나 행동도 중요하지만 인지, 즉 사고가 가장 중요하다고 보며 인간은 자신의 인지, 정서, 행동 과정을 변화시킬 수 있는 능력을 가지고 있다.

08 정신분석의 자아 방어기제 중 용납하기 어려운 충동, 감정, 동기를 자신의 것으로 인정하기보다는 타인이나 외부에 돌려서 어려움에 대처하고 자아를 보호하려는 기만형 기제를 무엇이라 하는가?

① 부인　　　　　② 투사
③ 퇴행　　　　　④ 합리화

정답 | ②
해설 | ① 부인 : 의식화되면 도저히 감당 못할 정도로 위협적인 현실과 관련된 생각, 욕구, 충동 또는 지각을 무의식적으로 인정하지 않거나 회피함으로써 자아를 보호하려는 도피형 기제이다.
　　　③ 퇴행 : 과도한 긴장이나 도전에 직면할 때 만족이 주어졌던 초기 발달 수준으로 돌아가 미성숙하거나 부적절한 반응으로 불안이나 위험을 해소하려는 도피형 기제이다.
　　　④ 합리화 : 용납하기 어려운 충동이나 행동을 가장 도덕적, 합리적, 논리적인 설명으로 정당화하여 죄책감을 막고 자존심을 유지하며 비판으로부터 스스로를 보호하기 위한 기만형 기제이다.

09 다음은 심리성적 발달단계 중 무엇에 해당하는가?

• 리비도가 성기에 집중되어 성기와 성에 관심을 갖는 시기이다.
• 자신의 육체에 대해 호기심을 갖게 되며 이성과의 차이점을 발견하려고 한다.
• 남아들은 이성 부모인 어머니와 근친상간적인 상상을 하면서 어머니를 사랑하게 되는 반면, 아버지를 경쟁상대로 여기고 어머니를 독차지하려는 욕망으로 아버지를 살해하려는 적의를 품기도 한다. 그러나 자신의 욕망이 알려지게 되면 자신보다 훨씬 크고 힘이 센 아버지가 자신을 거세할 수 있다는 불안감을 갖게 되어 결국 아버지와 닮고자 하는 시도가 나타난다.

① 구강기　　　　② 항문기
③ 남근기　　　　④ 잠재기

정답 | ③
해설 | 오이디푸스 콤플렉스와 거세불안의 특징을 가진 남근기에 대한 설명이다.

10 정신분석의 상담기법 중 프로이트는 이것을 무의식에 이르는 왕도라고 불렀으며 꿈의 내용에는 꿈에 나타난 그대로의 현재몽과, 그 현재몽이 상징하고 있는 잠재몽의 2가지가 있다고 하였다. 이것은 무엇인가?

① 해석　　　　　② 자유연상
③ 꿈의 분석　　　④ 저항

정답 | ③
해설 | 꿈 분석법은 내담자가 꾼 꿈을 분석하여 문제를 파악하는 것이다. 이때, 꿈을 기억하는 사람을 정신건강이 좋지 못한 것으로 보고, 꿈을 기억하지 못하는 사람을 정신이 건강한 사람으로 본다.

11 다음은 정신분석의 상담 절차 중 무엇에 대한 설명인가?

• 내담자가 문제의 중심에 도달할 때까지 한 층씩 벗겨나가는 과정이다.
• 상담자와 내담자의 꾸준한 만남 속에서 전이 분석이 지속적으로 이루어지고, 내담자의 갈등 문제에 대한 통찰은 점차 심화된다.
• 상담자는 지속적으로 자유연상, 꿈의 분석 등을 통해 내담자의 신경증적 갈등을 탐색한다. 동시에 내담자의 언어적 표현 내용에서 갈등의 핵심과 주제 내용과 관련된 행동을 추론하는 한편, 저항적인 언어 반응을 해석한다.
• 반복, 정교화, 그리고 확대로 구성된 지속적 과정이다.

① 시작　　　　　② 전이 발달
③ 훈습　　　　　④ 전이 해결

정답 | ③
해설 | 훈습에 대한 설명이다.
　　　정신분석의 상담 절차는 시작 → 전이 발달 → 훈습 → 전이 해결이다.

12 인간중심 상담의 핵심개념 중 하나로, 실현 경향성을 끊임없이 추구하며 성장하는 사람을 지칭하는 가설적인 인간상으로서 인간중심 상담의 궁극적인 목표인 이것은 무엇인가?

① 유기체
② 자기
③ 완전히 기능하는 사람
④ 가치조건

정답 | ③

해설 | 완전히 기능하는 사람에 대한 설명이다.
　　　① 유기체 : 인간 각 개인의 사상, 행동 및 신체적 존재 모두를 포함하는 전체로서의 한 개인을 지칭한다.
　　　② 자기 : 개인의 현상적 혹은 지각적 장의 분화된 부분으로 I나 Me의 의식적 지각과 가치를 포함하는 개념이다.
　　　④ 가치조건 : 어린 시절 부모나 보호자로부터 긍정적 존중을 얻기 위해 노력한 결과로, 어른의 가치가 아이의 내면에 형성되는 현상을 말한다.

13 인간중심 상담의 상담기법 중 옳지 않은 것은?

① 일치성 혹은 진실성
② 무조건적인 긍정적 관심과 수용
③ 공감적 이해
④ 해석

정답 | ④

해설 | 해석은 정신분석 상담기법 중 하나이다. 인간중심 상담의 상담기법은 일치성 혹은 진실성, 무조건적인 긍정적 관심과 수용, 공감적 이해 등이다. 정신분석 상담기법은 해석, 자유연상, 꿈의 분석, 저항의 분석 및 해석, 전이의 분석 및 해석 등이다.

14 행동주의 상담의 상담목표 기준으로 옳지 않은 것은?

① 내담자가 원하는 목표이어야 한다.
② 상담자는 내담자기 목표에 도달할 수 있도록 기꺼이 도와주어야 한다.
③ 내담자가 상담을 통한 학습의 결과로 어느 정도 그 목표에 도달할 수 있는가를 평가할 수 있어야 한다.
④ 상담자와 내담자의 관계에서 지금-여기에 초점을 맞추는 것이다.

정답 | ④

해설 | 지금-여기에 초점을 두는 상담목표는 인간중심 상담의 상담목표 기준이다. 인간중심 상담의 상담목표 기준은 자기지도 및 현실적 방향 설정, 자기탐색 및 개방성 증진, 자기와 타인수용 격려, 지금-여기에 초점 등이 있다.

15 행동주의 상담기법 중 옳지 않은 것은?

① 체계적 둔감법
② 인지 재구성법
③ 토큰경제
④ 모델링

정답 | ②

해설 | 인지 재구성법은 인지적 상담의 상담기법 중 하나이다. 행동주의 상담기법은 체계적 둔감법, 근육 이완 훈련, 인지적 모델링과 사고정지, 인지적 재구조화, 스트레스 접종, 정서적 상상, 토큰경제, 모델링, 주장훈련, 자기관리 프로그램, 행동계약, 역할연기, 혐오치료, 바이오피드백이 있다. 인지적 상담의 상담기법은 불안감소법, 인지 재구성법, 새로운 행동의 학습법, 마이켄바움의 인지행동수정 등이 있다.

16 행동주의 이론의 개념 중 어떤 바람직한 행동을 할 때, 그 사람이 싫어하는 대상물을 제거해 주는 방법은 무엇인가?

① 정적 강화인자
② 부적 강화인자
③ 정적 처벌인자
④ 부적 처벌인자

정답 | ②
해설 | 부적 강화인자에 대한 설명이다. 참고로 정적 강화인자는 어떤 자극이나 결과를 제공함으로써 그 자극을 받은 행동의 빈도와 강도가 늘어나는 것을 말한다.

17 인지적 상담의 핵심개념 중 벡의 인지적 오류의 유형이 아닌 것은?

① 이분법적 사고 : 사건의 의미를 이분법적인 범주 중의 하나로 해석하려는 오류로, 사건을 흑백논리로 사고하고 해석하거나 경험을 극단적으로 범주화하는 것
② 과잉일반화 : 한두 번의 단일 사건에 근거하여 극단적 신념을 가지고 일반적인 결론을 내려 그와 무관한 상황에도 그 결론을 적용하는 오류
③ 선택적 추상화(정신적 여과) : 상황이나 사건의 주된 내용은 무시하고 일부 특정 정보에만 주의를 기울여 사건 전체의 의미를 해석하는 오류
④ 재구성 : 사실과 다르게 주관적인 판단으로 사실을 왜곡하여 기억하는 오류

정답 | ④
해설 | 재구성은 인지적 오류의 유형이 아닌 인지 재구성법의 상담기법 중 하나로, 내담자의 상황이나 행동에 대한 인식을 변화시키는 전략이다. 즉, 문제의 다른 측면에 초점을 두거나 내담자가 다른 시각에서 문제를 바라볼 수 있도록 해주는 것이다.

18 인지적 상담기법의 불안감소법 중 하나로 불안을 야기하는 자극에 직면하도록 긍정적 강화를 제공하며, 두려워하는 부정적 결과가 결코 일어나지 않는다는 것을 깨닫게 함으로써 부적응적 행동을 소멸시키는 것을 무엇이라고 하는가?

① 체계적인 탈감화 혹은 체계적 둔감법
② 홍수요법
③ 반응예방 혹은 반응차단
④ 이완훈련

정답 | ①
해설 | 체계적 둔감법에 대한 설명이다. 불안감소법으로 이완훈련, 바이오피드백, 체계적인 탈감화 혹은 체계적 둔감법, 감각기관에의 노출, 홍수요법, 전정기관의 탈감화 훈련, 반응예방 또는 반응차단이 있다.
② 홍수요법 : 노출치료 중 하나로서 가장 불안을 많이 일으키는 자극에 내담자를 즉각적으로 노출시키는 방법이다.
③ 반응예방 또는 반응차단 : 불안감소 반응 없이 불안을 야기하는 자극에 반복적으로 노출시키는 것이다.
④ 이완훈련 : 몸에 전체적으로 도움이 될 때까지 순차적으로 수의근의 긴장과 이완을 반복하는 것으로, 다른 인지행동 기술과 함께 또는 단독으로 사용된다.

19 인지적 상담기법의 한계로 옳지 않은 것은?

① 평균 이상의 지적 능력 요구
② 심각한 정신장애의 적용 한계
③ 숙제 완성의 부담 가능성
④ 결정론적 인간관

정답 | ④
해설 | 결정론적 인간관은 정신분석 상담기법의 한계이다. 인지적 상담기법의 한계로는 평균 이상의 지적 능력 요구, 심각한 정신장애의 적용 한계, 숙제 완성의 부담 가능성, 행동 및 반응기술 요구, 과거 영향 무시 등이 있다.

20 게슈탈트 상담의 주요 개념 중 무엇에 대한 설명인가?

> • 게슈탈트 상담은 현재의 완전한 경험과 인식의 중요성을 강조한다.
> • 과거는 지나갔고 미래는 아직 오지 않았으므로 의미가 있는 것은 현재뿐이기 때문이다.
> • 그러므로 과거와 미래의 사건은 현재를 통해 볼 수 있다.

① 지금 – 여기　　② 게슈탈트
③ 미해결과제　　④ 인식

정답 | ①

해설 | 지금–여기에 관한 설명이다.
　② 게슈탈트 : 총체적 형상 또는 통합적 총체, 즉 부분들과 특정한 관계에 놓여 있는 전체를 나타내는 독일어 어원의 개념이다.
　③ 미해결과제 : 생의 초기의 사고, 감정, 반응이 미처 표현되지 않아 일정한 시간이 경과한 후에도 여전히 개인의 기능에 영향을 미치고 현재의 삶에 방해하는 과거로부터의 감정을 말한다.
　④ 인식 : 개인 내면뿐 아니라 타인과의 접촉에서 욕구나 감정을 지각하고 게슈탈트로 형성하여 전경으로 떠올리는 것을 말한다. 인식은 누구에게나 있는 능력으로, '알아차림' 또는 '각성'이라고 불린다.

PART 06

최신기출문제

CHAPTER 01 | **2023년 1회 기출문제**
(2023년 2월 13일~3월 15일 시행)

제1과목   **심리학개론**

001 기억 연구에서 집단이 회상한 수가 집단구성원 각각 회상한 수의 합보다 적은 것을 의미하는 것은?

① 책임감 분산 ② 청크효과
③ 협력 억제 ④ 스트롬효과

정답 | ②
해설 | 집단이 회상한 수가 집단구성원 각각 회상한 수의 합보다 적은 것을 청크효과라고 한다.
청킹(chunking)이란 단기기억에 관한 연구에서 사용되는 용어 가운데 하나로, 기억 대상이 되는 자극이나 정보를 서로 의미 있게 연결하거나 묶는 인지 과정을 지칭한다. 이러한 인지 과정은 결과적으로 단기기억의 용량을 확대하는 효과가 있다.

002 다음 설명에 해당하는 것은?

• 아동들의 자기개념이 왜 우선적으로 남자─여자 구분에 근거하는지를 설명하고자 한다.
• 아동에게 성이라는 렌즈를 통해 세상을 보도록 가르치는 문화의 역할을 중요시한다.

① 성 도식이론 ② 인지발달이론
③ 사회학습이론 ④ 정신분석학이론

정답 | ①
해설 | 성 도식이론이란 남성과 여성을 구분하여 성별로 다른 사회적 역할을 기대하는 특정 사회나 문화가 가지고 있는 사고방식이나 신념을 말한다. 동의어로 성─역할 고정관념이라고 한다.

003 기억의 왜곡을 줄이는 데 효과적인 방법으로 가장 거리가 먼 것은?

① 반복해서 학습하기 ② 간섭의 최대화
③ 기억술 사용 ④ 연합을 통한 인출단서의 확대

정답 | ②
해설 | 기억의 왜곡을 줄이는 데는 간섭의 최소화가 이루어져야 한다.

004 조건형성의 원리와 그에 해당하는 예를 잘못 연결시킨 것은?

① 강화보다 처벌 강조 – 행동조성
② 소거에 대한 저항 – 부분강화 효과
③ 조작적 조건형성의 응용 – 행동수정
④ 고전적 조건형성의 응용 – 유명연예인 광고모델

정답 | ①
해설 | 강화보다 처벌을 강조하면 행동소거가 된다. 행동조성을 위해서는 처벌보다는 강화가 제공되어야 한다.

005 기온에 따라 학습능률이 어떻게 달라지는가를 알아보기 위해 기온을 13℃, 18℃, 23℃인 세 조건으로 만들고 학습능률은 단어의 기억력 점수로 측정하였다. 이때 독립변수는 무엇인가?

① 기억력 점수
② 기온
③ 학습능률
④ 예언

정답 | ②
해설 | 독립변수란 어떠한 효과를 관찰하기 위하여 실험적으로 조작되거나 혹은 통제된 변수를 말한다. 예를 들면, 속도 제한은 특정한 도로에 따라 다를 수 있으며, 그 효과는 교통사고 통계에 의해 측정될 수 있다. 여기에서 속도제한은 독립변수가 되고, 교통사고는 종속변수를 나타낸다. 그러나 사회조사에서 이론을 검증하기 위해 실험을 하는 것은 종종 불가능하며, 따라서 관찰은 이미 발생한 사건을 소급하여 행하여야만 한다. 예를 들면, 결혼연령이 갖는 가족크기에 대한 효과에 관한 연구가 이루어질 수 있다. 이 예시에서 결혼연령은 독립변수가 되고 가족크기는 종속변수가 된다.

006 검사에 포함된 각 질문 또는 문항들이 동일한 것을 측정하는 정도를 나타내는 것은?

① 구성타당도
② 경험타당도
③ 내적일치도
④ 준거타당도

정답 | ③
해설 | 문항내적일치도란 동일한 구인을 재고 있는 문항들이 어느 정도의 동질성이 있는지를 확인하는 것이다. 검사에 포함된 문항 하나하나를 모두 독립된 한 개의 검사로 생각하여 그들 간의 합치도, 동질성, 일치성을 종합하는 신뢰도이다. 검사 문항들은 서로 너무 달라서도 안 되고, 전체 문항에 걸친 공유성이 있어야 한다. 검사를 두 번 실시하지 않고 검사의 신뢰도를 추정할 수 있다는 장점을 지니고 있다. 문항들이 동질적인 경우 피험자들이 각 문항에 얼마나 일관성 있게 반응하였는지를 파악함으로써 검사의 신뢰도를 추정할 수 있다.

007 실험장면에서 실험자가 조작하는 처치변인은?

① 매개변인
② 종속변인
③ 조절변인
④ 독립변인

정답 | ④

해설 | 독립변인이란 변인에 영향을 미치거나 예언하는 변인이다. 한 연구에서 2개 이상의 변인들을 취급하게 될 때, 변인 상호 간의 관계 양상에 따라 변인을 독립변인과 종속변인으로 구분한다. 실험연구를 할 경우에 실험자는 독립변인을 임의로 조작하거나 통제할 수 있으며, 종속변인은 독립변인의 조작 또는 통제 여하에 따라 영향을 받게 된다. 따라서 독립변인을 실험변인 또는 처치변인이라고도 한다. 예컨대 교수 방법의 여하에 따라서 학생들의 학업 성적이 어떻게 변화되는가를 알아보는 연구를 한다면, 교수 방법은 독립변인이 되고, 이것은 연구자에 의하여 임의로 조작되거나 통제를 받는다.

008 다음은 무엇에 관한 설명인가?

> 가장 널리 사용되고 있는 성격검사로서 성격특성과 심리적인 문제를 측정하는 데 사용되는 임상적 질문지

① 주제통각검사
② 다면적 인성검사
③ 로샤검사
④ 문장완성검사

정답 | ②

해설 | 다면성 인성검사(MMPI ; Minnesota Multiphasic Personality Inventory)는 현재 가장 널리 쓰이는 심리검사 중 하나로 스타크 해서웨이(Starke Hathaway) 박사와 제이 챔리 매킨리(J. Chamley McKinley) 박사가 군사들의 PTSD를 빠르게 측정하기 위해 미네소타 대학교에서 개발한 자기보고형 심리검사이다.

> **로샤검사의 특징**
> 투사적, 비구조적 검사로 지각과 성격의 관계를 상정한다. 수검자가 지각한 것 속에 욕구, 경험, 습관적 반응 양식을 투사한다. 10장의 대칭적인 잉크반점 카드로 구성되어 있다. 각각의 카드는 여러 가지 형태와 색채, 음영, 공간 등과 같은 지각적 속성으로 구성된다. 각 잉크반점은 비체계적이고 불분명하고 명백한 대상이나 사물을 나타내지 않으므로 다양한 반응을 유발한다.

009 성격을 정의할 때 고려하는 특징으로 가장 거리가 먼 것은?

① 시간적 일관성
② 개인의 자율성
③ 개인의 독특성
④ 환경에 대한 적응성

정답 | ②

해설 | 성격의 구성요소는 크게 시간적 일관성, 개인의 독특성, 환경에 대한 적응성으로 구성된다.

010 고전적 조건형성에 관한 설명으로 옳은 것은?

① 모든 자극에 대한 모든 반응은 연쇄(Chaining)를 사용하여 조건형성을 할 수 있다.

② 중립자극은 무조건자극 직후에 제시되어야 한다.

③ 행동변화의 효과를 거두기 위해서는 적절한 반응의 수나 비율에 따라 강화가 이루어져야 한다.

④ 대부분의 정서적인 반응들은 고전적 조건형성을 통해 학습될 수 있다.

정답 | ④

해설 | ① 모든 자극에 대한 모든 반응은 연쇄(Chaining)뿐 아니라 시간적 간극을 사용하여 조건형성을 할 수 있다.

② 중립자극은 무조건자극 직후 또는 선행하여 제시되어야 한다.

③ 적절한 반응의 수나 비율에 따라 강화가 이루어져야 하는 것은 강화에 대한 설명이다.

011 현상학이론에 대한 설명으로 틀린 것은?

① 인간을 타고난 욕구에 끌려다니는 존재로 간주한다.

② 인간을 자신의 환경에 굴복하지 않고 오히려 환경을 통제하고 조정할 수 있는 적극적인 힘을 갖고 있는 존재로 파악한다.

③ 현재 개인이 경험하고, 느끼고, 행동하는 것이 중요하며, 개인의 진정한 모습을 이해하는 것도 이를 통해 가능하다고 본다.

④ 인간을 성취를 추구하는 존재로 파악한다.

정답 | ①

해설 | 인간을 철학적 사유를 할 수 있는 존재로 간주한다.

현상학이론은 에드문트 후설에 의해서 창시된 철학이다. 신칸트 학파와 같이 대상을 의식 또는 사유에 의해서 구성하는 논리적 구성주의에 서지 않고, 분석철학과 달리 객관의 본질을 진실로 포착하려는 데에 철학의 중심을 두는 것이다. 경험과 의식의 구조들(the structures of experience and consciousness)을 철학적으로 연구하는 것을 의미한다.

012 효과적인 설득을 위해 고려해야 할 사항이 아닌 것은?

① 설득자가 설득 행위가 일어난 상황에 주의를 기울일 필요가 있다.

② 설득자는 피설득자의 특질과 상태를 고려할 필요가 있다.

③ 설득자의 자아존중감이 무엇보다 중요하다.

④ 메시지의 강도가 중요하다.

정답 | ④

해설 | 메시지의 강도가 중요한 것은 최면, 즉 암시이다.

013 강화에 관한 설명으로 옳지 않은 것은?

① 계속적 강화보다는 부분 강화가 소거를 더욱 지연시킨다.
② 어떤 행동에 대해 돈을 주거나 칭찬을 해주는 것은 1차 강화물이다.
③ 강화가 지연됨에 따라 그 효과가 감소한다.
④ 고정비율계획보다는 변화비율계획이 소거를 더욱 지연시킨다.

정답 | ②

해설 | 어떤 행동에 대해 돈을 주거나 칭찬을 해주는 것은 2차 강화물이다.
강화물이란 행동의 빈도를 증가시키는 데 사용된 모든 자극물이다. 강화물은 그 성격에 따라 다양하게 구분될 수 있다. 일차적 강화물은 생리적, 선천적 요구를 만족시키는 자극물로 음식, 공기, 물 등을 예로 들 수 있다. 이차적 강화물은 본래는 중성 자극이었으나 일차적 강화물과 연합하여 학습되거나 조건된 강화물이다. 돈은 음식 등의 특정 물질과 연합되어 강화력을 갖게 되기 때문에 이차적 강화물이다. 사회적 인정, 칭찬, 지위 등도 이차적 강화물이다.

014 피아제(Piaget)가 발달심리학에 끼친 영향과 가장 거리가 먼 것은?

① 환경 속의 자극을 적극적으로 구축하는 가설 생성적인 개체로 아동을 보게 하였다.
② 발달심리학이 인간의 복잡한 지적능력의 변화를 탐색하는 분야가 되는 데 기여했다.
③ 발달심리학에서 추구하는 학습이론이 구조와 규칙에 대한 심리학이 되는 데 그 기반을 제공했다.
④ 인간의 마음의 변화를 생득적 · 경험적이라는 두 대립된 시각으로 보는 데 큰 기여를 했다.

정답 | ④

해설 | 피아제는 마음의 변화가 아닌 인지변화에 대한 알아차림에 큰 기여를 하였다. 생득주의 이론은 인간의 언어습득은 후천적인 것이 아니라 인간의 타고난 능력이 있기에 가능하다는 것이다.

015 연구방법의 주요 개념에 관한 설명으로 옳지 않은 것은?

① 측정 – 한 변인의 여러 값들에 숫자를 할당하는 체계
② 실험 – 원인과 결과에 대한 가설을 정밀하게 검사하는 것
③ 독립변인 – 실험자에 의해 정밀하게 통제되는 가설의 원인으로서 참가자의 과제와 무관한 변인
④ 실험집단 – 가설의 원인이 제공되지 않는 집단

정답 | ④

해설 | 실험집단은 가설의 원인이 제공되는 집단이다.
사회 · 문화 현상을 연구하기 위한 자료 수집 방법 중 하나인 실험법은 양적 연구 방법에서 주로 사용된다. 연구 대상을 실험 집단과 통제 집단으로 나누어 설정한 후, 실험 집단에만 일정한 조작을 하여, 독립변수가 실험 집단에 미치는 영향을 통제 집단과 비교하여 측정하는 것으로 자료를 수집한다. 즉, 실험 집단은 실험의 대상이 되는 집단으로, 독립변수가 영향을 미치도록 처치한 집단을 가리킨다. 이때 통제 집단은 독립변수의 영향을 받지 않는다는 점을 제외하고는 모든 조건이 실험 집단과 동일한 집단이다.

016 어떤 사람의 행동을 보고 상황이나 외적 요인보다는 사람의 기질이나 내적 요인에 그 원인을 두려고 하는 것은?

① 기본적 귀인오류   ② 현실적 왜곡

③ 후광효과   ④ 고정관념

정답 | ①

해설 | 기본적 귀인오류는 관찰자가 다른 이들의 행동을 설명할 때 상황 요인들의 영향을 과소평가하고 행위자의 내적, 기질적인 요인들의 영향을 과대평가하는 경향을 말한다.

017 연구설계 시 내적타당도를 위협하는 요인이 아닌 것은?

① 피험자의 반응성   ② 측정 도구의 변화

③ 평균으로의 회귀   ④ 피험자의 학습효과

정답 | ①

해설 | 내적타당도 위협요인은 모호한 시간적 선행, 선택, 역사, 성숙, 평균으로의 회기, 탈락, 검사, 측정도구의 변화, 가선적 상호작용적 영향, 피험자의 학습효과 등이 있다.

내적타당도는 실험처치로 인하여 실험결과가 도출되었다고 할 수 있는 정도를 뜻한다. 내적타당도가 높다는 것은 실험처치로 인해 실험결과가 도출되었다고 해석할 수 있다. 다시 말해서, 처치를 받은 실험 집단이 처치를 받지 않은 통제 집단보다 좋은 결과를 보이는 것이 처치의 효과라고 추측할 수 있다는 것이다.

018 다음의 설명에 해당하는 것은?

> 척도상의 내표적 수지를 의미하며 평균, 중앙지, 최빈치가 그 예이다.

① 빈도분포값   ② 추리통계값

③ 변산측정값   ④ 집중경향값

정답 | ④

해설 | 집중경향값이란 하나의 점수분포에서 중심적 경향을 나타내는 값으로 대표치라고도 한다. 이 값은 분포 내 어떤 "값"과도 정확히 일치하지 않을 수 있지만 그 "값"에 좋은 추측치로서의 성질은 가져야 한다. 최빈치(mode), 중앙치(median) 또는 평균치(mean)를 집중경향치로 사용하며, 이들은 각기 다른 방식으로 "좋은 추측치"를 정의한다.

019 소거(Extinction)가 영구적인 망각이 아니라는 증거가 될 수 있는 것은?

① 변별(Discrimination)
② 자발적 회복(Spontaneous Recovery)
③ 자극 일반화(Stimulus Generalization)
④ 조형(Shaping)

정답 | ②

해설 | 자발적 회복이란 소거가 완료된 후 일정 기간 훈련을 중시했다가 소건 자극을 다시 제시하면 소건 반응이 갑자기 재출현하는 것이다. 소거 이후에도 조건 반응이 다시 나타날 수 있다는 사실은 소거가 학습된 조건 자극과 조건 반응 간의 연합을 제거하는 것이 아니라 새로운 연합을 학습하는 것임을 보여 준다.

020 연합학습 이론에 대한 설명으로 틀린 것은?

① 조작적 조건형성 이론 – 강화계획을 통해 행동출현 빈도의 조절 가능
② 조작적 조건형성 이론 – 결과에 따른 행동변화
③ 고전적 조건형성 이론 – 무조건자극과 조건자극의 짝짓기 빈도, 시간적 근접성, 수반성 등이 중요
④ 고전적 조건형성 이론 – 능동적 차원의 행동변화

정답 | ④

해설 | 고전적 조건형성 이론은 수동적 차원의 행동변화를 끌어낸다. 1950년대에 울페(Wolpe), 라자루스(Lazarus), 아이 젱크(Eysenck) 등은 임상장면에서의 공포치료를 도와주기 위해 동물연구에서 얻은 실험 연구 결과를 사용하기 시 작하였다. 그들은 헐(Hull)의 학습이론과 파블로프(Pavlov)의 조건형성(혹은 고전적 조건형성) 연구에 바탕을 두었 다. 이들 개척자의 연구에 깔려있는 특성은 상담절차의 실험적 분석과 평가를 중요시했다는 것이다. 체계적 둔감 법의 발달에 대한 울페의 기여는 고전적 조건형성 모델에 기초를 두고 있고, 이것은 실험에서 도출해 낸 학습의 원리가 임상적으로 적용될 수 있음을 보여 주는 것이다.

021 조현병의 양성증상에 해당하는 것은?

① 와해된 행동
② 무사회증
③ 무의욕증
④ 감퇴된 정서 표현

정답 | ①

해설 | 조현병에서 양성증상(positive symptom)이란 정상인에게는 없는 증상이 나타나는 것을 의미한다. 양성증상으로는 망상, 환각, 와해된 언어나 행동이 해당한다. 이에 비해 있어야 할 적응적 기능이 결여된 상태를 음성증상(negative symptom)이라고 하며 정서적 둔마, 언어의 빈곤, 의욕 저하가 이에 해당한다.

022 반사회성 성격장애와 가장 관련이 없는 것은?

① 품행장애의 과거력
② 역기능적 양육환경
③ 신경전달물질인 세로토닌(Serotonin)의 부족
④ 붕괴된 자아와 강한 도덕성 발달

정답 | ④

해설 | 죄책감이나 후회, 도덕성 및 양심 발달의 부족은 반사회적 성격장애의 임상적 특징이다. 따라서 강한 도덕성이 발달했다고 볼 수 없다.

023 병적 도벽에 관한 설명으로 옳은 것은?

① 훔치기 전에 기쁨, 충족감, 안도감을 느낀다.
② 훔친 후에 고조되는 긴장감을 경험한다.
③ 개인적으로 쓸모가 없거나 금전적으로 가치가 없는 물건을 훔치려는 충동을 저지하는 데 반복적으로 실패한다.
④ 훔치는 행동이 품행장애로 더 잘 설명되는 경우에도 추가적으로 진단한다.

정답 | ③

해설 | 병적 도벽은 훔치는 물건의 쓸모나 금전적인 가치와 상관없이 물건을 훔치려는 충동을 저지하는 데 실패하는 것이 특징이다. 즉 훔치는 행위를 통해 느끼는 긴장감, 만족감, 스릴감에 대한 유혹을 통제하지 못하는 사람이라고 할 수 있다.

024 사회불안장애에 대한 설명으로 가장 적합한 것은?

① 버닐이나 니리에 내해 공포반응이 일어나는 경우이니.

② 특정 뱀이나 공원, 동물, 주사 등에 공포를 느낀다.

③ 공포스러운 사회적 상황이나 활동상황에 대한 회피, 예기 불안으로 일상생활, 직업 및 사회적 활동에 영향을 받는다.

④ 생리학적으로 부교감신경계의 활성 등의 생리적 반응에서 기인한다.

정답 | ③
해설 | ① 특정 공포증의 '상황형'에 해당한다.
　　　　② 특정 뱀이나 동물은 특정 공포증의 '동물형', 주사는 특정 공포증의 '혈액, 주사, 상처형'에 해당한다.

025 지속성우울장애(기분저하증)의 진단기준에 관한 설명으로 옳지 않은 것은?

① 우울 기간 동안 자존감 저하, 절망감 등의 이상증상이 2가지 이상 나타난다.

② 조증 삽화, 경조증 심화가 없어야 한다.

③ 순환성장애의 진단기준을 충족해야 한다.

④ 청소년에서는 기분이 과민한 상태로 나타나기도 한다.

정답 | ③
해설 | 순환성장애는 기분삽화에 해당하지 않는 경미한 우울증상과 경조증 증상이 번갈아 가며 2년 이상의 기간에 걸쳐 장기간 나타나는 것으로, 우울증상이 2년 이상 지속적으로 나타나는 지속성 우울장애와는 구분된다.

026 자폐스펙트럼장애 진단의 특징적인 증상만으로 묶인 것은?

① 구두 언어 발달의 지연, 비영양성 물질을 지속적으로 먹음, 상징적 놀이 발달의 지연

② 사회적－감정적 상호성의 결함, 관계 발전이나 유지 및 관계에 대한 이해의 결함, 상동증적이거나 반복적인 운동성 동작

③ 일반적인 의학적 상태, 타인과의 대화를 시작하거나 지속하는 능력의 현저한 장애, 발달 수준에 적합한 친구관계 발달의 실패

④ 동물에게 신체적으로 잔혹하게 대함, 반복적인 동작성 매너리즘(Mannerism), 다른 사람들과 자발적으로 기쁨을 나누지 못함

정답 | ②
해설 | ① 비영양성 물질을 지속적으로 먹는 것은 이식증에 해당하는 설명이다.
　　　　④ 동물에게 신체적으로 잔혹하게 대하는 것은 품행장애에 해당하는 설명이다.

027 DSM-5의 신경발달장애에 해당하지 않는 것은?

① 분리불안장애

② 지적 장애

③ 자폐스펙트럼장애

④ 주의력결핍 및 과잉행동장애

정답 | ①

해설 | 분리불안장애는 DSM-5의 불안장애에 해당한다.

028 환각제에 해당되는 약물은?

① 카페인

② 대마

③ 펜시클리딘

④ 오피오이드

정답 | ③

해설 | 환각제(hallucinogen)는 환각효과를 나타내는 물질로 펜시클리딘, 엘에스디, 메스칼린, 암페타민류, 사일로사이빈, 엑스터시, 항콜린성 물질 등이 있다.

029 분리불안장애에 관한 설명으로 옳지 않은 것은?

① 행동치료, 놀이치료, 가족치료 등을 통하여 호전될 수 있다.

② 부모의 양육행동, 아동의 유전적 기질, 인지행동적 요인 등이 영향을 미친다.

③ 성인의 경우 증상이 1개월 이상 나타날 때 진단된다.

④ 학령기 아동에서는 학교에 가기 싫어하거나 등교 거부로 나타난다.

정답 | ③

해설 | 분리불안장애는 아동·청소년의 경우 4주 이상, 성인의 경우 6개월 이상 지속될 때 진단된다.

030 주의력결핍 및 과잉행동장애(ADHD)에 관한 설명으로 옳지 않은 것은?

① 학령전기에 보이는 주요 증상은 과잉행동이다.

② 여성보다 남성에게 더 흔하게 나타난다.

③ 증상이 지속되면 적대적 반항장애로 동반이환할 가능성이 높다.

④ 앉아 있도록 요구되는 상황에서 자리를 떠나는 것은 부주의 증상에 해당한다.

정답 | ④

해설 | 앉아 있도록 요구되는 상황에서 자리를 떠나는 것은 충동성 증상에 해당한다.

031 소인-스트레스 이론(Diathesis-Stress Theory)에 대한 설명으로 가장 적합한 것은?

① 소인은 생후 발생하는 생물학적 취약성을 의미한다.
② 소인은 스트레스 상황에서 발현된다.
③ 소인과 스트레스는 서로 억제한다.
④ 스트레스가 소인을 변화시킨다.

정답 | ②
해설 | 소인-스트레스 이론은 취약성 소인이 있는 사람이 특정한 질병과 관련된 스트레스를 경험하는 경우 다른 사람에
비해 쉽게 걸린다고 가정하는 이론이다. 즉 정신장애는 소인이 스트레스 상황에서 발현된다고 보았다.
① 소인은 유전 생물학적 취약성을 의미한다.
③ 소인과 스트레스는 서로 상승작용을 한다.
④ 스트레스가 소인을 변화시킨다고는 할 수 없다.

032 불안 증상을 중심으로 한 정신장애에 대한 설명으로 가장 거리가 먼 것은?

① 범불안장애 - 다른 사람들과 상호작용하는 사회적 상황을 두려워하여 회피한다.
② 외상 후 스트레스 장애 - 외상적 사건을 경험하고 난 후에 불안상태가 지속된다.
③ 공황장애 - 갑자기 엄습하는 강렬한 불안, 즉 공황발작을 반복적으로 경험한다.
④ 강박장애 - 원치 않는 생각이 침습적으로 경험되고, 이를 무시하거나 억압하려 하고, 중화시키려고 노
력한다.

정답 | ①
해설 | 다른 사람들과 상호작용하는 사회적 상황을 두려워하는 것은 사회불안장애에 대한 설명이다. 범불안장애는 미래
에 발생할지 모르는 다양한 위험에 대해 과도한 불안과 걱정을 하는 것이다.

033 우울장애에 대한 치료방법으로 적절하지 않은 것은?

① 기억회복치료(Memory Recovery Therapy)
② 대인관계치료(Interpersonal Psychotherapy)
③ 인지행동치료(Cognitive Behavioral Therapy)
④ 단기정신역동치료(Brief Psychodynamic Therapy)

정답 | ①
해설 | 우울장애에 대한 치료방법으로는 대인관계치료, 단기집중치료, 인지행동치료, 행동치료, 정신역동적 정신치료, 집
단정신치료, 부부치료와 가족치료 등이 있다. 기억회복치료는 이와 관련이 없다.

034 지적 장애에 관한 설명으로 틀린 것은?

① 심각한 두부외상으로 인해 이전에 습득한 인지적 기술을 소실한 경우에는 지적 장애와 신경인지 장애로 진단할 수 있다.

② 지적 장애 개인의 지능지수는 오차 범위를 포함해서 대략 평균에서 1 표준편차 이하로 평가된다.

③ 지적 장애는 개념적, 사회적, 실행적 영역에 대한 평가로 진단된다.

④ 경도의 지적 장애는 여성보다 남성에게 더 많다.

정답 | ②

해설 | 개인의 지능지수는 오차 범위를 포함해서 대략 평균에서 −2 표준편차 이하로 평가된다. 심리학에서는 모집단을 전제로 한 정상분포에 의해 지적 장애를 분류하는데, 이런 분류는 기능주의적 패러다임에 의하는 것이고 상대적으로 지능수준에 의미를 부여한 것이다.

> **지적 장애의 분류**
> - 경도(Mild) 지적 장애 : 지능지수의 −2 표준편차에서 −3 표준편차
> - 중증도(Moderate) 지적 장애 : 지능지수의 −3 표준편차에서 −4 표준편차
> - 중도(Severe) 지적 장애 : 지능지수의 −4 표준편차에서 −5 표준편차
> - 최중도(Profound) 지적 장애 : 지능지수의 −5 표준편차 이하

035 양극성장애(Bipolar Disorder) 조증 시기에 있는 환자의 방어적 대응 양상을 판단할 수 있는 행동이 아닌 것은?

① 활동 의욕이 줄어들어 과다 수면을 취한다.

② 자신이 신의 사자라고 이야기한다.

③ 증거도 없는 행동을 두고 남을 탓한다.

④ 화장을 진하게 하고 다닌다.

정답 | ①

해설 | 활동 의욕이 줄어들어 과다 수면을 취하는 것은 주요 우울 삽화에 해당하는 내용이다.
양극성장애에서 조증 삽화에 있을 때 환자는 비정상적으로 과도하게 들뜬 고양된 기분을 나타내며 이러한 양상은 ②, ③, ④의 행동으로 나타나기도 한다.

036 치매에 관한 설명으로 가장 적합한 것은?

① 기억손실이 없다.

② 자신의 무능을 최소화하거나 자각하지 못한다.

③ 증상은 오전에 가장 심해진다.

④ 약물남용의 가능성이 많다.

정답 | ②

해설 | 주요 신경 인지 장애(DSM-Ⅳ에서는 치매로 지칭됨)는 인지적 손상으로 인해 일상생활을 독립적으로 영위하기 힘들 경우와 인지적 손상으로 인해 일상생활을 독립적으로 영위하지 못하고 다른 사람의 도움을 필요로 할 경우 진단되며, 심각도에 따라 경도, 중등도, 중증도로 분류된다.

> **치매 증상**
> • 실어증 : 가족의 이름과 사물의 이름을 말하지 못함
> • 실인증 : 사물을 인지하지 못하거나 그 의미를 파악하지 못함
> • 실행증 : 동작을 통해 어떤 일을 실행하는 능력에 장애가 나타남
> • 실행기능 : 과제 수행에 필요한 여러 기능들을 수행하지 못함
> • 부수적 증상 : 우울, 불안, 분노와 같은 정서적 변화, 행동장애, 시공간 판단 능력, 성격 변화, 환각이나 망상과 같은 정신증적 증상들이 나타남

037 주요우울장애 환자가 일반적으로 나타내는 특징적 증상이 아닌 것은?

① 불면 혹은 과다수면

② 거절에 대한 두려움

③ 정신운동성 초조

④ 일상활동에서의 흥미와 즐거움의 상실

정답 | ②

해설 | 주요우울장애는 우울장애의 하위 유형 중 가장 증상이 심각한 것으로 거의 매일, 하루에 대부분, 우울증이 연속적으로 2주 이상 나타나는 경우이다. 주요우울장애의 핵심 증상은 지속적인 우울한 기분, 흥미나 즐거움의 상실, 수면장애, 무가치감, 피로, 자살 사고 등이다.

038 다음 증상들이 나타날 때 적절한 진단명은?

> • 의학적 상태, 물질 중독이나 금단, 치료약물의 사용 등으로 일어난다는 증거가 있다.
> • 주의를 집중하는 것이 어렵고, 이해할 수 없는 말을 중얼거린다.
> • 방향 감각이 없고 자신의 이름을 말하지 못한다.
> • 위의 증상들이 갑자기 나타나고, 몇 시간이나 며칠간 지속되다가 그 원인을 제거하면 회복되는 경우가 많다.

① 해리성 정체성장애   ② 경도신경인지장애

③ 주요신경인지장애   ④ 섬망

정답 | ④

해설 | 섬망은 어떤 신체적 질병, 물질 혹은 약물 중독, 금단, 독소에의 노출, 또는 어떤 복합적 원인에 의해 일시적으로 수의기능과 인식기능이 붕괴되는 현상이 나타나는 경우를 말한다. 이때 단기간(보통 몇 시간에서 며칠까지)에 주의 장애(에 의식의 혼미, 주의집중 및 전환능력의 감소)와 인식 장애(에 지남력 상실)가 초래되며, 증상의 심각성이 하루 중에도 변동된다. 또한, 이러한 증상이 물질이나 약물 복용, 신체적 질환 등의 직접적 결과로 인한 것이라는 명백한 근거가 있을 때 섬망으로 진단된다.

① 해리성 정체성장애 : 한 사람 안에 둘 이상의 각기 다른 정체감을 가진 성격이 존재하는 경우를 말한다.

039 대인관계의 자아상 및 정동의 불안정성, 심한 충동성을 보이는 광범위한 행동 양상으로 인해 사회적 부적응이 초래되는 성격장애는?

① 의존성성격장애
② 편집성성격장애
③ 경계성성격장애
④ 연극성성격장애

정답 | ③

해설 | 성격장애의 하위유형과 주요 진단 특징(출처 : 사례중심의 이상심리학)

성격집단	하위유형	주요 진단특징
A군	편집성 분열성 분열형	• 불신과 의심, 경계와 긴장, 악의적인 태도 • 사회적 무관심과 고립, 감정표현의 위축과 결여, 혼자 있기를 원함 • 대인관계의 기피, 인지적·지각적 왜곡, 기이한 외모와 행동, 심한 사회적 고립
B군	반사회성 경계성 연극성 자기애성	• 사회적 규범과 법을 어김, 타인의 인격과 권리 침해, 죄책감 결여 • 강렬하고도 불안정한 기분 및 대인관계, 분노, 충동성, 심리적 불안정성 • 타인의 애정과 관심을 끌기 위한 과장된 감정표현, 유혹적인 행동, 높은 피암시성 • 자신에 대한 과대평가, 칭찬에 대한 욕구, 특권의식, 오만한 행동
C군	회피성 의존성 강박성	• 사회활동의 억제와 회피, 부적절감, 당혹감, 부정적 평가의 과민성 • 독립적 생활의 결핍, 보호받고 싶어 하는 욕구와 열망, 이별에 대한 공포 • 정리정돈, 완벽주의, 마음의 통제와 대인관계의 통제에 집착, 인색함

040 대형 화재 현장에서 살아남은 남성이 불이 나는 장면에 극심하게 불안증상을 느낄 때 의심할 수 있는 가능성이 가장 높은 장애는?

① 범불안장애
② 적응장애
③ 조현병
④ 외상 후 스트레스 장애

정답 | ④

해설 | 외상 후 스트레스 장애는 충격적인 외상적 사건이나 스트레스 사건을 경험한 후, 그 후유증으로 심각한 부적응적 증상들이 나타나는 경우를 말한다. 따라서 대형 화재를 경험한 후 불이 나는 장면에 대해 극심한 불안증상을 느낀 것은 외상 후 스트레스 장애와 관련이 있다.

041　두정엽의 병변과 가장 관련이 있는 장애는?

① 시가야시의 장애

② 구성장애

③ 청각기능의 장애

④ 고차적인 인지적 추론의 장애

정답 | ②

해설 | 두정엽의 병변은 촉각 등의 감각의 상실과 언어 발달의 약화와 관련 있다.

- 전두엽 병변 : 후각장애(한쪽 콧구멍에 국한되어), 언어장애, 신체의 한쪽 혹은 양쪽에서 운동 저하, 행동 변화
- 측두엽 병변 : 행동과 감정의 변화, 후각과 미각, 청각장애, 언어장애, 시야 문제, 건망증 및 집중력 저하
- 후두엽 병변 : 시력의 변화

> **구성장애**
> - 두정엽 또는 마루엽은 대뇌피질의 윗부분 중앙에 위치하며, 이해의 영역으로서 공간지각, 운동지각, 신체의 위치판단 등을 담당한다. 특히 신체 각 부위의 개별적인 신체표상을 비롯하여 입체적·공간적 사고, 수학적 계산 및 연상기능 등을 수행한다.
> - 구성장애는 1차원 및 2차원의 자극을 토대로 2차원 또는 3차원으로 된 대상이나 형태를 구성하는 능력에서 결함을 나타내는 장애이다.
> - 지각적 결함과도 밀접하게 연관되어 있는 것으로 알려져 있다. 특히 우측 두정엽에 병변이 있는 환자의 경우 지형학적 사고와 기억손상 등의 시공간적 장애를 보이기도 하며, 개별적 특징들을 전체로 통합하여 재인하지 못하는 지각적 단편화와 함께 특이한 각도로 제시되는 대상을 재인하지 못하는 지각적 분류장해를 보이기도 한다.
> - 수학적 개념과 문제풀이 능력을 보유하고 있음에도 불구하고 공간적 관계에 따라 수를 조작하는 데 어려움을 보이는 계산부전증 또는 난산증을 보이기도 한다. 이와 같은 장해 및 증상들은 구성적 결함 또는 구성능력의 손상과 밀접하게 연관되어 있다.

042　심리검사의 윤리적 문제에 대한 설명으로 옳지 않은 것은?

① 심리학자에게 면허와 자격에 관한 법을 시행하는 것은 직업적 윤리 기준을 세우기 위함이다.

② 제대로 자격을 갖춘 검사자만이 검사를 사용해야 한다는 조건은 부당한 검사 사용으로부터 피검자를 보호하기 위한 조치이다.

③ 검사자는 규준, 신뢰도, 타당도 등에 관한 기술적 가치를 평가할 수 있어야 한다.

④ 검사자들은 검사자의 기술적 측면에만 관심을 가질 필요가 있다.

정답 | ④

해설 | 검사자들은 검사자의 기술적 측면 외 다양한 윤리적 문제에 관심을 기울여야 한다. 심리검사 사용 시 윤리적 문제와 관련된 주의사항은 다음과 같다.

전문적 측면	전문가로서의 자질 : 전문적인 기술을 가진 검사자여야 함
도덕적 측면	수검자에 대한 의무와 권리 : 검사자는 인간의 권리를 보호해야 할 의무가 있으며, 심리검사와 관련된 수검자의 권리에는 검사를 받지 않을 권리, 검사 결과에 대해 알 권리, 검사 결과에 대해 비밀보장을 받을 권리, 그리고 검사 자료에 접근 가능한 자에 대해 알 권리 등이 있음

윤리적 측면	검사자의 책임 : 검사자는 수검자에게 검사가 어떻게 사용되는지를 알려주고 비밀보장의 한계를 설명하여야 하며, 자신을 고용한 기관에 대해서는 가능한 한 최소한의 정보를 제공하는 것이 바람직함
사회적 측면	검사자는 심리검사가 주는 이익과 개인의 권리와 자유를 위협하는 위험에 관해 알고 있어야 함. 또한, 이익이 위험보다 훨씬 크고 위험이 최소화된 경우에만 검사를 사용하여야 함

043 지능검사와 그 활용에 관한 설명으로 옳지 않은 것은?

① 학습과 진로지도 자료로 활용할 수 있다.
② 웩슬러 지능검사의 특징 중 하나는 정신연령 개념을 도입한 것이다.
③ 검사의 전체 소요시간은 여러 요인에 따라 달라질 수 있다.
④ 지능지수가 높다고 해서 반드시 높은 학업성취를 보이는 것은 아니다.

정답 | ②
해설 | 웩슬러 지능검사는 지능이 다차원적이고 중다적인 구조로 이루어져 있음을 전제로 하며, 지능의 다양한 영역을 총체적인 관점에서 평가하기 위한 지능검사 도구이다. 따라서 정신연령의 개념과는 무관하다.

044 신경심리검사에 대한 설명으로 옳은 것은?

① 브로카와 베르니케(Broca&Wernicke)는 실행증 연구에 뛰어난 업적을 남겼으며, 벤톤(Benton)은 임상신경심리학의 창시자라고 할 수 있다.
② X레이, MRI 등 의료적 검사결과가 정상으로 나온 경우에는 신경심리검사보다는 의료적 검사결과를 신뢰하는 것이 타당하다.
③ 신경심리검사는 환자에 대한 진단, 환자의 강점과 약점, 향후 직업능력의 판단, 치료계획, 법의학적 판단, 연구 등에 널리 활용된다.
④ 신경심리검사는 고정식(Fixed) 배터리와 융통식(Flexible) 배터리 접근이 있는데, 두 가지 접근 모두 하위검사들이 독립적인 검사들은 아니다.

정답 | ③
해설 | 신경심리검사는 성인의 뇌손상에 따른 행동적 변화를 평가하기 위해 신경과나 신경외과 분야에서 주로 발전되어 왔고, 기능적 정신장애와 기질성 정신장애를 감별하기 위해 정신과 영역에서도 일부 사용되었다. 신경심리학 분야는 주로 실험적 또는 통계적 접근을 통해 형성되었으며 이후 미국의 심리학자들에 의해 발전되면서 표준화된 검사의 적용과 결과 해석을 강조하는 많은 심리검사 중 하나로 또는 종합심리검사를 구성하는 풀 배터리 유형으로 개발되었다. 이 중 대표적인 것이 1947년 할스테드가 뇌손상 환자의 행동특성을 측정하기 위해 만든 검사를 레이탄이 개정하여 제작한 할스테드 레이탄 버전이다. 보스턴 의과대학 연구팀은 신경심리학 연구영역을 확장하고 다양한 평가도구를 개발하는 데 크게 공헌했다. 실어증, 치매, 노화 문제에 대한 탁월한 연구를 진행했고, 이들이 개발한 보스턴 진단용 실어증검사, 보스턴 역행 기억상실 배터리, 보스턴 명명 테스트 등과 같은 평가도구들은 현재 임상현장에서 사용되고 있다.

045 벤더게슈탈트검사(Bender Gestalt Test)에 관한 설명으로 옳지 않은 것은?

① 정서적 지수와 기질적 지수가 거의 중복되지 않는다.
② 기질적 장애를 판별하려는 목적에서 만들어졌다.
③ 언어적인 방어가 심한 환자에게 유용하다.
④ 통일된 채점 체계가 없으며 전문가 간의 불일치가 발생할 수 있다.

정답 | ①
해설 | 정서적 지수와 기질적 지수가 중복되는 경우가 많다.
벤더게슈탈트검사(BGT)는 투사적 검사로서 언어적인 방어가 심한 환자들에게 유용한 검사 도구이다. 검사자는 수검자에게 카드 9장의 도형 카드를 제시하고 수검자가 해당 도형들을 어떻게 지각하고 재생하는지 관찰함으로써 성격을 추론할 수 있다. 또한 수검자의 정신병리 및 뇌손상의 여부도 탐지할 수 있다.

046 다음 MMPI 검사의 사례를 모두 포함하는 코드 유형은?

> • 에너지가 부족하고 냉담하며 우울하고 불안하며 위장장애를 호소하는 남자이다.
> • 이 남자는 삶에 참여하거나 흥미를 보이지 않고 일을 시작하는 것을 힘들어한다.
> • 미성숙한 모습을 보이며 의존적일 때가 많다.

① 1 – 8/8 – 1
③ 2 – 7/7 – 2
② 3 – 4/4 – 3
④ 2 – 3/3 – 2

정답 | ④
해설 | 2–3 또는 3–2 유형의 주요 특징은 만성적인 피로감과 무력감, 위장계통의 신체적 증상 호소이다. 사례의 남성 또한 많은 우울과 불안을 느끼고 있으면서도 이러한 정서가 모두 신체적인 증상 때문이라고 여길 것이다. 2–3 혹은 3–2 유형의 내담자들은 일상생활에 대한 흥미나 참여도가 낮으며 일을 시작하고 몰두하는 것 또한 어려워하여 종종 무력감을 느낀다. 따라서 다른 사람들에게도 미성숙하고 의존적인 모습으로 비칠 가능성이 높다.

047 MMPI-2의 각 척도에 대한 해석으로 가장 적합한 것은?

① 2번 척도는 반응성 우울증보다는 내인성 우울증과 관련이 높다.
② 4번 척도의 상승 시 심리치료 동기가 높고 치료의 예후가 좋음을 나타낸다.
③ 6번 척도가 60T 내외로 약간 상승한 것은 대인관계 민감성에 대한 경험을 나타낸다.
④ 7번 척도는 불안 가운데 상태불안 증상과 연관성이 높다.

정답 | ③
해설 | MMPI-2에서 6번 척도는 편집증 척도로 대인관계에서의 민감성, 의심증, 집착증, 피해의식, 자기 정당성 등을 반영한다. 측정 결과 70T 이상인 경우 수검자가 편집증적 정신병의 가능성이 있겠으나, 60T 내외로 약간 상승한 경우 대인관계에 민감한 성향을 보일 수 있다.

048 집중력과 정신적 추적능력(Mental Tracking)을 측정하는 데 사용되는 신경심리검사는?

① 벤더게슈탈트검사(Bender Gestalt Test)
② 선로잇기검사(Trail Making Test)
③ 레이복합도형검사(Rey Complex Figure Test)
④ 위스콘신카드분류검사(Wisconsin Card Sorting Test)

정답 | ②
해설 | 선로잇기검사(Trail Making Test)는 주의력과 실행기능을 평가하는 신경심리검사로 A형과 B형으로 구성되어 있다. A형은 숫자 잇기, B형은 숫자와 글자를 교대로 잇기로 진행되며, 검사를 마치는데 걸린 반응 시간과 오류의 수를 토대로 채점된다. 이 검사를 통해 시각적 검색 속도, 스캐닝, 처리 속도, 정신적 유연성에 대한 정보를 얻을 수 있으며 이는 치매와 관련된 인지장애(⑩ 알츠하이머병)를 감지하는 데 유용하다.

049 검사의 종류와 검사구성방법을 짝지은 것으로 가장 옳지 않은 것은?

① MBTI – 합리적, 경험적 검사구성의 혼용
② MMPI – 경험적 준거방법
③ CPI – 경험적 준거에 따른 검사구성
④ 16PF – 요인분석에 따른 검사구성

정답 | ①
해설 | MBTI는 마이어스와 브릭스가 융의 심리유형이론을 경험적으로 검증하여 제작한 객관적 검사이다.

050 MMPI-2의 자아강도 척도(Ego Strength Scale)에 관한 설명으로 틀린 것은?

① 정신치료의 성공여부를 예측하기 위해 고안되었다.
② F척도가 높을수록 자아강도 척도의 점수는 높아진다.
③ 효율적인 기능과 스트레스를 견디는 능력을 반영한다.
④ 개인의 전반적인 기능수준과 상관이 있다.

정답 | ②
해설 | F척도가 높을수록 비관습적, 특이한 사고와 태도, 심리적 고통, 자존감 문제, 정체감 문제, 정신병리 가능성을 보이며 원점수 16점에 근접하면 정신병리가 심각해지고 공황상태를 보인다. 자아강도(Es) 척도에서 일반적으로 높은 Es 척도 점수는 심리치료를 받는 환자들의 긍정적인 성격 변화를 예측한다. 높은 점수는 심리적으로 더 잘 적응하는 경향을 나타내며, 심리적 자원과 스트레스 대처능력과 관련이 있다.

051 지능검사를 해석할 때 고려사항으로 옳지 않은 것은?

① 지수가 유의한 차이가 있을 경우 전체척도 IQ는 해석하기가 용이하다.
② 지수점수를 해석할 때 여러 지수들 간에 점수 차이가 유의한지를 살펴봐야 한다.
③ 작업기억과 처리속도는 상황적 요인에 민감한 지수임을 감안한다.
④ 지수점수 간의 비교를 통해 상대적 약점이 문제의 원인이 될 수 있는지 확인한다.

정답 | ①
해설 | IQ(지능지수)는 한 개인이 특정 시기에 특정 지능검사에서 얻은 특정한 점수이다. 따라서 한 지능검사에서 어떤 점수를 얻었다고 해서 다른 검사에서도 동일한 점수를 얻게 되는 것은 아니다. 이는 지능지수라는 것이 개인의 결정적인 지능을 완벽하게 설명할 수 없다는 것을 의미한다.

052 원판 MMPI의 타당도척도가 아닌 것은?

① S척도
② F척도
③ K척도
④ L척도

정답 | ①
해설 | 원판 MMPI의 타당도척도에 해당하는 것은 무응답(?)척도, 부인(L)척도, 비전형(F)척도 및 교정(K)척도이며, MMPI-2에서는 무선반응 비일관성(VRIN)척도, 고정반응 비일관성(TRIN)척도, 비전형-후반부(FB)척도, 비전형-정신병리(FP) 척도 및 과장된 자기제시 척도(S)가 추가되었다.

053 MMPI에서 2, 7 척도가 상승한 패턴을 가진 피검자의 특성으로 옳지 않은 것은?

① 자기비판 혹은 자기처벌적인 성향이 강하다.
② 정신치료에 대한 동기는 높은 편이다.
③ 행동화(Acting-Out) 성향이 강하다.
④ 불안, 긴장, 과민성 등 정서적 불안상태에 놓여 있다.

정답 | ③
해설 | MMPI에서 2-7 또는 7-2 척도가 상승한 경우
 • 불안하고 우울하며, 긴장하고 예민한 모습을 보인다.
 • 스트레스를 받으면 식욕부진, 불면증 등의 신체적인 증상을 호소하게 되고 이러한 증상들이 만성적인 긴장상태에 있음을 반영한다.
 • 사소한 문제에 집착하는 완벽주의 성향을 보이며 자신의 결함에 대해서는 열등감과 죄책감을 느낀다.
 • 대인관계에 있어 수동적 · 의존적인 양상을 보이며, 다른 사람들에게 보호받을만한 행동을 유도한다.
 • 도덕적 · 종교적인 성향을 보이나, 자기 억제력이 풀리는 경우 일탈행동을 보이며 심지어 자살을 생각하기도 한다.
 • 우울장애, 불안장애, 양극성 장애의 가능성이 있다.

054 모집단에서 규준집단을 표집하는 방법과 가장 거리가 먼 것은?

① 군집표집(Cluster Sampling)
② 유층표집(Stratified Sampling)
③ 단순무선표집(Simple Random Sampling)
④ 비율표집(Ratio Sampling)

정답 | ④

해설 |

확률 표집	단순무선(무작위)표집	난수표, 제비뽑기 등을 통해 추출하는 방법으로 표본 요소들이 표출될 확률 동일
	계통표집	모집단의 목록에서 일정한 순서에 따라 매 K번째 요소 추출
	유층(층화)표집	모집단을 집단 내 구성이 동질적인 몇 개의 집단으로 나눈 후, 계층별로 단순 무작위 또는 체계적으로 표집
	군집표집	표본(추출) 단위를 집단(일정한 지역)으로 하여 무작위 표출
비확률 표집	편의(임의/우연)표집	조사자가 편리한 방식으로 표출
	판단(목적/유의)표집	조사의 목적에 맞다고 판단되는 소수의 인원을 조사자가 선택하여 표출
	할당표집	일정한 특성을 기준으로 모집단의 구성비에 맞춰 편의 표출
	누적(눈덩이)표집	연속적인 추천과정을 통해 표본을 선정, 추출하는 방법으로 일반화의 가능성 이 적고 계량화가 곤란하여 양적 조사보다는 질적 조사에 적합

055 성격을 측정하는 자기보고형 검사에 관한 설명으로 옳은 것은?

① 개인의 심층적인 내면을 탐색하는 데 흔히 사용된다.
② 사회적으로 바람직하게 응답하려는 경향을 나타내기 쉽다.
③ 강제선택형 문항은 개인의 묵종 경향성을 예방하는 데 효과적이다.
④ 응답결과는 개인의 반응 경향성과 무관하다.

정답 | ②
해설 | 자기보고형 검사는 내담자가 자신에 대해 직접 응답하는 것으로 사회적으로 바람직하다고 느껴지는 쪽으로 응답 하려는 경향이 있다.

056 심리검사 점수의 해석과 사용에서 임상심리사가 유의해야 할 점이 아닌 것은?

① 검사는 개인의 일정 시점에서 무엇을 할 수 있는지를 밝혀내도록 고안된 것이다.
② IQ점수를 범주화하여 해석하는 것은 오류 가능성이 있다.
③ 문화적 박탈 효과에 둔감한 검사는 문화적 불이익의 효과를 은폐시킬 수 있다.
④ 검사 점수를 해석할 때는 그 사람의 배경이나 수행 동기 등을 배제해야 한다.

정답 | ④
해설 | 심리검사 해석 시 그 사람의 배경과 수행 동기 등을 반드시 고려하여야 한다.

057 검사-재검사 신뢰도에 관한 설명으로 옳지 않은 것은?

① 검사 사이의 시간 간격이 너무 길면 측정대상의 속성이나 특성이 변할 가능성이 있다.
② 반응민감성에 의해 검사를 치르는 경험이 개인의 진점수를 변화시킬 가능성이 있다.
③ 검사 사이의 시간 간격이 짧으면 이월효과가 감소한다.
④ 감각식별검사나 운동검사에 권장되는 방법이다.

정답 | ③
해설 | 이월효과란 반복측정이 포함된 연구설계에서 이전의 실험에서 피험자가 경험한 느낌이나 생각 등의 수행경험이 다음 실험의 수행에 미치는 영향을 말한다. 따라서 검사와 검사 사이의 시간 간격이 짧으면 이월효과는 증가한다.

058 BSID-Ⅱ(Bayley Scale of Infant Development-Ⅱ)에 대한 설명으로 틀린 것은?

① 지능척도, 운동척도의 2가지 척도로 구성되어 있다.
② 유아의 기억, 습관화, 시각선호도, 문제해결 등과 관련된 문항들이 추가되었다.
③ BSID-Ⅱ에서는 대상 연령범위가 16일에서 42개월까지로 확대되었다.
④ 신뢰도와 타당도에 관한 보다 많은 정보를 제공하여 검사의 심리측정학적 질이 개선되었다.

정답 | ①
해설 | BSID-Ⅱ는 정신척도(인지발달, 언어발달), 운동척도(소근육 발달, 대근육 발달), 그리고 행동 평정척도(아동의 주의 및 각성상태, 과제와 검사에 대한 참여 정도, 정서조절, 운동의 질)의 3가지 척도로 구성되어 있다.
　　BSID-Ⅱ는 영유아의 현재 발달 기능을 검사하여 수준을 측정하는 것으로 지적능력과 운동능력의 지연 정도를 수치화하고 행동특성을 비교함으로써 발달 지연에 대한 치료 계획을 세우기 위한 검사이다. 영아들의 정신적 결함, 신경학적 결함, 시각, 청각, 언어, 사회적 반응에서의 문제를 조기에 발견하여 적절한 치료적 개입조치를 취할 수 있게 해준다는 점에서 유용하다.

059 타당도에 관한 설명으로 옳지 않은 것은?

① 구성타당도는 측정될 구성개념에 대한 평가도구의 대표성과 적합성을 말한다.
② 구성타당도는 내용 및 준거타당도 접근법에서 직면하게 될 부적합성 및 문제점을 해결하기 위해 개발되었다.
③ 준거타당도는 검사점수와 외부 측정에서 얻은 일련의 수행을 비교함으로써 결정된다.
④ 준거타당도는 경험타당도 또는 예언타당도라고 불리기도 한다.

정답 | ①
해설 | 구성타당도는 조작적으로 정의되지 않은 인간의 심리적 특성이나 성질을 심리적 개념으로 분석하여 조작적 정의를 부여한 후, 검사점수가 조작적 정의에서 규명한 심리적 개념들을 제대로 측정하였는가를 검정하는 방법이다.

060 발달검사를 사용할 때 고려해야 할 사항과 가장 거리가 먼 것은?

① 다중기법적 접근을 취해야 한다.
② 일반적인 기능적 분석만 사용해야 한다.
③ 규준에 의한 발달적 비교가 가능해야 한다.
④ 경험적으로 타당한 측정 도구를 사용해야 한다.

정답 | ②

해설 | 발달검사를 사용할 때는 다중적인 평가기법을 적용하여야 한다.

> **발달검사를 사용할 때 고려해야 할 사항**
> • 아동은 성인과 다르기 때문에 성인을 대상으로 한 일반적인 평가방식을 그대로 적용하지 않는다.
> • 아동의 적절한 목표 행동을 명확하게 결정하고 치료적 개입과 관련된 행동 변화를 설명하기 위해 규준에 의한 발달적 비교가 가능하여야 한다.
> • 아동평가를 통해 인지, 행동, 정서 상태 등 여러 측면에서의 변화 목표를 가질 수 있다.
> • 변화를 필요로 하는 목표 행동의 범위가 넓은 경우 다중적인 평가기법을 적용하여야 한다.
> • 사용되는 측정 도구들은 경험적으로 타당화된 것이어야 하며, 아동의 발달적 변화에 대해서도 민감한 것이어야 한다.

제4과목 임상심리학

061 MMPI-2의 타당도 척도 중 부정왜곡을 통해 극단적인 수준으로 정신병적 문제가 있음을 나타내려는 경우에 상승되는 것은?

① S척도
② TRIN척도
③ F(P)척도
④ VRIN척도

정답 | ③

해설 | F(P)척도는 비전형-정신병리 척도로서 F척도의 상승이 실제 정신병적인 문제에서 온 것인지 아니면 의도적으로 부정적인 모습을 보이려고 한 것인지 판단하는 데 유용한 척도이다.

062 프로그램의 주요 초점은 사회 복귀이며, 직업능력 증진부터 내담자의 자기개념 증진에 걸쳐있는 것은?

① 보편적 예방   ② 1차 예방

③ 2차 예방   ④ 3차 예방

정답 | ④

해설 | • 1차 예방(primary prevention) : 문제나 질환이 발병하지 않도록 미리 예방책을 세우는 것으로 주변의 유해한 환경을 조절하여 문제 발생을 최소화하는 것이다.
  • 2차 예방(secondary prevention) : 질병이나 장애가 발병한 이후 신속하게 발견하여 즉각적인 치료를 함으로써 경과를 단축, 후유증을 최소화하거나 없애고자 하는 것이다.
  • 3차 예방(tertiary prevention) : 심리적 어려움이나 정신장애로 개인의 기능이 상실되지 않도록 만성 질환을 감소시키는 것이다. 이와 관련된 질병으로는 성격장애, 조현증, 조울증, 치매 등이 있으며 이들에게 사회적 기술, 문제해결 기술, 의사소통 기술 등에 관한 교육을 진행한다.

063 자신의 초기 경험이 타인에 대한 확장된 인식과 관계를 맺는다는 가정을 강조하는 치료적 접근은?

① 심리사회적 발달이론   ② 자기심리학

③ 대상관계이론   ④ 인본주의

정답 | ③

해설 | 대상관계이론에서는 한 개인이 생애 초기 양육자와 형성했던 관계에서 비롯된 경험을 통해 전 생애 동안 타인을 지각하고 이해하며 관계를 맺는다고 보았다.

064 다음의 설명에 해당하는 것은?

> 불안을 유발하는 기억과 통찰을 무의식적으로 억압하거나 회피하려는 시도로 치료시간에 잦은 지각이나 침묵과 의사소통의 회피 등을 보인다.

① 합리화   ② 저항

③ 전이   ④ 투사

정답 | ②

해설 | 저항에 대한 설명이다.
  ① 합리화 : 수용할 수 없는 다른 동기들을 무의식적으로 감춘 상태에서, 특정 행동이나 태도를 용납되는 동기로 바꾸어 정당화하는 것
  ③ 전이 : 내담자가 과거의 중요한 대상과의 관계에서 경험했던 감정이나 환상을 상담자에게 치환하는 것
  ④ 투사 : 자신의 욕구나 감정 등을 타인의 것이라고 생각하거나 책임소재를 타인에게 돌리는 것

065 다음 30대 여성의 다면적 인성검사 MMPI-2 결과에 대한 일반적 해석으로 적절한 것은?

Hs	D	Hy	Pd	Mf	Pa	Pt	Sc	Ma	Si
72	65	75	50	35	60	64	45	49	60

① 망상, 환각 등의 정신증적 증상이 나타나기 쉽다.

② 스트레스 상황에서 신체 증상이 두드러지고 회피적 대처를 할 소지가 크다.

③ 반사회적 행동을 보일 가능성이 크다.

④ 외향적이고 과도하게 에너지가 항진되어 있다.

정답 | ②

해설 | 3-1 또는 1-3 코드의 특징
- 심리적인 문제가 신체적인 증상으로 나타난다.
- 그러나 이러한 외현적인 증상이 심리적인 요인에 의한 것이라는 것을 인정하지 않고 회피할 가능성이 높다.
- 부인의 방어기제를 사용하고 자신의 우울감이나 불안감을 잘 드러내지 않는다.
- 자기중심적이면서도 의존적인 성향을 보이고 대인관계에 있어 피상적이다.
- 전환장애의 가능성이 있다.

066 수업시간에 가만히 자리에 앉아 있지 못하고 돌아다니며 급우들의 물건을 함부로 만져, 왕따를 당하고 있는 초등학교 3학년 10세 지적 장애 남아의 문제행동을 도울 수 있는 가장 권장되는 행동치료법은?

① 노출치료

② 체계적 둔감화

③ 혐오치료

④ 유관성 관리

정답 | ④

해설 | 유관성 관리는 특정 행동 반응이 일어날 때 주어지는 보상의 유형을 구체화하는 것이다. 새롭고 적응적인 행동은 그 행동이 일어날 때마다 제공되는 보상으로 인해 촉진되며, 문제행동은 이러한 강화를 제공하지 않거나 제거함으로써 감소한다.

067 내담자의 말과 행동에서 표현된 기본적인 감정, 생각 및 태도를 상담자가 다른 참신한 말로 부연해 주는 것은?

① 해석

② 직면

③ 반영

④ 명료화

정답 | ③

해설 | 반영은 내담자의 말과 행동에서 표현되는 감정, 생각, 태도를 상담자가 다른 참신한 말로 부연하는 기술을 말한다.

068 임상심리사로서 전문적인 관계를 유지하는 데 바람직한 지침사항과 가장 거리가 먼 것은?

① 다른 전문직에 종사하는 동료들의 요구, 특수한 능력, 그리고 의무에 대하여 적절한 관심을 가져야 한다.
② 동료 전문가와 관련된 단체나 조직의 특권 및 의무를 존중하여 행동하여야 한다.
③ 동료 전문가의 윤리적 위반 가능성을 인지하면 즉시 해당 전문가 단체에 고지해야 한다.
④ 소비자의 최대이익에 기여하는 모든 자원들을 활용해야 한다.

정답 | ③
해설 | 동료 전문가의 윤리적 위반 가능성을 인지하면 즉시 해당 전문가 단체에 고지하기보다는 전문가의 슈퍼바이저와 기관에 고지하여 해당 전문가가 주의할 수 있도록 하는 것이 바람직한 순서이다.

069 심리치료 이론 중 전이와 역전이의 중요성을 강조하고 치료에 활용하는 접근은?

① 인본주의적 접근   ② 행동주의적 접근
③ 정신분석적 접근   ④ 게슈탈트적 접근

정답 | ③
해설 | 전이와 역전이를 다루는 치료는 정신분석적 접근에 해당한다.

070 다음에 해당하는 관찰법은?

- 문제행동의 빈도, 강도, 만성화된 문제행동을 유지시키는 요인들을 실제 장면에서 관찰하는 데 효과적이다.
- 시간과 비용이 많이 들며, 대부분의 사람들은 자신들이 관찰된다는 것을 알고 있을 때 다르게 행동한다.

① 자기관찰법   ② 통제된 관찰법
③ 자연관찰법   ④ 연합관찰법

정답 | ③
해설 | 이는 자연관찰법에 해당하는 설명이다.

071 임상적 면접에서 사용되는 바람직한 의사소통 기술에 해당하는 것은?

① 면접자 자신의 사적인 이야기를 꺼내는 데 주저하지 않는다.

② 침묵이 길어지지 않게 하기 위해 면접자는 즉각 개입할 준비를 한다.

③ 내담자의 감정보다는 얻고자 하는 정보에 주목한다.

④ 환자가 의도한 대로 단어들을 이해하기 위해 노력한다.

정답 | ④

해설 | ① 면접자 자신의 사적인 이야기를 함부로 꺼내서는 안 된다.

② 내담자의 침묵도 의미 있는 메시지를 담고 있을 수 있으므로 기다려 주어야 한다.

③ 임상적 면접에서는 내담자의 감정에 주목해야 한다.

072 위치감각과 공간적 회전 등의 개별적인 신체표상과 관련이 있는 대뇌 영역은?

① 두정엽   ② 전두엽

③ 측두엽   ④ 후두엽

정답 | ①

해설 | 두정엽은 촉각과 근육운동지각, 공간지각 및 일부 언어 이해와 처리와 관련된다. 또한, 신체 자각과도 관련이 있다.

② 전두엽 : 뇌에서 가장 고등한 영역에 해당하며 기억력과 사고력 등을 주관한다. 집행기능과 정서적 조절도 전두엽의 기능과 관련 있다.

③ 측두엽 : 각 뇌반구의 외측인 관자놀이 부근에 위치한다. 얼굴을 재인하는 것뿐만 아니라 음조, 소리, 리듬 및 비언어적인 의미의 청각적 처리에도 관여한다.

④ 후두엽 : 뒤통수에 위치해 있으며 주로 시각적 처리와 시각적으로 중재된 기억의 일부 측면에 관여한다.

073 다음 중 자연관찰법의 특징이 아닌 것은?

① 시간과 비용이 많이 든다.

② 자신이 관찰된다는 것을 알았을 때 다르게 행동한다.

③ 관찰은 편파될 수 있다.

④ 비밀이 보장된다.

정답 | ④

해설 | 자연관찰법은 관찰자가 내담자의 환경에 들어가서 내담자의 자연스러운 행동을 관찰하는 방법으로 비밀 보장과는 거리가 멀다.

074 치료 매뉴얼을 바탕으로 하며 내담자의 특성이 명확하게 기술된 대상에게 경험적으로 타당화된 치료를 실시할 때 증거가 잘 확립된 치료에 대한 기준에 해당하지 않는 것은?

① 두 개 이상의 연구가 대기자들과 비교해 더 우수한 효능을 보이는 경우
② 서로 다른 연구자들이 시행한 두 개 이상의 집단설계 연구로서 위약 혹은 다른 치료에 비해 우수한 효능을 보이는 경우
③ 많은 일련의 단일 사례 설계연구로서 엄정한 실험설계 및 다른 치료와 비교하여 우수한 효능을 보이는 경우
④ 서로 다른 연구자들이 시행한 두 개 이상의 집단설계 연구로서 이미 적절한 통계적 검증력(집단당 30명 이상)을 가진 치료와 동등한 효능을 보이는 경우

정답 | ①
해설 | ①은 너무 단순한 치료 기준으로 잘 확립된 기준이라고 볼 수 없다.

075 골수 이식을 받아야 하는 아동에게 불안과 고통에 대처하도록 돕기 위하여 교육용 비디오를 보게 하는 치료법은?

① 유관관리 기법
② 모델링
③ 행동시연을 통한 노출
④ 역조건형성

정답 | ②
해설 | 모델링(modeling)이란 내담자가 획득해야 할 바람직한 행동의 실제적 · 상징적 본보기를 제공함으로써 모방 및 관찰을 통해 소기의 목표행동을 학습하도록 하는 방법이다. 모델링의 유형은 묵시적인 것과 현시적인 것, 또는 직접적인 것과 대리적인 것으로 나눌 수 있다. 묵시적인 모델링은 학습자가 의식하지 못하는 사이에 본보기의 행동을 배우는 것이다. 가령 내담자의 문제가 타인과의 대화 능력이 부족한 것이라면 상담 장면에서의 상담자의 언어 행동을 모르는 사이에 학습하는 것이다. 이와 반대로 현시적인 모델링은 역할수행 연습과 같이 학습자가 스스로 모방하고 있음을 자각하는 것이다. 직접적인 모델링은 실제 환경 장면에서 타인의 행동을 관찰하고 모방하는 것이며, 대리적인 모델링은 학습자로 하여금 필름이나 비디오테이프를 통해 본보기가 되는 제3자의 행동을 관찰하고 본뜨게 하는 것이다.

076 로저스(Rogers)가 제안한 내담자의 긍정적 변화를 촉진시키기 위한 치료자의 3가지 조건에 해당하지 않는 것은?

① 무조건적 존중
② 정확한 공감
③ 솔직성
④ 창의성

정답 | ④
해설 | 로저스는 인간중심상담에서 무조건적 존중, 정확한 공감, 그리고 솔직성을 치료자가 갖춰야할 중요한 3가지 조건으로 보았다.

077 초기 임상심리학자와 그의 활동으로 바르게 짝지어진 것은?

① 웩슬러(Wechsler) – 지능검사를 개발했다.
② 위트머(Witmer) – g지능 개념을 제시했다.
③ 비네(Binet) – 군대알파(Army α)검사를 개발했다.
④ 스피어만(Spearman) – 정신지체아 특수학교에서 심리학자로 활동했다.

정답 | ①
해설 | ② 펜실베니아대학교에 심리진료소를 개설하였다.
　　　　　③ 비율형 아동지능검사를 개발하였다.
　　　　　④ 지능의 일반요인과 특수요인을 주장하였다.

078 평가면접에서 면접자의 태도에 대한 설명으로 틀린 것은?

① 수용 – 내담자의 가치에 대한 기본적인 존중과 관련되어 있다.
② 해석 – 면접자가 자신의 내면과 부합하는 심상을 수용하는 것과 관련되어 있다.
③ 이해 – 내담자의 관점에서 세계를 보기 위한 노력과 관련되어 있다.
④ 진실성 – 면접자의 내면과 부합하는 것을 전달하는 정도와 관련되어 있다.

정답 | ②
해설 | 해석은 내담자의 말과 행동에서 표현된 기본적인 감정. 생각 및 태도를 상담자가 다른 참신한 말로 부연해 주는 것이다.

079 로샤검사(Rorschach Test)의 모든 반응이 왜곡된 형태를 근거로 한 반응이고, MMPI에서 8번 척도가 65T 정도로 상승되어 있는 내담자에 대한 설명으로 가장 적합한 것은?

① 회피성 성격장애의 특징을 보일 가능성이 있다.
② 주의집중과 판단력이 저하되어 있을 가능성이 있다.
③ 합리화나 주지화를 통해 성공적인 방어기제를 작동시킬 가능성이 있다.
④ 우울한 기분, 무기력한 증상이 주요 문제일 가능성이 있다.

정답 | ②
해설 | 로샤검사에서 왜곡된 형태 반응을 보이고 MMPI는 8번 척도에서 65T로 상승한 경우 주의집중력과 판단력의 저하로 해석할 수 있다.

080 환자가 처방한 대로 약을 잘 복용하고, 의사의 치료적 권고를 준수하게 하기 위한 가장 적절한 방법은?

① 치료자가 약의 효과 등에 대해 친절하고 상세하게 설명한다.

② 준수하지 않을 때 불이익을 준다.

③ 의사가 권위적이고 단호하게 지시한다.

④ 모든 책임을 환자에게 위임한다.

정답 | ①

해설 | 치료자와 환자의 라포형성은 환자의 치료동기를 높이는 데 긍정적인 영향을 미칠 수 있다. 이때 처방약 복용, 치료적 권고 준수 등에 있어서도 상담관계에서의 라포형성의 원리가 활용된다.

> **병원장면에서의 라포형성**
> • 환자의 생각과 감정을 이해하고 적절한 반응 보여주기
> • 병 혹은 몸 상태에 대하여 자세한 설명하기
> • 환자와 상의하여 치료 방법 결정하기
> • 앞으로의 진료, 치료에 대해 상세하게 안내하기

제5과목   심리상담

081 집단상담에서 상대방의 행동이 나에게 어떤 반응을 일으키는가에 대하여 상대방에게 직접 이야기하는 개입방법은?

① 자기투입과 참여

② 새로운 행동의 실험

③ 행동의 모범을 보이기

④ 피드백 주고받기

정답 | ④

해설 | 집단상담에서 피드백 주고받기는 집단상담의 효과를 내는 데 중요한 요소로 긍정적·부정적 피드백을 받으면서 다른 집단원들이 자신을 어떻게 경험하는지, 혹은 자신이 다른 집단원들에게 어떤 영향을 미치는지에 관한 통찰을 얻을 수 있다. 이러한 통찰을 통해 내담자 자신이 변화하고자 하는 면들을 결정하는 데 도움을 준다.

082 벌을 통한 행동수정 시 유의해야 할 사항이 아닌 것은?

① 벌을 받을 행동을 구체적으로 세분화하고 설명한다.
② 벌을 받을 상황을 가능한 한 없애도록 노력한다.
③ 벌을 받을 행동이 일어난 직후에 즉각적으로 벌을 준다.
④ 벌은 그 강도를 점차로 높여가야 한다.

정답 | ④
해설 | 벌의 강도를 높이는 것은 행동수정과 상관이 없으며, 오히려 역효과를 불러일으킬 수 있다.

083 크럼볼츠(Krumboltz)가 제시한 상담의 목표에 해당하지 않는 것은?

① 내담자가 요구하는 목표이어야 한다.
② 모든 내담자에게 동일하게 적용될 수 있는 목표이어야 한다.
③ 내담자가 상담목표 성취의 정도를 평가할 수 있어야 한다.
④ 상담자의 도움을 통해 내담자가 달성할 수 있는 목표이어야 한다.

정답 | ②
해설 | 크럼볼츠는 상담의 목표를 모든 내담자에게 동일하게 적용해서는 안 되며 상담자는 내담자가 스스로 의사결정을 할 수 있도록 도와야 한다고 하였다. 또한 다음의 내용을 강조하였다. 첫째, 상담목표는 내담자가 요구하는 목표여야 한다. 둘째, 상담자는 내담자가 이러한 목표를 달성할 수 있도록 기꺼이 도와야 한다. 셋째, 내담자가 상담목표에 대해 성취한 정도를 평가할 수 있어야 한다.

084 보딘(Bordin)이 제시한 작업동맹(Wokring Alliance)의 3가지 측면으로 옳은 것은?

① 작업의 동의, 진솔한 관계, 유대관계
② 유대관계, 작업과제에 대한 동의, 목표에 대한 동의
③ 진솔한 관계, 유대관계, 서로에 대한 호감
④ 서로에 대한 호감, 동맹, 작업의 동의

정답 | ②
해설 | 보딘(Bordin)은 작업동맹의 세 가지 차원을 다음과 같이 설명하였다. 첫째, 유대관계(bond)이다. 이는 슈퍼바이저와 수련생 사이의 정서적 유대감과 신뢰를 의미한다. 둘째, 작업과제에 대한 동의(task agreement)이다. 이는 슈퍼바이저와 수련생이 갖는 공동의 목표를 달성하기 위해 주어지는 과제에 동의하는 것을 의미한다. 셋째, 목표에 대한 동의(goal agreement)이다. 이는 수련생이 슈퍼비전을 통해 얻고자 하는 것과 슈퍼바이저가 수련생이 슈퍼비전을 통해 얻어야 한다고 여기는 목표에 관한 일치도를 의미한다.

085 다음 ( ) 안에 들어갈 내용을 옳게 나열한 것은?

> 하렌(Harren)은 의사결정과정으로 인식, 계획, 확신, 이행의 네 단계를 제안하고, 이 과정에 영향을 미치는 주요 요인으로 (ㄱ)과 (ㄴ)을(를) 제시하였다.

① ㄱ : 정서적 ㄴ : 흥미유형
② ㄱ : 자아존중감, ㄴ : 정서적 자각
③ ㄱ : 자아효능감, ㄴ : 진로성숙도
④ ㄱ : 자아개념, ㄴ : 의사결정 유형

정답 | ④
해설 | 하렌(Harren)은 진로의사결정이론을 통해 개인의 의사결정 과정에 영향을 미치는 의사결정자의 개인적인 특징으로 자아개념과 의사결정 유형을 제안하였다. 이러한 의사결정 유형은 개인이 의사결정 과제를 지각하고 그에 반응하는 특징적인 방식으로 합리적 유형, 직관적 유형, 의존적 유형으로 구분된다.

합리적 유형	자신과 상황에 대해 정확한 정보를 수집하고, 신중하고 논리적으로 의사결정을 해나가며, 의사결정에 대한 책임을 자신이 질 수 있음
직관적 유형	의사결정의 기초로 상상을 사용하고, 현재의 감정에 주의를 기울이며, 정서적 자각을 사용함
의존적 유형	의사결정에 대해 개인적 책임을 부정하고 외부로 그 책임을 돌림

086 성 피해자 심리상담 초기단계의 유의사항으로 옳지 않은 것은?

① 상담자가 상담 내용의 주도권을 가져야 한다.
② 치료관계 형성에 힘써야 한다.
③ 성폭력 피해로 인한 합병증이 있는지 묻는다.
④ 성폭력 피해의 문제가 없다고 부정을 하면 일단 수용한다.

정답 | ①
해설 | 상담자가 상담 내용의 주도권을 가지고자 하는 것은 신뢰적 관계 형성과 관련된 내용이라고 볼 수 없다. 성 피해자 심리상담 시 상담자는 내담자를 심판하거나 벌을 주려는 것이 아니라, 문제해결에 도움을 주고자 한다는 믿음을 내담자에게 인식시켜야 한다. 또한, 지지적 태도와 신뢰감을 보이며 내담자를 잘 이해할 수 있도록 노력하여야 한다.

087 심리검사 결과 해석 시 주의할 사항과 가장 거리가 먼 것은?

① 검사해석의 첫 단계는 검사 매뉴얼을 알고 이해하는 것이다.
② 내담자가 받은 검사의 목적과 제한점 및 장점을 검토해 본다.
③ 검사결과로 나타난 장점이 주로 강조되어야 한다.
④ 결과에 대한 구체적 예언보다는 오히려 가능성의 관점에서 제시되어야 한다.

정답 | ③

해설 | 심리검사 결과 해석은 상담자가 내담자에게 내담자가 보이는 행동 간의 관계와 의미에 대한 가설을 제시하는 것으로 내담자로 하여금 자신의 행동과 내면세계를 파악할 수 있게 해준다. 따라서 검사결과로 나타난 장점만 강조되는 것은 적절하지 않다.

088 집단상담에서 침묵 상황에 대한 효과적 개입으로 옳지 않은 것은?

① 회기 초기에 오랜 침묵을 허용하는 것은 지도력 발휘가 안 된 것이다.
② 대리학습이나 경험이 되므로 침묵하는 집단원이 집단상담 내내 말하지 않더라도 그대로 놔둔다.
③ 말하고 싶으나 기회를 잡지 못하는 집단원에게 말할 기회를 준다.
④ 생산적으로 여겨지는 침묵 상황에서 말하려는 집단원에게 기다리라고 제지할 수 있다.

정답 | ②

해설 | 집단상담에서의 침묵 개입
• 침묵 이면에 숨겨진 의미를 탐색할 수 있도록 촉진한다.
• 상담자가 침묵 행동을 조장할 수도 있으므로 상담자 자신을 탐색한다.
• 다른 집단원이 침묵하는 집단에게 비난하거나 공격적인 태도를 취하지 않도록 개입한다.
• 회기에 대한 준비 부족으로 침묵이 나타나는 경우에는 적극 개입하여 집단활동을 유도한다.
• 침묵할 때에 상담자는 수용적인 태도를 보여준다.

089 내담자의 현재 상황에서의 욕구와 체험하는 감정의 자각을 중요시하는 상담이론은?

① 게슈탈트 상담   ② 인간중심 상담
③ 교류분석 상담   ④ 현실치료 상담

정답 | ①

해설 | 게슈탈트 상담은 내담자의 지금-여기에 대한 인식과 개인과 환경 간 접촉의 질을 강조하는 이론이다. 또한, 내담자가 현재의 순간을 충분히 경험할 수 있도록 하고, 그들이 생각하고 느끼고 행동하는 것에 대해 충분히 알아차릴 수 있도록 돕는 것을 상담자의 중요한 역할로 보았다.

090 교류분석상담에서 성격이나 일련의 교류들을 자아상태 모델의 관점에서 분석하는 것은?

① 기능분석   ② 구조분석

③ 게임분석   ④ 각본분석

정답 | ②

해설 | 교류분석에서 자아상태로는 어버이 자아상태(P ; parent ego-state), 어른 자아상태(A ; adult ego-state), 어린
이 자아상태(C ; child ego-state)의 세 가지가 있다. 번(Bern)은 자아상태를 '일관되게' 함께 발생하는 감정과 경
험의 결합이라고 정의하고, 각 자아상태마다 전형적인 행동도 일관되게 함께 나타난다고 하였다. 이때 구조적 모
델은 각 자아상태 안에 어떤 내용이 들어 있는지를 보여준다. 즉, 구조적 자아상태 모델은 자아상태 내의 '내용
(contents)'을 가리키고, 기능적 모델은 '과정(process)'을 가리킨다.

091 다음 설명에 해당하는 상담기법은?

> 내담자가 반복적으로 드러내는 자기파멸적인 행동의 동기를 확인하고 그것을 제시해서 감춰진 동기를
> 외면하지 못하고 지각하게 함으로써 부적응적인 행동을 멈추도록 한다.

① 수프에 침 뱉기   ② 단추 누르기

③ 즉시성   ④ 악동 피하기

정답 | ①

해설 | 수프에 침 뱉기는 부적응적인 행동을 하도록 만드는 내담자의 내면적인 동기에 침을 뱉어 혐오스러운 것으로 변
화시킴으로써 문제 행동이 반복되는 것을 억제하는 아들러의 상담기법이다.

092 REBT 상담에 대한 설명으로 옳지 않은 것은?

① 내담자의 비합리적 신념을 발견하고 규명한다.

② 주요한 상담기술로 인지적 재구성, 스트레스 면역 등이 있다.

③ 내담자의 무의식을 의식화하고 자아를 강화시킨다.

④ 합리적 행동 반응을 개발, 촉진하기 위한 행동연습을 실시한다.

정답 | ③

해설 | REBT(합리적 정서행동치료)는 내담자의 비합리적 관념을 규명한 후 보다 합리적인 생각으로 바꾸게 하는 인지적
접근법으로 무의식의 의식화와 자아 강화와는 관련이 없다.

093 키츠너(Kitchener)가 제시한 상담의 기본적 윤리원칙 중 상담자가 내담자와 맺은 약속을 잘 지키며 믿음과 신뢰를 주는 행동을 하는 것은?

① 자율성(Autonomy) ② 충실성(Fidelity)
③ 무해성(Nonmaleficence) ④ 공정성(Justice)

정답 | ②
해설 | 키츠너의 윤리적 상담을 위한 기본 원칙
　• 자율성 존중 : 내담자의 자율적 선택과 행동을 최대한 존중한다.
　• 정의(공정성) : 내담자가 다른 사람들과 다르게 취급받아서는 안 된다.
　• 무해성 : 상담자는 다른 사람에게 손해를 주거나 위험에 빠뜨리지 않아야 한다.
　• 선의 : 내담자의 정신건강 및 복지에 긍정적인 영향을 미치겠다는 선의를 가지고 행동한다.
　• 충실성 : 상담자는 내담자를 돕는 일에 열정을 갖고 충실하게 임하며 약속을 잘 지켜야 한다.

094 도박중독의 심리 · 사회적 특징에 대한 설명으로 옳은 것은?

① 도박중독자들은 대체로 도박에만 집찰할 뿐 다른 개인적인 문제를 가지지 않는다.
② 도박중독자들은 직장에서 도박 자금을 마련하기 위해 남보다 더 열심히 노력한다.
③ 도박행동에 문제가 있음을 인정하지 않고 변명하려 든다.
④ 심리적 특징으로 단기적인 만족을 추구하기보다는 장기적인 만족을 추구한다.

정답 | ③
해설 | ① 개인의 신체적 · 정신적 건강을 해치는 것은 물론 가족경제와 사회경제에도 악영향을 미친다.
　② 도박행위에 열중함으로써 도박 자금 조달이나 생계유지를 위해 다른 사람에게 의존하는 양상을 보인다.
　④ 장기적인 만족을 추구하기보다는 단기적인 만족을 추구한다.

095 심리학 지식을 상담이나 치료의 목적으로 활용하기 위해 최초의 심리클리닉을 펜실베니아 대학교에 설립한 사람은?

① 위트머(Witmer) ② 스키너(Skinner)
③ 볼프(Wolpe) ④ 로저스(Rogers)

정답 | ①
해설 | 위트머(Witmer)는 1896년 펜실베니아 대학교에 심리학 지식을 상담이나 치료의 목적으로 활용하기 위한 최초의 심리클리닉을 설립하였다.

096 청소년 비행의 원인을 사회학적 관점에서 설명하는 이론이 아닌 것은?

① 아노미이론　　　　　　　　　　② 사회통제이론
③ 하위문화이론　　　　　　　　　　④ 욕구실현이론

정답 | ④
해설 | 욕구실현이론은 매슬로의 욕구이론에 해당하는 설명이다. 청소년 비행의 원인은 사회학적 관점으로는 아노미, 사회통제, 하위문화이론으로 설명할 수 있다.

097 엘리스(Ellis)의 ABCDE 모형에 관한 설명으로 옳은 것은?

① A - 문제 장면에 대한 내담자의 신념
② B - 선행사건
③ C - 정서적 · 행동적 결과
④ D - 새로운 감정과 행동

정답 | ③
해설 | 엘리스(Ellis)의 ABCDE 모형
  • A(Activating Event) : 내담자의 감정이 동요하거나 내담자의 행동에 영향을 미치는 선행사건
  • B(Belief System) : 선행사건에 대한 내담자의 비합리적 신념체계 또는 사고체계
  • C(Consequence) : 선행사건을 경험한 후 자신의 비합리적 신념체계를 통해 그 사람을 해석함으로써 느끼게 되는 정서적 · 행동적 결과
  • D(Dispute) : 비합리적 신념체계가 사리에 부합하는 것인지 논리성 · 실용성 · 현실성에 비추어 판단하는 논박
  • E(Effect) : 논박으로 인해 나타나는 효과

098 상담종결에 관한 설명으로 옳지 않은 것은?

① 상담목표가 달성되지 않아도 상담을 종결할 수 있다.
② 조기종결 시 상담자가 내담자에게 조기종결에 따른 솔직한 감정을 표현하는 것은 도움이 되지 않는다.
③ 조기종결 시 상담자는 조기종결에 따른 내담자의 감정을 다뤄야 한다.
④ 상담의 진행결과가 성공적이었거나 실패했을 때에 이루어진다.

정답 | ②
해설 | 상담종결 시 다루어야 하는 것들
  • 종결의 준비 과정을 거쳐야 하며 점진적으로 내담자와 함께 정하여야 함
  • 내담자의 불안을 다루어 주어야 함
  • 상담을 통한 변화와 발전을 되짚어 보며 종결에 따른 불안을 다뤄 주어야 함
  • 상담자에 대한 의존성을 극복할 수 있도록 도와야 함
  • 상담자와 내담자의 상담 관계가 상담 목표를 가지고 만난 일시적인 관계임을 상기시켜야 함
  • 내담자를 격려해 주고 상담 관계가 내담자에게 의미 있는 관계임을 확인시켜 주어야 함
  • 대처에 대한 면역력 증대
  • 상담 종결 후의 생활을 예견해 본 다음 대처방안을 논의하여야 함
  • 증상 재발 시의 대처방법 찾기
  • 증상 재발 시 추가 만남에 대한 가능성을 제시하여야 함

099 로저스(Rogers)가 제시한 '충분히 기능하는 사람'의 특성과 가장 거리가 먼 것은?

① 창조적이다.

② 현재보다는 미래에 투자할 줄 안다.

③ 자신의 유기체를 신뢰한다.

④ 제약 없이 자유롭다.

정답 | ②

해설 | 로저스(Rogers)는 '충분히 기능하는 사람'이란 자신을 완전히 지각하고 자신의 능력을 발휘하여 실현 경향성을 끊임없이 추구하며 성장해 가는 사람으로 보았다. 따라서 경험에 대해 개방적이며 실존적인 삶에 가치를 두고 자유로운 경험을 한다고 하였으며 창의적으로 끊임없이 성장한다고 하였다.

100 생애기술 상담이론에서 기술언어(Skills Language)에 해당하는 것은?

① 내담자의 행동을 설명하고 분석하기 위해 사용하는 것을 의미하는 것이다.

② 내담자가 어떤 외현적 행동을 하는가를 의미하는 것이다.

③ 내담자 자신의 책임감 있는 삶을 의미하는 것이다.

④ 내담자가 어떻게 생각하고 느끼는가를 의미하는 것이다.

정답 | ①

해설 | 기술언어는 내담자의 행동을 분석하여 구체적인 삶의 기술에 대한 장·단점을 설명함으로써 내담자의 삶의 기술 중 부족한 점을 보완하고 훈련시키기 위한 치료계획을 세우는 활동을 말한다. 이러한 기술언어를 통해 상담자는 내담자의 문제를 지속시키는 삶의 기술의 단점을 알아내어 치료적 목표를 명확하게 세우고 다룰 수 있다.

CHAPTER 02 | **2023년 2회 기출문제**
(2023년 5월 13일~6월 4일 시행)

제1과목   심리학개론

001 심리학의 연구방법 중 인간의 성행동을 연구한 킨제이(Kinsey)와 그의 동료들이 남성의 성행동과 여성의 성행동을 연구하기 위해 주로 사용한 것은?

① 실험
② 검사
③ 관찰
④ 설문조사

정답 | ④

해설 | 설문조사법이란 특정 집단에게 어떤 주제에 대한 의견을 묻고 그 통계를 내는 것이다. 킨제이와 동료들은 설문조사를 통해 자료를 수집하였다.

킨제이 보고서는 알프레드 킨제이와 워델 포메로이가 인간의 성행동을 연구하기 위해 집필한 것이다. 이 보고서는 미국 전역에서 약 1만 8천 명을 면접하여 얻은 약 1만 2천 건의 자료를 바탕으로 했다. 사람들의 성적 활동에 참여하는 빈도를 수집하였으며 연령, 사회적 지위, 종교 등의 여러 가지 요인들이 성적 활동에 어떤 영향을 미치는지 조사하였다.

002 혼자 있을 때보다 옆에 누가 있을 때 과제의 수행이 더 우수한 것을 일컫는 현상은?

① 몰개성화
② 군중행동
③ 동조행동
④ 사회적 촉진

정답 | ④

해설 | 사회적 촉진이란 다른 사람이 있는 경우 과제 수행이 향상되는 현상을 말한다. 이러한 사회적 촉진 현상은 단순하거나 잘 학습된 과제에서 발생하며, 어렵거나 숙달되지 않은 과제에서는 발생하지 않는다.

① 몰개성화 : 집단으로 행동하는 상황에서 구성원 개개인의 정체성과 책임감이 약화되고 집단 행위에 대해서는 민감해지는 현상을 말한다.

② 군중행동 : 어떠한 공통된 자극에 대해 군중이 반응하는 집단적 행동을 말한다. 대개 일시적이고 우연적이며 비조직적이고 감정적인 것이 특징이다.

③ 동조행동 : 자신의 행동이나 사고를 집단의 기준에 일치하도록 조정하는 것을 말한다.

003 단기기억의 기억용량을 나타내는 것은?

① 3±2개   ② 5±2개

③ 7±2개   ④ 9±2개

정답 | ③

해설 | 인간의 뇌는 기억하는 방법에 따라 장기기억과 단기기억으로 나뉜다. 조지밀러(1956)는 단기기억의 경우 정보 처리에 한계가 있다는 것을 발견하였으며, 단기기억의 기억용량을 7±2개로 제시하였다.

004 기억의 인출과정에 대한 설명으로 틀린 것은?

① 인출이 이후의 기억을 증가시킬 수 있다.

② 기분과 내적 상태는 인출단서가 될 수 없다.

③ 인출행위가 경험에서 기억하는 것을 변화시킬 수 있다.

④ 장기기억에서 한 항목을 인출한 것이 이후에 관련된 항목의 회상을 방해할 수 있다.

정답 | ②

해설 | 기분이 고양되어 있을 때 우리는 행복했던 시간을 더 많이 기억할 수 있다. 따라서 기분과 내적상태는 기억의 인출단서로 작용할 수 있으며, 동일한 정서와 연합된 다른 기억들을 활성화 되게 한다.

005 다음은 무엇에 관한 설명인가?

> 물속에서 기억한 내용을 물속에서 회상시킨 경우가 물 밖에서 회상시킨 경우에 비해서 회상이 잘 된다.

① 인출단서효과   ② 기분효과

③ 맥락효과   ④ 도식효과

정답 | ③

해설 | 맥락효과란 사전 경험이나 주변의 맥락에 따라 자극에 대한 지각이 달라지는 효과를 말한다. '물속'이라는 맥락에서 기억한 내용을 다른 맥락인 '물 밖'보다 '물속'이라는 동일한 맥락 내에서 회상할 때 더 잘 된다고 보았으므로 이는 맥락효과를 설명하는 내용이라고 할 수 있다.

006 조사연구에서, 참가자의 인지기능을 측정하기 위해 그가 가입한 정당을 묻는 것은 어떤 점에서 가장 문제가 되는가?

① 안면타당도　　　　　　　　　　　② 외적타당도
③ 공인타당도　　　　　　　　　　　④ 예언타당도

정답 | ①

해설 | 안면타당도는 주어진 측정 도구나 검사가 측정하고자 하는 내용을 제대로 측정하는 것처럼 보이는지를 나타내는 명목상의 수치이다. 이때 안면타당도는 전문가가 아닌 일반인의 일반적인 상식에 준하여 분석하는 것으로, 조사 참여자의 인지기능을 측정하기 위해 정치적인 성향을 묻는 것은 안면타당도에 문제가 된다.

007 연결망을 통해 원하는 만큼 많은 수의 표본을 추출하는 방법은?

① 할당표집(Quota Sample)
② 유의표집(Purposive Sampling)
③ 임의표집(Convenient Sampling)
④ 눈덩이표집(Snowball Sampling)

정답 | ④

해설 |

확률 표집	단순무선(무작위)표집	난수표, 제비뽑기 등을 통해 추출하는 방법으로 표본 요소들이 표출될 확률 동일
	계통표집	모집단의 목록에서 일정한 순서에 따라 매 K번째 요소 추출
	유층(층화)표집	모집단을 집단 내 구성이 동질적인 몇 개의 집단으로 나눈 후, 계층별로 단순 무작위 또는 체계적으로 표집
	군집표집	표본(추출)단위를 집단(일정한 지역)으로 하여 무작위 표출
비확률 표집	편의(임의/우연)표집	조사자가 편리한 방식으로 표출
	판단(목적/유의)표집	조사의 목적에 맞다고 판단되는 소수의 인원을 조사자가 선택하여 표출
	할당표집	일정한 특성을 기준으로 모집단의 구성비에 맞춰 편의 표출
	누적(눈덩이)표집	연속적인 추천과정을 통해 표본을 선정, 추출하는 방법으로 일반화의 가능성 이 적고 계량화가 곤란하여 양적 조사보다는 질적 조사에 적합

008 훈련받은 행동이 빨리 습득되고 높은 비율로 오래 유지되는 강화계획은?

① 고정비율계획
② 고정간격계획
③ 변화간격계획
④ 변화비율계획

정답 | ④

해설 | 변동비율계획(변화비율계획)은 어떤 행동의 평균 매 n번째 수행에 대해 강화를 받는 강화계획이다. 조작적 조건형성의 강화계획으로 특히 부분 강화계획의 한 형태로 볼 수 있으나, 피험자로서는 정확하게 몇 번째 반응에 대해 강화가 되는지 알 수 없도록 설계되어 있다. 변동비율계획은 강화계획 중 가장 반응율이 높으면서, 습득된 행동이 높은 비율로 오래 유지된다는 특징이 있다.
① 고정비율계획 : 일정한 횟수의 바람직한 반응이 나타난 이후 강화를 부여한다.
② 고정간격계획 : 요구되는 행동의 발생빈도에 상관없이 일정한 시간 간격에 따라 강화를 부여한다.
③ 변화간격계획 : 일정한 시간 간격을 두지 않은 채 평균적으로 확인할 수 있는 시간 간격이 지난 이후 강화를 부여한다.

009 프로이트(Freud)의 세 가지 성격 구성요소 중 현실 원리를 따른 것은?

① 자아(Ego)
② 원초아(Id)
③ 초자아(Superego)
④ 원초아(Id)와 자아(Ego)

정답 | ①

해설 | 프로이트(Freud)는 성격의 3요소를 원초아(Id, 쾌락의 원리), 자아(Ego, 현실의 원리), 초자아(Superego, 도덕의 원리)로 설명하였다.

010 표본조사에 대한 설명으로 옳지 않은 것은?

① 연구자가 모집단의 모든 성원을 조사할 수 없을 때 표본을 추출한다.
② 표본추출에서 표본의 크기가 작을수록 표집오차도 줄어든다.
③ 표본의 특성을 모집단에 일반화하기 위해서 무선표집을 사용한다.
④ 모집단의 특성을 일반화하기 위해서는 표본은 모집단의 부분집합이어야 한다.

정답 | ②

해설 | 표본추출 시 표본의 크키가 커질수록 표집에 대한 오차도 줄어든다. 표집오차는 표집하는 과정에서 발생하는 오차로 표본이 모집단의 대표성으로부터 얼마나 이탈했는지를 나타낸다. 따라서 표본의 크기가 커질수록 비용은 많이 들지만 모수와 통계치의 유사성이 커지면서 표집오차는 줄어들어 조사의 신뢰성은 증가한다. 반대로 표본의 크기가 작아지면 비용은 절약할 수 있으나 그만큼 조사에 대한 정확성은 떨어지게 된다.

011 매슬로우(Maslow)의 5단계 욕구 중 "금강산도 식후경"이라는 속담의 의미와 일치하는 욕구는?

① 생리적 욕구

② 안전의 욕구

③ 자기실현의 욕구

④ 소속 및 애정의 욕구

정답 | ①

해설 | "금강산도 식후경"이라는 속담은 아무리 좋은 일도 배가 부른 뒤에 볼 일이라는 것을 의미한다. 이는 매슬로우의 5단계 욕구 중 가장 기본 욕구에 해당하는 생리적 욕구에 해당한다. 매슬로우는 생리적 욕구에 대해 허기를 면하고 생명을 유지하려는 욕구로서 인간의 가장 기본적인 욕구인 의, 식, 주를 향한 욕구에서 성욕까지를 포함한다고 보았다.

012 인상형성에 관한 설명으로 옳지 않은 것은?

① 인상형성 시 정보처리를 할 때 최소의 노력으로 빨리 처리하려고 하기 때문에 많은 오류나 편향을 나타내는데, 이러한 현상에서 인간을 '인지적 구두쇠'라고 보는 입장도 있다.

② 인상형성 시 긍정적인 정보보다 부정적인 정보가 더 큰 영향을 미치는데, 이를 부정성효과라고 한다.

③ 앤더슨(Anderson)은 인상형성과 관련하여 가중평균모형을 주장했다.

④ 내현성격이론은 사람들이 인상형성을 할 때 타인과 관련된 다양한 정보를 통합적이고 객관적으로 평가하는 것을 말한다.

정답 | ④

해설 | 내현성격이론은 성격 특성들 간의 관련성에 대한 개인의 신념을 성격을 판단하는 틀로 사용하는 것을 말한다. 즉 한두 가지의 정보를 토대로 그 사람의 전반적인 성격이나 행동 특성을 추측하게 된다.

013 성격심리학의 주요한 모델인 성격 5요인에 대한 설명으로 옳은 것은?

① 5요인에 대한 개인차에서 유전적 요인은 찾아볼 수 없다.

② 뇌의 연결성은 5요인의 특질에 영향을 미치지 않는다.

③ 성실성 점수가 높은 사람의 경우 행동을 계획하고 통제하는 것을 돕는 전두엽의 면적이 더 큰 경향이 있다.

④ 정서적 불안정성인 신경증은 일생 동안 계속해서 증가하고 성실성, 우호성, 개방성과 외향성은 감소한다.

정답 | ③

해설 | 성격의 5요인에서 '성실성'은 사회적 규칙 및 규범, 원칙들을 기꺼이 지키고자 하는 정도를 말한다. 즉 성실성 점수가 높게 나오는 사람은 행동을 계획하고 통제하는 것을 돕는 전두엽의 면적이 더 큰 경향이 있다고 보았다. 5요인 모형의 요인에는 개방성, 성실성, 신경증, 외향성, 우호성이 있다.

014 대뇌의 우반구가 손상되었을 때 주로 영향을 받게 될 능력은?

① 통장잔고 점검
② 얼굴 재인
③ 말하기
④ 논리적 문제해결

정답 | ②

해설 | 대뇌의 우반구는 시공간과 관련된 지각능력, 운동능력, 그리고 정서기능 등을 담당하는 영역이다. 또한, 공간이나 사람의 얼굴, 색채, 음계, 정서적 자극을 더 잘 처리하는 것으로 알려져 있다. 따라서 대뇌의 우반구가 손상될 경우 얼굴 재인에 지장을 받게 될 것이라고 유추할 수 있다.

015 척도와 그 예가 올바르게 짝지어진 것은?

① 명명척도 – 운동선수 등번호
② 서열척도 – 온도계로 측정한 온도
③ 등간척도 – 성적에서의 학급석차
④ 비율척도 – 지능검사로 측정한 지능지수

정답 | ①

해설 | 명명척도는 물을 구분하기 위해 명명하는 척도이다. ⑩ 성별, 국적, 학교, 지역, 반, 운동 선수 등번호 등
② 서열척도 : 측정치 간의 순위를 나타내는 척도로 크고 작음, 많고 적음, 선호도의 높고 낮음을 나타내는 순서로 나타난다. 다만 그 간격을 측정할 수는 없다. ⑩ 직위, 학력, 등수 등
③ 등간척도 : 동일한 간격에 동일한 단위를 부여함으로써 동간성을 갖는 척도이다. ⑩ 온도, IQ, 성적 등
④ 비율척도 : 동간성을 지니며, 절대 영점이 존재한다. ⑩ 시청률, 투표율, 가격, 길이, 무게, 키, 시간 등

016 선망이론(Prospect Theory)에 관한 설명으로 옳은 것은?

① 범주의 모든 구성원이 공유하고 있지는 않지만 범주 구성원을 특징짓는 속성이 있다.
② 우리는 어떤 것이 일어날 가능성이 얼마인지를 결정하고, 그 결과의 가치를 판단한 후, 이 둘을 곱하여 결정을 내린다.
③ 우리는 새로운 사례와 범주의 다른 사례에 대한 기억을 비교함으로써 범주 판단을 한다.
④ 사람들은 잠재적인 손실을 평가할 때 위험을 감수하는 선택을 하고, 잠재적인 이익을 평가할 때는 위험을 피하는 선택을 한다.

정답 | ④

해설 | 전망이론(Prospect Theory)은 위험을 수반하는 대안들 중 어떻게 의사결정을 내리는지 설명하는 이론이다. 사람들은 이득보다 손해에 더 민감하고 이득과 손해는 참조적을 기준으로 평가되며, 이득과 손해 모두 효용이 체감적인 관계를 갖는 것으로 보았다.

017 방어기제 중 성적인 충동이나 공격성을 사회적으로 용인된 바람직한 방향으로 변화시켜 표현하는 것은?

① 합리화
② 주지화
③ 승화
④ 전위

정답 | ③
해설 | ① 합리화 : 수용할 수 없는 행동을 그럴듯한 변명으로 성낭화하는 것
② 주지화 : 갈등이나 불안 등의 감정을 억누르고 장황한 논리를 주장하는 것
④ 전위 : 어떤 대상에게 느낀 감정을 다른 대상에게 전환시키는 것

018 뉴런이 휴식기에 있을 때의 상태로 옳은 것은?

① 칼륨 이온이 뉴런 밖으로 나간다.
② 나트륨 이온이 뉴런 안으로 밀려온다.
③ 뉴런 내부는 외부와 비교하여 음성(−)을 띠고 있다.
④ 뉴런이 발화한다.

정답 | ③
해설 | 뉴런이 휴식기에 있을 때 뉴런 내부는 외부와 비교하여 음성(−)을 띠고 있다.

019 기억정보의 인출에 대한 설명으로 옳은 것은?

① 기억탐색과정은 일반적으로 외부적 자극정보를 부호화하는 과정을 말한다.
② 설단현상은 특정 정보가 저장되어 있지 않다는 증거로 볼 수 있다.
③ 회상과 같은 명시적 인출 방법과 대조되는 방법으로 재인과 같은 암묵적 방법이 있다.
④ 인출 시의 맥락과 부호화 시의 맥락이 유사할 때 인출 가능성이 클 것이라는 주장을 부호화명세성(특수성)원리라고 한다.

정답 | ④
해설 | ② 설단현상은 이미 알고 있는 개념이나 대상에 대해 설명할 때, 이를 연상해내는 데 성공했음에도 언어로 정확하게 표현하지 못하는 현상을 말한다. 따라서 저장되어 있지 않다는 증거로 볼 수 있다는 점은 틀린 설명이다.
③ 회상은 머릿속에 저장되어 있는 정보를 있는 그대로 모두 기억하는 능력이며, 재인은 대상을 인식하고 그것이 과거에 경험했던 것인지 판단하는 능력을 말한다. 따라서 회상은 재인보다 더 복잡한 능력이다.

020 "통계적으로 유의미하다"라는 말의 뜻을 나타내는 것은?

① 실험 결과가 통계적 혹은 확률적 현상이다.
② 실험 결과를 통계적 방법을 통해 분석할 수 있다.
③ 실험 결과가 통계적 분석 방법을 써서 나온 것이다.
④ 실험 결과가 우연이 아닌 실험 처치에 의해서 나왔다.

정답 | ④
해설 | "통계적으로 유의미하다"라는 말은 확률적으로 보아 실험 결과가 단순한 우연이라고 생각되지 않을 정도로 의미가 있다는 뜻이고, 반대로 "통계적으로 유의미하지 않다"라는 말은 실험 결과가 단순한 우연일 수도 있다는 것을 의미한다.

PART 01
PART 02
PART 03
PART 04
PART 05
PART 06

제2과목 이상심리학

021 다음 ( )에 알맞은 증상은?

> DSM-5 주요우울삽화의 진단에는 9가지 증상 중 5개 혹은 그 이상의 증상이 연속 2주 동안 지속되며, 증상이 사회적, 직업적 또는 기타 중요 기능 영역에서 임상적으로 현저한 고통이나 손상을 초래한다. 여기서 말하는 9가지 증상 가운데 적어도 하나는 ( )이거나 ( )이다.

① 우울기분, 무가치감
② 우울기분, 흥미나 즐거움의 상실
③ 불면, 무가치감
④ 불면, 사고력이나 집중력의 감소

정답 | ②
해설 | 주요우울장애는 우울장애의 하위유형 중 가장 증상이 심각한 것으로 거의 매일, 하루에 대부분, 우울증이 연속적으로 2주 이상 나타나는 경우이다. 주요우울장애의 핵심증상은 '지속적인 우울한 기분'과 '흥미나 즐거움의 상실'이다.

022 도박장애는 DSM-5의 어느 진단범주에 속하는가?

① 성격장애
② 물질-관련 및 중독장애
③ 파괴적, 충동조절 및 품행장애
④ 적응장애

정답 | ②

해설 | 물질-관련 및 중독장애는 술, 담배, 카페인, 마약 등의 중독성 물질을 사용하는 '물질-관련 장애'와 도박증과 같이 중독성 행위에 몰두하는 '비물질-관련 장애'로 구분된다.

023 알츠하이머병으로 인한 신경인지장애에 관한 설명으로 틀린 것은?

① 허혈성 혈관문제 혹은 뇌경색과 관련이 있다.
② Apo-E 유전자 형태와 관련이 있다.
③ 여성호르몬 에스트로겐(Estrogen)과 상관이 있다.
④ 노인성 반점(Senile Plaques)과 신경섬유다발(Neurofibrillary Tangle)과 관련이 있다.

정답 | ①

해설 | 뇌혈관에 의한 혈관성 치매에 해당하는 설명이다.

024 주의력결핍 및 과잉행동장애(ADHD)에 대한 설명으로 가장 적절하지 않은 것은?

① 페닐알라닌 수산화효소 부족으로 인해 발생한다.
② 학령전기에는 과잉행동이, 초등학생 시기에는 부주의 증상이 더욱 두드러진다.
③ 유전성이 높다.
④ 몇 가지의 부주의 또는 과잉행동-충동성 증상은 12세 이전에 나타나야 한다.

정답 | ①

해설 | ①은 페닐케톤뇨증에 대한 설명이다.
주의력결핍 및 과잉행동장애(ADHD)는 아동·청소년기에 나타나는 주의집중력 문제, 과잉행동의 문제, 파괴적이고 공격적인 비행의 문제를 말한다. 이는 양육의 방식보다는 유전적인 요소와 관련성이 높다. 따라서 가족력이 있는 경우 이 질환의 발병과 관련이 있을 것으로 본다.

025 다음에 해당하는 장애는?

> • 적어도 1개월 동안 비영양성 · 비음식물질을 먹는다.
> • 먹는 행동이 사회적 관습 혹은 문화적 지지를 받지 못한다.
> • 비영양성 · 비음식물질을 먹는 것이 발달수준에 비추어 볼 때 부적절하다.

① 이식증
② 되새김장애
③ 회피적/제한적 음식섭취장애
④ 달리 명시된 급식 또는 섭식장애

정답 | ①
해설 | 이식증은 영양분이 없는 물질(예 종이, 천, 머리카락, 흙, 배설물, 모래, 곤충, 자갈 등)을 1개월 이상 섭취하는 경우를 말한다.

026 양극성장애에 대한 설명으로 틀린 것은?

① 조증은 서서히, 우울증은 급격히 나타난다.
② 우울증 상태에서는 자살을 시도하기도 한다.
③ 조증 상태에서는 사고의 비약 등의 사고장애가 나타난다.
④ 조증과 우울증이 반복되는 장애이다.

정답 | ①
해설 | 양극성장애에서 우울증은 상대적으로 서서히, 조증은 급격하게 나타나는 양상을 보이는 것이 특징이다.

027 이상행동 및 정신장애의 판별기준과 가장 거리가 먼 것은?

① 적응적 기능의 저하 및 손상
② 주관적 불편감과 개인의 고통
③ 통계적 규준의 일탈
④ 가족의 불편감과 고통

정답 | ④
해설 | 이상행동 및 정신장애의 판별기준
   • 적응적 기능의 저하 및 손상 : 개인의 적응을 저해하는 심리적 기능의 손상으로 인하여 원만한 적응에 심각한 지장이 초래되는 경우
   • 주관적 불편감과 개인적 고통 : 개인이 자신의 심리상태와 특성에 대해 스스로 불편해하고 심한 고통을 느낄 때
   • 사회문화적 규범의 일탈 : 어떤 행동이 개인이 속한 사회문화적 규범을 어기고 일탈된 행동을 하며 그 결과 사회문화적으로 부적응이 초래될 때
   • 통계적 규준의 일탈 : 한 사람의 행동이 다른 많은 사람들의 평균적인 행동과 비교할 때 매우 일탈되어 있는 경우

028 알츠하이머병으로 인한 신경인지장애와 주요우울장애의 증상 구분에 관한 설명으로 옳은 것은?

① 주요우울장애에서는 증상이 진행이 고른 데 반해 알츠하이머병으로 인한 신경인지장애에서는 몇 주 안에도 진행이 고르지 못하다.

② 알츠하이머병으로 인한 신경인지장애는 자기의 무능이나 손상을 과장하는 데 반해 주요우울장애에서 는 숨기려 한다.

③ 주요우울장애보다 알츠하이머병으로 인한 신경인지장애에서 알코올 등의 약물 남용이 많다.

④ 알츠하이머병으로 인한 신경인지장애는 기억 손실을 감추려는 시도를 하는 데 반해 주요우울장애에 서는 기억 손실을 불평한다.

정답 | ④
해설 | ① 알츠하이머병은 서서히 8~10년에 걸쳐 진행된다.
③ 알코올 등의 약물 남용은 알츠하이머병보다 주요우울장애와 관련이 높다.

029 DSM-5의 성기능부전에 해당하지 않는 것은?

① 조루증
② 발기장애
③ 남성 성욕감퇴장애
④ 성정체감장애

정답 | ④
해설 | 성 불편증은 DSM-Ⅳ에서 성정체감장애로 명명되며 자신에게 주어진 생물학적 성과 자신이 경험, 표현하고자 하 는 성역할 간의 불일치가 6개월 이상 지속적으로 나타나 심한 불편감, 불쾌감을 겪는 경우를 말한다. 반대의 성에 대해 지속적으로 소망하며 생물학적 구조의 성에 대한 거부, 이성의 옷을 입는 행위, 즉 '다른 성처럼 행동하기'로 나타난다. 성 불편증은 자신의 해부학적 성을 부정하고, 반대의 성을 희망한다는 점에서 성전환증이라고도 한다.

030 심리적 갈등이나 스트레스로 인해 갑작스런 시력상실이나 마비와 같은 감각이상 또는 운동증상을 나 타내는 질환은?

① 전환장애
② 공황장애
③ 신체증상장애
④ 질병불안장애

정답 | ①
해설 | 전환장애는 신경학적 손상을 암시하는 운동기능과 감각기능의 이상을 호소하지만, 의학적으로는 증상의 원인을 찾을 수 없는 경우를 말한다.

031 55세 A씨는 알코올 중독으로 입원한 후 이틀째에 혼돈, 망상, 환각, 진전, 초조, 불면, 발한 등의 증상을 보였다. A씨의 현 증상은?

① 알코올로 인한 중독 증상이다.
② 알코올로 인한 금단 증상이다.
③ 알코올로 인한 치매 증상이다.
④ 알코올을 까맣게 잊어버리는(Black Out) 증상이다.

정답 | ②
해설 | 알코올 유발성 장애는 알코올 중독, 알코올 금단, 알코올 유발성 정신장애로 구분된다. 이중 알코올 금단은 심하게 장기간 사용해 오던 알코올 섭취가 중단 혹은 감소되었을 때 몇 시간 또는 며칠 이내에 1) 자율신경계 기능 항진(◍ 발한 또는 맥박수가 분당 100회 이상 증가), 2) 손 떨림의 증가, 3) 불면증, 4) 오심 및 구토, 5) 일시적인 환시, 환청, 환촉, 또는 착각, 6) 정신운동성 초조(지체), 7) 불안, 8) 대발작의 8가지 중 2개 이상의 증후나 증상이 나타나는 것이 특징이다. 알코올 중독으로 입원한 상황에서 알코올 섭취가 중단되었음을 유추할 수 있으므로 A씨의 증상은 알코올로 인한 금단 증상이라고 볼 수 있다.

032 이상심리학의 발전에 기여한 중요한 사건들을 연대순으로 바르게 나열한 것은?

> ㄱ. 벡(Beck)의 인지치료
> ㄴ. 프로이트(Freud)의『꿈의 해석』발간
> ㄷ. 정신장애 진단분류체계인 DSM-Ⅰ 발표
> ㄹ. 로샤검사(Rorschach Test) 개발
> ㅁ. 집단 지능검사인 군대알파(Army α) 개발

① ㄱ → ㄴ → ㄷ → ㄹ → ㅁ
② ㄴ → ㄹ → ㅁ → ㄷ → ㄱ
③ ㄴ → ㅁ → ㄹ → ㄷ → ㄱ
④ ㄴ → ㅁ → ㄹ → ㄱ → ㄷ

정답 | ③
해설 | ㄴ. 프로이트(Freud)의『꿈의 해석』발간(1900년)
　　　ㅁ. 집단 지능검사인 군대알파(Army α) 개발(1914년)
　　　ㄹ. 로샤검사(Rorschach Test) 개발(1921년)
　　　ㄷ. 정신장애 진단분류체계인 DSM-Ⅰ 발표(1952년)
　　　ㄱ. 벡(Beck)의 인지치료(1976년)

033 항정신병 약물 부작용으로서 나타나는 혀, 얼굴, 입, 턱의 불수의적 움직임 증상은?

① 무동증(Akinesia)

② 구역질(Nausea)

③ 추체외로 증상(Extrapyramidal Symptoms)

④ 만발성 운동장애(Tardive Dyskinesia)

정답 | ④

해설 | 만발성 운동장애란 장기에 걸친 항정신병 제제의 복용 경과 중 또는 중단이나 감량을 계기로 나타나는 것으로, 주로 입술, 혀, 아래턱 등에서 볼 수 있는 불수의적인 움직임이다. 특히 오랫동안 항정신병 약물을 복용해 온 환자에게서 많이 나타난다.

③ 추체외로 증상 : 약물 유발 운동 장애로 급성 및 지연성 증상으로 구분된다. 주로 정형 항정신병 제제를 투여하는 경우 발생한다는 점에서 만발성 운동장애와 비슷하나, 저산소증, 고혈압, 제대로 앉지 못하거나, 파킨슨 증상 등을 보인다는 점에서 다르다.

034 경계성성격장애의 치료에 대한 설명으로 틀린 것은?

① 대상관계적 이론가들은 초기에 부모로부터 수용받지 못해 자존감 상실, 의존성 증가, 분리에 대한 대처능력 부족 등이 나타난다고 보았다.

② 정신역동적 치료자들은 경계성성격장애를 가진 사람들이 아동기에 겪은 갈등을 치유하는 데 집중한다.

③ 변증법적 행동치료에서는 내담자 중심치료의 공감이나 무조건적인 수용을 비판하고 지시적인 방법으로 경계성성격장애를 가진 사람들의 행동을 수정하는 데 집중한다.

④ 인지치료에서는 경계성성격장애를 가진 사람들의 인지적 오류를 수정하려고 한다.

정답 | ③

해설 | 변증법적 행동치료는 환자가 느낀 감정을 중시하며 사고를 유발하는 정서에 초점을 둔다. 정서의 완화는 수용을 통해 가능하다고 보았으므로 ③의 내용과는 관련이 없다.

경계성성격장애는 감정이나 기분(예 애정과 분노)의 변화가 강렬하고, 자신에 대한 이미지가 극단적으로 변하며, 충동적인 행동 때문에 불안정한 대인관계를 반복적으로 나타내어 사회적 부적응이 초래되는 성격특성을 말한다. 즉 대인관계나 자아상, 정동에 있어 매우 불안정적이고 충동적이며, 이러한 특성이 성인기 초기에 시작되어 생활 전반에 걸쳐 나타나는 것이 특징이다. 경계성성격장애의 심리적 요인으로는 아동기에 경험한 부모와의 격리, 학대 등과 같은 충격적인 외상 경험이 꼽힌다. 경계성성격장애의 치료는 정서조절 능력을 향상시키고, 충동적인 행동을 줄이며, 흑백논리적 사고를 감소시켜 대인관계에서의 기술을 비롯한 사회적응 능력을 향상시키는 것에 있다. 따라서 치료자와 환자와의 치료적 관계형성이 중요하며, 환자의 자아강도가 약한 경우 지지적인 치료가 바람직하며, 자아강도가 높은 경우 통찰지향적 치료가 적용될 수 있다.

035 신경발달장애에 해당하지 않는 것은?

① 탈억제성 사회적 유대감장애
② 발달성협응장애
③ 상동증적 운동장애
④ 뚜렛장애

정답 | ①

해설 | 탈억제성 사회적 유대감장애는 외상−및 스트레스 사건−관련 장애에 해당한다. 탈억제성 사회적 유대감장애는 양육자와의 애착 외상을 경험한 아동이 낯선 대상을 포함하여 누구에게나 부적절할 정도로 과도한 친밀감을 나타내며 접근하는 경우를 말한다.

036 불안과 관련된 장애에 관한 설명으로 옳지 않은 것은?

① 공황장애는 광장공포증을 동반하기도 한다.
② 사회공포증은 주로 성인기에 발생한다.
③ 특정공포증 환자는 자신의 공포 반응이 비합리적임을 알고 있다.
④ 외상 후 스트레스 장애는 외상과 관련된 자극에 대한 회피가 특징이다.

정답 | ②

해설 | 사회공포증(사회불안장애)은 지나치게 수줍고 내성적인 아동기를 보낸 뒤 10대 중후반의 청소년기에 시작되는 경우가 많다. 사회공포증을 겪는 청소년은 학교에서의 과제수행 능력이 저하되며 효과적인 학교생활이 불가능해진다. 성인은 치료기관을 찾기보다는 사회적 관계를 기피하며 살아가는 경우가 많다.

037 다음 사례에 가장 적절한 진단명은?

> A는 중소기업에서 일하는 직원이다. 오늘은 동료 직원 B가 새로운 상품에 대해서 발표하기로 했는데, 결근을 해서 A가 대신 발표하게 되었다. 평소 A는 다른 사람들이 자신의 발표에 대해 나쁘게 평가할 것 같아 다른 사람 앞에서 발표하기를 피해왔다. 발표시간이 다가오자 온 몸에 땀이 쏟아지고, 숨쉬기가 어려워졌으며, 곧 정신을 잃고 쓰러질 것 같이 느껴졌다.

① 사회불안장애
② 공황장애
③ 강박장애
④ 범불안장애

정답 | ①

해설 | 사회불안상애는 다른 사람들과 상호작용하는 사회적 상황을 두려워하고 회피하는 경우를 말한다. 즉 타인에 의해 관찰되거나 평가될 수 있는 상황에 놓이면 불안과 공포를 느끼게 되는데, 이는 여러 사람 앞에서 발표하는 상황에서 흔히 경험된다.

038 사람이 스트레스 장면에 처하게 되면 1차적으로 불안해지고 그 장면을 통제할 수 없게 되면 우울해 진다고 할 때 이를 설명하는 이론은?

① 학습된 무기력 이론
② 실존주의 이론
③ 사회분화적 이론
④ 정신분석 이론

정답 | ①

해설 | 학습된 무기력 이론은 무력감에 대한 믿음이 학습된 결과를 통해 형성된 경우를 말한다. 즉 사람이 통제할 수 없거나 예측이 어려운 상황에 연속적으로 처하게 되면 '내가 할 수 있는 것은 아무것도 없다'는 무기력 상태에 빠지고, 그 결과 동기, 인지, 정서의 결함이 초래되어 우울증으로 이어진다는 것이다.

039 이상행동의 원인을 다음과 같이 설명하는 이론은?

- 인간의 감정과 행동은 객관적, 물리적 현실보다 주관적, 심리적 현실에 의해서 결정된다.
- 정신장애는 인지적 기능의 편향 및 결손과 밀접하게 연관되어 있다.

① 정신분석 이론
② 행동주의 이론
③ 인본주의 이론
④ 인지적 이론

정답 | ④

해설 | 인지적 이론에서는 인간의 감정과 행동이 객관적이거나 물리적인 현실보다는 주관적이고 심리적인 요인에 의해 결정된다고 보았다. 즉 주관적 현실은 외부 현실에 대한 인간의 심리적 구성이며 구성 과정은 능동적인 가정이라고 가정하였다. 따라서 정신장애는 인지기능의 편향이나 결손과 밀접하게 관련되며 이러한 인지적 요인에 의해 유발될 수 있다고 보았다.

040 성별불쾌감에 대한 설명으로 틀린 것은?

① 자신의 1차 및 2차 성징을 제거하고자 하는 강한 갈망이 있다.
② 강력한 성적 흥분을 느끼기 위해 반대 성의 옷을 입는다.
③ 반대 성의 전형적인 느낌과 반응을 가지고 있다는 강한 확신이 있다.
④ 반대 성이 되고 싶은 강한 갈망이 있다.

정답 | ②

해설 | 강력한 성적 흥분을 느끼기 위해 반대 성의 옷을 입는 것은 의상전환 장애에 해당한다. 의상전환 장애는 자신의 성적 욕구를 충족시킬 목적으로 이성의 옷으로 바꿔 입는 것으로 자신의 생물학적 성에 대한 불만족을 갖는 성별불쾌감과는 구분된다.

041 MMPI-2와 로샤검사(Rorschach Test)에서 정신병리의 심각성과 지각적 왜곡의 문제를 탐색할 수 있는 척도와 지표로 옳은 것은?

① K척도, Afr

② Sc척도, EB

③ Pa척도, a:p

④ F척도, X-%

정답 | ④

해설 | 로샤 검사에서 X-%는 지각적 왜곡 지표에 해당한다.

042 지능의 개념에 관한 연구자와 주장의 연결이 틀린 것은?

① 웩슬러(Wechsler) - 지능은 성격과 분리될 수 없다.

② 혼(Horn) - 지능은 독립적인 7개 요인으로 이루어져 있다.

③ 카텔(Cattell) - 지능은 유동적 지능과 결정화된 지능으로 구분할 수 있다.

④ 스피어만(Spearman) - 지적 능력에는 g요인과 s요인이 존재한다.

정답 | ②

해설 | 지능을 독립적인 7개 요인으로 구분한 학자는 가드너(Gardner)이다. 가드너는 다중지능이론을 통해 인간의 지적 능력이 서로 독립적이고 상이한 여러 유형의 능력으로 구성되어 있으며 이러한 능력들이 서로 유기적으로 작용한다고 주장하였다. 언어지능, 논리-수학지능, 공간지능, 신체-운동지능, 운동지능, 음악지능, 대인관계지능, 개인 내적지능의 7개 요인으로 구분된다.

043 다음에서 설명하는 검사는?

> 유아 및 학령 전 아동의 발달과정을 체계적으로 측정하기 위한 최초의 검사로서, 표준 놀이기구와 자극 대상에 대한 유아의 반응을 직접 관찰하며, 의학적 평가나 신경학적 원인에 의한 이상을 평가하기 위해 사용된다.

① 베일리(Bayley)의 영아발달 척도

② 게젤(Gesell)의 발달검사

③ 시 · 지각 발달검사

④ 사회성숙도 검사

정답 | ②

해설 | 게젤의 발달검사는 가장 오래된 검사로 1941년부터 시행되었다. 이는 출생부터 6세의 영유아들의 발달을 진단하는 검사로 적응, 운동, 사회적행동, 언어의 4가지 범주로 구성된다.

044 로샤검사(Rorschach Test)의 질문단계에서 검사자의 질문 또는 반응으로 가장 적절하지 않은 것은?

① "당신이 어디를 그렇게 보았는지를 잘 모르겠네요."
② "말씀하신 것은 주로 형태인가요?", "색깔인가요?"
③ "그냥 그렇게 보인다고 하셨는데 어떤 것을 말씀하시는 것인지 조금 더 구체적으로 설명해 주세요."
④ "그것처럼 보이게 만든 것은 무엇인가요?"

정답 | ②
해설 | 로샤검사의 질문단계에서는 수검자로 하여금 어떤 결정인에 의해 해당 반응을 보인 것인지 확인하기 위한 질문을 한다. 개방적인 질문을 통해 어떤 영역을 무엇 때문에 그렇게 보았는지 설문하며 반응을 뉴노할 가능성이 있는 질문은 피해야 한다. 따라서 질문단계에서 적절한 질문은 "어디서 그렇게 보았나요?"(반응영역), "무엇 때문에 그렇게 보았나요?"(결정인), "무엇을 보았나요?"(반응내용)이다.

045 아동용 시지각-운동통합의 발달검사로, 24개의 기하학적 형태의 도형으로 이루어진 지필검사는?

① VMI
② BGT
③ CPT
④ CBCL

정답 | ①
해설 | VMI검사는 아동용 시지각-운동통합검사로 초기에 장애를 발견 및 학습과 행동 장애를 선별하고 예방하기 위한 것으로 시지각과 소근육 운동의 협응 능력을 평가한다.

046 스탠포드-비네 지능검사에 대한 설명으로 틀린 것은?

① 언어성 검사와 동작성 검사 두 부분으로 나누어져 있다.
② 언어추리, 추상적/시각적 추리, 양 추리, 단기기억 영역 등을 포함한다.
③ IQ는 대부분의 점수가 100 근처에 모인다.
④ IQ 분포는 종 모양의 정상분포곡선을 그린다.

정답 | ①
해설 | 언어성 검사와 동작성 검사로 구성되는 검사는 웩슬러 지능검사에 해당한다.

047 다음 환자는 뇌의 어떤 부위가 손상되었을 가능성이 높은가?

> 30세 남성이 운전 중 중앙선을 침범한 차량과 충돌하여 두뇌 손상을 입었다. 이후 환자는 매사 의욕이 없고, 할 수 있는데도 불구하고 어떤 행동을 시작하려고 하지 않으며, 계획을 세우거나 실천하는 것이 거의 안 된다고 한다.

① 측두엽
② 전두엽
③ 후두엽
④ 두정엽

정답 | ②

해설 | 전두엽은 개인이 가치 있는 목표를 성취하기 위해 행동을 변화시키는 데 필요한 피드백을 얻을 수 있도록 자신의 행동과 그에 대한 사람들의 반응을 관찰하고 비교할 수 있게 한다. 이러한 전두엽이 사고 등을 통하여 손상되었을 경우 행동을 계획하고 실천하는 일에 어려움을 겪게 된다.

048 한 아동이 웩슬러(Wechsler) 아동용 지능검사에서 언어이해지수(VCI) 125, 지각추론지수(PRI) 89, 전체검사 지능지수(FSIQ) 115를 얻었다. 이 결과에 대한 해석적인 가설이 될 수 있는 것은?

① 매우 우수한 공간지각능력
② 열악한 초기 환경
③ 우울증상
④ 학습부진

정답 | ③

해설 | 언어성 지능이 동작성 지능보다 높을 때 우울증상이 있음을 유추할 수 있다. 이런 경우 쉽게 포기하는 경향이 있으며 자신에 대해 비판적인 모습을 보이는 경향이 있다.

049 노년기 인지발달의 특징에 관한 설명으로 옳지 않은 것은?

① 연령에 따른 지능의 변화 양상은 지능의 하위 능력에 따라 다르다.
② 노년기 인지기능의 저하는 처리속도의 감소와 관련이 있다.
③ 일화기억보다 의미기억이 더 많이 쇠퇴한다.
④ 노인들은 인지기능의 쇠퇴에 직면하여 목표범위를 좁혀나가는 등의 최적화 책략을 사용한다.

정답 | ③

해설 | 노인들의 경우 일화기억보다 의미기억에서의 정보의 망각이 더 적게 일어나는 특징을 보인다.

050 MMPI-2에서 4-6 코드의 대표적인 특성으로 옳은 것은?

① 자신의 잘못에 대해 타인을 비난하기 때문에 이에 대한 자신의 통찰이 약하다

② 외향적이고 수다스러우며 사교적이면서도 긴장하고 안절부절못한다.

③ 연극적이고 증산과 관련된 수단을 통해 사람을 통제한다.

④ 기묘한 성적 강박관념과 반응을 가질 수 있다.

정답 | ①

해설 | MMPI-2에서 4-6 또는 6-4 코드가 상승한 경우
- 사회적 부적응이 현저하게 나타나거나 공격적 태도를 보인다.
- 미성숙하게 자신을 보호하고 과대평가하며, 다른 사람들에게 관심과 동정을 유도한다.
- 화를 내거나 내부의 억압된 분노를 표출하나, 그 분노의 원인을 항상 외부에 전가한다.
- 방어기제로 부인이나 합리화를 주로 사용한다. 자신의 심리적인 문제를 외면하고 대인관계에서의 갈등의 원인을 항상 다른 사람에게서 찾는다.
- 다른 사람을 의심하며, 특히 권위적인 대상에 대해서는 적개심을 갖는다.
- 비현실적인 사고를 하기도 하며, 자신에 대해 과대망상적인 평가를 내리기도 한다.
- 수동-공격성 성격장애, 편집형 정신분열증의 양상을 보인다.

051 표준점수에 관한 설명으로 틀린 것은?

① 대표적인 표준점수로는 Z점수가 있다.

② Z점수가 0이라는 것은 그 사례가 해당 집단의 평균치보다 1 표준편차 위에 있다는 것을 의미한다.

③ 웩슬러지능검사의 IQ 수치도 일종의 표준점수이다.

④ 표준점수는 원점수를 직선변환하여 얻는다.

정답 | ②

해설 | Z점수는 원점수를 평균이 0, 표준편차가 1인 Z분포상의 점수로 변환한 점수이다. 예를 들어, Z점수 0은 원점수가 정확히 평균값에 위치한다는 것을 의미하며, Z점수 −1.5는 원점수가 참조집단의 평균으로부터 하위 1.5 표준편차만큼 떨어져 있다는 것을 의미한다. Z점수=(원점수−평균)÷표준편차

052 신경심리평가를 사용하는 목적으로 옳지 않은 것은?

① 뇌손상 여부의 판단

② 치료과정에서 병의 진행과정과 호전 여부의 평가

③ MRI 등으로 판단하기 어려운 미세한 기능장애의 평가

④ 과거의 억압된 감정 치료

정답 | ④

해설 | 신경심리평가는 영상학적 검사를 통해 확인되지 않는 미세한 뇌 기능의 변화나 행동의 변화를 탐지하는 데 유용하다. 따라서 과거의 억압된 감정 치료와는 무관하다.

053 뇌손상 환자의 병전지능 수준을 추정하기 위한 자료와 가장 거리가 먼 것은?

① 교육수준, 연령과 같은 인구학적 자료

② 이전의 직업기능 수준 및 학업 성취도

③ 이전의 암기력 수준, 혹은 웩슬러 지능검사에서 기억능력을 평가하는 소검사 점수

④ 웩슬러 지능검사에서 상황적 요인에 의해 잘 변화하지 않는 소검사 점수

정답 | ③

해설 | 병전지능의 추정

- 뇌외상 등으로 인한 인지기능의 변화가 의심되는 경우 심리평가를 통해 병전지능을 추정할 필요가 있다.
- 현재의 지능수준과 병전지능수준을 추정하여 그 차이를 계산함으로써 지능의 유지수준이나 퇴보 정도를 파악할 수 있다.
- 병전지능을 추정하는 대표적인 방법으로서 뇌손상에 비교적 둔감한 소검사들의 결과와 수검자의 연령, 학력, 직업 등의 인구통계학적 변인을 함께 고려하는 방법이 있다.
- 일반적으로 현재 지능이 병전지능에 비해 15점 이상 저하되어 있는 경우 임상적으로 유의미하게 볼 수 있다.
- 기억장애, 언어장애, 고등기능장애, 시공간능력저하, 성격 및 감정의 변화 등 5가지 인지기능 중에서 3가지 이상에서 기능상 장애 혹은 저하현상이 나타날 때 지적 능력이 저하된 것이라고 간주한다.
- 웩슬러 지능검사는 인지기능 중 기억력, 언어력, 시공간능력을 측정한다. 특히 웩슬러 지능검사에서 병전지능 추정에 사용되는 것은 지능검사, 어휘문제, 토막짜기 등이다.

054 다음 K-WAIS 검사 결과가 나타내는 정신장애로 가장 적합한 것은?

- 토막짜기, 바꿔쓰기, 차례 맞추기, 모양 맞추기 점수 사용
- 숫자 외우기 소검사에서 바로 따라 외우기와 거꾸로 따라 외우기 점수 간에 큰 차이를 보임
- 공통성 문제 점수 낮음 : 개념적 사고의 손상
- 어휘, 상식, 이해 소검사의 점수는 비교적 유지되어 있음

① 강박장애   ② 불안장애

③ 기질적 뇌손상   ④ 반사회성성격장애

정답 | ③

해설 | 기절적 뇌손상의 특징이다.

① 강박장애 : 전체 지능지수는 110 이상이며 주지화로 인해 상식·어휘문제 점수가 높은 것이 특징이다. 판단능력 장애로 인한 것이 아니라 회의적 경향으로 인해 이해 점수가 낮다. 언어성 지능이 동작성 지능보다 높으며 강박적인 주지화 경향을 보인다.

② 불안장애 : 숫자 외우기, 산수, 바꿔쓰기, 차례 맞추기 점수가 낮으며 사고의 와해나 혼란은 없는 것이 특징이다.

④ 반사회성성격장애 : 언어성 지능보다 동작성 지능이 높은 편이며 소검사 간 분산이 심한 것이 특징이다. 바꿔쓰기, 차례 맞추기 점수는 높고 공통성 소검사 점수는 낮다. 되는대로 노력 없이 아무렇게나 대답하는 경향이 있으며 사회적 규준에 따르지 못하고 지나친 관념화, 주지화, 현학적인 경향을 보일 수 있다.

055 MMPI 제작 방식에 관한 설명으로 옳은 것은?

① 정신병리 이론을 바탕으로 하여 제작되었다.

② 정신장애군과 정상군을 변별하는 통계적 결과에 따라 경험적 방식으로 제작되었다.

③ 합리적 · 이론적 방식을 결합하여 제작되었다.

④ 인성과 정신병리와의 상관성에 대한 선행연구 결과들을 바탕으로 하여 제작되었다.

정답 | ②

해설 | 20세기 초반 대다수의 심리검사들이 이론적 제작방법에 의해 고안되었으나, MMPI는 실제 환자들의 반응을 토대로 한 경험적 제작방법에 의해 만들어진 것이다.

056 뇌손상의 영향에 관한 설명으로 가장 적합한 것은?

① 의사소통장애가 있는 모든 뇌손상 환자들이 실어증을 수반한다.

② 뇌손상이 있는 환자는 대부분 1차기억보다 최신기억을 더 상세하게 기억한다.

③ 뇌손상이 있는 환자는 복잡한 자극보다는 단순한 자극에 더 시지각장애를 보인다.

④ 뇌손상 이후 일반적인 지적 능력을 유지하지 못하여 원래의 지적 능력 수준이 떨어진다.

정답 | ④

해설 | 지적 능력의 저하는 뇌손상의 결과로 가장 일반적인 현상이다.

057 MMPI-2에서 타당성을 고려할 때 '?' 지표에 대한 설명으로 틀린 것은?

① 각 척도별 '?' 반응의 비율을 확인해 보는 것은 유용할 수 있다.

② '?' 반응은 수검자가 질문에 대해 답변을 하지 않을 경우뿐만 아니라 '그렇다'와 '아니다'에 모두 응답했을 경우에도 해당된다.

③ '?' 반응이 3개 미만인 경우에도 해당 문항에 대한 재반응을 요청하는 등의 사전검토 작업이 필요하다.

④ '?' 반응이 300번 이내의 문항에서만 발견되었다면 L, F, K척도는 표준적인 해석이 가능하다.

정답 | ④

해설 | ? 척도(무응답 척도, Cannot Say)

• 응답하지 않은 문항 또는 '예', '아니요' 모두에 응답한 문항들의 총합이다.

• 10개 이하의 문항을 누락한 경우 정상 범위에 속하지만 누락된 문항들이 어떠한 패턴을 이루고 있는지 검토하는 것이 바람직하다.

• 누락된 문항이 10에서 30 미만인 경우 임상적 프로파일의 전체적인 상승이 저하되므로 검사의 정확성이 감소한다. 따라서 다시 한번 문항들을 완성하도록 독려할 필요가 있다.

• 30개 이상의 문항을 누락하거나 양쪽 모두에 응답하는 경우 프로파일은 무효로 간주될 수 있다. 다만, 30개 이상의 문항을 누락하더라도 기본적인 타당도 척도와 임상척도가 위치한 검사의 전반부에 해당하지 않는다면 비교적 타당한 것으로 볼 수 있다.

058 편차지능지수에 관한 설명으로 옳은 것은?

① 정규분포 가정이 적용되지 않는다.
② 한 개인의 점수는 같은 연령 범주 내에서 비교된다.
③ 비율지능지수에 비해 중년 집단에의 적용에는 한계가 있다.
④ 비네 – 시몽(Binet – Simon) 검사에서 사용한 지수이다.

정답 | ③

해설 | 편차지능지수(Deviation IQ)는 웩슬러 검사 계열에서 사용하는 방식으로 개인의 지적 수준을 동일 연령대의 집단 평균치와 대조하였을 때 이탈된 정도를 통해 상대적인 위치를 나타낸다. 개인의 점수를 다른 사람과 직접 비교할 수 있으며 즉 동일연령을 대상으로 검사를 실시한 뒤 정규분포곡선에서 평균을 '100', 표준편차를 '15'로 하여 환산한 것이다.

059 MMPI-2에서 T 점수의 평균과 표준편차는?

① 평균 – 100, 표준편차 – 15
② 평균 – 50, 표준편차 – 10
③ 평균 – 100, 표준편차 – 10
④ 평균 – 50, 표준편차 – 15

정답 | ②

해설 | 선형 T 점수는 평균 50, 표준편차 10의 정규분포를 가정한다.

060 MMPI-2의 임상척도에 대한 설명으로 옳은 것은?

① 임상척도 중 5번 척도는 그에 상응하는 정신병리적 진단이 존재하지 않는다.
② MMPI – 2의 임상척도는 타당도척도와는 달리 수검태도에 따른 반응왜곡의 영향을 받지 않는다.
③ 각 임상척도는 그에 상응하는 DSM 진단명이 부여되어 있으며 해당 진단명에 준해 엄격하게 해석해야 한다.
④ 임상척도 중에서는 약물처방 유무를 직접적으로 알려주는 지표를 먼저 검토해야 한다.

정답 | ①

해설 | 척도 5는 남성성–여성성 척도로 흥미의 양상이 남성적 성향에 가까운지 여성적 성향에 가까운지를 나타내는 지표이다. 병리적인 특성을 재는 척도가 아니기 때문에 다른 척도들을 해석한 뒤 척도 5의 특성과 통합하여 해석하는 것이 바람직하다.

061 다음 중 대뇌 기능의 편재화를 평가하는 데 사용하는 검사가 아닌 것은?

① 손잡이(Handedness) 검사　　　　　② 주의력 검사

③ 발잡이(Footedness) 검사　　　　　④ 눈의 편향성 검사

정답 | ②

해설 | 주의력 검사는 대뇌 기능의 편재화가 아닌 주의력(충동성과 반응오류)을 측정하는 것이다. 사람의 뇌는 신체중앙선을 기준으로 대략적인 대칭을 이루지만, 좌반구와 우반구는 해부학적 비대칭성을 보인다.

062 심리치료 장면에서 치료자의 3가지 기본특성 혹은 태도가 강조된다. 이는 인간중심 심리치료의 기본적 치료기제로도 알려져 있는데, 이러한 치료자의 기본특성에 해당되지 않는 것은?

① 진솔성　　　　　　　　　　　　② 적극적 경청

③ 정확한 공감　　　　　　　　　　④ 무조건적인 존중

정답 | ②

해설 | 인간중심 심리치료의 기본적 치료기제 3가지는 진솔성(일치성), 정확한 공감(공감적 이해), 무조건적인 긍정적 존중이다.

063 건강심리학 분야의 초점 영역과 가장 거리가 먼 것은?

① 결핵　　　　　　　　　　　　　② 과민성대장증후군

③ 고혈압　　　　　　　　　　　　④ 통증

정답 | ①

해설 | 건강심리학은 심리학 내의 한 전문 영역으로 건강에 영향을 미치는 심리적 요인, 건강행동을 증진하기 위한 방법 등에 관해 연구하는 분야이다. 따라서 건강행동을 증진하기 위한 캠페인, 치료 과정에서 의학적 지시를 잘 따르게 하거나 운동을 촉진할 수 있게 하는 방법 제시하기 등과 관련 있다. 그 밖에도 스트레스 관리, 물질 및 행위 중독, 정서 관리, 섭식 문제 등 다양한 영역을 건강심리학에서 다룬다.

069 기말고사에서 전 과목 100점을 받은 경희에게 선생님은 최우수상을 주고 친구들 앞에서 칭찬도 해주었다. 선생님이 경희에게 사용한 학습 원리는?

① 성취
② 내적동기화
③ 조건화
④ 모델링

정답 | ③
해설 | 시험에서 높은 점수를 받았을 때 보상(최우수상, 칭찬)을 주는 것은 조건화와 관련된 내용이다.

070 행동평가와 전통적 심리평가 간의 차이점으로 틀린 것은?

① 행동평가는 추론의 수준이 높다.
② 행동평가에서 성격의 구성 개념은 주로 특정한 행동패턴을 요약하기 위해 사용된다.
③ 전통적 심리평가는 예후를 알고, 예측하기 위한 것이다.
④ 전통적 심리평가는 개인 간이나 보편적 법칙을 강조한다.

정답 | ①
해설 | 심리평가는 심리검사, 면담, 행동관찰 등 여러 자료를 종합하여 개인의 증상을 일으키는 성격이나 정신 역동을 규명하고자 하는 것이며, 행동평가는 행동 관찰을 통해 개인의 증상의 원인이 되는 환경적 요인 또는 환경과 개인의 상호작용 요인을 규명하고자 하는 것이다. 따라서 행동평가는 추론의 수준이 낮다.

071 행동치료를 위해 현재문제에 대한 기능분석을 하면 규명할 수 있는 요소가 아닌 것은?

① 문제행동과 관련된 인지적 해석
② 문제행동과 관련 있는 유기체 변인
③ 문제행동을 일으키는 자극이나 선행조건
④ 문제행동의 결과

정답 | ①
해설 | 행동치료에서는 치료해야 할 표적행동이 정해지면 이러한 표적행동의 발달과정과 행동이 유지되고 강화되는 환경적 요인들을 파악한다. 다시 말해 문제행동을 촉발하는 선행사건이나 자극, 상황적 요인, 문제행동을 하게 되는 이유, 문제행동을 유지하게 하는 환경적 요인과 인적 요인, 그리고 문제행동으로 인한 결과 등을 분석한다. 이때 문제행동과 관련된 인지적 해석은 포함되지 않는다.

072 다음은 어떤 조건형성에 해당하는가?

> 연구자가 종소리를 들려주고 10초 후 피실험자에게 전기자극을 주었다고 가정해 보자. 몇 번의 시행 이후 다음 종소리에 피실험자는 긴장하기 시작했다.

① 지연조건형성
② 흔적조건형성
③ 동시조건형성
④ 후향조건형성

정답 | ②

해설 | 흔적조건형성은 무조건 자극이 제시되기 전에 조건 자극이 시작되었다가 끝나는 것으로, 무조건 자극이 일어날 때 조건 자극이 더 이상 물리적으로 존재하지 않기 때문에 조건 자극에 대한 '기억'의 흔적에 의존해야 한다는 것이 특징이다.

073 뇌의 편측화 효과를 측정할 수 있는 대표적 방법은?

① 미로검사
② 이원청취기법
③ 웩슬러(Wechsler) 기억검사
④ 성격검사

정답 | ②

해설 | 뇌의 편측화 효과를 측정하는 대표적 방법은 이원청취기법이다.

074 행동평가 방법에 관한 설명으로 옳지 않은 것은?

① 자연관찰은 참여자가 아닌 관찰자가 환경 내에서 일어나는 참여자의 행동을 관찰하고 기록하는 방법이다.
② 유사관찰은 제한이 없는 환경에서 관찰하는 방법이다.
③ 참여관찰은 관찰하고자 하는 개인이 자연스러운 환경에 관여하면서 기록하는 방식이다.
④ 자기관찰은 자신이 개인과 환경 간의 상호작용에 관한 자료를 수집하도록 한다.

정답 | ②

해설 | 유사관찰은 상담실이나 실험실과 같은 통제된 공간에서 가상적인 상황을 만든 후 관찰하는 방법으로 제한이 없는 환경이라고 할 수 없다.

075 심리치료기법에서 해석에 관한 설명으로 적절하지 못한 것은?

① 핵심적인 주제가 더 잘 드러나도록 사용한다.

② 내담자의 생각 중 명확하지 않은 부분에 대해 상담자가 추리하여 설명해 준다.

③ 내담자가 상담자의 해석을 받아들일 수 있는 것부터 해석한다.

④ 저항에 대한 해석보다는 무의식적 갈등에 대한 해석을 우선시한다.

정답 | ④

해설 | 무의식적 갈등에 대한 해석이 저항에 대한 해석보다 우선한다고 할 수는 없다.

076 방어기제에 대한 개념과 설명이 옳게 연결된 것은?

① 투사(Projection) – 당면한 상황에서 얻게 된 결과에 대해 어쩔 수 없었다고 생각하며 행동한다.

② 대치(Displacement) – 추동대상을 위협적이지 않거나 이용 가능한 대상으로 바꾼다.

③ 반동형성(Reaction Formation) – 이전의 만족방식이나 이전 단계의 만족대상으로 후퇴한다.

④ 퇴행(Regression) – 무의식적 추동과는 정반대로 표현한다.

정답 | ②

해설 | ① 투사 : 사회적으로 인정받을 수 없는 자신의 행동과 생각을 마치 다른 사람의 것인 양 생각하고 남을 탓하는 것이다.

③ 반동형성 : 자신이 가지고 있는 무의식적 소망이나 충동을 본래의 의도와 달리 반대되는 방향으로 바꾸는 것이다.

④ 퇴행 : 생의 초기에 성공적으로 사용했던 생각이나 감정. 행동에 의지하여 자기 자신의 불안이나 위협을 해소하려는 것이다.

077 현실치료에 관한 설명으로 가장 적합한 것은?

① 내담자가 더 현실적이고 실현 가능한 인생철학을 습득함으로써 정서적 혼란과 자기패배적 행동을 최소화하는 것을 강조한다.

② 내담자의 좌절된 욕구를 알고 사람들과의 관계에서 새로운 선택을 함으로써 보다 성공적인 관계를 얻고 유지할 수 있음을 강조한다.

③ 현대의 소외, 고립, 무의미 등 생활의 딜레마 해결에 제한된 인식을 벗어나 자유와 책임 능력의 인식을 강조한다.

④ 가족 내 서열에 대한 해석은 어른이 되어 세상과 작용하는 방식에 큰 영향이 있음을 강조한다.

정답 | ③

해설 | 현실치료는 개인의 선택과 책임을 강조하며, 다른 사람들의 욕구 충족을 방해하지 않는 범위에서 생존, 사랑과 소속감, 힘과 성취, 자유, 즐거움의 5가지 욕구를 현실적이고 옳은 방법으로 충족시킬 수 있도록 돕는 것을 목표로 한다.

078 사회기술 훈련 프로그램의 구성요소와 가장 거리가 먼 것은?

① 문제해결 기술
② 의사소통 기술
③ 증상관리 기술
④ 자기주장 훈련

정답 | ③

해설 | 사회기술 훈련 프로그램은 사회의 여러 영역(가정, 학교, 직장, 병원 등)에서 접할 수 있는 대인관계 등 여러 가지 상황에서 적응적으로 대처할 수 있는 기본적인 기술을 배우는 시간이다. 인사하기, 소개하기, 칭찬하기, 사과하기, 고마움 표시하기, 주장하기, 거절하기 등의 기술을 배운다. 따라서 증상관리 기술은 이런 프로그램의 구성요소와는 거리가 멀다.

079 알코올중독 환자에게 술을 마시면 구토를 유발하는 약을 투약하여 치료하는 것은 어떤 행동치료 기법에 해동하는가?

① 행동조성
② 혐오치료
③ 자기표현훈련
④ 이완훈련

정답 | ②

해설 | 혐오치료는 구토반응을 일으키는 약물 등을 사용하여 바람직하지 못한 혹은 교정하고자 하는 행동에 따라 혐오 자극을 줌으로써 그 행동이 더 이상 발생하지 않도록 하는 것이다.

080 두뇌기능의 국재화에 관한 설명으로 옳은 것은?

① 특정 인지능력은 국부적인 뇌 손상에 수반되는 한정된 범위의 인지적 결함으로부터 발생한다고 본다.
② 브로카(Broca) 영역은 좌반구 측두엽 손상으로 수용적 언어 결함과 관련된다.
③ 베르니케(Wernicke) 영역은 좌반구 전두엽 손상으로 표현 언어 결함과 관련된다.
④ MRI 및 CT가 개발되었으나 기능 문제 확인에는 외관적 검사가 이용된다.

정답 | ①

해설 | 편재화는 대뇌반구 좌우의 기능적 분화와 관련하여 사용되는 반면, 국재화는 특정 인지기능이 대뇌피질의 특정 영역에 자리 잡고 있다는 의미로 사용된다.

081 학습문제상담의 시간관리전략에서 강조하는 것은?

① 기억하고자 하는 의도를 갖도록 노력한다.

② 학습의 목표를 중요도와 긴급도에 따라 구체적으로 수립한다.

③ 시험이 끝난 후 오답을 점검한다.

④ 처음부터 장시간 공부하기보다는 조금씩 자주 하면서 체계적으로 학습한다.

정답 | ②

해설 | 학습문제상담의 시간관리전략에서 강조하는 것은 학습의 목표를 세울 때 중요도와 긴급도에 따라 구체적으로 수립하는 것이다.

시간관리 매트릭스

구분	긴급한 일	긴급하지 않은 일
중요한 일	1사분면 위기, 급박한 문제, 마감시간이 임박한 과제, 시험	2사분면 예방, 준비, 계획, 중장기 계획, 자기개발, 인간관계의 구축, 재충전, 가치관 확립
중요하지 않은 일	3사분면 불필요한 방해물, 전화, 이메일, 다른 이의 사소한 문제	4사분면 하찮은 일, 시간낭비 활동, 과도한 인터넷 · 미디어 사용, 즐거운 활동

082 항갈망제에 해당하는 것을 모두 고른 것은?

ㄱ. 노르트립틸린(Nortriptyline)
ㄴ. 날트렉손(Naltrexone)
ㄷ. 아캄프로세이트(Acamprosate)

① ㄱ

② ㄱ, ㄴ

③ ㄴ, ㄷ

④ ㄱ, ㄴ, ㄷ

정답 | ④

해설 | 항갈망제는 술에 대한 갈망을 감소시켜주는 약으로 알코올 의존성 환자의 금주 유지를 위해 사용된다. 보기의 노르트립틸린, 날트렉손, 아캄프로세이트 모두 항갈망제에 해당한다.

083 아들러(Adler)의 상담이론에서 사용하는 기법이 아닌 것은?

① 격려하기

② 전이의 해석

③ 내담자의 수프에 침 뱉기

④ 마치 ~인 것처럼 행동하기

정답 | ②

해설 | 전이의 해석은 프로이드의 정신분석이론에서 사용하는 기법이다.

① 격려하기 : 아들러의 상담기법 중에서도 가장 기초적이고 중요한 기법으로 내담자로 하여금 자신의 열등감을 극복하고 가치를 깨닫도록 돕는 것이다.

③ 내담자의 수프에 침 뱉기 : 내담자가 보이는 잘못된 생각이나 행동에 침을 뱉음으로써 내담자가 이후 이와 같은 생각이나 행동을 하려고 할 때 이전과 같은 편안함을 느낄 수 없도록 하는 것이다.

④ 마치 ~인 것처럼 행동하기 : 내담자와 치료목표를 명확히 한 다음, 내담자로 하여금 마치 목표를 이룬 것처럼 행동해 볼 수 있도록 제안하는 기법이다.

084 다음 알코올 중독 내담자에게 적용할 만한 동기강화상담의 기법과 가장 거리가 먼 것은?

"제가 술 좀 마신 것 때문에 아내가 저를 이곳에 남겨 두었다는 것을 믿을 수가 없군요. 그녀의 문제가 무엇인지 모르겠어요. 이 방에 불러서 이야기 좀 하고 싶어요. 음주가 문제가 아니라 그녀가 문제인 것이니까요."

① 반영반응(Reflection Response)

② 주창 대화(Advocacy Talk)

③ 재구성하기(Reframing)

④ 초점 옮기기(Shifting Focus)

정답 | ②

해설 | 주창 대화는 동기강화상담의 기법에 해당하지 않는다.

동기상담의 대화기술

• 열린 질문하기 : 단답형이 아닌 서술형의 답변을 이끌어낼 수 있는 형태의 질문하기

• 인정하기 : 내담자가 가진 감정과 노력하고자 하는 마음을 알아주고, 인정해 주는 것

• 반영하기 : 말하는 사람이 의도했던 본래의 의미가 무엇이었는지를 추측하고 이를 진술문의 형태로 말해주는 것

• 요약하기 : 수집 요약, 연결 요약, 전환 요약

• 비반영적 기술(재구조화, 방향 틀어 동의하기, 자율성 강조하기, 나란히 가기, 초점 이동하기, 선수치기)

085 청소년상담에서 특히 고려해야 할 요인과 가장 거리가 먼 것은?

① 일반적인 청소년의 발달과정에 대한 규준적 정보

② 한 개인의 발달단계와 과업수행 정도

③ 내담자 개인의 영역별 발달수준

④ 내담자의 이전 상담경력과 관련된 사항

정답 | ④

해설 | 청소년상담 시 내담자의 이전 상담경력과 관련된 사항은 고려해야 할 요인과 거리가 멀다.

086 정신분석에서 내담자가 지속적이고 반복적인 학습을 통해 자신이 이해하고 통찰한 바를 충분히 소화하는 과정은?

① 자기화

② 훈습

③ 완전학습

④ 통찰의 소화

정답 | ②

해설 | 훈습은 내담자가 상담과정에서 얻은 통찰을 일상생활에 적용함으로써 실질적인 변화가 일어나는 과정을 말한다. 이러한 훈습단계에서 내담자의 행동이 안정적으로 변화하면 상담자는 종결단계를 준비할 수 있다.

087 로저스(Rogers)의 인간중심상담에 대한 설명으로 틀린 것은?

① 내담자는 불일치 상태에 있고 상처받기 쉬우며 초조하다.

② 상담자는 내담자와의 관계에서 일치성을 보이며 통합적이다.

③ 상담자는 내담자의 내적 참조틀을 바탕으로 한 공감적 이해를 경험하고 내담자에게 자신의 경험을 전달하려고 시도한다.

④ 내담자는 의사소통의 과정에서 상담자의 선택적인 긍정적 존중 및 공감적 이해를 지각하고 경험한다.

정답 | ④

해설 | 내담자는 인간중심상담을 통해 상담자의 무조건적 긍정적 존중과 공감적 이해를 경험할 수 있다.

088 심리치료의 발전사에 관한 설명으로 옳지 않은 것은?

① 인지신리학이 반전과 더분어 개발된 치료방법들은 1960~70년대 행동치료와 접목되면서 인지행동치료로 발전하였다.

② 로저스(Rogers)는 정신분석치료의 대안으로 인간중심치료를 제시하면서 자신의 치료활동을 카운슬링(Counseling)으로 지칭하였다.

③ 윌버(Wilber)는 자아초월 심리학의 이론체계를 발전시켰으며 그의 이론에 근거한 통합적 심리치료를 제시하였다.

④ 제임스(James)는 펜실베니아 대학교에 최초의 심리클리닉을 설립하여 학습장애와 행동장애 아동을 대상으로 치료활동을 시작하였다.

정답 | ④
해설 | 펜실베니아 대학교에 최초의 심리클리닉을 설립한 사람은 라이트머 위트너이다.

089 특정한 직업분야에서 훈련이나 직무를 성공적으로 수행할 가능성을 예측하는 데 가장 적합한 검사는?

① 직업적성검사
② 직업흥미검사
③ 직업성숙도검사
④ 직업가치관검사

정답 | ①
해설 | **직업적성검사**
구직을 원하는 성인과 대학 진학이나 취업을 앞둔 고등학교 3학년 학생을 대상으로 다양한 직업 분야에서 자신이 맡은 직무를 성공적으로 수행하기 위해 요구되는 중요한 적성요인을 측정하는 것이다. 구직자의 능력 특성이 어떤 직업 분야에 적합한지를 파악할 수 있으며, 본인의 적성과 본인이 희망하는 분야에서 요구되는 직무수행 요건 및 중요 적성요인과의 차이를 비교함으로써 개인의 능력과 적성에 적합한 직업의 선택과 지도에 활용한다.

090 사이버상담에 대한 설명으로 틀린 것은?

① 사이버상담은 전화상담처럼 자살을 비롯한 위기상담이라는 뚜렷한 목적을 갖고 시작되었다.

② 사이버상담자들의 전문성과 윤리성 등을 통제하고 관리하는 체계가 필요하다.

③ 사이버상담의 전문화를 위해 기존 면대면상담과는 다른 새로운 상담기법을 개발하고, 실험을 통해 효과를 검증할 필요가 있다.

④ 사이버상담은 기존의 면대면상담과 전화상담에 참여하지 않았던 새로운 내담자군의 출현을 가져왔다.

정답 | ①
해설 | 사이버상담은 내담자의 문제를 해결하고 생각, 감정, 행동 측면의 인간적 성장을 위해 사이버 공간에서 수행되는 상담을 의미하며, 자살 등을 다루는 위기상담이라는 뚜렷한 목적을 갖고 시작된 것은 아니다.

091 자살을 하거나 시도하는 학생들에게 공통적으로 나타나는 성격특성과 가장 거리가 먼 것은?

① 부정적 자아개념
② 부족한 의사소통 기술
③ 과도한 신중성
④ 부적절한 대처 기술

정답 | ③
해설 | 과도한 신중성은 자살 사고나 자살 행동과 거리가 멀다.

092 테일러(Taylor)가 제시한 학습부진아에 관한 특성으로 옳지 않은 것은?

① 학업에 대한 막연한 불안감을 가지고 있다.
② 자기비판적이고 부적절감을 가져 자존감이 낮다.
③ 목표설정이 비현실적이고 계속적인 실패를 보인다.
④ 주의가 산만하고 학업지향적이다.

정답 | ④
해설 | 학습부진아는 정상적인 지적 능력을 가지고 있으나 전학이나 가정불화 등과 같은 사회환경적 요인과 불안, 우울
과 같은 정서적 요인에 의해 학업적으로 어려움을 겪는 것을 말한다. 따라서 학업지향적이라는 것은 학습부진아
에 관한 특성이라고 보기 어렵다.

093 상담에서 나타날 수 있는 윤리적 갈등의 해결단계를 바르게 나열한 것은?

> ㄱ. 관련 윤리강령, 법, 규정 등을 살펴본다.
> ㄴ. 한 사람 이상의 전문가에게 자문을 구한다.
> ㄷ. 현 상황에서 문제점이나 딜레마를 확인한다.
> ㄹ. 다양한 결정의 결과를 열거해 보고 결정한다.

① ㄱ → ㄷ → ㄴ → ㄹ
② ㄴ → ㄷ → ㄱ → ㄹ
③ ㄷ → ㄱ → ㄴ → ㄹ
④ ㄷ → ㄱ → ㄹ → ㄴ

정답 | ③
해설 | 상담에서 윤리적 갈등이 나타날 경우 ㄷ. 현 상황에서의 문제점이나 딜레마를 확인한 후 ㄱ. 관련 윤리강령이나
법, 규정 등을 살펴보고 ㄴ. 전문가에게 자문을 구한다. 그 후 ㄹ. 다양한 결정의 결과를 열거해 보고 결정한다.

094 **진로상담의 목표와 가장 거리가 먼 것은?**

① 내담자기 이미 졀정한 직어적이 선택과 계획을 확인하도록 돕는다.

② 내담자 자신의 직업적 목표를 명확하게 해준다.

③ 내담자로 하여금 자아와 직업세계에 대해 구체적으로 이해하게 하고, 새로운 사실을 발견하게 한다.

④ 직업선택과 직업생활에 순응적인 태도를 함양하도록 돕는다.

정답 | ④

해설 | 직업생활에서의 순응적인 태도를 함양하는 것은 진로상담의 목표에 해당하지 않는다.

　　진로상담의 목표

　　• 자신에 대한 올바른 이해 확립

　　• 일과 직업세계에 대한 이해 증진

　　• 정보탐색 및 활용능력의 함양

　　• 올바른 직업관과 직업의식 형성

　　• 합리적인 의사결정 능력의 증진

095 **가족치료의 주된 목표와 가장 거리가 먼 것은?**

① 가계의 특징을 파악하고 이를 재구조화한다.

② 가족 구성원 간의 잘못된 관계를 바로잡는다.

③ 특정 가족 구성원의 문제행동을 수정한다.

④ 가족 구성원 간의 의사소통 유형을 파악하고 의사소통이 잘 되도록 한다.

정답 | ③

해설 | 가족치료란 개인이나 가족의 문제해결을 위해 가족을 하나의 체계로 보고 가족의 기능, 역할, 관계상의 문제에 개입하는 일련의 조직적 상담과정이다. 가족치료에서는 문제나 증상을 갖고 있는 특정 가족 구성원만이 대상이 되거나 가족 전원을 대상으로 하는 것이 아니며, 현재의 문제와 관련된 상호작용 양상을 바꾸는 데 반드시 필요한 가족구성원을 대상으로 한다. 따라서 특정 가족 구성원의 문제행동을 수정하는 것과는 거리가 멀다.

096 **단기상담에 적합한 내담자의 특성으로 옳은 것은?**

① 반사회적 성격장애가 있다.

② 문제가 구체적이거나 발달 과정상의 문제가 있다.

③ 지지적인 대화 상대자가 전혀 없다.

④ 만성적이고 복합적인 문제가 있다.

정답 | ②

해설 | 단기상담은 주 호소문제가 비교적 구체적이거나 발달상의 문제와 연관이 있는 경우 적합하다. 또한, 호소문제가 발생하기 이전에는 비교적 기능적인 생활을 해왔던 경우, 내담자를 사회적으로 지지해 주는 사람들이 주변에 있을 때, 과거나 현재에 상보적인 인간관계를 가져본 적이 없는 경우 적합하다. 성격장애를 가지고 있지 않아야 한다. 이외에도 내담자가 비교적 건강하며 그 문제가 심각하지 않은 경우, 내담자가 자신의 경미한 문제에 대해 명확하게 인식하고자 하는 경우, 내담자가 임신, 출산, 은퇴, 죽음 등의 발달 과정상의 문제를 경험하는 경우, 내담자가 중요 인물의 상실로 인해 생활상의 적응을 필요로 하는 경우, 내담자가 급성적 상황으로 인해 정서적인 어려움을 겪는 경우, 내담자가 조직이나 기관의 구성원으로 소속되어 있는 경우 단기 상담에 적합하다.

097 상담 및 심리치료의 발달사에 관한 설명으로 옳지 않은 것은?

① 글래서(Glasser)는 1960년대에 현실치료를 제시하였다.
② 가족치료 및 체계치료는 1970년대부터 본격적으로 등장하였다.
③ 메이(May)와 프랭클(Frankl)의 영향으로 게슈탈트상담이 발전하였다.
④ 위트머(Witmer)는 임상심리학이라는 용어를 최초로 사용했으며, 치료적 목적을 위해 심리학의 지식과 방법을 활용하였다.

정답 | ①
해설 | 글래서가 현실치료를 제시한 때는 1950년대이다.

098 벡(Beck)의 인지치료에서 인지도식에 관한 설명으로 옳지 않은 것은?

① 인지도식이란 나와 세상을 이해하는 틀이다.
② 사람마다 인지도식이 다르기 때문에 같은 사건을 다르게 해석한다.
③ 역기능적 인지도식은 추상적 사고가 가능한 청소년기부터 형성된다.
④ 역기능적 신념이 역기능적 자동적 사고를 유발하여 부적응행동을 초래한다.

정답 | ③
해설 | 역기능적 인지도식은 어린 시절의 경험에 의해 형성되기 때문에 청소년기의 추상적 사고 가능 여부와는 관련이 없다.

099 학습상담 과정에 대한 설명과 가장 거리가 먼 것은?

① 현실성 있는 상담목표를 설정해서 상담한다.
② 학습문제와 관련된 내담자의 감정을 이해하고 격려한다.
③ 내담자의 장점, 자원 등을 학습상담과정에 적절히 활용한다.
④ 학습문제와 무관한 개인의 심리적 문제들은 회피하도록 한다.

정답 | ④
해설 | 학업문제와 관련된 요인으로는 인지적 요인, 정의적 요인, 환경적 요인으로 구분된다. 지능, 기초학습기능, 선행학습, 학습전략 등은 인지적 요인, 학습에 대한 동기와 흥미, 자아개념, 불안 등은 정의적 요인, 가정, 학교, 친구 등은 환경적 요인에 포함된다. 따라서 겉으로 볼 때 학습문제와는 무관해 보이더라도 개인의 심리적 문제들이 학업관련 어려움에 영향을 미칠 수 있으므로 배제하는 것은 옳지 않다.

100 특성-요인 상담에 관한 설명으로 틀린 것은?

① 상담가 중심이 상담방법이다.

② 사례연구를 상담의 중요한 자료로 삼는다.

③ 문제의 객관적 이해보다는 내담자에 대한 정서적 이해에 초점을 둔다.

④ 내담자에게 정보를 제공하고 학습기술과 사회적 적응기술을 알려 주는 것을 중요시한다.

정답 | ③

해설 | 특성-요인 상담은 상담자 중심으로 이루어지며 내담자 개인의 가능성을 최대한 실현할 수 있도록 만드는 것을 궁극적인 목표로 한다. 이러한 과정에서 내담자를 정서적으로 이해하기보다는 문제를 객관적으로 이해하고 내담자에게 필요한 정보를 제공한다. 또한, 학습기술과 사회적 적응기술을 알려 주는 것을 중요시하는 입장을 취한다.

CHAPTER **03** | **2023년 3회 기출문제**
(2023년 7월 8~23일 시행)

제1과목   **심리학개론**

001 성격이론과 대표적인 연구자가 잘못 짝지어진 것은?

① 행동주의이론 – 로저스(Rogers)
② 특질이론 – 올포트(Allport)
③ 정신분석이론 – 프로이드(Freud)
④ 인본주의이론 – 매슬로우(Maslow)

정답 | ①
해설 | • 행동주의이론 : 스키너, 파블로프, 손다이크, 왓슨
　　　　• 현상학 이론(인본주의) : 로저스

002 Cattell의 성격이론에 관한 설명과 가장 거리가 먼 것은?

① 주로 요인분석을 사용하여 성격요인을 규명하였다.
② 성격특질이 서열적으로 조직화되어 있다고 보았다.
③ 지능을 성격의 한 요인인 능력특질로 보았다.
④ 개인의 특정 행동을 설명할 수 있느냐에 따라 특질을 표면특질과 근원특질로 구분하였다.

정답 | ②
해설 | 아이젠크는 인간의 성격을 내향성 – 외향성, 신경증적 경향성, 정신병적 경향성의 3가지 특질로 구분하였다(서열의 조직화).

003 성격의 결정요인에 관한 설명으로 틀린 것은?

① 성격은 유전적 요인과 환경적 요인의 상호작용에 의하여 결정된다.
② 환경적 요인이 성격에 영향을 주는 방식은 학습이론의 맥락에서 이해할 수 있다.
③ 유전적 영향에 대한 증거는 쌍생아 연구에 근거하고 있다.
④ 초기 성격이론가들은 환경적 요인을 강조하여 체형과 기질을 토대로 성격을 분류하였다.

정답 | ④
해설 | 초기 성격이론가들은 인간의 성격을 개인의 심리적 요인과 생애 초기 발달경험에 초점을 맞추어 설명하였다.

004 다음에서 설명하는 방어기제는?

고통스러운 상황을 추상적이고 지적인 용어로 대처함으로써 그 상황으로부터 멀어지려고 하는 것

① 합리화   ② 주지화
③ 부사   ④ 반동형성

정답 | ②
해설 | 주지화란 감정으로부터 자신을 분리시키고, 이성적이고 지적인 분석을 통해 문제에 대처하고자 하는 방어기제를 의미한다.

005 새로운 자극이 원래 CS와 유사할수록 조건반응을 촉발할 가능성이 크다는 학습의 원리는?

① 소거   ② 변별
③ 획득   ④ 일반화

정답 | ④
해설 | 일반화
- 특정한 대상에 대한 사고나 연구의 결과를 그것과 유사한 대상에 적용하는 것. 이때 본래의 대상과 적용대상은 본질적으로 같은 특징을 가지고 있다고 전제된다.
- 여러 개체들이 가지고 있는 공통된 특성을 부각시켜 한 개념이나 법칙을 성립시키는 과정 혹은 그 결과로 얻어진 진술. 흔히 과학에서의 법칙은 구체적 사상을 설명하거나 기술할 수 있는 보다 보편적 질서로서 일반화와 동의어로 사용되기도 한다.
- 특정 조건에 의하여 학습된 행동이 그와 비슷한 조건에서도 나타나는 현상. 자극의 변별(discrimination)과 대조되는 개념으로서 학습(learning)을 설명하는 고전적 조건반사이론의 주요 개념이다.

006 다음 사항을 나타내는 발견법(heuristic)은?

사람들은 한 상황의 확률을 그 상황에 들어 있는 사건들 사이에 존재하는 관련성의 강도에 근거하여 추정한다.

① 확률 추정의 발견법   ② 가용성 발견법
③ 대표성 발견법   ④ 인과성 발견법

정답 | ①
해설 | ② 가용성 발견법 : 머릿속에 떠오르는 가용해 보이는 판단에 의해 해결하는 방법. 즉, 자신의 신념과 판단의 정확성을 실제보다 과잉 추정하는 경향성
③ 대표성 발견법 : 특정한 원형을 얼마나 잘 대표하는지에 근거하여 판단하는 것

007 사람들은 혼자 있을 때보다 자신과 같은 일을 수행하고 있는 다른 사람들이 있을 때 수행이 향상된다는 것을 지칭하는 것은?

① 사회태만
② 사회촉진
③ 동조효과
④ 방관자효과

정답 | ②

해설 | ① 사회태만 : 오히려 업무수행이 하락하는 현상을 말한다.
③ 동조효과 : 집단의 압력에 의해 개인이 태도와 행동을 변화시키는 현상이다.
④ 방관자효과 : 주변에 사람이 많으면 많을수록 책임이 분산되어 위험에 처한 사람을 덜 돕는 현상이다.

008 사랑의 삼각형 이론에서 사랑의 3가지 요소에 포함되지 않는 것은?

① 관심(Attention)
② 열정(Passion)
③ 헌신(Commitment)
④ 친밀감(Intimacy)

정답 | ①

해설 | 로버트 스턴버그(Robert Sternberg)가 제시한 사랑의 삼각형 이론은 사랑이 하나의 삼각형을 구성하는 세 가지 구성 요소의 측면에서 이해될 수 있다는 내용이다. 스턴버그에 따르면 사랑은 친밀감, 열정, 결심/헌신이라는 세 요소로 구성되어 있으며, 이러한 세 요소의 균형상태에 따라 다양한 형태의 사랑을 설명할 수 있다. 또한 세 요소가 모두 균형 있게 발달했을 때 성숙한 사랑에 이를 수 있다.

009 일반적으로 사용되는 분포의 집중경향치로 옳게 짝지어진 것은?

① 평균값 – 백분위
② 평균값 – 중앙값
③ 백분위 – 상관계수
④ 중앙값 – 상관계수

정답 | ②

해설 | 일반적으로 사용되는 분포의 집중경향치는 평균값과 중앙값이다.

010 에릭슨의 심리사회적 발달이론에서 노년기에 맞는 위기는?

① 고립감　　　　　　　　　　　② 단절감

③ 열등감　　　　　　　　　　　④ 절망감

정답 | ④

해설 | 에릭슨의 인간 발달 단계
- 유아기 : 신뢰감 대 불신감
- 초기아동기 : 자율성 대 수치심 및 회의
- 학령전기 : 주도성 대 죄의식
- 학령기 : 근면성 대 열등감
- 청소년기 : 자아정체감 대 정체감 혼란
- 성인 초기 : 친밀감 대 고립감
- 성인기 : 생산성 대 침체
- 노년기 : 자아통합 대 절망

011 통계분석에 관한 설명으로 옳지 않은 것은?

① 빈도 차이의 유의성을 검증하기 위해서 x^2검정을 사용한다.

② 3개 또는 그 이상의 평균치 사이에 차이가 있는지를 검정하기 위해서 분산분석을 사용한다.

③ 피어슨 상관계수 r은 근본적으로 관련성을 보여주는 지표이지 어떠한 인과적 요인을 밝혀주지는 않는다.

④ 2개의 모평균 간에 차이가 있는지를 검정하기 위해서 중다회귀분석(multiple regression analysis)을 이용한다.

정답 | ④

해설 | 2개의 모평균 간에 차이가 있는지를 검정하기 위해서는 모평균 차이의 가설검정을 시행해야 한다. 중다회귀분석은 독립변수(예측변수)가 2개 이상인 회귀모형(중다회귀모형)에 의한 자료분석으로 모평균 간에 차이검정에는 적합하지 않다.

012 프로이드의 성격의 구조에 대한 설명으로 틀린 것은?

① 프로이드는 쾌락원칙을 따른다.

② 자아는 성격의 집행자로서, 인지능력에 포함된다.

③ 초자아는 항문기의 배변훈련 과정을 겪으면서 발달한다.

④ 성격의 구조 가운데 가장 마지막으로 발달하는 체계가 초자아이다.

정답 | ③

해설 | 프로이드에 의하면 자아는 항문기의 배변훈련 과정을 겪으면서 발달한다.

013 고전적 조건 형성에서 조건자극과 무조건자극을 배열할 때 조건 형성효과가 가장 오래 지속되는 배열은?

① 후진 배열
② 흔적 배열
③ 지연 배열
④ 동시적 배열

정답 | ③
해설 | 지연 배열은 무조건자극이 제시될 때까지 조건자극이 제시되므로 조건 형성 효과가 가장 길다.
　　　① 후진 배열 : 무조건자극이 제시된 후에 조건자극이 제시되어 가장 조건 형성 효과가 짧게 지속된다.
　　　② 흔적 배열 : 무조건자극이 제시되기 전 조건자극이 사라진다.
　　　④ 동시적 배열 : 무조건자극과 조건자극이 동시에 제시된다.

014 인본주의 성격이론에 대한 설명으로 옳은 것은?

① 무의식적 욕구나 동기를 강조한다.
② 대표적인 학자는 Bandura와 Watson이다.
③ 개인의 성장 방향과 선택의 자유에 중점을 둔다.
④ 외부 환경자극에 의해 행동이 결정된다고 본다.

정답 | ③
해설 | ① 무의식적 욕구나 동기를 강조하는 것은 정신분석 성격이론이다.
　　　② Bandura는 사회학습 성격이론가이다.
　　　④ 외부 환경자극에 의해 행동이 결정된다고 보는 것은 행동주의 성격이론이다.

015 성격의 일반적인 특성과 가장 거리가 먼 것은?

① 안정성
② 일관성
③ 적응성
④ 독특성

정답 | ③
해설 | 성격 특성에는 독특성, 정서적 안정성, 성실성, 일관성, 외향성, 지적 개방성, 친화성 등이 있다.

016 단기기억의 특성이 아닌 것은?

① 정보의 용량이 매우 제한적이다.
② 거대한 도서관에 비유할 수 있다.
③ 현재 의식하고 있는 정보를 의미한다.
④ 작업기억(working memory)이라 불린다.

정답 | ②
해설 | 거대한 도서관에 비유할 수 있는 것은 장기기억이다. 단기기억에는 용량의 한계가 있는데, 숫자나 문자, 단어의 경우 약 7개 정도가 그 한계이다.

017 현상학적 이론에 대한 설명으로 틀린 것은?

① 인간을 성취를 추구하는 존재로 파악하다

② 인간을 타고난 욕구에 끌려 다니는 존재로 간주한다.

③ 인간을 자신의 환경에 굴복하지 않고 오히려 환경을 통제하고 조정할 수 있는 적극적인 힘을 갖고 있는 존재로 파악한다.

④ 현재 개인이 경험하고, 느끼고, 행동하는 것이 중요하며, 개인의 진정한 모습을 이해하는 것도 이를 통해 가능하다고 본다.

정답 | ②

해설 | 현상학적 이론은 인간을 기본적으로 자유로운 존재로 인식하며, 자발적 · 합리적이며 건설적이고 미래지향적인 존재로 간주한다.

018 다음 중 비율척도에 해당하는 것은?

① 길이　　　　　　　　　　　　　② 성별

③ 온도　　　　　　　　　　　　　④ 석차

정답 | ①

해설 | 비율척도는 등간성을 지니고, 절대영점이 존재한다. 📵 시청률, 투표율, 가격, 길이, 무게, 키, 시간 등

019 어떤 사람의 행동을 보고 상황이나 외적 요인보다는 사람의 기질이나 내적 요인에 그 원인을 두려고 하는 것은?

① 고정관념　　　　　　　　　　② 후광효과

③ 현실적 왜곡　　　　　　　　　④ 기본적 귀인 오류

정답 | ④

해설 | 기본적 귀인 오류

　　　기본적 귀인 오류는 타인의 행동을 판단할 때 상황적 요인들을 충분히 고려하지 않는 데에서 오는 편향을 말한다. 자신의 행동에 대해서 설명할 때는 주변 상황적 요인에 주로 의지하는 반면, 타인에 대해서는 그 사람의 성향적 자질에 그 원인이 있다고 쉽게 결론내리는 것이다.

020 다음에서 설명하는 관점은?

성격이란 삶과 죽음이 교차하는 현실 속에서 그 사람이 내리는 선택과 결정에 의해 좌우되는 것

① 현상학적 관점　　　　　　　　　　② 실존주의적 관점
③ 인본주의적 관점　　　　　　　　　　④ 정신분석적 관점

정답 | ②
해설 | 실존주의적 관점에서 성격이란 자신의 삶과 죽음이 관건인 현실 속에서 각 개인이 내리는 선택과 결정에 의해 만들어지는 것이라고 본다.

제2과목　　이상심리학

021 여성의 알코올 중독에 관한 설명으로 옳은 것은?

① 알코올 중독의 남녀 비율은 비슷한 수준이다.
② 여성은 유전적으로 남성보다 알코올 중독의 가능성이 더 높다.
③ 여성은 남성보다 체지방이 많기 때문에 술의 효과가 늦게 나타나고 대사가 빠르다.
④ 여성 알코올 중독자들은 남성 알코올 중독자들보다 우울을 더 많이 경험하고 자살시도 횟수가 더 많다.

정답 | ④
해설 | 여성 알코올 중독자들은 남성 알코올 중독자들보다 우울을 더 많이 경험하고 자살시도 횟수가 더 많다. 여성이 심리적, 환경적 요인들의 영향을 더 많이 받기 때문이다.
　① 알코올 중독의 남녀 비율은 비슷한 수준이 아니다. 남성이 더 많으며, 다만 여성의 알코올 중독 비율이 점차 증가하고 있다.
　② 여성의 유전적 요인은 남성과 동일하며, 여성이 남성보다 더 높은 요인은 심리적, 환경적 요인들이다.
　③ 같은 양의 알코올을 섭취하였을 때 여성은 비록 같은 몸무게라도 남자에 비해 더 취한다. 이는 여성이 남성에 비해 체액이 적고 체지방이 많기 때문이며, 알코올은 여성의 체지방에는 분해되지 않아서 상대적으로 남성에 비해 여성의 혈액 내 알코올의 집중도가 높기 때문이다.

022 조현병 스펙트럼 및 기타 정신병적 장애에 해당하지 않는 것은?

① 순환성장애
② 조현양상장애
③ 조현정동장애
④ 단기 정신병적 장애

정답 | ①
해설 | DSM-5 분류기준에 의한 조현병 스펙트럼 및 기타 정신병적 장애의 수요 하위유형
- 조현형(성격) 장애 또는 분열형(성격) 장애
- 망상 장애
- 단기 정신병적 장애 또는 단기 정신증적 장애
- 조현양상장애 또는 정신분열형 장애
- 조현병 또는 정신분열증
- 조현정동 장애 또는 분열정동 장애
- 긴장증 등

023 변태성욕장애에 해당하지 않는 것은?

① 관음장애
② 소아성애장애
③ 노출장애
④ 성별불쾌감

정답 | ④
해설 | 성별불쾌감 혹은 성불편증
- 자신에게 주어진 생물학적 성에 대한 불편감을 느끼며 다른 성이 되고자 하는 강렬한 열망을 가진 경우
- 이러한 불편감으로 반대의 성에 대한 강한 동일시를 나타내거나 반대의 성이 되기를 소망
- 성정체감장애 또는 성전환증이라고 불리기도 함

024 알코올 사용 장애에 관한 설명으로 옳지 않은 것은?

① 유병률은 인종 간 차이가 없다.
② 알코올 중독의 첫 삽화는 10대 중반에 일어나기 쉽다.
③ 금단, 내성, 그리고 갈망감이 포함된 행동과 신체 증상들의 집합체로 정의된다.
④ 성인 남자가 성인 여자보다 유병률이 높다.

정답 | ②
해설 | 알코올 중독의 첫 삽화는 50대 중반~60대 중반에 가장 많이 일어난다. 알코올 사용 장애는 지속적인 과도한 음주로 인하여 심리, 대인관계 및 신체상의 문제를 야기하며 정신과적 치료를 필요로 하는 질환이다.

025 자기애성 성격장애에 대한 설명으로 틀린 것은?

① 과도한 숭배를 원한다.

② 대인관계에서 착취적이다.

③ 자신의 방식에 따르지 않으면 일을 맡기지 않는다.

④ 자신의 중요성에 대해 과대한 느낌을 가진다.

정답 | ③

해설 | 강박성 성격장애의 경우 자신의 방식에 따르지 않으면 일을 맡기지 않는다.

026 공황장애의 특징에 해당하는 것을 모두 고른 것은?

ㄱ. 메스꺼움 또는 복부 불편감

ㄴ. 몸이 떨리고 땀 흘림

ㄷ. 호흡이 가빠지고 숨이 막힐 것 같은 느낌

ㄹ. 다른 사람이 자신을 이용하거나 피해를 입힌다고 생각

① ㄱ, ㄴ   ② ㄷ, ㄹ

③ ㄴ, ㄷ, ㄹ   ④ ㄱ, ㄴ, ㄷ

정답 | ④

해설 | 공황장애의 증상으로는 몸이 떨리거나 후들거림, 숨이 가쁘거나 답답한 느낌, 메스꺼움 또는 복부 불편감, 어지러움, 불안정감, 멍함, 쓰러질 것 같음, 이인감 혹은 비현실감, 자기 통제를 상실할 것 같음, 미칠 것 같은 두려움, 감각이 둔해지거나 따끔거림, 가슴이 심하게 두근거림 혹은 빈맥 등이 있다.

027 스트레스 호르몬이라고 불리는 코티솔(cortisol)이 분비되는 곳은?

① 부신   ② 변연계

③ 해마   ④ 대뇌피질

정답 | ①

해설 | 코티솔은 부신피질에서 분비되는 스테로이드 호르몬이며, 당질코르티코이드계의 호르몬으로 탄수화물의 대사과정을 주로 조절한다.

028 물질관련장애에 관한 설명으로 옳지 않은 것은?

① 물질에 대한 생리적 의존은 내성과 금단증상으로 나타난다.
② 임신 중의 과도한 음주는 태아알코올증후군을 유발할 수 있다.
③ 모르핀과 헤로인은 자극제(흥분제)의 대표적 종류이다.
④ 헤로인의 과다 복용은 뇌의 호흡 중추를 막아 죽음에 이르게 할 수 있다.

정답 | ③
해설 | 자극제(흥분제)에 해당하는 약물은 카페인, 코카인, 암페타민, 니코틴이다. 모르핀과 헤로인, 알코올, 아편은 진정제에 해당하는 약물이다. 환각체에는 펜시클리딘, 메스칼린, 살로사이빈, 임페타민류, 딩골린싱 물질이 해당된다.

029 아동 A에게 진단할 수 있는 가장 가능성이 높은 장애는?

> 4세 아동 A는 어머니와 애정적 관계를 형성하지 못하며, 장난감을 가지고 노는 데는 흥미가 없고 사물을 일렬로 배열하거나 자신의 몸을 앞뒤로 흔들면서 알 수 없는 말을 한다.

① 자폐스펙트럼장애   ② 의사소통장애
③ 틱 장애   ④ 특정학습장애

정답 | ①
해설 | 자폐스펙트럼장애는 사회적 의사소통 및 사회적 상호작용상의 지속적인 결함과 함께 행동, 흥미 또는 활동에 있어서 제한적이고 반복적인 패턴을 두 가지 핵심증상으로 한다. 부모를 비롯하여 형제자매나 또래들과 적절한 인간관계를 형성하지 못한다. 아동의 관심사는 매우 좁으며, 그와 같은 관심사에 몰두하거나 반복적인 행동을 나타내는 경향이 있다.

030 회피성성격 장애에서 나타나는 대인관계 특징은?

① 자신의 목적을 달성하기 위해서 타인을 이용한다.
② 타인에게 과도하게 매달리고 복종적인 경향을 띤다.
③ 친밀한 관계를 바라지도 않으며 타인의 칭찬이나 비판에 무관심해 보인다.
④ 비판이나 거절, 인정받지 못함 등에 대한 두려움이 특징적이다.

정답 | ④
해설 | 회피성성격 장애는 타인과의 만남을 두려워하고 사회적 상황을 회피함으로써 사회적 적응에 어려움을 나타낸다. 소외감과 외로움을 특징으로 하며, 대인관계에서 경험할 수 있는 모욕과 거부에 대해 지나치게 예민하다. 즉, 대인관계를 맺고 싶지만 거부당할 것에 두려움을 느껴 이를 피하는 것이다. 겉으로는 냉담하고 무관심한 듯한 모습을 보이지만, 실제로는 주위 사람들의 표정이나 동작을 주의 깊게 살피는 경향이 있다.

031 다음 중 치매의 원인에 따른 유형으로 볼 수 없는 것은?

① 알츠하이머 질환
② 혈관성 질환
③ 파킨슨 질환
④ 페닐케톤뇨증

정답 | ④

해설 | DSM-4에서 치매로 지칭되던 장애가 DSM-5에서는 신경인지장애로 명칭이 변경되어 독립된 장애범주로 제시되고 있다. 신경인지장애의 원인적 질환으로는 알츠하이머 질환, 전측두엽퇴행증, 루이체병, 혈관질환, 외상성뇌손상, 물질 및 약물사용, HIV 감염, 프리온병, 파킨슨병, 헌팅턴병 등이 있다.

032 광장공포증에 관한 설명으로 가장 적합한 것은?

① 광장공포증의 남녀 간 발병비율은 비슷한 수준이다.
② 아동기에 발병률이 가장 높다.
③ 광장공포증이 있으면 공황장애는 진단할 수 없다.
④ 공포, 불안, 회피 반응은 전형적으로 6개월 이상 지속된다.

정답 | ④

해설 | 공포, 불안, 회피 반응이 6개월 이상으로 지속되어야 광장공포증이 진단되어질 수 있다. 덧붙여 광장공포증과 공황장애 둘 다 불안장애이며, 공존병리로 진단 가능하다.

033 물질 관련 장애에 포함되지 않는 것은?

① 알코올 중독(Intoxication)
② 대마계(칸나비스) 사용 장애(Use Disorder)
③ 담배 중독(Intoxication)
④ 아편계 금단(Withdrawal)

정답 | ③

해설 | 담배는 담배 사용 장애, 담배 금단이라는 용어로 표기하고 있다.

034 이상심리학의 역사에 관한 설명으로 틀린 것은?

① Kraepelin은 현대 정신의학의 분류체계에 공헌한 바가 크다.
② 고대 원시사회에서는 정신병을 초자연적 현상으로 이해하였다.
③ Hippocrates는 모든 질병은 그 원인이 마음에 있다고 하였다.
④ 서양 중세에는 과학적 접근 대신 악마론적 입장이 성행하였다.

정답 | ③

해설 | Hippocrates는 모든 질병의 원인이 '체내에서 발생하는 증기'라고 하였다.

035 다음 중 만성적인 알코올 중독자에게서 흔히 발생하는 것으로 비타민 B1 결핍과 관련이 깊으며, 지남력 장애, 최근 및 과거 기억력의 상실, 작화증 등의 증상을 보이는 장애는?

① 혈관성 치매　　　　　　　　　② 코르사코프 증후군
③ 진전 섬망　　　　　　　　　　　④ 다운 증후군

정답 | ②

해설 | 코르사코프 증후군은 장기간의 알코올 과다 섭취와 영양의 불균형으로 인한 비타민 B1의 결핍으로 발병한다. 이 병은 주로 금단현상으로서 짧은 시간 착각, 망상, 대뇌 흥분, 신체적 불안정, 사고력 저하를 보이는 진전섬망 (delirium tremens)과 함께 시작되는 경우가 많고, 특징적으로 순간적 기억력인 단기기억력의 감퇴가 뚜렷하여 직전 순간의 기억을 할 수 없어서 같은 사항을 되풀이해서 묻는다. 이와 관련하여 지각적 결함, 주도성의 상실, 공상한 것을 실제의 일처럼 이야기하는 작화증을 보인다. 어느 정도의 치료를 시행하면 호전되는 경우도 있지만, 대부분은 기질성 치매로 남는다.

036 섬망(Delirium) 증상의 특징이 아닌 것은?

① 주의를 기울이고 집중, 유지, 전환하는 능력의 감소
② 환경 또는 자신에 대한 지남력의 저하
③ 증상은 오랜 기간에 걸쳐서 발생
④ 오해, 착각 또는 환각을 포함하는 지각장애

정답 | ③

해설 | 섬망은 인지기능 저하가 동반되는 의식의 장애로, 수시간에서 수일에 걸쳐 급격히 일어나고 기분, 지각, 행동장애도 흔히 나타나며 하루에도 증상의 정도가 변화하는 변동성을 특징으로 한다. 시간, 장소에 대한 지남력 저하가 특징적으로 나타나며, 상대적으로 사람을 알아보는 지남력은 유지된다. 기억은 오래 전 기억은 비교적 유지되나 최근 기억이 특히 악화되고, 실어증 등의 언어장애가 나타날 수 있다. 또한 횡설수설하는 양상의 사고장애나 환각, 착각, 이인증, 비현실감과 같은 지각의 장애가 동반될 수 있다. 수면 각성 주기 이상이 나타나 낮에 자고 밤에는 수면을 취하지 못하기도 한다.

037 행동주의적 견해에 따르면 강박행동은 어떤 원리에 의해 유지되는가?

① 소거　　　　　　　　　　　　　② 모델링
③ 고전적 조건 형성　　　　　　　④ 부적 강화

정답 | ④

해설 | 부적 강화란 어떤 행동에 혐오적 사건 혹은 조건이 제거 및 종료가 될 때 나타나는 행동으로, 과거의 일을 통해 미래의 곤란한 상황을 예측하고 피하는 행위이다. 예를 들면 한 사람이 대인관계에 어려움을 겪고 그로 인해 사람들과 만나는 것이 두려워지면서 사람을 만나 발생할 수 있는 곤란함이나 어려움을 피하기 위해 사람을 만나는 것을 기피하게 되는데, 이런 행동이 증가 · 반복되어 강박행동을 유지한다.

038 다음에 해당하는 장애는?

> • 경험하는 성별과 자신의 성별 간의 심각한 불일치
> • 다른 성별 구성원이 되고자 하는 강한 욕구
> • 자신의 성적 특성을 제거하고자 하는 강한 욕구

① 동성애   ② 성기능 부전
③ 성도착증   ④ 성별 불쾌감

정답 | ④
해설 | 성별 불쾌감은 흔히 '트렌스젠더'로 알려진 이들이 겪는 장애로, 자신의 육체적 성과 정신적 성이 일치하지 않는다고 받아들이는 것이다. 이는 자신이 사랑하는 사람이 동성이라는 점을 받아들이는 동성애자와는 구별된다. 증상으로는 자신의 생식기에 대한 혐오감, 또래집단으로부터 사회적 고립감을 느끼는 것, 불안, 외로움, 우울 등이 있다.

039 지적장애의 심각도 수준에 관한 설명으로 옳은 것은?

① 중등도 : 성인기에도 학업기술은 초등학생 수준에 머무르며 일상생활에 도움이 필요하다.
② 경도 : 운동 및 감각의 손상으로 사물의 기능적 사용이 어려울 수 있다.
③ 최고도 : 개념적 기술을 제한적으로 습득할 수 있다.
④ 고도 : 학령전기 아동에서는 개념적 영역은 정상발달과 뚜렷한 차이를 보이지 않을 수 있다.

정답 | ①
해설 | 중등도 수준의 지적장애 성인기에는 학업적 기술발달이 일반적으로 초등학교 수준이라서, 직업생활과 사회생활에서 요구되는 학업적 기술을 사용하기 위해서는 도움이 필요하다. 참고로 학령전기에는 언어기술과 학습준비기술의 발달이 느리고, 학령기에는 읽기와 쓰기, 수학, 시간과 돈에 대한 이해가 느리게 발달하며 또래와 비교할 때 한계가 뚜렷하게 나타난다.
② 경도 : 학령전기 아동에서는 개념적 영역은 정상발달과 뚜렷한 차이를 보이지 않을 수 있다.
③ 최고도 : 운동 및 감각의 손상으로 사물의 기능적 사용이 어려울 수 있다.
④ 고도 : 개념적 기술을 제한적으로 습득할 수 있다.

040 조현병의 유전적 요인에 관한 설명으로 옳지 않은 것은?

① 친족의 근접성과 동시발병률은 관련이 없다.
② 여러 유전자 결함의 조합으로 나타나는 장애이다.
③ 생물학적 가족이 입양 가족에 비해 동시발병률이 더 높다.
④ 일란성 쌍생아보다 이란성 쌍생아의 동시발병률이 더 낮다.

정답 | ①
해설 | 친족의 근접성과 동시발병률은 관련이 높은 편이다.

041 **MMPI-2 코드 쌍의 해석적 의미로 틀린 것은?**

① 4-9 : 행동회적 경향이 높다.

② 1-2 : 다양한 신체적 증상에 대한 호소와 염려를 보인다.

③ 2-6 : 전환증상을 나타내는 경우가 많다.

④ 3-8 : 사고가 본실석으로 망상직일 수 있다.

정답 | ③

해설 | 전환증상을 나타내는 경우가 많은 것은 1-3 상승척도 쌍에 해당된다.

042 **교통사고 환자의 신경심리 검사에서 꾀병을 의심할 수 있는 경우는?**

① 기억과제에서 쉬운 과제에 비해 어려운 과제에서 더 나은 수행을 보일 때

② 즉각기억과제와 지연기억과제의 수행에서 모두 저하를 보일 때

③ 뚜렷한 병변이 드러나며 작의적인 반응을 보일 때

④ 단기기억 점수는 정상범위나 다른 기억점수가 저하를 보일 때

정답 | ①

해설 | 신경심리평가 시 위장자들을 변별하는 방법

- 일관성 : 위장하는 사람들은 동일한 영역을 측정하는 비슷한 검사로 재검사를 시행했을 때 같은 양상의 장애를 나타내지 않는 경우가 많고, 자신의 증상 및 병력에 대해서는 잘 기억하면서 기억력 검사에 들어가서는 장애를 보일 수 있다.
- 위장자들은 모든 검사에서 다 못하는 경우가 많은데, 실제 환자는 손상 양상에 따라 어떤 검사는 잘 수행하고 어떤 검사는 대단히 못한다. 만약 위장자가 일부 검사에서 선택적으로 장애를 보이려고 할 때는 주로 감각 및 운동기능의 장애를 보인다고 한다.
- 난이도를 살펴보면, 일반적으로 환자들은 쉬운 소검사는 잘하고 어려워지면 못하는 데 비해 위장자들은 난이도가 낮은 소검사부터 못하는 경향이 있다.
- 위장자들은 검사에서 나타난 장애 정도와 손상으로부터 예측되는 장애 정도 사이에 상당한 차이를 보인다.

043 **다면적 인성검사(MMPI-2)에서 개인의 전반적인 에너지와 활동수준을 평가하며 특히 정서적 흥분, 짜증스러운 기분, 과장된 자기 지각을 반영하는 척도는?**

① 척도 1

② 척도 4

③ 척도 6

④ 척도 9

정답 | ④

해설 | 다면적 인성검사(MMPI-2) 척도 9(경조증)

- 심리적·정신적 에너지의 수준을 반영하며, 사고나 행동에 대한 효율적 통제의 지표로 활용된다.
- 인지영역에서는 사고의 비약이나 과장을, 행동영역에서는 과잉활동적 성향을, 정서영역에서는 과도한 흥분상태, 민감성, 불안정성을 반영한다.

044 다음에서 설명하고 있는 지능 개념은?

> • Cattell이 두 가지 차원의 지능으로 구별한 것 중 하나이다.
> • 타고나는 지능으로 생애 초기 비교적 급속히 발달하고 20대 초반부터 감소한다.
> • Wechsler 지능검사의 동작성 검사가 이 지능과 관련이 있다.

① 결정적 지능　　　　　　　　　　② 다중 지능
③ 유동적 지능　　　　　　　　　　④ 일반 지능

정답 | ③
해설 | • R. Cattell은 지능을 '유동성 지능'과 '결정성 지능'의 2개 군집으로 분류하였다.
　　　　• 유동성 지능은 유전적으로 주어지는 능력으로 속도, 지각능력, 기계적 암기, 일반적 추론능력 등을 포함하며, 새로운 상황에서의 문제해결능력과 관련되어 있다. 유동성 지능은 선천적 지능으로 생애 초기에 발달하다가 20대 초반부터 감소한다.
　　　　• 결정성 지능은 환경이나 경험, 학습, 문화적 기회 등의 영향으로 발달되는 지능으로 언어이해능력, 문제해결능력, 논리적 추리력, 상식 등과 관련되어 있다. 결정성 지능은 연령이 높아지면서 지속적으로 발달할 수 있는 지능이다.
　　　　• Wechsler 지능검사의 언어성검사는 결정성 지능과 관련이 높고, 동작성검사는 유동적 지능과 관련이 높다.

045 검사자가 지켜야 할 윤리적 의무로 옳지 않은 것은?

① 검사과정에서 피검자에게 얻은 정보에 대해 비밀을 보장할 의무가 있다.
② 자신이 다루기 곤란한 어려움이 있을 때는 적절한 전문가에게 의뢰하여야 한다.
③ 자신이 받은 학문적인 훈련이나 지도받은 경험의 범위를 벗어난 평가를 해서는 안 된다.
④ 피검자가 자해행위를 할 위험성이 있어도 비밀보장의 의무를 지켜야 하므로 누구에게도 알려서는 안 된다.

정답 | ④
해설 | 검사자는 내담자(수검자)의 사생활과 비밀유지에 대한 권리는 최대한 존중해야 할 의무가 있으나, 이는 절대적인 것이 아니며 경우에 따라 내담자의 비밀보장의 권리가 제한될 수도 있다. 예를 들어 내담자(수검자)가 자신이나 타인의 신체 또는 재산을 해칠 위험이 있는 경우, 아동학대나 성폭력 등 중대한 범죄에 대한 내용을 상담을 통해 알게 된 경우 이를 해당 분야의 전문가나 관련 기관에 알려야 한다. 또한 법원의 정보공개 명령이 있는 경우 내담자(수검자)에 대한 기본적인 정보를 공개하며, 더 많은 사항을 공개해야 하는 경우 사전에 내담자(수검자)에게 알려줄 필요가 있다.

046 문장완성검사에 대한 설명으로 틀린 것은?

① 가족, 이성관계 등 무화의 의미와 관련하여 이들 문항 세트를 함께 고려하여 해석하는 것이 도움이 된다.

② Rapport 등(1968)은 형식적 면에서 연상의 장애를 '근거리 반응'과 '원거리 반응'으로 개념화하여 설명하고자 했다.

③ 국내에서 출판되고 있는 Sacks의 문장완성검사는 아동용, 청소년용, 성인용으로 구분되어 있다.

④ 누락된 문항이라 하더라도 중요한 가설을 형성할 수 있다는 점에서 주의 깊게 검토해야 한다.

정답 | ②

해설 | Rapport 등(1968)은 성격진단을 위한 유용한 투사법으로 확립하였다.

047 말의 유창성이 떨어지고 더듬거리는 말투, 말을 길게 하지 못하고 어조나 발음이 이상한 현상 등을 보이는 실어증은?

① 베르니케 실어증 ② 브로카 실어증
③ 초피질성 감각 실어증 ④ 전도성 실어증

정답 | ②

해설 | 브로카 실어증
  • 브로카 영역을 포함한 인근 전두엽 영역의 손상에 의함
  • 대화나 설명 시 표현능력이 저하되며 특이 유창성이 저하됨
  • 비정상적으로 단조로운 운율, 속도가 느리며 단어 사이 쉬는 것이 긴 경향
  • 청각적 이해력은 유지
  • 읽기는 말하기나 쓰기에 비해 좋은 편

048 WAIS-IV의 소검사 중 언어이해 지수 척도의 보충 소검사에 해당되는 것은?

① 공통성 ② 상식
③ 어휘 ④ 이해

정답 | ④

해설 | 공통성, 어휘, 상식은 언어이해 지수의 핵심 소검사에 해당된다.

049 지능에 대한 설명으로 옳지 않은 것은?

① 비네(A.Binet)는 정신연령(Mental Age)이라는 용어를 사용하였다.
② 지능이란 인지적, 지적 기능의 특성을 나타내는 불변개념이다.
③ 새로운 환경 및 다양한 상황을 다루는 적응과 순응에 관한 능력이다.
④ 결정화된 지능은 문화적, 교육적 경험에 따라 영향을 받는다.

정답 | ②
해설 | 지능은 인간의 인지적, 지적 기능의 특성을 파악하나, 불변하지는 않는다.

050 노인을 대상으로 HTP 검사를 실시하는 방법으로 옳은 것은?

① 그림을 그린 다음에는 수정하지 못하게 한다.
② HTP를 실시할 때 각 대상은 별도의 용지를 사용하여 실시한다.
③ 노인의 보호자가 옆에서 지켜보면서 격려하도록 한다.
④ 그림이 완성된 후 보호자에게 사후 질문을 하는 것이 일반적이다.

정답 | ②
해설 | HTP검사를 실시할 때에는 집, 나무, 사람1, 사람2에 대한 별도의 용지를 제공하여야 한다.

051 신경심리학적 능력 중 BGT 및 DAP, 시계 그리기를 통해 가장 효과적으로 평가할 수 있는 것은?

① 주의 능력
② 기억 능력
③ 실행 능력
④ 시공간 구성 능력

정답 | ④
해설 | 시공간 구성 능력은 주변에 '무엇'이 있는지 인식하고 그것들이 '어디'에 있는지 사물 간의 공간적 관계를 해석하는 능력이다.

052 정신지체가 의심되는 6세 6개월 된 아동의 지능검사로 가장 적합한 것은?

① H - T - P
② BGT - 2
③ K - WAIS - 4
④ K - WPPSI

정답 | ④
해설 | 한국 웩슬러 유아 지능검사(K-WPPSI)는 취학 전 아동 및 초등학교 저학년용으로 만들어져 만 3세에서 만 7세 3개월의 아동의 지능을 측정한다.

053 신경심리평가 수행에 영향을 미치는 요인이 아닌 것은?

① 수면곤란과 과노한 피로감

② 문화적 – 언어적 차이

③ 최근 심리사회적 스트레스 요인

④ 검사지의 정신적 추적능력

정답 | ④

해설 | 검사자가 아닌 수검자의 정신적 추적능력이 영향을 미친다고 볼 수 있다.

054 MMPI-2의 형태분석에서 T점수가 65 이상으로 상승된 임상척도들을 묶어서 해석하는 것은?

① 코드유형(code type)

② 결정문항(critical items)

③ 내용척도(content scales)

④ 보완척도(supplementary scales)

정답 | ①

해설 | 코드유형은 2개 혹은 3개로 이루어져 T점수가 적어도 65점 이상으로 상승된 프로파일을 대상으로 해석하는 것이 적절하다.

055 표집 시 남녀 비율을 정해놓고 표집해야 하는 경우에 가장 적합한 방법은?

① 군집표집(cluster sampling)

② 유층표집(stratified sampling)

③ 체계적표집(systematic sampling)

④ 구체적표집(specific sampling)

정답 | ②

해설 | 층화표집 또는 유층표집(stratified sampling)은 모집단의 어떤 특성에 대한 사전지식을 토대로 해당 모집단을 동질적인 몇 개의 층(Strata)으로 나눈 후 이들로부터 적정한 수의 요소를 무작위로 추출하는 방법이다.

056 웩슬러 지능검사의 하위지수 중 지적장애를 가진 사람들의 어려움을 겪는 것으로 알려진 소검사들을 가장 많이 포함하고 있는 것은?

① 언어이해

② 지각추론

③ 작업기억

④ 처리속도

정답 | ①

해설 | 웩슬러 검사 중 지능지수는 언어성 지능지수와 동작성 지능지수를 종합한 전체 검사 지능을 말하며 지적장애를 가진 사람들은 언어이해 부분에 있어 어려움을 갖게 된다.

057 80세 이상의 노인집단용 규준이 마련되어 있는 심리검사는?

① MMPI − A

② K − WISC − Ⅳ

③ K − Vineland − Ⅱ

④ SMS(Social Maturity Scale)

정답 | ③

해설 | K − Vineland − Ⅱ는 대상연령이 0~90세까지 반영되어 있다. 신체기능이 저하되어 다시 신체−운동 기능을 반영한 적응기능을 측정하여 독립적 생활 가능성에 대하여 확인해야 하는 노인대상에게 유용하다.

058 K−WISC−Ⅳ에서 인지효능지표에 포함되는 소검사가 아닌 것은?

① 숫자

② 행렬 추리

③ 기호쓰기

④ 순차연결

정답 | ②

해설 | 인지효능지표에 포함된 소검사는 '숫자', '순차연결', '동형찾기', '기호쓰기'이다.

059 로샤(Rorschach) 검사의 엑스너(J. Exner) 종합체계에서 유채색 반응이 아닌 것은?

① C'

② CF

③ FC

④ Cn

정답 | ①

해설 | 유채색(Chromatic Color)

- C(순수색채반응) : 반응이 색채만 명명한 경우 ⓓ 색이 빨개서 피 같다.
- CF(색채−형태반응) : 반응이 주로 색채에 근거하고 이차적으로 형태가 사용된 경우 ⓓ 색도 빨갛고 말라붙어 있는 모양이 피 같다.
- FC(형태−색채 반응) : 반응이 주로 형태에 근거하고 이차적으로 색채가 사용된 경우 ⓓ 잎 모양과 색깔이 장미꽃 같다.
- Cn(색채명명반응) : 반점의 색채만 명명한 경우 ⓓ 이건 분홍색이고 이건 파란색이다.

060 지능의 개념에 관한 연구자와 주장의 연결이 틀린 것은?

① Wechsler : 지능은 성격과 분리될 수 없다.

② Horn : 지능은 독립적인 7개 요인으로 이루어져 있다.

③ Cattell : 지능은 유동적 지능과 결정화된 지능으로 구분할 수 있다.

④ Spearman : 지적 능력에는 g요인과 s요인이 존재한다.

정답 | ②

해설 | 가드너(Gardner)는 다중지능이론에서 문제해결 능력과 함께 특정 사회적 · 문화적 상황에서 산물을 창조하는 능력을 강조하였다. 또한 지능을 언어지능, 논리−수학 지능, 공간 지능, 신체−운동 지능, 음악 지능, 대인관계 지능, 개인 내적 지능 등 7가지의 독립된 지능으로 구분하였다.

061 내담자를 평가할 때 문제행동의 선행조건, 환경적 유인가, 보상의 대체원, 귀인방식과 같은 요소를 중요하게 여기는 평가방법은?

① 정신역동적 평가
② 인지행동적 평가
③ 다축분류체계 평가
④ 기술지향적 평가

정답 | ②
해설 | 문제행동의 선행조건, 환경적 요인, 귀인 등의 인지적 요소와 행동주의적 요소가 통합된 방식이므로 인지행동적 평가법으로 볼 수 있다.

062 공식적인 임상심리학의 기원으로 보는 역사적 사건은?

① Wundt의 심리실험실 개설
② Witmer의 심리클리닉 개설
③ Binet의 지능검사 개발
④ James의 '심리학의 원리' 출판

정답 | ②
해설 | 위트머(Witmer)는 미국 펜실베니아대학에서 1896년 세계 최초의 심리진료소(Psychological Clinic)를 설립하고, 1904년 임상심리학 강좌를 개설함으로써 임상심리학의 본격적인 시작을 알렸다.

063 임상심리학자는 내담자와 이중관계를 갖지 말아야 한다. 이와 가장 관련이 깊은 윤리원칙은?

① 성실성
② 의무성
③ 유능성
④ 책임성

정답 | ①
해설 | 이중관계는 치료자와 내담자가 둘 이상의 서로 다른 관계에 개입됨으로써 나타난다. 한국임상심리학회의 심리학자 윤리강령에는 심리학자와 내담자 간의 복잡한 관계를 다중관계로 제시하고 있으며, 이를 어떤 사람과 전문적역할관계에 있으면서 동시에 또 다른 역할관계를 가지는 것으로 규정하고 있다. 심리학자 윤리강령에서는 이러한관계가 상대방을 착취하거나 해를 입힐 가능성이 있다고 보며, 심리학자로 하여금 다중관계가 발생할 경우 신중하게 접근할 것을 지시하고 있다. 심리학자 윤리강령에는 심리학자와 내담자 또는 다른 분야의 종사자에 대한 바람직한 인간관계가 제시되어 있으며, 특히 성실성과 인내심, 신뢰성 등이 강조되고 있다.

064 정신건강 자문 중 점심시간이나 기타 휴식시간 동안에 임상사례에 대해 동료들에게 자문을 요청하는 형태는?

① 비공식적인 동료집단 자문   ② 피자문자−중심 사례 자문
③ 내담자−중심 사례 자문   ④ 피자문자−중심 행정 자문

정답 | ①
해설 | ② 피자문자−중심 사례 자문 : 내담자나 환자의 임상적 문제보다는 피자문자의 관심사가 주요 요인으로 작용하는 경우
　　　③ 내담자−중심 사례 자문 : 임상가나 심리학자가 환자의 치료 및 보호에 대한 책임감을 가지고 환자의 특별한 요구를 효과적으로 충족시키기 위해 자문을 요청하는 경우
　　　④ 피자문자−중심 행정 자문 : 어떤 조직 내에 소속되어 있는 피자문자가 조직의 행정이나 인사 등의 행정적인 업무에 대해 자문을 요청하는 경우

065 행동의학에서 주로 다루는 주제로 가장 적합한 것은?

① 공황발작   ② 외상 후 스트레스 장애
③ 조현병의 음성증상   ④ 만성통증 관리

정답 | ④
해설 | 행동의학
- 행동과학적인 접근에 의해서 의학을 파악해 나가려는 입장
- 건강, 질병 그리고 기타 생리적 부전과 관련된 연구, 교육, 진단, 치료의 영역을 모두 포괄하는 다학제적 학문
- 건강심리학은 행동의학과 건강관리의 문제 양자를 포함하는 심리학 영역
- 행동의학은 심신의학보다는 보다 객관적인 행동에 중점을 둠

066 강박장애로 치료 중인 고3 학생에게 K−WAIS−IV를 실시한 결과 다른 소검사보다 상식, 어휘문제의 점수가 유의하게 높았다. 이 검사 결과로 가정해 볼 수 있는 이 학생의 심리적 특성으로 옳은 것은?

① 높은 공간지각력   ② 높은 주지화 경향
③ 주의력 저하   ④ 현실검증력 손상

정답 | ②
해설 | 지능검사에서 나타나는 강박장애 반응 특징
- 전체 지능지수 110 이상
- 상식 · 어휘문제 점수가 높음(주지화)
- 이해 점수가 낮음(회의석 경향이 원인)
- 언어성 · 지능동작성 지능 : 강박적인 주지화 경향을 반영

067 다음 중 유관학습의 가장 적합한 예는?

① 복설을 하시 않게 하기 위해 욕을 할 내바나 화장실 칭소 시키기
② 손톱 물어뜯기를 줄이기 위해 손톱에 쓴 약을 바르기
③ 충격적 스트레스 사건이 떠오를 때 '그만!'이라는 구호 외치기
④ 뱀에 대한 공포가 있는 사람에게 뱀을 만지는 사람의 영상 보여주기

정답 | ①
해설 | 자기-지시(Self-Instruction)
- 유관성은 서로 관계없는 자극과 반응을 학습을 통해 관계있는 것으로 만들어주는 것이다.
- 모방학습
- 정적처벌

068 심리평가 도구 중 최초 개발된 이후에 검사의 재료가 변경된 적이 없는 것은?

① Wechsler 지능검사
② MMPI 다면적 인성검사
③ Bender-Gestalt 검사
④ Rorschach 검사

정답 | ④
해설 | Rorschach 검사는 1921년 스위스의 정신과 의사인 H. Rorschach가 만든 것이다. 이 검사의 재료는 데칼코마니 양식에 의한 대칭형의 잉크 얼룩으로 이루어진 무채색 카드 5장, 부분 유채색 카드 2장, 전체 유채색 카드 3장으로 이루어진 총 10장의 카드로 구성된다.

069 행동평가에 관한 설명으로 틀린 것은?

① 행동의 선행조건과 결과를 확인한다.
② 목표행동을 정확히 기술한다.
③ 법칙정립적(nomothetic) 접근에 기초한다.
④ 특정 상황에 대한 개인의 행동에 초점을 맞춘다.

정답 | ③
해설 | 법칙정립적 접근은 다수에 개체들에서 얻는 자료를 종합함으로써 보편적 법칙들을 탐색하는 것에 기초을 두는 접근으로 개인의 집중적 연구에 초점을 두는 행동평가와 반대되는 접근이다.

070 임상심리학자의 윤리에 관한 일반원칙 중 다음에 해당하는 것은?

> 모든 사람은 심리서비스를 이용하고 이익을 얻을 권리가 있다. 심리학자는 자신이 가진 편견과 능력의 한계를 인지하고 있어야 한다.

① 공정성　　　　　　　　　　　② 책임성
③ 성실성　　　　　　　　　　　④ 의무성

정답 | ①
해설 | 공정성이란 평가내용이나 방법 등이 한쪽에 편파적이지 않고 공평한 정도를 의미한다.

071 다음 중 관계를 중심으로 치료가 초점화되고 있는 정신역동적 접근방법의 단기치료가 아닌 것은?

① 분리개별화(Separation And Individuation)
② 기능적 분석(Functional Analysis)
③ 불안유발 단기치료(Anxiety Provoking Brief Therapy)
④ 핵심적 갈등관계 주제(Core Conflictual Relationship Theme)

정답 | ②
해설 | 정신역동적 접근방법의 단기치료로는 분리개별화, 불안유발 단기치료, 핵심적 갈등관계 주제 등이 있다.

072 다음 중 혐오치료를 적용하기에 가장 적합한 장애는?

① 광상공포증　　　　　　　　　② 공황장애
③ 우울증　　　　　　　　　　　④ 소아기호증

정답 | ④
해설 | 소아기호증은 사춘기 이전의 소아(대개 13세 이하)와 성행위를 하거나 성행위를 하는 공상으로 성적 흥분을 느끼는 것을 말하며, 이러한 경우 소아를 기피할 수 있도록 혐오치료를 적용하는 것이 적합하다.

073 다음에서 설명하는 성격유형은?

> • 관상동맥성심장병과 관련 깊은 성격유형에 대비되는 성격
> • 스트레스에 유연하게 반응하고 느긋함이 강조됨

① Type A　　　　　　　　　　② Type B
③ Introversion　　　　　　　　④ Extraversion

정답 | ②
해설 | B형 행동 유형은 A형의 행동 특성과는 다르게 반대로 이완된 행동을 보이고 침착하며 시간 긴박성이 적다.

074 주의력결핍 과잉행동장애(ADHD)는 뇌-행동과의 관계에서 어떤 부위의 결함으로 발생하는가?

① 측두엽의 손상   ② 전두엽의 손상

③ 해마의 손상   ④ 변연계의 손상

정답 | ②
해설 | 주의력결핍 과잉행동장애는 전두엽의 발달지연, 손상으로 발생하는 것으로 본다.

075 다음 중 접수면접에서 반드시 확인되어야 할 사항을 고른 것은?

ㄱ. 상담자의 인적사항
ㄴ. 내담자의 정보를 통한 특성
ㄷ. 상담 방향과 방법
ㄹ. 문제의 원인으로 추정되는 어린 시절의 경험

① ㄱ, ㄷ   ② ㄴ, ㄷ

③ ㄴ, ㄹ   ④ ㄷ, ㄹ

정답 | ②
해설 | ㄱ. 내담자의 인적사항이 확인되어야 한다.
       ㄹ. 문제의 원인으로 추정되는 어린 시절의 경험은 초기 또는 중기상담과정에서 확인되어져야 한다.

076 행동평가방법 중 흡연자의 흡연 개수, 비만자의 음식섭취 등을 알아보는 데 가장 적합한 방법은?

① 행동관찰   ② 자기감찰

③ 평정척도   ④ 참여관찰

정답 | ②
해설 | 자기감찰이란 자신의 행동을 스스로 관찰하고 기록하는 방법이므로, 실제 행동을 살피는 것에 가장 적합하다.

077 역할-연기에 대한 설명과 가장 거리가 먼 것은?

① 주장훈련과 관련이 있다.   ② 사회적 기술을 포함하고 있다.

③ 행동시연을 해야 한다.   ④ 이완훈련을 해야 한다.

정답 | ④
해설 | 역할-연기는 바람직한 반응 혹은 행동의 훈련이나 변화를 위해서, 혹은 치료과정 중에 내담자가 카타르시스를 느낄 수 있도록 시행하는 모의실습으로, 이완훈련과는 거리가 멀다.

078 인간중심치료에 대한 설명으로 적합하지 않은 것은?

① 인간중심접근은 개인의 독립과 통합을 목표로 삼는다.
② 인간 중심적 상담(치료)은 치료 과정과 결과에 대한 연구관심사를 포괄하면서 개발되었다.
③ 치료자는 주로 내담자의 자기인식 및 세계에 주로 관심을 가진다.
④ 내담자가 정상인인가, 신경증 환자인가, 정신병 환자인가에 따라 각기 다른 치료원리가 적용된다.

정답 | ④

해설 | 인간중심상담에서 자신의 현실에 대해 보다 완전하게 대처할 수 있는 길을 발견하는 책임은 곧 내담자에게 있으며, 내담자는 이를 수행할 능력을 가지고 있다. 인간중심상담은 내담자의 현상세계를 강조함으로써, 상담자 또는 치료자는 내담자의 자기인식 및 세계인식에 관심을 기울인다. 또한 정상인, 신경증 환자, 정신병 환자 등을 구분하지 않은 채 모든 사람에게 동일한 상담 및 치료의 원리를 적용한다.

079 합동가족치료에 대한 설명으로 틀린 것은?

① 비행 청소년들과 그들의 가족들을 위한 개입법으로 개발되었다.
② 한 치료자가 가족 전체를 동시에 본다.
③ 치료자는 상황에 따라 비지시적인 역할을 할 수 있다.
④ 치료자는 가족 구성원에게 과제를 준다.

정답 | ①

해설 | 합동가족치료는 가족면접을 중심으로 하는 가족치료의 한 형태로서 전 가족구성원을 대상으로 동시에 면접을 실시하여 치료하는 방식이다. 합동치료는 가족 상호작용이나 기능, 역할 균형상태, 커뮤니케이션과 가족권위 등을 가장 빨리 이해할 수 있고 즉시 전체를 파악할 수 있는 장점이 있다.

080 임상심리사가 수행하는 역할과 가장 거리가 먼 것은?

① 심리치료상담　　　　　　　　　　② 심리검사
③ 언어치료　　　　　　　　　　　　④ 심리재활

정답 | ③

해설 | 임상심리사의 역할은 내담자의 심리적 사회적 문제 진단 및 평가, 내담자의 심리적 문제의 치료, 내담자 및 내담자 가족의 심리재활, 교육 및 훈련, 정신건강 관련 단체 등에 자문, 행정 및 지도, 심리적·정신적 장애의 원인과 결과 및 다양한 치료방법과 평가방법 연구 등이다.

081 단기상담에 적합한 내담자와 가장 거리가 먼 것은?

① 위급한 상황에 있는 군인
② 중요 인물과의 상실을 경험한 자
③ 급성적으로 발생한 문제로 고통받는 내담자
④ 상담에 대한 동기가 낮은 내담자

정답 | ④
해설 | 단기상담에 적합한 내담자
· 내담자가 비교적 건강하며 그 문제가 심각하지 않은 경우
· 내담자가 자신의 경미한 문제에 대한 명확한 인식을 원하는 경우
· 내담자가 임신, 출산 등 발달과정상의 문제를 경험하는 경우
· 내담자가 중요 인물의 상실에 대한 생활상의 적응을 필요로 하는 경우
· 내담자가 급성적 상황으로 인해 정서적인 어려움을 겪는 경우

082 다음은 어떤 상담에 관한 설명인가?

정상적인 성격발달이 특정 발달단계의 성공적인 문제 해결과 관련 있다고 보는 상담 접근

① 가족체계상담　　　　　　　　　② 정신분석상담
③ 해결중심상담　　　　　　　　　④ 인간중심상담

정답 | ②
해설 | ① 가족체계상담 : 가족체계 내 개인의 문제를 회복시켜 가족의 건강한 생활 영위를 목적으로 하는 상담
　　　 ③ 해결중심상담 : 내담자의 문제 변화와 해결에 중점을 두고 치료를 시도하는 기법
　　　 ④ 인간중심상담 : 인간의 잠재력과 가능성에 대한 신뢰를 바탕으로 치료하는 기법

083 Satir의 의사소통 모형 중 스트레스를 다룰 때 자신의 스트레스를 무시하고 다른 사람에게 힘을 넘겨 주며 모두에게 동의하는 말을 하는 것은?

① 초이성형　　　　　　　　　　　② 일치형
③ 산만형　　　　　　　　　　　　④ 회유형

정답 | ④
해설 | 회유형
· 자신은 무시하고 타인의 비위와 의견에 맞추려 한다.
· 자신이 안정을 유지하기 위해서는 상대방에게 "예"라고 대답해야 한다고 생각한다.
· 다른 사람의 의견에 지나치게 비굴한 자세를 취하고, 사죄와 변명을 하는 등 지나치게 착한 행동을 보인다.

084 학업상담에 있어 지능에 관한 설명으로 옳지 않은 것은?

① 지능에 대한 학습자의 주관적인 인식은 학습 태도와 관련이 없다.

② 지능지수는 같은 연령대 학생들 간의 상대적 위치를 의미한다.

③ 지능검사는 스탠퍼드 – 비네 검사, 웩슬러 검사, 카우프만 검사 등이 있다.

④ 지능점수를 통해 학생의 인지적 강점 및 약점을 파악할 수 있다.

정답 | ①

해설 | • 지능이 학업성취를 설명하는 비율은 15~36% 정도이며, 지능이 비중 이상으로 학업성취의 모든 것을 결정하는 것처럼 인식되어서는 안 되지만, 그렇다고 지능이 주는 영향력이 완전히 무시되어서도 안 된다.
  • 학습상담에서 가장 보편적으로 지능을 활용하는 방안은 우선 학습자의 영역별 인지적 발달 정도를 진단하여 각 개인의 능력에 맞게 학습방안을 마련하도록 하는 것이다.
  • 지능의 객관적 측정결과 못지않게 지능에 대한 학습자의 주관적 인식도 학습 태도에 많은 영향을 준다. 즉, 지능이 학습자의 노력 여부에 따라 변할 수 있다고 생각하는 관점을 가지고 있는지 혹은 지능이 고정적인 것이어서 학습자가 노력해도 변화시킬 수 없단 관점을 가지고 있는지에 따라 학습에 대한 태도가 달라질 수 있는데, 후자의 관점을 가질 때 학습자는 훨씬 더 적극적인 학습태도를 가질 수 있다.

085 자살로 인해 가까운 사람을 잃은 자살생존자에 관한 설명으로 틀린 것은?

① 분노는 자살생존자가 겪는 흔한 감정 중 하나이다.

② 자살생존자는 스스로를 비난하기 때문에 고통받는다.

③ 자살생존자에게 상실에 대한 경험을 이야기하게 하는 것은 과거의 상황을 재경험하게 하므로 피하는 것이 좋다.

④ 자살생존자는 종종 자살에 관한 사회문화적 낙인에 대처하는 데 부담감을 느끼게 된다.

정답 | ③

해설 | 자살생존자의 상실의 경험은 무작정 피하는 것이 아니라 내담자가 요구할 때에 접근하는 것이 좋다.

086 병적 도박에 관한 설명으로 틀린 것은?

① 대개 돈의 액수가 커질수록 더 흥분감을 느끼며, 흥분감을 느끼기 위해 액수를 더 늘린다.

② 도박행동을 그만두거나 줄이려고 시도할 때 안절부절못하거나 신경이 과민해진다.

③ 병적 도박은 DSM – 5에서 반사회성 성격장애로 분류된다.

④ 병적 도박은 전형적으로 남자는 초기 청소년기에, 여자는 인생의 후기에 시작되는 경우가 많다.

정답 | ③

해설 | DSM – Ⅳ의 분류기준에 따른 '병적 도박'은 DSM – 5에서 '도박장애'로 명칭이 변경되어 '물질 – 관련 및 중독장애'의 하위분류인 '비물질 – 관련 장애'에 포함되었다.

087 다음은 인터넷 중독의 상담전략 중 어떤 것인가?

> 게임 관련 책자, 쇼핑 책자, 포르노 사진 등 인터넷 이용을 생각하게 되는 단서를 가능한 한 없애는 기법

① 자극통제법   ② 정서조절법
③ 공간재활용화법   ④ 인지재구소화법

정답 | ①
해설 | 자극통제란 특정 자극에 대해서 반응이 일어나고, 다른 자극에 대해서는 반응이 일어나지 않게 하는 것이다.

088 진로지도 및 진로상담의 일반적인 목표와 가장 거리가 먼 것은?

① 내담자 자신에 관한 보다 정확한 이해를 높인다.
② 합리적인 의사결정능력을 높인다.
③ 일과 직업에 대한 올바른 가치관을 형성하는 데 도움을 준다.
④ 최종적으로 결정과 선택은 상담자가 해주어야 한다.

정답 | ④
해설 | 진로지도 및 상담의 경우에서 최종 선택은 내담자가 할 수 있도록 도와야 한다.

089 상담의 구조화에 대한 설명으로 옳지 않은 것은?

① 내담자 정보에 대한 상담자의 비밀보장은 예외가 있음을 확실히 한다.
② 상담초기를 비롯하여 모든 단계에서 이루어진다.
③ 상담이 효율적으로 진행되기 위해 많이 이루어질수록 좋다.
④ 상담자와 내담자의 공감적 탐색과 합의 과정을 통해 이루어진다.

정답 | ③
해설 | 상담의 효율성은 횟수와 무조건적으로 비례되지 않으며, 내담자의 경우에 따른 구조화가 필요하다.

090 상담 윤리 중 비해악성(nonmaleficence)과 가장 거리가 먼 것은?

① 상담사가 의도하지 않게 내담자를 괴롭히는 것을 예방한다.
② 상담자가 지나친 선도나 지도를 자제하는 것과 관련된다.
③ 상담자의 전문 역량, 사전 동의, 이중관계, 공개발표와 관련된다.
④ 내담자가 상담자의 요구를 순순히 따르는 경우가 많아 이로 인해 발생하는 문제를 예방하기 위한 것이다.

정답 | ②
해설 | 비해악성이란 상담자는 내담자에게 피해를 끼쳐서도, 내담자가 타인에게 피해를 끼치는 것을 내버려두어서도 안 됨을 의미한다.

091 글래서(Glasser)의 현실치료 이론에서 가정하는 기본적인 욕구가 아닌 것은?

① 생존의 욕구   ② 권력의 욕구
③ 자존감의 욕구   ④ 재미에 대한 욕구

정답 | ③
해설 | 인간은 생존의 욕구, 사랑과 소속의 욕구, 권력과 성취의 욕구, 자유의 욕구, 즐거움과 재미의 욕구 등 총 5가지의 기본적인 욕구를 가지고 있으며, 이와 같은 욕구에는 어떠한 위계도 존재하지 않는다.

092 위기개입전략으로 옳지 않은 것은?

① 내담자의 즉각적인 욕구에 주목한다.
② 내담자와 진실한 관계를 형성하는 것이 중요하다.
③ 위기개입 시 현재 상황과 관련된 과거에 초점을 맞춘다.
④ 각각의 내담자와 위기를 독특한 것으로 보고 반응한다.

정답 | ③
해설 | 현실적 지지에 초점을 둔 문제해결에서 치료자는 문제의 파악과 해결에 초점을 두며, 현실적인 지지 속에서 내담자가 현실을 직면하도록 돕는다.

093 교류분석에서 치료의 바람직한 목표인 치유의 4단계에 해당되지 않는 것은?

① 계약의 설정   ② 증상의 경감
③ 전이의 치유   ④ 각본의 치유

정답 | ①
해설 | 교류분석 치유의 4단계
- 사회의 통제 : 타인과의 상호작용에 있어 개인은 스스로 행동의 통제를 발달시킨다.
- 증상의 경감 혹은 완화 : 개인이 불안과 같은 자신의 증세의 완화를 주관적으로 느끼는 것을 포함한다.
- 전이의 치유 : 내담자는 치료사를 하나의 내사물로 자신의 머릿속에 보유하여 건강을 유지할 수 있게 된다. 즉, 중요한 심리적 내사물을 보유하는 동안 내담자의 치유 상태가 유지된다는 것이다.
- 각본의 치유 : 내담자는 각본에서 완전히 벗어나 제한적 각본결단을 재결단하여 자율적인 사람이 되는 것을 포함한다.

094 다음 설명에 해당하는 기법은?

> - 공통의 관심사를 공유함으로써 집단응집력을 촉진한다.
> - 연계성에 주목하여 집단원 간의 상호작용을 촉진한다.
> - 집단원의 말과 행동을 다른 집단원의 관심사나 공통점과 관련짓는다.

① 해석하기   ② 연결하기
③ 반영하기   ④ 명료화하기

정답 | ②

해설 | 연결하기

- 한 십난원의 밀과 행동날 다른 십난인의 간신과 연결하고 관련지는 기술이다
- 집단원이 제기하는 문제의 관련 정보나 자료들을 서로 연관, 상호작용과 응집력을 촉진한다.
- 자신의 문제를 다른 각도에서 보게 하여 문제의 원인이나 해결책을 찾는 데 도움이 된다.
- 보편성 체험, 자기노출 시 다른 집단원의 피드백을 따르지 않는다.

095 내담자에게 바람직한 목표행동을 설정해 두고, 그 행동에 근접하는 행동을 보일 때 단계적으로 차별강화를 주어 바람직한 행동에 접근해 가도록 만드는 치료기법은?

① 역할연기 ② 행동조형(조성)

③ 체계적 둔감화 ④ 재구조화

정답 | ②

해설 | 행동조형(조성)은 내담자가 원하는 방향 안에서 일어나는 다양한 반응만을 강화하고 원하지 않는 방향의 행동은 강화받지 못하도록 하여 결국 원하는 방향의 행동을 할 수 있도록 하는 것이다. 행동조형은 점진적 접근방법으로, 행동을 구체적으로 세분화하여 단계별로 구분한 후 각 단계마다 강화를 제공함으로써 내담자가 단번에 수행하기 어렵거나 그 반응을 촉진하기 어려운 행동 또는 복잡한 행동 등을 학습하도록 한다.

096 Gottfredson의 직업포부 발달이론에서 직업과 관련된 개인발달의 단계에 해당하지 않는 것은?

① 힘과 크기 지향성 ② 성역할 지향성

③ 개인선호 지향성 ④ 내적 고유한 자아 지향성

정답 | ③

해설 | 고트프레드슨은 직업포부 발달단계를 4단계로 구분하였다. 3~5세 시기인 1단계는 서열 획득 단계, 6~8세 시기인 2단계는 성역할 획득 단계, 9~13세 시기인 3단계는 사회적 가치 획득 단계, 14세 이후 4단계는 내적 자아 확립 단계이다.

097 성상담을 할 때 상담자가 가져야 할 시행지침으로 옳은 것은?

① 성과 관련된 개인적 사고는 다루지 않는다.

② 내담자의 죄책감과 수치심은 다루지 않는다.

③ 성폭력은 낯선 사람에 의해서만 발생함을 감안한다.

④ 성폭력은 성적 자기결정권의 침해임을 감안한다.

정답 | ④

해설 | ① 성과 관련된 개인적 사고는 다루어야 한다.

② 내담자의 죄책감과 수치심도 꼭 다루어야 한다.

③ 성폭력은 아는 사람으로 인해 발생하는 경우가 더 많다.

성문제상담의 일반지침

• 성에 관한 상담자 자신의 태도 인식

• 개방적인 의사소통

• 내담자의 성지식에 관한 가정

• 상담자의 기본적인 성지식

• 전문가에 의뢰

098 다음은 가족상담 기법 중 무엇에 관한 설명인가?

> 가족들이 어떤 특정한 사건을 언어로 표현하는 대신에 공간적 배열과 신체적 표현으로 묘사하는 기법

① 재구조화 　　　　　　　　　　　② 순환질문

③ 탈삼각화 　　　　　　　　　　　④ 가족조각

정답 | ④

해설 | 가족조각은 말을 사용하는 대신 대상물의 공간적 관계나 몸짓 등으로 의미 있는 표상을 만듦으로써 정서적인 가족관계를 극적으로 표현하는 기법이다.

099 트라우마 체계 치료(TST)의 원리에 대한 설명으로 옳지 않은 것은?

① 무너진 체계를 조정하고 복원하기 　② 현실에 맞추기

③ 최대한의 자원으로 작업하기 　　　④ 강점으로 시작하기

정답 | ③

해설 | '최소한의 자원으로라도 작업하기'이다.

100 정신분석적 상담에서 내적 위험으로부터 아이를 보호하고 안정시켜 주는 어머니의 역할을 모델로 한 분석기법은?

① 버텨주기(Holding) 　　　　　　　② 역전이(Cocunter Transference)

③ 현실검증(Reality Testing) 　　　　④ 해석(Interpretation)

정답 | ①

해설 | 정신분석적 상담에서 버텨주기(Holding)는 내담자가 지금 체험하고 있거나 혹은 뭔가 막연하게 느끼기는 하지만 감히 직면할 수 없는, 끝없이 깊고 깊은 불안과 두려움을 치료자가 잘 알고 있다는 것을 분석과정 안에서 적절한 순간에 적절한 방법으로 전개해 주면서, 내담자에게 큰 힘으로 의지가 되어 주고 따뜻한 배려로 마음을 녹여 주는 것을 의미한다.

CHAPTER 04 | 2022년 1회 기출문제
(2022년 3월 5일 시행)

제1과목   심리학개론

001 임상심리학 연구방법 중 내담자와의 면접을 통해 증상과 경과를 체계적으로 연구하는 방법은?

① 실험연구 ② 상관연구
③ 사례연구 ④ 혼합연구

정답 | ③
해설 | • 혼합연구 : 동일한 현상을 연구할 때 여러 방법론을 결합하는 것을 의미하는 것으로, 좀 더 구체적으로 말하면 지식(이론과 실제)을 추구하는 데 있어 복수의 사고방식과 견해, 입장, 관점(언제나 양적 연구와 질적 연구의 관점을 포함함) 등을 고려하는 접근법을 의미한다.
• 사례연구 : 하나 또는 몇 개의 사례를 중심으로 분석하는 연구로서 특정 집단, 사건, 공동체에 대하여 심층적으로 분석한다. 즉, 내담자와의 면접을 통해 증상과 경과를 체계적으로 연구하는 방법이다.
• 실험연구 : 자연과학의 실험실 연구가 가지는 장점을 빌려 복잡한 인간관계를 논리적으로 밝힐 수 있도록 고안하며 실험실에서 연구가 이루어지는 것을 가정하고 엄격하게 상황을 통제한 상태에서 독립변인을 조작함으로써 그것이 종속변인에 미치는 효과를 측정, 관찰, 분석하는 방법이다.
• 상관연구 : 독립된 하나의 연구방법으로 국한되기보다는 연구에서 수집한 자료들을 통계적으로 분석하고 해석하는 데 초점을 두는 연구로서, 통제나 조작을 할 수 없는 상황에서 변인들 간에 관계를 파악하고자 할 때 흔히 사용하는 방법이다.

002 성격이론과 대표적인 연구자가 잘못 짝지어진 것은?

① 정신분석이론 – 프로이드(Freud)
② 행동주의이론 – 로저스(Rogers)
③ 인본주의이론 – 매슬로우(Maslow)
④ 특질이론 – 올포트(Allport)

정답 | ②
해설 | • 행동주의이론 : 스키너, 파블로프, 손다이크, 왓슨
• 현상학 이론(인본주의) : 로저스

003 기억 연구에서 집단이 회상한 수가 집단구성원 각각 회상한 수의 합보다 적은 것을 의미하는 것은?

① 책임감 분산
② 청크효과
③ 스트룹효과
④ 협력 억제

정답 | ④

해설 | ① 책임감 분산 : 링겔만효과 라고도 불리며 집단과업에 참여하는 사람이 늘어날수록 1인당 기여도가 감소하는 현상

② 청크 : Miller는 단기기억의 용량 제한이 7±2임에 대한 연구를 하며, 다양하게 나타나는 단기기억의 크기를 이해하기 위해서 기억되는 단위가 각 경우마다 다르다는 점을 인식하고 개개의 낱자, 단어, 문장 등의 기억 단위에 대해 언급하였는데, 이 기억 단위를 청크라고 함

③ 스트룹효과 : 단어의 의미와 색상이 일치하는 자극을 보고 그 색상을 명명할 때와 단어의 의미와 색상이 일치하지 않는 자극을 보고 그 색상을 명명할 때 반응시간에 차이가 있는데, 후자의 경우 반응시간이 증가하는 것

004 여러 상이한 연령에 속하는 사람들로부터 동시에 어떤 특성에 대한 자료를 얻고, 그 결과를 연령 간 비교하여 발달적 변화과정을 추론하는 연구방법은?

① 종단적 연구방법
② 횡단적 연구방법
③ 교차비교 연구방법
④ 단기종단적 연구방법

정답 | ②

해설 | 횡단적 연구방법은 서로 다른 연령, 인종, 종교, 성별, 소득수준, 교육수준 등 광범위한 사람들의 표집이다. 횡단조사란, 인구의 횡단을 조사하는 것이다. 즉, 일정 시점에서 특정 표본이 가지고 있는 특성을 파악하거나 이 특성에 따라 집단을 분류하는 것이다.

005 단순 공포증이 유사한 대상에게 확대되는 현상을 설명하는 학습원리는?

① 변별조건형성
② 자극일반화
③ 자발적 회복
④ 소거

정답 | ②

해설 | 자극일반화는 특정조건자극에 대해 조건반응이 성립되었을 때, 그와 유사한 조건자극에 대해서도 똑같은 조건반응을 보이는 학습현상을 말한다. 자라보고 놀란 가슴 솥뚜껑 보고 놀란다는 속담을 예로 들 수 있다.

006 실험장면에서 실험자가 조작하는 처치변인은?

① 독립변인
② 종속변인
③ 조절변인
④ 매개변인

정답 | ①

해설 | 독립변인
- 원인적 변인 또는 가설적 변인으로서, 일정하게 전제된 원인을 가져다주는 기능을 하는 변인을 말한다.
- 연구자가 직접 통제하거나 조작하는 변인으로서, 연구자가 자신의 의도에 따라 변화시킬 수 있고, 종속변인에 영향을 미칠 수 있는 다른 변인들과 관계가 없으므로 독립적이라고 한다.

007 프로이드의 성격의 구조에 대한 설명으로 틀린 것은?

① 프로이드는 쾌락원칙을 따른다.
② 초자아는 항문기의 배변훈련 과정을 겪으면서 발달한다.
③ 성격의 구조 가운데 가장 마지막으로 발달하는 체계가 초자아이다.
④ 자아는 성격의 집행자로서, 인지능력에 포함된다.

정답 | ②
해설 | 프로이드에 의하면 자아는 항문기의 배변훈련 과정을 겪으면서 발달한다.

008 Cattell의 성격이론에 관한 설명과 가장 거리가 먼 것은?

① 주로 요인분석을 사용하여 성격요인을 규명하였다.
② 지능을 성격의 한 요인인 능력특질로 보았다.
③ 개인의 특정 행동을 설명할 수 있느냐에 따라 특질을 표면특질과 근원특질로 구분하였다.
④ 성격특질이 서열적으로 조직화되어 있다고 보았다.

정답 | ④
해설 | • 성격특질이 서열적으로 조직화되어 있다고 보았다. → 아이젱크
　　　• 아이젱크는 인간의 성격을 내향성－외향성, 신경증적 경향성, 정신병적 경향성의 3가지 특질로 구분하였다.
　　　　→ 서열의 조직화

009 성격을 정의할 때 고려하는 특징으로 가장 거리가 먼 것은?

① 시간적 일관성　　　　　　② 환경에 대한 적응성
③ 개인의 독특성　　　　　　④ 개인의 자율성

정답 | ④
해설 | 성격
　　　• 한 개인이 환경과 상호작용하면서 나타나는, 독특하고 일관성이 있으며 인지적이고 정동적인 안정된 행동양식
　　　• 그 개인에게 특징적이고 독특함을 가지고 있으며, 일관되게 나타나는 것
　　　• 특징들의 단순한 조합이 아니라, 개인이 그 특징들을 조작하여 총체적으로 나타나는 양상

010 인지학습이론에 대한 설명으로 틀린 것은?

① 형태주의는 공간적인 관계보다는 시간변인에 주로 관심을 갖는다.
② Tolman은 강화가 무슨 행동을 하면 어떤 결과가 일어날 것이란 기대를 확인시켜 준다고 보았다.
③ 통찰은 해결 전에서 해결로 갑자기 일어나며 대개 '아하' 경험을 하게 된다.
④ 인지도는 학습에서 내적 표상이 중요함을 보여준다.

정답 | ①
해설 | 형태주의에서는 학습을 지각의 특수문제로 인식하며, 비연속적 인지현상(통찰 등)으로 파악하고 있다.

011 에릭슨의 심리사회적 발달이론에서 노년기에 맞는 위기는?

① 고립감   ② 열등감
③ 단절감   ④ 절망감

정답 | ④
해설 | 에릭슨의 인간 발달 단계
- 유아기 : 신뢰감 대 불신감
- 초기아동기 : 자율성 대 수치심 및 회의
- 학령전기 : 주도성 대 죄의식
- 학령기 : 근면성 대 열등감
- 청소년기 : 자아정체감 대 정체감 혼란
- 성인 초기 : 친밀감 대 고립감
- 성인기 : 생산성 대 침체
- 노년기 : 자아통합 대 절망

012 고전적 조건형성에 관한 설명으로 옳은 것은?

① 대부분의 정서적인 반응들은 고전적 조건형성을 통해 학습될 수 있다.
② 중립자극은 무조건 자극 직후에 제시되어야 한다.
③ 행동변화의 효과를 거두기 위해서는 적절한 반응의 수나 비율에 따라 강화가 이루어져야 한다.
④ 모든 자극에 대한 모든 반응은 연쇄(chaining)를 사용하여 조건형성을 할 수 있다.

정답 | ①
해설 | 조작적 조건형성에서 대부분의 정서적인 반응들은 고전적 조건형성을 통해 학습될 수 있다. 고전적 조건형성에서 중립자극은 무조건자극에 선행되어야 한다.

013 자신의 행동을 통해서 태도를 확인하고 이해하는 과정을 설명하는 이론은?

① 인지부조화이론   ② 자기지각이론
③ 자기고양편파이론   ④ 자기정체성이론

정답 | ②
해설 | 자기지각이론
- 사람들이 자신의 행동으로부터 자신의 태도를 추론해 내는 것
- 자신이 어떤 행동을 취했는가에 대해 먼저 스스로를 관찰하고, 그 행동이 우러나오게 된 것이 자신의 태도 때문이라고 추론하는 것

014 집단사고가 일어나는 상황과 가장 거리가 먼 것은?

① 집단의 응집력이 높은 경우
② 집단이 외부 영향으로부터 고립된 경우
③ 집단의 리더가 민주적인 경우
④ 실행 가능한 대안이 부족하여 집단이 스트레스가 높은 경우

정답 | ③
해설 | 자니스의 집단사고
- 응집력이 높은 집단에서 초래될 수 있는 비합리적이고 비생산적인 결정이나 판단을 의미한다.
- 집단구성원들이 의사결정상황에서 집단의 응집력과 획일성을 강조하고 반대의견을 억압하여 비합리적인 결정을 내리는 왜곡된 의사결정양식이다.
- 자니스는 집단구성원들의 응집성이 매우 높고, 집단이 외부로부터 단절되어 있으며, 집단 내에서 대안들을 숙고하는 절차가 미비할 때, 리더가 지시적이며, 리더가 제시한 방안보다 더 좋은 방안을 찾을 가망이 없다는 데서 오는 스트레스가 높을 때 집단사고 경향을 보이게 된다고 주장하였다.
- 이런 조건하에서 높은 응집성을 가진 집단은 만장일치적 합의를 이끌어 내는 데 주력하고, 자기집단을 과대평가하고, 외부에 대해 폐쇄적 입장을 취하며 집단 내에 획일성을 추구하는 압력이 크게 작용하게 된다.

015 어떤 사람의 행동을 보고 상황이나 외적 요인보다는 사람의 기질이나 내적 요인에 그 원인을 두려고 하는 것은?

① 고정관념
② 현실적 왜곡
③ 후광효과
④ 기본적 귀인 오류

정답 | ④
해설 | 기본적 귀인 오류
기본적 귀인 오류는 타인의 행동을 판단할 때 상황적 요인들을 충분히 고려하지 않는 데에서 오는 편향을 말한다. 자신의 행동에 대해서 설명할 때는 주변 상황적 요인에 주로 의지하는 반면, 타인에 대해서는 그 사람의 성향적 자질에 그 원인이 있다고 쉽게 결론내리는 것이다.

016 의미망 모형에 관한 설명으로 틀린 것은?

① 많은 정보들은 의미망으로 조직화할 수 있고 의미망은 노드(node)와 통로(pathway)로 구성되어 있다.
② 모형의 가정을 어휘결정 과제로 검증할 수 있다.
③ 버터가 단어인지를 판단하는 데 걸리는 시간은 간호사보다 빵이라는 단어가 먼저 제시되었을 때 더 느리다.
④ 활성화 확산 과정으로 설명할 수 있다.

정답 | ③
해설 | 의미망 모형에 따르면 버터라는 단어를 판단하는 데 걸리는 시간은 간호사보다 빵이라는 단어가 먼저 제시되었을 때 더 빠르다. 이유는 하나의 개념인 마디와 또 다른 마디가 연결되는 교차점이 서로 멀리 떨어져 있을수록 판단하는 시간이 느리다는 주장이 있기 때문이다.

017 동조에 관한 설명으로 옳은 것은?

① 집단의 크기에 비례하여 동조의 가능성이 증가한다.

② 과제가 쉬울수록 동조가 많이 일어난다.

③ 개인이 집단에 매력을 느낄수록 동조하는 경향이 더 높다.

④ 집단에 의해서 완전하게 수용받고 있다고 느낄수록 동조하는 경향이 더 크다.

정답 | ③

해설 | 동조는 다른 사람들의 행동 또는 기대에 일치하도록 자신의 행동을 바꾸거나 또는 유지하는 것을 말한다. 따라서 개인이 집단에 매력을 느낄수록 동조하는 경향이 더 많을 것이다.

① 집단의 크기, 즉 구성원 수가 많을수록 동조의 가능성이 증가하는 경향이 있지만, 7명 정도를 초과하면 동조의 증가 추세는 점차 줄어든다.

② 과제가 어려울수록 동조가 많이 일어난다.

④ 집단에 의해서 수용을 받고 있다고 느낄수록 동조하는 경향이 더 많은 것이 아니라, 수용적 분위기에 의해 심리적 위안을 얻은 상황에서 동조에 거부할 확률이 더 높아진다.

018 연구 설계 시 내적 타당도를 위협하는 요인이 아닌 것은?

① 평균으로의 회귀

② 측정도구의 변화

③ 피험자의 반응성

④ 피험자의 학습효과

정답 | ③

해설 | 내적 타당도를 위협하는 요소는 역사요인, 성숙요인, 검사요인, 도구요인, 통계적 회귀, 선정요인, 실험적 도태(상실)요인, 선정−성숙의 상호작용이 있다.

019 기억에 관한 설명 중 옳지 않은 것은?

① 기억의 세 단계는 부호화, 저장, 인출이다.

② 감각기억은 매우 큰 용량을 가지고 있지만 순식간에 소멸한다.

③ 외현기억은 무의식적이며, 암묵기억은 의식적이다.

④ 부호화와 인출을 증진시키는 한 가지 방법은 심상을 사용하는 것이다.

정답 | ③

해설 | 외현기억은 자기가 기억하고 있다는 것을 자각할 수 있는 기억으로 회상검사나 재인검사를 통해 직접 측정 가능하다. 암묵기억은 무의식적이고 간접적으로 접근할 수 있는 기억, 우연적이고 비의도적인 기억으로 외현기억과 달리 간접적인 방법으로 측정한다.

020 비율척도에 해당하는 것은?

① 성별

② 길이

③ 온도

④ 석차

정답 | ②

해설 | 비율척도 : 등간성을 지니고, 절대영점이 존재 예 시청률, 투표율, 가격, 길이, 무게, 키, 시간 등

021 DSM-5에서의 알코올사용장애 진단기준에 관한 설명으로 옳은 것은?

① 증상의 개수로 알코올사용장애 심각도를 분류한다.

② 알코올로 인한 법적문제가 진단기준에 포함된다.

③ 교차중독 현상이 진단기준에 포함된다.

④ 음주량과 음주횟수가 진단기준에 포함된다.

정답 | ①

해설 | 알코올사용장애 : 알코올의존과 알코올남용이 통합된 것으로, 심각도를 증상의 개수에 따라 세 등급으로 구분한다(2~3개 경도, 4~5개 중증도, 6개 이상 고도).

022 여성의 알코올 중독에 관한 설명으로 옳은 것은?

① 알코올 중독의 남녀 비율은 비슷한 수준이다.

② 여성은 유전적으로 남성보다 알코올 중독의 가능성이 더 높다.

③ 여성 알코올 중독자들은 남성 알코올 중독자들보다 우울을 더 많이 경험하고 자살시도 횟수가 더 많다.

④ 여성은 남성보다 체지방이 많기 때문에 술의 효과가 늦게 나타나고 대사가 빠르다.

정답 | ③

해설 | 여성 알코올 중독자들은 남성 알코올 중독자들보다 우울을 더 많이 경험하고 자살시도 횟수가 더 많은 것은 여성이 심리적, 환경적 요인들의 영향을 더 많이 받기 때문이다.

① 알코올 중독의 남녀 비율은 비슷한 수준이 아니다. 남성이 더 많으며, 다만 여성의 알코올 중독 비율이 점차 증가하고 있다.

② 여성의 유전적 요인은 남성과 동일하며, 여성이 남성보다 더 높은 요인은 심리적, 환경적 요인들이다.

④ 여성은 비록 같은 몸무게라도 같은 양의 알코올을 섭취했다고 할지라도 남자에 비해 더 취한다. 이는 여성이 남성에 비해 체액이 적고 체지방이 많기 때문이며, 알코올은 여성의 체지방에는 분해되지 않아서 상대적으로 남성에 비해 여성의 혈액 내 알코올의 집중도가 높기 때문이다.

023 지속성 우울장애(기분저하증)의 진단기준에 관한 설명으로 틀린 것은?

① 우울 기간 동안 자존감 저하, 절망감 등의 2가지 증상이 나타난다.

② 순환성장애의 진단기준을 충족해야 한다.

③ 조종 삽화, 경조증 삽화가 없어야 한다.

④ 청소년에서는 기분이 과민한 상태로 나타나기도 한다.

정답 | ②

해설 | 지속성 우울장애 주요 진단기준
- 최소 2년 동안 하루의 대부분 우울한 기분을 가지며, 우울한 기분이 있는 날이 그렇지 않은 날보다 더 많다. 이는 주관적인 보고나 객관적인 관찰에 의해 나타난다.
- 우울 기간 동안 다음 중 2가지 이상의 양상이 나타난다.
  - 식욕 부진 또는 과식
  - 불면 또는 수면 과다
  - 기력 저하 또는 피로감
  - 자존감 저하
  - 집중력 감소 또는 결정의 어려움
  - 절망감

024 이상심리의 이론적 모형에 관한 설명으로 틀린 것은?

① 양극성 장애와 조현병은 유전을 비롯한 생물학적 요인에 영향을 받는다.

② 행동주의자들은 부적응 행동이 학습의 원리에 따라 형성된다고 제안하였다.

③ 실존주의자들은 정신장애가 뇌의 생화학적 이상에 의해서 유발된다고 본다.

④ 인지이론가들은 비합리적 신념과 역기능적 사고가 이상 행동에 영향을 준다고 본다.

정답 | ③

해설 | 이상심리를 생물학적 입장에서 말한 것이다.

025 조현병 스펙트럼 및 기타 정신병적 장애에 해당하지 않는 것은?

① 순환성장애

② 조현양상장애

③ 조현정동장애

④ 단기 정신병적 장애

정답 | ①

해설 | DSM-5 분류기준에 의한 조현병 스펙트럼 및 기타 정신병적 장애의 주요 하위유형
- 조현형(성격) 장애 또는 분열형(성격) 장애
- 망상 장애
- 단기 정신병적 장애 또는 단기 정신증적 장애
- 조현양상 장애 또는 정신분열형 장애
- 조현병 또는 정신분열증
- 조현정동 장애 또는 분열정동 장애
- 긴장증 등

026 사회불안장애에 대한 설명으로 가장 적합한 것은?

① 공포스러운 사회적 상황이나 활동상황에 대한 회피, 예기 불안으로 일상생활, 직업 및 사회적 활동에 영향을 받는다.

② 특정 뱀이나 공원, 동물, 주사 등에 공포스러워 한다.

③ 터널이나 다리에 대해 공포반응이 일어나는 경우이다.

④ 생리학적으로 부교감신경계의 활성 등의 생리적 반응에서 기인한다.

정답 | ①

해설 | 사회불안장애는 다른 사람들과 상호작용하는 사회적 상황을 두려워하여 회피하는 장애로, 사회공포증이라고 불리기도 한다.

027 신경발달장애에 관한 설명으로 틀린 것은?

① 투렛장애 진단 시 운동성 틱과 음성 틱은 항상 동시에 나타나야 한다.

② 생의 초기부터 나타나는 유아기 및 아동기장애와 관련이 있다.

③ 비유창성이 청소년기 이후에 시작되면 성인기 – 발병 유창성 장애로 진단한다.

④ 상동증적 운동장애는 특정 패턴의 행동을 목적 없이 반복하여 부적응적 문제가 초래된다.

정답 | ①

해설 | 투렛장애
  • 여러 가지 운동성 틱과 한 가지 이상의 음성 틱이 장애의 경과 중 일부 기간 동안 나타난다. 다만, 이 두 가지가 반드시 동시에 나타날 필요는 없다.
  • 틱은 빈번히 악화와 완화를 반복하지만, 처음 틱이 나타난 시점으로부터 1년 이상 지속된다.
  • 18세 이전에 발병한다.

028 Bleuler가 제시한 조현병(정신분열병)의 4가지 근본증상, 즉 4A에 해당하지 않는 것은?

① 감정의 둔마(affective blunting) ② 자폐증(autism)

③ 양가감정(ambivalence) ④ 무논리증(alogia)

정답 | ④

해설 | 블루러(Bleuler)가 제시한 조현병(정신분열병)의 네 가지 근본증상
  • 중요 기본 증상으로 연상장애, 둔마된 감정, 자폐증, 양가감정을 말했고 망상, 환각은 부수적 증상이라 했다.
  • 4A는 연상(Association)장애, 정서(Affect)장애, 자폐적 사고(Autistic thinking), 양가감정(Ambivalence)이다.

029 주의력 결핍 및 과잉행동장애(ADHD)에 관한 설명으로 틀린 것은?

① 학령전기에 보이는 주요 증상은 과잉행동이다.

② 앉아 있도록 요구되는 상황에서 자리를 떠나는 것은 부주의 증상에 해당된다.

③ 증상이 지속되면 적대적 반항장애로 동반이환할 가능성이 높다.

④ 여성보다 남성에게 더 흔하게 나타난다.

정답 | ②

해설 | 주의력결핍(부주의) 증상

- 앉아 있도록 요구되는 상황에서 자리를 떠나는 타당한 이유가 있다면 부주의 증상은 아니다.
- 종종 세밀하게 주의를 기울이지 못하거나 학업, 직업 또는 다른 활동에서 빈번히 실수를 저지른다.
- 종종 과제를 하거나 놀이를 할 때 지속적으로 주의를 집중하지 못한다.
- 종종 다른 사람이 직접 말을 할 때 경청하지 않는 것처럼 보인다.
- 종종 주어진 지시를 수행하지 못하며, 학업, 잡일, 작업장에서의 임무들을 완수하지 못한다.
- 종종 과업과 활동을 체계화하지 못한다.
- 종종 지속적인 정신적 노력을 요구하는 과업들에 참여하기를 회피하거나 싫어하거나 혹은 마지못해 한다.
- 종종 과제나 활동을 하는 데 필요한 물건들을 잃어버린다.
- 종종 외부자극에 의해 쉽게 산만해진다.
- 종종 일상적인 활동을 잊어버린다.

030 다음의 사례에 가장 적합한 진단명은?

> 24세의 한 대학원생은 자신의 꿈속에 사는 듯 느껴졌고, 자기 신체와 생각이 자기 것이 아닌 듯 느껴졌다. 자신의 몸 일부는 왜곡되어 보였고, 주변 사람들이 로봇처럼 느껴졌다.

① 해리성 정체성장애   ② 해리성 둔주

③ 이인화/비현실감 장애   ④ 착란장애

정답 | ③

해설 | 이인성/비현실감 장애 진단 기준

- 개인의 정신 과정이나 신체로부터 분리되어 있다는 감정, 마치 외부의 관찰자처럼, 지속적으로나 반복적으로 이런 감정을 경험한다(개인이 꿈속에 있는 것처럼).
- 이인증을 경험하는 동안 현실 검증력은 손상되지 않은 채로 남아 있다.
- 이인증은 임상적으로 심각한 고통이나 사회적, 직업적, 또는 다른 중요한 기능 영역에서 심한 장애를 초래한다.
- 이인증 경험은 정신분열증, 공황장애, 급성 스트레스 장애, 또는 기타 해리성 장애의 경과 중에만 일어나는 것이 아니고, 물질(약물 남용, 투약)이나 일반적인 의학적 상태(신체적 질병, 측두엽 간질)의 직접적인 생리적 효과로 인한 것이 아니다.

031 주요 신경인지장애에 관한 설명으로 옳은 것은?

① 인지 기능의 저하 여부는 명백 수행 수준을 기준으로 삼지 않는다.

② 가족력이나 유전자 검사에서 원인이 되는 유전적 돌연변이의 증거가 있어야 한다.

③ 기억 기능의 저하가 항상 나타난다.

④ 알츠하이머병으로 인한 경우는 서서히 시작되고 점진적으로 진행된다

정답 | ④

해설 | 알츠하이머병

- 알츠하이머로 인한 신경인지장애의 특성은 서서히 시작되고 점진적으로 진행된다.
- 초기에는 오래된 기억이 아닌 최근 기억으로부터 장애가 생긴다.
- 기질적 장애로 인해 일상생활이나 대인 관계에 지장을 줄 만큼 지적 기능이 저하된다.
- 약물, 인지, 행동적 치료를 병행해도 치료의 성공률은 매우 낮다.

032 분리불안장애에 관한 설명으로 틀린 것은?

① 행동치료, 놀이치료, 가족치료 등을 통하여 호전될 수 있다.

② 부모의 양육행동, 아동의 유전적 기질, 인지행동적 요인 등이 영향을 미친다.

③ 학령기 아동에서는 학교에 가기 싫어하거나 등교 거부로 나타난다.

④ 성인의 경우 증상이 1개월 이상 나타날 때 진단될 수 있다.

정답 | ④

해설 | 아동이나 청소년의 경우 4주 이상, 성인의 경우 6개월 이상 나타날 때 분리불안장애로 진단된다.

033 B군 성격장애에 해당하지 않는 것은?

① 경계성 성격장애   ② 강박성 성격장애

③ 반사회성 성격장애   ④ 연극성 성격장애

정답 | ②

해설 | • 성격장애 A 그룹 : 기이하고 괴상한 행동특성을 나타내는 성격장애
  - 편집성 성격장애
  - 정신분열성 성격장애
  - 정신분열형 성격장애
- 성격장애 B 그룹 : 극적이고 감정적이며 변화가 많은 행동이 주된 특징
  - 반사회성 성격장애
  - 경계성 성격장애
  - 히스테리성 성격장애(연극성 성격장애)
  - 자기애성 성격장애
- 성격장애 C 그룹 : 불안과 두려움을 지속적으로 지니는 특징
  - 회피성 성격장애
  - 의존성 성격장애
  - 강박성 성격장애

034 다음 장애 중 성기능부전에 포함되지 않는 것은?

① 사정지연   ② 발기장애

③ 마찰도착장애   ④ 여성극치감장애

정답 | ③

해설 | 마찰도착장애는 성도착장애의 하위유형에 해당된다.

035 다음 증상들이 나타날 때 적절한 진단명은?

- 의학적 상태, 물질 중독이나 금단, 치료약물의 사용 등으로 일어난다는 증거가 있다.
- 주의를 집중하는 것이 어렵고, 이해할 수 없는 말을 중얼거린다.
- 방향 감각이 없고 자신의 이름을 말하지 못한다.
- 위의 증상들이 갑자기 나타나고, 몇 시간이나 며칠간 지속되다가 그 원인을 제거하면 회복되는 경우가 많다.

① 섬망   ② 경도신경인지장애

③ 주요신경인지장애   ④ 해리성 정체성장애

정답 | ①

해설 | • 주요신경인지장애
- 인지적 영역, 즉 복합주의력, 실행기능, 학습 및 기억력, 언어능력, 지각-운동기능, 사회인지 등에서 한 가지 이상 과거 수행수준에 비해 심각한 인지적 저하가 나타나 일상생활을 독립적으로 영위하기 힘든 경우 진단된다.
- 인지적 결함이 일상활동의 독립성을 방해하는 경우이다. 그로 인해 물건 값 지불하기, 투약 관리하기 등과 같은 복합적인 일상의 도구적 활동에서 최소한의 도움을 필요로 한다.
- 경도신경인지장애
- 주요신경인지장애에 비해 증상의 심각도가 비교적 경미하여 일상생활을 독립적으로 영위할 수 있는 경우 진단된다.
- 인지적 결함이 일상활동의 독립적 능력을 방해하지 않는 경우이다. 그로 인해 물건 값 지불하기, 투약 관리하기 등과 같은 복합적인 일상의 도구적 활동이 보존되지만, 더 많은 오력, 보상 전략 혹은 조정이 필요할 수 있다.
- 해리성 정체성장애 : 해리성 정체감장애라고도 부르며, 한 사람 안에 서로 다른 정체성과 성격을 가진 여러 사람이 존재하면서 상황에 따라 각기 다른 사람이 의식에 나타나서 말과 행동을 하는 모습을 보이는 장애이다.

036 전환장애에 관한 설명으로 틀린 것은?

① 전환장애 진단을 위해서는 증상이 신경학적 질병으로 설명되지 않아야 한다.

② 전환증상은 다양하지만 특히 흔한 것은 보이지 않음, 들리지 않음, 마비, 무감각증 등이다.

③ 전환증상은 의학적 증거로 설명되지는 않고 있으며 환자들이 일시적인 어려움을 피하기 위하여 의도적으로 꾸며낸 것이다.

④ 전환증상은 내적 갈등의 자각을 차단하는 일차 이득이 있고, 책임감으로부터 구제해주고 동정과 관심을 끌어내는 이차 이득이 있다.

정답 | ③

해설 | 신체증상은 의도적으로 가장된 것이 아니며, 그에 선행된 심리적 갈등이나 스트레스를 전제로 한다.

037 변태성욕장애에 해당하지 않는 것은?

① 관음장애   ② 소아성애장애

③ 노출장애   ④ 성별불쾌감

정답 | ④

해설 | 성별불쾌감 혹은 성불편증
- 자신에게 주어진 생물학적 성에 대한 불편감을 느끼며 다른 성이 되고자 하는 강렬한 열망을 가진 경우
- 이러한 불편감으로 반대의 성에 대한 강한 동일시를 나타내거나 반대의 성이 되기를 소망
- 성정체감장애 또는 성전환증이라고 불리기도 함

038 대인관계의 자아상 및 정동의 불안정성, 심한 충동성을 보이는 광범위한 행동 양상으로 인해 사회적 부적응이 초래되는 성격장애는?

① 의존성 성격장애   ② 경계성 성격장애

③ 편집성 성격장애   ④ 연극성 성격장애

정답 | ②

해설 | 경계성 성격장애 특성
- 실제적이거나 가상적인 유기를 피하기 위해 필사적으로 노력한다.
- 대인관계에 있어서 상대방에 대한 이상화와 평가절하의 교차가 극단적이고 반복적으로 나타난다.
- 정체감혼란 : 자기상(Self-Image)이나 자기지각(Sense of Self)이 지속적으로 심각한 불안정성을 보인다.
- 자신에게 손상을 줄 수 있는 충동성을 최소 2가지 이상의 영역에서 나타내 보인다.
- 자살행동, 자살시늉, 자살위협 또는 자해행위를 반복적으로 나타내 보인다.
- 현저한 기분변화로 인해 정서가 불안정하다.
- 만성적인 공허감을 느낀다.
- 부적절하고 심한 분노를 느끼거나 분노를 조절하는 데 어려움을 느낀다.
- 일시적으로 스트레스에 의한 망상적 사고나 심한 해리증상을 보인다.

039 조현병에 관한 설명으로 맞는 것은?

① 망상, 환각, 와해된 언어 중 1개 증상이 반드시 포함되어야 한다.

② 양성 증상은 음성 증상보다 더 만성적으로 나타난다.

③ 2개 이상의 영역에서 기능이 저하되어야 진단될 수 있다.

④ 일반적으로 발병 연령의 성별 차이는 나타나지 않는다.

정답 | ①

해설 | ② 양성 증상은 스트레스 사건에 의해 급격히 발생한다.

③ 조현병의 진단기준은 망상, 환각, 와해된 언어, 심하게 와해된 행동 또는 긴장증적 행동, 음성증상들 중 2가지 이상이 2개월의 기간 동안 상당부분의 시간에 나타난다.

④ 보통 청소년기 이후, 즉 10대 후반에서 30대 중반에 흔히 발병하여, 연령상 남성이 여성보다 빨리 발병하는 것으로 보고되고 있다.

040 주요 우울장애에 동반되는 세부 유형(양상)이 아닌 것은?

① 혼재성 양상 동반

② 멜랑콜리아 양상 동반

③ 급속 순환성 양상 동반

④ 비전형적 양상 동반

정답 | ③

해설 | 주요 우울장애 동반 세부 유형 : 불안, 혼재성 양상, 멜랑콜리아, 비전형적, 정신증적 양상, 긴장증, 주산기, 계절성

041 교통사고 환자의 신경심리 검사에서 꾀병을 의심할 수 있는 경우는?

① 기억과제에서 쉬운 과제에 비해 어려운 과제에서 더 나은 수행을 보일 때
② 즉각기억과제와 지연기억과제의 수행에서 모두 저하를 보일 때
③ 뚜렷한 병변이 드러나며 작의적인 반응을 보일 때
④ 단기기억 점수는 정상범위나 다른 기억점수가 저하를 보일 때

정답 | ①
해설 | 신경심리평가 시 위장자들을 변별하는 방법
- 일관성 : 위장하는 사람들은 동일한 영역을 측정하는 비슷한 검사로 재검사를 시행했을 때 같은 양상의 장애를 나타내지 않는 경우가 많고, 자신의 증상 및 병력에 대해서는 잘 기억하면서 기억력 검사에 들어가서는 장애를 보일 수 있음
- 위장자들은 모든 검사에서 다 못하는 경우가 많은데, 실제 환자는 손상 양상에 따라 어떤 검사는 잘 수행하고 어떤 검사는 대단히 못함. 만약 위장자가 일부 검사에서 선택적으로 장애를 보이려고 할 때는 주로 감각 및 운동기능의 장애를 보인다고 함
- 난이도를 살펴보면, 일반적으로 환자들은 쉬운 소검사는 잘하고 어려워지면 못하는 데 비해 위장자들은 난이도가 낮은 소검사부터 못하는 경향이 있음
- 위장자들은 검사에서 나타난 장애 정도와 손상으로부터 예측되는 장애 정도 사이에 상당한 차이를 보임

042 MMPI-2 코드 쌍의 해석적 의미로 틀린 것은?

① 4-9 : 행동화적 경향이 높다.
② 1-2 : 다양한 신체적 증상에 대한 호소와 염려를 보인다.
③ 2-6 : 전환증상을 나타낼 경우가 많다.
④ 3-8 : 사고가 본질적으로 망상적일 수 있다.

정답 | ③
해설 | 전환증상을 나타내는 경우가 많은 것은 1-3 상승척도 쌍에 해당된다.

043 두정엽의 병변과 가장 관련이 있는 장애는?

① 구성장애

② 시각양식의 장애

③ 청각기능의 장애

④ 고차적인 인지적 추론의 장애

정답 | ①

해설 | 구성장애

- 두정엽 또는 마루엽은 대뇌피질의 윗부분 중앙에 위치하며, 이해의 영역으로서 공간지각, 운동지각, 신체의 위치판단 등을 담당한다. 특히 신체 각 부위의 개별적인 신체표상을 비롯하여 입체적·공간적 사고, 수학적 계산 및 연상기능 등을 수행한다.
- 구성장애는 1차원 및 2차원의 자극을 토대로 2차원 또는 3차원으로 된 대상이나 형태를 구성하는 능력에서 결함을 나타내는 장애이다.
- 지각적 결함과도 밀접하게 연관되어 있는 것으로 알려져 있다. 특히 우측 두정엽에 병변이 있는 환자의 경우 지형학적 사고와 기억손상 등의 시공간적 장애를 보이기도 하며, 개별적 특징들을 전체로 통합하여 재인하지 못하는 지각적 단편화와 함께 특이한 각도로 제시되는 대상을 재인하지 못하는 지각적 분류장해를 보이기도 한다.
- 수학적 개념과 문제풀이 능력을 보유하고 있음에도 불구하고 공간적 관계에 따라 수를 조작하는 데 어려움을 보이는 '계산부전증 또는 난산증'을 보이기도 한다. 이와 같은 장해 및 증상들은 구성적 결함 또는 구성능력의 손상과 밀접하게 연관되어 있다.

044 동일한 사람에게 교육수준이나 환경 및 질병의 영향 등과 같은 모든 가외변인을 통제한 상태에서 20세, 30세, 40세 때 편차점수를 사용하는 동일한 지능검사를 실시하였다면 지능이 어떻게 나타날 것인가?

① 점진적인 저하가 나타난다.

② 30세 때까지 상승하다가 그 이후 저하된다.

③ 점진적인 상승이 나타난다.

④ 변하지 않는다.

정답 | ④

해설 |
- 웩슬러 지능 : 유목적적으로 행동하고, 합리적으로 사고하며, 자신을 둘러싼 환경을 효율적으로 다룰 수 있는 종합적인 능력으로 성격의 다른 부분과 분리될 수 없으며, 인지적, 정서적, 행동적 측면을 모두 포함하는 전체적 능력이다.
- 유동성 지능 : 유전적, 선천적으로 타고나는 능력으로 경험이나 학습의 영향을 거의 받지 않으며, 뇌와 중추신경계의 성숙에 비례하여 발달하여 10대 후반 절정에 도달하다가 청년기 이후부터 퇴보하게 된다. 속도, 단순암기, 지각능력, 일반적 추론능력 등과 같이 새로운 상황에서의 문제해결능력으로 나타난다.
- 결정성 지능 : 환경이나 경험, 학습, 문화적 영향에 의해 후천적으로 발달 되는 지능이다. 언어이해능력, 문제해결능력, 상식, 논리적 추리력 등과 같이 나이를 먹으면서도 계속 발달하는 경향이 있다.

※ 모든 조건이 통제된다면 지능은 변하지 않음

045 다면적 인성검사(MMPI-2)에서 개인의 전반적인 에너지와 활동수준을 평가하며 특히 정서적 흥분, 찌증스러운 기분, 과장된 자기 지각을 반영하는 척도는?

① 척도 1   ② 척도 4

③ 척도 6   ④ 척도 9

정답 | ④

해설 | 다면적 인성검사(MMPI-2) 척도 9(경조증)
- 심리적·정신적 에너지의 수준을 반영하며, 사고나 행동에 대한 효율적 통제의 지표로 활용된다.
- 인지영역에서는 사고의 비약이나 과장을, 행동영역에서는 과잉활동적 상황을, 정서영역에서는 고도한 흥분상태, 민감성, 불안정성을 반영한다.

046 지능검사와 그 활용에 관한 설명으로 틀린 것은?

① 학습과 진로지도 자료로 활용할 수 있다.

② 지능지수가 높다고 해서 반드시 높은 학업성취를 보이는 것은 아니다.

③ 검사의 전체 소요시간은 여러 요인에 따라 달라질 수 있다.

④ 웩슬러 지능검사의 특징 중 하나는 정신연령 개념을 도입한 것이다.

정답 | ④

해설 | 웩슬러 지능검사는 정신연령과 생활연령을 비교한 스탠포드-비네검사의 비율지능지수 방식에서 벗어나, 개인의 지능을 동일 연령대 집단에서의 상대적인 위치로 규정한 편차지능 지수를 사용한다.

047 다음에서 설명하고 있는 지능 개념은?

- Cattell이 두 가지 차원의 지능으로 구별한 것 중 하나이다.
- 타고나는 지능으로 생애 초기 비교적 급속히 발달하고 20대 초반부터 감소한다.
- Wechsler 지능검사의 동작성 검사가 이 지능과 관련이 있다.

① 결정적 지능   ② 다중 지능

③ 유동적 지능   ④ 일반 지능

정답 | ③

해설 |
- R. Cattell은 지능을 '유동성 지능'과 '결정성 지능'의 2개 군집으로 분류하였다.
- 유동성 지능은 유전적으로 주어지는 능력으로 속도, 지각능력, 기계적 암기, 일반적 추론능력 등을 포함하며, 새로운 상황에서의 문제해결능력과 관련되어 있다. 유동성 지능은 선천적 지능으로 생애 초기에 발달하다가 20대 초반부터 감소한다.
- 결정성 지능은 환경이나 경험, 학습, 문화적 기회 등의 영향으로 발달되는 지능으로 언어이해능력, 문제해결능력, 논리적 추리력, 상식 등과 관련되어 있다. 결정성 지능은 연령이 높아지면서 지속적으로 발달할 수 있는 지능이다.
- Wechsler 지능검사의 언어성검사는 결정성 지능과 관련이 높고, 동작성검사는 유동적 지능과 관련이 높다.

048 특정 학업 과정이나 직업에 대한 앞으로의 수행능력이나 적응을 예측하는 검사는?

① 적성검사   ② 지능검사

③ 성격검사   ④ 능력검사

정답 | ①
해설 | 적성검사

- 적성은 일반적 지식이나 특수한 기술을 습득, 숙달할 수 있는 개인의 잠재력을 의미함
- 적성검사는 학업성취와 관련된 학업적성, 직업활동과 관련된 직업적성/사무적성, 기계적성, 음악적성, 미술적성, 언어적성, 수공적성, 수리적성 등의 특수적성으로 세분됨
- 적성검사는 인지적 검사로 개인의 특수한 능력 또는 잠재력을 발견하도록 하여 학업이나 취업 등의 진로결정에 대한 정보 및 미래 성공가능성을 예측
- 지능보다 특수하고 광범위한 능력 측정
- 일반적성검사(GATB), 차이적성검사(DAT)

049 모집단에서 규준집단을 표집하는 방법과 가장 거리가 먼 것은?

① 군집표집(cluster sampling)
② 유층표집(stratified sampling)
③ 비율표집(ratio sampling)
④ 단순무선표집(simple random sampling)

정답 | ③
해설 | 표집방법

- 확률표집
  - 단순무선(무작위)표집
  - 체계적 표집
  - 유층(층화)표집
  - 다단계군집표집
- 비확률표집
  - 임의표집
  - 목적표집
  - 할당표집

050 검사자가 지켜야 할 윤리적 의무로 옳지 않은 것은?

① 검사과정에서 피검사에게 얻은 정보에 대해 비밀을 보장할 의무가 있다.
② 자신이 다루기 곤란한 어려움이 있을 때는 적절한 전문가에게 의뢰하여야 한다.
③ 자신이 받은 학문적인 훈련이나 지도받은 경험의 범위를 벗어난 평가를 해서는 안 된다.
④ 피검자가 자해행위를 할 위험성이 있어도 비밀보장의 의무를 지켜야 하므로 누구에게도 알려서는 안 된다.

정답 | ④
해설 | 검사자는 내담자(수검자)의 사생활과 비밀유지에 대한 권리를 최대한 존중해야 할 의무가 있으나, 이는 절대적인 것이 아니며 경우에 따라 내담자의 비밀보장의 권리가 제한될 수도 있다. 예를 들어 내담자(수검자)가 자신이나 타인의 신체 또는 재산을 해칠 위험이 있는 경우, 아동학대나 성폭력 등 중대한 범죄에 대한 내용을 상담을 통해 알게 된 경우 이를 해당 분야의 전문가나 관련 기관에 알려야 한다. 또한 법원의 정보공개 명령이 있는 경우 내담자(수검자)에 대한 기본적인 정보를 공개하며, 더 많은 사항을 공개해야 하는 경우 사전에 내담자(수검자)에게 알려줄 필요가 있다.

051 전두엽 기능에 관한 신경심리학적 평가영역과 가장 거리가 먼 것은?

① 의욕(volition)
② 계획능력(planning)
③ 목적적 행동(purposive action)
④ 장기기억능력(long-term memory)

정답 | ④
해설 | 전두엽
• 대뇌피질의 앞부분에 위치
• 운동기능, 자율기능, 감정조절기능, 행동계획 및 억제기능 등을 담당
• CEO의 역할을 하는 것으로서 예지력, 판단, 지혜, 동기, 전략 세우기, 계획 등과 관련됨

052 MMPI에서 2, 7 척도가 상승한 패턴을 가진 피검사의 특성으로 옳지 않은 것은?

① 행동화(acting-out) 성향이 강하다.
② 정신치료에 대한 동기는 높은 편이다.
③ 자기비판 혹은 자기처벌적인 성향이 강하다.
④ 불안, 긴장, 과민성 등 정서적 불안 상태에 놓여 있다.

정답 | ①
해설 | '2-7' 상승척도쌍 피검자의 특성
• 불안하고 초조하고 긴장, 걱정을 많이 하며, 일이 일어나기도 전에 미리 염려함
• 사소한 스트레스에도 과도하게 반응
• 강박사고와 강박행동을 보고
• 피로감, 피곤함, 소진감
• 비관적이고 희망이 없다고 느끼며, 미성숙하며 성취하고 싶은 욕구 및 그런 성취를 통해 인정받고 싶은 강한 욕구
• 자신에게 상당히 많은 것을 기대하며 목표 달성에 실패하면 죄책감을 느낌
• 수동-의존적이며 자기주장을 내세우는 것도 힘들어함
• 불안장애, 우울증, 강박장애 진단

053 다면적인성검사에 관한 설명으로 틀린 것은?

① 표준화된 규준을 가지고 있다.
② 수검태도와 검사결과의 타당성을 확인하는 척도가 있다.
③ MMPI의 임상척도와 MMPI−2의 기본 임상척도의 수는 동일하다.
④ 임상척도 간에 중복되는 문항이 없어 진단적 변별성이 높다.

정답 | ④
해설 | 다면적인성검사(MMPI)는 550개의 문항을 포함하고 있는데, 이 중 16개의 문항이 중복되어 총 566개의 문항으로 구성되어 있다. 중복된 16개의 문항은 수검자의 반응일관성을 확인하기 위한 지표로 사용된다.

054 지능을 일반요인과 특수요인으로 구분한 학자는?

① 스피어만(C. Spearman)
② 써스톤(L. Thurstone)
③ 케텔(R. Cattell)
④ 길포드(J. Guiford)

정답 | ①
해설 | 스피어만의 2요인설
  • 지능에 대한 최초의 요인분석으로서, 스피어만은 여러 지적 능력에 관한 검사와 이들 검사 간에 존재하는 상관관계를 설명하는 요인의 개념을 도입하였다.
  • 지능은 모든 개인이 공통적으로 가지고 있는 일반요인과 함께 언어나 숫자 등 특정한 부분에 대한 능력인 특수요인으로 구성된다.

055 검사의 종류와 검사구성방법을 짝지은 것으로 가장 적합하지 않은 것은?

① 16PF − 요인분석에 따른 검사구성
② CPI − 경험적 준거에 따른 검사구성
③ MMPI − 경험적 준거방법
④ MBTI − 합리적, 경험적 검사구성의 혼용

정답 | ④
해설 | MBTI
  • Myers와 Briggs가 제작한 객관적 성격검사
  • 인식과 판단에 대한 융의 심리적 기능이론, 그리고 인식과 판단의 향방을 결정짓는 융의 태도 이론을 바탕으로 하여 제작
  • 인간의 건강한 심리에 기초를 두어 만들어진 심리검사도구로 인간성격의 일관성 및 상이성에 근거함
  • 개인의 성격을 4개의 양극 차원에 따라 분류하고 각 차원별로 2개의 선호 중 하나를 선택하도록 함으로써 16가지 성격유형으로 구분

056 노인 집단의 일상생활 기능에 대한 양상 및 수준을 평가하기에 가장 적합한 심리검사는?

① MMPI－2

② K－VMI－6

③ K－WAIS－IV

④ K－Vineland－Ⅱ

정답 | ④

해설 | K－Vineland－Ⅱ

- 사회적응행동을 평가하는 검사
- 검사대상 : 0~99세
- 미국의 'Vineland Maturity'를 1985년 국내 실정에 맞게 표준화한 사회성숙도(SMS)검사의 제한점을 개선하기 위해 새로운 규준을 마련하고 문항이 다시 수정된 검사
- 적응행동이란 일상적인 활동의 수행에 요구되는 개인적, 사회적 능력 또는 타인의 요구에 적절히 대처하고 일상생활에 책임을 다할 수 있는 능력으로 정의
- 적응행동에 결함이 있으면 개인의 전반적인 기능과 학습, 행동이 제한되고 해당 연령에 사회문화적으로 기대되는 성숙, 학습, 독립성, 사회적 책임감 등을 발휘하는 데 제한이 생김
- 적응행동의 평가는 장애인(특히 지적 장애인)과 같은 적응행동에 상당한 제한이 있는 사람들뿐만 아니라 다양한 장애(발달장애, 학습장애, 청각 및 시각장애, ADHD, 정서 및 행동장애, 다양한 유전적 장애 등)의 임상적 진단에 사용될 수 있고, 장애가 없는 개인의 적응 수준을 평가하는 데도 도움이 됨

057 발달검사를 사용할 때 고려해야 할 사항과 가장 거리가 먼 것은?

① 일반적인 기능적 분석만 사용해야 한다.

② 규준에 의한 발달적 비교가 가능해야 한다.

③ 다중기법적 접근을 취해야 한다.

④ 경험적 타당한 측정도구를 사용해야 한다.

정답 | ①

해설 | 다중적 평가기법을 적용하는 것이 바람직하다.

발달검사를 통한 아동평가

- 아동은 특별한 집단이므로 성인을 대상으로 한 일반적인 평가 방식을 그대로 적용하는 것은 바람직하지 않다.
- 규준에 의한 발달적 비교가 가능해야 한다.
- 아동평가를 통해 인지, 행동, 정서 상태 등 여러 측면에서의 변화 목표를 가질 수 있다.
- 변화를 필요로 하는 목표행동의 범위가 넓은 경우 다중적인 평가기법을 적용하는 것이 바람직하다.
- 측정도구들은 경험적으로 타당성을 검증받은 것이어야 하며, 아동의 발달적 변화에 대해서도 민감한 것이어야 한다.

058 문장완성검사에 대한 설명으로 틀린 것은?

① 가족, 이성관계 등 문항의 의미와 관련하여 이들 문항 세트를 함께 고려하여 해석하는 것이 도움이 된다.

② Rapport 등(1968)은 형식적 면에서 연상의 장애를 '근거리 반응'과 '원거리 반응'으로 개념화하여 설명하고자 했다.

③ 국내에서 출판되고 있는 Sacks의 문장완성검사는 아동용, 청소년용, 성인용으로 구분되어 있다.

④ 누락된 문항이라 하더라도 중요한 가설을 형성할 수 있다는 점에서 주의 깊게 검토해야 한다.

정답 | ②

해설 | Rapport 등(1968)은 성격진단을 위한 유용한 투사법으로 확립하였다.

059 K-WAIS-IV에서 개념형성능력을 측정하는 소검사는?

① 차례 맞추기
② 공통성문제
③ 이해문제
④ 빠진 곳 찾기

정답 | ②

해설 | 공통성(Similarity, SI)

- 제시된 두 단어의 공통점에 대해 말하도록 하는 과제로 구성됨
- 언어적 개념형성 또는 추론의 과정을 측정하기 위해 고안된 검사
- 언어적 이해력, 언어적 개념화, 논리적 · 추상적 사고, 연합적 사고, 본질과 비본질을 구분하는 능력, 폭넓은 독서경험 등과 연관
- 수검자의 응답내용은 구체적 개념형성, 기능적 개념형성, 추상적 개념형성의 양상으로 나타남
- 언어적 이해력을 평가하는 소검사들 가운데 정규교육이나 특정 학습, 교육적 배경 등의 영향을 가장 적게 받음

060 말의 유창성이 떨어지고 더듬거리는 말투, 말을 길게 하지 못하고 어조나 발음이 이상한 현상 등을 보이는 실어증은?

① 베르니케 실어증
② 브로카 실어증
③ 초피질성 감각 실어증
④ 전도성 실어증

정답 | ②

해설 | 브로카 실어증

- 브로카영역을 포함한 인근 전두엽영역의 손상에 의함
- 대화나 설명 시 표현능력이 저하되며 특이 유창성이 저하됨
- 비정상적으로 단조로운 운율, 속도가 느리며 단어 사이 쉬는 것이 긴 경향
- 청각적 이해력은 유지
- 읽기는 말하기나 쓰기에 비해 좋은 편

061 내담자를 평가할 때 문제행동의 선행조건, 환경적 유인가, 보상의 대체원, 귀인방식과 같은 요소를 중요하게 여기는 평가방법은?

① 정신역동적 평가
② 인지행동적 평가
③ 다축분류체계 평가
④ 기술지향적 평가

정답 | ②
해설 | 문제행동의 선행조건, 환경적 요인, 귀인 등의 인지적 요소와 행동주의적 요소가 통합된 방식이므로 인지행동적 평가법으로 볼 수 있다.

062 인지치료에서 강조하는 자동적 자기파괴 인지 중 파국화에 해당하는 것은?

① 그 프로젝트가 성공하지 못한 것은 나 때문이다.
② 나는 완벽해져야 하고 나약함을 보여서는 안 된다.
③ 나는 성공하거나 실패하거나 둘 중 하나이다.
④ 이 일이 잘되지 않으면 다시는 이 일과 같은 일은 할 수 없을 것이다.

정답 | ④
해설 | 파국화는 개인이 걱정하는 한 사건을 지나치게 과장하여 두려워하는 인지적 오류를 말한다.

063 다음 30대 여성의 다면적 인성검사 MMPI-2 결과에 대한 일반적 해석으로 적절한 것은?

Hs	D	Hy	Pd	Mf	Pa	Pt	Sc	Ma	Si
72	65	75	50	35	60	64	45	49	60

① 스트레스 상황에서 신체증상이 두드러지고 회피적 대처를 할 소지가 크다.
② 반사회적 행동을 보일 가능성이 크다.
③ 외향적이고 과도하게 에너지가 항진되어 있기 쉽다.
④ 망상, 환각 등의 정신증적 증상이 나타나기 쉽다.

정답 | ①
해설 | 1-3 혹은 3-1 코드쌍
• 심리적 문제가 신체적 증상으로 전환되어 나타남
• 자신의 외현적 증상이 심리적 요인에 의한 것임을 인정하려 하지 않음
• 부인의 방어기제를 사용하여 자신의 우울감이나 불안감을 잘 드러내지 않음
• 스트레스를 받는 경우 사지의 통증이나 두통, 흉통을 보이며, 식욕부진, 어지럼증, 불면증을 호소하기도 함
• 자기중심적이며 의존적인 성향, 대인관계에 있어서 피상적
• 전환장애의 가능성

064 공식적인 임상심리학의 기원으로 보는 역사적 사건은?

① Wundt의 심리실험실 개설   ② Witmer의 심리클리닉 개설

③ Binet의 지능검사 개발   ④ James의 '심리학의 원리' 출판

정답 | ②

해설 | 위트머(Witmer)는 미국 펜실베이아대학에서 1896년 세계 최초의 심리진료소(Psychological Clinic)를 설립하고, 1904년 임상심리학 강좌를 개설함으로써 임상심리학의 본격적인 시작을 알렸다.

065 Wolpe의 체계적 둔감법을 적용하기에 가장 적합한 내담자는?

① 적절한 대처능력이 떨어지고 일반 상황에 심각한 불안을 보이는 내담자

② 적절한 대처능력이 있으나 특정 상황에 심각한 불안을 보이는 내담자

③ 적절한 대처능력이 있으나 일반 상황에 심각한 불안을 보이는 내담자

④ 적절한 대처능력이 떨어지고 특정 상황에 심각한 불안을 보이는 내담자

정답 | ②

해설 | 체계적 둔감법

- Wolpe(1958)에 의해 개발된 것으로, 불안장애 가운데 특정 상황이나 동물, 대상에 대해 공포를 느끼는 특정 공포증의 치료에 효과적이다.
- 체계적 둔감법은 심리적 불안과 신체적 이완은 병존할 수 없다는 것을 전제로 하는 상호억제의 원리를 이용하는 기법으로, 이미 조건형성된 부적응적 반응을 해체시키는 새로운 조건형성이 이루어진다는 점에서 탈조건형성이라고 불리기도 한다.
- 시행 과정은 '근육이완 → 불안위계목록 작성 → 체계적 둔감법의 시행'으로, 둔감화의 과정은 내담자가 눈을 감고 이완된 상태에서 불안이 없는 중립적인 장면을 상상하도록 한 후 불안위계표에 따라 가장 낮은 수준의 불안 유발 장면으로부터 높은 수준의 불안 유발 장면까지 점진적으로 진행한다.
- 이때 내담자가 불안을 경험하고 있다는 신호를 보내면 중단하고 다시 이완을 반복하면서 내담자가 가장 높은 수준의 불안을 나타낸 장면에서도 이완된 상태를 지속적으로 유지할 수 있도록 하는 것이다.

066 내담자의 말과 행동에서 표현된 기본적인 감정, 생각 및 태도를 상담자가 다른 참신한 말로 부연해주는 것은?

① 명료화   ② 반영

③ 직면   ④ 해석

정답 | ②

해설 | ① 명료화 : 내담자의 말 중에서 모호한 점이나 모순된 점이 발견될 때, 이를 명확히 이해하고 넘어가기 위해 다시 그 점을 상담자 또는 면접자가 질문함으로써 내담자로 하여금 그 의미를 명백하게 하는 기술이다.

③ 직면 : 내담자의 말이나 행동이 일치하지 않은 경우 또는 내담자의 말에 모순점이 있는 경우 상담자가 그것을 지적해 주는 것이다.

④ 해석 : 상담자가 내담자의 자유연상·정신작용 중 명확하지 않은 부분에 대해 추리하여 이를 내담자에게 설명하는 것이다.

067 행동평가 방법에 관한 설명으로 틀린 것은?

① 자연관찰은 참여자가 아닌 관찰자가 환경 내에서 일어나는 참여자의 행동을 관찰하고 기록하는 방법이다.

② 유사관찰은 제한이 없는 환경에서 관찰하는 방법이다.

③ 자기관찰은 자신이 개인과 환경 간의 상호작용에 관한 자료를 수집하도록 한다.

④ 참여관찰은 관찰하고자 하는 개인이 자연스러운 환경에 관여하면서 기록하는 방식이다.

정답 | ②
해설 | 행동평가의 대표적인 방법
- 자연관찰법 : 관찰자가 환경 내에서 일어나는 내담자의 문제행동, 증상을 실생활에서 직접 관찰, 평가하는 방법
- 유사관찰법 : 관찰의 효율성을 높이기 위해 실생활에서가 아닌 면담실, 실험실에서 문제행동을 관찰, 문제행동이 일어나는 상황을 유도하여 이를 관찰하는 방법
- 참여관찰법 : 실생활에서 내담자와 함께 생활하는 사람으로 하여금 행동평가를 대행하도록 하는 방법으로, 내담자의 대인관계양식을 볼 수 있는 방법
- 자기관찰법 : 자신의 행동에 대해 스스로 관찰, 보고하도록 하는 평가방법

068 임상심리학자는 내담자와 이중관계를 갖지 말아야 한다. 이와 가장 관련이 깊은 윤리원칙은?

① 성실성
② 의무성
③ 유능성
④ 책임성

정답 | ①
해설 | 이중관계는 치료자와 내담자가 둘 이상의 서로 다른 관계에 개입됨으로써 나타난다. 한국임상심리학회의 심리학자 윤리강령에는 심리학자와 내담자 간의 복잡한 관계를 다중관계로 제시하고 있으며, 이를 어떤 사람과 전문적 역할관계에 있으면서 동시에 또 다른 역할관계를 가지는 것으로 규정하고 있다. 심리학자 윤리강령에서는 이러한 관계가 상대방을 착취하거나 해를 입힐 가능성이 있다고 보며, 심리학자로 하여금 다중관계가 발생할 경우 신중하게 접근할 것을 지시하고 있다. 심리학자 윤리강령에는 심리학자와 내담자 또는 다른 분야의 종사자에 대한 바람직한 인간관계가 제시되어 있으며, 특히 성실성과 인내심, 신뢰성 등이 강조되고 있다.

069 위치감각과 공간적 회전 등의 개별적인 신체 표상과 관련이 있는 대뇌 영역은?

① 전두엽
② 후두엽
③ 측두엽
④ 두정엽

정답 | ④
해설 | 두정엽
- 대뇌피질의 윗부분 중앙에 위치하며, 전체의 약 21% 정도를 차지한다.
- 일차체감각피질과 연합피질로 구성된다.
- 이해의 영역으로서 공각지각, 운동지각, 신체의 위치판단 등을 담당한다.
- 신체의 각 부위의 개별적인 신체 표상을 비롯하여 입체적·공간적 사고, 수학적 계산 및 연상기능 등을 수행한다.

070 바람직한 행동을 한 아동에게 그 아동이 평소 싫어하던 화장실 청소를 면제해 주었더니, 바람직한 행동이 증가했다면 이는 어떤 유형의 조작적 조건 형성에 해당하는가?

① 정적 강화   ② 부적 강화

③ 정적 처벌   ④ 부적 처벌

정답 | ②

해설 | • 정적 강화
  − 바람직한 반응을 높이기 위해 유쾌자극을 부여
  − 음식, 물, 예쁜 여자, 멋진 남자 등 호의적인 것을 제공하는 것
• 부적 강화
  − 바람직한 반응을 높이기 위해 불쾌자극을 제거
  − 비호의적인 것, 혐오적인 것을 제거하는 것
• 정적 처벌
  − 바람직하지 못한 반응을 감소시키기 위해 불쾌자극 부여
  − 반응자가 싫어하는 어떤 사건을 제시함으로써 앞서 나타난 반응을 감소시키는 것
• 부적 처벌
  − 바람직하지 못한 반응을 감소시키기 위해 유쾌자극 제거
  − 반응자가 좋아하는 것을 제한함으로써 바람직하지 않은 행동을 감소시키는 것

071 정신건강 자문 중 점심시간이나 기타 휴식시간 동안에 임상사례에 대해 동료들에게 자문을 요청하는 형태는?

① 비공식적인 동료집단 자문   ② 피자문자−중심 사례 자문

③ 내담자−중심 사례 자문   ④ 피자문자−중심 행정 자문

정답 | ①

해설 | • 피자문자−중심 행정 자문 : 어떤 조직 내에 소속되어 있는 피자문자가 조직의 행정이나 인사 등의 행정적인 업무에 대해 자문을 요청하는 경우
• 피자문자−중심 사례 자문 : 내담자나 환자의 임상적 문제보다는 피자문자의 관심사가 주요 요인으로 작용하는 경우
• 내담자−중심 사례 자문 : 임상가나 심리학자가 환자의 치료 및 보호에 대한 책임감을 가지고 환자의 특별한 요구를 효과적으로 충족시키기 위해 자문을 요청하는 경우

072 다음 중 자연관찰법의 특징이 아닌 것은?

① 시간과 비용이 많이 든다.

② 비밀이 보장된다.

③ 자신이 관찰된다는 것을 알았을 때 다르게 행동한다.

④ 관찰을 편파될 수 있다

정답 | ②

해설 | 자연관찰법

- 직접관찰법
- 관찰자가 내담자의 환경 내에 들어가서 내담자의 자연스러운 행동을 관찰하는 방법
- 여러 상황에 걸쳐 많은 정보를 확보하도록 함으로써 문제 행동에 대한 리스트 작성 및 기초자료 수집에 효과적이다.
- 내담자의 문제행동이 나타나는 데 시간이 오래 걸리며, 비용 면에서 비효율적이다.

073 강박장애로 치료 중인 고3 학생에게 K-WAIS-IV를 실시한 결과 다른 소검사보다 상식, 어휘문제의 점수가 유의하게 높았다. 이 검사 결과로 가정해 볼 수 있는 이 학생의 심리적 특성으로 옳은 것은?

① 높은 공간지각력

② 높은 주지화 경향

③ 주의력 저하

④ 현실검증력 손상

정답 | ②

해설 | 지능검사에서 나타나는 강박장애 반응 특징

- 전체 지능지수 110 이상
- 상식 · 어휘문제 점수가 높음(주지화)
- 이해 점수가 낮음(회의적 경향이 원인)
- 언어성 · 지능동작성 지능 : 강박적인 주지화 경향을 반영

074 심리상담 및 심리치료의 과정에서 나타나는 현상과 가장 거리가 먼 것은?

① 내담자는 상담자가 아무런 요구 없이 인간으로서의 관심만을 베푼다는 것을 경험한다.

② 상담관계에서 내담자는 처음부터 새로운 방식으로 반응하고 행동하게 된다.

③ 상담장면에서는 일반적이고 추상적인 자료보다는 그 상황에서의 실제행동을 다룬다.

④ 치료유형에 차이가 있음에도 불구하고 심리치료에는 공통요인이 작용한다.

정답 | ②

해설 | 상담의 초기단계에는 내담자의 주 호소문제에 대한 접근보다는 개방형 질문을 통해 내담자에 대한 기본정보(인구통계학적 정보, 건강정보 등), 외모, 행동, 호소문제, 현재의 주요 기능상태, 스트레스원 등의 기초적 정보를 탐색하게 된다. 또한 앞으로의 성공적인 상담 진행을 위한 라포 형성이 매우 중요한 시기이다.

075 초기 임상심리학자와 그의 활동으로 바르게 짝지어진 것은?

① Witmer – g지능 개념을 제시했다.
② Binet – Army Alpha 검사를 개발했다.
③ Spearman – 정신지체아 특수학교에서 심리학자로 활동했다.
④ Wechsler – 지능검사를 개발했다.

정답 | ④
해설 | ① Witmer : 펜실베니아대학교에 심리진료소를 개설하였다.
　　　② Binet : 비율형 아동지능검사를 개발하였다.
　　　③ Spearman : 지능의 일반요인과 특수요인을 주장하였다.

076 행동의학에서 주로 다루는 주제로 가장 적합한 것은?

① 공황발작　　　　　　　　　　② 외상 후 스트레스 장애
③ 조현병의 음성증상　　　　　　④ 만성통증 관리

정답 | ④
해설 | 행동의학
　　• 행동과학적인 접근에 의해서 의학을 파악해 나가려는 입장
　　• 건강, 질병 그리고 기타 생리적 부전과 관련된 연구, 교육, 진단, 치료의 영역을 모두 포괄하는 다학제적 학문
　　• 건강심리학은 행동의학과 건강관리의 문제 양자를 포함하는 심리학 영역
　　• 행동의학은 심신의학보다는 보다 객관적인 행동에 중점을 둠

077 다음 중 유관학습의 가장 적합한 예는?

① 욕설을 하지 않게 하기 위해 욕을 할 때마다 화장실 청소 시키기
② 손톱 물어뜯기를 줄이기 위해 손톱에 쓴 약을 바르기
③ 충격적 스트레스 사건이 떠오를 때 '그만!'이라는 구호 외치기
④ 뱀에 대한 공포가 있는 사람에게 뱀을 만지는 사람의 영상 보여주기

정답 | ①
해설 | 자기–지시(Self–Instruction)
　　• 유관성은 서로 관계없는 자극과 반응을 학습을 통해 관계있는 것으로 만들어주는 것이다.
　　• 모방학습
　　• 정적처벌

078 환자가 처방한 대로 약을 잘 복용하고, 의사의 치료적 권고를 준수하게 하기 위한 가장 적절한 방법은?

① 치료사가 약의 효과 등에 대해 친절히고 상세히게 설명한다.

② 의사가 권위적이고 단호하게 지시한다.

③ 모든 책임을 환자에게 위임한다.

④ 준수하지 않을 때 불이익을 준다

정답 | ①

해설 | 처방약 복용, 치료적 권고 준수 등에 있어서도 상담관계에서 이루어지는 라포형성의 원리가 활용된다. 환자와의 라포형성은 환자의 치료동기를 높이는 데 일조할 수 있다.

병원장면에서 라포형성
- 환자의 생각 · 감정을 이해하고 적절한 반응 보여주기
- 병 혹은 몸 상태에 대하여 자세한 설명제공
- 환자와 상의하여 치료방침 결정
- 앞으로의 진료에 대한 상세한 안내

079 환자와의 초기 면접에서 면접자가 주로 탐색하는 정보의 내용이 아닌 것은?

① 환자의 증상과 주 호소, 도움을 요청하게 된 이유

② 최근 환자의 적응기제를 혼란시킨 스트레스 사건의 유무

③ 면접 과정에서 드러난 고통스런 경험에 대한 이해와 심리적 격려

④ 기질적 장애의 가능성 및 의학적 자문의 필요성에 대한 탐색

정답 | ③

해설 | 초기 면접에서 탐색할 정보
- 신상정보 : 환자의 이름, 성별, 연령, 거주지, 연락처, 결혼 여부, 직업 등
- 의뢰 사유와 주 호소문제: 현시점에서 도움을 받고자 하는 이유 및 문제의 진술
- 현재 병력, 과거 병력
- 가족력 : 부모, 조부모 등 의미 있는 관계들의 정보와 내담자와의 관계 등
- 심리검사 결과 : 실시된 심리검사 종류, 검사 내용 및 결과
- 의학적인 결과 : 전반적인 의학적 검사 결과
- 평가 및 권고 사항 : 의심되는 진단명, 치료 계획 및 권고사항

080 심리평가 도구 중 최초 개발된 이후에 검사의 재료가 변경된 적이 없는 것은?

① Wechsler 지능검사

② MMPI 다면적 인성검사

③ Bender – Gestalt 검사

④ Rorschach 검사

정답 | ④

해설 | Rorschach 검사는 1921년 스위스의 정신과 의사인 H. Rorschach가 만든 것으로 이 검사의 재료는 데칼코마니 양식에 의한 대칭형의 잉크 얼룩으로 이루어진 무채색 카드 5장, 부분 유채색 카드 2장, 전체 유채색 카드 3장으로 이루어진 총 10장의 카드로 구성된다.

081 벡(A. Beck)이 제시한 인지적 오류와 그 내용이 옳은 것을 모두 고른 것은?

> ㄱ. 개인화 : 내담자가 두 번째 회기에 오지 않을 경우, 첫 회기에서 내가 뭘 잘못했기 때문이라고 강하게 믿는 것
> ㄴ. 임의적 추론 : 남자 친구가 바쁜 일로 연락을 못하면 나를 멀리하려 한다고 결론 내리고 이별을 준비하는 것
> ㄷ. 과잉일반화 : 한두 번의 실연당한 경험으로 누구로부터 항상 실연을 당할 것이라고 생각하는 것

① ㄱ, ㄴ

② ㄱ, ㄷ

③ ㄴ, ㄷ

④ ㄱ, ㄴ, ㄷ

정답 | ④

해설 | 벡(Beck)의 인지적 오류
- 개인화 : 자신과 관련시킬 근거가 없는 외부사건을 자신과 관련시키는 성향으로서, 실제로는 다른 것 때문에 생긴 일에 대해 자신이 원인이고 자신이 책임져야 할 것으로 받아들인다. **예** 자신이 시험을 망쳤기 때문에 여자친구와 헤어졌다고 판단하는 경우
- 임의적 추론 : 어떤 결론을 지지하는 증거가 없거나 그 증거가 결론에 위배됨에도 불구하고 그와 같은 결론을 내린다. **예** 자신의 메시지에 답변이 없다고 하여 상대방이 의도적으로 회피라는 것이라고 판단하는 경우
- 과잉일반화 : 한두 가지의 고립된 사건에 근거해서 일반적인 결론을 내리고 그것을 서로 관계없는 상황에 적용한다. **예** 평소 자신을 도와주던 친구가 어느 때 한 번 자신을 도와주지 않았다고 하여 자신과의 친분관계를 끊은 것이라고 결론내리는 경우

082 청소년 지위비행에 해당하는 것은?

① 음주

② 금품 갈취

③ 도벽

④ 인터넷 중독

정답 | ①

해설 | 청소년 지위비행은 일반적으로 '성인에게는 허용되나 청소년에게는 허용되지 못하는 비행'을 의미한다. 성인이 했을 경우 심각한 문제 행동으로 보이지 않으나 청소년이 했을 경우 심각하다고 판단되는 행동이 지위비행에 해당한다. 지위비행은 청소년 시기를 강조하여 그 시기에 제한될 필요가 있는 행동을 의미한다.

083 다음 ( )안에 들어갈 내용을 옳게 나열한 것은?

> 하렌(Harren)은 의사결정과정으로 인식, 계획, 확신, 이행의 네 단계를 제안하고, 이 과정에 영향을 미친 주요
> 요인으로 (ㄱ)과 (ㄴ)을(를) 제시하였다.

① ㄱ : 자아개념, ㄴ : 의사결정유형 　　② ㄱ : 자아손중감, ㄴ : 정서적 사각

③ ㄱ : 자아효능감, ㄴ : 진로성숙도 　　④ ㄱ : 정서조절, ㄴ : 흥미유형

정답 | ①
해설 | 하렌(Harren)의 진료의사결정유형이론
- 일반적으로 진로의사결정이란 '개인이 정보를 조직하고 여러 가지 대안들을 신중하게 검토하여, 진로선택을 위한 행동과정에서 전념하는 심리적인 과정'으로 정의된다. 진로의사결정유형이란 어떤 개인이 결정을 내릴 때 선호하는 접근방식을 일컫는 것으로, 하렌은 의사결정이 필요한 과제를 인식하고 그에 반응하는 개인의 특징적 유형, 개인이 의사결정을 내리는 방식이라 정의하였다.
- 하렌은 의사결정과정에 영향을 미치는 의사결정자의 개인적인 특징으로 자아개념과 의사결정유형을 제안하였다. 직업적 자아개념은 개인이 그 자신에게 귀인시키는 직업적으로 관련된 태도와 특성을 의미하며 정체감과 자아 존중감으로 나누어진다. 의사결정유형은 개인이 의사결정과제를 지각하고 그에 반응하는 특징적인 방식을 말하며 합리적 유형, 직관적 유형, 의존적 유형으로 나누어진다.

084 단기상담에 적합한 내담자와 가장 거리가 먼 것은?
① 위급한 상황에 있는 군인
② 중요 인물과의 상실을 경험한 자
③ 급성적으로 발생한 문제로 고통받는 내담자
④ 상담에 대한 동기가 낮은 내담자

정답 | ④
해설 | 단기상담에 적합한 내담자
- 내담자가 비교적 건강하며 그 문제가 심각하지 않은 경우
- 내담자가 자신의 경미한 문제에 대한 명확한 인식을 원하는 경우
- 내담자가 임신, 출산 등 발달과정상의 문제를 경험하는 경우
- 내담자가 중요 인물의 상실에 대한 생활상의 적응을 필요로 하는 경우
- 내담자가 급성적 상황으로 인해 정서적인 어려움을 겪는 경우

085 개인의 일상적 경험구조, 특히 소속된 분야에서 특별하다고 간주되던 사람들의 일상적 경험구조를 상세하게 연구하고자 하는 목적에서 생겨난 심리상담의 핵심적인 전제조건에 해당하는 것은?

① 매순간 새로운 자아가 출현하고 새로운 경험을 할 때마다 우리는 새로운 위치에 있게 된다.

② 어린 시절의 창조적 적응은 습관적으로 알아차림을 방해한다.

③ 내담자로 하여금 문제를 해결하는 것뿐만 아니라 그 문제를 유지시키는 것보다 근본적인 기술을 변화시키도록 돕는 것이 중요하다.

④ 개인은 마음, 몸, 영혼으로 이루어진 체계이며, 삶과 마음은 체계적 과정이다.

정답 | ④

해설 | • NLP(Neuro Linguistic Programming) 상담기법
  - 각 분야에서 특별하다고 간주되던 사람들의 일상적 경험구조 상세연구가 목적
  - 인간성취 · 우수성 개발을 위해 다학제간 참여한 심리공학적 성취기술
  - 인간 경험을 구조적 측면에서 총체적, 통합적으로 다루기 위해 만들어짐
• NLP의 전제 5가지
  - 전제 1 : 지도는 영토가 아니다.
  - 전제 2 : 삶과 마음은 체계적인 과정이다.
  - 전제 3 : 실패는 피드백이다.
  - 전제 4 : 사람은 자신에게 필요한 모든 자원을 가지고 있다.
  - 전제 5 : 모든 인간의 행동에는 긍정적인 의도가 있다.

086 다음은 어떤 상담에 관한 설명인가?

> 정상적인 성격발달이 특정 발달단계의 성공적인 문제 해결과 관련 있다고 보는 상담 접근

① 가족체계상담   ② 정신분석상담

③ 해결중심상담   ④ 인간중심상담

정답 | ②

해설 | ① 가족체계상담 : 가족체계 내 개인의 문제를 회복시켜 가족의 건강한 생활 영위를 목적으로 하는 상담
③ 해결중심상담 : 내담자의 문제 변화와 해결에 중점을 두고 치료를 시도하는 기법
④ 인간중심상담 : 인간의 잠재력과 가능성에 대한 신뢰를 바탕으로 치료하는 기법

087 심리검사결과 해석 시 주의할 사항과 가장 거리가 먼 것은?

① 검사해석의 첫 단계는 검사 매뉴얼을 알고 이해하는 것이다.

② 내담자가 받은 검사의 목적과 제한점 및 장점을 검토해 본다.

③ 결과에 대한 구체적 예언보다는 오히려 가능성의 관점에서 제시되어야 한다.

④ 검사결과로 나타난 장점이 주로 강조되어야 한다.

정답 | ④

해설 | 검사결과를 해석 및 제시할 때에는 병리적인 것과 강점, 잠재력을 함께 제시하는 것이 바람직하다.

088 주요 상담이론과 대표적 학자들의 연결이 옳지 않은 것은?

① 정신역동이론 – Freud, Jung, Kernberg

② 인본(실존)주의이론 – Rogers, Frankl, Yalom

③ 행동주의이론 – Watson, Skinner, Wolpe

④ 인지치료이론 – Ellis, Beck, Perls

정답 | ④
해설 | Perls는 게슈탈트 심리치료를 개발하고 보급하였다.

089 Satir의 의사소통 모형 중 스트레스를 다룰 때 자신의 스트레스를 무시하고 다른 사람에게 힘을 넘겨주며 모두에게 동의하는 말을 하는 것은?

① 초이성형　　　　　　　　　② 일치형

③ 산만형　　　　　　　　　　④ 회유형

정답 | ④
해설 | 회유형
  • 자신은 무시하고 타인의 비위와 의견에 맞추려 한다.
  • 자신이 안정을 유지하기 위해서는 상대방에게 "예"라고 대답해야 한다고 생각한다.
  • 다른 사람의 의견에 지나치게 비굴한 자세를 취하고, 사죄와 변명을 하는 등 지나치게 착한 행동을 보인다.

090 성 피해자 심리상담 초기단계의 유의사항으로 옳지 않은 것은?

① 치료관계 형성에 힘써야 한다.

② 상담자가 상담 내용의 주도권을 가져야 한다.

③ 성폭력 피해로 인한 합병증이 있는지 묻는다.

④ 성폭력 피해의 문제가 없다고 부정을 하면 일단 수용해준다.

정답 | ②
해설 | 성폭력 피해자 심리상담 초기단계의 유의사항
  • 상담자는 피해자인 내담자와 신뢰할 수 있는 관계를 유지함으로써 치료관계 형성에 힘써야 한다.
  • 상담자는 내담자에게 상담 내용의 주도권을 줌으로써, 내담자에게 현재 상황에서 표현할 수 있는 내용에 대해서만 이야기할 수 있도록 배려해야 한다.
  • 상담자는 내담자의 비언어적인 표현에 주의를 기울이며, 그에 대해 적절히 반응해야 한다.
  • 상담자는 내담자의 성폭력 피해로 인한 합병증 등을 파악해야 한다.
  • 상담자는 내담자가 성폭력 피해의 문제가 없다고 부인하는 경우 일단 수용하며, 언제든지 상담의 기회가 있음을 알려주어야 한다.

091 학업상담에 있어 지능에 관한 설명으로 옳지 않은 것은?

① 지능에 대한 학습자의 주관적인 인식은 학습 태도와 관련이 없다.
② 지능지수는 같은 연령대 학생들 간의 상대적 위치를 의미한다.
③ 지능검사는 스탠퍼드–비네 검사, 웩슬러검사, 카우프만 검사 등이 있다.
④ 지능점수를 통해 학생의 인지적 강점 및 약점을 파악할 수 있다.

정답 | ①
해설 | • 지능이 학업성취를 설명하는 비율은 15~36% 정도이며, 지능이 비중 이상으로 학업성취의 모든 것을 결정하는 것처럼 인식되어서는 안 되지만, 그렇다고 지능이 주는 영향력이 완전히 무시되어서도 안 된다.
• 학습상담에서 가장 보편적으로 지능을 활용하는 방안은 우선 학습자의 영역별 인지적 발달 정도를 진단하여 각 개인의 능력에 맞게 학습방안을 마련하도록 하는 것이다.
• 지능의 객관적 측정결과 못지않게 지능에 대한 학습자의 주관적 인식도 학습 태도에 많은 영향을 준다. 즉, 지능이 학습자의 노력 여부에 따라 변할 수 있다고 생각하는 관점을 가지고 있는지 혹은 지능이 고정적인 것이어서 학습자가 노력해도 변화시킬 수 없단 관점을 가지고 있는지에 따라 학습에 대한 태도가 달라질 수 있는데, 후자의 관점을 가질 때 학습자는 훨씬 더 적극적인 학습태도를 가질 수 있다.

092 상담 초기 단계에서 사용하기에 가장 적합한 기법은?

① 경청
② 자기개방
③ 피드백
④ 감정의 반영

정답 | ①
해설 | 경청
• 내담자의 이야기를 주의 깊게 귀담아 듣는 태도로 말의 내용뿐만 아니라 말하려는 의도와 심정을 주의 깊게 정성 들여 듣는 것
• 상담을 이끄는 주요 요인
• 내담자에게 생각이나 감정을 자유롭게 표현할 수 잇도록 북돋아주며, 자신의 방식으로 문제를 탐색하게 하며, 상담에 대한 책임감을 느끼게 함

093 생애기술 상담이론에서 기술언어(skills language)에 해당하는 것은?

① 내담자가 어떻게 생각하고 느끼는가를 의미하는 것이다.
② 내담자가 어떤 외현적 행동을 하는가를 의미하는 것이다.
③ 내담자 자신의 책임감 있는 삶을 의미하는 것이다.
④ 내담자의 행동을 설명하고 분석하기 위해 사용하는 것을 의미하는 것이다.

정답 | ④
해설 | 기술언어는 생애기술 장점과 단점의 관점에서 내담자 문제에 대해 생각하고 말하는 것을 말한다. 특히 내담자의 문제를 지속시키는 구체적인 사고기술과 행동기술상의 단점을 규명하고, 그것들을 상담목표로 전환하는 것을 포함한다.

094 알코올중독 가정의 성인아이(Adult Child)에 관한 특성이 아닌 것은?

① 일을 처음부터 끝까지 완수하는 데 어려움이 있다.

② 권위 있는 사람에게 친밀감을 느낀다.

③ 지속적으로 타인의 인정과 확인을 받고 싶어 한다.

④ 자신을 평가 절하한다.

정답 | ②

해설 | 알코올중독 가정의 성인아이 특성
- 무엇이 정상적인 행동인가를 추측해 본다.
- 계획했던 것을 처음부터 끝까지 하는 데 어려움을 겪는다.
- 쉽게 진실을 말할 수 있을 때도 거짓말을 한다.
- 자신을 형편없는 사람으로 재단한다(자존감이 없다).
- 재미있는 시간을 보내는 데 어려움을 겪는다.
- 자신을 너무 심각하게 다룬다.
- 친밀한 관계를 맺기 어렵다.
- 자신이 통제할 수 없는 변화에 대해 과민하게 반응한다.
- 끊임없이 인정받고 지지받고 싶어 한다.
- 늘 다른 사람들과 다르다고 생각한다.
- 지나치게 책임지려 하거나 지나치게 무책임하다.
- 충성심이 별로라는 증거에도 불구하고 지나치게 충성한다.
- 충동적이다.

095 병적 도박에 관한 설명으로 틀린 것은?

① 대개 돈의 액수가 커질수록 더 흥분감을 느끼며, 흥분감을 느끼기 위해 액수를 더 늘린다.

② 도박행동을 그만두거나 줄이려고 시도할 때 안절부절못하거나 신경이 과민해진다.

③ 병적 도박은 DSM-5에서 반사회성 성격장애로 분류된다.

④ 병적 도박은 전형적으로 남자는 초기 청소년기에, 여자는 인생의 후기에 시작되는 경우가 많다.

정답 | ③

해설 | DSM-Ⅳ의 분류기준에 따른 '병적 도박'은 DSM-5에서 '도박장애'로 명칭이 변경되어 '물질-관련 및 중독장애'의 하위분류인 '비물질-관련 장애'에 포함되었다.

096 집단상담에서 침묵 상황에 대한 효과적 개입으로 틀린 것은?

① 회기 초기에 오랜 침묵을 허용하는 것은 지도력 발휘가 안 된 것이다.

② 생산적으로 여겨지는 침묵 상황에서 말하려는 집단원에게 기다리라고 제지할 수 있다.

③ 말하고 싶으나 기회를 잡지 못하는 집단원에게 말할 기회를 준다.

④ 대리학습이나 경험이 되므로 침묵하는 집단원이 집단 내내 말하지 않더라도 그대로 놔둔다.

정답 | ④

해설 | 집단상담에서 침묵 개입

- 침묵 이면에 숨겨진 의미를 탐색할 수 있도록 촉진
- 상담자가 침묵 행동을 조장할 수도 있으며 상담자 자신을 탐색
- 다른 집단원이 침묵하는 집단원에 대해 비난, 공격적인 태도를 취하지 않도록 개입
- 회기에 대한 준비 부족으로 인해 나타나는 침묵일 경우 적극 개입하여 집단활동하도록 유도
- 침묵할 때에 상담자는 수용적인 태도를 보여줌

097 자살로 인해 가까운 사람을 잃은 자살생존자에 관한 설명으로 틀린 것은?

① 분노는 자살생존자가 겪는 흔한 감정 중 하나이다.

② 자살생존자는 스스로를 비난하기 때문에 고통받는다.

③ 자살생존자에게 상실에 대한 경험을 이야기하게 하는 것은 과거의 상황을 재경험하게 하므로 피하는 것이 좋다.

④ 자살생존자는 종종 자살에 관한 사회문화적 낙인에 대처하는 데 부담감을 느끼게 된다.

정답 | ③

해설 | 자살생존자의 상실의 경험은 무작정 피하는 것이 아니라 내담자가 요구할 때에 접근하는 것이 좋다.

098 인간중심상담 이론에 관한 설명으로 틀린 것은?

① 가치의 조건화는 주요 타자로부터 긍정적 존중을 받기 위해 그들이 원하는 가치와 기준을 내면화하는 것이다.

② 자아는 성격의 조화와 통합을 위해 노력하는 원형이다.

③ 현재 경험이 자기개념과 불일치할 때 불안을 경험하게 된다.

④ 실현화 경향성은 자기를 보전, 유지하고 향상시키고자 하는 선천적 성향이다.

정답 | ②

해설 | 인간중심상담

- 상담의 인간중심적 접근방법은 1940년대 초 미국의 심리학자 로저스에 의해 창안된 것으로, 내담자중심원리가 집단과정에 적용, 발전된 것이다.
- 인간의 본능적인 욕구를 강조하면서 지시적·분석적인 방법을 동원한 정신분석적 접근이나, 인간의 행동을 단순히 자극에 대한 반응으로 간주한 행동주의적 접근에 반발하여 인본주의를 기반으로 하는 비지시적인 접근방법을 강조한다.
- 인간은 자아와 현실 간 불일치가 이루어지거나 자아에 내한 자각이 이상적 자아와 일치되지 않을 경우 부적응을 나타낸다.

- 인간은 자기성장을 실현할 수 있는 능력, 자신의 잠재력을 실현할 수 있는 능력을 가지며, 자기실현의 동기를 타고났다.
- 인간중심상담에서는 상담 및 심리치료의 과정에 대한 일차적 책임을 내담자에게 둔다.
- 상담자는 내담자가 가지고 있는 문제해결능력과 잠재력, 자기성장능력 등을 활용하도록 유도함으로써 비지시적인 분위기에서 내담자 스스로 성장할 수 있도록 최적의 환경을 제공하는 역할을 한다.
- 인간중심상담의 집단적 접근에는 어떠한 특수한 목적이나 집단활동을 위한 사전진행계획도 없으며, 집단상담자는 해당 집단이 자체의 활동방향을 발견시킬 수 있도록, 안내자, 촉진자의 역할을 수행한다.

099 행동주의 상담의 한계에 관한 설명으로 틀린 것은?

① 상담 과정에서 감정과 정서의 역할을 강조하지 않는다.
② 내담자의 문제에 대한 통찰이나 심오한 이해가 불가능하다.
③ 고차원적 기능과 창조성, 자율성을 무시한다.
④ 상담자와 내담자의 관계를 중시하여 기술을 지나치게 강조한다.

정답 | ④
해설 | 행동주의 상담의 한계점
- 상담 과정에서 감정과 정서의 역할을 강조하지 않고 문제 해결이나 상황의 처치만을 지나치게 강조한다.
- 내담자의 말을 충분히 듣지 못한다.
- 사소한 것을 중요하게 취급하는 경향이 있다.
- 내담자의 문제에 대한 통찰이나 심오한 이해가 불가능하다.
- 부적응 행동의 역사적 근원이 무시되어, 문제 행동이 곧 다른 형태로 나타날 수 있다.
- 좁은 범위의 행동에만 적용 가능하다.
- 고차원적 기능과 창조성, 자율성이 무시된다.
- 행동수정은 실제로 효과가 없는 일시적 변화일 수 있다.
- 이론이 동물을 대상으로 한 연구에서 나왔기에 인간에게는 적절하지 않을 수 있다.
- 자기실현 측면에서는 부적합하다.

100 키츠너(Kitchener)가 제시한 상담의 기본적 윤리원칙 중 상담자가 내담자와 맺은 약속을 잘 지키며 믿음과 신뢰를 주는 행동을 하는 것은?

① 자율성(autonomy)
② 무해성(nonmaleficence)
③ 충실성(fidelity)
④ 공정성(justice)

정답 | ③
해설 | 키츠너(Kitchener)의 윤리적 상담을 위한 5가지 원칙
- 자율성 존중 : 내담자는 자신의 행동을 스스로 결정하고 처리할 수 있는 자율적인 존재이다.
- 무해성 : 상담자는 다른 사람에게 손해를 주거나 해를 입히거나 위험에 빠뜨리지 않아야 한다.
- 충실성 : 상담자는 내담자를 돕는 일에 열정을 가지고 충실하게 임해야 하며, 약속을 잘 지켜야 한다.
- 공정성 : 상담자는 인종, 성별, 종교 등의 이유로 내담자를 차별하지 말아야 한다.
- 선의 : 상담자는 다른 사람에게 선행을 베풀겠다는 의도를 가지고 행동해야 한다.

CHAPTER 05 | **2022년 3회 기출문제**
(2022년 7월 2~22일 시행)

제1과목　**심리학개론**

001 로저스(Rogers)의 성격이론에서 심리적 적응에 가장 중요한 역할을 한다고 가정하는 것은?

① 자기(self)
② 자아강도(ego strength)
③ 자아이상(ego ideal)
④ 인식(awareness)

정답 | ①
해설 | 로저스는 자기(Self)가 조직화되고 일관된 게슈탈트로 상황이 변함에 따라 끊임없이 형성되는 과정에 있다고 주장하였다.

002 척도상의 대표적 수치로 평균, 중앙치, 최빈치를 나타내는 말은?

① 빈도분포값
② 추리통계값
③ 집중경향값
④ 변산측정값

정답 | ③
해설 | 집중경향치란 한 집단을 구성하고 있는 학생들의 특성을 측정하여 이를 점수화했을 때 이 집단의 점수분포를 하나의 값으로 요약, 기술해주는 것이다.

003 성격의 결정요인에 관한 설명으로 틀린 것은?

① 유전적 영향에 대한 증거는 쌍생아 연구에 근거하고 있다.
② 성격은 유전적 요인과 환경적 요인의 상호작용에 의하여 결정된다.
③ 환경적 요인이 성격에 영향을 주는 방식은 학습이론의 맥락에서 이해할 수 있다.
④ 초기 성격이론가들은 환경적 요인을 강조하여 체형과 기질을 토대로 성격을 분류하였다.

정답 | ④
해설 | 초기 성격이론가들은 인간의 성격을 개인의 심리적 요인과 생애 초기 발달경험에 초점을 맞추어 설명하였다.

004 특정 검사에 대한 반복 노출로 인해 발생하는 연습효과를 줄이기 위해 이 검사와 비슷한 것을 재는 다른 검사를 이용하여 측정하는 검사의 신뢰도는?

① 반분 신뢰도
② 동형검사 신뢰도
③ 검사 – 재검사 신뢰도
④ 채점자간 신뢰도

정답 | ②
해설 | 문항 내용은 다르지만 측정 내용, 문항 수, 문항 형식 등이 같도록 만든 두 개의 동형검사를 동일한 대상에게 연속적으로 실시했을 때 두 개의 검사에서 받은 점수가 일치되는 정도를 의미한다.

005 혼자 있을 때보다 옆에 누가 있을 때 과제의 수행이 더 우수한 것을 일컫는 현상은?

① 몰개성화
② 군중 행동
③ 사회적 촉진
④ 동조 행동

정답 | ③
해설 | 사회적 촉진은 다른 사람의 존재가 작업에 대한 사람의 성과를 향상시키는 경향을 말한다.

006 다음에서 설명하는 학습원리는?

단순 공포증이 유사한 대상에게 확대되는 현상

① 소거
② 자발적 회복
③ 자극 일반화
④ 변별조건형성

정답 | ③
해설 | 자극 일반화는 조건자극과 유사한 다른 자극에 동일한 조건반응이 나타나는 것을 말한다. 바로 '자라 보고 놀란 가슴, 솥뚜껑 보고 놀란다'라는 우리 속담이 가지고 있는 의미와 같다.

007 학습에 대한 설명으로 옳지 않은 것은?

① 고전적 조건형성에서 학습되는 것은 조건자극(CS)과 무조건자극(USC)의 연합이다.
② 파블로프는 시간적 근접성을 연합의 필요조건이라고 주장했다.
③ 행동주의 심리학자들은 대부분의 동물들의 학습에는 행동이라는 반응수행이 필수적이라고 주장한다.
④ 쥐가 부적 자극이 올 것이라는 신호를 알고 미리 피하는 것을 도피학습이라고 한다.

정답 | ④
해설 | 도피학습은 혐오자극을 감소시키거나 제거하는 반응을 획득하는 것을 의미한다.

008 다음에서 설명하는 관점은?

성격이란 삶과 죽음이 교차하는 현실 속에서 그 사람이 내리는 선택과 결정에 의해 좌우되는 것

① 실존주의적 관점
② 정신분석적 관점
③ 인본주의적 관점
④ 현상학적 관점

정답 | ①
해설 | 실존주의적 관점은 성격이란 자신의 삶과 죽음이 관건이 되는 현실 속에서 각 개인이 내리는 선택과 결정에 의해 만들어지는 것이라고 보는 관점이다.

009 표본조사에 대한 설명으로 옳지 않은 것은?

① 표본추출에서 표본의 크기가 작을수록 표집오차도 줄어든다.
② 연구자가 모집단의 모든 성원을 조사할 수 없을 때 표본을 추출한다.
③ 모집단의 특성을 일반화하기 위해서는 표본이 모집단의 부분집합이어야 한다.
④ 표본의 특성을 모집단에 일반화하기 위해서 무선표집을 사용한다.

정답 | ①
해설 | 표본의 크기가 클수록 표집오차는 작아진다.

010 프로이트(Freud)의 세 가지 성격 구성요소 중 현실원리를 따르는 것은?

① 원초아(id)
② 자아(ego)
③ 초자아(superego)
④ 원초아(id)와 자아(ego)

정답 | ②
해설 | 자아는 내면적인 동기나 감정을 인식하고 그것을 조절·통제하는 역할을 한다.

011 성격과 환경 간의 상호작용 중 개인이 자신의 환경을 선택하고 구성해 나가는 과정을 강조하는 것은?

① 유도적 상호작용
② 반응적 상호작용
③ 주도적 상호작용
④ 조건적 상호작용

정답 | ①
해설 | 유도적 상호작용은 개인이 주도적으로 선택하고 구성해 나갈 수 있도록 돕는다.

012 현상학적 이론에 대한 설명으로 틀린 것은?

① 인간을 성취를 추구하는 존재로 파악한다.

② 인간을 타고난 욕구에 끌려 다니는 존재로 간주한다.

③ 현재 개인이 경험하고, 느끼고, 행동하는 것이 중요하며, 개인의 진정한 모습을 이해하는 것도 이를 통해 가능하다고 본다

④ 인간을 자신의 환경에 굴복하지 않고 오히려 환경을 통제하고 조정할 수 있는 적극적인 힘을 갖고 있는 존재로 파악한다.

정답 | ②

해설 | 현상학적 이론은 인간을 기본적으로 자유로운 존재로 인식하며, 자발적·합리적이며 건설적이고 미래지향적인 존재로 간주한다.

013 검사에 포함된 각 질문 또는 문항들이 동일한 것을 측정하는 정도를 나타내는 것은?

① 내적일치도　　　　　　　　　　② 경험타당도

③ 구성타당도　　　　　　　　　　④ 준거타당도

정답 | ①

해설 | 동일한 개념을 나타내는 서로 다른 특성들을 측정하는 문항들이 같은 내용을 얼마나 잘 측정하는가에 대한 지표이다.

014 일반적으로 사용되는 분포의 집중경향치로 옳게 짝지어진 것은?

① 평균값 – 백분위　　　　　　　　② 평균값 – 중앙값

③ 백분위 – 상관계수　　　　　　　④ 중앙값 – 상관계수

정답 | ②

해설 | 일반적으로 사용되는 분포의 집중경향치는 평균값과 중앙값이다.

015 다음에서 설명하는 방어기제는?

> 고통스러운 상황을 추상적이고 지적인 용어로 대처함으로써 그 상황으로부터 멀어지려고 하는 것

① 주지화　　　　　　　　　　　　② 합리화

③ 투사　　　　　　　　　　　　　④ 반동형성

정답 | ①

해설 | 주지화란 감정으로부터 자신을 분리시키고, 이성적이고 지적인 분석을 통해 문제에 대처하고자 하는 방어기제를 의미한다.

016 강화계획에 관한 설명으로 틀린 것은?

① 고정비율 계획에서는 매 n번의 반응마다 강화인이 주어진다.

② 변동비율 계획에서는 평균적으로 n번의 반응마다 강화인이 주어진다.

③ 고정간격 계획에서는 정해진 시간이 지난 후의 첫 번째 반응에 강화인이 주어지고, 강화인이 주어진 시점에서 다시 일정한 시간이 지난 후의 첫 번째 반응에 강화인이 주어진다.

④ 변동비율과 변동간격 계획에서는 강화를 받은 후 일시적으로 반응이 중단되는 특성이 있다.

정답 | ④

해설 | 변동비율과 변동간격은 시간 간격이나 수행 횟수를 예측할 수 없도록 설정하므로, 반응이 중단되지 않는다.

017 기억에 관한 설명으로 옳지 않은 것은?

① 기억의 세 단계는 부호화, 저장, 인출이다.

② 부호화와 인출을 증진시키는 한 가지 방법은 심상을 사용하는 것이다.

③ 외현기억은 의식적이며 암묵기억은 무의식적이다.

④ 감각기억은 매우 큰 용량을 가지고 있어 쉽게 소멸되지 않는다.

정답 | ④

해설 | 감각기억은 오감에 의해서 받아들여진 자극에 대해서 매우 짧은 시간 동안 저장하는 기억을 의미한다.

018 방어기제와 그 예로 옳지 않은 것은?

① 동일시 : 괴롭힘을 당한 아이가 다른 아이들을 괴롭히는 사람이 되는 경우

② 합리화 : 자기 자신이 부정직하다고 생각하기 때문에 다른 사람도 역시 부정직하다고 판단하는 경우

③ 승화 : 분노를 축구나 럭비 또는 신체접촉이 이루어지는 스포츠를 함으로써 해소하는 경우

④ 대치 : 방문을 세게 쾅 닫으며 화를 내게 만든 사람이 아닌 다른 사람에게 소리 지르는 경우

정답 | ④

해설 | 대치는 심리적으로 받아들일 수 없는 대상을 그와 비슷한 또는 심리적으로 받아들일 수 있는, 다른 대상으로 옮기는 것을 말한다. 예를 들면 꿩 대신 닭이 이에 해당한다.

019 척도와 그 예가 올바르게 짝지어진 것은?

① 명명척도 : 운동선수 등번호

② 서열척도 : 온도계로 측정한 온도

③ 비율척도 : 지능검사로 측정한 지능지수

④ 등간척도 : 성적에서의 학급석차

정답 | ①

해설 | 명명척도는 값의 크고 작음에 대한 구분이 없으며, 배열한 순서가 어떠한 차이를 설명해주지 않는다.

020 실험장면에서 실험자가 조작하는 처치변인은?

① 독립변인
② 종속변인
③ 매개변인
④ 조절변인

정답 | ①
해설 | 독립변인이란 실험자가 임의로 설정하여 조작을 가하는 변인으로, 관계상 영향을 주는 요인을 말한다.

제2과목　이상심리학

021 DSM-5에 제시된 신경인지장애의 병인에 해당하지 않는 것은?

① 알츠하이머병
② 레트증후군
③ 루이소체
④ 파킨슨병

정답 | ②
해설 | 레트증후군은 신경발달장애에 해당한다.

022 알츠하이머병으로 인한 신경인지장애와 주요우울장애의 증상 구분에 관한 설명으로 옳은 것은?

① 알츠하이머병으로 인한 신경인지장애는 기억 손실을 감추려는 시도를 하는 데 반해 주요우울장애에서는 기억 손실을 불평한다.
② 알츠하이머병으로 인한 신경인지장애는 자기의 무능이나 손상을 과장하는 데 반해 주요우울장애에서는 숨기려 한다.
③ 주요우울장애보다 알츠하이머병으로 인한 신경인지장애에서 알코올 등의 약물남용이 많다.
④ 주요우울장애에서는 증상의 진행이 고른 데 반해 알츠하이머병으로 인한 신경인지장애에서는 몇 주 안에도 진행이 고르지 못하다.

정답 | ①
해설 | ③ 주요우울장애에서의 상관성이 더 많다.
　　　④ 알츠하이머병은 서서히 8~10년 정도 진행된다.

023 자폐스펙트럼장애에 관한 설명으로 옳은 것은?

① 언어기술과 전반적 지적 수준이 예후와 가장 밀접한 관계가 있다.

② 남아보다 여아에게서 4~5배 더 많이 발병한다.

③ 유병률은 인구 1천 명당 2~5명으로 보고되고 있다.

④ 사회적 상호작용을 위해 여러 가지 비언어적 행동을 사용한다.

정답 | ①

해설 | 자폐스펙트럼장애는 초기 아동기부터 상호 교환적인 사회적 의사소통과 상호작용에 지속적인 손상을 보이는 신경발달장애의 한 범주이다.

024 알코올 사용 장애에 관한 설명으로 옳지 않은 것은?

① 유병률은 인종 간 차이가 없다.

② 알코올 중독의 첫 삽화는 10대 중반에 일어나기 쉽다.

③ 금단, 내성, 그리고 갈망감이 포함된 행동과 신체 증상들의 집합체로 정의된다.

④ 성인 남자가 성인 여자보다 유병률이 높다.

정답 | ②

해설 | 알코올 중독의 첫 삽화는 50대 중반~60대 중반에 가장 많이 일어난다. 알코올 사용 장애는 지속적인 과도한 음주로 인하여 심리, 대인관계 및 신체상의 문제를 야기하며 정신과적 치료를 필요로 하는 질환이다.

025 DSM-5의 성기능부전에 해당하지 않는 것은?

① 발기장애

② 남성성욕감퇴장애

③ 조루증

④ 성정체감장애

정답 | ④

해설 | 성기능부전은 지루증 또는 사정지연, 발기장애, 여성절정감장애 혹은 여성극치감장애, 여성성적관심/흥분장애, 생식기-골반통증/삽입장애, 남성성욕감퇴장애, 조루증 또는 조기사정이 해당된다.

026 병적 도벽에 관한 설명으로 옳은 것은?

① 훔치는 행동이 품행장애로 더 잘 설명되는 경우에도 추가적으로 진단한다.

② 훔친 후에 고조되는 긴장감을 경험한다.

③ 훔치기 전에 기쁨, 충족감, 안도감을 느낀다.

④ 개인적으로 쓸모가 없거나 금전적으로 가치가 없는 물건을 훔치려는 충동을 저지하는 데 반복적으로 실패한다.

정답 | ④

해설 | 병적 도벽은 개인적으로 필요하지도 않고 금전적인 목적이 없음에도 물건을 훔치고 싶은 충동을 억제하지 못하여 물건을 훔치는 행위를 반복하는 질환이다.

027 자기애성 성격장애에 대한 설명으로 틀린 것은?

① 과도한 숭배를 원한다.
② 대인관계에서 착취적이다.
③ 자신의 방식에 따르지 않으면 일을 맡기지 않는다.
④ 자신이 중요성에 대해 과대한 느낌을 가진다.

정답 | ③
해설 | 강박성 성격장애의 경우 자신의 방식에 따르지 않으면 일을 맡기지 않는다.

028 DSM-5의 조현병 진단기준에 해당하지 않는 것은?

① 장애가 물질의 생리적 효과나 다른 의학적 상태로 인한 것이 아니다.
② 직업, 대인관계 등 주요한 생활영역에서의 기능 수준이 발병 전보다 현저하게 저하된다.
③ 장애의 지속적 징후가 적어도 3개월 이상 계속된다.
④ 망상이나 환각 등의 특징적 증상들이 2개 이상 1개월의 기간 동안 상당 시간에 존재한다.

정답 | ③
해설 | 조현병은 두 가지 이상의 특징적으로 나타나는 증상(망상, 환각, 와해된 언어, 와해된 행동, 음성 증상)이 6개월 이상 지속될 경우에 진단한다.

029 반사회성 성격장애와 가장 관련이 없는 것은?

① 붕괴된 자아와 강한 도덕성 발달
② 역기능적 양육환경
③ 품행장애의 과거력
④ 신경전달물질인 세로토닌(Serotonin)의 부족

정답 | ①
해설 | 붕괴된 자아와 강한 도덕성 발달은 반사회성 성격장애와 무관하다.

030 스트레스 호르몬이라고 불리는 코티솔(cortisol)이 분비되는 곳은?

① 부신   ② 변연계
③ 해마   ④ 대뇌피질

정답 | ①
해설 | 코티솔은 부신피질에서 분비되는 스테로이드 호르몬이며, 당질코르티코이드계의 호르몬으로 탄수화물의 대사과정을 주로 조절한다.

031 다음에서 설명하는 성격장애는?

스스로 독립적인 생활을 하지 못하고 다른 사람에게 과도하게 의존하거나 보호받으려는 행동

① 자기애성 성격장애
② 분열성 성격장애
③ 히스테리성 성격장애
④ 의존성 성격장애

정답 | ④
해설 | 의존성 성격장애란 주변 사람들로부터 보호받고자 하는 욕구가 지나쳐 자신의 의존 욕구를 만족시키기 위해 주변 사람들에게 끊임없이 매달리고 의존 욕구가 거절될까 봐 무서워 다른 사람이 무리한 요구를 해도 순종적으로 응하는 인격장애를 말한다.

032 공황장애의 특징에 해당하는 것을 모두 고른 것은?

ㄱ. 메스꺼움 또는 복부 불편감
ㄴ. 몸이 떨리고 땀 흘림
ㄷ. 호흡이 가빠지고 숨이 막힐 것 같은 느낌
ㄹ. 다른 사람이 자신을 이용하거나 피해를 입힌다고 생각

① ㄱ, ㄴ
② ㄷ, ㄹ
③ ㄴ, ㄷ, ㄹ
④ ㄱ, ㄴ, ㄷ

정답 | ④
해설 | 공황장애의 증상으로는 몸이 떨리거나 후들거림, 숨이 가쁘거나 답답한 느낌, 메스꺼움 또는 복부 불편감, 어지러움, 불안정감, 멍함, 쓰러질 것 같음, 이인감 혹은 비현실감, 자기 통제를 상실할 것 같음, 미칠 것 같은 두려움, 감각이 둔해지거나 따끔거림, 가슴이 심하게 두근거림 혹은 빈맥 등이 있다.

033 주요우울장애 환자가 일반적으로 나타내는 특징적 증상이 아닌 것은?

① 정신운동성 초조
② 불면 혹은 과다수면
③ 거절에 대한 두려움
④ 일상활동에서의 흥미와 즐거움의 상실

정답 | ③
해설 | 주요우울장애는 최소 2주 이상, 하루 중 대부분의 시간 동안 우울한 기분, 흥미 저하, 식욕 및 체중의 변화, 수면장애, 무가치감, 피로, 자살 사고 등이 동반될 때 진단된다.

034 해리장애에 대한 설명으로 적절하지 않은 것은?

① 해리성 둔주는 정체감과 과거를 망각할 뿐만 아니라 완전히 다른 장소로 이동한다.

② 해리 현상을 유발하는 가장 주된 방어기제는 투사로 알려져 있다.

③ 해리 현상에 영향을 주는 주된 요인으로는 학대받은 개인 경험, 고통스러운 상태로부터의 도피 등이 있다.

④ 해리성 기억상실증은 중요한 자서전적 정보를 회상하지 못하는 것으로, 해리성 둔주가 나타날 수 있다.

정답 | ②
해설 | 해리 현상을 유발하는 가장 주된 방어기제는 회피로 볼 수 있다.

035 분리불안장애에 관한 내용으로 틀린 것은?

① 학령기 아동에서는 등교 거부로 나타난다.

② 부모의 양육행동, 아동의 유전적 기질 등이 영향을 미친다.

③ 성인의 경우 증상이 3개월 이상 나타날 때 진단될 수 있다.

④ 행동치료, 놀이치료 등을 통해 호전될 수 있다.

정답 | ③
해설 | 성인의 경우 증상이 6개월 이상 나타날 때 진단될 수 있다.

036 심리적 갈등이나 스트레스로 인해 갑작스런 시력 상실이나 마비와 같은 감각 이상 또는 운동증상을 나타내는 질환은?

① 질병불안장애　　　　　　　　　　② 신체증상장애
③ 공황장애　　　　　　　　　　　　④ 전환장애

정답 | ④
해설 | 전환장애란 의학적 원인으로 설명할 수 없는 운동기능이나 감각기능에서의 결함 또는 이와 관련된 신체증상이 나타나는 것이다.

037 양극성 및 관련 장애에 관한 설명으로 옳지 않은 것은?

① 양극성 장애는 모든 연령대에서 발병 가능하다.

② DSM-5에서는 우울장애와 같은 범주로 분리되었다.

③ 조증 상태에서는 사고의 비약 등의 사고장애가 나타난다.

④ 순환성 장애는 적어도 2년 동안의 경조증 기간과 우울증 기간이 있어야 한다.

정답 | ②
해설 | DSM-5에서 양극성 및 관련 장애와 우울장애는 분리되어 있다.

038 광장공포증에 관한 설명으로 가장 적합한 것은?

① 광장공포증의 남녀 간 발병비율은 비슷한 수준이다.

② 아동기에 발병률이 가장 높다.

③ 광장공포증이 있으면 공황장애는 진단할 수 없다.

④ 공포, 불안, 회피 반응은 전형적으로 6개월 이상 지속된다.

정답 | ④

해설 | 광장공포증은 광장이나 공공장소, 특히 급히 빠져나갈 수 없는 상황에 혼자 있게 되는 것에 대한 공포를 주 증상
으로 하는 불안장애의 일종이다.

039 다음에서 설명하는 이론은?

사람이 스트레스 장면에 처하게 되면 일차적으로 불안해지고 그 장면을 통제할 수 없게 되면 우울해진다.

① 학습된 무기력 이론   ② 실존주의 이론

③ 사회문화적 이론   ④ 정신분석 이론

정답 | ①

해설 | 학습된 무기력 이론은 임상적 우울증 및 관련 정신 질환들이 벌어진 상황을 통제하지 못하는 데에서 비롯될 수
있다는 관점이다.

040 환각제에 해당하지 않는 물질은?

① 펜사이클리딘(phencyclidine)   ② 엘에스디(LSD)

③ 오피오이드(opioid)   ④ 메스칼린(mescaline)

정답 | ③

해설 | 오피오이드는 통증 조절에 사용하는 마약성 진통제이다.

041 원판 MMPI의 타당도 척도가 아닌 것은?

① F척도
② L척도
③ S척도
④ K척도

정답 | ③
해설 | 원판 MMPI의 타당도 척도는 ?, L, F, K이며, S척도는 MMPI-2에서 추가되었다.

042 심리검사자가 준수해야 할 윤리적 의무에 대한 설명으로 옳지 않은 것은?

① 심리검사 결과 해석 시 수검자의 연령에 맞게 설명해야 한다.
② 심리검사 결과가 수검자의 삶에 영향을 줄 수 있음을 인식해야 한다.
③ 컴퓨터로 진행하는 심리검사는 특별한 교육이 필요 없다.
④ 수검자에게 검사가 어떻게 사용되는지를 말해 주어야 한다.

정답 | ③
해설 | 실시방법과는 상관없이 심리검사를 진행할 때에는 수검자가 수행할 수 있도록 구체적으로 안내하여야 한다.

043 심리검사 선정 기준으로 틀린 것은?

① 신뢰도와 타당도가 높은 검사를 선정한다.
② 검사의 경제성과 실용성을 고려해 선정한다.
③ 객관적 검사와 투사적 검사의 장단점을 고려하여 선정한다.
④ 수검자의 특성과 상관없이 의뢰 목적에 맞춰 선정한다.

정답 | ④
해설 | 심리검사를 선정할 때에는 수검자의 특성과 의뢰 목적을 모두 고려하여 선정해야 한다.

044 WAIS-IV의 소검사 중 언어이해 지수 척도의 보충 소검사에 해당되는 것은?

① 공통성
② 상식
③ 어휘
④ 이해

정답 | ④
해설 | 공통성, 어휘, 상식은 언어이해 지수의 핵심 소검사에 해당된다.

045 로르샤하(Rorshach) 검사의 결정인 기호 중 무채색 반응에 해당하는 것은?

① C'   ② F
③ T   ④ Y

정답 | ①
해설 | 결정인 기호의 무채색 반응은 C', C'F, FC'이다.

046 노인을 대상으로 HTP 검사를 실시하는 방법으로 옳은 것은?

① 그림을 그린 다음에는 수정하지 못하게 한다.
② HTP를 실시할 때 각 대상은 별도의 용지를 사용하여 실시한다.
③ 노인의 보호자가 옆에서 지켜보면서 격려하도록 한다.
④ 그림이 완성된 후 보호자에게 사후 질문을 하는 것이 일반적이다.

정답 | ②
해설 | HTP 검사를 실시할 때에는 집, 나무, 사람1, 사람2에 대한 별도의 용지를 제공하여야 한다.

047 객관적 검사의 특징에 대한 설명으로 옳지 않은 것은?

① 검사의 실시와 해석이 간편하다.
② 검사 시행 시 표준 절차를 반드시 따라야 한다.
③ 객관적 검사 결과를 통해 개인 간 비교가 가능하다.
④ 개인의 무의식적 심리상태를 반영해주는 검사이다.

정답 | ④
해설 | 개인의 무의식적 심리상태를 반영해주는 검사는 투사검사이다.

048 지능에 대한 설명으로 옳지 않은 것은?

① 비네(A. Binet)는 정신연령(Mental Age)이라는 용어를 사용하였다.
② 지능이란 인지적, 지적 기능의 특성을 나타내는 불변개념이다.
③ 새로운 환경 및 다양한 상황을 다루는 적응과 순응에 관한 능력이다.
④ 결정화된 지능은 문화적, 교육적 경험에 따라 영향을 받는다.

정답 | ②
해설 | 지능은 인간의 인지적, 지적 기능의 특성을 파악하나, 불변하지는 않는다.

049 신경심리학적 능력 중 BGT 및 DAP, 시계 그리기를 통해 가장 효과적으로 평가할 수 있는 것은?

① 주의 능력
② 기어 능력
③ 실행 능력
④ 시공간 구성 능력

정답 | ④
해설 | 시공간 구성 능력은 주변에 '무엇'이 있는지 인식하고 그것들이 '어디'에 있는지 사물 간의 공간적 관계를 해석하는 능력이다.

050 최초의 심리진료소를 설립하여 임상심리학의 초기발전에 직접적으로 중요한 공헌을 한 인물은?

① 칸트(Kant)
② 밀러(Miller)
③ 위트머(Witmer)
④ 모어(Mowrer)

정답 | ③
해설 | 위트머(Witmer)는 임상심리학이라는 용어를 소개하였고, 앞서 기술한 분야를 보다 인격을 존중받는 방향으로 개척했다고 평가받고 있다.

051 선로잇기검사(Trail Making Test)는 대표적으로 어떤 기능 또는 능력을 측정하기 위해 고안된 검사인가?

① 주의력
② 기억력
③ 언어능력
④ 공간력

정답 | ①
해설 | 선로잇기검사는 시각적 주사 및 지속적인 주의집중능력 및 신속한 정신 운동속도가 요구된다.

052 신경심리평가 중 주의력 및 정신적 추적능력을 평가할 수 있는 검사가 아닌 것은?

① Trail Making Test
② Wechsler 지능검사의 숫자 소검사
③ Wechsler 지능검사의 기호쓰기 소검사
④ Wisconsin Card Sorting Test

정답 | ④
해설 | Wisconsin Card Sorting Test는 집행기능(실행기능)을 평가할 수 있는 검사이다.

053 정신지체가 의심되는 6세 6개월 된 아동의 지능검사로 가장 적합한 것은?

① H – T – P

② BGT – 2

③ K – WAIS – 4

④ K – WPPSI

정답 | ④

해설 | 한국 웩슬러 유아 지능검사(K–WPPSI)는 취학전 아동 및 초등학교 저학년용으로 만들어져 만 3세에서 만 7세 3개월의 아동의 지능을 측정한다.

054 K–WISC–IV를 통해 일반능력을 알아볼 수 있는 소검사끼리 바르게 묶인 것은?

ㄱ. 공통그림찾기
ㄴ. 공통성
ㄷ. 토막짜기
ㄹ. 단어추리
ㅁ. 동형찾기
ㅂ. 이해
ㅅ. 순차연결

① ㄱ, ㄴ, ㄹ

② ㄴ, ㄷ, ㅂ

③ ㄷ, ㄹ, ㅁ

④ ㅁ, ㅂ, ㅅ

정답 | ②

해설 | K–WISC–IV의 일반능력을 알아보는 소검사는 토막짜기, 공통성, 행렬추리, 어휘, 무게비교, 이해이다.

055 신경심리평가 수행에 영향을 미치는 요인이 아닌 것은?

① 수면곤란과 과도한 피로감

② 문화적 – 언어적 차이

③ 최근 심리사회적 스트레스 요인

④ 검사자의 정신적 추적능력

정답 | ④

해설 | 검사자가 아닌 수검자의 정신적 추적능력이 영향을 미친다고 볼 수 있다.

PART 01
PART 02
PART 03
PART 04
PART 05
PART 06

056 뇌손상 환자의 병전지능 수준을 추정하기 위한 자료와 가장 거리가 먼 것은?

① 이전의 직업기능 수순, 학업 성취노

② 교육수준, 연령과 같은 인구학적 자료

③ 이전의 암기력 수준, 웩슬러 지능검사에서 기억능력을 평가하는 소검사 점수

④ 웩슬러 지능검사에서 상황적 요인에 의해 잘 변화하지 않는 소검사 점수

정답 | ③

해설 | 병전지능 수준을 추정하기 위해서는 기본지식, 어휘, 토막짜기 등과 같은 다른 소검사에 비해 상황적 요인에 의해 잘 변화하지 않는 안정된 소검사를 실시하여야 한다. 암기력과 기억능력은 병이 발병하면 현격하게 떨어진다.

057 Wechsler 지능검사를 실시할 때 주의할 사항으로 옳은 것은?

① 피검자가 응답을 못 하거나 당황하면 정답을 알려주는 것이 원칙이다.

② 모호하거나 이상하게 응답한 문항을 다시 질문하여 확인할 필요는 없다.

③ 피검자의 반응을 기록할 때는 그대로 기록하는 것이 원칙이다.

④ 모든 검사에서 피검자가 응답할 수 있을 때까지 충분한 여유를 주어야 한다.

정답 | ③

해설 | ① 피검자가 응답을 못하거나 당황하더라도 정답을 알려주어서는 안 된다.

② 모호하거나 이상하게 응답한 문항은 다시 질문하여 확인하여야 한다.

④ 시간제한이 있는 검사에서는 시간을 엄격하게 측정하여야 한다.

058 MMPI-2에서 타당성을 고려할 때 "?" 지표에 대한 설명으로 옳은 것은?

> ㄱ. 각 척도별 "?" 반응의 비율을 확인해 보는 것은 유용할 수 있다.
> ㄴ. "?" 반응이 300번 이내의 문항에서만 발견되었다면 L, F, K척도는 표준적인 해석이 가능하다.
> ㄷ. "?" 반응이 3개 미만인 경우에도 해당 문항에 대한 재반응을 요청하는 등의 사전검토 작업이 필요하다.
> ㄹ. "?" 반응은 수검자가 질문에 대해 답변을 하지 않을 경우에만 해당된다.

① ㄱ, ㄴ

② ㄱ, ㄷ

③ ㄴ, ㄹ

④ ㄷ, ㄹ

정답 | ②

해설 | ㄴ. "?" 반응이 370번 이후의 문항에서만 발견된다면 L, F, K 척도는 표준적인 해석이 가능하다.

ㄹ. "?" 반응은 수검자가 질문에 대한 답변을 하지 않을 경우뿐만 아니라 '그렇다'. '아니다'에 모두 응답한 경우에도 해당된다.

059 MMPI-2의 형태분석에서 T점수가 65 이상으로 상승된 임상척도들을 묶어서 해석하는 것은?

① 코드유형(code type)
② 결정문항(critical items)
③ 내용척도(content scales)
④ 보완척도(supplementary scales)

정답 | ①
해설 | 코드유형은 2개 혹은 3개로 이루어져 T점수가 적어도 65점 이상으로 상승된 프로파일을 대상으로 해석하는 것이
적절하다.

060 연령이 69세인 노인환자의 신경심리학적 평가에 적합하지 않은 검사는?

① SNSB
② K-VMI-6
③ Rorschach 검사
④ K-WAIS-IV

정답 | ③
해설 | 로르샤흐 검사는 카드에 좌우대칭의 잉크 얼룩이 있고 이것을 수검자에게 보여줌으로써 심리를 파악하는 검사기
법이다.

제4과목   임상심리학

061 행동평가에 관한 설명으로 틀린 것은?

① 행동의 선행조건과 결과를 확인한다.
② 목표행동을 정확히 기술한다.
③ 법칙정립적(nomothetic) 접근에 기초한다.
④ 특정 상황에 대한 개인의 행동에 초점을 맞춘다.

정답 | ③
해설 | 법칙정립적 접근은 다수의 개체들에서 얻는 자료를 종합함으로서 보편적 법칙들을 탐색하는 것에 기초를 두는 접
근으로 개인의 집중적 연구에 초점을 두는 행동평가와 반대되는 접근이다.

062 파킨슨병, 알츠하이머병, 헌팅턴병은 뇌와 관련하여 공통적으로 어떤 질환에 해당하는가?

① 종양
② 퇴행성질환
③ 뇌혈관사고
④ 만성알코올남용

정답 | ②
해설 | 퇴행성질환에는 파킨슨병, 알츠하이머병, 헌팅턴병, 윌슨병 등 여러 가지가 있는데 이들은 공통적으로 미만성 뇌
위축, 즉 뇌실 및 뇌수조 확장, 뇌고랑 확장 등으로 나타난다.

063 임상심리학자의 윤리에 관한 일반원칙 중 다음에 해당하는 것은?

모든 사람은 심리서비스를 이용하고 이익을 얻을 권리가 있다. 심리학자는 자신이 가진 편견과 능력의 한계를 인지하고 있어야 한다.

① 공정성
② 책임성
③ 성실성
④ 의무성

정답 | ①
해설 | 공정성이란 평가내용이나 방법 등이 한쪽에 편파적이지 않고 공평한 정도를 의미한다.

064 Cormier가 제시한 적극적 경청 기술과 그 내용으로 옳은 것은?

① 해석 : 당신이 그 사람과의 관계에서 재미없다고 말할 때 성적 관계에서 재미없다는 말씀으로 들립니다.
② 부연 : 이제까지의 말씀은 당신이 결혼하기에 적당한 사람인지 불확실해서 걱정하신다는 것이지요.
③ 반영 : 당신은 그 사람과의 관계에서 지루함을 느끼고 있군요.
④ 요약 : 그래서 당신은 자신의 문제 때문에 결혼이 당신에게 맞는지 확신하지 못하는군요.

정답 | ③
해설 | 반영이란 내담자의 말과 행동에서 표현되는 감정, 생각, 태도를 상담자가 다른 참신한 말로 부연하는 기술을 말한다.

065 우울증에 관한 Beck의 인지치료에서 강조하는 내용과 가장 거리가 먼 것은?

① 환자에게 부정적 결과에 대한 비난을 자신이 아닌 적절한 다른 곳으로 돌리게 가르친다.
② 내담자가 해결 불가능한 일로 간주하고 자신을 비난하는 대신 문제에 대한 대안책을 찾도록 돕는다.
③ 내담자의 미해결된 억압된 기억을 자각하고 의식함으로써 지금 − 여기에서 해결하도록 조력한다.
④ 내담자의 비활동성과 자신의 우울한 감정에 초점을 두는 경향을 막기 위해 활동 계획표를 만든다.

정답 | ③
해설 | 내담자의 미해결, 억압에 대한 자각과 의식, 그리고 지금−여기에서 해결하도록 조력하는 것은 게슈탈트 심리치료에서 강조하는 내용에 해당된다.

066 치료동맹에 관한 설명 중 내담자 중심 치료의 입장을 가장 잘 반영하고 있는 것은?

① 내담자와 치료자의 관계가 치료적 변화를 발생시킬 수 있는 필요충분조건이다.

② 치료관계보다 치료기법을 적절하게 사용하는 것이 치료효과를 높이는데 더 중요하다.

③ 치료동맹은 내담자의 적절한 행동에 대한 수반적 강화를 제공하기 때문에 치료효과에 긍정적이다.

④ 치료동맹을 형성하는데 있어서 치료자보다는 내담자의 자발성을 강조하는 것이 중요하다.

정답 | ①

해설 | 내담자 중심 치료는 미국 심리학자 칼 로저스가 제안한 치료방법으로, 상담과정에서 상담자의 분석이나 해석과 같은 지시적인 요소를 배제하고 무조건적인 수용과 공감적 이해를 바탕으로 내담자가 스스로 긍정적인 변화를 끌어내도록 돕는 상담기법을 뜻한다.

067 다음 중 관계를 중심으로 치료가 초점화되고 있는 정신역동적 접근방법의 단기치료가 아닌 것은?

① 분리개별화(Separation And Individuation)

② 기능적 분석(Functional Analysis)

③ 불안유발 단기치료(Anxiety Provoking Brief Therapy)

④ 핵심적 갈등관계 주제(Core Conflictual Relationship Theme)

정답 | ②

해설 | 정신역동적 접근방법의 단기치료는 분리개별화, 불안유발 단기치료, 핵심적 갈등관계 주제 등이 있다.

068 정신건강의학과 병동에 입원한 환자들 중 단체생활의 규칙을 잘 지키지 않는 환자들의 행동문제들을 개선하는 데 가장 효과적인 치료적 접근은?

① 내재적 예민화(covert sensitization)

② 체계적 둔감법(systematic desensitization)

③ 자기주장훈련(self-assertiveness training)

④ 유관성 관리(contingency management)

정답 | ④

해설 | 유관성 관리란 적응적 행동을 보상으로 촉진하고, 부적응적 행동을 강화를 주지 않음으로서 제거하는 접근법이다.

069 다음 중 혐오치료를 적용하기에 가장 적합한 장애는?

① 광장공포증

② 공황 장애

③ 우울증

④ 소아기호증

정답 | ④

해설 | 소아기호증은 사춘기 이전의 소아(대개 13세 이하)와 성행위를 하거나 성행위를 하는 공상으로 성적 흥분을 느끼는 것을 말하며, 이러한 경우 소아를 기피할 수 있도록 혐오치료를 적용하는 것이 적합하다.

070 성격평가질문지에서 척도명과 척도군의 연결이 틀린 것은?

① 서빈도척도(INF) : 타당도척도
② 지배성척도(DOM) : 대인관계척도
③ 공격성척도(AGG) : 임상척도
④ 자살관념척도(SUII) : 치료고려척도

정답 | ③
해설 | 공격성척도는 치료척도에 해당한다.

071 로저스(Rogers)가 제안한 내담자의 긍정적 변화를 촉진시키기 위한 치료자의 3가지 조건에 해당하는 것은?

ㄱ. 진실성	ㄴ. 책임성
ㄷ. 공감적 이해	ㄹ. 수용
ㅁ. 창의성	

① ㄱ, ㄷ, ㄹ   ② ㄱ, ㄴ, ㅁ
③ ㄴ, ㄷ, ㅁ   ④ ㄷ, ㄹ, ㅁ

정답 | ①
해설 | 로저스가 제안한 치료자의 3가지 조건은 진실성, 공감적 이해, 수용이다.

072 주의력결핍 과잉행동장애(ADHD)는 뇌-행동과의 관계에서 어떤 부위의 결함으로 발생하는가?

① 측두엽의 손상   ② 전두엽의 손상
③ 해마의 손상   ④ 변연계의 손상

정답 | ②
해설 | 주의력결핍 과잉행동장애는 전두엽의 발달지연, 손상으로 발생하는 것으로 본다.

073 성격평가질문지(PAI)에 대한 설명으로 옳지 않은 것은?

① 대인관계척도는 2개의 척도로 구성되어 있다.
② 긍정적 인상척도(PIM)는 타당도척도이다.
③ 스트레스척도(STR)는 치료척도이다.
④ 임상척도는 10개의 척도로 구성되어 있다.

정답 | ④
해설 | 성격평가질문지의 임상척도는 총 11개 척도로 구성되어 있다.

074 다음에서 설명하는 성격유형은?

- 관상동맥성심장병과 관련 깊은 성격유형에 대비되는 성격
- 스트레스에 유연하게 반응하고 느긋함이 강조됨

① Type A
② Type B
③ Introversion
④ Extraversion

정답 | ②
해설 | B형 행동 유형은 A형의 행동특성과는 다르게 반대로 이완된 행동을 보이고, 침착하며, 시간 긴박성이 적다.

075 다음 면접질문은 어느 유형에 해당하는가?

당신이 그렇게 느꼈다는 말인가요?

① 촉진형
② 개방형
③ 직면형
④ 명료형

정답 | ④
해설 | 명료형은 내담자의 말 속에 포함되어 있는 불분명한 내용에 대해 상담자가 그 의미를 분명하게 밝히는 것을 의미한다.

076 다음 중 접수면접에서 반드시 확인되어야 할 사항을 고른 것은?

ㄱ. 상담자의 인적사항
ㄴ. 내담자의 정보를 통한 특성
ㄷ. 상담 방향과 방법
ㄹ. 문제의 원인으로 추정되는 어린 시절의 경험

① ㄱ, ㄷ
② ㄴ, ㄷ
③ ㄴ, ㄹ
④ ㄷ, ㄹ

정답 | ②
해설 | ㄱ. 내담자의 인적사항이 확인되어야 한다.
　　　ㄹ. 문제의 원인으로 추정되는 어린 시절의 경험은 초기 또는 중기상담과정에서 확인되어져야 한다.

077 행동평가방법 중 흡연자의 흡연 개수, 비만자의 음식섭취 등을 알아보는 데 가장 적합한 방법은?

① 행동관찰   ② 자기감찰
③ 평정척도   ④ 참여관찰

정답 | ②
해설 | 자기감찰이란 자신의 행동을 스스로 관찰하고 기록하는 방법이므로, 실제 행동을 살피는 것에 가장 적합하다.

078 신경인지장애가 의심되는 경우 주로 사용하는 구조화된 면접법은?

① 정신상태평가
② 개인력 청취
③ SADS(Schedule of Affective Disorders and Schizophrenia)
④ SIRS(Structured Interview of Reported Symptoms)

정답 | ①
해설 | 정신상태평가는 면담과정에서 환자의 증상을 체계적으로 평가하고, 면담 중 관찰된 환자의 외모, 말, 행동, 생각을 기술하는 면접법으로, 주로 신경인지장애가 의심될 때 사용한다.

079 다음은 어떤 원리에 따른 치료 방법인가?

> 야뇨증 치료를 위해 이불과 벨을 사용하여 환아가 오줌을 싸서 이불을 적시게 되면 벨이 울려 잠자리에서 깨게 되는 방법

① 인지행동적 접근   ② 사회학습이론
③ 조작적 조건화   ④ 고전적 조건화

정답 | ④
해설 | 고전적 조건화는 개인이 무조건적으로 반응하게 되는 반사반응과 중립자극이 연합되는 것이다.

080 다음 중 대뇌 기능의 편재화를 평가하는 데 사용하는 검사가 아닌 것은?

① 손잡이(handedness) 검사   ② 주의력 검사
③ 발잡이(footedness) 검사   ④ 눈의 편향성 검사

정답 | ②
해설 | 주의력 검사는 대뇌 기능의 편재화가 아닌 말 그대로 주의력(충동성과 반응오류)을 측정하는 것이다. 사람의 뇌는 신체중앙선을 기준으로 대략적인 대칭을 이루지만, 좌반구와 우반구는 해부학적 비대칭성을 보인다.

제5과목 심리상담

081 청소년비행 중 우발적이고 기회적이어서 일단 발생하면 반복되고 습관화되어 다른 비행행동과 복합되어 나타날 수 있는 것은?

① 약물 사용 ② 인터넷중독
③ 폭력 ④ 도벽

정답 | ④
해설 | 도벽은 일종의 충동조절 장애로 물건을 훔치려는 충동을 참는 것을 반복적으로 실패하며, 도둑질을 반복하는 것으로 점차 다른 비행행동과 이어질 수 있다.

082 아들러(Adler)의 상담이론에서 설명하는 기본 전제가 아닌 것은?

① 사람은 언제나 과정 속에 있고 변화한다.
② 사람의 행동은 사회적 맥락 속에서 이해되어야 한다.
③ 사람의 행동, 사고 등을 하나의 일관된 전체로서 보아야 한다.
④ 누구가의 행동을 이해하기 위해서는 그들이 그렇게 행동함으로써 무의식적으로 추구하는 목적이 무엇인지 알아야 한다.

정답 | ①
해설 | 아들러는 개인을 그 이상 분리할 수 없는 존재이며, 전체로서의 개인이 심신을 사용하여 목적을 향해 행동하고 있다고 인식한다.

083 다음은 인터넷 중독의 상담전략 중 어떤 것인가?

> 게임 관련 책자, 쇼핑 책자, 포르노 사진 등 인터넷 이용을 생각하게 되는 단서를 가능한 한 없애는 기법

① 자극통제법 ② 정서조절법
③ 공간재활용화법 ④ 인지재구조화법

정답 | ①
해설 | 자극통제란 특정 자극에 대해서 반응이 일어나고, 다른 자극에 대해서는 반응이 일어나지 않게 하는 것이다.

084 상담 초기의 상담관계 형성에 필요한 기법과 가장 거리가 먼 것은?

① 경청하기

② 무조건적인 긍정적 존중하기

③ 핵심 문제 해석하기

④ 상담에 대한 동기부여하기

정답 | ③

해설 | 핵심 문제 해석하기는 상담관계 형성을 하는 초기단계가 아닌 중기단계에서 이루어져야할 기법이다.

085 상담의 구조화에 대한 설명으로 옳지 않은 것은?

① 내담자 정보에 대한 상담자의 비밀보장은 예외가 있음을 확실히 한다.

② 상담초기를 비롯하여 모든 단계에서 이루어진다.

③ 상담이 효율적으로 진행되기 위해 많이 이루어질수록 좋다

④ 상담자와 내담자의 공감적 탐색과 합의 과정을 통해 이루어진다.

정답 | ③

해설 | 상담의 효율성은 횟수와 무조건적으로 비례되지 않으며, 내담자의 경우에 따른 구조화가 필요하다.

086 다음 중 교류분석에서 치료의 바람직한 목표인 치유의 4단계에 해당하는 것은?

| ㄱ. 사회의 자유 | ㄴ. 계약의 설정 |
| ㄷ. 증상의 경감 | ㄹ. 각본의 치유 |

① ㄱ, ㄴ

② ㄱ, ㄷ

③ ㄴ, ㄹ

④ ㄷ, ㄹ

정답 | ④

해설 | 교류분석의 치유단계는 사회적 통제 – 증상완화 – 전이 치유 – 각본 치유 순이다.

087 내담자의 현재 상황에서의 욕구와 체험하는 감정의 자각을 중요시하는 상담이론은?

① 인간중심 상담

② 게슈탈트 상담

③ 교류분석 상담

④ 현실치료 상담

정답 | ②

해설 | 게슈탈트 상담은 내담자가 현재의 상황에 초점을 맞춰 자기 자신에 대한 자각을 한다는 것이 핵심이다.

088 벌을 통한 행동수정 시 유의해야 할 사항이 아닌 것은?

① 벌을 받을 상황을 가능한 한 없애도록 노력한다.
② 벌을 받을 행동을 구체적으로 세분화하고 설명한다.
③ 벌을 받을 행동이 일어난 직후에 즉각적으로 벌을 준다.
④ 벌은 그 강도를 점차로 높여가야 한다.

정답 | ④
해설 | 벌을 통한 행동수정 시 벌은 강도를 점차로 높이지 말아야 한다.

089 진로지도 및 진로상담의 일반적인 목표와 가장 거리가 먼 것은?

① 내담자 자신에 관한 보다 정확한 이해를 높인다.
② 합리적인 의사결정능력을 높인다.
③ 일과 직업에 대한 올바른 가치관을 형성하는 데 도움을 준다.
④ 최종적으로 결정과 선택은 상담자가 해주어야 한다.

정답 | ④
해설 | 진로지도 및 상담의 경우에서 최종 선택은 내담자가 할 수 있도록 도와야 한다.

090 청소년기 자살의 위험인자와 가장 거리가 먼 것은?

① 습관적으로 부모에 대한 반항을 보이는 경우
② 공격적이고 충동성이 높은 행동장애의 경우
③ 성적이 급락하고 수면행동의 변화가 심한 경우
④ 가까운 이들과 떨어져 지내는 회피행동이 증가한 경우

정답 | ①
해설 | 청소년기 자살 징후는 행동, 수면장애, 대인관계 변화 등으로 보인다.

091 청소년 상담 시 대인관계 문제 해결을 위한 상담전략에 관한 설명으로 틀린 것은?

① 정서적 개입 : 문제의 신체적 요소에 초점을 맞춘 신체인식활동도 포함한다.
② 인지적 개입 : 내담자가 자신이 처한 상황이나 사건, 사람, 감정 등에 대해 지금과 다르게 생각하도록 돕는다.
③ 행동적 개입 : 내담자에게 비생산적인 현재의 행동을 통제하게 하거나 제거하게 함으로써 새로운 행동이나 기술을 개발하도록 돕는다.
④ 상호작용적 개입 : 습관, 일상생활 방식이나 다른 사람과의 상호작용 패턴을 수정하도록 한다.

정답 | ①
해설 | 정서적 개입은 문제정소에 초점을 맞춘 정서인식활동에 집중한다.

092 다음은 가족상담 기법 중 무엇에 관한 설명인가?

가족들이 어떤 특정한 사건을 언어로 표현하는 대신에 공간적 배열과 신체적 표현으로 묘사하는 기법

① 재구조화 ② 가족조각
③ 탈삼각화 ④ 순환질문

정답 | ②
해설 | 가족조각 기법이란 과거의 어느 시점에 가족이 경험한 감정이나 느낌을 동작과 공간을 이용하여 비언어적으로 표현하는 기법이다.

093 청소년 상담에서 특히 고려해야 할 요인과 가장 거리가 먼 것은?

① 내담자 개인의 영역별 발달수준
② 한 개인의 발달단계와 과업수행 정도
③ 일반적인 청소년의 발달과정에 대한 규준적 정보
④ 내담자의 이전 상담경력과 관련된 사항

정답 | ④
해설 | 내담자의 이전 상담경험은 고려대상이기는 하나, 개인의 발달수준 및 과업수행 정도, 내담자의 발달사에 비해 후순위로 볼 수 있다.

094 로저스(Rogers)가 제안한 '충분히 기능하는 사람'의 특성과 가장 거리가 먼 것은?

① 현재보다는 미래에 투자할 줄 안다.
② 어려움에 직면할 수 있다.
③ 자신의 유기체를 신뢰한다.
④ 경험에 개방적이다.

정답 | ①
해설 | 로저스의 '충분히 기능하는 사람'은 자신을 완전히 지각하고 자신의 능력을 발휘하여 실현경향성을 끊임없이 추구하며 성장해가는 사람을 말한다.

095 집단상담의 후기 단계에서 주어지는 피드백에 대한 설명으로 틀린 것은?

① 구성원들에게 친밀감, 독립적인 평가를 제공할 수 있다.
② 교정적인 피드백이 긍정적인 피드백보다 중요하다.
③ 지도자는 효과적인 피드백 모델이 될 수 있다.
④ 긍정적인 피드백은 적절한 행동을 강화할 수 있다.

정답 | ②
해설 | 교정적인 피드백은 후기 단계보다는 중기 단계에 적절한 방법으로 시행하는 것이 좋다.

096 상담 종결에 관한 설명으로 옳지 않은 것은?

① 상담목표가 달성되지 않아도 상담을 종결할 수 있다.
② 상담의 진행결과가 성공적이었거나 실패했을 때에 이루어진다.
③ 조기종결 시 상담자가 내담자에게 조기종결에 따른 솔직한 감정을 표현하는 것은 도움이 되지 않는다.
④ 조기종결 시 상담자는 조기종결에 따른 내담자의 감정을 다뤄야 한다.

정답 | ③
해설 | 필요시 상담자의 솔직한 감정 표현은 내담자의 성장에 도움이 될 수 있다.

097 Ellis의 ABCDE 모형에 관한 설명으로 옳지 않은 것은?

① A : 선행사건
② B : 문제 장면에 대한 내담자의 신념
③ C : 정서적 · 행동적 결과
④ D : 논박으로 인해 나타나는 효과

정답 | ④
해설 | D는 비합리적 신념에 대한 논박을 의미한다.

098 특성–요인 상담에 관한 설명으로 틀린 것은?

① 상담자 중심의 상담방법이다.
② 사례연구를 상담의 중요한 자료로 삼는다.
③ 문제의 객관적 이해보다는 내담자에 대한 정서적 이해에 초점을 둔다.
④ 내담자에게 정보를 제공하고 학습기술과 사회적 적응기술을 알려 주는 것을 중요시한다.

정답 | ③
해설 | 특성–요인 상담에서는 내담자 문제의 객관적 이해에 중점을 둔다.

099 상담 윤리 중 비해악성(nonmaleficence)과 가장 거리가 먼 것은?

① 상담사가 의도하지 않게 내담자를 괴롭히는 것을 예방한나.

② 상담자가 지나친 선도나 지도를 자제하는 것과 관련된다.

③ 상담자의 전문 역량, 사전 동의, 이중관계, 공개발표와 관련된다.

④ 내담자가 상님사의 요구를 순순히 따르는 경우가 많아 이로 인해 발생하는 무제를 예방하기 위한 것이다.

정답 | ②
해설 | 비해악성이란 상담자는 내담자에게 피해를 끼쳐서도, 내담자가 타인에게 피해를 끼치는 것을 내버려두어서도 안됨을 의미한다.

100 성 피해자에 대한 심리치료 과정 중 초기 단계에서 상담자가 유의해야 할 사항과 가장 거리가 먼 것은?

① 피해상황에 대한 진술은 상담자 주도로 이루어져야 한다.

② 치료의 관계형성을 위해 수치스럽고 창피한 감정이 정상적인 감정임을 공감한다.

③ 성 피해 사실에 대한 내담자의 부정을 허락한다.

④ 내담자에게 치료자에 대한 감정을 묻고 치료자를 선택할 수 있도록 해준다.

정답 | ①
해설 | 피해상황에 대한 진술은 내담자가 직접 진술할 수 있도록 도와야 한다.

CHAPTER **06** | **2021년 1회 기출문제**
(2021년 3월 7일 시행)

제1과목   **심리학개론**

001 고전적 조건 형성에서 조건자극과 무조건자극을 배열할 때 조건 형성효과가 가장 오래 지속되는 배열은?

① 후진 배열
② 흔적 배열
③ 지연 배열
④ 동시적 배열

정답 | ③

해설 | 지연 배열은 무조건자극이 제시될 때까지 조건자극이 제시되므로 조건 형성 효과가 가장 길다.
  ① 후진 배열 : 무조건자극이 제시된 후에 조건자극이 제시되어 가장 조건 형성 효과가 짧게 지속된다.
  ② 흔적 배열 : 무조건자극이 제시되기 전 조건자극이 사라진다.
  ④ 동시적 배열 : 무조건자극과 조건자극이 동시에 제시된다.

002 조건 형성의 원리와 그에 해당하는 예를 잘못 연결한 것은?

① 조작적 조건 형성의 응용 – 행동수정
② 소거에 대한 저항 – 부분강화 효과
③ 강화보다 처벌 강조 – 행동조성
④ 고전적 조건 형성의 응용 – 유명연예인 광고 모델

정답 | ③

해설 | 행동조성이란 복잡한 행동이나 복합적 기술을 학습시키기 위해 사용하는 방법으로, 바람직한 행동을 학습할 수 있도록 바람직한 행동에 대하여 강화함으로써 행동을 형성하는 것이다. 따라서 강화보다 처벌을 강조하는 원리는 행동조성과 거리가 멀다.

003 성격의 5요인 이론 중 다른 사람들의 복지에 대해 관심을 가지며, 사람들을 신뢰하고, 다른 사람에 대해 편견을 덜 갖는 경향을 나타내는 것은?

① 개방성(Openness)
② 외향성(Extraversion)
③ 우호성(Agreeableness)
④ 성실성(Conscientiousness)

정답 | ③
해설 | 우호성은 '수용성' 또는 '친화성'으로도 불리며, 다른 사람에 대한 우호적, 수용적, 협동적인 성향을 의미한다.
　　① 개방성 : 호기심이 많고 새로운 것을 좋아하며, 다양한 경험과 가치에 대해 열린 자세를 가진 개방적인 성향을 의미한다.
　　② 외향성 : 다른 사람과의 교류를 통해 인간관계적 자극을 추구하는 성향을 의미한다.
　　④ 성실성 : 자기조절을 잘 하고 책임감이 강한 성취지향적 성향을 의미한다.

004 다음은 무엇에 관한 설명인가?

> 방어기제 중 우리가 가진 바람직하지 않은 자질들을 과장하여 다른 사람들에게 부여함으로써 우리의 결함을 인정하지 않도록 막아주는 것

① 부인
② 투사
③ 전위
④ 주지화

정답 | ②
해설 | ① 부정 : 외적인 상황이 감당하기 어려울 때 일단 그 상황을 거부하여 일시적으로 심리적인 상처를 줄이고 보다 효율적으로 대처하도록 돕는 방법이다.
　　③ 전위 : 어떤 대상에게 느낀 불쾌한 욕망이나 충동을 다른 대상에게까지 나타내는 것일 뿐, 우리가 가진 자질을 다른 사람에게 돌리는 것은 아니다.
　　④ 주지화 : 위협이 될 수 있는 사건 또는 상황에 대하여 정서적 반응을 보이기보다는 이성적이고 합리적인 방식으로 대처하는 경향을 보이는 것이다.

005 다음에서 설명하는 것은?

> • 아동들의 자기개념이 왜 우선적으로 남성−여성 구분에 근거하는지를 설명하고자 한다.
> • 아동에게 성이라는 렌즈를 통해 세상을 보도록 가르치는 문화의 역할을 중요시한다.

① 사회학습 이론
② 인지발달 이론
③ 성 도식 이론
④ 정신분석학 이론

정답 | ③
해설 | 성 도식 이론(gender schema theory)은 인지적 범주로서의 성차에 관심을 갖고 사회적 · 문화적 영향을 강조하는 이론으로, 문화가 규정하는 남성 또는 여성에 대한 정보를 조직화하고 성 도식이라는 일련의 인지 과정을 통해 조정하면서 자신의 성을 전형화한다고 보았다. 인생 초기에 학습되기 시작하는 성 도식은 개인이 성역할 정체감을 획득하고 성 전형화될 수 있도록 인도하는 역할을 한다.

006 심리검사의 오차 유형 중 측정 결과에 변화를 주는 것은?

① 해석적 오차   ② 항상적 오차

③ 외인적 오차   ④ 검사자 오차

정답 | ③
해설 | 심리검사의 오차 유형 중 측정 결과에 변화를 주는 것은 외인적 오차이다.

007 프로이트(S. Freud)의 성격 구조에 관한 설명으로 옳은 것은?

① 자아는 현실원리를 따르며 개인이 현실에 적응하도록 돕는다.
② 자아는 일차적 사고과정을 따른다.
③ 자아는 자아이상과 양심으로 구성되어 있다.
④ 초자아는 성적욕구와 관련된 것으로 쾌락의 원리를 따른다.

정답 | ①
해설 | 자아는 원초아와 달리, 현실원리에 입각해 욕구충족과 긴장해소를 위한 적합한 대상을 발견할 때까지 심리적 에
너지 방출을 지연시킨다.
② 자아는 단순히 욕구에 의존하지 않고 합리적인 이차적 사고과정을 따른다.
③ 초자아는 자아이상과 양심으로 구성되어 있다.
④ 초자아는 자아보다도 높은 사고단계로 이상과 가치, 금지와 명령의 복잡한 체계의 원리를 따른다.

008 검사에 포함된 각 질문 또는 문항들이 동일한 것을 측정하는 정도를 나타내는 것은?

① 내적일치도   ② 경험타당노

③ 구성타당도   ④ 준거타당도

정답 | ①
해설 | 한 검사 내의 여러 질문의 측정일관성을 설명하는 것은 내적일치도이다.
② 경험타당도 : 특정 검사결과가 다른 기준과 얼마나 상관관계가 있는지를 의미한다.
③ 구성타당도 : 측정하려고 하는 추상적 개념이 측정도구에 의해 제대로 측정되었는가의 정도를 의미한다.
④ 준거타당도 : 한 검사가 검사하려고 하는 결과에 대한 해당 검사의 관련도나 예언가능성을 의미한다.

009 성격과 환경 간의 상호작용 중 개인의 성격은 타인으로부터 독특한 반응을 이끌어낸다는 것은?

① 유도적 상호작용   ② 반응적 상호작용

③ 주도적 상호작용   ④ 조건적 상호작용

정답 | ①
해설 | 성격과 환경 간의 상호작용 중 개인의 성격은 타인으로부터 독특한 반응을 이끌어 낸다는 것은 유도적 상호작용
이다.

010 캘리(Kelly)의 개인적 구성개념이론에 관한 설명으로 옳지 않은 것은?

① 성격 연구의 목적은 개인이 자신과 자신의 사회적 세상을 해석하는 데 사용하는 차원을 찾는 것이어야 한다.

② 개개인을 직관적으로 과학자로 보아야 한다.

③ 특진검사는 개인의 구성개념을 측정하기에 가장 적합하다.

④ 구성개념의 대조 쌍은 논리적으로 반대일 필요가 없다.

정답 | ③

해설 | 캘리의 개인적 구성개념이론은 과학자로서의 인간모형을 채택하고 있다. 성격은 개인이 세상을 해석하는 도구로 여겨지며 각 개인은 자신이 가지고 있는 구성개념을 상황에 맞게 대안적 구성개념으로 수정하거나 대체하는 주체로서 현실에 적응한다. 켈리의 이론에 따라 한 개인이 세계를 어떻게 해석하는가를 이해하기 위해서는, '역할구성개념 목록검사'가 적합하다.

011 성격의 정의에 관한 설명으로 틀린 것은?

① 성격에는 개인이 가지고 있는 고유하고 독특한 성질이 포함된다.

② 개인의 독특성은 시간이 지나도 비교적 안정적으로 변함없이 일관성을 지닌다.

③ 성격은 다른 사람이나 환경과 상호작용하는 관계에서 행동 양식을 통해 드러난다.

④ 성격은 타고난 것으로 개인이 속한 가정과 사회적 환경에 영향을 받지 않는다.

정답 | ④

해설 | 성격은 타고난 것은 일부분 맞으나 성장하면서 개인이 속한 가정이나 사회적 환경의 영향을 받는다.

012 단기기억의 특성이 아닌 것은?

① 정보의 용량이 매우 제한적이다.

② 작업기억(working memory)이라 불린다.

③ 현재 의식하고 있는 정보를 의미한다.

④ 거대한 도서관에 비유할 수 있다.

정답 | ④

해설 | 거대한 도서관에 비유할 수 있는 것은 장기기억이다. 단기기억에는 용량의 한계가 있는데, 숫자나 문자, 단어의 경우 약 7개 정도가 그 한계이다.

013 사람들이 자기 자신의 행동을 설명할 때 현저한 상황적 원인들은 지나치게 강조하고 사적인 원인들은 미흡하게 강조하는 것은?

① 사회억제 효과   ② 과잉정당화 효과
③ 인지부조화 효과   ④ 책임감 분산 효과

정답 | ②
해설 | ① 사회억제이론은 인간은 합리적이며 경제적 선택을 하는 존재라는 것을 전제로 범죄에 의한 이익이 처벌의 고통보다 크면 범죄가 발생하며 처벌의 고통이 범죄의 이익보다 크면 범죄는 일어나지 않는다는 이론이다.
     ③ 인지부조화 효과는 우리의 신념 간에 또는 신념과 실제로 보는 것 간에 불일치나 비일관성이 있을 때 태도가 행동과 일치하게 변하는 것이다.
     ④ 책임감 분산 효과는 집단적 위기 상황에서 책임감이 분산되는 것을 말한다.

014 연구방법의 주요 개념에 관한 설명으로 옳지 않은 것은?

① 측정 : 한 변인에 여러 값의 숫자를 할당하는 체계
② 실험 : 원인과 결과에 대한 가설을 정밀하게 검사하는 것
③ 실험집단 : 가설의 원인이 제공되지 않는 집단
④ 독립변인 : 실험자에 의해 정밀하게 통제되는 가설의 원인으로서 참가자의 과제와 무관한 변인

정답 | ③
해설 | 실험집단이란 가설의 원인이 제공된 집단으로 변인을 가한 집단에 해당한다. 가설의 원인, 즉 변인이 제공되지 않은 집단은 대조집단에 해당한다.

015 사랑의 삼각형 이론에서 사랑의 3가지 요소에 포함되지 않는 것은?

① 관심(Attention)   ② 친밀감(Intimacy)
③ 열정(Passion)   ④ 헌신(Commitment)

정답 | ①
해설 | 로버트 스턴버그(Robert Sternberg)가 제시한 사랑의 삼각형 이론은 사랑이 하나의 삼각형을 구성하는 세 가지 구성 요소의 측면에서 이해될 수 있다는 내용이다. 스턴버그에 따르면 사랑은 친밀감, 열정, 결심/헌신이라는 세 요소로 구성되어 있으며, 이러한 세 요소의 균형상태에 따라 다양한 형태의 사랑을 설명할 수 있다. 또한 세 요소가 모두 균형 있게 발달했을 때 성숙한 사랑에 이를 수 있다.

PART 01

PART 02

PART 03

PART 04

PART 05

PART 06

016 사람들은 혼자 있을 때보다 자신과 같은 일을 수행하고 있는 다른 사람들이 있을 때 수행이 향상된다는 것을 지칭하는 것은?

① 동조효과
② 방관자효과
③ 사회촉진
④ 사회태만

정답 | ③

해설 | ① 동조 효과 : 집단의 압력에 의해 개인이 태도와 행동을 변화시키는 현상이다.
② 방관자효과 : 주변에 사람이 많으면 많을수록 책임이 분산되어 위험에 처한 사람을 덜 돕는 현상이다.
④ 사회태만 : 오히려 업무수행이 하락하는 현상을 말한다.

017 다음의 설명에 해당하는 것은?

> 척도상의 대표적 수치를 의미하며 평균, 중앙치, 최빈치가 그 예이다.

① 빈도분포값
② 추리통계값
③ 집중경향값
④ 변산측정값

정답 | ③

해설 | 집중경향이란 모집단 혹은 표본으로부터 얻어진 자료들을 정리하면 어떤 특정한 값으로 몰리는 현상을 의미한다.
① 빈도분포값 : 동일변수가 나타난 횟수
② 추리통계값 : 표본을 통해 모집단의 특성을 추론하는 값
④ 변산측정값 : 한 집단의 점수분포가 흩어져 있는 정도

018 기억에 정보를 저장하기 위해서 환경의 물리적 정보의 속성을 기억에 저장할 수 있는 속성으로 변화시키는 과정은?

① 주의과정
② 각성과정
③ 부호화과정
④ 인출과정

정답 | ③

해설 | 기억은 크게 부호화-저장-인출의 순서로 이루어지는데, 외부 정보를 받아들여 부호화(encoding)하고, 이를 유지 혹은 저장(storage)하였다가, 끄집어 인출(retrieval)한다. 부호화과정이란 환경의 물리적 정보의 속성을 기억에 저장할 수 있는 속성으로 변화시키는 것을 의미한다.

019 통계분석에 관한 설명으로 옳지 않은 것은?

① 2개의 모평균 간에 차이가 있는지를 검정하기 위해서 중다회귀분석(multiple regression analysis)을 이용한다.

② 3개 또는 그 이상의 평균치 사이에 차이가 있는지를 검정하기 위해서 분산분석을 사용한다.

③ 빈도 차이의 유의성을 검증하기 위해서 x^2검정을 사용한다.

④ 피어슨 상관계수 r은 근본적으로 관련성을 보여주는 지표이지 어떠한 인과적 요인을 밝혀주지는 않는다.

정답 | ①

해설 | 2개의 모평균 간에 차이가 있는지를 검정하기 위해서는 모평균 차이의 가설검정을 시행해야 한다. 중다회귀분석은 독립변수(예측변수)가 2개 이상인 회귀모형(중다회귀모형)에 의한 자료분석으로 모평균 간에 차이검정에는 적합하지 않다.

020 소거(extinction)가 영구적인 망각이 아니라는 증거가 될 수 있는 것은?

① 변별
② 조형
③ 자극 일반화
④ 자발적 회복

정답 | ④

해설 | 소거(extinction)가 영구적인 망각이 아니라는 증거가 될 수 있는 것은 자발적 회복이다. 자발적 회복은 소거 후 일정 시간이 지난 다음 진행되는 절차로, 소거가 완료된 후 일정 기간 훈련을 중지했다가 조건자극을 다시 제시하면 조건반응이 갑자기 재출현하는 것을 말한다.

① 변별 : 훈련 때 사용했던 바로 그 자극에 대해서만 반응하는 현상을 말한다.

② 조형 : 목표 행동에 점진적으로 접근하도록 체계적인 강화를 하는 것을 말한다.

③ 자극 일반화 : 특정 조건자극에 대해 조건반응이 성립되었을 때 처음에 제시된 조건자극과 유사한 자극에도 반응을 보이는 현상을 말한다.

021 이상행동의 분류와 평가에 관한 설명으로 옳지 않은 것은?

① 범주적 분류는 이상행동이 정상행동과는 질적으로 구분되며 흔히 독특한 원인에 의한 것이기 때문에 정상행동과는 명료한 차이점을 지니고 있다는 가정에 근거한다.

② 차원적 분류는 정상행동과 이상행동의 구분이 부적응성 정도의 문제일 뿐 질적인 차이는 없다는 가정에 근거한다.

③ 타당도는 한 분류체계를 적용하여 환자들의 증상이나 장애를 평가했을 때 동일한 결과가 도출되는 정도를 의미한다.

④ 같은 장애로 진단된 사람들에게서 동일한 원인적 요인들이 발전되는 정도는 원인론적 타당도이다.

정답 | ③
해설 | 타당도는 서로 다른 장애들을 정말 제대로 분류하고 있는가에 대한 평가이다.

022 조현병의 양성증상에 해당하는 것은?

① 무의욕증   ② 무사회증
③ 와해된 행동   ④ 감퇴된 정서 표현

정답 | ③
해설 | 조현병의 양성증상은 정상적·적응적 기능의 과잉 또는 왜곡을 의미하며, 도파민 등 신경전달물질의 이상에 의한 것으로 추정한다. 스트레스 사건에 의해 급격히 발생하고 약물치료에 의해 호전되며 인지적 손상이 적다. 망상, 환각, 환청, 와해된 언어나 행동 등이 조현병의 양성증상에 해당한다.

023 물질관련장애에 관한 설명으로 옳지 않은 것은?

① 물질에 대한 생리적 의존은 내성과 금단증상으로 나타난다.

② 임신 중의 과도한 음주는 태아알코올증후군을 유발할 수 있다.

③ 모르핀과 헤로인은 자극제(흥분제)의 대표적 종류이다.

④ 헤로인의 과다 복용은 뇌의 호흡 중추를 막아 죽음에 이르게 할 수 있다.

정답 | ③
해설 | 자극제(흥분제)에 해당하는 약물은 카페인, 코카인, 암페타민, 니코틴이다. 모르핀과 헤로인, 알코올, 아편은 진정제에 해당하는 약물이다. 환각제에는 펜시클리딘, 메스칼린, 살로사이빈, 암페타민류, 항콜린성 물질이 해당한다.

024 조현병 스펙트럼 및 기타 정신병적장애에 해당하지 않는 것은?

① 망상장애
② 순환성장애
③ 조현양상장애
④ 단기 정신병적장애

정답 | ②

해설 | DSM-5의 분류기준에 의한 조현병 스펙트럼 및 기타 정신병적장애의 주요 하위 유형은 분열형(성격)장애 또는 조현형(성격)장애, 망상장애, 단기 정신증적 장애 또는 단기 정신병적장애, 정신분열형장애 또는 조현양상장애, 정신분열증 또는 조현병, 분열정동장애 또는 조현정동장애 등이다.

025 반사회성 성격 장애와 가장 관련이 없는 것은?

① 품행장애의 과거력
② 역기능적 양육환경
③ 붕괴된 자아와 강한 도덕성 발달
④ 신경전달물질인 세로토닌(Serotonin)의 부족

정답 | ③

해설 | 반사회성 성격 장애는 사회규범에 적응하지 못하며, 타인의 권리를 무시하거나 침범하는 양상을 보인다. 지속적으로 비이성적·충동적·폭력적인 행위를 하며, 죄의식 없이 타인에게 피해를 입히거나 타인을 해치는 등의 범죄를 저지르기도 한다. 강하게 자기주장을 내세우는 반면, 희생자 또는 약자를 무기력하다고 비난한다. 그러므로 붕괴된 자아와 강한 도덕성 발달과는 거리가 멀다.

026 DSM-5에 의한 성격 장애의 분류로 옳지 않은 것은?

① A군 성격 장애 : 조현성 성격 장애
② C군 성격 장애 : 편집성 성격 장애
③ B군 성격 장애 : 연극성 성격 장애
④ C군 성격 장애 : 회피성 성격 장애

정답 | ②

해설 | DSM-5에 의한 성격 장애 분류는 A군, B군, C군의 세 군집으로 구분된다. A군 '성격 장애는 편집성 성격 장애, 분열성(조현성) 성격 장애, 분열형(조현형) 성격 장애'가 있고, B군 성격 장애는 '반사회성 성격 장애, 연극성(히스테리성) 성격 장애, 경계성 성격 장애, 자기애성 성격 장애', C군 성격 장애는 '회피성 성격 장애, 의존성 성격 장애, 강박성 성격 장애'가 있다.

027 노출장애에 관한 설명과 가장 거리가 먼 것은?

① 성도착적 초점은 낯선 사람에게 성기를 노출시키는 것이다.

② 성기를 노출시켰다는 상상을 하면서 자위행위를 하기도 한다.

③ 청소년기나 성인기 초기에 시작되는 것으로 알려져 있다.

④ 노출 대상은 사춘기 이전의 아동에게 국한된다.

정답 | ④

해설 | 노출장애는 낯선 사람에게 자신의 성기를 노출시키거나 혹은 노출시켰다는 상상을 하면서 자위행위를 하는 경우이다. 다만 이와 같은 노출증적 행동에도 불구하고 낯선 사람과 성행위를 하려고 시도하는 경우는 거의 없다. 사춘기 이전의 아동을 대상으로 국한하는 성도착장애는 아동성애장애(소아애호장애)이다.

028 DSM-5의 신경발달장애에 해당하지 않는 것은?

① 지적장애

② 분리불안장애

③ 자폐스펙트럼장애

④ 주의력결핍 과잉행동장애

정답 | ②

해설 | DSM-5에 의한 신경발달장애의 주요하위유형은 '지적장애, 의사소통장애, 자폐스펙트럼장애, 주의력결핍 및 과잉행동장애, 특정학습장애, 운동장애-틱장애'이다.

029 스트레스 호르몬이라고 불리는 코티솔(cortisol)이 분비되는 곳은?

① 부신

② 변연계

③ 해마

④ 대뇌피질

정답 | ①

해설 | 코티솔은 부신피질호르몬으로, 스트레스 자극이 주어질 때 분비가 왕성해져서 자극에 적응할 수 있도록 체내조건을 만드는 역할을 한다.

030 강박장애를 가진 내담자의 심리치료에 가장 효과적인 방법은?

① 행동조형

② 자유연상법

③ 노출 및 반응 방지법

④ 혐오조건화

정답 | ③

해설 | 강박장애에 대한 심리치료적 방법으로서 불안장애의 치료기법으로도 널리 활용되고 있는 노출 및 반응 방지법은 강박사고가 떠오를 때마다 중지를 지시하는 사고중지, 강박행동을 오히려 과장된 방식으로 하도록 지시하는 역설적 의도, 감정을 과도하게 억제하지 않도록 유도하는 자기주장훈련 등이 효과적인 것으로 알려져 있다.

031 우울장애에 대한 치료방법으로 적절하지 않은 것은?

① 대인관계치료(interpersonal psychotherapy)

② 기억회복치료(memory recovery therapy)

③ 인지행동치료(cognitive behavioral therapy)

④ 단기정신역동치료(brief psychodynamic therapy)

정답 ㅣ ②

해설 ㅣ 우울장애에 대한 치료방법으로는 대인관계정신치료, 단기집중치료, 인지행동치료, 행동치료, 정신역동적 정신치료, 집단정신치료, 부부치료와 가족치료 등이 있다.

032 알코올 사용장애에 관한 설명으로 옳은 것은?

① 가족력이나 유전과는 관련성이 거의 없다.

② 성인 여자가 성인 남자보다 유병률이 높다.

③ 자살, 사고, 폭력과의 관련성이 거의 없다.

④ 금단증상의 불쾌한 경험을 피하거나 경감시키기 위해 음주를 지속하게 된다.

정답 ㅣ ④

해설 ㅣ 알코올 사용장애는 알코올 의존과 알코올 남용이 통합된 것이다. 금단이 다음 중 어느 하나의 양상으로 나타나는데 알코올의 특징적인 금단 증후군이 나타나거나 금단증상을 경감시키거나 피하기 위해 알코올을 마신다.

033 파괴적, 충동조절 및 품행장애에 관한 설명으로 옳지 않은 것은?

① 병직 방화의 필수 증상은 고의적이고 목적이 있는, 수차례의 방화 삽화가 존재하는 것이다.

② 품행장애의 유병률은 아동기에서 청소년기로 갈수록 증가한다.

③ 병적 도벽은 보통 도둑질을 미리 계획하지 않고 행한다.

④ 간헐적 폭발성 장애는 언어적 공격과 신체적 공격을 모두 포함해야 한다.

정답 ㅣ ④

해설 ㅣ 간헐적 폭발성 장애의 DSM-5 진단기준 중 '적어도 3개월 동안 일주일에 두 번 발생하고 재산 파괴나 신체적 상해로 이어지지 않는 언어적 공격성(통화, 언어적 논쟁 또는 싸움) 또는 신체적 공격성(기준 A1)과 1년 동안 부상 또는 파괴를 수반하는 세 번 이상의 심각한 폭발(기준 A2)' 중 하나를 포함하여 충동을 제어할 수 없음을 나타내는 반복적인 폭발이 있다. 언어적 공격과 신체적 공격을 모두 포함하지 않아도 성립한다.

034 양극성장애(Bipolar disorder) 조증 시기에 있는 환자의 방어적 대응 양상을 판단할 수 있는 행동이 아닌 것은?

① 화장을 진하게 하고 다닌다.
② 자신이 신의 사자라고 이야기한다.
③ 증거도 없는 행동을 두고 남을 탓한다.
④ 활동 의욕이 줄어들어 과다 수면을 취한다.

정답 | ④
해설 | 양극성장애 조증 시기의 7가지 주요증상은 '자기존중감의 팽창 또는 과장된 자신감, 수면에 대한 욕구 감소, 평소보다 말이 많아지거나 말을 끊임없이 계속함, 사고의 비약 또는 사고가 연이어 나타나는 주관적인 경험, 보고된 혹은 관찰된 주의산만, 목표지향적 활동의 증가 또는 정신운동성의 초조, 고통스러운 결과를 초래할 가능성이 매우 높은 활동에 과도한 몰두'이다. 수면에 대한 욕구가 감소하므로 '과도한 수면을 취하는 것'은 조증 시기의 환자에게 나타날 수 있는 행동이 아니다.

035 DSM-5에 제시된 신경인지장애의 병인에 해당하지 않는 것은?

① 알츠하이머병　　　　　　　　　② 레트
③ 루이소체　　　　　　　　　　　④ 파킨슨병

정답 | ②
해설 | DSM-5에 제시된 신경인지장애의 병인은 알츠하이머질환, 전측두엽퇴행증, 루이체병, 혈관질환, 외상성뇌손상, 물질 및 약물 사용, HIV 감염, 프리온병, 파킨슨병, 헌팅턴병 등이다.

036 아동 A에게 진단할 수 있는 가장 가능성이 높은 장애는?

> 4세 아동 A는 어머니와 애정적 관계를 형성하지 못하며, 장난감을 가지고 노는 데는 흥미가 없고 사물을 일렬로 배열하거나 자신의 몸을 앞뒤로 흔들면서 알 수 없는 말을 한다.

① 자폐스펙트럼장애　　　　　　　② 의사소통장애
③ 틱 장애　　　　　　　　　　　　④ 특정학습장애

정답 | ①
해설 | 자폐스펙트럼장애는 사회적 의사소통 및 사회적 상호작용상의 지속적인 결함과 함께 행동, 흥미 또는 활동에 있어서 제한적이고 반복적인 패턴을 두 가지 핵심증상으로 한다. 부모를 비롯하여 형제자매나 또래들과 적절한 인간관계를 형성하지 못한다. 아동의 관심사는 매우 좁으며, 그와 같은 관심사에 몰두하거나 반복적인 행동을 나타내는 경향이 있다.

037 치매에 관한 설명으로 가장 적합한 것은?

① 기억손실이 없다.
② 약물남용의 가능성이 많다.
③ 증상은 오전에 가장 심해진다.
④ 자신의 무능을 최소화하거나 자각하지 못한다.

정답 | ④
해설 | 치매의 임상적 특징
- 기억장애 : 최근 기억에서부터 기억이 사라짐
- 실어증 : 사람과 사물의 이름을 기억하지 못함
- 실인증 : 사람을 인지하지 못함
- 실행증 : 계획하고 수행하는 것이 어려움
- 우울 불안 분노의 정서적 변화가 나타남

038 공황 장애의 특징에 해당하는 것을 모두 고른 것은?

> ㄱ. 메스꺼움 또는 복부 불편감
> ㄴ. 몸이 떨리고 땀 흘림
> ㄷ. 호흡이 가빠지고 숨이 막힐 것 같은 느낌
> ㄹ. 미쳐버리거나 통제력을 상실할 것 같은 느낌

① ㄷ, ㄹ   ② ㄱ, ㄴ, ㄹ
③ ㄴ, ㄷ, ㄹ   ④ ㄱ, ㄴ, ㄷ, ㄹ

정답 | ④
해설 | DSM-5에서 나타난 공황 장애의 주요증상 13가지는 가슴이 두근거리거나 심장박동이 강렬해지거나 또는 급작스럽게 빨라짐, 땀 흘림, 몸 떨림 또는 손발 떨림, 숨이 가쁘거나 막히는 느낌, 질식할 것 같은 느낌, 가슴 통증 또는 답답함, 구토감 또는 복부통증, 현기증, 비틀거림, 몽롱함, 기절 상태의 느낌, 몸에 한기나 열기를 느낌, 감각이상(마비감이나 저린 느낌), 자기통제를 상실하거나 미칠 것 같은 두려움, 죽을 것 같은 두려움이다.

039 해리장애에 대한 설명으로 적절하지 않은 것은?

① 해리 현상에 영향을 주는 주된 요인으로 학대받은 개인 경험, 고통스러운 상태로부터의 도피 등이 있다.
② 해리 현상을 유발하는 가장 주된 방어기제는 투사로 알려져 있다.
③ 해리성 둔주는 정체감과 과거를 망각할 뿐만 아니라 완전히 다른 장소로 이동한다.
④ 해리성 기억상실증은 중요한 자서전적 정보를 회상하지 못하는 것으로, 해리성 둔주가 나타날 수 있다.

정답 | ②
해설 | 정신분석학적 관점에서 해리성장애 환자들, 특히 해리성기억상실증 환자들의 경우 억압(Repression) 및 부인(Denial)의 방어기제를 흔히 사용하는 것으로 알려져 있다.

040 주요우울장애 환자가 일반적으로 나타내는 특징적 증상이 아닌 것은?

① 거절에 대한 두려움

② 불면 혹은 과다수면

③ 정신운동성 초조

④ 일상활동에서의 흥미와 즐거움의 상실

정답 | ①
해설 | 주요우울장애 핵심 증상
- 하루 대부분, 거의 매일 지속되는 우울한 기분이 주관적 보고나 객관적 관찰을 통해 나타남
- 거의 모든 일상활동에 대한 흥미나 즐거움이 하루의 대부분 또는 거의 매일같이 뚜렷하게 저하
- 체중조절을 하고 있지 않은 상태에서 현저한 체중 감소나 체중 증가가 나타남
- 거의 매일 불면이나 과다수면이 나타남
- 거의 매일 정신운동성 초조나 지체를 나타냄
- 거의 매일 피로감이나 활력 상실을 나타냄
- 거의 매일 무가치감이나 과도하고 부적절한 죄책감을 느낌
- 거의 매일 사고력이나 집중력의 감소 또는 우유부단함이 주관적 호소나 관찰에서 나타남
- 죽음에 대한 반복적인 생각이나 특정한 계획 없이 반복적으로 자살에 대한 생각이나 자살기도를 하거나 자살하기 위한 구체적인 계획을 세움

제3과목 심리검사

041 신경심리학적 능력 중 BGT 및 DAP, 시계 그리기를 통해 가장 효과적으로 평가할 수 있는 것은?

① 주의 능력   ② 기억 능력
③ 실행 능력   ④ 시공간 구성 능력

정답 | ④
해설 | 시공간 구성 능력, 시각 능력, 협응 능력 등을 가장 효과적으로 평가할 수 있다.

042 신경심리검사에 대한 설명으로 옳은 것은?

① Broca와 Wernicke는 실허증 연구에 뛰어난 업적을 남겼으며, Benton은 임상신경 심리학의 창시자라고 할 수 있다.

② X레이, MRI 등 의료적 검사결과가 정상으로 나온 경우에는 신경심리검사보다는 의료적 검사결과를 신뢰하는 것이 타당하다.

③ 신경심리검사는 고정식(fixed) battery와 융통식(flexible) battery 접근이 있는데, 두 가지 접근 모두 하위검사들이 독립적인 검사들은 아니다.

④ 신경심리검사는 환자에 대한 진단 환자의 강점과 약점, 향후 직업능력의 판단, 치료계획, 법의학적 판단, 연구 등에 널리 활용된다.

정답 | ④

해설 | 신경심리검사는 성인의 뇌손상에 따른 행동적 변화를 평가하기 위해 신경과나 신경외과 분야에서 주로 발전되어 왔고, 기능적 정신장애와 기질성 정신장애를 감별하기 위해 정신과 영역에서도 일부 사용되었다. 신경심리학 분야는 주로 실험적 또는 통계적 접근을 통해 형성되었고 이후 미국의 심리학자들에 의해 발전되면서 표준화된 검사의 적용과 결과 해석을 강조하는 많은 심리검사 중 하나로 또는 종합심리검사를 구성하는 풀 배터리(Full-Battery) 유형으로 개발되었다. 이 중 대표적인 것이 1947년 할스테드(Halstead)가 뇌손상 환자의 행동특성을 측정하기 위해 만든 검사를 레이탄(Reitan)이 개정하여 제작한 할스테드-레이탄(Halstead-Reitan) 버전이다. 보스턴(Boston) 의과대학 연구팀은 신경심리학 연구영역을 확장하고 다양한 평가도구를 개발하는 데 크게 공헌했다. 실어증, 치매, 노화문제에 대한 탁월한 연구를 진행했고, 이들이 개발한 보스턴 진단용 실어증검사(BDAE, Boston Diagnostic Aphasia Examination), 보스턴 역행 기억상실 배터리(Boston Retrograde Amnesia Battery, BRAB), 보스턴 명명 테스트(Boston Naming Test, 보스톤 이름대기 검사, BNT) 등과 같은 평가도구들은 현재 임상현장에서 사용되고 있다.

043 심리검사자가 준수해야 할 윤리적 의무로 옳은 것을 모두 고른 것은?

> ㄱ. 심리검사 결과 해석 시 수검자의 연령과 교육 수준에 맞게 설명해야 한다.
> ㄴ. 심리검사 결과가 수검자의 삶에 영향을 줄 수 있음을 인식해야 한다.
> ㄷ. 컴퓨터로 실시하는 심리검사는 특정한 교육과 자격이 필요 없다.

① ㄱ

② ㄱ, ㄴ

③ ㄴ, ㄷ

④ ㄱ, ㄴ, ㄷ

정답 | ②

해설 | 심리검사의 윤리적 고려사항

- 전문적 측면(전문가로서의 자질) : 검사자는 고도의 책임 있는 기능을 수행하기 위해 인간행동을 이해하는 데 필요한 전문적인 교육을 받아야 한다. 전문적인 기술을 가지고 심리학적 평가방법을 다룰 수 있어야 한다.
- 도덕적 측면(수검자에 대한 의무와 권리) : 검사자는 인가의 권리를 보호해야 할 의무가 있다. 심리검사와 관련된 수검자의 권리 중에는 검사를 받지 않을 권리, 검사점수 및 해석을 알 권리, 검사자료에 접근할 수 있는 사람이 누구인지 알 권리, 검사결과의 비밀을 보장받을 권리 등이 있다.
- 윤리적 측면(검사자의 책임) : 검사자는 수검자에게 검사가 어떻게 사용되는가를 말해 주고 비밀보장의 한계를 설명해 주어야 한다. 자신을 고용한 기관에 대해서는 기능한 한 최소한의 정보를 제공하는 것이 바람직하다.
- 사회적 측면 : 검사자는 심리검사가 주는 이익과 개인의 권리 및 자유를 위협하는 위험을 알고 있어야 한다. 이익의 위험을 훨씬 능가하고 위험이 최소화된 경우에만 검사 사용이 사회적으로 용인되어야 한다.

044 표집 시 남녀 비율을 정해놓고 표집해야 하는 경우에 가장 적합한 방법은?

① 군집표집(cluster sampling)
② 유층표집(stratified sampling)
③ 체계적표집(systematic sampling)
④ 구체적표집(specific sampling)

정답 | ②
해설 | 층화표집 또는 유층표집(stratified sampling)은 모집단의 어떤 특성에 대한 사선시식을 토대로 해령 모집단을 동질적인 몇 개의 층(Strata)으로 나눈 후 이들로부터 적정한 수의 요소를 무작위로 추출하는 방법이다.

045 MMPI-2의 각 척도에 대한 해석으로 가장 적합한 것은?

① 6번 척도가 60T 내외로 약간 상승한 것은 대인관계 민감성에 대한 경험을 나타낸다.
② 2번 척도는 반응성 우울증보다는 내인성 우울증과 관련이 높다.
③ 4번 척도의 상승 시 심리치료 동기가 높고 치료의 예후가 좋음을 나타낸다.
④ 7번 척도는 불안 가운데 상태불안 증상과 연관성이 높다.

정답 | ①
해설 | 6번 척도는 대인관계 예민성, 피해의식, 만연한 의심, 경직된 사고, 관계망상 등을 포함하는 편집증의 임상적 특징을 평가하는 것이 주된 목적이다.

046 웩슬러 지능검사의 하위지수 중 지적장애를 가진 사람들의 어려움을 겪는 것으로 알려진 소검사들을 가장 많이 포함하고 있는 것은?

① 언어이해
② 지각추론
③ 작업기억
④ 처리속도

정답 | ①
해설 | 웩슬러 검사 중 지능지수는 언어성 지능지수와 동작성 지능지수를 종합한 전체 검사 지능을 말하며 지적장애를 가진 사람들은 언어이해 부분에 있어 어려움을 갖게 된다.

047 Guilford의 지능구조 입체모형에서 조작(Operation) 요인에 해당하는 것은?

① 표정, 동작 등의 행동적 정보
② 사고 결과의 적절성을 판단하는 평가
③ 의미 있는 단어나 개념의 의미적 정보
④ 어떤 정보에서 생기는 예상이나 기대들의 합

정답 | ②

해설 | 조작(Operation) 요인
- 평가 : 사고 결과의 적절성을 판단하는 평가
- 수렴적 사고(조작) : 이미 알고 있는 지식이나 기억된 정보에서 어떤 지식을 도출해 내는 능력
- 확산적 사고(조작) : 이미 알고 있거나 기억된 지식 위에 전혀 새로운 지식을 창출해 내는 능력
- 기억파지 : 정보의 파지
- 기억저장 : 정보의 저장
- 인지 : 여러 가지 지식과 정보의 발견 및 인지와 관련된 사고력

048 지능검사를 해석할 때 고려사항으로 옳지 않은 것은?

① 작업기억과 처리속도는 상황적 요인에 민감한 지수임을 감안한다.

② 지수점수를 해석할 때 여러 지수들 간에 점수 차이가 유의한지를 살펴봐야 한다.

③ 지수가 유의한 차이가 있을 경우 전체 척도 IQ는 해석하기가 용이하다.

④ 지수점수 간의 비교를 통해 상대적 약점이 문제의 원인이 될 수 있는지 확인한다.

정답 | ③

해설 | IQ(지능지수)는 특정 시기에 특정 지능검사에서 얻어진 특정 점수이다. 따라서 한 지능검사에서 어떤 점수를 얻었다고 해서 다른 검사에서 동일한 점수를 얻는 것은 아니다. 즉, 지능지수라는 것이 개인의 결정적인 지능을 완벽히 설명해 줄 수 없다는 것을 의미한다.

049 다음 MMPI-2 프로파일과 가장 관련이 있는 진단은?

L=56, F=78, K=38
1(Hs)=56 2(D)=58 3(Hy)=54 4(Pd)=53 5(Mf)=54
6(Pa)=76 7(Pt)=72 8(Sc)=73 9(Ma)=55 0(Si)=66

① 품행장애   ② 우울증
③ 전환장애   ④ 조현병

정답 | ④

해설 | • 8번 척도 상승 : 8번 척도는 정신분열증 환자를 가려내기 위해 개발되었으며 정신분열증이라는 진단범위에는 사고, 기분 및 행동의 장애를 특징으로 하는 이질적인 집단들이 포함된다.
- 8-6번 동반 상승 : 기분이 앙양되어 있고 말이 많으며, 공격적이고 적개심을 내포한다. 조울병, 혹은 정신분열 증적 양상을 띤 사고장애를 가지고 있어서 주의 집중 곤란, 판단력 장애, 현실 검증력 장애, 환청, 과대망상, 관계망상, 피해망상이 주로 나타나며 급성정신증적 상태인 경우가 많다. 이들은 사소한 스트레스에도 과도한 반응을 보이며 눈물을 자주 흘리고 떨고 있는 모습을 보이기도 한다. 심각한 스트레스를 받으면 전형적으로 공상으로 도피하는 모습을 보인다. 생각이 많고 반추적 · 강박적이며 두서가 없고 지리멸렬한 방식으로 이야기한다. 지남력을 상실한 채 혼란스러워하는 것처럼 보인다.

050 BSID-II(Bayley Scale of Infant Development-II)에 대한 설명으로 틀린 것은?

① 신뢰도와 타당도에 관한 보다 많은 정보를 제공하여 검사의 심리측정학적 질이 개선되었다.

② 유아의 기억, 습관화, 시각선호도, 문제해결 등과 관련된 문항들이 추가되었다.

③ BSID-Ⅱ에서는 대상 연령범위가 16일에서 42개월까지로 확대되어있다.

④ 기능 척도, 운동척도의 2가지 척도로 구성되어 있다.

정답 | ④

해설 | 정신척도, 운동척도, 행동평정척도로 구성된다.

　　정신척도(Mental Scale)
　　• 인지발달 : 기억력, 문제해결, 분류 및 변별 능력 등
　　• 언어발달 : 어휘 및 발성, 수용언어 및 표현언어 등
　　• 개인/사회성발달 : 언어적 의사소통 등
　　운동척도(Motor Scale)
　　• 소근육발달 : 쓰기 및 잡기, 손 운동 따라하기, 도구 사용하기 등
　　• 대근육발달 : 앉기 및 서기, 걷기 및 뛰기, 균형잡기 등
　　행동평정척도(Behaior Rating Scale)
　　• 주의 및 각성상태, 과제 및 검사에 대한 참여 정도, 정서조절, 운동의 질

051 성격을 측정하는 자기보고 검사에 관한 설명으로 옳은 것은?

① 개인의 심층적인 내면을 탐색하는 데 흔히 사용된다.

② 응답결과는 개인의 반응경향성과 무관하다.

③ 강제선택형 문항은 개인의 묵종 경향성을 예방하는 데 효과적이다.

④ 사회적으로 바람직하게 응답하려는 경향을 나타내기 쉽다.

정답 | ④

해설 | 자기보고 검사는 개인이 질문지 내용을 읽고 자신이 느끼는 감정이나 행동을 자기보고 형식으로 진술하게 함으로써 이를 토대로 그 사람의 성격을 진단한다. 검사 시 자신에 대해 가장 잘 알고 있는 사람이 솔직하고 성의있게 진술하게 하면 가장 효과적인 방법이며 경제적이고 간편하다. 그러나 개인이 자신의 행동이나 마음의 상태를 정확하게 자각하지 못하게 된 경우에는 결과가 왜곡될 수 있으며, 자신에 대하여 알고 있다 해도 보고하지 않고 왜곡해서 보고할 가능성이 있다.

052 80세 이상의 노인집단용 규준이 마련되어 있는 심리검사는?

① MMPI – A

② K – WISC – Ⅳ

③ K – Vineland – Ⅱ

④ SMS(Social Maturity Scale)

정답 | ③

해설 | K–Vineland–Ⅱ는 대상연령이 0~90세까지 반영되어 있다. 신체기능이 저하되어 다시 신체–운동 기능을 반영한 적응기능을 측정하여 독립적 생활 가능성에 대하여 확인해야 하는 노인대상에게 유용하다.

053 Rorschach 검사에서 반응의 결정인 중 인간운동반응(M)에 대한 설명으로 옳지 않은 것은?

① M 반응이 많은 사람은 행동이 안정되어 있고 능력이 뛰어남을 나타낸다.

② M 반응이 많을수록 그 사람은 그의 세계의 지각을 풍부하게 만들기 위해 자유롭게 구사할 수 있는 상상력을 지니고 있다.

③ 상쾌한 기분은 M 반응의 수를 증가시킨다.

④ 좋은 형태의 수준을 가진 M의 출현은 높은 지능의 존재를 부정하는 것이며 가능한 M이 많이 나타난다는 사실은 낮은 지능을 의미한다.

정답 | ④

해설 | M(인간운동반응)

- 인간에 대한 이성적 판단력, 즉 공간능력의 양을 나타냄
- M≥2 : 적절한 수준
- M– : 공감 능력의 부족, 인간에 대해 이성적으로 생각하지만 왜곡된 판단을 할 수 있음
- M은 많을수록 좋음
- Mnone & M–≥2 : 사고가 매우 특이하고 혼란

054 MMPI-2의 자아 강도 척도(ego strength scale)에 관한 설명으로 틀린 것은?

① 정신치료의 성공 여부를 예측하기 위해 고안되었다.

② 개인의 전반적인 기능 수준과 상관이 있다.

③ 효율적인 기능과 스트레스를 견디는 능력을 반영한다.

④ F 척도가 높을수록 자아 강도 척도의 점수는 높아진다.

정답 | ④

해설 | 자아 강도(Es) 척도에서 일반적으로 높은 Es 척도 점수는 심리치료를 받는 환자들의 긍정적인 성격변화를 예측한다. 높은 점수는 심리적으로 더 잘 적응하는 경향을 나타내며, 심리적 자원과 스트레스 대처능력과 관련이 있다. F 척도가 높을수록 비관습적, 특이한 사고와 태도, 심리적 고통, 자존감 문제, 정체감 문제, 정신병리 가능성을 보이며 원점수 16점에 근접하면 정신병리가 심각해지고 공황상태를 보인다.

055 **MMPI-2 검사를 실시할 때 고려해야 할 사항으로 옳지 않은 것은?**

① 검사의 목적과 결과의 비밀보장에 대해 설명한다.
② 검사결과는 환자와 치료자에게 중요한 자료가 됨을 강조할 필요가 있다.
③ 수검자들이 피로해 있지 않은 시간대를 선택한다.
④ 수검자의 독해력은 중요하지 않다.

정답 | ④
해설 | MMPI-2 검사 시 수검자의 독해력이 중요하다. 검사자는 수검자가 MMPI에 제대로 응답할 수 있는지 수검자의 독해력 수준을 파악해야 한다. 이 경우 독해력은 초등학교 6학년 이상의 수준이어야 한다.

056 **신경심리검사의 실시에 대한 설명으로 옳은 것은?**

① 두부 외상이나 뇌졸중 환자의 경우에는 급성기에 바로 검사를 실시하는 것이 바람직하다.
② 어려운 검사는 피로가 적은 상태에서 실시하고 어려운 검사와 쉬운 검사를 교대로 실시하는 것이 좋다.
③ 운동 기능을 측정하는 검사는 과제제시와 검사 사이에 간섭과제를 사용한다.
④ 진행성 뇌질환의 경우 6개월 정도가 지난 후에 정신 상태와 인지기능을 평가하는 것이 바람직하다.

정답 | ②
해설 | 두부 외상이나 뇌졸중 등 급작스럽게 발병한 상태의 경우 급성기를 피해서 6~12주(2달) 후 검사를 하는 것이 바람직하다. 급성기가 벗어난 후에는 손상된 인지기능 정도를 평가하여 치료계획을 세울 수 있다. 보상이나 법적인 판단을 위해 평가하는 경우 환자에게 실시되는 평가가 버전 기능을 가능하는 치료가 됨을 명확하게 고지하여 과장하려는 의도를 포기하도록 해야 한다.

057 **타당도에 관한 설명으로 틀린 것은?**

① 준거타당도는 검사점수와 외부 측정에서 얻은 일련의 수행을 비교함으로써 결정된다.
② 준거타당도는 경험타당도 또는 예언타당도라고 불리기도 한다.
③ 구성타당도는 측정될 구성개념에 대한 평가도구의 대표성과 적합성을 말한다.
④ 구성타당도는 내용 및 준거타당도 접근법에서 직면하게 될 부적합성 및 문제점을 해결하기 위해 개발되었다.

정답 | ③
해설 | 구성타당도는 조작적으로 정의되지 않은 인간의 심리적 특성이나 성질을 심리적 개념으로 분석하여 조작적 정의를 부여한 후, 검사점수가 조작적 정의에서 규명한 심리적 개념들을 제대로 측정하였는가를 검정하는 방법이다.

058 지능을 구성하는 요인에 관한 Cattell과 Horn의 이론 중 결정화된 지능(crystallized intelligence)에 관한 설명으로 옳은 것은?

① 비언어적 요인과 관련된 능력을 말한다.
② 후천적이기보다는 선천적으로 이미 결정화된 지능의 측면을 말한다.
③ 나이가 늘어 감에 따라 낮아진다.
④ 문화적 요인에 의해 더 많은 영향을 받는다.

정답 | ②
해설 | 결정성 지능
- 경험적 · 환경적 · 문화적 영향의 누적에 의해 발달이 이루어지며, 교육 및 가정환경 등에 의해 영향을 받는다.
- 나이가 들수록 더욱 발달하는 경향이 있다.
- 언어이해능력, 문제해결능력, 상식, 논리적 추리력 등이 해당한다.
- 웩슬러 지능검사의 소검사 중 기본지식, 어휘문제, 공통성문제, 이해문제 등이 결정성 지능을 반영한다.

059 적성검사에 관한 설명으로 옳지 않은 것은?

① 개인의 특수한 영역에서의 능력을 측정한다.
② 적성검사는 능력검사로 불리기도 한다.
③ 적성검사는 개인의 미래수행을 예측하는 데 사용된다.
④ 학업 적성은 실제 학업성취도와 일치한다.

정답 | ④
해설 | 적성은 일반적 지식이나 특수한 기술을 습득 · 숙달할 수 있는 개인의 잠재력을 의미한다. 적성은 학업성취와 관련된 학업적성, 직업활동과 관련된 직업적성, 사무적성, 기계적성, 음악적성, 미술적성, 언어적성, 수공적성, 수리적성 등의 특수적성으로 세분화된다. 적성검사는 인지적 검사로서 개인의 특수한 능력 또는 잠재력을 발견하도록 하여 학업이나 취업 등의 진로를 결정하는 데 정보를 제공하며, 이를 통한 미래의 성공가능성을 예측한다.

060 K-WISC-Ⅳ에서 인지효능지표에 포함되는 소검사가 아닌 것은?

① 숫자
② 행렬 추리
③ 기호쓰기
④ 순차연결

정답 | ②
해설 | 인지효능지표에 포함된 소검사는 '숫자', '산수', '동형찾기', '기호쓰기'이다.

061 강제입원, 아동 양육권, 여성에 대한 폭력, 배심원 선정 등의 문제에 특히 관심을 가지는 심리학 영역은?

① 아동임상심리학   ② 임상건강 심리학
③ 법정심리학   ④ 행동의학

정답 | ③
해설 | 법은 때때로 학자 혹은 전문가의 자문을 필요로 한다. 심리학자는 특정 개인에 대한 자신의 경험이나 전문가적 소견을 법정에서 증언할 수 있고, 학문적 사실이나 연구들에 의해 수렴된 심리이론 및 실증적 자료들에 대해 증언할 수도 있다. 강제입원, 아동 양육권, 여성에 대한 폭력, 배심원 선정 등 법제도의 합리성, 법절차의 정당성, 법집행 방식 등에 관심을 가진다.

062 MMPI-2의 타당도 척도 중 부정 왜곡을 통해 극단적인 수준으로 정신병적 문제가 있음을 나타내려는 경우에 상승되는 것은?

① S scale   ② F(P) scale
③ TRIN scale   ④ VRIN scale

정답 | ②
해설 | F 척도(비전형 척도)는 비전형적인 방식으로 응답하는 사람들을 탐지하기 위한 것으로서, 검사 문항에 대해 정상인들이 응답하는 방식에서 벗어나는 경향성을 측정한다. 수검자의 부주의나 일탈 행동, 증상의 과장 혹은 자신을 나쁘게 보이려는 의도, 질문항목에 대한 이해 부족 혹은 읽기의 어려움, 채점이나 기록에서의 심각한 오류 등을 식별할 수 있다. F 척도 점수가 높을수록 수검자는 대부분의 정상적인 사람들이 하는 것처럼 반응하지 않는 것을, 그가 가지고 있는 문제영역이 많고 문제의 정도가 심각한 것을 나타낸다. 또한 FP 척도(비전형-정신병리 척도)는 F 척도의 상승이 실제 정신과적 문제 때문인지 혹은 의도적으로 자신을 부정적으로 보이려고 한 것인지를 판별하는 데 유효하다. 특히 FP 척도가 100T 이상일 경우 수검자의 무선반응 혹은 부정왜곡을 짐작할 수 있으므로, 해당 프로파일은 무효로 간주할 수 있다.

063 역할-연기에 대한 설명과 가장 거리가 먼 것은?

① 주장훈련과 관련이 있다.   ② 사회적 기술을 포함하고 있다.
③ 행동시연을 해야 한다.   ④ 이완훈련을 해야 한다.

정답 | ④
해설 | 역할-연기는 바람직한 반응 혹은 행동의 훈련이나 변화를 위해서, 혹은 치료과정 중에 내담자가 카타르시스를 느낄 수 있도록 시행하는 모의실습으로, 이완훈련과는 거리가 멀다.

064 미국에서 임상심리학이 비약적으로 발전하게 된 계기가 된 것은?

① 자원봉사자들의 활동　　　　　　　② 루스벨트 대통령의 후원
③ 제2차 세계대전　　　　　　　　　 ④ 매카시즘의 등장

정답 | ③

해설 | 제2차 세계대전 전후 40,000명 이상의 제대군인들이 정신과적 이유로 재향군인(Vaterans' Administration, VA) 병원에 입원했는데, 그 숫자는 VA 병원 전체 환자의 60%에 달했다. 정신과 의사들과 기타 의사들은 이러한 막대한 수의 재향군인에 대한 치료 요구를 충족할 수 없었다. 따라서 임상적 서비스에 대한 압도적인 요구는 심리검사, 심리치료, 자문 및 연구를 포함하는 포괄적인 심리학 서비스의 전반적인 범위를 제공할 수 있는 임상심리학자의 막대한 증가를 초래했다.

065 임상심리사로서 전문적인 관계를 유지하는 데 바람직한 지침사항과 가장 거리가 먼 것은?

① 다른 전문직에 종사하는 동료들의 욕구, 특수한 능력, 그리고 의무에 대하여 적절한 관심을 가져야 한다.
② 동료 전문가와 관련된 단체나 조직의 특권 및 의무를 존중하여 행동하여야 한다.
③ 소비자의 최대이익에 기여하는 모든 자원을 활용해야 한다.
④ 동료 전문가의 윤리적 위반 가능성을 인지하면 즉시 해당 전문가 단체에 고지해야 한다.

정답 | ④

해설 | 업무와 관련된 인간관계

- 심리학자는 동료 심리학자를 존중하고, 동료 심리학자의 업무활동에 대해 근거 없는 비판을 하지 않는다.
- 심리학자는 성실성과 인내심을 가지고 함께 일하는 다른 분야의 종사자와 협조적으로 업무를 수행한다.
- 심리학자는 학생이나 수련생에게 필요한 지식과 경험을 제공하여야 하며, 그들에게 종속적인 업무만을 하도록 하여서는 아니 된다.
- 심리학자는 연구참여자의 인격을 존중하여야 하며, 연구 참여 과정 중에 이들이 위험에 처하지 않도록 안전과 복지를 보장하는 조치를 취하여야 한다.
- 심리학자는 내담자/환자와 신뢰 관계를 형성하여야 하나, 다중관계나 착취 관계는 맺지 않아야 한다.

066 시각적 처리와 시각적으로 중재된 기억의 일부 측면에 관여하는 뇌의 위치는?

① 두정엽　　　　　　　　　　　　　② 후두엽
③ 전두엽　　　　　　　　　　　　　④ 측두엽

정답 | ②

해설 | 후두엽은 대뇌피질의 뒷부분에 위치하며, 시각통로에서 입력을 받는 시상핵의 축삭이 존재한다. 시각의 영역으로서 일차시각피질과 시각연합피질로 구성되며, 공간적 정보를 저장하는 작업기억을 담당한다.

067 불안에 관한 노출치료의 내용과 가장 거리가 먼 것은?

① 노출은 불안을 더 일으키는 자극에서 불안을 덜 일으키는 자극 순으로 진행되어야 한다.

② 노출은 공포, 불안이 제거될 때까지 반복되어야 한다.

③ 노출은 불안을 유발해야 한다.

④ 환자는 될 수 있는 한 공포스러운 자극에 주의를 기울이고 그 자극과 관계를 맺도록 노력해야 한다.

정답 | ①

해설 | 내담자의 상태에 따라 낮은 불안에서 높은 불안 순으로 진행되어야 한다.

068 다음의 설명에 해당하는 것은?

> 불안을 유발하는 기억과 통찰을 무의식적으로 억압하거나 회피하려는 시도로 치료 시간에 잦은 지각이나 침묵과 의사소통의 회피 등을 보인다.

① 합리화   ② 전이

③ 저항   ④ 투사

정답 | ③

해설 | 저항은 상담이나 심리치료의 진행을 방해하고 현재 상태를 유지하려는 내담자 또는 환자의 의식적 혹은 무의식적 사고와 감정을 말한다. 내담자는 처음 상담에 임할 때 자연스럽게 불안과 긴장을 느끼게 되며, 그로 인해 일종의 자기보호를 위한 노력의 일환으로서 자신을 개방하지 않으려는 저항 반응을 보이게 된다. 상담 또는 심리치료를 위한 면담과정에서 나타나는 저항의 유형에는 침묵, 말을 많이 함, 검열·편집, 일반화, 지식화, 핑계가 있다.

069 행동평가에 관한 설명으로 가장 적합한 것은?

① 자연적인 상황에서 실제 발생한 것만을 대상으로 평가한다.

② 행동표본은 내면심리를 반영한 것으로 해석된다.

③ 특정 표적행동의 조작적 정의가 상이할 수 있음을 고려해야 한다.

④ 관찰 결과는 요구특성이나 피험자의 반응성 요인과는 무관하다.

정답 | ③

해설 | ① 행동평가는 특정상황에 대한 개인의 행동에 초점을 두며, 문제행동뿐만 아니라 문제행동을 유발하는 특수한 자극상황도 평가한다

     ② 행동평가는 행동주의이론을 근거로 특수한 상황에서 나타나는 내담자의 구체적인 행동, 사고, 감정 및 생리적 반응에 관심을 가진다.

     ④ 관찰자는 자연관찰법, 유사관찰법, 참여관찰법 등을 통해 대상자의 환경 속에서 문제행동을 관찰하여 대상자를 둘러싼 주변환경 내에서의 특정상황요인과 문제 행동 간의 관계를 파악한다.

070 문장완성검사에 관한 설명으로 틀린 것은?

① 수검자의 자기개념, 가족관계 등을 파악할 수 있다.

② 수검자가 검사자극의 내용을 감지할 수 없도록 구성되어 있다.

③ 수검자에 따라 각 문항의 모호함 정도는 달라질 수 있다.

④ 개인과 집단 모두에게 실시될 수 있다.

정답 | ②

해설 | 문장완성검사는 수검자가 검사의 구체적인 의도를 명확히 알지 못하고, 옳은 답 또는 그른 답을 분간할 수 없으므로 비교적 솔직한 답을 얻을 수 있다. 다만, 다른 투사적 검사에 비해 검사의 의도가 완전히 은폐되지 않으므로 수검자의 응답이 왜곡되어 나타날 가능성을 완전히 배제하기는 어렵다.

071 심리치료 이론 중 전이와 역전이의 중요성을 강조하고 치료에 활용하는 접근은?

① 정신분석적 접근 ② 행동주의적 접근

③ 인본주의적 접근 ④ 게슈탈트적 접근

정답 | ①

해설 | 전이의 기본 정의는 '사람의 어린 시절에 중요했던 관계에 대한 현재의 부적절한 반복'이며, 다른 정의로는 '감정의 방향전환 및 특히 무의식적으로 새로운 객체를 향해 어린 시절부터 유지된 욕망', '억압된 경험, 특히 어린 시절, 그리고 억압된 충동의 원래 목적이었던 타인의 대체와 관련된 감정의 재생' 등이 있다. 전이는 치료 중 환자의 감정 상태를 더 잘 이해하려던 심리학자 지그문트 프로이트의 정신분석학에서 처음 설명된 이후, 대상관계론에서 그 개념이 등장했다.

072 인간중심치료에 대한 설명으로 적합하지 않은 것은?

① 인간중심접근은 개인의 독립과 통합을 목표로 삼는다.

② 인간 중심적 상담(치료)은 치료과정과 결과에 대한 연구관심사를 포괄하면서 개발되었다.

③ 치료자는 주로 내담자의 자기인식 및 세계에 주로 관심을 가진다.

④ 내담자가 정상인인가, 신경증 환자인가, 정신병 환자인가에 따라 각기 다른 치료원리가 적용된다.

정답 | ④

해설 | 인간중심상담에서 자신의 현실에 대해 보다 완전하게 대처할 수 있는 길을 발견하는 책임은 곧 내담자에게 있으며, 내담자는 이를 수행할 능력을 가지고 있다. 인간중심상담은 내담자의 현상세계를 강조함으로써, 상담자 또는 치료자는 내담자의 자기인식 및 세계인식에 관심을 기울인다. 또한 정상인, 신경증 환자, 정신병 환자 등을 구분하지 않은 채 모든 사람에게 동일한 상담 및 치료의 원리를 적용한다.

073 임상심리사가 수행하는 역할과 가장 거리가 먼 것은?

① 심리치료상담 ② 신경검사
③ 언어치료 ④ 심리재활

정답 | ③
해설 | 임상심리사의 역할은 내담자의 심리적 사회적 문제 진단 및 평가, 내담자의 심리적 문제의 치료, 내담자 및 내담자 가족의 심리재활, 교육 및 훈련, 정신건강 관련 단체 등에 자문, 행정 및 지도, 심리적 · 정신적 장애의 원인과 결과 및 다양한 치료방법과 평가방법 연구 등이다.

074 다음에 해당하는 관찰법은?

- 문제행동의 빈도, 강도, 만성화된 문제행동을 유지시키는 요인들을 실제 장면에서 관찰하는 데 효과적이다.
- 시간과 비용이 많이 들며, 대부분의 사람들은 자신이 관찰된다는 것을 알고 있을 때 다르게 행동한다.

① 자연 관찰법 ② 통제된 관찰법
③ 자기 관찰법 ④ 연합 관찰법

정답 | ①
해설 | 자연 관찰법(직접 관찰법)은 관찰자가 실제 생활환경에서 내담자의 자연스러운 행동을 관찰하는 방법으로, 여러 상황에 걸쳐 많은 정보를 확보하도록 함으로써 문제행동에 대한 리스트 작성 및 기초자료수집에 효과적이다. 그러나 내담자의 문제행동이 나타나는 데 시간이 오래 걸리며, 비용 면에서도 효율적이지 못하다.

075 다음에 해당하는 자문의 유형은?

주의력 결핍장애를 가진 아동의 혼란된 행동을 다루는 방법을 확신하지 못하고 있는 초등학교 3학년 담임교사에게 자문을 해주었다.

① 내담자 중심 사례 자문 ② 프로그램 중심 행정 자문
③ 피자문자 중심 사례 자문 ④ 자문자 중심 행정 자문

정답 | ③
해설 | 피자문자 중심 사례자문은 내담자나 환자의 임상적인 문제보다는 피자문자의 관심사가 주요 요인으로 작용한다. 피자문자의 경험 부족이나 정보 부족, 오류나 실수 등이 토론의 주제가 된다.

076 합동가족치료에 대한 설명으로 틀린 것은?

① 비행 청소년들과 그들의 가족들을 위한 개입법으로 개발되었다.
② 한 치료자가 가족 전체를 동시에 본다.
③ 치료자는 상황에 따라 비지시적인 역할을 할 수 있다.
④ 치료자는 가족 구성원에게 과제를 준다.

정답 | ①
해설 | 합동가족치료는 가족면접을 중심으로 하는 가족치료의 한 형태로서 전 가족구성원을 대상으로 동시에 면접을 실시하여 치료하는 방식이다. 합동치료는 가족 상호작용이나 기능, 역할 균형상태, 커뮤니케이션과 가족권위 등을 가장 빨리 이해할 수 있고 즉시 전체를 파악할 수 있는 장점이 있다.

077 Rogers가 제안한 내담자의 긍정적 변화를 촉진시키기 위한 치료자의 3가지 조건에 해당하지 않는 것은?

① 무조건적 존중　　　　　　　　　② 정확한 공감
③ 창의성　　　　　　　　　　　　　④ 솔직성

정답 | ③
해설 | 인간중심상담의 기술(Rogers)
　　• 일치성(진실성) : 상담자는 내담자와의 상담관계에서 순간순간 경험하는 자신의 감정이나 태도를 있는 그대로 솔직하게 인정한다.
　　• 공감적 이해와 경청 : 상담자는 동정이나 동일시가 아닌 객관적인 입장에서 내담자를 깊이 있게 이해하도록 한다.
　　• 무조건적인 긍정적 수용(관심) 또는 존중 : 상담자는 내담자를 평가 또는 판단하지 않으며, 수용적인 태도로써 내담자를 존중한다.

078 접수면접의 목적에 대한 설명으로 가장 적합한 것은?

① 환자의 심리적 기능 수준과 망상, 섬망 또는 치매와 같은 이상 정신현상의 유무를 선별하기 위해 실시한다.
② 가장 적절한 치료나 중재 계획을 권고하고 환자의 증상이나 관심을 더 잘 이해하기 위해 실시한다.
③ 환자가 중대하고 외상적이거나 생명을 위협하는 위기에 있을 때 그 상황에서 구해내기 위해서 실시한다.
④ 환자가 보고하는 증상들과 문제들을 진단으로 분류하기 위해서 실시한다.

정답 | ②
해설 | 접수면접
　　• 상담신청과 정식상담의 다리 역할을 하는 절차로서, 환자가 도움을 받고자 내원했을 때 내원한 기관에 대한 소개 및 환자의 치료동기에 대하여 면접한다.
　　• 초기접수면접에서 확인해야 할 가장 중요한 정보는 내담자의 주문제(주호소문제)이다. 주문제에는 내담자의 말을 통해 표현되는 표면적 문제와 함께 표정, 태도 등으로 표현되는 심층적 문제가 포함된다.
　　• 환자의 요구와 임상장면에 대한 기대, 임상장면의 특징에 대한 소개, 치료적 동기와 대안적 치료방법 등에 초점을 둔다.

079 불안장애를 지닌 내담자에게 적용한 체계적 둔갑법의 단계를 바르게 나열한 것은?

> ㄱ. 이완 상태에서 가장 낮은 위계의 불안자극에 노출한다.
> ㄴ. 이완 상태에서 더 높은 위계의 불안자극에 노출한다.
> ㄷ. 불안 자극의 위계를 정한다.
> ㄹ. 불안 상태와 양립 불가능하여 불안을 억제하는 효과를 지닌 이완 기법을 배운다.

① ㄱ → ㄴ → ㄷ → ㄹ   ② ㄷ → ㄱ → ㄴ → ㄹ
③ ㄷ → ㄹ → ㄱ → ㄴ   ④ ㄹ → ㄱ → ㄴ → ㄷ

정답 | ③

해설 | 체계적 둔감법(체계적 둔감화)은 혐오스런 느낌이나 불안한 자극에 대한 위계목록을 작성한 다음 낮은 수준의 자극에서 높은 수준의 자극으로 상상을 유도함으로써 혐오나 불안에서 서서히 벗어나도록 유도한다. 불안과 공포증이 있는 내담자에게 그로 인한 부적응행동이나 회피행동을 치료하는 데 효과가 있다.

080 평가면접에서 면접자의 태도에 대한 설명으로 틀린 것은?

① 수용 : 내담자의 가치에 대한 기본적인 존중과 관련되어 있다.
② 해석 : 면접자가 자신의 내면과 부합하는 심상을 수용하는 것과 관련되어 있다.
③ 이해 : 내담자의 관점에서 세계를 보기 위한 노력과 관련되어 있다.
④ 진실성 : 면접자의 내면과 부합하는 것을 전달하는 정도와 관련되어 있다.

정답 | ②

해설 | 해석은 내담자의 말과 행동에서 표현된 기본적인 감정, 생각 및 태도를 상담자가 다른 참신한 말로 부연해 주는 것이다.

081 다음 사례에서 사용된 행동주의 상담기법은?

> 내담자는 낮은 학업 성적으로 인해 학교 적응에 어려움을 겪고 있다. 상담자는 내담자가 평소 컴퓨터 게임을 매우 좋아한다는 사실을 알았다. 상담자는 내담자가 하루에 계획한 학습량을 달성하는 경우, 컴퓨터 게임을 30분 동안 하도록 개입하였다.

① 자기교수훈련, 정적강화
② 프리맥의 원리, 정적강화
③ 체계적 둔감법, 자기교수훈련
④ 자극통제, 부적강화

정답 | ②
해설 | 프리맥의 원리(Premack' Principle)
- 높은 빈도의 행동(선호하는 활동)은 낮은 빈도의 행동(덜 선호하는 행동)에 대해 효과적인 강화인자가 될 수 있다.
- 프리맥의 원리가 효과적이기 위해서는 낮은 빈도의 행동(덜 선호하는 행동)이 먼저 일어나야 한다.
  정적강화
- 유쾌자극을 부여하여 바람직한 반응의 확률을 높인다.

082 보딘(Bordin)이 제시한 작업동맹(working alliance)의 3가지 측면으로 옳은 것은?

① 작업의 동의, 진솔한 관계, 유대관계
② 진솔한 관계, 유대관계, 서로에 대한 호감
③ 유대관계, 작업의 동의, 목표에 대한 동의
④ 서로에 대한 호감, 동맹, 작업의 동의

정답 | ③
해설 | 보딘(Bordin)이 제시한 작업동맹(working alliance)의 3가지 측면
- 정신적 유대(bond)
- 목표에 관한 합의(goal agreement)
- 과제에 대한 합의(task agreement)

083 인간중심상담에 관한 설명으로 옳지 않은 것은?

① 모든 인간에게 실현경향성이 있다고 보는 긍정적 인간관을 지닌다.
② 이상적 자기와 현실적 자기 간의 괴리가 큰 경우 심리적 부적응이 발생한다고 본다.
③ 상담자가 내담자에 대해 무조건적 긍정적 존중의 태도를 지니는 것을 강조한다.
④ 아동은 부모의 기대와 가치를 내면화하여 현실적인 자기를 형성한다.

정답 | ④
해설 | 인간중심치료에서 아동을 보는 관점은 성인의 축소판이라고 생각하여 지시하거나 가르치거나 명령하기보다 인간인 아동이 나와 동등하다는 인성을 가지는 것이 중요하다.

084 정신분석적 상담기법 중 상담진행을 방해하고 현재 상태를 유지하려는 의식적, 무의식적 생각, 태도, 감정, 행동을 의미하는 것은?

① 전이 ② 저항
③ 해석 ④ 훈습

정답 | ②
해설 | 저항은 상담이나 심리치료의 진행을 방해하고 현재 상태를 유지하려는 내담자 또는 환자의 의식적 혹은 무의식적 사고와 감정을 말한다. 내담자는 처음 상담에 임할 때 자연스럽게 불안과 긴장을 느끼게 되며, 그로 인해 일종의 자기보호를 위한 노력의 일환으로서 자신을 개방하지 않으려는 저항 반응을 보이게 된다. 상담 또는 심리치료를 위한 면담과정에서 나타나는 저항의 유형에는 침묵, 말을 많이 함, 검열·편집, 일반화, 지식화, 핑계가 있다.

085 Krumboltz가 제시한 상담의 목표에 해당하지 않는 것은?

① 내담자가 요구하는 목표이어야 한다.
② 상담자의 도움을 통해 내담자가 달성할 수 있는 목표이어야 한다.
③ 내담자가 상담목표 성취의 정도를 평가할 수 있어야 한다.
④ 모든 내담자에게 동일하게 적용될 수 있는 목표이어야 한다.

정답 | ④
해설 | Krumboltz의 상담목표
- 내담자가 요구하는 목표이어야 한다.
- 상담자는 내담자가 이러한 목표를 달성하도록 기꺼이 도와주어야 한다.
- 내담자의 목표달성 정도를 측정할 수 있어야 한다.

086 상담 진행과정에 관한 설명으로 옳지 않은 것은?

① 초기 : 비자발적 내담자의 경우 상담목표를 설정하지 않는다.
② 중기 : 내담자가 자신의 문제를 이해하고 반복적인 학습이 일어난다.
③ 중기 : 문제해결 과정에서 저항이 나타날 수 있다.
④ 종결기 : 상담목표를 기준으로 상담성과를 평가한다.

정답 | ①
해설 | 상담 초기에는 라포형성 및 상담목표를 설정한다.

087 글래서(Glasser)의 현실치료 이론에서 가정하는 기본적인 욕구가 아닌 것은?

① 생존의 욕구 ② 권력의 욕구
③ 자존감의 욕구 ④ 재미에 대한 욕구

정답 | ③
해설 | 인간은 생존의 욕구, 사랑과 소속의 욕구, 권력과 성취의 욕구, 자유의 욕구, 즐거움과 재미의 욕구 등 총 5가지의 기본적인 욕구를 가지고 있으며, 이와 같은 욕구에는 어떠한 위계도 존재하지 않는다.

088 내담자의 현재 상황에서의 욕구와 체험하는 감정의 자각을 중요시하는 상담이론은?

① 인간중심 상담
② 게슈탈트 상담
③ 교류분석 상담
④ 현실치료 상담

정답 | ②

해설 | 게슈탈트(Gestalt) 상담이론
- 펄스(Perls)에 의해 개발 · 보급된 것으로서, 형태주의 상담이라고도 한다.
- 게슈탈트는 개체에 의해 지각된 유기체 욕구나 감정 즉, 개체가 자신의 욕구나 감정을 하나의 의미 있는 전체로 조직화하여 지각한 것을 의미한다.
- 현상학 및 실존주의의 영향을 받아 인간을 전체적이고 현재 중심적이며, 선택의 자유에 의해 잠재력을 각성할 수 있는 존재로 본다.
- 내담자에게 여기−지금 현실에서 자신이 무엇을 어떻게 보고 느끼는지, 무엇이 경험을 방해하는지 자각 또는 각성하도록 돕는다.

089 위기개입전략으로 옳지 않은 것은?

① 내담자의 즉각적인 욕구에 주목한다.
② 내담자와 진실한 관계를 형성하는 것이 중요하다.
③ 위기개입 시 현재 상황과 관련된 과거에 초점을 맞춘다.
④ 각각의 내담자와 위기를 독특한 것으로 보고 반응한다.

정답 | ③

해설 | 현실적 지지에 초점을 둔 문제해결에서 치료자는 문제의 파악과 해결에 초점을 두며, 현실적인 지지 속에서 내담자가 현실을 직면하도록 돕는다.

090 도박중독의 심리 · 사회적 특징에 대한 설명으로 옳은 것은?

① 도박 중독자들은 대체로 도박에만 집착할 뿐 다른 개인적인 문제를 가지지 않는다.
② 도박 중독자들은 직장에서 도박 자금을 마련하기 위해 남보다 더 열심히 노력한다.
③ 심리적 특징으로 단기적인 만족을 추구하기보다는 장기적인 만족을 추구한다.
④ 도박 행동에 문제가 있음을 인정하지 않고 변명하려 든다.

정답 | ④

해설 | ① 개인의 신체적 · 정신적 건강을 해치는 것은 물론 가족경제와 사회경제에도 악영향을 미친다.
② 도박행위에 열중함으로써 도박자금조달이나 생계유지를 위해 다른 사람에게 의존하는 양상을 보인다.
③ 장기적인 만족을 추구하기보다는 단기적인 만족을 추구한다.

091 학업상담의 특징에 관한 설명으로 틀린 것은?

① 비자발적 내담자가 많다.
② 부모의 관여가 적절한 수준과 형태로 이루어지도록 돕는다.
③ 학습의 영역에서 문제가 발생하였으므로 문제의 원인은 인지적인 것이다.
④ 학습과정에서 겪는 문제를 동기화으로 해결하여 유능한 학습자가 되도록 조력하는 과정이다.

정답 | ③
해설 | 학습문제는 개인의 심리적인 문제와 연결되어 있다. 학습문제는 한두 가지 원인에 의해 발생하는 경우가 드물다. 따라서 학습문제의 원인에 대한 전반적인 탐색이 이루어져야 하며, 특히 지능검사, 학습태도검사, 학습방법검사 등을 포함한 다양한 심리검사를 통해 내담자의 현재 상태를 파악해야 한다.

092 상담자의 윤리의 관한 설명으로 틀린 것은?

① 비밀보장은 상담진행 과정 중 가장 근복적인 윤리기준이다.
② 내담자의 윤리는 개인 상담뿐만 아니라 집단상담이나 가족상담에서도 고려되어야 한다.
③ 상담 여부를 결정하는 것은 내담자이며 상담자는 내담자에게 정확한 정보를 제공해야 한다.
④ 상담이론과 기법은 반복적으로 검증된 것이므로 시대 및 사회 여건과 무관하게 적용해야 한다.

정답 | ④
해설 | 상담자는 내담자의 상황과 여건 및 사건 사례에 대한 이해를 갖고 적용해야 한다.

093 성희롱 피해 경험으로 인해 분노, 불안, 수치심을 느끼고 대인관계를 기피하는 내담자에 대한 초기 상담 개입 전략으로 옳지 않은 것은?

① 분노상황을 탐색하고 호소 문제를 구체화한다.
② 불안 감소를 위해 이완 기법을 실시한다.
③ 수치심과 관련된 감정을 반영해 준다.
④ 대인관계 문제해결을 위해 가해자에 대한 공감 훈련을 한다.

정답 | ④
해설 | 가해자─피해자 간 실질적 분리조치가 필요하다. 상담자는 적절한 사회적 행동의 경계를 가르쳐주어 자유와 건전한 의존성을 배양하도록 도와야 한다. 또한 자신의 감정과 욕구를 알아차리고 표현하도록 자기주장훈련을 시키고 자신의 환경에 적절히 대처해 나가는 기술도 가르쳐 과거에 고착되어 있던 감정에서 벗어나 미래에 대한 긍정적인 견해를 가질 수 있도록 격려해 주어야 한다.

094 청소년 비행의 원인을 사회학적 관점에서 설명하는 이론이 아닌 것은?

① 아노미이론   ② 사회통제이론

③ 욕구실현이론   ④ 하위문화이론

정답 | ③

해설 | 청소년 비행의 원인은 사회학적 관점으로는 아노미, 사회통제, 하위문화이론으로 설명이 가능하다. 욕구실현이론
은 매슬로의 욕구이론에 해당된다.

095 교류분석에서 치료의 바람직한 목표인 치유의 4단계에 해당되지 않는 것은?

① 계약의 설정   ② 증상의 경감

③ 전이의 치유   ④ 각본의 치유

정답 | ①

해설 | 교류분석 치유의 4단계
- 사회의 통제 : 타인과의 상호작용에 있어 개인은 스스로 행동의 통제를 발달시킨다.
- 증상의 경감 혹은 완화 : 개인이 불안과 같은 자신의 증세의 완화를 주관적으로 느끼는 것을 포함한다.
- 전이의 치유 : 내담자는 치료사를 하나의 내사물로 자신의 머릿속에 보유하여 건강을 유지할 수 있게 된다. 즉,
  중요한 심리적 내사물을 보유하는 동안 내담자의 치유 상태가 유지된다는 것이다.
- 각본의 치유 : 내담자는 각본에서 완전히 벗어나 제한적 각본결단을 재결단하여 자율적인 사람이 되는 것을 포
  함한다.

096 진로상담에서 진로 미결정 내담자를 위한 개입방법과 비교하여 우유부단한 내담자에 대한 개입방법
이 갖는 특징이 아닌 것은?

① 장기적인 계획하에 상담해야 한다.

② 대인관계나 가족 문제에 대한 개입이 필요하다.

③ 정보제공이나 진로선택에 관한 문제를 명료화하는 개입이 효과적이다.

④ 문제의 기저에 있는 역동을 이해하고 감정을 반영하는 것이 효과적이다.

정답 | ③

해설 | 우유부단형의 경우는 진로와 관계된 의사결정 능력의 부족뿐만 아니라 성격상의 문제에 기인하는 측면이 많다.
따라서 단순히 정보의 제공이나 의사결정의 연습보다는 심층적인 심리상담과 관련된 목표 설정이 필요하다. 긍정
적 자기개념의 확립, 자아정체감의 형성, 타인의 평가에 대한 지나친 민감성의 극복 등이 목표가 될 수 있다.

097 다음에서 설명하는 용어로 옳은 것은?

> 두 약물의 약리작용 및 작용 부위가 유사하여, 한 가지 약물에 대해 내성이 생긴 경우, 다른 약물을 투여해도 동일한 효과를 나타내는 현상

① 강화　　　　　　　　　　　　② 남용
③ 교차내성　　　　　　　　　　④ 공동의존

정답 | ③

해설 | ① 강화 : 보상을 통해 특정 행동의 형성을 유도하거나 행동수정으로 이어질 수 있다.
② 남용(약물남용) : 약물사용장애의 일종으로, 부적응적이고 해로우나 가역적이며, 약물을 최근 사용한 결과로 일어나는 것이다.
④ 공동의존 : 중독으로 인한 감정적 고통과 스트레스 등으로부터 가족 구성원들이 살아남기 위해 적응하는 행동이다.

098 심리학 지식을 상담이나 치료의 목적으로 활용하기 위해 최초의 심리클리닉을 펜실베니아 대학교에 설립한 사람은?

① 위트머(Witmer)　　　　　　　② 볼프(Wolpe)
③ 스키너(Skinner)　　　　　　　④ 로저스(Rogers)

정답 | ①

해설 | 위트머(Witmer)는 미국 펜실베니아대학에서 1896년 세계 최초의 심리진료소를 설립하고, 1904년 임상심리학 강좌를 개설함으로써 임상심리학의 본격적인 시작을 알렸다.

099 Ellis의 ABCDE 모형에 관한 설명으로 옳은 것은?

① A : 문제 장면에 대한 내담자의 신념
② B : 선행사건
③ C : 정서적 · 행동적 결과
④ D : 새로운 감정과 행동

정답 | ③

해설 | Ellis의 ABCDE 모형
- A(Activating Event) : 내담자의 감정을 동요하거나 내담자의 행동에 영향을 미치는 선행사건
- B(Belief System) : 선행사건에 대한 내담자의 비합리적 신념체계 또는 사고체계
- C(Consequence) : 선행사건을 경험한 후 자신의 비합리적 신념체계를 통해 그 사건을 해석함으로써 느끼게 되는 정서적 · 행동적 결과
- D(Dispute) : 비합리적 신념체계가 사리에 부합하는 것인지 논리성 · 실용성 · 현실성에 비추어 판단하는 논박
- E(Effect) : 논박으로 인해 나타나는 효과

100 다음 설명에 해당하는 기법은?

- 공통의 관심사를 공유함으로써 집단응집력을 촉진한다.
- 연계성에 주목하여 집단원 간의 상호작용을 촉진한다.
- 집단원의 말과 행동을 다른 집단원의 관심사나 공통점과 관련짓는다.

① 해석하기

② 연결하기

③ 반영하기

④ 명료화하기

정답 | ②

해설 | 연결하기

- 한 집단원의 말과 행동을 다른 집단원의 관심과 연결하고 관련짓는 기술
- 집단원이 제기하는 문제의 관련 정보나 자료들을 서로 연관, 상호작용과 응집력을 촉진
- 자신의 문제를 다른 각도에서 보게 하여 문제의 원인이나 해결책을 찾는 데 도움
- 보편성 체험. 자기노출 시 다른 집단원의 피드백이 따르지 않음

CHAPTER **07** | **2021년 3회 기출문제**
(2021년 8월 14일 시행)

제1과목　심리학개론

001 기질과 애착에 관한 설명으로 틀린 것은?

① 불안정 – 회피애착 아동은 주양육자에게 과도한 집착을 보인다.
② 내적작동모델은 아동의 대인관계에 대한 지표 역할을 한다.
③ 기질은 행동 또는 반응의 개인차를 설명해 주는 생물학적 기초를 가지고 있다.
④ 주양육자가 아동의 기질을 고려하여 적절하게 양육한다면 아동의 까다로운 기질이 반드시 불안정애 착으로 이어지는 것은 아니다.

정답 | ①
해설 | 불안정–회피애착 유아의 반응
　•유아는 낯선 상황에서도 어머니를 찾는 행동을 보이지 않으며, 어머니가 돌아와도 다가가려고 하지 않는다.
　•어머니는 유아의 정서적 신호나 요구에 무감각하며, 유아에 대해 거부하는 듯한 행동을 보인다.
　•유아는 어머니에게 신뢰를 가지고 있지 않으며, 어머니를 낯선 사람과 유사하게 생각한다.

002 다음 중 온도나 지능검사의 점수를 측정할 때 사용되는 척도는?

① 명목척도　　　　　　　　　② 서열척도
③ 등간척도　　　　　　　　　④ 비율척도

정답 | ③
해설 | 등간척도는 똑같은 간격에 똑같은 단위를 부여함으로써 동간성을 가지는 척도로 임의영점이 존재한다. **예** 온도, IQ, 성적 등
　① 명목척도 : 사물을 구분하기 위하여 이름을 부여하는 척도 **예** 성별, 국적, 학교, 지역, 반, 고향, 인종 등
　② 서열척도 : 측정치 간의 순위를 나타내는 척도로 크고 작음, 많고 적음, 선호도의 높고 낮음을 나타내며 순서 (크기)는 있지만, 그 간격이 얼마나 큰지는 알 수 없음 **예** 직위–사장, 부장, 과장, 학력–중졸, 고졸, 등수, 친한 친구 순서 등
　④ 비율척도 : 동간성을 지니고, 절대영점이 존재함 **예** 시청률, 투표율, 가격, 길이, 무게, 키, 시간 등

003 기억의 인출과정에 대한 설명으로 틀린 것은?

① 인출이 이후의 기억을 증가시킬 수 있나.

② 장기기억에서 한 항목을 인출한 것이 이후에 관련된 항목의 회상을 방해할 수 있다.

③ 인출행위가 경험에서 기억하는 것을 변화시킬 수 있다.

④ 기분과 내적 상태는 인출단서가 될 수 없다.

정답 | ④

해설 | 부호화 특수성 원리란 부호화(학습) 시점과 인출(검사) 시점의 단서들이 일치할 때 정보가 가장 잘 인출된다는 원리이다. 장기기억에 저장된 정보는 부호화 시점과 동일한 조건(환경, 정서, 맥락)에서 잘 회상된다. 이 원리는 장기기억이 정보만 저장하는 것이 아니라, 정보와 단서를 함께 저장한다는 것을 나타낸다.

004 인상형성에 관한 설명으로 틀린 것은?

① 인상형성 시 정보처리를 할 때 최소의 노력으로 빨리 처리하려고 하기 때문에 많은 오류나 편향을 나타내는데, 이러한 현상에서 인간을 '인지적 구두쇠'라고 보는 입장도 있다.

② 내현성격이론은 사람들이 인상형성을 할 때 타인과 관련된 다양한 정보를 통합적이고 객관적으로 평가하는 것을 말한다.

③ Anderson은 인상형성과 관련하여 가중평균모형을 주장했다.

④ 인상형성 시 긍정적인 정보보다 부정적인 정보가 더 큰 영향을 미치는데, 이를 부정성효과라고 한다.

정답 | ②

해설 | 내현성격이론은 어떤 제한된 단서들이 포착되면 그와 같은 단서와 쉽게 연상되는 일련의 특성들도 같이 공유하고 있을 것이라고 가정하고, 그 제한된 단서에 기초하여 그 사람의 성격을 규정짓는 것이다.

005 Freud가 설명한 인간의 3가지 성격 요소 중 현실 원리를 따르는 것은?

① 원초아

② 자아

③ 초자아

④ 무의식

정답 | ②

해설 | 정신분석이론에서의 성격의 3요소
- 원초아(Id) : 쾌락의 원리
- 자아(Ego) : 현실의 원리
- 초자아(Superego) : 도덕의 원리

006 성격의 결정요인에 관한 설명으로 틀린 것은?

① 유전적 영향에 대한 증거는 쌍생아 연구에 근거하고 있다.
② 초기 성격이론가들은 환경적 요인을 강조하여 체형과 기질을 토대로 성격을 분류하였다.
③ 환경적 요인이 성격에 영향을 주는 방식은 학습이론의 맥락에서 이해할 수 있다.
④ 성격은 유전적 요인과 환경적 요인의 상호작용에 의하여 결정된다.

정답 | ②
해설 | 성격이론가들은 심리성적발달단계를 좀 더 강조하였다.

007 훈련받은 행동이 빨리 습득되고 높은 비율로 오래 유지되는 강화계획은?

① 고정비율계획
② 고정간격계획
③ 변화비율계획
④ 변화간격계획

정답 | ③
해설 | 강화계획 중 가장 높은 반응률을 보이면서 습득된 행동이 높은 비율로 오래 유지되는 것은 가변(변화, 변동)비율 계획이다.

008 조사연구에서, 참가자의 인지기능을 측정하기 위해 그가 가입한 정당을 묻는 것은 어떤 점에서 가장 문제가 되는가?

① 안면타당도
② 외적타당도
③ 공인타당도
④ 예언타당도

정답 | ①
해설 | 안면타당도는 내용타당도와 마찬가지로 측정항목이 연구자가 의도한 내용대로 실제로 측정하고 있는가를 분석한 다. 내용타당도가 전문가의 평가 및 판단에 근거하는 반면, 안면타당도는 전문가가 아닌 일반인의 일반적인 상식 에 준하여 분석한다.

009 단기기억의 특징이 아닌 것은?

① 용량이 제한되어 있다.
② 절차기억이 저장되어 있다.
③ 정보를 유지하는 시간이 제한되어 있다.
④ 망각의 일차적 원인은 간섭이다.

정답 | ②
해설 | 단기기억은 능동적으로 정보를 처리하는 활동 중 기억으로서, 감각기억으로부터 들어온 정보를 처리하는 동안 이 를 유지하는 일시적인 기억저장소이다. 절차기억은 장기기억의 하부체계로 행위나 기술, 조작에 대한 기억으로서, 우리가 수행할 수 있으면서도 쉽게 표현할 수 없는 지식을 표상한다.

010 현상학적 이론에 대한 설명으로 틀린 것은?

① 인간을 성취를 추구하는 존재로 파악한다.

② 인간을 자신의 환경에 굴복하지 않고 오히려 환경을 통제하고 조정할 수 있는 적극적인 힘을 갖고 있는 존재로 파악한다.

③ 현재 개인이 경험하고, 느끼고, 행동하는 것이 중요하며, 개인의 진정한 모습을 이해하는 것도 이를 통해 가능하다고 본다.

④ 인간은 타고난 욕구에 끌려다니는 존재로 간주한다.

정답 | ④

해설 | 로저스(Rogers)는 현상학 이론에서 인간이 단순히 기계적인 존재도, 무의식적 욕망의 포로도 아님을 강조하였다. 그는 인간이 스스로 자신의 삶의 의미를 능동적으로 창조하며, 주관적 자유를 실천해 나간다고 말했다. 그에 따르면 인간은 유목적적인 존재인 동시에 합리적이고 건설적인 방향으로 지속적으로 성장해 나가는 미래지향적 존재이다.

011 자신과 타인의 휴대폰 소리를 구별하거나 식용버섯과 독버섯을 구별하는 것은?

① 변별   ② 일반화

③ 행동조형   ④ 차별화

정답 | ①

해설 | 변별(Discrimination)은 둘 이상의 자극을 서로 구별하는 것으로, 조건자극과 유사한 자극에서도 조건반응이 나타나지 않는 것이다.

012 표본의 크기에 관한 설명으로 틀린 것은?

① 모집단이 동질적일수록 표본 크기는 작아도 된다.

② 동일 조건에서 표본의 크기가 클수록 통계적 검증력은 증가한다.

③ 사례수가 작으면 표준오차가 커지므로 작은 크기의 효과를 탐지할 수 있다.

④ 측정도구의 신뢰도가 낮을 경우 대규모 표본을 이용하는 것이 효과적이다.

정답 | ③

해설 | 표본오차는 표집하는 과정에서 발생하는 오차로서, 모수와 표본의 통계치 간의 차이, 즉 표본의 대표성으로부터의 이탈 정도를 나타낸다. 표본의 크기가 커질수록 비용은 많이 들지만, 모수와 통계치의 유사성이 커지며, 표본오차가 일정 수준 줄어들며 조사의 신뢰성을 높일 수 있다. 반면, 표본의 크기가 작을수록 비용은 적게 들지만 조사의 정확성은 떨어진다.

013 발달의 일반적 특징으로 틀린 것은?

① 발달은 이전 경험의 누적에 따른 산물이다.
② 한 개인의 발달은 역사 · 문화적 맥락의 영향을 받는다.
③ 발달의 각 영역은 상호의존적이기보다는 서로 배타적이다.
④ 대부분의 발달적 변화는 성숙과 학습의 산물이다

정답 | ③
해설 | 발달의 상호관련성에 따르면 발달에서 신체, 인지, 사회성, 정서 등 각 영역은 서로 간에 영향을 주고받으며 발달한다. 각 영역의 발달은 상호유기적이므로 분리하여 생각할 수 없다.

014 고전적 조건 형성에 대한 설명으로 맞는 것은?

① 중립자극은 무조건 자극 직후에 제시되어야 한다.
② 행동변화의 효과를 거두기 위해서는 적절한 반응의 수나 비율에 따라 강화가 이루어져야 한다.
③ 적절한 행동은 즉시 강화하고, 부적절한 행동은 무시함으로써 새로운 행동을 가르칠 수 있다.
④ 대부분의 정서적인 반응들은 고전적 조건 형성을 통해 학습될 수 있다.

정답 | ④
해설 | ①, ②, ③ 조작적 조건 형성에 대한 설명이다.

015 정신분석의 방어기제 중 투사에 해당하는 것은?

① 아주 위협적이고 고통스러운 충동이나 기억을 의식에서 추방시키는 것
② 반대되는 동기를 강하게 표현함으로써 자신의 동기를 숨기는 것
③ 자신이 가진 바람직하지 않은 자질들을 과장하여 다른 사람에게 부여하는 것
④ 불쾌한 현실이 있음을 부정하는 것

정답 | ③
해설 | 투사란 사회적으로 인정받을 수 없는 자신의 행동과 생각을 마치 다른 사람의 것인 양 생각하고 남을 탓하는 것이다. 투사의 예로는 자기가 화가 난 것을 의식하지 못한 채 상대방이 자기에게 화를 낸다고 생각하는 경우가 있다.

016 다음과 같은 연구의 종류는?

A는 '정장 복장' 스타일과 '캐주얼 복장' 스타일 중 어떤 옷이 면접에서 더 좋은 점수를 얻게 하는지 살펴보고자 한다. A는 대학생 100명을 모집하고 이들을 컴퓨터를 이용해 '정장 복장' 조건에 50명, '캐주얼 복장' 조건에 50명을 무선으로 배치한 후, 실제 취업면접처럼 면접자를 섭외하고 한 면접에 3명의 면접자를 배정하여 면접을 진행하였다. 이후 각 학생들이 면접자들에게 얻은 점수의 평균을 조사하였다.

① 사례연구
② 상관연구
③ 실험연구
④ 혼합연구

정답 | ③

해설 | 실험연구는 실험은 연구자가 통제된 조건하에서 어느 한 변인을 조작하고, 해당 변인이 다른 변인에 어떠한 영향을 미치는지를 관찰하는 것이다. 즉, 인위적으로 통제된 조건하에서 연구하고자 하는 변인을 체계적으로 변화시킬 때 그 효과가 어떻게 나타나는지를 측정한다.
　① 사례연구 : 하나 또는 몇 개의 대상을 집중적으로 조사하여 결론을 얻는 연구방법으로서, 보통 개인이나 특정 사례에 대한 심층적인 연구가 이루어진다.
　② 상관연구 : 두 변인 간의 관계의 정도를 보는 연구이다. 한 변인(예측/독립)에 관한 지식에 기초하여 다른 변인(준거/종속)을 얼마나 이해할 수 있는가를 보는 연구이다. 한 변인의 증감에 따라 다른 변인이 어떻게 변화하는지를 보여주지만, 이는 인과관계를 의미하는 것은 아니다.
　④ 혼합연구 : 한 연구에서 양적 연구방법과 질적 연구방법을 함께 사용하는 것을 말한다.

017 성격심리학의 주요한 모델인 성격 5요인에 대한 설명으로 옳은 것은?

① 5요인에 대한 개인차에서 유전적 요인은 찾아볼 수 없다.
② 성실성 점수가 높은 사람의 경우 행동을 계획하고 통제하는 것을 돕는 전두엽의 면적이 더 큰 경향이 있다.
③ 뇌의 연결성은 5요인의 특질에 영향을 미치지 않는다.
④ 정서적 불안정성인 신경증은 일생 동안 계속해서 증가하고 성실성, 우호성, 개방성과 외향성은 감소한다.

정답 | ②

해설 | 성격의 5요인 이론 – 성실성
　• 사회적 규칙 및 규범, 원칙들을 기꺼이 지키려고 하는 정도를 말한다.
　• 유능성, 조직화 능력, 책임감, 목표지향, 자기통제력, 완벽성 등을 측정하는 소검사로 구성된 차원이다.
　• 성실성 점수가 높은 사람의 경우 행동을 계획하고 통제하는 것을 돕는 전두엽의 면적이 더 큰 경향이 있다.

018 대뇌의 우반구가 손상되었을 때 주로 영향을 받게 될 능력은?

① 통장잔고 점검
② 말하기
③ 얼굴 재인
④ 논리적 문제해결

정답 | ③

해설 | 우반구는 비언어적·공간적·통합직·병렬적인 정보, 즉 공간지각, 얼굴지각, 색채, 음계, 정서적 자극 등을 더 잘 처리하는 것으로 알려져 있다.

019 비행기 여행에 두려움을 가지고 있는 환자의 경우, 정신분석적 입장에서 볼 때 이 두려움의 주된 원인으로 가정할 수 있는 것은?

① 두려운 느낌을 갖게 만드는 무의식적 갈등의 전이
② 어린 시절 사랑하는 부모에게 닥친 비행기 사고의 경험
③ 비행기의 추락 등 비행기 관련 요소들의 통제 불가능성
④ 자율신경계 등 생리적 활동의 이상

정답 | ①
해설 | 정신분석학적 입장에서 무의식적 반응은 해석의 중요한 근거자료가 된다.

020 귀인이론에 관한 설명으로 틀린 것은?

① 성공 상황에서 노력 요인으로 귀인할 경우 학습 행동을 동기화할 수 있다.
② 귀인 성향은 과거 성공, 실패 상황에서의 반복적인 원인 탐색 경험에 의해 형성된다.
③ 귀인의 결과에 따라 자부심, 죄책감, 수치심 등의 정서가 유발되기도 한다.
④ 능력 귀인은 내적, 안정적, 통제 가능한 귀인 유형으로 분류된다.

정답 | ④
해설 | 귀인이론
  • 성공이나 실패에 대해 자신의 행동에 대한 원인을 귀속시키는 경향성에 대한 이론이다.
  • 와이너(Weiner)가 체계화한 인지주의적 학습이론으로서, 인간행동의 원인이 개인의 특성 및 환경이 아닌 자신이 어떻게 생각하느냐에 따라 달라진다는 관점에서 출발한다.
  • 학생은 어떤 일에 성공했을 때 혹은 실패했을 때, 그 성공 또는 실패의 원인이 자신의 노력이나 능력 등의 내적 원인이라고 생각하는 경우와 우연한 결과나 운 등의 외적 원인이라고 생각하는 경우 후속행동에 차이를 보인다.
  • 귀인이론은 장래의 사태에 대한 인식이 아닌 사전의 원인 또는 지각에 대한 이해에 초점을 두므로, 미래 행동을 위한 지침을 제시해 줄 수 있으며, 부정적인 상황이 발생하는 경우 그 영향에 대해 설명해 줄 수도 있다.

제2과목 이상심리학

021 반사회성 인격장애의 진단기준이 아닌 것은?

① 반사회적 행동은 조현병이나 양극성장애의 경과 중에만 발생되지는 않는다.
② 10세 이전에 품행장애의 증거가 있어야 한다.
③ 사회적 규범을 지키지 못한다.
④ 충동성과 무계획성을 보인다.

정답 | ②
해설 | 반사회성 성격 장애는 18세 이상의 성인에게 진단되며, 15세 이전에 품행장애를 나타낸 증거가 있어야 한다.

022 이상행동 및 정신장애의 판별기준과 가장 거리가 먼 것은?

① 적응적 기능의 저하 및 손상
② 주관적 불편감과 개인의 고통
③ 가족의 불편감과 고통
④ 통계적 규준의 일탈

정답 | ③
해설 | 이상행동의 판별기준
· 적응적 기능의 저하 및 손상　　　　· 주관적 불편감과 개인적 고통
· 문화적 규범의 일탈　　　　　　　　· 통계적 규준의 일탈

023 알츠하이머병으로 인한 신경인지장애와 주요우울장애의 증상 구분에 관한 설명으로 옳은 것은?

① 알츠하이머병으로 인한 신경인지장애는 기억 손실을 감추려는 시도를 하는 데 반해 주요우울장애에서는 기억 손실을 불평한다.
② 알츠하이머병으로 인한 신경인지장애는 자기의 무능이나 손상을 과장하는 데 반해 주요우울장애에서는 숨기려 한다.
③ 주요우울장애보다 알츠하이머병으로 인한 신경인지장애에서 알코올 등의 약물남용이 많다.
④ 주요우울장애에서는 증상의 진행이 고른 데 반해 알츠하이머병으로 인한 신경인지장애에서는 몇 주 안에도 진행이 고르지 못하다.

정답 | ①
해설 | ③ 주요우울장애에서의 상관성이 더 많다.
　　　　④ 알츠하이머병은 서서히 8~10년 정도 진행된다.

024 회피성성격 장애에서 나타나는 대인관계 특징은?

① 자신의 목적을 달성하기 위해서 타인을 이용한다.
② 타인에게 과도하게 매달리고 복종적인 경향을 띤다.
③ 친밀한 관계를 바라지도 않으며 타인의 칭찬이나 비판에 무관심해 보인다.
④ 비판이나 거절, 인정받지 못함 등에 대한 두려움이 특징적이다.

정답 | ④
해설 | 회피성성격 장애는 타인과의 만남을 두려워하고 사회적 상황을 회피함으로써 사회적 적응에 어려움을 나타낸다. 소외감과 외로움을 특징으로 하며, 대인관계에서 경험할 수 있는 모욕과 거부에 대해 지나치게 예민하다. 즉, 대인관계를 맺고 싶지만 거부당할 것에 두려움을 느껴 이를 피하는 것이다. 겉으로는 냉담하고 무관심한 듯한 모습을 보이지만, 실제로는 주위사람들의 표정이나 동작을 주의 깊게 살피는 경향이 있다.

025 다음 중 치매의 원인에 따른 유형으로 볼 수 없는 것은?

① 알즈하이머 질환 　　　　　　　② 현관성 질환
③ 파킨슨 질환 　　　　　　　　　④ 페닐케톤뇨증

정답 | ④
해설 | DSM-4에서 치매로 지칭되던 장애가 DSM-5에서는 신경인지장애로 명칭이 변경되어 독립된 징에범주고 재시
되고 있다. 신경인지장애의 원인적 질환으로는 알츠하이머 질환, 전측두엽퇴행증, 루이체병, 혈관질환, 외상성뇌손
상, 물질 및 약물사용, HIV 감염, 프리온병, 파킨슨병, 헌팅턴병 등이 있다.

026 우울장애에 대한 설명으로 옳지 않은 것은?

① 주요우울장애의 발병은 20대에 최고치를 보인다.
② 주요우울장애의 유병률은 남자보다 여자에게서 더 높다.
③ 노르에피네프린이나 세로토닌 같은 신경전달물질이 우울장애와 관련된다.
④ 적어도 1년 동안 심하지 않은 우울을 지속적으로 경험할 때 지속성우울장애로 진단한다.

정답 | ④
해설 | 지속성우울장애는 우울 증상이 2년 이상 장기간에 걸쳐 지속되는 경우에 해당한다.

027 양극성장애에 대한 설명으로 틀린 것은?

① 조증 상태에서는 사고의 비약 등의 사고장애가 나타난다.
② 우울증 상태에서는 자살을 시도하기도 한다.
③ 조증은 서서히, 우울증은 급격히 나타난다.
④ 조증과 우울증이 반복되는 장애이다.

정답 | ③
해설 | 상대적으로 우울증은 서서히, 조증은 급격히 나타난다.

028 사람이 스트레스 장면에 처하게 되면 일차적으로 불안해지고 그 장면을 통제할 수 없게 되면 우울해
진다고 할 때 이를 설명하는 이론은?

① 학습된 무기력 이론 　　　　　　② 실존주의 이론
③ 사회문화적 이론 　　　　　　　④ 정신분석 이론

정답 | ①
해설 | 학습된 무기력 이론은 개인의 수동적 태도 및 자신의 삶을 통제할 수 없다는 느낌이 이전 통제 실패경험이나 외
상을 통해 획득된다는 가정에 근거한다. 사람이 스트레스 장면에 처하는 경우 일차적으로 불안감을 느끼며, 그 장
면을 통제할 수 없음을 깨닫는 경우 우울해진다고 주장한다.

029 알코올사용장애에 관한 설명으로 틀린 것은?

① 금단 증상은 과도하게 장기간 음주하던 것을 줄이거나 양을 줄인 지 4~12시간 정도 후 나타나는 것이 특징이다.

② 장기간의 알코올 사용에 따르는 비타민 B의 결핍은 극심한 혼란, 작화반응 등을 특징으로 하는 헌팅턴병을 유발할 수 있다.

③ 알코올은 중추신경계에서 다양한 뉴런과 결합하여 개인을 진정시키는 효과를 가져온다.

④ 아시아인은 알코올을 분해하는 탈수소효소가 부족하여 알코올 섭취 시 부정적인 반응이 쉽게 나타난다.

정답 | ②

해설 | 코르사코프 증후군(Korsakov syndrome)은 알코올 중독과 비타민 B가 결핍되어 만성 알코올 중독자에게 발생하는 장애이다. 1887년 러시아의 정신병리학자인 코르사코프에 의해 제기된 것으로, 순행성 기억상실(최근 기억의 손상), 지남력 장애(시간, 장소, 사람에 대한 방향감 상실), 작화증(기억손실을 메우기 위해 사실을 꾸며내는 증상) 등의 증상을 특징으로 한다.

030 신체증상 및 관련 장애에 관한 설명으로 틀린 것은?

① 전환장애는 스트레스 요인이 동반되지 않는 경우도 있다.

② 신체증상장애는 일상에 중대한 지장을 일으키는 신체 증상이 존재한다.

③ 질병불안장애는 심각한 질병에 걸렸다는 집착이 6개월 이상 지속된다.

④ 허위성장애는 외적 보상이 쉽게 확인된다.

정답 | ④

해설 | 허위성장애는 단지 환자의 역할을 하기 위해서 신체적, 심리적 증상을 의도적으로 만들어 내거나 위장하는 경우이다. 허위성장애는 동정과 관심을 유발하려는 목적만 있을 뿐, 다른 어떤 외적인 이득을 취하려는 의도가 없다. 한편 꾀병은 개인적 사정 때문에 어떤 특정 목적(경제적 보상, 법적 책임회피)을 얻기 위해 의도적으로 신체적 증상을 가장해서 만들어내는 경우이다.

031 DSM-5의 조현병 진단기준에 해당하지 않는 것은?

① 망상이나 환각 등의 특징적 증상들이 2개 이상 1개월의 기간 동안 상당 시간에 존재한다.

② 직업, 대인관계 등 주요한 생활영역에서의 기능 수준이 발병 전보다 현저하게 저하된다.

③ 장애의 지속적 징후가 적어도 3개월 이상 계속된다.

④ 장애가 물질의 생리적 효과나 다른 의학적 상태로 인한 것이 아니다.

정답 | ③

해설 | 조현병의 DSM-5 진단기준

다음 중 2가지 이상이 1개월의 기간(또는 성공적으로 치료된 경우 그 이하의 기간) 동안 상당 부분의 시간에 나타난다. 다만, 이들 중 하나는 망상, 환각 또는 와해된 언어이어야 한다.

- 와해된 언어 **예** 빈번한 주제의 이탈이나 지리멸렬함
- 심하게 와해된 행동 또는 긴장증적 행동
- 음성증상들 **예** 정서적 둔마 또는 무욕증
- 망상
- 환각

032 성도착장애에 관한 설명으로 틀린 것은?

① 물품음란장애는 여성보다 남성에게서 훨씬 더 많이 나타난다.
② 동성애를 하위 진단으로 포함한다.
③ 복장도착장애는 강렬한 성적 흥분을 위해 이성의 옷을 입는 것이다.
④ 관음증에는 대부분 15세 이전에 발견되며 지속되는 편이다.

정답 | ②
해설 | 성도착장애는 동성애를 하위 진단으로 포함하지 않는다.

　　성도착장애의 주요 하위 유형(DSM-5 분류기준)
　　　• 관음장애
　　　• 노출장애
　　　• 접촉마찰장애 또는 마찰도착장애
　　　• 성적 피학장애
　　　• 성적 가학장애
　　　• 아동성애장애 또는 소아애호장애
　　　• 성애물장애 또는 물품음란장애
　　　• 의상전환장애 또는 복장도착장애

033 조현병의 양성증상에 포함되지 않는 것은?

① 망상　　　　　　　　　　　　② 환각
③ 와해된 언어　　　　　　　　　④ 둔화된 정서

정답 | ④
해설 | 조현병의 양성증상
　　　• 정상적 · 적응적 기능의 과잉 또는 왜곡을 나타냄
　　　• 도파민 등 신경전달물질의 이상에 의한 것으로 추정함
　　　• 스트레스 사건에 의해 급격히 발생함
　　　• 약물치료에 의해 호전되며, 인지적 손상이 적음
　　　• 망상 또는 피해망상, 환각, 환청, 와해된 언어나 행동 등

034 이상행동의 원인을 다음과 같이 설명하는 이론은?

> • 인간의 감정과 행동은 객관적, 물리적 현실보다 주관적, 심리적 현실에 의해서 결정된다.
> • 정신장애는 인지적 기능의 편향 및 결손과 밀접하게 연관되어 있다.

① 정신분석 이론
② 행동주의 이론
③ 인지적 이론
④ 인본주의 이론

정답 | ③

해설 | 인지적 이론은 인간의 역기능적 사고와 신념 등 부적응적인 인지적 활동에 의해 이상행동이나 정신장애가 발생한다고 보고, 이에 인지과정에 개입함으로써 이상행동을 치료할 수 있다고 주장한다.
  ① 정신분석 이론 : 방어기제의 부적절한 사용에 의해 이상행동이나 정신장애가 발생한다고 보고, 이를 치료하기 위해 자유연상, 꿈의 해석, 저항의 분석, 훈습 등의 기술을 사용한다.
  ② 행동주의 이론 : 이상행동이 주변 환경으로부터의 잘못된 학습에서 기안되었다고 본다.
  ④ 인본주의 이론 : 어린 시절 자신의 욕구를 부모의 기대와 가치에 부합하도록 하는 조건적 수용이 이루어짐으로써 부적응 상태가 초래된다고 본다.

035 다음 사례에 가장 적절한 진단명은?

> A는 중소기업에서 일하는 직원이다. 오늘은 동료 B가 새로운 상품에 대해서 발표하기로 했는데, 결근하여 A가 대신 발표하게 되었다. 평소 A는 다른 사람들이 자신의 발표에 대해 나쁘게 평가할 것 같아 다른 사람 앞에서 발표하기를 피해 왔다. 발표시간이 다가오자 온몸에 땀이 쏟아지고, 숨쉬기가 어려워졌으며, 곧 정신을 잃고 쓰러질 것 같이 느껴졌다.

① 범불안장애
② 공황 장애
③ 강박장애
④ 사회불안장애

정답 | ④

해설 | 사회불안장애는 사회공포증이라고도 하며 사람들과 상호작용을 해야 하는 사회적 상황에서 심한 불편감이나 불안을 경험하는 공포증의 한 유형이다. 어떠한 특정한 사회적 상황이나 활동상황에 노출되는 경우 발생하며, 사회적 기술의 결여 등으로 인해 상황을 회피하려는 양상을 보인다. 여러 사람 앞에 나설 때 발생하는 무대공포나 적면공포 등으로 나타나며, 다른 사람들에게서 부정적인 평가를 받을지 모른다는 불안과 함께 자신이 당황하게 되는 것에 대한 두려움을 느낀다.

036 품행장애에 대한 설명으로 틀린 것은?

① 발병연령은 일반적으로 7~15세이며, 이 진단을 받은 아동 중 3/4은 소년이다
② 주요한 사회적 규범을 위반하고 다른 사람들의 기본적인 권리를 종종 침해한다.
③ 사람이나 동물에 대한 공격적 행동, 절도나 심각한 거짓말 등이 전형적인 행동이다.
④ 청소년기 발병형은 아동기 발병형에 비해 성인기까지 지속되는 경향이 있다.

정답 | ④
해설 | 품행장애는 소아기(10세 이전)에 발병되면 잘 낫지 않으며 청소년기에 발병하면 나이가 들어서 반사회적 행동이 줄어드는 경향이 있다.

품행장애(conduct disorder)
- 사회적, 공격적, 도전적 행위를 반복적, 지속적으로 행하여 사회 학업 작업 기능에 중대한 지장을 초래하는 장애
- 사회적으로 용납되지 않는 행동을 지속하는 것이 주된 증상으로 비행, 공격성이 동반됨
- 가족뿐만 아니라 대인관계 전반에서 나타날 수 있으며 가정과 학교, 사회에서 나타남
- 남자에게서 훨씬 높게 나타나며 주로 청소년 초기에 처음 발현됨
- 청소년기의 여아에게는 성적 일탈이 두드러지며 남아는 폭력적 성향이 두드러짐
- 소아기(10세 이전)에 발병되면 잘 낫지 않으며 청소년기에 발병하면 나이가 들어서 반사회적 행동이 줄어드는 경향

037 물질 관련 장애에 포함되지 않는 것은?

① 알코올 중독(Intoxication)
② 대마계(칸나비스) 사용장애(Use Disorder)
③ 담배 중독(Intoxication)
④ 아편계 금단(Withdrawal)

정답 | ③
해설 | 담배는 담배사용장애, 담배 금단이라는 용어로 표기되어 있다.

038 지적 장애에 관한 설명으로 옳지 않은 것은?

① 지적 장애 중 가장 많은 비율을 차지하는 것은 경도의 지적 장애이다.
② 지적 장애를 일으키는 염색체 이상 중 가장 일반적인 것은 다운증후군에 의한 것이다.
③ 최고도의 지적 장애인 경우, 훈련을 해도 걷기, 약간의 말하기, 스스로 먹기 같은 기초기술을 배우거나 나아질 수 없다.
④ 경도의 지적 장애를 가진 아동의 경우, 자기관리는 연령에 적합하게 수행할 수 있다.

정답 | ③
해설 | 최고도의 지적 장애인 경우 걷기, 약간의 말하기, 스스로 먹기 같은 기초기술을 반복적으로 학습하면 어느 정도는 확실하게 개선되어질 수 있다.

039 배설장애 중 유뇨증에 관한 설명으로 틀린 것은?

① 반복적·불수의적으로 잠자리나 옷에 소변을 본다.
② 유병률은 5세에서 5~10%, 10세에서 3~5%이며, 15세 이상에서는 약 1% 정도이다.
③ 야간 유뇨증은 여성에서 더 흔하다.
④ 야간 유뇨증은 종종 REM 수면 단계 동안 일어난다.

정답 | ③
해설 | 야간 유뇨증은 전체 유뇨증의 80%를 차지하고 여아보다 남아에게서 흔하게 발생한다.

040 광장공포증에 관한 설명으로 가장 적합한 것은?

① 광장공포증의 남녀 간 발병비율은 비슷한 수준이다.
② 아동기에 발병률이 가장 높다.
③ 광장공포증이 있으면 공황 장애는 진단할 수 없다.
④ 공포, 불안, 회피 반응은 전형적으로 6개월 이상 지속된다.

정답 | ④
해설 | 공포, 불안, 회피 반응이 6개월 이상으로 지속되어야 광장공포증이 진단되어질 수 있다. 덧붙여 광장공포증과 공황 장애 둘 다 불안장애이며, 공존병리로 진단 가능하다.

041 집-나무-사람(HTP) 검사에 관한 설명으로 맞는 것은?

① 집, 나무, 사람의 순서대로 그리도록 한나.

② 각 그림마다 시간제한을 두어야 한다.

③ 문맹자에게는 실시할 수 없다.

④ 머레이(H. Murray)가 개발하였다.

정답 | ①

해설 | 집-나무-사람(HTP) 검사는 벅(Buck, 1948)이 고안한 투사적 그림검사로서 집, 나무, 사람을 각각 그리게 하여 내담자의 성격, 행동 양식 및 대인관계를 파악할 수 있다. HTP는 개별 혹은 집단으로 실시할 수 있는데, 피험자의 성격적 특징뿐만 아니라 지적 수준을 평가할 수도 있다. 또한 조현증(정신분열증), 조울증과 같은 정신장애 및 신경증의 부분적 양상을 파악할 수 있다. 적용대상은 모든 연령이다. 피험자에게 종이를 한 장씩 주고 집, 나무, 사람을 차례로 마음대로 그리도록 한다. 자신과 반대되는 성의 인물을 그린 경우에는 종이 한 장을 더 제시하여 동성의 인물을 그리도록 한다. 모두 그린 다음 그림에 대해 질문을 한다. HTP 해석과 관련해서 볼 때, 집 그림은 내담자가 지각한 가정환경을 나타내고, 나무 그림은 무의식적 자기상과 자신에 대한 감정을 나타내며, 사람 그림은 의식에 가까운 부분으로서 자기상과 환경의 관계를 나타낸 것이다.

042 다음 환자는 뇌의 어떤 부위가 손상되었을 가능성이 높은가?

> 30세 남성이 운전 중 중앙선을 침범한 차량과 충돌하여 두뇌 손상을 입었다. 이후 환자는 매사 의욕 없고, 할 수 있는데도 불구하고 어떤 행동을 시작하려고 하지 않으며, 계획을 세우거나 실천하는 것이 거의 안 된다고 한다.

① 측두엽

② 후두엽

③ 전두엽

④ 두정엽

정답 | ③

해설 | 전두엽은 대뇌피질의 앞부분에 위치하며, 전체의 약 40% 정도를 차지한다. 골격근의 운동을 통제하는 일차운동피질이며, 창조의 영역으로서 운동기능 · 자율기능 · 감정조절기능 · 행동계획 및 억제기능 등을 가진다. 전두엽의 맨 앞부분에 위치한 전전두엽은 고차적인 정신활동을 담당하는 영역으로써, 인지 사고, 판단작용은 물론 행동계획, 창의성 등을 관장한다.

043 지능의 개념에 관한 연구자와 주장의 연결이 틀린 것은?

① Wechsler : 지능은 성격과 분리될 수 없다.

② Horn : 지능은 독립적인 7개 요인으로 이루어져 있다.

③ Cattell : 지능은 유동적 지능과 결정화된 지능으로 구분할 수 있다.

④ Spearman : 지적 능력에는 g요인과 s요인이 존재한다.

정답 | ②

해설 | 가드너(Gardner)는 다중지능이론에서 문제해결 능력과 함께 특정 사회적·문화적 상황에서 산물을 창조하는 능력을 강조하였다. 또한 지능을 언어지능, 논리−수학 지능, 공간 지능, 신체−운동 지능, 음악 지능, 대인관계 지능, 개인 내적 지능 등 7가지의 독립된 지능으로 구분하였다.

044 선로잇기검사(Trail Making Test)는 대표적으로 어떤 기능 또는 능력을 측정하기 위해 고안된 검사인가?

① 주의력

② 기억력

③ 언어능력

④ 시공간 처리능력

정답 | ①

해설 | 선로잇기검사

- 숫자와 문자의 상징적인 의미를 이해하고, 전체 화면을 주시하면서 숫자와 문자를 순서대로 연결하는 능력을 검사하는 것
- A형은 숫자 잇기, B형은 순자와 글자를 교대로 잇기
- 집중력 및 정신적 추적능력을 측정

045 로샤(Rorschach) 검사의 엑스너(J. Exner) 종합체계에서 유채색 반응이 아닌 것은?

① C'

② CF

③ FC

④ Cn

정답 | ①

해설 | 유채색(Chromatic Color)

- C(순수색채반응) : 반응이 색채만 명명한 경우 **예** 색이 빨개서 피 같다.
- CF(색채−형태반응) : 반응이 주로 색채에 근거하고 이차적으로 형태가 사용된 경우 **예** 색도 빨갛고 말라붙어 있는 모양이 피 같다.
- FC(형태−색채 반응) : 반응이 주로 형태에 근거하고 이차적으로 색채가 사용된 경우 **예** 잎 모양과 색깔이 장미 꽃 같다.
- Cn(색채명명반응) : 반점의 색채만 명명한 경우 **예** 이건 분홍색이고 이건 파란색이다.

PART 01
PART 02
PART 03
PART 04
PART 05
PART 06

046 WAIS-IV의 소검사 중 언어이해 지수 척도의 보충 소검사에 해당되는 것은?

① 공통성
② 상식
③ 어휘
④ 이해

정답 | ④
해설 | WAIS-IV의 언어이해 지수 척도의 핵심 소검사는 '공통성, 어휘, 상식'이고, 보충 소검사는 '이해'이다.

047 심리검사의 윤리에 관한 설명으로 틀린 것은?

① 자격을 갖춘 사람이 심리검사를 실시해야 한다.
② 검사 동의를 구할 때에는 비밀유지의 한계에 대해 알려야 한다.
③ 동의할 능력이 없는 사람에게도 평가의 본질과 목적을 알려야 한다.
④ 자동화된 서비스를 사용할 경우 검사자는 평가의 해석에 대한 책임을 지지 않는다.

정답 | ④
해설 | 심리검사의 윤리적 고려사항
- 전문적 측면(전문가로서의 자질) : 검사자는 고도의 책임 있는 기능을 수행하기 위해 인간행동을 이해하는 데 필요한 전문적인 교육을 받아야 하며, 전문적인 기술을 가지고 심리학적 평가기법을 다룰 수 있어야 한다.
- 도덕적 측면(수검자에 대한 의무와 권리) : 검사자는 인간의 권리를 보호해야 할 의무가 있다. 심리검사와 관련된 수검자의 권리 중에는 검사를 받지 않을 권리, 검사점수 및 해석을 알 권리, 검사자료에 접근할 수 있는 사람이 누구인지 알 권리, 검사결과의 비밀을 보장받을 권리 등이 있다.
- 윤리적 측면(검사자의 책임) : 검사자는 수검자에게 검사자가 어떻게 사용되는가를 말해 주고 비밀보장의 한계를 설명해 주어야 하며, 자신을 고용한 기관에 대해서는 가능한 한 최소한의 정보를 제공하는 것이 바람직하다.
- 사회적 측면 : 검사자는 심리검사가 주는 이익과 개인의 권리 및 자유를 위협하는 위험을 알고 있어야 하며, 이익이 위험을 훨씬 능가하고 위험이 최소화된 경우에만 검사 사용이 사회적으로 용인되어야 한다.

048 지능에 대한 설명으로 틀린 것은?

① 아동기의 전반적인 인지발달은 청소년기보다 그 속도가 느리다.
② 발달규준에서는 수검자의 생활연령과 정신연령을 함께 표기한다.
③ 편차 IQ는 집단 내 규준에 속한다.
④ 추적규준은 연령별로 동일한 백분위를 갖는다고 가정한다.

정답 | ①
해설 | 아동기의 전반적인 인지발달은 청소년기보다 속도가 빠르다.

049 카우프만 아동용 지능검사(K−ABC)에 관한 설명으로 틀린 것은?

① 정보처리적인 이론직 관짐에서 세작뇌었다.

② 성취도를 평가할 수도 있다.

③ 언어적 기술에 덜 의존하므로 언어능력의 문제가 있는 아동에게 적합하다.

④ 아동용 웩슬러 지능검사(WISC)와 동일 연령대의 아동을 대상으로 한다.

정답 | ④

해설 | 카우프만 지능검사(K−ABC)는 만 2세 6개월부터 만 12세 6개월까지의 아동을 위해 고안되었으며, 아동용 웩슬러 지능검사(WISC)는 만 6세 0개월에서 만 16세 11개월까지 아동의 인지능력을 임상적으로 평가할 수 있는 개인 지능검사이다.

050 MMPI 제작 방식에 관한 설명으로 옳은 것은?

① 정신병리 이론을 바탕으로 하여 제작되었다.

② 합리적 · 이론적 방식을 결합하여 제작되었다.

③ 정신장애군과 정상군을 변별하는 통계적 결과에 따라 경험적 방식으로 제작되었다.

④ 인성과 정신병리와의 상관성에 대한 선행연구 결과들을 바탕으로 하여 제작되었다.

정답 | ③

해설 | 20세기 초반 대다수의 심리검사가 이론적 제작방법에 의해 고안된 반면, MMPI는 실제 환자들의 반응을 토대로 외적준거접근의 경험적 제작방법에 의해 만들어졌다. 즉, 검사 제작 초기에 검사개발을 목표로 이론적인 접근을 하여 문항을 제시하기는 하지만, 최종 단계에서 문항을 질문에 포함시킬 것인지는 목표집단과 통제집단의 반응 차이 여부에 따라 결정이 이루어진다.

051 표준점수에 관한 설명으로 틀린 것은?

① 대표적인 표준점수로는 Z점수가 있다.

② 표준점수는 원점수를 직선변환하여 얻는다.

③ 웩슬러 지능검사의 IQ 수치도 일종의 표준점수이다.

④ Z점수가 0이라는 것은, 그 사례가 해당 집단의 평균치보다 1 표준편차 위에 있다는 것을 의미한다.

정답 | ④

해설 | Z점수는 원점수를 평균이 0, 표준편차가 1인 Z분포상의 점수로 변환한 점수이다. 예를 들어, Z점수 0은 원점수가 정확히 평균값에 위치한다는 의미이며, Z점수 −1.5는 원점수가 참조집단의 평균으로부터 하위 1.5 표준편차만큼 떨어져 있다는 것이다.

Z점수＝(원점수−평균)÷표준편차

052 노년기 인지발달에 관한 설명으로 옳은 것은?

① 정보처리 속도가 크게 증가한다.
② 결정지능의 감퇴가 유동지능보다 현저해진다.
③ 인지발달의 변화양상에서 개인차가 더 커지게 된다.
④ 의미기억이 일화기억보다 더 많이 쇠퇴한다.

정답 | ③
해설 | 연령에 따른 지능의 변화양상은 지능의 하위 능력에 따라 다르다. 일화기억보다 의미기억에 대한 정보의 망각이 적게 일어난다. 노년기 인지기능의 저하는 처리속도의 감소와 관련이 있다. 노인들은 인지기능의 쇠퇴에 직면하여 목표 범위를 좁혀 나가는 등의 최적화 책략을 사용한다.

053 성격검사에 관한 설명으로 틀린 것은?

① MMPI는 만15세 수검자에게 실시 가능하다.
② CAT은 모호한 검사자극을 통해 개인의 의식 영역 밖의 정신 현상을 측정하기 위한 성격검사이다.
③ 16 성격요인검사는 케텔(R. Cattell)의 성격특성 이론을 근거로 개발되었다.
④ 에니어그램은 인간의 성격유형을 8개로 설명한다.

정답 | ④
해설 | 에니어그램은 인간의 성격을 9가지로 나누어 도형과 함께 설명하는 성격검사이다.

054 다음에서 설명하는 검사는?

> 유아 및 학령 전 아동의 발달과정을 체계적으로 측정하기 위한 최초의 검사로서, 표준 놀이기구와 자극 대상에 대한 유아의 반응을 직접 관찰하며, 의학적 평가나 신경학적 원인에 의한 이상을 평가하기 위해 사용된다.

① Gesell의 발달 검사   ② Bayley의 영아발달 척도
③ 시 · 지각 발달 검사   ④ 사회성숙도 검사

정답 | ①
해설 | ② Bayley의 영아발달 척도
- 베일리가 1969년 생후 2개월에서 30개월까지의 영유아를 대상으로 한 발달척도(BSID)를 고안한 이후, 1993년 개정판(BSID-Ⅱ)을 통해 생후 1개월에서 42개월까지의 영유아를 대상으로 한 표준화가 이루어졌다.
- 1969년 초판(BSID-Ⅰ)은 정신척도와 운동척도로만 구성되었으나, 1993년 개정판(BSID-Ⅱ)은 행동평정척도가 포함되었다.
- 검사과정은 검사자와 아이가 1:1로 마주 앉은 상태로 진행되며, 아이의 연령이나 기질 등의 다양한 요인을 고려하여 융통성 있게 전개된다.
③ 시 · 지각 발달 검사
- Frostig가 1966년 개발한 것으로 3~8세의 읽고 쓰기에 문제가 있는 아동의 시 · 지각능력을 측정하여 시지각장애를 조기발견하는 데 사용된다.
- 시각-운동협응 검사, 도형-배경지각 검사, 형태항상성 검사, 공간위치지각 검사, 공간관계지각 검사의 5개 하위검사로 구성된다.

④ 사회성숙도 검사
- 사회성이 적응행동에 미치는 영향이 크다는 것을 인식하고, 적응행동을 측정하기 위해 개발되었다.
- 이 검사는 개인의 성장이나 변화를 측정하면서 정신지체 여부나 그 정도를 판별하는 데 이용될 수 있다.
- 검사는 부모, 형제나 자매, 수검자를 잘 아는 친척이나 후견인 등이 실시한다(수검자가 자신에 관한 정보를 제공할 수 있을 정도로 성숙해 있어도 직접 수검자를 면접 대상으로 하지 않음).

055 MMPI−2의 타당도 척도 중 비전형성을 측정하는 척도에서 증상타당성을 의미하는 것은?

① TRIN
② FBS
③ F(P)
④ F

정답 | ②

해설 | FBS 척도(증상타당도 척도)는 본래 부정왜곡척도로 개발되었으나 척도 해석에 이론의 여지가 있어서, 약자는 그대로 유지한 채 현재 증상타당도 척도로 불리게 되었다. 개인 상해 소송이나 신체장애 판정 장면에서의 꾀병을 탐지하기 위한 총 43개의 문항으로 구성되어 있으며, 문항들은 신체와 통증에 관한 내용, 신뢰나 정직함에 관한 내용 등을 포함하고 있다.

056 심리검사 선정 기준으로 틀린 것은?

① 신뢰도와 타당도가 높은 검사를 선정한다.
② 검사의 경제성과 실용성을 고려해 선정한다.
③ 수검자의 특성과 상관없이 의뢰 목적에 맞춰 선정한다.
④ 객관적 검사와 투사적 검사의 장·단점을 고려하여 선정한다.

정답 | ③

해설 | 내담자(수검자)의 적성·흥미·동기 등 내담자에 관한 자료를 수집하여 내담자의 문제 원인을 파악하며, 이를 해결하기 위한 효과적인 도구로 활용한다.

057 신경심리평가 중 주의력 및 정신적 추적능력을 평가할 수 있는 검사가 아닌 것은?

① Wechsler 지능검사의 기호쓰기 소검사
② Wechsler 지능검사의 숫자 소검사
③ Trail Making Test
④ Wisconsin Card Sorting Test

정답 | ④

해설 | 위스콘신 카드분류검사(Wisconsin Card Sorting Test)는 사고의 유연성을 측정하기 위해 개발된 검사도구로, 실행능력을 평가하는 대표적인 검사이다. 이 검사는 인지적인 유연성과 문제해결능력을 평가하는 데 활용할 수 있으며 이와 관련하여 전두엽의 기능을 평가할 수 있다.

058 투사적 검사에 관한 설명으로 옳은 것은?

① 벤더게슈탈트 검사에서 성인이 그린 도형 A의 정상적인 위치는 용지의 정중앙이다.

② 동작성 가족화 검사는 가족의 정서적인 관계를 살펴보는 데 유용하다.

③ 아동용 주제통각검사의 카드 수는 주제통각검사와 동일하다.

④ 주제통각검사 카드는 성인 남성과 성인 여성으로만 구별된다.

정답 | ②

해설 | ④ 주제통각검사 카드 : 성인 남자, 성인 여자, 소년, 소녀, 소년과 성인 남자, 소녀와 성인 여자, 소년과 소녀, 성인 남자와 성인 여자 등으로 적용대상이 구분되어 있다. 판화 형태의 그림 카드 30장으로 구성되어 있으며, 아동용 주제통각검사의 검사도구의 구성은 CAT표준판 9매와 CAT보충판 9개로 구성된다.

059 아동의 지적 발달이 또래 집단에 비해 지체되어 있는지, 혹은 앞서고 있는지를 평가하기 위해 Stern 이 사용한 IQ 산출계산방식은?

① 지능지수(IQ)=[정신연령/신체연령]×100

② 지능지수(IQ)=[정신연령/신체연령]+100

③ 지능지수(IQ)=[신체연령/정신연령]×100

④ 지능지수(IQ)=[신체연령/정신연령]÷100

정답 | ①

해설 | 비율지능지수(RIQ ; Ratio IQ)

- 비네(Binet)는 아동이 규준집단에서 얼마나 우수한지 혹은 뒤떨어져 있는지 파악하기 위해 지능을 비율로 표현하자는 독일 심리학자 스턴(Stern)의 견해를 받아들임
- 비율지능지수는 개인의 지적능력을 정신연령과 신체연령 또는 생활(실제)연령의 비율로써 나타낸 것
- 비율지능지수=(정신연령/신체연령)×100

060 뇌손상 환자의 병전지능 수준을 추정하기 위한 자료와 가장 거리가 먼 것은?

① 교육수준, 연령과 같은 인구학적 자료

② 이전의 직업기능 수준 및 학업 성취도

③ 이전의 암기력 수준, 혹은 웩슬러 지능검사에서 기억능력을 평가하는 소검사 점수

④ 웩슬러 지능검사에서 상황적 요인에 의해 잘 변화하지 않는 소검사 점수

정답 | ③

해설 | 병전지능의 추정

- 뇌외상 등으로 인한 인지기능의 변화가 의심되는 경우 심리평가를 통해 병전지능을 추정할 필요가 있다.
- 현재의 지능수준과 병전지능수준을 추정하여 그 차이를 계산함으로써 지능의 유지수준이나 퇴보 정도를 파악할 수 있다.
- 변전지능을 추정하는 대표적인 방법으로서 뇌손상에 비교적 둔감한 소검사들의 결과와 수검자의 연령, 학력, 직업 등의 인구통계학적 변인을 함께 고려하는 방법이 있다.
- 일반적으로 현재 지능이 병전지능에 비해 15점 이상 저하되어 있는 경우 임상적으로 유의미한 것으로 볼 수 있다.
- 기억장애, 언어장애, 고등기능장애, 시공간능력저하, 성격 및 감정의 변화 등 5가지 인지기능 중 3가지 이상에서 기능상 장애 또는 저하현상이 나타나는 경우 지적 능력이 저하된 것으로 간주한다.
- 웩슬러 지능검사는 인지기능 중 기억력, 언어력, 시공간능력을 측정한다. 특히 웩슬러 지능검사에서 병전지능 추정에 사용되는 것은 기본지식, 어휘문제, 토막짜기 등이다.

061 행동평가와 전통적 심리평가 간의 차이점으로 틀린 것은?

① 행동평가에서 성격의 구성개념은 주로 특정한 행동 패턴을 요약하기 위해 사용된다.
② 행동평가는 추론의 수준이 높다.
③ 전통적 심리평가는 예후를 알고, 예측하기 위한 것이다.
④ 전통적 심리평가는 개인 간이나 보편적 법칙을 강조한다.

정답 | ②
해설 | 행동평가의 접근·검사반응(행동)은 그 사람의 행동 목록 중 한 표본을 보여준다. 따라서 추론의 수준이 낮다.

062 우리나라 임상심리학자의 고유 역할에 해당되지 않는 것은?

① 연구
② 자문
③ 약물치료
④ 교육

정답 | ③
해설 | 임상심리학자의 역할은 진단 및 평가, 치료, 심리재활, 교육 및 훈련, 자문, 행정 및 지도, 연구 등이다.

063 행동평가의 목적에 해당하지 않는 것은?

① 처치를 수정하기
② 진단명을 탐색하기
③ 적절한 처치를 선별하기
④ 문제행동과 그것을 유지하는 조건을 확인하기

정답 | ②
해설 | 진단명을 탐색하는 것은 행동평가의 목적으로 보기 어렵다. 진단명을 탐색하는 것은 행동평가뿐 아니라 내담자의 전반적인 모든 것들을 종합해서 평가해야 한다.
  행동평가의 기능
  • 목표행동의 결정
  • 동일 기능 행동들의 발견
  • 대안적 행동의 발견
  • 결정요인의 발견
  • 기능적 분석의 발달
  • 치료적 전략의 고안
  • 치료적 개입의 평가
  • 내담자−치료자(평가자) 상호작용촉진

064 셀리에(Selye)의 일반적응증후군의 단계로 옳은 것은?

① 경고 → 소진 → 저항　　　　　　② 경고 → 저항 → 소진

③ 저항 → 경고 → 소진　　　　　　④ 소진 → 저항 → 경고

정답 | ②

해설 | 셀리에는 신체가 유해한 상황으로부터 자신을 방해하려는 일반화된 시도를 일반적응증후군이라 하면서, 이를 경고(alarm), 저항(resistance), 소진(exhaustion)의 3단계로 구분하여 설명하였다.

065 HTP 검사해석으로 옳은 것은?

① 필압이 강한 사람은 약한 사람에 비해 억제된 성격일 가능성이 높다.

② 지우개를 과도하게 많이 사용한 사람은 대부분 자신감이 높다.

③ 집 그림 중에서 창과 창문은 내적 공상활동에 대한 정보를 제공하는 중요한 지표이다.

④ 나무의 가지와 사람의 팔은 대인관계에 대한 욕구를 탐색할 수 있는 정보를 제공한다.

정답 | ④

해설 | HTP 검사에서 나무의 가지는 내담자가 환경에서 만족을 추구할 수 있는 자원과 다른 사람에게 접촉하는 데 필요한 자원, 현재 상황에 대처할 수 있는 능력, 지금보다 나아질 수 있는 자원 그리고 성취하고자 하는 소망과 이를 위해 노력하는 태도 등을 반영하고 있으며 무의식인 의미에서는 나뭇가지는 사람 그림에서의 팔과 유사하다고 볼 수 있다.

066 다음 중 접수면접의 주요 목적과 가장 거리가 먼 것은?

① 환자를 병원이나 진료소에 의뢰할지를 고려한다.

② 제공되는 서비스에 대한 환자의 질문에 대답한다.

③ 환자에게 신뢰, 라포 및 희망을 심어주려고 시도한다.

④ 환자가 자신이나 다른 사람을 해칠 중대한 위험상태에 있는지 결정한다.

정답 | ④

해설 | 접수면접의 목적

- 문제 확인 : 내담자의 실제 문제가 무엇인지 정확하게 파악하며, 치료자나 치료기관에서 그에 관한 적절한 서비스를 제공할 수 있는지 평가한다.
- 라포 형성 : 내담자가 일반적으로 보이는 두려움과 양가감정을 해소하기 위해 치료자와 상호 긍정적인 친화관계를 형성한다.
- 의뢰 : 내담자의 문제와 욕구를 치료자나 치료기관에서 해결할 수 없는 경우 혹은 문제해결에 더욱 적합한 기관이 있는 경우 다른 기관으로 내담자를 보낸다. 의뢰 시에는 반드시 내담자의 동의가 필요하다.

067 체계적 둔감법에 대한 설명으로 틀린 것은?

① 고전적 조건 형성 원리에 기초한 행동치료 기법이다.
② 특정한 대상에 불안을 느끼는 경우에 효과적이다.
③ 이완훈련, 불안위계 목록 작성, 둔감화로 구성된다.
④ 심상적 홍수법과는 달리 불안 유발 심상에 노출되지 않는다.

정답 | ④

해설 | 체계적 둔감법은 행동치료에서 널리 사용되고 있는 고전적 조건 형성의 기법으로, 혐오스러운 느낌이나 불안한 자극에 대한 위계목록을 작성한 다음 낮은 수준의 자극에서 높은 수주의 자극으로 상상을 유도함으로써 혐오나 불안에서 서서히 벗어나도록 유도한다. 불안과 공포증이 있는 내담자에 대해 그로 인한 부적응행동이나 회피행동을 치료하는 데 효과가 있다.

068 현실치료에 관한 설명으로 틀린 것은?

① 내담자가 실행하지 못한 것에 대한 변명을 허용하지 않는다.
② 전행동(Total Behavior)의 '생각하기'에는 공상과 꿈이 포함된다.
③ 개인은 현실에 대한 지각을 통해 현실 그 자체를 알 수 있다.
④ 내담자 개인의 책임을 강조한다.

정답 | ③

해설 | 개인은 현실에 대한 자각을 통해서는 현실 그 자체를 알 수 없다. 공상 꿈에 대한 자각도 필요하다.

069 단기 심리치료에서 좋은 결과를 이끌어 내기 위한 요인이 아닌 것은?

① 치료자의 온정과 공감
② 견고한 치료적 동맹 관계
③ 문제에 대한 회피
④ 내담자의 적절한 긍정적 기대

정답 | ③

해설 | 문제에 대해 장기 심리치료보다 좀 더 빠른 접근을 통해 해결에 도달해야 한다.

070 두뇌기능의 국재화에 관한 설명으로 옳은 것은?

① 특정 인지능력은 국부적인 뇌 손상에 수반되는 한정된 범위이 인지적 결함으로부터 발생한다고 본다.
② Broca 영역은 좌반구 측두엽 손상으로 수용적 언어 결함과 관련된다.
③ Wernicke 영역은 좌반구 전두엽 손상으로 표현 언어 결함과 관련된다.
④ MRI 및 CT가 개발되었으나 기능 문제 확인에는 외과적 검사가 이용된다.

정답 | ①

해설 | 편재화는 대뇌반구 좌우이 기능적 분화와 관련하여 사용되는 반면, 국재화는 특정 인지기능이 대뇌피질의 특정 영역에 자리 잡고 있다는 의미로 사용된다.

071 임상심리학자로서의 책임과 능력에 있어서 바람직하지 못한 것은?

① 서비스를 제공할 때 높은 기준을 유지한다.
② 자신의 활동 결과에 대해 책임을 진다.
③ 자신의 능력과 기술의 한계를 알고 있어야 한다.
④ 자신만의 경험을 기준으로 내담자를 대한다.

정답 | ④

해설 | 전문적이고 과학적인 책임
  • 심리학자는 전문적이고 과학적인 기초 위에서 활동함으로써 자신의 지식과 능력의 범위를 인식할 의무가 있다.
  • 심리학자는 자신의 환자나 내담자에게 최선을 다해 서비스를 제공하며, 이를 위해 필요에 따라 타 분야의 전문가들에게 자문을 구하여야 한다.

072 방어기제에 대한 개념과 설명이 옳게 연결된 것은?

① 투사(Projection) : 당면한 상황에서 얻게 된 결과에 대해 어쩔 수 없었다고 생각하며 행동한다.
② 대치(Displacement) : 추동 대상을 위협적이지 않거나 이용 가능한 대상으로 바꾼다.
③ 반동형성(Reaction Formation) : 이전의 만족 방식이나 이전 단계의 만족 대상으로 후퇴한다.
④ 퇴행(Regression) : 무의식적 추동과는 정반대로 표현한다.

정답 | ②

해설 | ① 투사(projection) : 사회적으로 인정받을 수 없는 자신의 행동과 생각을 마치 다른 사람의 것인 양 생각하고 남을 탓하는 것이다.
  ③ 반동형성(reaction formation) : 자신이 가지고 있는 무의식적 소망이나 충동을 본래의 의도와 달리 반대되는 방향으로 바꾸는 것이다.
  ④ 퇴행(regression) : 생의 초기에 성공적으로 사용했던 생각이나 감정, 행동에 의지하여 자기 자신의 불안이나 위협을 해소하려는 것이다.

073 다음 중 관계를 중심으로 치료가 초점화되고 있는 정신역동적 접근방법의 단기치료가 아닌 것은?

① 핵심적 갈등관계 주제(Core Conflictual Relationship Theme)
② 불안유발 단기치료(Anxiety Provoking Brief Therapy)
③ 기능적 분석(Functional Analysis)
④ 분리개별화(Separation And Individuation)

정답 | ③
해설 | 기능적 분석은 목표행동에 적용할 수 있는 '통제 가능하고 원인이 되는' 기능적 관계를 밝히는 것으로, 행동주의 이론에 근거한 것이다.

074 잠재적인 학습문제의 확인, 학습실패 위험에 처한 아동에 대한 프로그램 운용, 학교 구성원들에게 다양한 관점 제공, 부모 및 교사에게 특정 문제행동에 대한 대처기술을 제공하는 학교심리학자의 역할은?

① 예방
② 교육
③ 부모 및 교사훈련
④ 자문

정답 | ①
해설 | 학교심리학자의 역할
• 평가 : 아동과 청소년, 그리고 그의 적응과 발달에 관여하는 부모, 가족, 교사, 학교, 지역사회 등 환경을 대상으로 정보를 수집하고 이러한 대상에 대한 의사결정을 내린다.
• 개입 : 부적응 문제를 예방하거나 치료한다.
• 자문 : 부모나 교사가 학교나 가정에서 아동과 청소년의 건강한 적응을 향상시키고 부적응 문제를 해결하도록 돕는다.
• 교육 및 훈련 : 부모나 교사를 교육하고 훈련시키는 프로그램을 개발하고 시행한다.
• 연구 : 아동과 청소년의 문제를 보다 정확하게 이해하고, 이들의 특징을 평가하는 도구를 개발하고 문제해결 및 예방을 위한 프로그램의 효과를 검증한다.

075 임상심리학자로서 지켜야 할 내담자에 대한 비밀보장에 관한 설명으로 틀린 것은?

① 일반적으로 상담과정에서 내담자에 대해 알게 된 사실을 다른 사람들에게 말하면 안 된다.
② 아동 내담자의 경우에도 아동에 관한 정보를 부모에게 알려서는 안 된다.
③ 자살 우려가 있는 경우 내담자의 비밀을 지키는 것보다는 가족에게 알려 자살예방조치를 취하는 것이 더 중요하다.
④ 상담 도중 알게 된 내담자의 중요한 범죄사실에 대해서는 비밀을 지킬 필요가 없다.

정답 | ②
해설 | 아동상담에서의 비밀보장
• 부모 혹은 보호자와 공유할 수 있든 없든 간에 정보노출에 관해서는 치료를 시작할 때 아동과 청소년, 부모 모두에게 설명해야 한다.
• 절대적인 비밀보장을 해야 하는지를 선택해야 하는 상황이거나 발달상 적절하다고 여겨지는 시점에서 치료자는 아동으로부터 동의를 구하도록 노력해야 한다. 즉 부모에게 어떤 것을 알려줄지에 대한 정보를 아동에게 제공해야 한다.

076 행동치료를 위해 현재 문제에 대한 기능분석을 하면 규명할 수 있는 요소가 아닌 것은?

① 문제행동을 일으키는 자극이나 선행조건
② 문제행동과 관련 있는 유기체 변인
③ 문제행동과 관련된 인지적 해석
④ 문제행동의 결과

정답 | ③
해설 | 인지적 해석은 '인지행동치료적 기법'으로 규명할 수 있는 요소로 분류된다.

077 다음에 해당하는 인지치료 기법은?

친한 친구와 심하게 다퉈 헤어졌을 때 마음이 많이 아프지만 이 상황을 자신의 의사소통이나 대인관계 방식을 돌아볼 수 있는 기회로 삼는다.

① 개인화   ② 사고중지
③ 의미축소   ④ 재구성

정답 | ④
해설 | 재구성은 내담자의 행동에 대한 인식을 변화시키는 전략으로 내담자가 문제를 다른 시각으로 바라볼 수 있도록 돕는 방법이다.

078 다음 뇌 관련 장애들은 공통적으로 어떤 질환과 관련이 있는가?

헌팅턴병, 파킨슨병, 알츠하이머병

① 종양   ② 뇌혈관 사고
③ 퇴행성 질환   ④ 만성 알코올 남용

정답 | ③
해설 | 신경계 퇴행성 질환의 대표적 질환으로는 알츠하이머병(Alzheimer's disease), 파킨슨병(Parkinson disease), 근위축성 측삭경화증(amyotrophic lateral sclerosis), 헌팅턴병(Huntington disease) 등이 있다.

079 성격평가질문지에서 척도명과 척도군의 연결이 틀린 것은?

① 저빈도척도(INF) : 타당도척도

② 지배성척도(DOM) : 대인관계척도

③ 자살관념척도(SUI) : 치료고려척도

④ 공격성척도(AGG) : 임상척도

정답 | ④

해설 | 공격성척도(Aggression, AGG)는 치료척도로 공격성, 적대감, 분노심 등의 태도 및 행동을 반영하는 18개의 문항으로 이루어져 있다.

080 알코올중독 환자에게 술을 마시면 구토를 유발하는 약을 투약하여 치료하는 기법은?

① 행동조성

② 혐오치료

③ 자기표현훈련

④ 이완훈련

정답 | ②

해설 | 혐오치료는 고전적 조건 형성의 기법으로, 바람직하지 못한 행동에 혐오자극을 제시하여 부적응적인 행동을 제거하는 방법이다. 주로 흡연, 음주문제, 과식 등의 문제를 해결하기 위해 사용되며, 부적응적이고 지나친 탐닉이나 선호를 제거하는 데 효과적이다.

제5과목 심리상담

081 청소년 비행의 원인을 현대사회의 가치관 혼란현상으로 설명하는 것은?

① 아노미이론

② 사회통제이론

③ 하위문화이론

④ 사고충돌이론

정답 | ①

해설 | 아노미이론은 문화적 가치를 획득할 합법적인 수단이 없다고 판단될 때 아노미(혼란, 무규범) 상태가 일어나고 범죄로 이어진다는 이론이다.

② 사회통제이론 : 사회통제력이 약화되어 범죄로 이어진다는 이론으로 비행성향을 통제해 줄 수 있는 사회와의 유대가 약화될 때 비행에 빠지게 된다는 이론이다.

③ 하위문화이론 : 비행을 하위문화를 형성하고 있는 집단의 관습적 문제로 보는 이론이다.

082 상담자가 내담자에 대한 치료를 중단 또는 종결할 수 있는 경우에 해당하지 않는 것은?

① 내담자가 제3자의 위협을 받는 등 중대한 사유가 있는 경우

② 내담자가 치료과정에 불성실하게 임하는 경우

③ 내담자에 대한 계속적인 서비스가 도움이 되지 않을 경우

④ 내담자가 더 이상 심리학적 서비스를 필요로 하지 않는 경우

정답 | ②

해설 | 치료 종결하기
- 심리학자는 내담자·환자가 더 이상 심리학적 서비스를 필요로 하지 않거나, 계속적인 서비스가 도움이 되지 않고 오히려 건강을 해칠 경우에는 치료를 중단한다.
- 심리학자는 내담자 또는 환자와 관계가 있는 제3자의 위협을 받거나 위험에 처하게 될 경우에는 치료를 종결할 수 있다.

083 정신분석에서 내담자가 지속적이고 반복적인 학습을 통해 자신이 이해하고 통찰한 바를 충분히 소화하는 과정은?

① 자기화

② 훈습

③ 완전학습

④ 통찰의 소화

정답 | ②

해설 | 훈습은 상담과정에서 내담자의 통찰이 현실생활에 실제로 적용되어 내담자에게 변화가 일어나는 것이다. 내담자의 전이저항에 대해 기대되는 수준의 통찰과 이해가 성취될 때까지 상담자가 반복적으로 직면하거나 설명함으로써 내담자의 통찰력이 최대한 발달하도록 하며, 자아통합이 이루어지도록 한다.

084 항갈망제에 해당하는 것을 모두 고른 것은?

ㄱ. 노르트립틸린(Nortriptyline)
ㄴ. 날트렉손(Naltrexone)
ㄷ. 아캄프로세이트(Acamprosate)

① ㄱ

② ㄱ, ㄴ

③ ㄴ, ㄷ

④ ㄱ, ㄴ, ㄷ

정답 | ③

해설 | 항갈망제는 술에 대한 갈망을 감소시켜주는 약으로, 뇌에서 술을 강박적으로 섭취하도록 작용하는 신경 부위에 직접 작용한다. 알코올 의존성 환자의 금주 유지를 위해 사용되며, 대표적으로 날트렉손과 아캄프로세이트가 있다.

085 Beck의 인지적 왜곡 중 개인화에 대한 예로 적절한 것은?

① "관계가 끝나버린 건 모두 내 질못이야."
② "이 직업을 구하지 못하면, 다시는 일하지 못 할 거야."
③ "나는 정말 멍청해."
④ "너무 불안하니까, 고속도로를 달리는 것은 위험할 거야."

정답 | ①
해설 | 개인화(Personalization)는 자신과 관련시킬 근거가 없는 외부사건을 자신과 관련시키는 성향으로, 실제로는 다른 것 때문에 생긴 일에 대해 자신이 원인이고 자신이 책임져야 할 것으로 받아들인다.

086 Gottfredson의 직업포부 발달이론에서 직업과 관련된 개인발달의 단계에 해당하지 않는 것은?

① 힘과 크기 지향성
② 성역할 지향성
③ 개인선호 지향성
④ 내적 고유한 자아 지향성

정답 | ③
해설 | 고트프레드슨은 직업포부 발달단계를 4단계로 구분하였다. 3~5세 시기인 1단계는 서열 획득 단계, 6~8세 시기인 2단계는 성역할 획득 단계, 9~13세 시기인 3단계는 사회적 가치 획득 단계, 14세 이후 4단계는 내적 자아 확립 단계이다.

087 내담자에게 바람직한 목표행동을 설정해 두고, 그 행동에 근접하는 행동을 보일 때 단계적으로 차별강화를 주어 바람직한 행동에 접근해 가도록 만드는 치료기법은?

① 역할연기
② 행동조형(조성)
③ 체계적 둔감화
④ 재구조화

정답 | ②
해설 | 행동조형(조성)은 내담자가 원하는 방향 안에서 일어나는 다양한 반응만을 강화하고 원하지 않는 방향의 행동은 강화받지 못하도록 하여 결국 원하는 방향의 행동을 할 수 있도록 하는 것이다. 행동조형은 점진적 접근방법으로, 행동을 구체적으로 세분화하여 단계별로 구분한 후 각 단계마다 강화를 제공함으로써 내담자가 단번에 수행하기 어렵거나 그 반응을 촉진하기 어려운 행동 또는 복잡한 행동 등을 학습하도록 한다.

088 임상적인 상황에서 활용되는 최면에 관한 가정과 가장 거리가 먼 것은?

① 최면상태는 자연스러운 것이나 치료자에 의해 형식을 갖춘 최면유도로만 일어날 수 있다.
② 모든 최면은 자기최면이라 할 수 있다.
③ 각 개인은 치료와 자기실현에 필요한 자원을 담고 있는 무의식을 소유하고 있다.
④ 내담자는 무의식 탐구로 알려진 일련의 과정을 진행시킬 수 있다.

정답 | ①
해설 | 자기최면은 자기최면 피험자가 녹음된 인덕션을 듣거나 최면술사와 피험자의 역할을 모두 수행하는 것도 가능하다.

089 가족치료의 주된 목표와 가장 거리가 먼 것은?

① 가계의 특징을 파악하고 이를 재구조화한다.
② 가족 구성원 간의 잘못된 관계를 바로잡는다.
③ 특정 가족 구성원의 문제행동을 수정한다.
④ 가족 구성원 간의 의사소통 유형을 파악하고 의사소통이 잘 되도록 한다.

정답 | ③
해설 | 가족문제는 가족 내 개별성원 한 사람에 대한 정신병리학적 관점보다는 다른 가족 구성원들과의 관계에서 이루어진다. 따라서 개별성원을 이해하기 위해서는 가족체계 전체의 심리적 특성을 염두에 두어야 한다.

090 다음 사례에서 직면기법에 가장 가까운 반응은 어느 것인가?

> 집단모임에서 여러 명의 집단원으로부터 부정적인 피드백을 받은 한 집단원에게 다른 집단원이 그의 느낌을 묻자 아무렇지도 않다고 하지만 그의 표정이 몹시 굳어 있을 때, 지도자가 이를 직면하고자 한다.

① "ㅇㅇ씨, 지금 느낌이 어떤지 좀 더 말씀하시면 어떨까요?"
② "ㅇㅇ씨, 방금 아무렇지도 않다고 말씀하셨습니다."
③ "ㅇㅇ씨, 이러한 일은 창피함을 느끼게 만드는 것 같습니다."
④ "ㅇㅇ씨, 말씀과는 달리 얼굴이 굳어있고 목소리가 떨리는군요."

정답 | ④
해설 | 직면은 내담자에게 말과 행동 사이의 불일치나 모순을 직접적으로 지적하는 기술이다. 직면을 사용할 경우 내담자에 대해 평가하거나 비판하는 인상을 주지 않도록 해야 하며, 이를 위해 내담자가 보인 객관적인 행동과 인상에 대해 서술적으로 표현하는 것이 바람직하다.

091 중학교 교사인 상담자가 학생을 상담하는 과정에서 구조화를 하는 방법으로 틀린 것은?

① 상담자와 내담자는 상담관계 이외에 사제관계를 맺고 있으므로 이런 이중적인 관계로 인해 예상되는 문제나 어려움을 사전에 논의한다.
② 상담에 대해 현실적으로 기대할 수 있는 바가 무엇인지, 기대의 실현을 위해 상담자와 내담자가 각각 해야 할 역할이 무엇인지에 대해 설명한다.
③ 정규적인 상담을 할 계획이라면 상담자와 내담자가 만나는 요일이나 시간을 정하고, 한 번 만나면 매 회 면접시간의 길이와 전체 상담과정의 길이나 횟수에 대해서도 알려준다.
④ 상담내용에 대한 비밀보장의 원칙을 내담자에게 알려주고, 비밀보장의 한계에 대한 정보는 내담자의 솔직한 자기개방을 저해할 수 있으므로 상담관계의 신뢰성이 충분히 형성된 이후에 알려주는 것이 좋다.

정답 | ④
해설 | 상담의 구조화는 상담자와 내담자가 상담목표를 성취하기 위해 상담의 기본성격, 상담자 및 내담자의 역할한계, 바람직한 태도 등을 설명하고 인식시켜 주는 작업이다. 구조화에서는 상담의 목표, 상담의 성격, 상담시간 및 장소, 상담회기의 길이와 빈도, 상담요금, 상담자와 내담자의 역할 및 책임, 비밀보장의 한계와 상담을 거부할 수 있는 권리, 상담과정에서 행동의 제한 등을 설정한다.

092 청소년기 자살의 위험인자와 가장 거리가 먼 것은?

① 공격적이고 약물남용 병력이 있으며 충동성이 높은 행동장애의 경우
② 성적이 급락하고 식습관 및 수면행동의 변화가 심한 경우
③ 습관적으로 부모에 대한 반항이나 저항을 보이는 경우
④ 동료나 가족 등 가까운 이들과 떨어져 지내는 회피행동이 증가한 경우

정답 | ③
해설 | 습관적으로 부모에 대한 반항이나 저항을 보이는 것은 청소년기의 보편적인 특징이다.

청소년 자살의 위험인자
- 공격적이고 충동적이며 약물 남용 병력이 있는 행동장애의 경우
- 과거 치명적 방법으로 자살을 시도한 경우
- 주요우울증, 조울증 등 정신질환이 함께 있는 경우
- 일기장이나 친구에게 죽음에 관한 내용을 자주 이야기하는 등 지속적인 자살사고를 가지고 있는 경우
- 가족 중 자살을 시도하거나 실제 자살을 한 사람이 있는 경우
- 임신하였거나 음독 이외의 방법을 쓰는 경우
- 가족성원 간의 심한 불화로 인해 서로 상대방을 비난하는 경우

093 다음 알코올 중독 내담자에게 적용할 만한 동기강화상담의 기법과 가장 거리가 먼 것은?

"제가 술 좀 마신 것 때문에 아내가 저를 이곳에 남겨 두었다는 것을 믿을 수가 없군요. 그녀의 문제가 무엇인지 모르겠어요. 이 방에 불러서 이야기를 좀 하고 싶어요. 음주가 문제가 아니라 그녀가 문제인 것이니까요."

① 반영반응(Reflection Response)
② 주창 대화(Advocacy Talk)
③ 재구성하기(Reframing)
④ 초점 옮기기(Shifting Focus)

정답 | ②
해설 | 주창 대화는 동기상담의 대화기술에 해당하지 않는다.

동기상담의 대화기술
- 열린 질문하기
- 인정하기
- 반영하기
- 요약하기
- 비반영적 기술(재구조화, 방향틀어 동의하기, 자율성 강조하기, 나란히 가기, 초점 이동하기, 선수치기)

094 특성–요인 상담에 관한 설명으로 틀린 것은?

① 상담자 중심의 상담방법이다.
② 사례연구를 상담의 중요한 자료로 삼는다.
③ 문제의 객관적 이해보다는 내담자에 대한 정서적 이해에 초점을 둔다.
④ 내담자에게 정보를 제공하고 학습기술과 사회적 적응기술을 알려 주는 것을 중요시한다.

정답 | ③
해설 | 특성–요인 상담은 상담자 중심의 상담방법으로서 내담자에 대한 정서적 이해보다 문제의 객관적 이해에 중점을
둔다. 내담자에게 정보를 제공하고 학습기술 및 사회식 적응기술을 알려주는 것을 중시한다.

095 학습상담 과정에 대한 설명과 가장 거리가 먼 것은?

① 현실성 있는 상담목표를 설정해서 상담한다.
② 학습문제와 관련된 내담자의 감정을 이해하고 격려한다.
③ 내담자의 장점, 자원 등을 학습상담과정에 적절히 활용한다.
④ 학습문제와 무관한 개인의 심리적 문제들은 회피하도록 한다.

정답 | ④
해설 | 학습상담
• 학습문제는 개인의 심리적인 문제와 연결되어 있다.
• 학습문제와 관련된 내담자의 감정을 이해하고 격려해야 한다.
• 현실성 있는 상담목표를 설정해야 한다.
• 상담과정에서 내담자의 장점 및 자원 등을 적절히 활용할 필요가 있다.

096 성상담을 할 때 상담자가 가져야 할 시행지침으로 옳은 것은?

① 성과 관련된 개인적 사고는 다루지 않는다.
② 내담자의 죄책감과 수치심은 다루지 않는다.
③ 성폭력은 낯선 사람에 의해서만 발생함을 감안한다.
④ 성폭력은 성적 자기결정권의 침해임을 감안한다.

정답 | ④
해설 | ① 성과 관련된 개인적 사고 다루어야 한다.
② 내담자의 죄책감과 수치심도 꼭 다루어야 한다.
③ 성폭력은 아는 사람으로 인해 발생하는 경우가 더 많다.
성문제상담의 일반지침
• 성에 관한 상담자 자신의 태도 인식
• 개방적인 의사소통
• 내담자의 성지식에 관한 가정
• 상담자의 기본적인 성지식
• 전문가에 의뢰

097 인간중심상담의 과정을 7단계로 나눌 때, (　　)에 들어갈 내용의 순서가 올바른 것은?

- 1단계 : 소통의 부재
- 2단계 : 도움의 필요성 인식 및 도움 요청
- 3단계 : 대상으로서의 경험 표현
- 4단계 : (ㄱ)
- 5단계 : (ㄴ)
- 6단계 : (ㄷ)
- 7단계 : 자기실현의 경험

① ㄱ : 지금 – 여기에서 더 유연한 경험표현

　　ㄴ : 감정 수용과 책임 증진

　　ㄷ : 경험과 인식의 일치

② ㄱ : 감정 수용과 책임 증진

　　ㄴ : 경험과 인식의 일치

　　ㄷ : 지금 – 여기에서 더 유연한 경험표현

③ ㄱ : 경험과 인식의 일치

　　ㄴ : 지금 – 여기에서 더 유연한 경험표현

　　ㄷ : 감정 수용과 책임 증진

④ ㄱ : 감정 수용과 책임 증진

　　ㄴ : 지금 – 여기에서 더 유연한 경험표현

　　ㄷ : 경험과 인식의 일치

정답 | ①

해설 | 상담의 과정 7단계는 '1단계 소통이 부재 → 2단계 도움의 필요싱 인식 및 도움 요청 → 3단계 대상으로서 경험 표현 → 4단계 지금−여기에서 더 유연한 경험표현 → 5단계 감정 수용과 책임 증진 → 6단계 경험과 인식의 일치 → 7단계 자기실현의 경험'이다.

098 상담 시 내담자에게 관심을 집중시키는 기술과 가장 거리가 먼 것은?

① 개방적인 몸자세를 취한다.

② 내담자를 향해서 편안한 자세로 앉는다.

③ 내담자를 지나치게 응시하지 않는다.

④ 내담자에게 잘 듣고 있다고 항상 말로 확인해준다.

정답 | ④

해설 | 내담자에게 말로 확인하게 되면 자신을 평가한다는 식의 오해를 불러일으킬 수 있으므로 내담자를 향해 몸을 집중하고 비언어적 형태로 공감의 태도를 취한다.

099 다음은 가족상담 기법 중 무엇에 관한 설명인가?

가족들이 어떤 특정한 사건을 언어로 표현하는 대신에 공간적 배열과 신체적 표현으로 묘사하는 기법

① 재구조화
② 순환질문
③ 탈삼각화
④ 가족조각

정답 | ④
해설 | 가족조각은 말을 사용하는 대신 대상물의 공간적 관계나 몸짓 등으로 의미 있는 표상을 만듦으로써 정서적인 가족관계를 극적으로 표현하는 기법이다.

100 심리치료의 발전사에 관한 설명으로 옳지 않은 것은?

① 인지심리학의 발전과 더불어 개발된 치료방법들은 1960~1970년대 행동치료와 접목되면서 인지행동치료로 발전하였다.
② 로저스(Rogers)는 정신분석치료의 대안으로 인간중심치료를 제시하면서 자신의 치료활동을 카운슬링(Counseling)으로 지칭하였다.
③ 윌버(Wilber)는 자아초월 심리학의 이론체계를 발전시켰으며 그의 이론에 근거한 통합적 심리치료를 제시하였다.
④ 제임스(James)는 펜실베니아 대학교에 최초의 심리클리닉을 설립하여 학습장애와 행동장애 아동을 대상으로 치료활동을 시작하였다.

정답 | ④
해설 | 펜실베니아 대학교에 최초의 심리클리닉을 설립한 사람은 라이트머 위트너이다.

강진령, 상담과 심리치료, 양서원, 2009

곽금주, 아동심리평가와 검사, 학지사, 2002

권석만, 현대 이상심리학, 학지사, 2013

권석만, 현대 심리치료와 상담 이론, 학지사

김도연 외, 임상심리사 2급 필기핵심분석종합본, 서원각, 2016

김재환 외, 임상심리검사의 이해, 학지사, 2014

김정규, 성폭력 피해의 심리상담, 2014

김중술, 다면적 인성검사, 서울대학교출판부, 2004

김중술 외, 사례로 읽는 임상심리학, 서울대학교출판부, 2004

김현택 외, 인간의 이해 : 심리학, 학지사, 2010

남종호, 심리학연구방법, 시그마프레스, 2001

민성길, 최신정신의학, 일조각, 2015

민정원 외(2012), 주의력결핍 과잉행동장애 환아 평가시 지능검사의 유용성에 관한 예비연구, 학술논문 23권,

박영숙, 심리평가의 실제, 하나의학사, 1998

박영숙, 투사적 검사와 치료적 활용, 하나의학사, 2004

심리학 용어사전, 한국심리학회

심리학회 윤리규정, 한국심리학회

윤가현 외, 심리학의 이해, 학지사, 2008

이우경 외, 심리평가의 최신 흐름, 학지사, 2012

이장호, 상담심리학, 박영사, 2005

이정모 외, 인지심리학, 학지사, 2010

이현수, 임싱심리학, 박영사, 2000

정미경 외, 심리학개론, 양서원, 2010

정순례 · 양미진 · 손재환, 청소년상담 이론과 실제, 학지사, 2012

정신질환의 진단 및 통계편람 제5판, APA. 대표역자 권준수, 학지사, 2015

정애자, 임상 신경심리 검사, 성원사, 1993

정종진, BGT 심리진단법, 학지사, 2003

최정윤, 심리검사의 이해, 시그마프레스, 2010

한광희, 인지과학, 학지사, 2000

한수미, 청소년상담사 3급, 정훈사, 2014

한수미 · 황연미 · 이우경, 청소년상담사 2급, 정훈사, 2014

현선용 외, 현대 심리학 입문, 학지사 2008

홍기원 외, 알기 쉬운 심리학, 양서원 2008

한국임상심리학회 www.kcp.or.kr

Chance. P(2012), 김문수, 박소현 역, 학습과 행동, 센게이지러닝코리아

Gerald Corey(2011), 조현춘 외 2명 역, 심리상담과 치료의 이론과 실제, 센게이지러닝코리

Graham J. R.(2007), 이훈진 외 2명 역, MMPI-2, 시그마프레스

Jeremy Holmes(2005), 이경숙 역, 존 볼비와 애착이론, 학지사

John E. Exner. Jr(2008). 김영환 외 2명 역, 로르샤하 해석 입문, 학지사

Mark A. Gluck, Eduardo Mercado, CHTHERINE E. MYERS(2011), 최준석 외 2명 역, 학습과 기억, 시그마프레스

Neil R. Carlson(2008), 정봉교 역, 생리심리학, 박학사

Timothy J. Trull(2008), 권정혜 외 4명 역, 임상심리학, 시그마프레스

국 가 기 술 자 격 검 정 답 안 카 드

번호	1	2	3	4		번호	1	2	3	4		번호	1	2	3	4		번호	1	2	3	4		번호	1	2	3	4
001	①	②	③	④		021	①	②	③	④		041	①	②	③	④		061	①	②	③	④		081	①	②	③	④
002	①	②	③	④		022	①	②	③	④		042	①	②	③	④		062	①	②	③	④		082	①	②	③	④
003	①	②	③	④		023	①	②	③	④		043	①	②	③	④		063	①	②	③	④		083	①	②	③	④
004	①	②	③	④		024	①	②	③	④		044	①	②	③	④		064	①	②	③	④		084	①	②	③	④
005	①	②	③	④		025	①	②	③	④		045	①	②	③	④		065	①	②	③	④		085	①	②	③	④
006	①	②	③	④		026	①	②	③	④		046	①	②	③	④		066	①	②	③	④		086	①	②	③	④
007	①	②	③	④		027	①	②	③	④		047	①	②	③	④		067	①	②	③	④		087	①	②	③	④
008	①	②	③	④		028	①	②	③	④		048	①	②	③	④		068	①	②	③	④		088	①	②	③	④
009	①	②	③	④		029	①	②	③	④		049	①	②	③	④		069	①	②	③	④		089	①	②	③	④
010	①	②	③	④		030	①	②	③	④		050	①	②	③	④		070	①	②	③	④		090	①	②	③	④
011	①	②	③	④		031	①	②	③	④		051	①	②	③	④		071	①	②	③	④		091	①	②	③	④
012	①	②	③	④		032	①	②	③	④		052	①	②	③	④		072	①	②	③	④		092	①	②	③	④
013	①	②	③	④		033	①	②	③	④		053	①	②	③	④		073	①	②	③	④		093	①	②	③	④
014	①	②	③	④		034	①	②	③	④		054	①	②	③	④		074	①	②	③	④		094	①	②	③	④
015	①	②	③	④		035	①	②	③	④		055	①	②	③	④		075	①	②	③	④		095	①	②	③	④
016	①	②	③	④		036	①	②	③	④		056	①	②	③	④		076	①	②	③	④		096	①	②	③	④
017	①	②	③	④		037	①	②	③	④		057	①	②	③	④		077	①	②	③	④		097	①	②	③	④
018	①	②	③	④		038	①	②	③	④		058	①	②	③	④		078	①	②	③	④		098	①	②	③	④
019	①	②	③	④		039	①	②	③	④		059	①	②	③	④		079	①	②	③	④		099	①	②	③	④
020	①	②	③	④		040	①	②	③	④		060	①	②	③	④		080	①	②	③	④		100	①	②	③	④

성 명

종목 및 등급

수 험 번 호

0	0	0	0	0	0	0	0
①	①	①	①	①	①	①	①
②	②	②	②	②	②	②	②
③	③	③	③	③	③	③	③
④	④	④	④	④	④	④	④
⑤	⑤	⑤	⑤	⑤	⑤	⑤	⑤
⑥	⑥	⑥	⑥	⑥	⑥	⑥	⑥
⑦	⑦	⑦	⑦	⑦	⑦	⑦	⑦
⑧	⑧	⑧	⑧	⑧	⑧	⑧	⑧
⑨	⑨	⑨	⑨	⑨	⑨	⑨	⑨

감독위원 확인

(인) (인)

국 가 기 술 자 격 검 정 답 안 카 드

번호	답란				번호	답란				번호	답란				번호	답란				번호	답란			
001	①	②	③	④	021	①	②	③	④	041	①	②	③	④	061	①	②	③	④	081	①	②	③	④
002	①	②	③	④	022	①	②	③	④	042	①	②	③	④	062	①	②	③	④	082	①	②	③	④
003	①	②	③	④	023	①	②	③	④	043	①	②	③	④	063	①	②	③	④	083	①	②	③	④
004	①	②	③	④	024	①	②	③	④	044	①	②	③	④	064	①	②	③	④	084	①	②	③	④
005	①	②	③	④	025	①	②	③	④	045	①	②	③	④	065	①	②	③	④	085	①	②	③	④
006	①	②	③	④	026	①	②	③	④	046	①	②	③	④	066	①	②	③	④	086	①	②	③	④
007	①	②	③	④	027	①	②	③	④	047	①	②	③	④	067	①	②	③	④	087	①	②	③	④
008	①	②	③	④	028	①	②	③	④	048	①	②	③	④	068	①	②	③	④	088	①	②	③	④
009	①	②	③	④	029	①	②	③	④	049	①	②	③	④	069	①	②	③	④	089	①	②	③	④
010	①	②	③	④	030	①	②	③	④	050	①	②	③	④	070	①	②	③	④	090	①	②	③	④
011	①	②	③	④	031	①	②	③	④	051	①	②	③	④	071	①	②	③	④	091	①	②	③	④
012	①	②	③	④	032	①	②	③	④	052	①	②	③	④	072	①	②	③	④	092	①	②	③	④
013	①	②	③	④	033	①	②	③	④	053	①	②	③	④	073	①	②	③	④	093	①	②	③	④
014	①	②	③	④	034	①	②	③	④	054	①	②	③	④	074	①	②	③	④	094	①	②	③	④
015	①	②	③	④	035	①	②	③	④	055	①	②	③	④	075	①	②	③	④	095	①	②	③	④
016	①	②	③	④	036	①	②	③	④	056	①	②	③	④	076	①	②	③	④	096	①	②	③	④
017	①	②	③	④	037	①	②	③	④	057	①	②	③	④	077	①	②	③	④	097	①	②	③	④
018	①	②	③	④	038	①	②	③	④	058	①	②	③	④	078	①	②	③	④	098	①	②	③	④
019	①	②	③	④	039	①	②	③	④	059	①	②	③	④	079	①	②	③	④	099	①	②	③	④
020	①	②	③	④	040	①	②	③	④	060	①	②	③	④	080	①	②	③	④	100	①	②	③	④

※ 본 답안지는 마킹 연습용입니다.

국가기술자격검정 답안카드

※ 본 답안지는 마킹 연습용입니다.

001	① ② ③ ④	021	① ② ③ ④	041	① ② ③ ④	061	① ② ③ ④	081	① ② ③ ④
002	① ② ③ ④	022	① ② ③ ④	042	① ② ③ ④	062	① ② ③ ④	082	① ② ③ ④
003	① ② ③ ④	023	① ② ③ ④	043	① ② ③ ④	063	① ② ③ ④	083	① ② ③ ④
004	① ② ③ ④	024	① ② ③ ④	044	① ② ③ ④	064	① ② ③ ④	084	① ② ③ ④
005	① ② ③ ④	025	① ② ③ ④	045	① ② ③ ④	065	① ② ③ ④	085	① ② ③ ④
006	① ② ③ ④	026	① ② ③ ④	046	① ② ③ ④	066	① ② ③ ④	086	① ② ③ ④
007	① ② ③ ④	027	① ② ③ ④	047	① ② ③ ④	067	① ② ③ ④	087	① ② ③ ④
008	① ② ③ ④	028	① ② ③ ④	048	① ② ③ ④	068	① ② ③ ④	088	① ② ③ ④
009	① ② ③ ④	029	① ② ③ ④	049	① ② ③ ④	069	① ② ③ ④	089	① ② ③ ④
010	① ② ③ ④	030	① ② ③ ④	050	① ② ③ ④	070	① ② ③ ④	090	① ② ③ ④
011	① ② ③ ④	031	① ② ③ ④	051	① ② ③ ④	071	① ② ③ ④	091	① ② ③ ④
012	① ② ③ ④	032	① ② ③ ④	052	① ② ③ ④	072	① ② ③ ④	092	① ② ③ ④
013	① ② ③ ④	033	① ② ③ ④	053	① ② ③ ④	073	① ② ③ ④	093	① ② ③ ④
014	① ② ③ ④	034	① ② ③ ④	054	① ② ③ ④	074	① ② ③ ④	094	① ② ③ ④
015	① ② ③ ④	035	① ② ③ ④	055	① ② ③ ④	075	① ② ③ ④	095	① ② ③ ④
016	① ② ③ ④	036	① ② ③ ④	056	① ② ③ ④	076	① ② ③ ④	096	① ② ③ ④
017	① ② ③ ④	037	① ② ③ ④	057	① ② ③ ④	077	① ② ③ ④	097	① ② ③ ④
018	① ② ③ ④	038	① ② ③ ④	058	① ② ③ ④	078	① ② ③ ④	098	① ② ③ ④
019	① ② ③ ④	039	① ② ③ ④	059	① ② ③ ④	079	① ② ③ ④	099	① ② ③ ④
020	① ② ③ ④	040	① ② ③ ④	060	① ② ③ ④	080	① ② ③ ④	100	① ② ③ ④

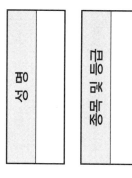

성 명

종목 및 등급

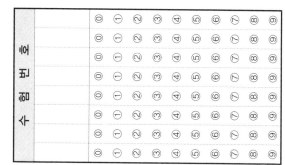

수험번호

① ① ② ③ ④ ⑤ ⑥ ⑦ ⑧ ⑨
⑩ ① ② ③ ④ ⑤ ⑥ ⑦ ⑧ ⑨

감독위원확인

(인)

(인)

국 가 기 술 자 격 검 정 답 안 카 드

번호	①	②	③	④	번호	①	②	③	④	번호	①	②	③	④	번호	①	②	③	④	번호	①	②	③	④
001	①	②	③	④	021	①	②	③	④	041	①	②	③	④	061	①	②	③	④	081	①	②	③	④
002	①	②	③	④	022	①	②	③	④	042	①	②	③	④	062	①	②	③	④	082	①	②	③	④
003	①	②	③	④	023	①	②	③	④	043	①	②	③	④	063	①	②	③	④	083	①	②	③	④
004	①	②	③	④	024	①	②	③	④	044	①	②	③	④	064	①	②	③	④	084	①	②	③	④
005	①	②	③	④	025	①	②	③	④	045	①	②	③	④	065	①	②	③	④	085	①	②	③	④
006	①	②	③	④	026	①	②	③	④	046	①	②	③	④	066	①	②	③	④	086	①	②	③	④
007	①	②	③	④	027	①	②	③	④	047	①	②	③	④	067	①	②	③	④	087	①	②	③	④
008	①	②	③	④	028	①	②	③	④	048	①	②	③	④	068	①	②	③	④	088	①	②	③	④
009	①	②	③	④	029	①	②	③	④	049	①	②	③	④	069	①	②	③	④	089	①	②	③	④
010	①	②	③	④	030	①	②	③	④	050	①	②	③	④	070	①	②	③	④	090	①	②	③	④
011	①	②	③	④	031	①	②	③	④	051	①	②	③	④	071	①	②	③	④	091	①	②	③	④
012	①	②	③	④	032	①	②	③	④	052	①	②	③	④	072	①	②	③	④	092	①	②	③	④
013	①	②	③	④	033	①	②	③	④	053	①	②	③	④	073	①	②	③	④	093	①	②	③	④
014	①	②	③	④	034	①	②	③	④	054	①	②	③	④	074	①	②	③	④	094	①	②	③	④
015	①	②	③	④	035	①	②	③	④	055	①	②	③	④	075	①	②	③	④	095	①	②	③	④
016	①	②	③	④	036	①	②	③	④	056	①	②	③	④	076	①	②	③	④	096	①	②	③	④
017	①	②	③	④	037	①	②	③	④	057	①	②	③	④	077	①	②	③	④	097	①	②	③	④
018	①	②	③	④	038	①	②	③	④	058	①	②	③	④	078	①	②	③	④	098	①	②	③	④
019	①	②	③	④	039	①	②	③	④	059	①	②	③	④	079	①	②	③	④	099	①	②	③	④
020	①	②	③	④	040	①	②	③	④	060	①	②	③	④	080	①	②	③	④	100	①	②	③	④

※ 본 답안지는 마킹 연습용입니다.

국가기술자격검정 답안카드

번호	1	2	3	4	번호	1	2	3	4	번호	1	2	3	4	번호	1	2	3	4	번호	1	2	3	4	번호	1	2	3	4
001	①	②	③	④	021	①	②	③	④	041	①	②	③	④	061	①	②	③	④	081	①	②	③	④
002	①	②	③	④	022	①	②	③	④	042	①	②	③	④	062	①	②	③	④	082	①	②	③	④
003	①	②	③	④	023	①	②	③	④	043	①	②	③	④	063	①	②	③	④	083	①	②	③	④
004	①	②	③	④	024	①	②	③	④	044	①	②	③	④	064	①	②	③	④	084	①	②	③	④
005	①	②	③	④	025	①	②	③	④	045	①	②	③	④	065	①	②	③	④	085	①	②	③	④
006	①	②	③	④	026	①	②	③	④	046	①	②	③	④	066	①	②	③	④	086	①	②	③	④
007	①	②	③	④	027	①	②	③	④	047	①	②	③	④	067	①	②	③	④	087	①	②	③	④
008	①	②	③	④	028	①	②	③	④	048	①	②	③	④	068	①	②	③	④	088	①	②	③	④
009	①	②	③	④	029	①	②	③	④	049	①	②	③	④	069	①	②	③	④	089	①	②	③	④
010	①	②	③	④	030	①	②	③	④	050	①	②	③	④	070	①	②	③	④	090	①	②	③	④
011	①	②	③	④	031	①	②	③	④	051	①	②	③	④	071	①	②	③	④	091	①	②	③	④
012	①	②	③	④	032	①	②	③	④	052	①	②	③	④	072	①	②	③	④	092	①	②	③	④
013	①	②	③	④	033	①	②	③	④	053	①	②	③	④	073	①	②	③	④	093	①	②	③	④
014	①	②	③	④	034	①	②	③	④	054	①	②	③	④	074	①	②	③	④	094	①	②	③	④
015	①	②	③	④	035	①	②	③	④	055	①	②	③	④	075	①	②	③	④	095	①	②	③	④
016	①	②	③	④	036	①	②	③	④	056	①	②	③	④	076	①	②	③	④	096	①	②	③	④
017	①	②	③	④	037	①	②	③	④	057	①	②	③	④	077	①	②	③	④	097	①	②	③	④
018	①	②	③	④	038	①	②	③	④	058	①	②	③	④	078	①	②	③	④	098	①	②	③	④
019	①	②	③	④	039	①	②	③	④	059	①	②	③	④	079	①	②	③	④	099	①	②	③	④
020	①	②	③	④	040	①	②	③	④	060	①	②	③	④	080	①	②	③	④	100	①	②	③	④

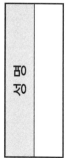

성명

종목 및 등급

수 험 번 호

⓪	①	②	③	④	⑤	⑥	⑦	⑧	⑨
⓪	①	②	③	④	⑤	⑥	⑦	⑧	⑨
⓪	①	②	③	④	⑤	⑥	⑦	⑧	⑨
⓪	①	②	③	④	⑤	⑥	⑦	⑧	⑨
⓪	①	②	③	④	⑤	⑥	⑦	⑧	⑨
⓪	①	②	③	④	⑤	⑥	⑦	⑧	⑨
⓪	①	②	③	④	⑤	⑥	⑦	⑧	⑨
⓪	①	②	③	④	⑤	⑥	⑦	⑧	⑨

감독위원 확인

(인)   (인)

국 가 기 술 자 격 검 정 답 안 카 드

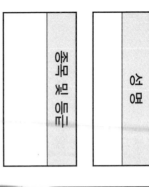
번호					번호					번호					번호					번호				
001	①	②	③	④	021	①	②	③	④	041	①	②	③	④	061	①	②	③	④	081	①	②	③	④
002	①	②	③	④	022	①	②	③	④	042	①	②	③	④	062	①	②	③	④	082	①	②	③	④
003	①	②	③	④	023	①	②	③	④	043	①	②	③	④	063	①	②	③	④	083	①	②	③	④
004	①	②	③	④	024	①	②	③	④	044	①	②	③	④	064	①	②	③	④	084	①	②	③	④
005	①	②	③	④	025	①	②	③	④	045	①	②	③	④	065	①	②	③	④	085	①	②	③	④
006	○	②	③	④	026	①	②	③	④	046	①	②	③	④	066	①	②	③	④	086	①	②	③	④
007	①	②	③	④	027	①	②	③	④	047	①	②	③	④	067	①	②	③	④	087	①	②	③	④
008	①	②	③	④	028	①	②	③	④	048	①	②	③	④	068	①	②	③	④	088	①	②	③	④
009	①	②	③	④	029	①	②	③	④	049	①	②	③	④	069	①	②	③	④	089	①	②	③	④
010	①	②	③	④	030	①	②	③	④	050	①	②	③	④	070	①	②	③	④	090	①	②	③	④
011	①	②	③	④	031	①	②	③	④	051	①	②	③	④	071	①	②	③	④	091	①	②	③	④
012	①	②	③	④	032	①	②	③	④	052	①	②	③	④	072	①	②	③	④	092	①	②	③	④
013	①	②	③	④	033	①	②	③	④	053	①	②	③	④	073	①	②	③	④	093	①	②	③	④
014	①	②	③	④	034	①	②	③	④	054	①	②	③	④	074	①	②	③	④	094	①	②	③	④
015	①	②	③	④	035	①	②	③	④	055	①	②	③	④	075	①	②	③	④	095	①	②	③	④
016	①	②	③	④	036	①	②	③	④	056	①	②	③	④	076	①	②	③	④	096	①	②	③	④
017	①	②	③	④	037	①	②	③	④	057	①	②	③	④	077	①	②	③	④	097	①	②	③	④
018	①	②	③	④	038	①	②	③	④	058	①	②	③	④	078	①	②	③	④	098	①	②	③	④
019	①	②	③	④	039	①	②	③	④	059	①	②	③	④	079	①	②	③	④	099	①	②	③	④
020	①	②	③	④	040	①	②	③	④	060	①	②	③	④	080	①	②	③	④	100	①	②	③	④

국 가 기 술 자 격 검 정 답 안 카 드

001	①	②	③	④	021	①	②	③	④	041	①	②	③	④	061	①	②	③	④	081	①	②	③	④
002	①	②	③	④	022	①	②	③	④	042	①	②	③	④	062	①	②	③	④	082	①	②	③	④
003	①	②	③	④	023	①	②	③	④	043	①	②	③	④	063	①	②	③	④	083	①	②	③	④
004	①	②	③	④	024	①	②	③	④	044	①	②	③	④	064	①	②	③	④	084	①	②	③	④
005	①	②	③	④	025	①	②	③	④	045	①	②	③	④	065	①	②	③	④	085	①	②	③	④
006	①	②	③	④	026	①	②	③	④	046	①	②	③	④	066	①	②	③	④	086	①	②	③	④
007	①	②	③	④	027	①	②	③	④	047	①	②	③	④	067	①	②	③	④	087	①	②	③	④
008	①	②	③	④	028	①	②	③	④	048	①	②	③	④	068	①	②	③	④	088	①	②	③	④
009	①	②	③	④	029	①	②	③	④	049	①	②	③	④	069	①	②	③	④	089	①	②	③	④
010	①	②	③	④	030	①	②	③	④	050	①	②	③	④	070	①	②	③	④	090	①	②	③	④
011	①	②	③	④	031	①	②	③	④	051	①	②	③	④	071	①	②	③	④	091	①	②	③	④
012	①	②	③	④	032	①	②	③	④	052	①	②	③	④	072	①	②	③	④	092	①	②	③	④
013	①	②	③	④	033	①	②	③	④	053	①	②	③	④	073	①	②	③	④	093	①	②	③	④
014	①	②	③	④	034	①	②	③	④	054	①	②	③	④	074	①	②	③	④	094	①	②	③	④
015	①	②	③	④	035	①	②	③	④	055	①	②	③	④	075	①	②	③	④	095	①	②	③	④
016	①	②	③	④	036	①	②	③	④	056	①	②	③	④	076	①	②	③	④	096	①	②	③	④
017	①	②	③	④	037	①	②	③	④	057	①	②	③	④	077	①	②	③	④	097	①	②	③	④
018	①	②	③	④	038	①	②	③	④	058	①	②	③	④	078	①	②	③	④	098	①	②	③	④
019	①	②	③	④	039	①	②	③	④	059	①	②	③	④	079	①	②	③	④	099	①	②	③	④
020	①	②	③	④	040	①	②	③	④	060	①	②	③	④	080	①	②	③	④	100	①	②	③	④

성 명

종목 및 등급

수 험 번 호

| 0 | 1 | 2 | 3 | 4 | 5 | 6 | 7 | 8 | 9 |

감독위원 확인

(인)   (인)

국 가 기 술 자 격 검 정 답 안 카 드

성명

종목 및 등급

수험번호

감독위원 확인 (인) (인)

001	① ② ③ ④
002	① ② ③ ④
003	① ② ③ ④
004	① ② ③ ④
005	① ② ③ ④
006	① ② ③ ④
007	① ② ③ ④
008	① ② ③ ④
009	① ② ③ ④
010	① ② ③ ④
011	① ② ③ ④
012	① ② ③ ④
013	① ② ③ ④
014	① ② ③ ④
015	① ② ③ ④
016	① ② ③ ④
017	① ② ③ ④
018	① ② ③ ④
019	① ② ③ ④
020	① ② ③ ④

021	① ② ③ ④
022	① ② ③ ④
023	① ② ③ ④
024	① ② ③ ④
025	① ② ③ ④
026	① ② ③ ④
027	① ② ③ ④
028	① ② ③ ④
029	① ② ③ ④
030	① ② ③ ④
031	① ② ③ ④
032	① ② ③ ④
033	① ② ③ ④
034	① ② ③ ④
035	① ② ③ ④
036	① ② ③ ④
037	① ② ③ ④
038	① ② ③ ④
039	① ② ③ ④
040	① ② ③ ④

041	① ② ③ ④
042	① ② ③ ④
043	① ② ③ ④
044	① ② ③ ④
045	① ② ③ ④
046	① ② ③ ④
047	① ② ③ ④
048	① ② ③ ④
049	① ② ③ ④
050	① ② ③ ④
051	① ② ③ ④
052	① ② ③ ④
053	① ② ③ ④
054	① ② ③ ④
055	① ② ③ ④
056	① ② ③ ④
057	① ② ③ ④
058	① ② ③ ④
059	① ② ③ ④
060	① ② ③ ④

061	① ② ③ ④
062	① ② ③ ④
063	① ② ③ ④
064	① ② ③ ④
065	① ② ③ ④
066	① ② ③ ④
067	① ② ③ ④
068	① ② ③ ④
069	① ② ③ ④
070	① ② ③ ④
071	① ② ③ ④
072	① ② ③ ④
073	① ② ③ ④
074	① ② ③ ④
075	① ② ③ ④
076	① ② ③ ④
077	① ② ③ ④
078	① ② ③ ④
079	① ② ③ ④
080	① ② ③ ④

081	① ② ③ ④
082	① ② ③ ④
083	① ② ③ ④
084	① ② ③ ④
085	① ② ③ ④
086	① ② ③ ④
087	① ② ③ ④
088	① ② ③ ④
089	① ② ③ ④
090	① ② ③ ④
091	① ② ③ ④
092	① ② ③ ④
093	① ② ③ ④
094	① ② ③ ④
095	① ② ③ ④
096	① ② ③ ④
097	① ② ③ ④
098	① ② ③ ④
099	① ② ③ ④
100	① ② ③ ④

※ 본 답안지는 마킹 연습용입니다.